# 宇和奈辺陵墓参考地旧陪冢ろ号
# （大和６号墳）

―出土遺物の整理報告―



平成29（2017）年３月

宮内庁書陵部陵墓課

# 巻頭図版 1

1　宇和奈辺陵墓参考地旧陪冢ろ号遺物出土状況〔実物とレプリカによる復元〕(1)

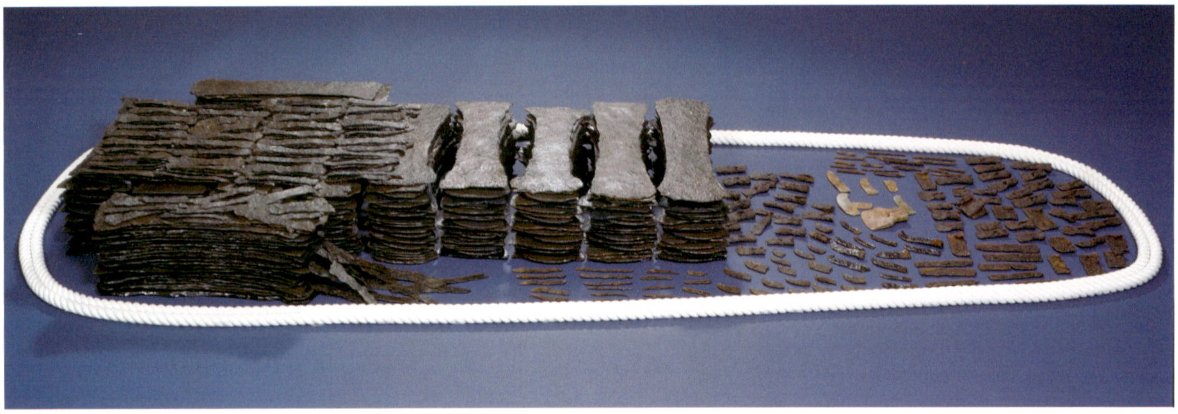

2　宇和奈辺陵墓参考地旧陪冢ろ号遺物出土状況〔実物とレプリカによる復元〕(2)

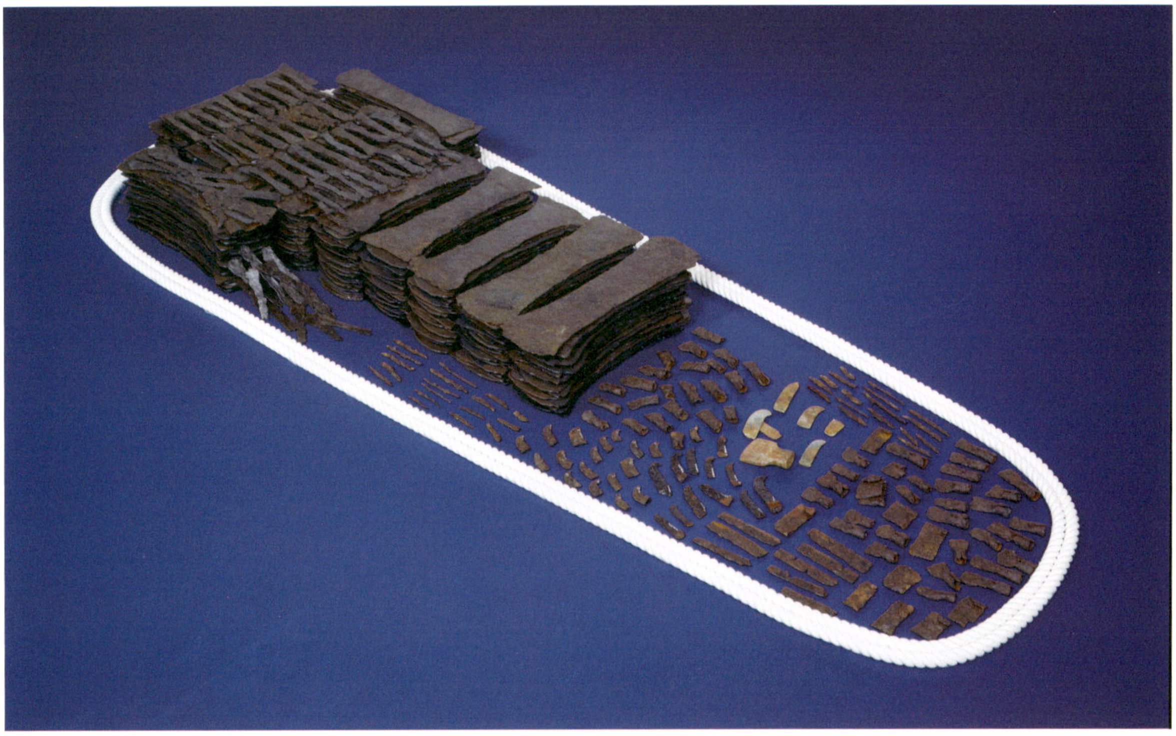

3　宇和奈辺陵墓参考地旧陪冢ろ号遺物出土状況〔実物とレプリカによる復元〕(3)

# 巻頭図版 2

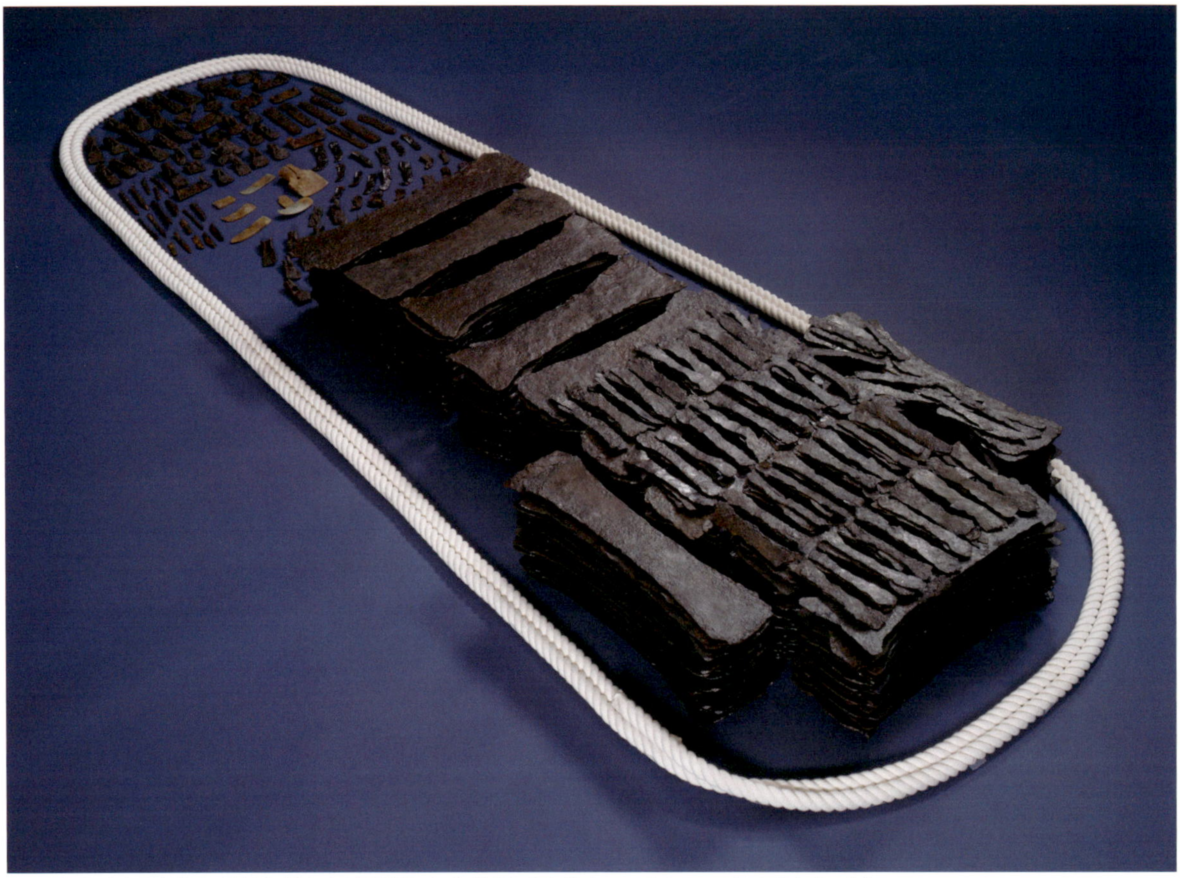

1　宇和奈辺陵墓参考地旧陪冢ろ号遺物出土状況〔実物とレプリカによる復元〕(4)

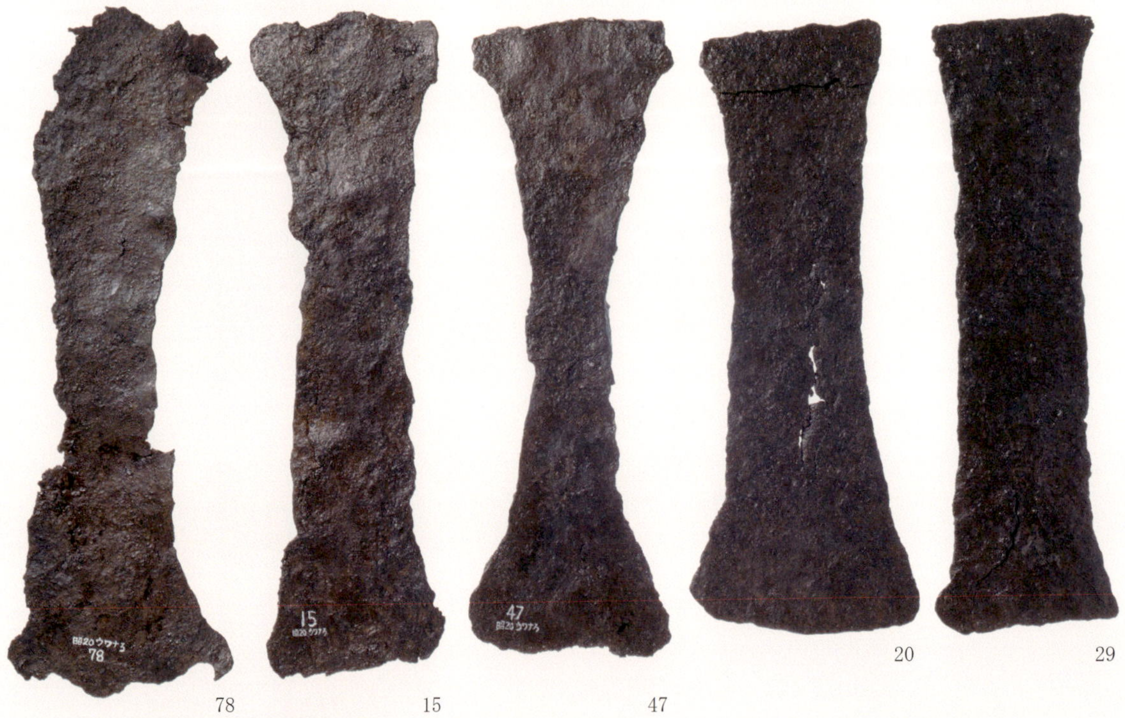


2　宇和奈辺陵墓参考地旧陪冢ろ号出土大鉄鋌（接合や整形が特徴的なもの　番号は実測図に対応）

# 序　　　文

本書は，奈良県奈良市法華寺町に所在した，宇和奈辺陵墓参考地旧陪冢ろ号（大和6号墳）から出土した遺物に関する整理報告書である。

旧陪冢ろ号は，明治期以来，宮内省（当時）により管理されてきたが，太平洋戦争が昭和20(1945)年8月に終戦を迎えてから，所在地一帯が奈良県内に設置された進駐軍のキャンプ地のひとつ（Eキャンプ地）となった。そして，同年12月に至り，その造成に伴い破壊されることとなった。

幸い，奈良県による緊急の調査が行われて，大変なご苦労の中を関係者の努力によって記録が残された上で，出土遺物は最終的に宮内省（当時）の所蔵となった。このときの調査と出土遺物の概要は，『奈良縣史蹟名勝天然記念物調査抄報』第四輯として早くも昭和25年に刊行されて，長らく旧陪冢ろ号の基本的文献として活用されてきた。出土遺物は，特に大小870点を超える大量の鉄鋌が注目されるが，この出土数は，日本列島では群を抜いて多く，朝鮮半島を含めてもその位置づけは変わらない。

宮内庁では，昭和50年代から徐々に整理作業を開始してきたが，鉄鋌以外にも農工具など多種多様な鉄製品で構成されているため，基礎的な作業に加えて保存処理など必要な措置を行うために多くの時間を費やした。しかし，段階的に作業を進めて，何よりも多くの方々のご協力があって，調査から70年余りが経過した本年，刊行の運びとなった。

出土遺物のうち，特に鉄製品は，経年により出土当時と比較して，変化をとげてしまったと考えられるものもあり，出土点数の確定などは不分明な部分が残ったところもあるが，ひとまず旧陪冢ろ号の出土遺物についての全体像を示せたと考える。

最後に，本報告書が少しでも学術研究上の資料として活用されることがあれば，幸いである。また，終戦直後の混乱期に，調査・整理作業に当たられた関係者の皆様に，改めて謝意を表する次第である。

平成29（2017）年3月

宮内庁書陵部陵墓課

# 例　言

１．本書は，奈良県奈良市法華寺町に所在した，宇和奈辺陵墓参考地旧陪冢ろ号（大和６号墳）の出土遺物について，資料の保全管理とともに，その全体像を示すことにより，学術研究に資することを目的として実施した整理作業の報告書である。

２．本書の執筆分担は目次に記す。執筆分担内における挿図・図版・表については，各分担者が作成した。

３．本書で表示した方位や標高の数値は，現在の地形図を用いたものは，世界測地系平面直角座標系第Ⅵ系に従っているが，挿図の引用文献や地形図によっては異なる座標系であったり，不分明であったりするため必ずしも統一されていない。

４．第11図に掲載した「ウワナベ五」出土須恵器・土師器は関西大学考古学研究室の所蔵である。実測図の作成，写真の撮影にあたっては，米田文孝，藤井陽輔両氏のご高配をいただいた。

５．第12図に掲載した写真は，航空自衛隊奈良基地幹部候補生学校の展示施設「松林苑」の展示パネルから複写したものである。複写にあたっては，奈良基地広報室のご高配をいただいた。

６．第13図３及び第14図２は森浩一氏の作図である。森浩一1959「古墳出土の鉄鋌について」『古代学研究』第21・22合併号の第２・３図を転載したものである。印刷の都合上，文字の打ち替えを行い，記述の必要から一部加筆をして使用している。転載にあたっては，森　淑子氏のご高配をいただいた。また，掲載の確認にあたっては，同志社大学の若林邦彦氏の手を煩わせた。

７．第21～第111図の大鉄鋌・小鉄鋌・鉄製農工具の実測については，長期間にわたり，多くの考古学専攻生（当時）等の協力を得て行った。以下に芳名を記し，感謝申し上げたい（敬称略　五十音順）。
梶ヶ山真理，加藤一郎，加藤崇史，加藤陽美，河野正訓，栗林誠治，Y.Kobayashi（お名前不明），佐藤涼子，清水康二，白岩（お名前不明），鈴木　直，高橋敏恵，竹田政敬，田中　大，谷畑美帆，土屋隆史，中村新之介，堀内紀明，持田大輔，山田琴子，山田俊輔，米澤雅美

８．第21～第111図の大鉄鋌・小鉄鋌・鉄製農工具については，外注によるデジタルトレースを行った。トレースは，有限会社アルケーリサーチに依頼した。

９．附編１に掲載した昭和20～21年の調査当時の状況については，奈良県立橿原考古学研究所長の菅谷文則氏の玉稿を賜った。

10．附編２に掲載した自然科学的分析については，鉄鋌の成分分析を日鉄住金テクノロジー株式会社に依頼した。また，鉄鋌への付着物の分析，石製模造品の石材鑑定，鉄製農工具に残る樹種同定については，パリノ・サーヴェイ株式会社に依頼した。

11．写真図版のうち，巻頭図版と図版74～80は佐藤右文氏の撮影によるものである。

12．写真図版１・２は，国土地理院航空写真「USA　M275-A-8　14（図版１-１）」，「USA　M275-A-8　13（図版１-２・３）」，「USA　M496　20（図版２-１）」，「USA　M85-1　143（図版２-２）」（いずれもアメリカ軍撮影）を使用した。

13．写真図版３～５，及び６-７・８で掲載した写真は，奈良県立橿原考古学研究所より提供いただいた。

14．写真図版６-１～６は，旧陪冢ろ号跡地を訪れて撮影したものである。撮影にあたっては，航空自衛隊奈良基地広報室のご高配をいただいた。

15．図版７～40の大鉄鋌については，清喜・土屋が撮影した。図版41～73の小鉄鋌については，有限会

社アルケーリサーチに撮影を依頼した。また，図版81～84の当部所蔵の埴輪については，加藤が撮影した。

16. 図版85～90の大鉄鋌及び第93図の小鉄鋌のX線写真については，国立歴史民俗博物館，東京国立博物館，株式会社文化財ユニオンで撮影したものを使用した。
17. 出土遺物の整理に関する実測図や写真等の資料は，宮内庁書陵部陵墓課において保管している。
18. 本書の編集は，土屋の援助を受けて，清喜がおこなった。

宇和奈辺陵墓参考地旧陪冢ろ号（大和６号墳）

# 目　　次

# 図　版　目　次

# 挿　図　目　次

# 表目次

# 第１章　報告書作成の目的とこれまでの経過

## 第１節　報告書の目的と構成

### （１）出土地の概要と名称

本書は，書名にもあるとおり，「宇和奈辺陵墓参考地旧陪冢ろ号」(以下，基本的に旧陪冢ろ号と表記）から出土して，現在，宮内庁書陵部が所蔵している遺物の整理報告書である。宇和奈辺陵墓参考地（ウワナベ古墳）の北側に位置して，昭和20(1945)年の終戦直後まで宮内省により管理されていたが，同参考地に付随するとして管理されてきた２基の陪冢（い号，ろ号）のうち，旧陪冢ろ号のみが，終戦直後に接収された厚生省西部国民勤労訓練所（以下，西部国民勤労訓練所と表記）の敷地内に取り込まれた状態で所在していた。そのために進駐軍のキャンプ地にそのまま取り込まれて，結果的に削平されることとなり，現存しない。「旧」と表記する所以である[1]。

なお，本地である宇和奈辺陵墓参考地と陪冢２基についての来歴等は，第２章第３節において述べることとしたい。

本書では，基本的には上記した陵墓名で記述を進めるが，一般的には馴染みが少ない。一方で，出土遺物はその重要性が早くから注目され，これまでも多くの論文，書籍，展覧会等で取り扱われてきた。

「旧陪冢ろ号」の古墳としての名称については，「高塚」と「大和(第）６号墳」(末永編1950，東博1969など）が併記されることが多い。また，同じ文献の中で「宇和奈邊古墳群第６号墳」が混在している場合や(末永編1950),「鍋塚」(末永編1950, 奈良市史編纂審議会1968),「宇和奈辺６号墳」(森1974)などの表記がある。そして，この中で現在もっとも使用されており，一般に普及しているのは「大和６号墳」であると考えられる。６号墳とは，末永雅雄氏が，宇和奈辺陵墓参考地（ウワナベ古墳）を奈良県の古墳の第１号（大和(第）１号墳）として，奈良県所在の古墳を北から通し番号をつけて把握する構想の端緒として付された番号の６号という意味であるという（橿考研編1988)。

よって，書名を『宇和奈辺陵墓参考地旧陪冢ろ号（大和６号墳）―出土遺物の整理報告―』とした。また，本文中においても，必要に応じて「(大和６号墳)」と補足して記述することとしたい。

### （２）報告書の目的と構成

**既刊の報告書**　旧陪冢ろ号の調査，および出土遺物に関しては，昭和25(1950)年３月に末永雅雄氏を編著代表者として，『奈良縣史蹟名勝天然記念物調査抄報』第四輯（奈良市法華寺町宇和奈邊古墳群大和第三，第四，第五，第六號古墳調査）が，奈良縣史蹟名勝天然記念物調査委員会から刊行されている（末永編1950　以下，「抄報４」と表記)。いわば，まず調査実施機関から報告書が刊行された，ということになろう。

第３章第１節で述べるとおり，出土遺物の整理期間は実質20日程度であったと考えられるが，出土遺物の分類と点数の把握に重点をおいて，効率的に全体像を示しているといえる。

また，出土後すぐに整理作業が実施されている。もちろん，一時保管であったために整理の時間が限られていたことにもよるが，この時点で，来たるべき報告書の刊行に向けて備える意図があったと考えられる。出土した資料に対する見識に加えて，報告書作成に向けた姿勢など，学ぶべき点が多い。比較検討できる資料も少ない段階で貴重なデータが提示されたことは，これまでの本出土遺物の調査研究や公開といった場面に生かされることにつながったと考えられよう。

本書においては，特に，遺物に関してこれまでの成果を踏まえつつ，整理が及んでいなかった細片等も検討した上での成果を報告したい。よって，本書の作成に伴う作業は，再整理として位置づけるものである。

**報告書の目的**　昭和21(1946)年の出土遺物の収蔵以来，およそ70年が経過している。その間，本章第３節で挙げるように様々な展覧会への出陳，各種の自然科学的分析，研究のための閲覧等に供してきた。また，学習参考書の挿図として写真が掲載されることもあり，比較的多くの場面で，一般の方々の目にも留まることがあったと考えられる。

一方で，数百もの点数にのぼる鉄鋌を含む，大量の鉄製品を中心とする遺物群であり，その全容が示された機会は皆無である。おそらくは，今後もそのような機会が設定されることは，極めて稀有な事例となることが予想される。

また，先述のとおり旧陪冢ろ号の調査報告書は，昭和25(1950)年に奈良縣史蹟名勝天然記念物調査委員会から刊行されている。基本的なデータとして，その重要性が変わるところではないが，非常に多くの種類・点数の遺物が出土したものの，当時の制約の中で，実際に実測図，写真等で示せるものには限界があったことは否めない。あわせて，その後に日本列島及び朝鮮半島において，多くの発掘資料や研究成果が蓄積されてきているため，改めて今日的な比較検討を行うためのデータとして，再整理することに一定の意義が認められよう。

よって，戦後の混乱期にあったために，調査機関と出土遺物の所蔵機関が異なる結果となっている訳だが，調査機関からの報告書だけではなく，所蔵機関の責務として全容を把握できる報告書の刊行を目指す必要性は，時間の経過とともに高まっていたといえるだろう。

陵墓課では，昭和50年代後半から鉄鋌の実測図作成を開始して，平成に入り鉄鋌から保存処理を開始した。その後，多少の中断を経ながらも，順次小鉄鋌，鉄製農工具へと作業を進めていった。基本的には保存処理に伴う実測図作成や写真撮影，接合作業と並行しての個体数の把握などを中心に行ったが，破片資料も多く，細かい作業は最後まで続いた。平成10年代に入り，鉄製農工具の保存処理を継続的に行う中で，最終的な報告書作成の構想を抱くに至り，以後報告書作成を意識しての作業を継続した。

以上のような経過から，出土資料の全容を明らかにすることで，今後の各種展示等を通しての公開や調査研究への幅広い活用に資することを目的として，再整理作業が一段落する段階で報告書の刊行を目指すこととした。今後も新たな問題意識から，研究の深化が図られると考えるが，その時の基礎データとして役立てば幸いである。

**報告書の構成**　以上を踏まえて，本書の構成上，幾つかの項目について力点を置くこととした。

①　これまで，調査時の状況が森浩一氏の記録など限定的な資料でしか知り得なかった（森1959・1998・2009)。幸い宮内庁宮内公文書館に，当時の公文書がある程度残っていることから，それらを整理したうえで，森氏の記録と対照して調査とその前後の様子をできる限り復元する。（第３章第１～３節)。

上記のことと関連して，旧陪冢ろ号に関する資料を所蔵する奈良県立橿原考古学研究所の菅谷文則氏に依頼して，奈良県の公文書等からの検討を行っていただき，附編１として掲載した。これにより，現時点で知りうる当時の状況について，かなりの部分を提示できたと考える。

②　遺物に関しては，特に鉄製品に関しては，収蔵以来長い期間が経過しているため，収蔵当時と比較して一定の経年変化が表れていると考えられるが，これまで示されている諸データについて，

現状での再検討を行う。（第４章第１～３節）。

③　本書の作成に並行して行った大鉄鋌の自然科学的分析結果の評価。なかでも，分類との対応関係について検討する（附編２第１章）。

論点は尽きないところであるが，ひとまずは上記について力点を置いた構成をとることとした。

## 第２節　出土遺物収蔵の経緯と背景

（１）書陵部所蔵出土品の来歴

旧陪冢ろ号出土遺物の，調査から諸陵寮への収蔵に至る経緯については，調査の経過等とともに第３章第１節でまとめて詳述するので，ここでは来歴と収蔵の背景について触れておきたい。

**来歴**　書陵部所蔵の陵墓出土品等を中心とする考古資料の来歴とその収蔵の背景となった制度等に関しては，既に幾つかの文献に示されているので，それらの中から関連する部分をまとめる形で概略を述べておきたい（笠野1997・1999，時枝2001，福尾2006，2010，2015）。

来歴としては，大きく以下の３つに区分されている。

①　明治期以降に，宮内省が陵墓の調査・考証のために参考資料として買い上げたり，献納を受けたもの。

②　戦前・戦後を通じて陵墓や陵墓参考地などから出土したもの。

③　陵墓やその関連資料ではなく，諸陵寮とは直接関係ないものの，地方から献上されて御物となったもの。昭和天皇の崩御に伴い，国に寄贈されたもので，当部陵墓課で保管しているもの。

（２）旧陪冢ろ号出土遺物収蔵の背景と経緯

**収蔵の背景**　①に関して，先学の示した内容に従ってその制度の大要を述べると，明治期において，埋蔵文化財の中でも遺物については，明治４（1871）年の「古器旧物保存方」（太政官布告第251号）から同９（1876）年「遺失物取扱規則」（太政官布告第56号）を経て，同10（1877）年の「遺失物取扱い規則中の埋蔵物の取扱についての告示（内務省通達）」により，「古代の沿革を徴す」べき発掘品は，当時博物館を所管していた内務省博物局が検査のうえ，博物館の列品に加えることになった。

なお，同10年に陵墓の管轄を教部省から引き継いだのは，同じ内務省の社寺局諸陵課であったので，同課にとっても有益な制度になっていたと考えられている。

しかし，翌11（1878）年には陵墓に関する業務は，宮内省御陵墓掛に移管となり同14（1881）年には，陵墓考証の参考資料として，古墳墓からの出土品の購入と備え置きの方針を定めた。この時，博物局は農商務省に移管されていたため，宮内省御陵墓掛は農商務省と協議のうえ，府県からの埋蔵物発掘の報告は宮内省にも回付し，博物局で不要の埋蔵物は宮内省が買い上げることとなった。これにより，２次的ではあるものの，陵墓の考証業務のために古墳出土品を収蔵する制度が整った。

さらに，同19（1886）年には，宮内省に諸陵寮が設置されて，直後に博物館が宮内省に移管された。この段階で，埋蔵物の取扱いが同じ組織で一本化されることになった。開墾などにより出土品があった場合には，まず諸陵寮に届出が行われて，陵墓との関連が審議された後に陵墓の考証・参考資料として備える必要が認められれば，買上げの上保管された。ここに至り，陵墓の考証のための出土品収蔵が前面に打ち出されることになった。

なお，必要性が認められなかった場合は，博物館に回付されて，博物館でも保管に至らない場合には，出土府県を通じて，地主や差出人に返却されることとなった。

その後，同32（1899）年に公布された「遺失物法」でも，引き続き古墳出土品等は宮内省での取扱いとなり，終戦直後まで出土遺物はこの制度のもとに収蔵される状況が続いた。

**収蔵の経緯**　旧陪冢ろ号は，昭和20年12月の調査開始時点で宇和奈辺陵墓参考地陪冢ろ号として，明治25(1892)年12月23日以来，宮内省により管理されていたものである。よって，その出土遺物は先に挙げた①～③の来歴区分のうち，②に該当することになる。当時の宮内省諸陵寮でも，管理地内の出土遺物につき，特段の手続きを経ることなく収蔵されるものと判断した。しかし，実際の調査は終戦時の混乱と進駐軍キャンプ地内という特殊な状況下で行われた。さらに，調査主体が宮内省ではなく奈良県であった。①の背景となった制度の最末期とはいえ，未だ存続期にあたっていたために，第3章第1節で述べるように，宮内省あての報告書を作成した末永雅雄氏は，遺物の取扱いが同制度のもとに行われることを想定していたようであり，双方の認識に齟齬が生じていたことは致し方ないところであろう(2)。

上記のような経緯をもって，昭和21年3月には，旧陪冢ろ号出土遺物は宮内省側に引き渡されて，現在に至っている。

## 第3節　保管と活用

（1）保管

昭和21年3月頃に諸陵寮に届いたと考えられる旧陪冢ろ号出土遺物は，庁舎の書庫の一角に納められたと考えられるが，当時の保管に関する詳細は不明である。考古学の専門職員の配置もない頃であるので，本格的な整理作業が実施されることもなかったようである。

**書陵部の書庫について**　書陵部所蔵の各種歴史資料等は，その大半が古典籍類や公文書等の紙素材である。その保管環境の維持にあたっては，機械空調ではなく自然換気を採用しており，資料はそのための構造をもった書庫に保管されている。明治17(1884)年の図書寮設置以来の自然換気による保管では，年間の温湿度に変化はあるものの非常に緩やかなものである。その実績を踏まえた日々の弛まぬ管理によって，書庫内は非常に安定した環境に整えられている（図書課出納係2008）。

このように，旧陪冢ろ号出土遺物をはじめとした一部の考古資料の保管場所は，元来，紙素材である図書の保管を主眼に設計された，まさに「書庫」であり，図書の保全を念頭に置いた方法で，環境維持がなされてきたわけである。そして，結果的には，稀にみる良好な状態を保って出土した鉄鋌をはじめとした鉄製品の多くが，当然経年変化は避けられないにしても，長期間にわたり比較的良好な状態を維持していた。これは，徹底した環境保全がなされていれば，資料の特性に関わらず，良好な状態を保てることを示しているといえよう。考古資料に対して特段の意図があった訳ではないかもしれないが，旧陪冢ろ号出土遺物をはじめとして良好な状態を維持してきた背景には，これまで書庫の管理に携わってきた方々の努力による側面があることも見逃してはならない。

旧陪冢ろ号出土遺物は，引き続き書陵部庁舎の書庫で保管している。

**保存処理**　出土した鉄製品のうち，鉄鋌は保存状態が比較的良好ということができる。一方で，鉄製農工具は，鉄鋌とは異なり既に錆化が進んだ状態にあった。収蔵後，長らく保存処理が行われることはなかったが，先述のとおり安定した保管環境にあったことから，おおむね収蔵当時の状態を維持している状況にあったと考えられる。

しかし，徐々に錆は発生していくことから，今後もより良い状態での保管を行っていくために，平成2(1990)年度から保存処理を開始した。処理はおおむね大鉄鋌・小鉄鋌を並行しつつ，鉄製農工具の順で実施された。鉄製農工具については，平成12(2000)年度から開始されて，平成15(2003)

年度の間で，保存処理を行った。

ただし，鉄鋌に関していえば，本来の鉄が残っているということは，今後も新たな錆が発生するということでもあり，保管状況を注視するとともに，必要に応じて再処理の実施などを検討していかなければならない。

（２）活用

**展覧会等への貸出**　昭和20～30年代にかけては，貸出等に関する記録がないために，特に展示等に関して活用されたか否かは詳らかではない。

昭和41(1966)年からは，貸出等に関する記録がたどれる。記録のない同20～30年代と単純な比較はできないが，同40年代に入ってから活用される機会が増えたことは確かなようである。昭和44(1969)年に「日本考古展　考古学・この25年の歩み」が東京国立博物館において開催されたが，同展覧会への出陳が，旧陪冢ろ号出土遺物の最初の活用事例と考えられる。宮内庁から貸し出された14件297点の資料の一角を占めたようである。大小の鉄鋌はもちろんのこと，主な器種ごとに抽出された鉄製農工具や石製模造品も貸し出されており，主催者が出土遺物の構成を示そうとした意図が読み取れる（東博1969）。この展覧会がきっかけになったと考えられるが，翌45(1970)年からは，鉄鋌について常設展への貸出が始まっている。東京国立博物館へは，以後継続して貸出しており，平成28(2016)年現在で引き続き貸出中である。

東京国立博物館以外としては，仙台市に所在した金属博物館に昭和50(1975)年７月から平成15(2003)年３月の同館閉館まで，同じく常設展に鉄鋌の貸出を行っていた。また，旧陪冢ろ号の調査機関でもある奈良県立橿原考古学研究所附属博物館には，常設展に昭和57(1982)年９月から平成28(2016)年現在まで，鉄鋌を引き続き貸出中である。

その他，個別に特別展等への貸出も随時行ってきているところであり，図録等に写真や実測図が掲載されることも多い。

**出版物**　論文・図録・報告書などで，旧陪冢ろ号の調査や出土遺物に触れたものはそれなりに存在しているが，それらを除いた出版物としては，調査に関わった森氏や末永氏の著作で多く取り上げられている（末永1950・1961・1974，奈良市史編纂審議会1968，森1974・1998，森浩一著作集編集委員会編2016)。）これらの中には，出土状況や出土遺物の一部について実測図や写真が掲載されており，その存在が，早くから考古学関係者以外にも知られる機会はあったといえる。

**自然科学的分析**　詳細は第２章第５節に譲るが，個体によっては，鉄が良好な状態で残存していることから，主に２つの視点から分析の対象となっている。

①　これまでも古代における日本あるいは東アジアの製鉄史の検討課題を明らかにするデータが得られることを期待されて，折に触れて成分分析を中心に自然科学的分析が行われてきた。

もっとも早く実施されたのは，和島誠一氏による分析である。旧陪冢ろ号出土鉄鋌１点が分析試料として提供されたようである。特にその結果について言及されている訳ではないが，鉄の自然科学分析の先駆けと位置づけられる調査の対象として選定されたことは，注目すべきことであろう（和島1960）。しかし，現在この時に分析を実施した個体を特定できないため，比較検討に難しい点が残ることは惜しまれる。

次に行われたのは窪田蔵郎氏による分析である。大鉄鋌１点と異なる大鉄鋌・小鉄鋌からの剥落片等を用いて分析を行った。その結果，銅の含有量が多いことから，中国産の鉄が使用されている可能性にも言及している（窪田1974）。

久野雄一郎氏は，後述する東潮氏の調査と関連して分析を実施している。大鉄鋌３点，小鉄鋌４

点を対象とした。その結果，銅の含有量が高い傾向にあることが改めて確認された。また，不純物の少ない鉄鉱石が原料として用いられたと考えられている（久野1984）。

佐々木稔氏は，久野氏の分析作業と連動する形で，久野氏が分析した個体と同じものから得られた試料を用いて，非金属介在物分析を行っている。その結果から，窪田氏の指摘を支持して，含銅の磁鉄鉱を用いた炒鋼法により生産された鉄を使用したものと推定した（佐々木1987）。

国立歴史民俗博物館は，大鉄鋌2点，小鉄鋌1点を対象として実施している。それまでの分析結果と同様に，含まれる銅の値の高いことが指摘された。また，微量元素組成の異なる鉄材を組み合わせて一枚の鉄鋌を製作しているという指摘は重要である。そのほか，朝鮮半島南部の古墳出土鉄器，鉄鋌がヒ素とアンチモンを指標に，A群：高ヒ素低アンチモン，B群：低ヒ素高アンチモン，C群：低ヒ素低アンチモンの3群に分けられる可能性が指摘されている。それに関連して，旧陪冢ろ号の鉄鋌を特に取り上げて，グループのA群とB群に分属することが難点であるものの，「朝鮮半島と列島内の鉄を介する古墳時代史像の構築に寄与しうる可能性を示唆した」という評価がなされている（国立歴史民俗博物館編1994・1996）。分析結果から考えられることが，どのような内容なのか詳らかではないものの，自然科学的分析の成果から何かしらの展望が開けることが指摘されたものと考えられる。そこに旧陪冢ろ号の鉄鋌が絡んでいるということであり，興味深い。

この分析結果に関連して，明石雅夫氏は，国立歴史民俗博物館の実施した中性子放射化分析の結果を解析して，旧陪冢ろ号出土鉄鋌が直接法による製作であると結論づけている（明石2003）。

なお，本報告に合わせて陵墓課の事業としても分析を行った。詳細は附編2を参照されたい。

②　歴史研究上での分析とは別に，材料研究の視点からの検討にも利用されることがあった。近年，原子力エネルギーの利用に関連して，使用済み核燃料の地層処分が検討課題となっているが，その際の容器の材料やその経年変化について研究するための比較資料として注目された。旧陪冢ろ号出土鉄鋌は，実際に千数百年間地中に埋蔵されていた実物資料として，その腐食の状況などがデータとして利用されており，核燃料サイクル開発機構や日本原子力研究開発機構の申請に応じて，必要な調査の実施に協力している（本田・郡司2005，吉川2008）。

**考古学的調査研究**　ここでは，特に旧陪冢ろ号出土鉄鋌を直接の対象とした調査研究として，2つを挙げておきたい。

①　昭和55(1980)～57(1982)年に，東潮氏により実施された調査である。鉄鋌を様々な角度から検討する中で，製作方法や度量衡を考察する基礎資料として，完形品を中心に様々な計測値が取得されている。特に，重量については後述するとおり，保存処理前のクリーニング作業により錆などが除去された関係で，本来の重量よりも軽くなってしまっているものがほとんどである。よって，東氏の調査により取得された重量のデータは貴重なものとなっている。この旧陪冢ろ号出土鉄鋌に対して行われた調査研究は「鉄鋌の基礎的研究」の中でまとめられている（東1987）。

②　昭和62(1987)年に，文部省科学研究費補助金による広島大学の調査（研究代表者　川越哲志氏）が実施された。調査は，鉄鋌の製作技術について明らかにすることを主目的として，鉄鋌製作にかかる鍛冶技術の細かい検討に主眼を置いて行われた。その目的のもとに，鍛打痕，鍛接痕の明瞭な個体を中心に実測図の作成，写真撮影が行われた。

その成果は，『東アジアにおける古代鉄鍛冶技術の伝播と展開』（平成12～15年度科学研究費補助金　基盤研究（B）（2）研究成果報告書）の中でまとめられている（古瀬編2004）。

他にも，旧陪冢ろ号出土遺物，特に鉄鋌を取り上げた研究等は多いが，それらについては，第2章第5節を参照いただきたい。

**書陵部展示会**　陵墓課では，平成21(2009)年10月２～８日までの間，宮内庁書陵部庁舎地下展示室において，書陵部特別展示会「考古資料の修復・複製・保存処理」を開催した（宮内庁書陵部陵墓課編2009)。本展示会は当部で保管する考古資料について，その時点で行ってきた，まさに展示会名称となった各種事業の成果品を，整理作業の段階で新たに判明した所見などと合わせて紹介するものだった。旧陪冢ろ号出土遺物については，金属製品の保存処理事業の一例として，展示品の中核を構成する資料として位置づけた。

その中で，旧陪冢ろ号出土遺物を器種ごとに単体で展示するほか，実物やそのレプリカを用いて，森浩一氏が記録した出土状況図をもとにした復元展示を企画した。復元展示にあたっては，陵墓調査室員が森氏のもとに伺い，直接当時の状況等についてご教示いただいた。また，展示会開催中には京都から森氏にご来訪いただき，復元展示についてもご覧いただくことができた。

## 第４節　レプリカの作成

先述したように平成21年度の開催した展示会において，出土状況を再現した展示を企画し，そのために大鉄鋌のレプリカを作成した。以下，レプリカ作成の目的と意義をまとめておきたい。

**基本方針**　レプリカ作製にあたって，基本方針としたことを３点述べておきたい。まず第１点は，森浩一氏が調製された出土状況図（第14図２　出土状況見取図）をできる限り忠実に復元できるレプリカとすること。第２点としては原資料に悪影響を与えないこと，そして第３点としては何回でも使用できる強度と安定性を保持することであり，この３点の条件をすべて満たすレプリカを作製することを基本方針とした。

改めて森氏の図面を見ると，大鉄鋌は11のブロックに積み上げられており，総枚数から計算すると各ブロックは25枚前後の鉄鋌が積み重ねられていることになる（第１図)。当然原資料を25枚積み重ねることは重量の問題から不可能であり，今回レプリカを作ることとなったのだが，忠実に復元するためにはこの枚数が積み重なっている状況を示すことが不可欠であると判断した。すなわち大鉄鋌のレプリカは，250枚以上が必要ということになる。実際には全鉄鋌について１枚ずつレプリカを作製することは経費的･時間的にも不可能であるため，典型的な形状を呈す３枚を選択し，これを原形としてすべてのレプリカを作製した。しかしながらレプリカは１枚ずつの重量がないことと，素材が樹脂であることから25枚を積み重ねると極めて不安定であり，展示には不適切であることがわかった。そのため一番下にあるレプリカの上に木材の芯を取り付け，その芯に中央をくり抜いたレプリカを輪投げのように積み重ねていき，23枚を重ねたところで一番上にくり抜いていないレプリカを木芯の上に被せるように置き，その上からネジ留めした（第２図)。

このような鉄鋌ブロックを11個作製し，展示の際には本物の鉄鋌を各ブロックに付き２枚ずつ積み重ねることとした。このように中央に木芯を入れることによって極めて安定した形状となり，原資料を積むことにもまったく支障のない安定性と強度を確保することができた。

なお，小鉄鋌及びその他の雛型鉄製品は，レプリカは作製せず，すべて原資料を展示することとした。

**作製方法**　続いて，作成の方法を記述する。まず材料であるが，250枚程度の鉄鋌を作製せねばならず，その作業時間の短縮を講じることが必要となった。従って，短時間で硬化成形できる株式会社平泉洋行の２液混合型のウレタン樹脂を使用した。２液の混合から硬化までの時間は５分程度である。それから，一般的に「かたどり」にはシリコーンを使うが，ウレタン樹脂により繰り返し

第１図　鉄鋌とレプリカの展示状況（詳細）

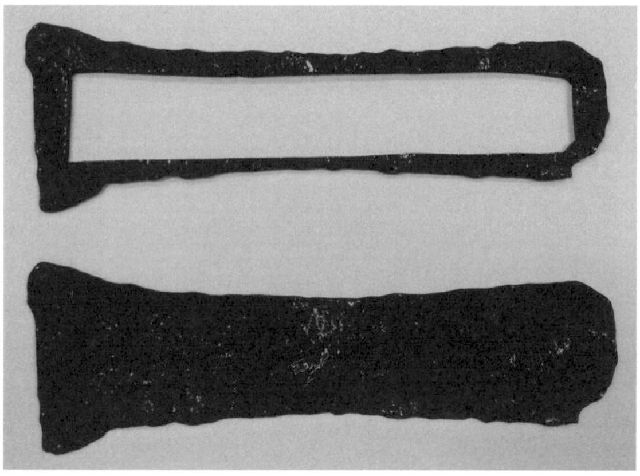

第２図　作成したレプリカ２種

注型を行っていると型の劣化が始まり壊れてしまう。大量な注型に耐えるよう信越化学工業株式会社の高強度付加タイプシリコーンを使用した。

次に，レプリカの作成工程を記述する。各工程は①原資料の「かたどり」②注型，③彩色，④台としての成形である。「かたどり」は約280枚ある鉄鋌の中から状態が良く特徴的な３点を選別し型を取った（第３図）。

製作において困難を伴った事項は，総計250枚の数を注型し成形したことである。前述した使用材料において説明したように高強度のシリコーンを使用したにもかかわらず，３種類の型はそれぞれ20～30回程度使用したところで破損し，数回にわたって型を作製しなおしたことである。

**作成の意義**　今回作製したレプリカの展示状況は巻頭図版に示したとおりであるが（巻頭図版1-1），出土状況図を忠実に再現できたと考えている。これは，実際に展示状況を観覧いただいた森氏からも「まちがいない」とのお言葉を頂戴している。この展示によって，多量の鉄鋌が出土したことが一目瞭然となり，観覧者が鉄鋌の性格や存在意義を理解する際に，大いに効果的な展示ができたものと考えている。

また，このレプリカを用いた鉄鋌の出土状況は，神戸市立博物館（「海の回廊」平成22年１月開催）と，大阪府立近つ飛鳥博物館（「鉄とヤマト政権」平成22年10月開催）においても展示された。いずれの展示においても好評を博し，上に載せた原資料に悪影響を与えることはなかった。さらに長距離の輸送や，展示においても強度上まったく問題はなかった。このようにこの鉄鋌の復元展示は，宮内庁で開催した展示会を含め３回展示されたことになるが，当初の基本方針通りの成果を上げることができたと考える。今後，いずれかの博物館において復元展示を企画した場合にも，このレプリカを活用できるものと考えている。

なお，本稿は2011年６月４・５日に奈良県新公会堂で開催された「第33回文化財修復学会」において，武蔵野文化財修復研究所石原道知氏と共同で発表した成果に依拠している（徳田・石原2011）。

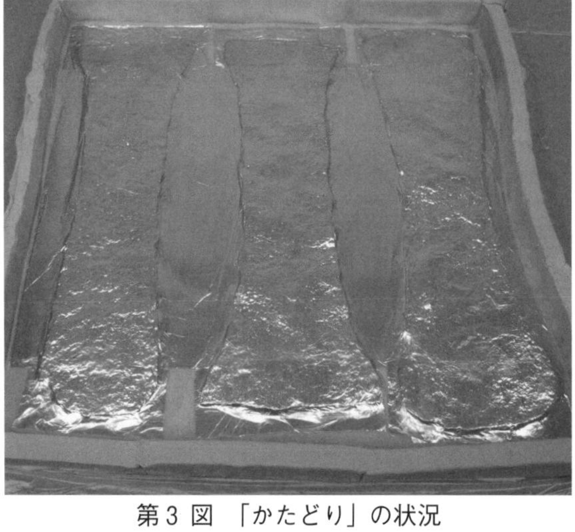

第３図 「かたどり」の状況

## 第５節　整理作業の経過

先述のとおり，保存処理は平成２年度～平成15年度の間で，大鉄鋌，小鉄鋌，鉄製農工具の順に，随時行ってきた。農工具については，保存処理の事前作業として実測図の作成や写真撮影を並行して行ってきたが，鉄鋌に関しては，実測図の作成が先行していた。

**実測図**　鉄鋌の実測は，昭和59(1984)年に大鉄鋌から始まり，最終的には本書作成年度である平成28(2016)年度まで断続的に行われた。詳細は後述するが，長期にわたって作成したために実測者も異なっており，図面に記入された各種製作痕跡の表現や記入の程度などに不統一な部分が認められた。できる限り統一するべく，陵墓調査室員により追記・補足・修正を行ったが，なお十分に統一できなかった部分もある。

ともあれ，実測図作成は，本書を製作するにあたっての基礎的作業の核ともいえる部分である。長期にわたり断続的に実施してきたために，それぞれの作業時期において当時の考古学専攻生を中心にして多くの方々にご協力いただいた。あらためて謝意を表したい。

**写真撮影**　写真撮影については，保存処理前に陵墓調査室員が，中判，35㎜判白黒フィルムによる撮影を行ったほか，保存処理業者により35㎜カラーネガフィルムによる撮影も行っているが，処理前写真には欠落している部分などもあったため，本書の写真図版では，基本的に保存処理後にデジタルカメラによって統一的に撮影したものを掲載することとして，保存処理前の写真は必要に応じて利用することとした。そのほか，展示会や本書作成に向けて，外注によりプロカメラマン等により撮影を行ったものがある。

なお，X線写真は，鉄鋌に関しては自然科学的分析への提供時に撮影されたものはあったが，撮影点数としては必ずしも多くはなく，再整理作業の後半段階である程度の点数を撮影したに留まっている。今後，再処理が必要となった機会などをみて，随時撮影していくことが課題として挙げられる。

**製図**　本書に掲載した挿図については，埴輪など一部を除きデジタルトレースによる製図を行った。

トレース作業の一部は，陵墓調査室員が本書での分担箇所に応じて自身が行ったが，鉄鋌，鉄製農工具など大半の製図は，平成24(2012)年度～26(2014)年度にかけて外注により行った。

上記のとおり，平成に入ってから事業として本格化してきた一連の整理作業に目途がついたところで，平成27(2015)年度に自然科学的分析事業を行い，平成28(2016)年度の事業として，本書の出版を計画した。

〔註〕

（１）　陵墓地形図では，これらの本地に付随して管理している墳丘などを「飛地」と呼称している。現在では「飛地○号」という名称を使用することが多いが，陪冢として呼ばれていた経緯，これまでの資料保管上の名称等も踏まえ，本書では「旧陪冢ろ号」を使用する。ただし，宇和奈辺陵墓参考地に付随する２基のうち「い号」については，記述の都合上，「飛地」の名称を使用することもある。

（２）　本書においては，戦後の旧陪冢ろ号に関わる部分を取り上げているが，周辺古墳群については，戦中の厚生省西部国民勤労訓練所の設置に向けた造成作業で，既に多くの古墳が削平されたり，半壊状態になっていたと考えられる。さらに，戦後の進駐軍のキャンプ造営により，それまで残存していたものや半壊状態にあったものも，大和５号墳を除いて失われることになった経緯がある（末永編1950，高木2008）。

また，ここで示した制度に即して言えば，大和３・４号墳出土遺物は，西部国民勤労訓練所の設置に伴う墳丘の破壊によるものだが，昭和16年７月上旬に出土して，同年10月13日に奈良県庁から諸陵寮へ発送されており，当時の制度に則って処理されたことがわかる（末永編1950）。その後，終戦直後の旧陪冢ろ号（大和6号墳）からの出土遺物は，陵墓地内出土ということから，そのまま諸陵寮に収蔵された。一方，大和５号墳は旧陪冢ろ号の削平直後に調査が実施されたが，その出土遺物はそのまま奈良県所蔵となっている。古墳出土遺物の取扱いをめぐる従来の制度は，これら一連の調査に即する限り，出土時期にほとんど差がないものの大和５号墳出土遺物の取扱いで，実質的な画期を迎えたといえよう。

## 〔参考文献〕


明石雅雄2003「大和６号墳出土の鉄鋌の素材製錬法について」『たたら研究』43，たたら研究会。

東　潮1987「鉄鋌の基礎的研究」（橿原考古学研究所研究紀要『考古学論攷』12），奈良県立橿原考古学研究所。

笠野　毅1997「書陵部保管出土品の来歴と内容」『山陵の遺宝』宮内庁書陵部所蔵出土品選，毎日新聞社。

笠野　毅1999「古代のかたち」『皇室の名宝—美と伝統の精華』，NHK。

橿原考古学研究所編1988『大和の考古学50年』，学生社。

宮内庁書陵部陵墓課編2009『考古資料の修復・複製・保存処理』，宮内庁書陵部。

久野雄一郎1984「奈良市高塚古墳（大和６号墳）出土鉄鋌７点の金属学的調査報告—金属材料としての鉄鋌の品質—」『橿原考古学研究所論集』第７，吉川弘文館。

窪田蔵郎1974「宇和奈辺陵墓参考地陪塚高塚(大和六号墳)出土鉄鋌の金属考古学的調査」『書陵部紀要』第25号，宮内庁書陵部。

国立歴史民俗博物館1994「日本・韓国の鉄生産技術〈調査編２〉」『国立歴史民俗博物館研究報告』第59集，第一法規出版。

国立歴史民俗博物館1996「日本・韓国の鉄生産技術〈調査編〉補遺」『国立歴史民俗博物館研究報告』第66集，第一法規出版。

佐々木稔1987「大和６号墳鉄鋌中の非金属介在物の組成」（橿原考古学研究所研究紀要『考古学論攷』12），奈良県立橿原考古学研究所。

末永雅雄編1950『奈良県史蹟名勝天然記念物調査抄報』第４輯，奈良県史蹟名勝天然記念物調査委員会。

末永雅雄1950『大和の古墳』，河原書店。

末永雅雄 1961『日本の古墳』，朝日新聞社。

末永雅雄1974『古墳の航空大観』，学生社。

東京国立博物館編1969『日本考古展目録』（「日本考古展　考古学・この25年の歩み」図録），東京国立博物館。

時枝　務2001「近代国家と考古学—「埋蔵物録」の考古学史的研究—」『東京国立博物館紀要』第36号，東京国立博物館。

徳田誠志・石原道知 2011「奈良県大和６号墳における「鉄鋌」出土状況復元展示のためのレプリカ作製」『第33回文化財修復学会発表資料集』，2011年６月４日（土）・５日（日）奈良県新公会堂，文化財修復学会。

図書課出納係2008「書陵部における資料の保存管理について」『書陵部紀要』第59号，宮内庁書陵部。

奈良市史編纂審議会編1968『奈良市史』考古篇，吉川弘文館。

福尾正彦2006「宮内庁書陵部保管の馬形帯鉤について—出土地等の再検討—」『東アジア地域における青銅器文化の移入と変容および流通に関する多角的比較研究』，国立歴史民俗博物館。

福尾正彦2010「陵墓課保管の出土品の概要」『皇室の文庫　書陵部の名品』，宮内庁。

福尾正彦2015「「新庄下古墳」出土品　—宮内庁書陵部所蔵の経緯を中心に—」『千足古墳—第１～第４次発掘調査報告書』，岡山市教育委員会

古瀬清秀編2004『東アジアにおける古代鉄鍛冶技術の伝播と展開』（平成12～15年度科学研究費補助基盤研究（B）（2）研究成果報告書），広島大学大学院文学研究科考古学研究室。

本田　卓・郡司英一2005『鉄遺物のX線CT測定』(核燃料サイクル開発機構　契約業務報告書)，日立エンジニアリング株式会社。

森　浩一編1974『日本古代文化の探求　鉄』，社会思想社。

森　浩一1959「古墳出土の鉄鋌について」『古代学研究』第21・22合併号，古代学研究会。

森　浩一1998『僕は考古学に鍛えられた』，筑摩書房。

森　浩一2009「研究所の発足と歩み　敗戦前後の考古学　—附属博物館講演会の記録—」『青陵』第127号，奈良県立橿原考古学研究所。

森　浩一著作集編集委員会編2016『渡来文化と生産』（森浩一著作集３），新泉社。

吉川英樹2008「考古学的遺物に学ぶ金属の長期腐食挙動—地層処分研究への自然界での類似現象の活用—」『未来を拓く原子力　2008』，独立行政法人原子力研究開発機構。

和島誠一1960「鉄器の成分」『月の輪古墳』，柵原町　月の輪古墳刊行会。

# 第２章　周辺の環境と既往の調査・研究

## 第１節　地理的環境

旧陪冢ろ号と宇和奈辺陵墓参考地は，奈良県奈良市法華寺町一帯の佐紀丘陵東縁部に立地している（第４・５・６図）。同丘陵は地溝盆地である奈良盆地の北縁部に位置しており，奈良県と京都府の境とは至近の距離にある。

盆地内を流れる河川は，各所から磯城郡川西町付近に向かって集まり，二上山の北を西流して，大和川として大阪湾へと注いでいる。同丘陵は，これら集約される河川のうち，盆地北側の主要河川である佐保川の中流域北側と秋篠川の東側に広がっており，全体としては南側に向かって緩やかに下降する地形となっている。

この丘陵全体に佐紀古墳群が展開しているが，旧陪冢ろ号や宇和奈辺陵墓参考地が含まれる東縁部も，平坦な地形が南側に緩やかに下る地形となっており，南側への眺望が開けている。一方で，東側，及び北側から西側にかけては比較的深い谷が入り込む台地状となっており，斜面は段丘状に下降して平坦地を形成しつつ木津川へと至る。この台地状の平坦面は，現状で標高80m前後を測り，同丘陵の西側もほぼ近しい標高となっている。また，南西に位置する平城宮跡とは10m前後の比高となる。

## 第２節　歴史的環境

旧陪冢ろ号（大和６号墳）は，奈良盆地北部の佐紀古墳群中にある。この佐紀古墳群は，200

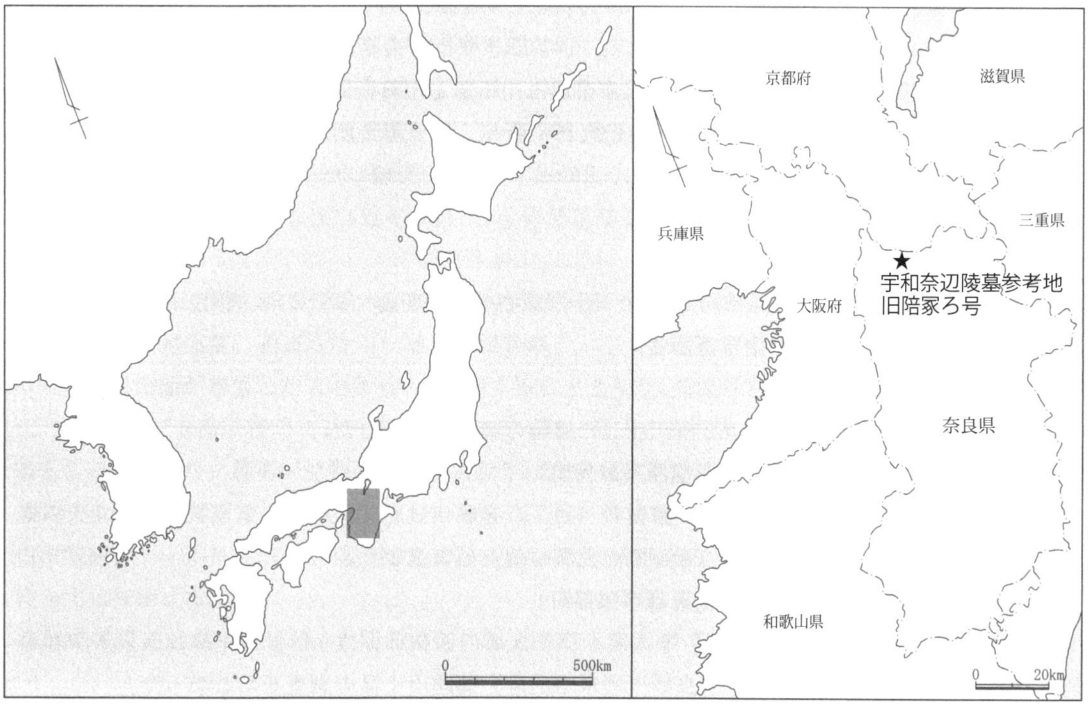


第４図　宇和奈辺陵墓参考地旧陪冢ろ号　概略位置図（左：1/25,000,000，右：1/2,000,000）

mを超す巨大前方後円墳と100m程の前方後円墳，それ以下の前方後円墳や円墳・方墳といった様々な規模，形状の古墳からなる（第５・６図）。

巨大前方後円墳の築造は，狭木之寺間陵（佐紀陵山古墳）より平城坂上陵（ヒシャゲ古墳）まで，おおよそ古墳時代前期後半より中期中頃まで続くことが，地元自治体および当庁によるこれまでの調査の結果，明らかとなっている。

佐紀古墳群は，地形・分布状況・時期によって，東・中央・西・南の４群に分けられている（今尾2014）。東群は，小奈辺陵墓参考地（コナベ古墳），宇和奈辺陵墓参考地（ウワナベ古墳），平城坂上陵（ヒシャゲ古墳）と中小古墳からなっていたと考えられるが，中小古墳の多くは削平され，現状ほとんど見ることは出来ない。中央群は，楊梅陵（市庭古墳），神明野古墳からなる。西群は，狭木之寺間陵（佐紀陵山古墳），狭城盾列池後陵（佐紀石塚山古墳），狭城盾列池上陵（五社神古墳）と中小古墳からなる。南群は，菅原伏見東陵（宝来山古墳）と中小古墳からなる。

本報告の旧陪冢ろ号（大和６号墳）は東群に属し，大和３号墳と同じく宇和奈辺陵墓参考地（ウワナベ古墳）の陪冢であった。しかし，それらは米軍の施設建設のため消滅した。現在，陪冢として残っているものは，大和５号墳の他，飛地い号（大和２号墳）があるが，飛地い号については前方後円墳ということ以外，詳細は不明である。

## 第３節　宇和奈辺陵墓参考地と陪冢

宇和奈辺陵墓参考地には付随する陪冢が２基（い号・ろ号）あり，そのうち北側に位置するのが旧陪冢ろ号であることは，第１章第１節で述べたとおりである。ここでは，同参考地と陪冢２基の来歴について簡単に触れておきたい。

宇和奈辺陵墓参考地は，江戸時代には『大和名所図会』（秋里1791）などにもあるように，元明天皇陵とされることもあったが，明治18(1885)年に法華寺から献納されたことにより御陵墓見込地となり，宮内省による管理が始まった。その後，陵墓参考地として現在に至っている。

一方，２基の陪冢は，同参考地の治定から７年後の明治25(1892)年に，狭城盾列池上陵，狭城盾列池後陵，菅原伏見東陵，平城坂上陵，小奈辺陵墓参考地，山辺道勾岡上陵，山辺道上陵の陪塚と同じ機会に同参考地に編入されて，現在に至っている。

太平洋戦争終戦直後に，旧陪冢ろ号が失われた顛末については，第３章において詳述する。旧陪冢い号は，現存するが調査がなされたことはなく，詳細については不明である。

なお，この時，平城坂上陵の陪冢の幾つかも進駐軍のキャンプ地造営に伴い，失われている。

戦後に失われた陪冢については，昭和31(1956)年９月に進駐軍の駐留が終わったことをきっかけに，失われた陪冢群の調査のために，翌32年には宮内庁からＥキャンプ跡地の視察のために職員が現地を訪れているようである。その後，昭和35年に防衛庁との間に土地交換という形で失われた陪冢群の面積分が，平城坂上陵附属地として陵墓地に編入されている。

## 第４節　既往の調査・研究―宇和奈辺陵墓参考地を中心に―

本節では，旧陪冢ろ号の理解を深めるために，宇和奈辺陵墓参考地の本地とそれに伴う外周施設（以下，全体を併せて「ウワナベ古墳」と呼称する。）に対する各機関の既往の調査・研究について，その成果を確認しておきたい（第８・９・10図）。

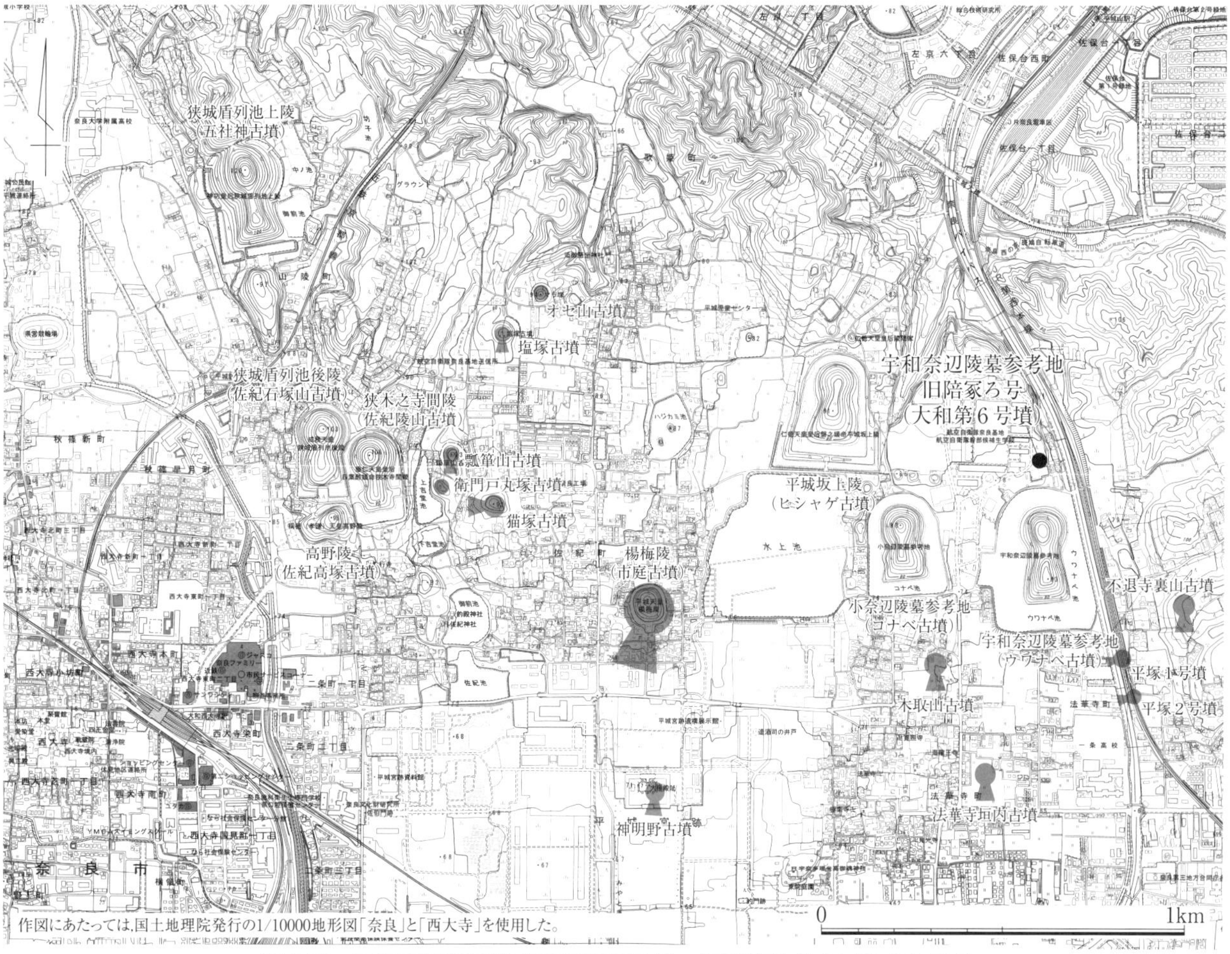


第５図　宇和奈辺陵墓参考地旧陪冢ろ号　周辺遺跡分布図(1/20,000)

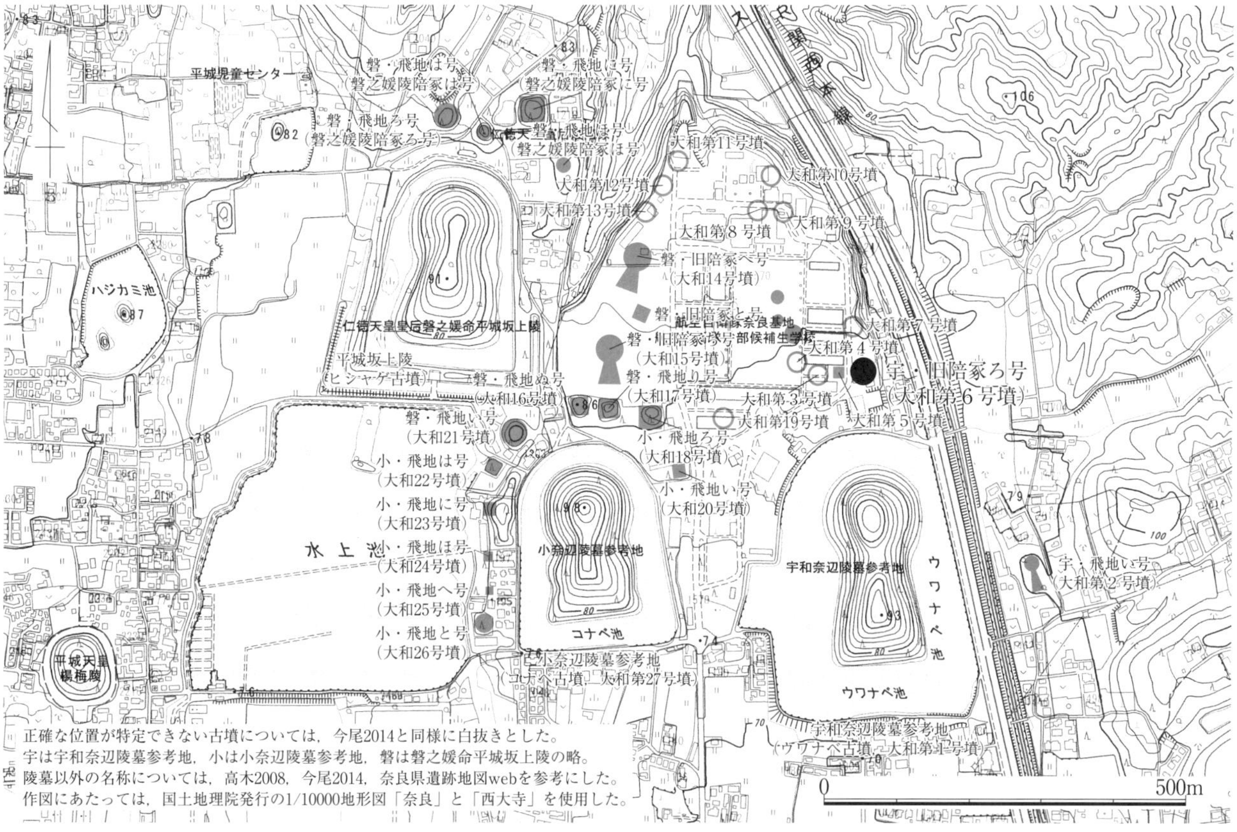


第６図　宇和奈辺陵墓参考地旧陪冢ろ号　位置図(1/10,000)

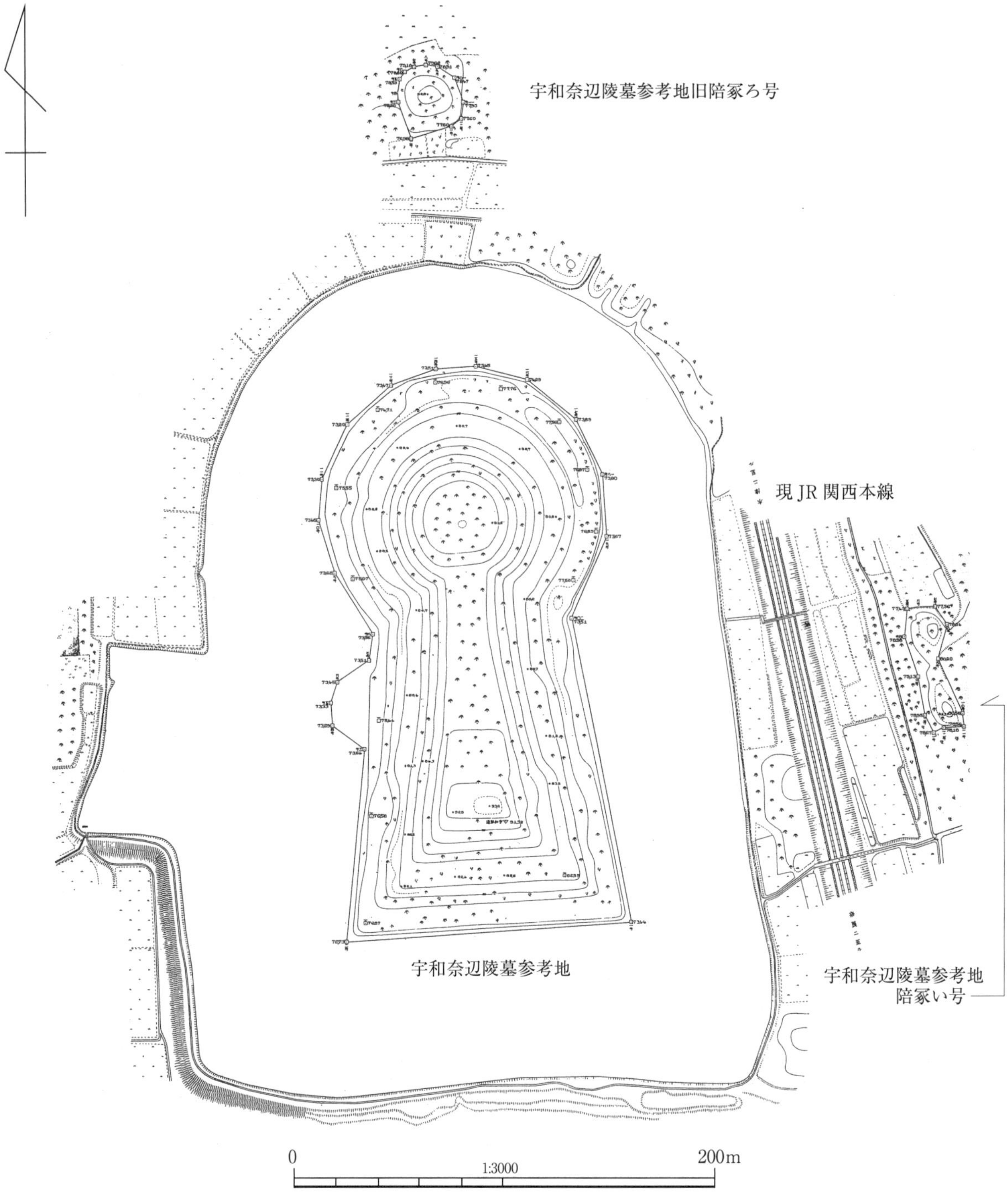


第７図　宇和奈辺陵墓参考地　陵墓地形図

（１）奈良国立文化財研究所による調査

ウワナベ古墳に対する組織的な発掘調査は，奈良国立文化財研究所（当時。現，独立行政法人国立文化財研究機構奈良文化財研究所。以下，「奈文研」と略記する。）によって昭和44年から45年にかけておこなわれた，国道24号線奈良バイパス建設関連調査を嚆矢とする。

奈良バイパスに関連する調査は，奈文研による平城京調査の一環としておこなわれ，そのうち，平城京第54次調査および同第60次調査においてウワナベ池東岸が対象となった。

第54次調査は，昭和44(1969)年２月13日～４月３日の期間でおこなわれたもので，宇和奈辺陵墓

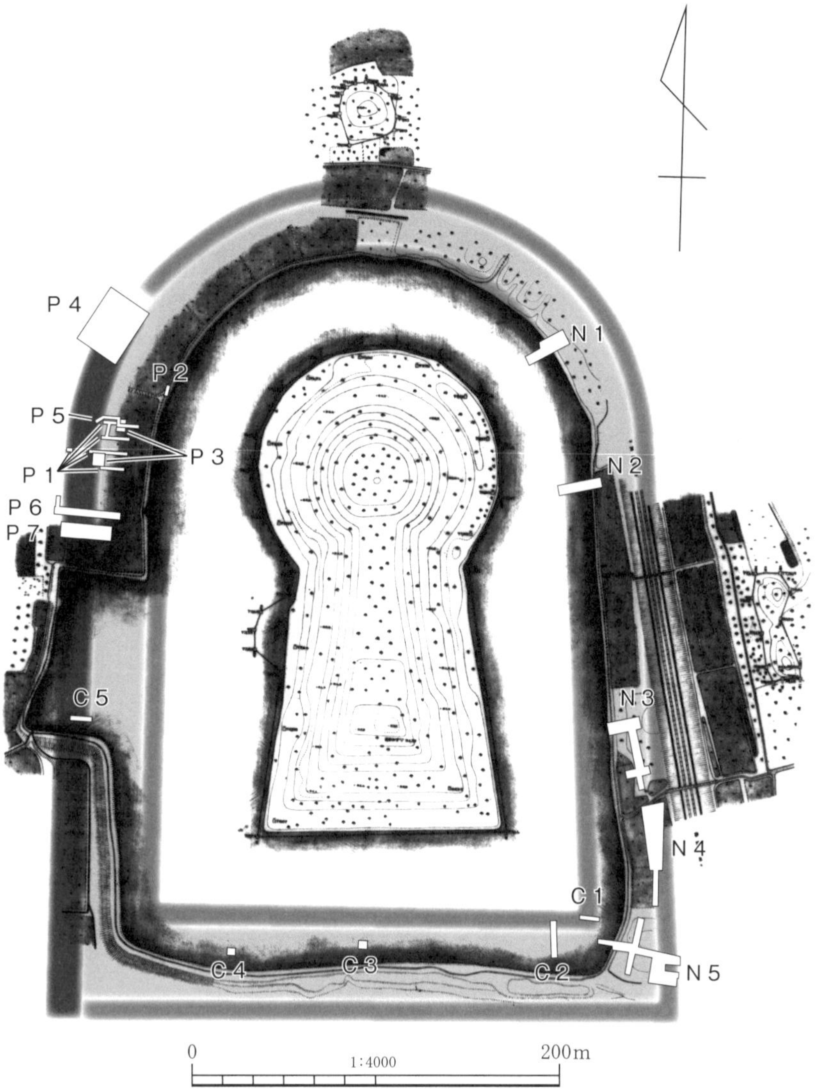


Nは奈良文化財研究所の調査区，Pは奈良県教育委員会および奈良県立橿原考古学研究所の調査区，Cは奈良市教育委員会の調査区
半透明の復元部分については，西口 1975 と安井 1992 による。

第８図　ウワナベ古墳　トレンチ配置図(1/4,000)

参考地本地の後円部東外方に２箇所のトレンチが設定された（第８図N１・２）。この調査により，ウワナベ池堤塘下に地山削り出しによるウワナベ古墳周濠の堤が遺存していること，その堤の内側斜面に葺石が存在していることなどの点が確認された。

第60次調査は，昭和44年10月22日～45(1970)年１月13日の期間でおこなわれたもので，宇和奈辺陵墓参考地本地の前方部東外方に３箇所のトレンチが設定された（第８図N３～５）。この結果，第54次調査と同様に周濠の堤が地山削り出しであることが確認されたほか，堤の外側肩付近に埴輪列が存在すること，堤の外側にさらに濠が存在することなどの点が確認されている。堤上の埴輪列は，幅45cm，深さ30cmの布掘りの掘方に据えられており，10mあたり22本の配置密度である。埴輪列の主体は鰭付円筒埴輪で，ごく少数存在する普通円筒埴輪の上には蓋形埴輪が載せられていたものと想定されている。

この奈文研の調査により，ウワナベ古墳に伴う遺構として，内外二重の周濠，地山削り出しの中堤，中堤内側斜面葺石，中堤上面外周埴輪列が確認された。報告書では，この調査で検出した遺構

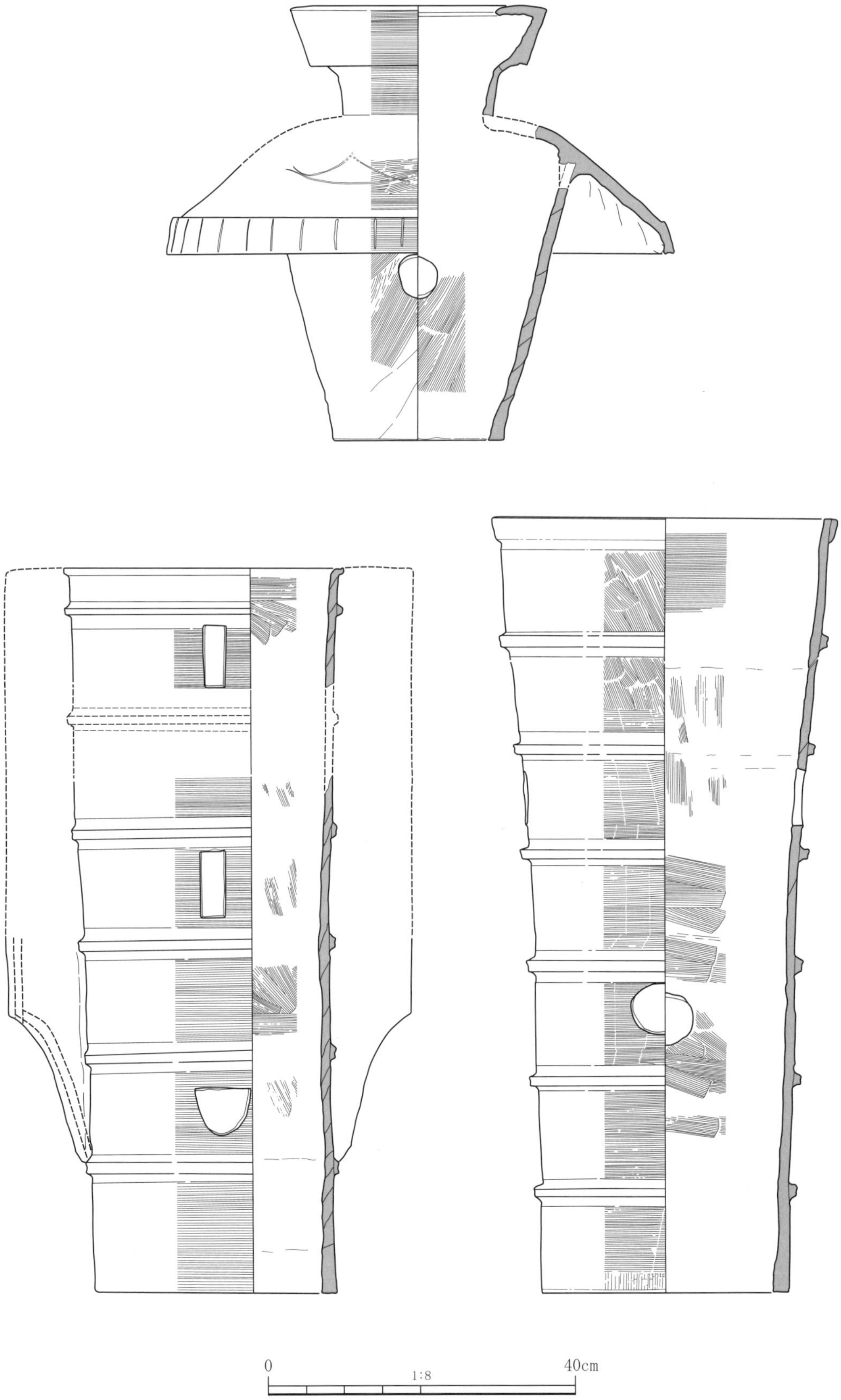


第9図　ウワナベ古墳　奈文研調査出土品（1）（1/8）

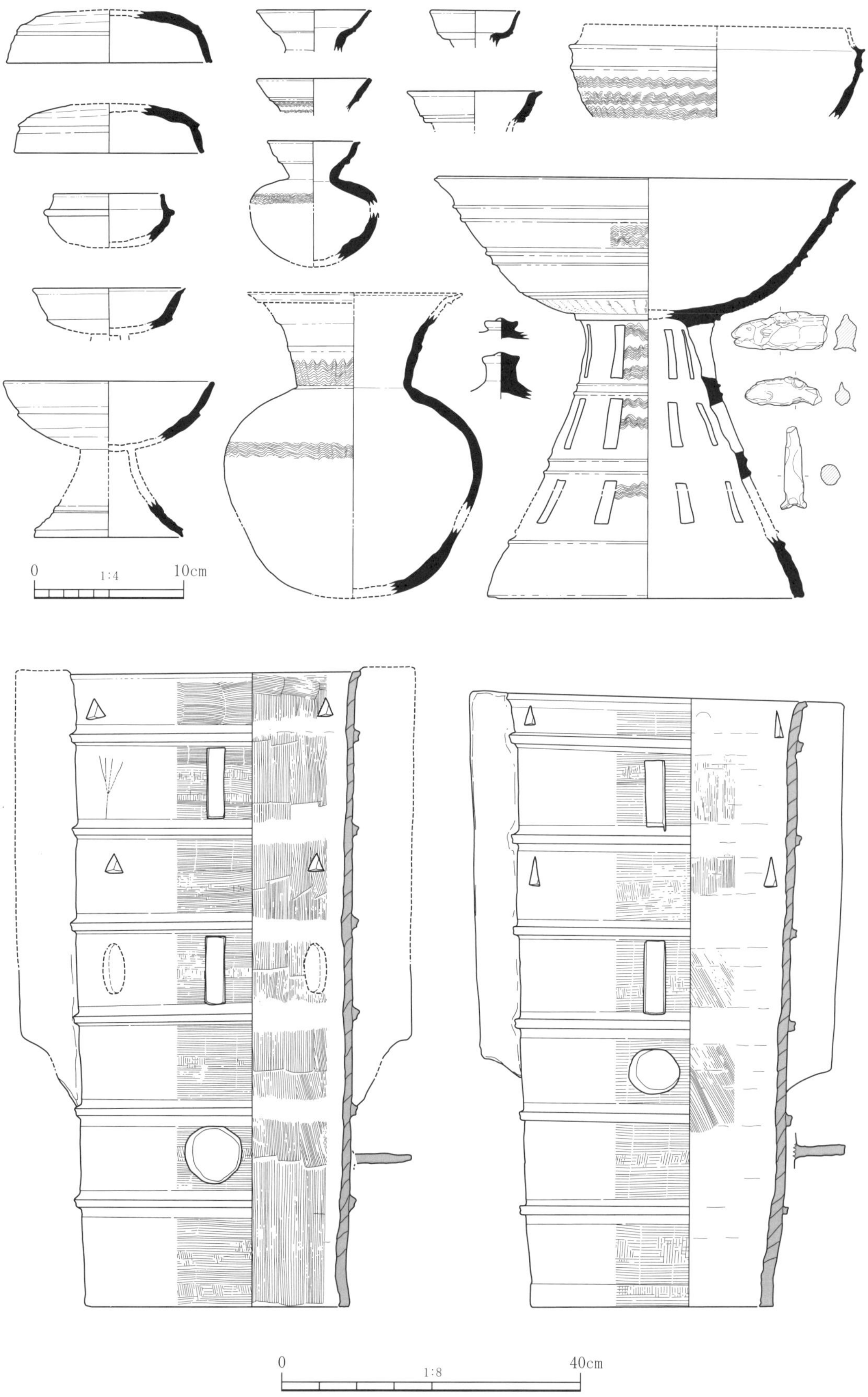


第10図　ウワナベ古墳　奈文研調査出土品（2）（1/4,1/8）

**第１表　ウワナベ古墳　県教委・橿考研調査一覧**

| | 調査期間 | 担当者 | 調査原因 | 調査対象地 | 検出遺構・遺物等 | 文献 |
|---|---|---|---|---|---|---|
| 1 | 1973<br>12.11～ | 伊藤勇輔 | 奈良基地<br>下水浄化施設建設 | 中堤・外濠 | 中堤・中堤上外周埴輪列・外濠検出<br>埴輪出土 | 伊藤勇1976 |
| 2 | 1976 | 寺沢　薫 | ウワナベ池堤塘上<br>市道拡幅 | 中堤 | 中堤・中堤上内周埴輪列確認<br>埴輪・土師器小形丸底壺出土 | 小栗1993<br>吉村・井上2008 |
| 3 | 1986～87<br>12.3～1.17 | 伊藤雅文 | 奈良基地<br>浄化槽増築 | 中堤・外濠 | 昭和48年調査地隣接地<br>中堤・外濠検出<br>埴輪片出土 | 伊藤雅1989 |
| 4 | 1988<br>6.22～8.23 | 杉山秀宏 | 奈良基地<br>厚生センター新築 | 外濠・外堤 | 外濠・外堤・渡土堤（？）・外堤上埴輪など検出<br>埴輪片・須恵器片・瓦片出土 | 杉山1992<br>光石2012 |
| 5 | 1992～93<br>12.15～1.11 | 小栗明彦 | 奈良基地<br>公共下水道接続 | 中堤・外濠 | 昭和48年・同61年調査地隣接地<br>顕著な遺構・遺物なし | 小栗1993 |
| 6 | 2007<br>8.22～9.20 | 吉村和昭・<br>井上主税 | 奈良基地<br>公務員宿舎改築 | 中堤・外濠・<br>外堤 | 中堤・外濠・外堤・外堤上内周埴輪列検出<br>埴輪・須恵器・瓦・瓦質土器・瓦器・陶磁器出土 | 吉村・井上2008 |
| 7 | 2008<br>6.30～7.29 | 髙木清生 | 奈良基地<br>公務員宿舎改築 | 中堤・外濠 | 中堤・外濠など検出<br>埴輪片・須恵器片・瓦片・瓦器片・陶磁器片出土 | 髙木・入倉2009 |

に加え，ウワナベ池周囲で確認されつつあった埴輪列を手がかりに，中堤の内周にも埴輪列が存在すること，中堤の上面幅が24～30ｍであること，中堤上面と墳丘本体の第１段平坦面のレベルがほぼ一致すること，などの点を指摘し，ウワナベ古墳全体の復原図が提示されている。

遺物に関しては，中堤上埴輪列の主体が鰭付円筒埴輪であることが明らかとなり，その全形を知ることの出来る資料が得られている。その結果，中堤上外周埴輪列出土の鰭付円筒埴輪が，大和５号墳出土の鰭付円筒埴輪と酷似していることが指摘されている。また，濠水の減水により露出した造出の裾部で，須恵器・土師器・魚形土製品などが採集されている。特に須恵器については，ウワナベ古墳の築造年代を考える資料として非常に重要である（第９・10図）（町田編1975）。

（２）奈良県教育委員会・奈良県立橿原考古学研究所による調査

上記の奈文研による調査の直後から，奈良県教育委員会（以下，「県教委」と略記する。）あるいは奈良県立橿原考古学研究所（以下，「橿考研」と略記する。）によって，航空自衛隊奈良基地（以下，「奈良基地」と略記する。）敷地を中心として，ウワナベ古墳周囲の調査が断続的に行われている。奈良基地内において実施された調査を一覧表にまとめた光石鳴巳によれば，県教委・橿考研がこれまでに基地内で実施した調査は21次に及ぶという（光石2012）。うち，ウワナベ古墳が直接対象となったものは５件であり，光石が一覧表に掲記していない平成４（1992）年におこなわれた立会調査を含めると，６件となる。これに，奈良基地敷地外で実施された，昭和51（1976）年のウワナベ池西岸堤塘上での市道拡幅工事に伴う調査（小栗1993，吉村・井上2008）を加えると，計７件となる（第１表）。

昭和48（1973）年12月におこなわれた奈良基地内浄化施設建設工事に伴う調査箇所は，宇和奈辺陵墓参考地本地の後円部西外方にあたる（第８図Ｐ１，第１表１）。この調査で，ウワナベ古墳の西側にも東側と同様に中堤・中堤上外周埴輪列・外濠が存在することが確認された（伊藤勇1976）。

昭和51（1976）年には，市道拡幅工事により，宇和奈辺陵墓参考地後円部西側外方にあたる，ウワナベ池西岸堤塘上で調査が行われている（第８図Ｐ２，第１表２）。この調査では，中堤の内側斜面と中堤上内周の埴輪列が検出され，埴輪列中の円筒埴輪内に，土師器の小形丸底壺が入れられていた事例があったとされるが，未報告のため，詳細は不明である（小栗1993，吉村・井上2008）。

昭和61（1986）年12月から翌62（1987）年１月末にかけて，橿考研により，奈良基地内における電柱建替箇所・浄化槽建増箇所・食厨房建設箇所・浴場建替箇所の，計４箇所で断続的な調査が行われた。このうち，浄化槽建増箇所は，昭和48年の浄化施設建設箇所に隣接しており，宇和奈辺陵墓参考地本地後円部の西側外方にあたる（第８図Ｐ３，第１表３）。この箇所では，中堤・外濠は検出されたものの，中堤上の埴輪列は消失していた（伊藤雅1989）。

昭和63(1988)年の６月から８月には，基地内の学生隊舎建替箇所と厚生センター新築箇所の２箇所で調査がおこなわれ，宇和奈辺陵墓参考地本地後円部の北西側外方にあたる厚生センター新築箇所において，関連する遺構が検出されている（第８図Ｐ４，第１表４）。外濠・外堤のほか，外濠を渡る陸橋部らしき高まりや外堤上樹立埴輪などが初めて確認された。外堤上の埴輪は単独で検出されており，密接した列ではない。外濠の陸橋部については，確証が得られていないことから，調査担当者は慎重な姿勢を崩していない（杉山1992，光石2012）。

平成４(1992)年から５(1993)年にかけて，奈良基地内の電源局舎建替箇所・学生隊舎増設箇所・重油タンク増設箇所・警衛所建替箇所・公共下水道接続管設置箇所の４箇所において，断続的に調査がおこなわれた。このうち，公共下水道接続管設置箇所が，昭和48年・同63年に工事がおこなわれた浄化槽に隣接する，宇和奈辺陵墓参考地本地後円部西外方であった（第８図Ｐ５，第１表５）。過去の調査と同様に中堤・外濠の遺構の存在が予想されたが，攪乱を受けており確認されなかった(小栗1993)。

平成19(2007)年には，基地内の教育講堂改築箇所と共同宿舎建替箇所で調査がおこなわれており，このうち，共同宿舎建替箇所で関連遺構が検出されている。場所は，宇和奈辺陵墓参考地本地後円部西側外方の，ウワナベ池が西方に張り出す部分の北側で，昭和48年・同61年・平成４～５年と調査がおこなわれた浄化施設・浄化槽箇所の南側になる（第８図Ｐ６，第１表６）。本工事前の試掘調査であったが，この調査で確認されたのは，中堤・外濠・外堤・外堤内周埴輪列の各遺構で，中堤の埴輪列は消失しており確認されていない。外堤内周埴輪列は，昭和63年に調査された厚生センター新築箇所で検出されたものと同様に密接せず，7.5ｍ間隔で埴輪が樹立されていた（吉村・井上2008)。

平成20(2008)年には，平成19年の調査箇所よりもさらに南側で共同宿舎建替箇所の本調査がおこなわれている（第８図Ｐ７，第１表７）。調査範囲は外堤にはかからず，確認されたのは中堤・外濠のみで，中堤上埴輪列も確認されなかった（髙木・入倉2009）。

上記のほか，ウワナベ古墳を直接対象とはしていないが，奈良基地内における調査では，かつて末永雅雄が「宇和奈辺古墳群」と呼称し，「大和○号墳」と通し番号を付した古墳群（末永編1950）も調査対象に含まれている。それらの調査により，平成６・７(1994・95)年の調査では，「大和８号墳」・「同９号墳」・「同10号墳」（楠元1995)が[1]，同16・17(2004・05)年の調査では，末永の大和14＋15号墳（髙木2006)が[2]，同20(2008)年の調査では，末永の大和11＋12号墳の後円部（髙木・松岡2009)が[3]，それぞれ検出されている。このうち，末永の大和14号墳は磐之媛命平城坂上陵旧飛地ち号に，同大和11号墳は同陵旧飛地へ号に相当するものと考えられ[4]，宇和奈辺陵墓参考地旧陪冢ろ号と同時期に削平されたものである。肝心の旧陪冢ろ号所在地付近では調査がおこなわれておらず，その痕跡は確認されるにいたっていない。なお，平成６・７年に検出された「大和８号墳」，「大和９号墳」，「大和10号墳」は，いずれもウワナベ古墳とは離れた位置にあるが，このうち「９号墳」の出土埴輪がウワナベ古墳出土品と酷似しているという（楠元1995)。

これら，県教委から橿考研へと受け継がれてきた調査によって，内濠・中堤・外濠・外堤を持ち，中堤上の内周・外周および外堤上の内周に埴輪列を持つという，ウワナベ古墳西～北西の外周施設

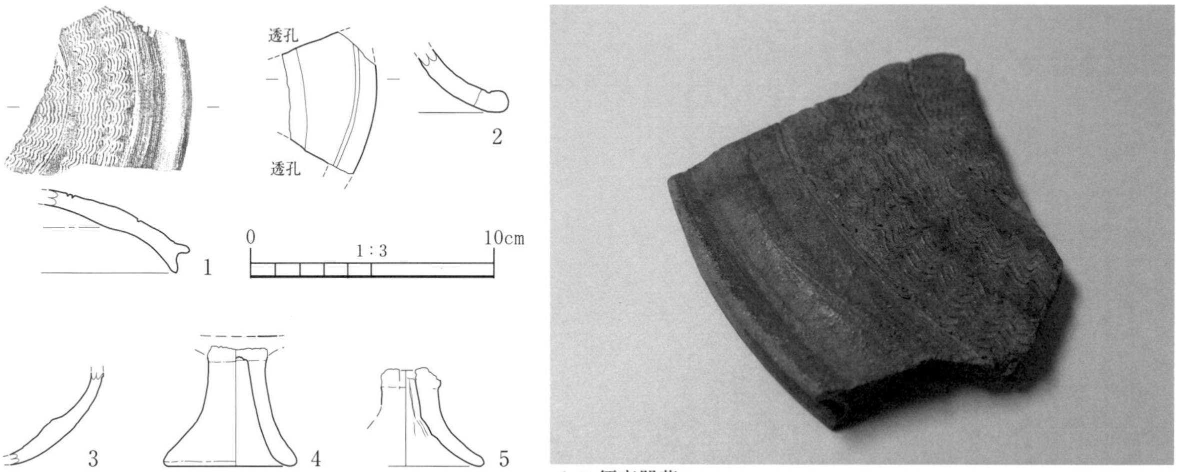


1の須恵器蓋

第11図　関西大学考古学研究室所蔵「ウワナベ五」出土須恵器・土師器

の詳細が明らかとなった。また，陪冢と考えるには少し離れた位置にあるにも関わらず，ウワナベ古墳と埴輪を共用する小古墳の存在も明らかとなった。今後の調査の進展により，ウワナベ古墳外堤外半部の構造や外濠渡土堤の当否の確認のほか，旧陪冢ろ号の痕跡の検出，旧陪冢ろ号とウワナベ古墳外堤・外濠との接続状況の確認，ウワナベ古墳と埴輪を共用する小古墳のさらなる確認，などの成果が期待される。

（３）奈良市教育委員会による調査

奈良市教育委員会による宇和奈辺陵墓参考地墳丘外の平成３年度調査では，東・南・西堤防の内側に計５箇所の発掘区が設定された。その結果，いずれの発掘区でも葺石や円筒埴輪列等の外表施設は検出されなかった。ただし，第２発掘区（第８図９）では多少の削平は受けているものの南外堤およびその内側斜面を検出し，奈良文化財研究所の復元案よりも本来の内側斜面が，より墳丘寄りになるという可能性が示された。また，第５発掘区（第８図12）では幅約18mの西外濠を検出し，奈良文化財研究所が検出した東外濠と比べて約８m広く，約1.6m深いことがわかった。さらに，西外濠は土層堆積状況から，本来空濠であった可能性が考えられた。

（４）宮内庁書陵部による調査

宇和奈辺陵墓参考地は，境界線が墳丘裾を巡っており，通常は濠水に囲まれているためトレンチを設定するような調査が実施されたことはない。しかし，墳丘裾付近では戦前，及び昭和61年に埴輪が採集されており，それらは書陵部特別展示会（宮内庁書陵部陵墓課編2003）や『書陵部紀要』第57号（土生田・清喜・加藤2005）で紹介している。

（５）「ウワナベ五」出土の土器

関西大学考古学研究室には，「ウワナベ五」の注記がある須恵器・土師器片が所蔵されている（３・４には注記そのものはないが，まとまって収蔵されており，同じ出土地と考えられる）。同研究室のご高配を得て，資料調査を実施したので，以下に紹介しておきたい（第11図）。

１は，須恵器蓋である。直径は約18～20㎝に復元される。青灰色を呈しており，焼成は良好，堅緻である。内外面には回転ナデが認められる。外面には，口縁端部から外面に灰緑色の自然釉がかかる。また，外側に１本，内側に２本の沈線が廻り，その区画の中に波状文が施されている。内面には自然釉が認められない。また，同様の特徴を示すことから同一個体と考えられる小片がもう１点ある。

２は，須恵器高坏の脚部である。端部付近の小片が残っている。端部の残存範囲が狭いため，脚の直径は不明である。暗青灰色を呈しており，焼成は良好，堅緻である。内外面には回転ナデが認められる。外面には自然釉がかかる。内面には自然釉が認められない。透孔が２か所確認される。直径が不明であるため，推定となるが６箇所程度の透孔をもつ個体であったと考えられる。

３は，須恵器𤭯の胴部である。底部に近い位置の破片と考えられる。破片が小さいため胴部径は不明である。明灰色を呈しており，焼成はややあまい。外面は，上位は回転ナデによるが，下位は不定の指ナデが認められる。また，図示した上端付近に沈線が認められる。内面は上位が不定のナデで，下位は棒状工具による突き固めたような痕跡が認められる。内外面とも自然釉は認められない。

４は，土師器高坏脚部である。おおむね脚部が残存している。脚端部はあまり広がらない形態を示す。色調は明黄褐色を呈しており，焼成はややあまい。内外面は指ナデが認められるが，全体にやや摩滅しており不明瞭である。坏部内面が一部残存している。

５は，土師器高坏脚部である。端部付近を大きく欠いている。脚端部は，４と比較すると明瞭に広がる形態を示す。色調は明黄褐色を呈しており，焼成はややあまい。内外面は指ナデが認められるが，全体にやや摩滅しており不明瞭である。内面には筋状の痕跡が認められる。

４・５の土師器高坏については，全体に厚手の作りで，手づくねによる製作と考えられる。

これらの土器群の出土地については，「宇和奈邊古墳群」の名称もあることから，これが宇和奈邊古墳群第５号墳（大和５号墳）である可能性が考えられる。しかし，「ウワナベ」はあくまで宇和奈辺陵墓参考地のことである可能性もあり，明確な出土地の確定には至らない。しかし，いずれにしても近隣の古墳が出土地である可能性が高いことには変わりなく，今後類例の増加を待って評価がなされるべきものであろう。

## 第５節　出土遺物の研究史―鉄製品を中心として―

（１）鉄鋌

鉄鋌の研究は1930年代からおこなわれており，これまでに複数の研究テーマが掲げられてきた。研究の初期から現在にいたるまで，鉄鋌の主な研究テーマは鉄鋌の「用途」と「製作地」についてである。鉄鋌が鉄素材である可能性があること，さらに輸入鉄素材の入手は倭における国家形成論の前提と考えられており，古墳時代研究において鉄素材の問題は大きな位置を占めているためである（森ォ2005）。これらを追及する分析視角として，鉄鋌の出土状況，出土点数，長さ・幅・重量からみた規格性，理化学的分析による金属的情報などが注目されてきた。近年では，日本列島と朝鮮半島において出土事例が増加したことにともない，鉄鋌の形態差に注目した型式学的分析もおこなわれるようになった。

ここでは鉄鋌の研究テーマと分析視角を考慮し，鉄鋌の研究史を「①鉄鋌という用語」，「②用途」，「③製作地」，「④型式学的分析」，「⑤製作技法」という項目にわけた。これらについて，主として時間軸にそってみていくこととする。

なお，鉄鋌の研究史では，「宇和奈辺陵墓参考地旧陪冢ろ号」ではなく「大和６号墳」という名称が用いられることが一般的である。本節では先行研究を尊重し，宇和奈辺陵墓参考地旧陪冢ろ号ではなく大和６号墳の名称を用いることとする。

①鉄鋌という用語

今日，鉄鋌という用語は定着しており，広く用いられている。だが，鉄鋌は「時百済肖古王深之歓喜而厚遇焉仍以五色綵絹各一匹及各弓箭并鉄鋌卌枚幣爾波移」（『日本書紀』「神宮紀四十六年条」）にみられる歴史用語であり，今日鉄鋌と呼ばれている鉄製品が本当に鉄鋌であるかどうかは，検討すべき論点である。はじめに鉄鋌という用語をあてたのは黒田幹一である（黒田1938）。「珽」は長さ五寸許りの笏に似た長方形の玉板のことであるが，玉なるがゆえに「珽」であり，金銀なるが故に「鋌」であるという。また，村上英之助によると，「鋌とは，宋の載侗によると，一般に細長いもので，五金すなわち金，銀，鉛，銅，鉄の場合は条形をした地金をさす字である（村上英1983b，192頁）」という。元々は歴史用語であったが，字義としても「鉄鋌」にあうことから，定着したようである。だが，村上が指摘した通り，黒田は鉄鋌という用語を金鋌，銀鋌と同一系統の一種の貨幣と認識して用いており，後に鉄鋌の用途として定着した鉄素材の意味で用いていない。また，日本書紀の用語を無批判に用いるのも問題であることから村上は，鉄鋌という言葉に代えて枚鉄《ひらがね》という用語を用いた。

このような状況であることから，本来は鉄鋌という歴史用語は，安易に用いるべきものではない。だが，鉄鋌という言葉は既に定着していることから，本報告においては鉄鋌という用語を便宜的に用いるが，上記のような議論があることは承知していることを断っておきたい。

②用　途

これまで鉄鋌の用途として様々な説が提唱されてきた。これらを大きく区分すると，鉄素材説，鉄製品（宝器・儀器・葬具）説，貨幣説にわけられる。また，これらの用途をあわせもった鉄素材・貨幣説，鉄素材・鉄製品（仮器・宝器・儀器・葬具）・貨幣説もみられる。用途をめぐる議論は複雑であるため，上記の説ごとに区分した。これらの説は互いに影響を与え合っているため，時期を区切りながらみていくこととする。

1930～1970年代

**鉄素材説**　鉄鋌を鉄素材との関連で捉えたのは，濱田耕作の指摘が最初であったようである。濱田は，「楔形品は斧の粗製品とも考へられないことはないが，新羅の斧の実物は之とは違っているので遽に承認し難い。それで私は鉄の地金の形（インゴット）として作られた斧形と板形であるかと思う（濱田1932，88頁）。」と述べている。

戦後，末永雅雄は大和６号墳出土品を報告した際，鉄鋌にあたるものを鉄材であると推測した（末永編1950）。また，同じく大和６号墳の調査に携わった森浩一は，多数の鉄鋌を取り上げた経験をもとに，鉄鋌について様々な観点から論じた（森浩1959）。その中で森は，鉄鋌を鉄素材とみる観点から，弥生時代から奈良時代にかけての鉄供給地の変化について考察している。

**鉄製品（宝器・仮器）説**　鉄鋌研究の初期には鉄素材説が有力であったが，大和６号墳以外の事例が確認されるに従い，異なる見方も現れた。大分県臼杵市下山古墳出土例は，一連の鉄鋌が縄紐で編み連ねられていて，それが一単位を構成していたということが報告された（小田1974）。『常陸国風土記』でも二種の鉄素材はそれぞれ「一連」と数えてられているという。小田富士雄は，８～10枚の鉄鋌を一組として結びつらねる風習は古墳時代から継承されており，これを財宝として珍重していたと指摘した。

松本正信は，ミニチュア農具と出土状況などの点で共通する点が多いことから，鉄鋌が現実の鉄素材そのものでなく，鉄素材をかたどった仮器（形代）であり，神や古墳の被葬者の権威を賛美するための手段として奉納されたものであると考えた（松本1975）。

**貨幣説**　鉄鋌研究の初期，黒田幹一はこの楔形品が日本書紀にある「鉄鋌」にあたり，中国にみられる金鋌，銀鋌と同一系統の一種の貨幣であると指摘した（黒田1938）。この説に注目した村上英之助は，鉄鋌の重さには中国の衡制が関連すると指摘し，鉄鋌が貨幣として用いられていた可能性を改めて論じた（村上英1977）。

1980年～2010年代

**鉄素材・鉄製品（葬具）・貨幣説**　1960年代までは鉄素材説が有力であったが，1970年代に入ると反論もみられるようになり，鉄鋌の用途については多様な説が提示されるにいたった。とくに村上英之助の研究が与えた影響は大きく，鉄素材説に折衷案がみられるようになる。林孝澤は，鉄鋌は一次的には鉄素材の機能を持つが，新羅の墳墓では棺の下に敷いたり，棺の周囲に集積するような状態で出土することがあることから，貨幣的価値もあったと想定した（林孝澤1985）。

東潮は日本列島と朝鮮半島出土鉄鋌を集成し，鉄鋌を多角的に分析した（東1987）。東の研究は，森に続いてそれ以前の鉄鋌を総括したものとして高く評価されている（村上恭2007）。1980年代前後で研究史を区分したのは東の研究によるところが大きい。東は，鉄鋌を貨幣的な役割をもつ鉄素材とし，また同時に，意識的に棺底に置かれた例が多いことから，葬送儀礼・葬送観念と不可分の関係にあったともした。このように，東は鉄素材・貨幣・葬具という３つの性格を与えた。

1990年代に入ると，鉄素材説を広く知らしめた森浩一も，鉄鋌は鉄製品を造るための素材の役割もあるがむしろ貨幣に近い性格をもつとしており，折衷案に変更したことが窺える（森浩1998）。

金正完は，鉄鋌の祖形である板状鉄斧に貨幣的機能がみられること，鉄鋌が４～５世紀代の新羅・加耶古墳から鍛冶具と一緒に副葬されること，有刺利器のように鉄鋌を簡単に加工して作った鉄器が存在することを根拠に，鉄鋌は鉄器中間素材でありそれがもつ価値ゆえに貨幣として使用されたと指摘した（金正完2000）。

**貨幣説**　このような依然として鉄素材という用途が残る折衷案に対して，その後も様々な反論がなされた。村上英之助は，唐代の銀鋌との形態的類似，さらに鉄鋌（村上は枚鉄と呼ぶ）の重量には一定の法則性がみられることから，貨幣説を補強した（村上英1983b）。

また，宋桂鉉は，三韓時代の板状鉄斧から６世紀代の鉄鋌にいたるまでを，板状鉄斧，板状鉄斧形鉄器，板状鉄斧形鉄鋌に区分し，板状鉄斧の形態的特徴が鉄鋌に継承されたことを示した（宋桂鉉1995）。さらに，板状鉄斧形鉄器の「10の倍数枚」副葬は，５世紀代の鉄鋌についても同様に認められることから，板状鉄斧形鉄器と鉄鋌には同様の機能が備わっているとみた。その上で「10の倍数枚」副葬という現象を重視し，鉄鋌に鉄素材ではなく貨幣としての性格・機能を想定した。

**鉄製品（儀器）説**　森オリ江は，日朝の鉄鋌には明確な規格がみられないことから，日本列島の鉄鋌が貨幣として半島南部からもたらされたとは考えにくいと指摘した（森オ2005）。さらに，鉄鋌が鍛冶工房跡から出土することが，鉄素材であることを示す証拠と考えられてきたことについて，これを鍛冶遺跡に併設された祭祀遺跡から出土した儀器とみる立場から反論した。このように，森は鉄鋌が貨幣や鉄素材でなく，儀器として用いられていた可能性を示した。

村上恭通も，鉄鋌やその祖形となる板状鉄斧が一般的な利器製作のための素材ではないことを示した（村上恭1998，2007）。根拠としては以下の点が挙げられている。根拠①「板状鉄斧や板状鉄斧形鉄器には丁寧な整形がみられ，本来素材には必要とされない特徴が付与されている」。根拠②「鉄鋌が素材として用いられるのは副葬品，祭祀品，仮器としてみなされる鉄器に限定されている」。根拠③「大澤正巳が分析した通り，愛媛県出作遺跡出土の鉄鋌は極低炭素鋼であり，柔軟性に富み，加工はしやすいものの，焼入れをしてもその効果が望めない鉄である（大澤1994）。炭素が少ないと柔らかく曲がってしまい，鉄鋌から道具を作っても役に立たない」。根拠④「古墳時代の鍛冶滓には炭素が多く含まれており，鉄鋌のような低炭素鋼が原料であるとは考えにくい」。

また，村上は，鉄鋌には規格性があまりないことから貨幣説にも疑問を呈している。「10の倍数枚」副葬は，東が「棺を庇護し，棺を保護する機能」としたように（東1987，1999），板状鉄斧に僻邪の道具としての性格が付与され，それが鉄鋌にも継承されていたことによるものと指摘した。

**鉄素材説**　鉄鋌が鉄素材ではないとするこれらの見解については，反駁も提示されている（大道2015）。最近の研究成果であるため，詳しくみてみよう。大道和人は，鉄鋌が鉄素材ではないとする根拠を以下の３つと捉え，それぞれについて反駁することで鉄素材説を主張した。根拠①「鉄鋌が精製された純度の高い鉄素材であるならば，鍛冶作業時に，鍛冶炉の炉底に，不純物の塊である大きさが椀状の鉄滓（椀形滓）は生成しないはずである。しかし，古墳時代の鍛冶遺跡では多量に椀形滓が出土している」。これについて大道は，椀形滓は６世紀後半から７世紀前半にかけてその出土が確認されているが，鉄鋌が多く出土する５世紀代にはほとんどみられないことから，鉄鋌を鉄素材とする見方に対する疑問の根拠とはならないと指摘した。根拠②「鍛冶遺跡からの鉄鋌の出土例が極めて乏しく，素材としてどのような製品を作っていたのかが不明瞭である」。これについて大道は，大分県萩鶴遺跡，愛媛県出作遺跡，岡山県窪木薬師遺跡などで鍛冶関連遺構から鉄鋌が出土していることを反駁の根拠とした。根拠③「古墳の副葬品以外では祭祀遺跡からの出土が多いことや，ミニチュア鉄器（雛形鉄器）を製作するのに適し，実用利器としては利用に耐えることのできない，非常に柔らかい鉄鋌が存在していることから，祭祀に関わる道具であるとみなすべきで，利器素材としての在り方を見直す必要がある」。これについて大道は，愛媛県出作遺跡では，鉄鋌を素材にして実用利器である鉄鎌・手鎌が製作されていることを反駁の根拠とした。なお，大道は出作遺跡出土の鉄鋌が極低炭素鋼（錬鉄）であることについては，鉄鋌の表面を硬化させる滲炭を必要としたと想定している。

**新たな鉄素材案**　近年，鉄鋌は鉄素材ではないとする見解をもつ研究者は，鉄鋌に代わる新たな鉄素材案を提示している。村上恭通は別の鉄素材案として，陝川玉田Ｍ３号墳出土の棒状「鉄塊」を挙げている（村上恭1998，2007）。村上は，これらの形状や大きさは中国の戦国・漢代に生産された棒状の鋳鉄脱炭鋼に通じ，中国に系譜をもつ素材として存続していたのではないかと指摘した。韓国忠州の弾琴台土城から棒状鉄塊が新たに出土したことで（中原文化財研究院2009），この説は近年注目を集めている。弾琴台土城の４世紀代の集水施設から，５枚１セットで計40枚が出土した。弾琴台土城出土の棒状鉄塊を詳細に検討した武末純一はこれを「弾琴台型鉄鋌」とし，京都府椿井大塚山古墳出土板状鉄斧の改造されていない原形部と形態や規格が同一であることを指摘した（武末2012）。さらに李東冠は，弾琴台型鉄鋌を鉄素材の形で百済から搬入・加工され，鉄斧として使用されたものである可能性がきわめて高いものと位置づけ，鉄素材としての用途を強調した。なお，李東冠は弾琴台型鉄鋌を「百済系鉄鋌」と呼び変えている（李東冠2016）。

このように，鉄鋌の用途としては多様な説が提示されている。中学校と高等学校の歴史教科書や関連資料集，模試，学習漫画等で鉄鋌が鉄素材であると窺わせる文脈で紹介されていることからもわかる通り，鉄素材説が広く認知されているようであるが，近年，鉄素材説に批判的な見解も多くある。とくに「新たな鉄素材案」をめぐる議論は，歴史用語としての「鉄鋌」がどのような形態のものを指すのかにもかかわる論点であり，今後の議論が注目される。

③製作地

鉄鋌の製作地をめぐる議論を大きく区分すると朝鮮半島説，中国大陸説，日本列島説にわけられる。これらの説は互いに影響を与え合っているため，時期を区切りながらみていくこととする。

1930～1970年代

**朝鮮半島説**　森浩一は，当時の日本列島と朝鮮半島の鉄鋌を集成し，形態的特徴と出土状況の比較検討をおこなった（森浩1959）。その上で鉄鋌を鉄素材とみる観点から弥生時代から奈良時代にかけての鉄供給地の変化について考察し，第Ⅲ期（５世紀代）における鉄鋌の供給地を朝鮮半島南部，もしくは日本列島と朝鮮半島南部の両方と想定した。この研究によって，鉄鋌が朝鮮半島から舶載された鉄素材であるという考え方が決定的となったと評価されている（村上恭2007）。

小林行雄も，『日本書紀』の「神宮紀四十六年条」を根拠に，日本列島出土の鉄鋌を朝鮮半島（百済）からの移入品であるとみた（小林1965）。

**中国大陸説**　鉄鋌の理化学的分析を通して，鉄鋌がどこから入手されたのかを明らかにしようという観点からも研究がおこなわれた。窪田蔵郎による大和６号墳出土鉄鋌の分析では，低温還元によって生産された鉄を鍛造して板状に成形されたもので，銅分が高いという結果が出された（窪田1974）。また，大和６号墳出土の鉄鋌は鉱石製錬によるものであるという。このような特徴をもつ鉄器の出土例は非常に少なく，銅分の高い鉱石は中国に多いことから，窪田は中国製の鉄鋌が朝鮮を経由してわが国に転送されてきた可能性を指摘した。また，久野雄一郎も大和６号墳出土鉄鋌を分析した（久野1982）。その結果，現在の鋼に近い品質をもっていること，原料は鉄鉱石であること，そして銅が多く含まれている傾向が指摘された。銅が多く含まれている点については，窪田の考えがさらに裏付けられたものとされた。

**日本列島説**　森浩一の朝鮮半島説を受けて，本村豪章，潮見浩，和島誠一らは，日本列島出土鉄鋌には大きさにばらつきがあることから，日本列島で製作された可能性を排除できないと指摘した（本村1960，潮見・和島1966）。また野上丈助は，日本列島における鉄鋌の出土は５世紀中葉以降であり，新たに鉄留技術・大陸系鍛冶技術の導入が工人の渡来によって開始される時期と重なることに注目した（野上1968）。その上で，この時期に朝鮮半島南部で展開していたと考えられる砂鉄製錬の技術が日本列島に伝えられ，それによって鉄鋌という地金の生産がおこなわれたのではないかと指摘した。

1980年～2010年代

**朝鮮半島説**　1980年代以降，朝鮮半島南部で三国時代の墳墓が多く発掘され，各地で非常に多くの鉄鋌が出土したことにともない，朝鮮半島説が強まった。とくに影響が大きかったのは東潮の研究である（東1987，1999）。東は，日本列島と朝鮮半島出土鉄鋌を集成し，鉄鋌を多角的に分析した。この研究により，日朝における鉄鋌の全体像がつかみやすくなった。大和６号墳の鉄鋌は，形態的な類似性からみると，朝鮮半島南部地域の洛東江下流域（東莱，金海，昌原，咸安）との関係がみられ，これらの地域から供給されたものであるという。さらに，鉄鋌の消滅時期，形態変化，鍛冶具副葬例の増大などの現象から，鉄生産の開始を５世紀末と推定し，６世紀前半代の鉄鋌（奈良県大和二塚古墳例など）は日本列島製であるとされた。

また，朝鮮半島と日本列島の双方の事情を考慮した両地域の「相互作用」という観点から日朝交流史の研究を推し進めている朴天秀は，日本列島出土鉄鋌の系譜・製作地について論じた（朴天秀1995，2007，2012）。最新の結論として，兵庫県行者塚古墳例，京都府八幡大塚古墳例にみられるような，「両端部の形態が直線をなして両側面に凹凸がない対称的な形態」のものを金官加耶製，大和６号墳例にみられるような，「両端部の形態が弧状であり，両側面に凹凸がある非対称的な形態」のものを新羅製とした。日本列島の鉄鋌は，４世紀までは金官加耶から供給されたが，５世紀前半にはその供給地が新羅へ変わったと推測した。

**日本列島説**　潮見浩は，窪田，久野らの中国大陸説に対して，銅分を含有する鉄鉱石の原産地は朝鮮・中国に求めなくても，日本列島に想定できる余地も多いとした（潮見1982）。日本列島出土鉄鋌には大きさにばらつきもあることから，朝鮮半島からもたらされたという見方には検討の余地が多く，日本列島で生産された鉄が，鉄鋌という形態で流通したことを重視すべきと指摘した。

また，国立歴史民俗博物館でも大和６号墳出土鉄鋌の分析がおこなわれた。大鉄鋌には微量元素組成を異にする何種類かの鋼が含まれている可能性が示唆されており，鋼のうちの１つは，岡山県の鉄鉱石が原料であった可能性があるという（国立歴史民俗博物館1994a，1994b）。

さらに，森オリ江は，日朝の鉄鋌の規格性を分析し，日本列島と朝鮮半島の間で共有されている規格はなく，古墳ごとに大きさが違うことに注目した。鉄鋌はそれぞれの古墳の副葬用に作られていた可能性が高く，５世紀中葉以降の日本列島の鉄鋌は，日本列島内で加工されたと考えるほうが妥当であるとした（森ォ2005）。

**朝鮮半島・日本列島説**　村上恭通は，大和６号墳出土大鉄鋌の中には，小鉄鋌を鍛接した痕跡を明瞭に遺す稚拙あるいは手抜きの鍛接と評価できるものが多く含まれていることに注目した（村上恭2007）。大きさを問わず，基本的に一つの鉄塊を鍛延して成形する朝鮮半島の鉄製品とは大きく異なっているという。そしてこのことは，大和６号墳の鉄鋌が朝鮮半島の鉄鋌に近い形状にすることを目的に鍛接・鍛延されたということ，同時にこれらの中には在地鍛造品を含んでいることを示しているとした。また，「すべてが稚拙な造りではなく，なかには一つの鉄塊を丁寧に鍛延した大型鉄鋌もあり，それらのなかには朝鮮半島の大型鉄鋌の形状に類似するものがある。そういったものをモデルに製作された可能性もあろう（村上恭2007，257頁）」とも指摘されている。朝鮮半島から移入されたものと，日本列島で製作されたものの両方があるという解釈であろう。

このように，朝鮮半島における鉄鋌の出土数が増加したことで，近年日朝における鉄鋌の比較検討が進められているが，現状では製作地についての定説はない。ただ，日本列島における鉄鋌が朝鮮半島の鉄鋌の影響を受けて出現したものであるということは，共通見解としてあるようである。

④型式学的分析

型式学的分析の研究状況について，「板状鉄斧との比較」，「形態分類」に区分してみていくこととする。

**板状鉄斧との比較**　鉄鋌の型式学的分析は，まず鉄鋌の祖形と想定される板状鉄斧との比較という観点から進められてきた。東潮は，大型板状鉄斧の消滅時期と鉄鋌の出現時期があうことから，鉄鋌の祖形を大型板状鉄斧であるとみた（東1986）。また門田誠一は，大形板状鉄器（東のいう大型板状鉄斧）について，①刃の内側に磨耗痕がみられない，②柄の痕跡がみられない，③形態，大きさ，重量などの規格性がある，④大形でありながら薄く軽いなどの４つの特性に注目した。その上で大形板状鉄器は，形態的には板状鉄斧に類似するが，属性としては初源的な鉄鋌としてよいと指摘した（門田1987）。このように東，門田らは鉄鋌の祖形を板状鉄斧，とくに大型板状鉄斧に求めた。

宋桂鉉は，三韓時代の板状鉄斧（両側縁が直線的に開き，刃部は弧状を呈する），３～４世紀の板状鉄斧形鉄器（両側縁がほぼ平行し，刃部付近で急激に広がるようになる。刃部は直線的できわめて薄く鉄斧としての機能がない），５世紀の鉄鋌（両端が広くなり，全体的に薄く，両端の厚さに違いがなくなる）に区分し，板状鉄斧から鉄鋌への型式変化をわかりやすく提示した（宋桂鉉1995）。

板状鉄斧から鉄鋌への型式変化については，その後反論はなく，鉄鋌の祖形を板状鉄斧とみることについては，共通見解となっているようである。東は「斧状鉄板・鉄鋌の変遷」という図を作成し，倭・慕韓・百済・加耶・新羅における板状鉄斧から鉄鋌への変遷を時間軸にそってわかりやすく提示している（東2004）。

**形態分類**　東潮は，鉄鋌の長さと最小幅の関係から，「細型鉄鋌」，「小型鉄鋌」，「中型鉄鋌」，「大型鉄鋌」に分類した（東1987，1999）。細型鉄鋌は長さ4.0～18.0cm・最小幅1.0～2.0cm，小形鉄鋌は長さ10.0～22.0cm・最小幅2.5～5.0cm，中型鉄鋌は長さ24.0～30.0cm・最小幅2.5～5.0cm，大型鉄鋌は長さ30.0cm～・最小幅5.0cm～のものである。日朝における鉄鋌の大きさを比較する際に有益な分類である。

さらに近年，成正鏞と孫スイルは，鉄鋌の形態的属性に注目して分類をおこなった[4]（成正鏞・孫スイル2012）。成と孫の分類は鉄鋌の型式変化にかかわるものであるため，以下詳しくみていくこととしたい。

成と孫は朝鮮半島南部出土鉄鋌を集成し，近年出土数がとくに増加している百済地域を含めた出土遺跡74箇所，点数およそ3400点の鉄鋌を対象として朝鮮半島出土鉄鋌の総合的検討をおこなった。

まず成と孫は，両端部幅の差異を基準として，非対称形（Ⅰ），対称形（Ⅱ），一字形（Ⅲ）に分類した。非対称形は両端部の幅に差異があるもの，対称形は両端部幅の差異が大きくなく対称的であるもの，一字形は端部と中央部の幅が同じで分厚い棒形態のものである。非対称形は，板状鉄斧の刃部と基部の痕跡が残っているものとされる。次に，両端部の平面形態の差異を基準として，片側の端部が直線，もう片側の端部が弧状であるもの（A），両端部が直線であるもの（B），両端部が弧状であるもの（C）に区分した。その上で，鉄鋌の両端部幅の属性と端部形態属性を組み合わせて，形態分類をおこなった。

また成と孫は，その形態分類の意義についても検討した。４世紀代の非対称形－直線＋弧形（ⅠA）の鉄鋌は，板状鉄斧が典型的な鉄鋌に変化する過渡期的段階のものであるため，片側端部が刃部と同じ弧形を呈しているとした。またそれ以後，典型的な鉄鋌は，対称形で両側端部が全て直線的な形態に定着したとして，鉄鋌の基本的な変化の方向性を想定した。なお，一字形（Ⅲ）については，非対称形，対称形を呈する鉄鋌とは大きく異なっており，鉄器製作のために準備された素材としての性格が強いものであると位置づけた（先述した村上恭通のいう棒状鉄塊に相当する）。さらに，形態分類と地域性の関連にも注目し，地域によって副葬様相に違いはあるが，鉄鋌の両端部幅の属性と端部形態の属性では大きな地域差が出ないということが示された。

成と孫の研究は，朝鮮半島南部全体の鉄鋌を対象として，一貫した基準で分類をおこなった初めての研究として大きな意義をもつものである。成と孫が示した型式変化は，厳密には共伴遺物の編年等で裏付けがとれているわけではなく，新しい時期にもⅠA型式が確認できることから例外もあるが，型式変化の想定としては意欲的な見解である。また，地域性との関連において，鉄鋌の両端部幅の属性と端部形態の属性とでは大きな地域差が出ないということが示された点も重要である。朴天秀は，「両端部の形態が直線をなして両側面に凹凸がない対称的な形態」のものを金官加耶製，「両端部の形態が弧状であり，両側面に凹凸がある非対称的な形態」のものを新羅製として，日本列島出土鉄鋌の系譜について考察したが（朴天秀2007），成と孫の研究成果をふまえると，形態的属性から地域差を抽出することは，現状では難しいのではないかと考える。朝鮮半島西南部地域や中西部地域においても，「両端部の形態が直線をなして両側面に凹凸がない対称的な形態」や「両端部の形態が弧状であり，両側面に凹凸がある非対称的な形態」のものは確認できる。朴天秀の研究は先駆的であるが，鉄鋌の地域差を抽出するためには，より多くの属性についての議論が必要であろう。

⑤製作技法

鉄鋌の製作技法について，理化学的分析の結果をふまえた指摘は多くある。また，考古学的な分析からの指摘も多くはないものの，いくつか確認できる。ここでは後者について述べることとする。

東潮は，一連の鉄鋌の研究の中で鉄鋌の製作技法についても言及した（東1987，1999，2006）。まず小鉄鋌については，以下の４つの指摘がある。１．小鉄鋌は薄く仕上げられ鋭利であることから，切断というより鍛打による成形である。２．鍛打に用いられた鉄鎚は，隅丸方形の横断面をもつ。３．波打つような鍛打痕は鉄鋌の粗仕上げの特徴である。４．鉄塊を鍛打・圧延して長方形の鉄板をつくった後に，両端を薄く延ばして鉄鋌をつくる場合と，いったん展延した細板状の鉄をさらに鍛接してつくる場合がある。

大鉄鋌については，鉄塊をそのまま加熱し，展延して一定の製品に作り上げる方法と，小形鉄鋌を鍛接して作る方法があることが指摘されている。とくに大和６号墳出土大鉄鋌には，小形鉄鋌を鍛接した痕跡を明瞭に遺すものが多く含まれており，稚拙あるいは手抜きの鍛接と評価された。これについて村上恭通は，基本的に一つの鉄塊を鍛延して成形する朝鮮半島の鉄製品とは大きく異なっており，在地鍛造品を含んでいることを示しているとした（村上恭2007）。

このような指摘から，鉄鋌の成形にはいくつかの方法がみられるということがわかる。また，大和６号墳出土大鉄鋌にみられる小鉄鋌を鍛接した痕跡をもつ事例は，かなりイレギュラーなものであるようだ。

⑥小　結

以上，鉄鋌の研究テーマと分析視角を考慮しながら５つの項目を設け，主として時間軸にそって鉄鋌の研究史をみてきた。鉄鋌はその用途と製作地が主な研究テーマとされてきたが，現在にいたるまで多様な説があり，定説はないようである。

近年，朝鮮半島において鉄鋌の出土数が増加し，集成研究が進められたことによって，鉄鋌の日朝比較研究が活発におこなわれている。鉄鋌は単純な形態であり，かつ銹で観察が難しいという特徴もあって型式学的分析が難しい対象であった。だが，類例が増加したこともあって，近年の研究では，型式学的分析が大きな成果を挙げている。今後，故地である朝鮮半島の鉄鋌の型式学的分析が進めば，日本列島出土鉄鋌の系譜や，朝鮮半島製と日本列島製の区別についても検討が可能になってくると予想される。この検討は，鉄鋌の製作地，用途の議論にも繋がるものであろう。

（２）鉄製農工具

**用　語**　小型の鉄製農工具の内，実用的な機能を失ったものは，鉄製模造品・ミニチュア・雛形・縮小模型農工具・鉄製明器などと呼ばれてきた。例えば，「「ミニチュア」という場合，単に大きさが小型であるだけでなく，実際の使用を意図して作られたものではないという要素が基本的な認識となる（門田2006，32-33頁）。」という。門田誠一は，実際に使用できるかどうかについては，刃の有無と着柄の強度という基準を設けた。ただし，坂靖が指摘した通り，実際のところ実用品と非実用品の区別の基準を設けることは困難である（坂2005）。本報告においては，実用品と非実用品の区別が曖昧なものもあるため，より客観的な名称として「鉄製農工具」の用語を用いるが，ここではいわゆる「ミニチュア農工具」についての先行研究の成果をまとめる。

**儀礼の道具**　ミニチュア農工具についての先行研究として，まず「儀礼の道具」とみる研究がある。寺沢知子によると，農工具を使用した儀礼は，農耕を含めた生産の各段階でおこなわれた労働に類似した行為（所作儀礼）として実施されており，その儀礼が凝縮化・形骸化していく過程で生まれたものがミニチュア農工具であるという（寺沢1979）。

また，三木弘は，鉄製雛形農工具（本稿でいうミニチュア農工具）の特徴を３つの群にわけ，これを時間差として認識した（三木1986）。その上で，鉄製雛形農工具が古墳時代前期にみられる実用の鉄製農工具の延長にあるとみて，滑石製模造品とはまた異なる機能・用途をもつものであることを示した。

これに対して白石太一郎は，鉄製農工具の石製品化と鉄製品の雛形品化を共通の現象と理解し，これらを農耕儀礼の実修者でもあった首長の神聖な職能を象徴する副葬品であるとした（白石1985）。

**製作における渡来系工人の関与**　朝鮮半島においてミニチュア農工具の出土数が増加したことにともない，韓国でも研究が進められた（安順天1996）。従来，ミニチュア農工具が日本列島内の自生的な変化の中だけで生成した祭祀や儀礼の道具と認識され，滑石製模造品との関係で論じられることが多かったが，韓国における研究成果を受けて，日本でも朝鮮半島出土例との比較研究が進められた。その中で注目されたのが，製作における渡来系工人の関与という論点である。門田は，福岡県池の上墳墓群，福岡県古寺墳墓群，愛媛県出作遺跡，奈良県寺口忍海古墳群，奈良県南郷遺跡群出土例などに注目して，朝鮮半島の事例を踏まえながら，鉄製模型農工具（本稿でいうミニチュア農工具）がどのように日本列島へ移入してきたのかを検討した。結論として，日本出土の鉄製模型農工具のなかには在来の系譜上にのるものとは異なって，加耶地域の系譜をひく一群があること，また鉄製模型農工具はしばしば鍛冶関連生産を担当した集団に関係して出土し，そこには朝鮮半島から渡来した人々を含むことを指摘した（門田1999，2006）。

さらに坂は，朝鮮半島と日本列島の小型農工具（本稿でいうミニチュア農工具）を集成し，これらを「有袋鉄器Ａ～Ｄ類」，「刃先鉄器Ａ～Ｄ類」，鎌，鑿，鉇，刀子に分類した（坂2005）。その上で各地域における様相を詳細に検討し，朝鮮半島各地の地域性と奈良県の様相を比較した。結論として，奈良県において個々の小型農工具が副葬された背景には，渡来系鍛冶工人の強い影響があったことを示した。また，坂は大和６号墳出土例についても言及している。日本列島で類例の少ない有袋鉄器Ｂ１類，Ｂ２類が顕著に認められることから，朝鮮半島と強いかかわりがあるとし，圧倒的多数の日本列島の鍛冶工人が，朝鮮半島から影響を受けていたことを示唆していると指摘した。さらに，大和６号墳の刃先鉄器Ｃ１類には鉄鋌の形状をとどめているものがあるなど，鉄鋌との深い関連を窺わせるものが多いことにも注目しており，鉄鋌を再加工して，小型農工具を主に製作するような国内の鍛冶集団を統括していたのが大和６号墳の被葬者であると指摘した。

以上のように，ミニチュア農工具の研究には大きく分けて２つの論点がみられる。後者の論点がとくに重要であろう。ミニチュア農工具は，有棘利器や非実用的な鉄鉾とともに，鉄鋌を加工して作られたのではないかという指摘がある（坂2005）。製作という点において，ミニチュア農工具は鉄鋌と大きくかかわる器物であると考えられる。

〔註〕

（１）　検出された遺構が末永の大和８～10号墳の各古墳に相当するという楠元の見解に対しては，奈良基地内の古墳分布を復元した髙木清生による異論がある（髙木2008）。そのため，本項では，楠元の比定についてはカギ括弧書きで表記した。

（２）　平成16・15年調査の担当者である髙木清生は，検出した遺構について，報告書では末永の大和14号墳に比定したものの，その後の再検討により，末永の大和15号墳に比定し直している。これは，旧見解に立つと，末永の大和15号墳に相当する古墳が所在不明になってしまうと判断したことによる。

大正15年測量の陵墓地形図をよく見ると，平城坂上陵旧飛地ち号は，前方後円状高まりの後円部相当部分からくびれ部相当部分までを囲んでおり，その内部の等高線は帆立貝形に巡っている（帝室林野局1927）。これを，末永が，前方後円墳の大和14号墳，残る前方部前半部を大和15墳と認定していると考えれば，大和15号墳の所在を巡る疑問は解決するのではないだろうか。

この例のように，末永が複数基と認定していた古墳を合わせて１基と認定する場合，「大和14・15号墳」のように表記してしまうと，２基の古墳を並列しているのか，１基の古墳を表しているのか不明瞭となってしまう。そのため，本項では，末永が複数とみなした古墳を合わせて１基と認定する場合には，そのことを明確にするため，「大和14＋15号墳」のように「＋」を付けて表記することにする。

（３）　ここでは註（２）に記した理由により，「大和11＋12号墳」と表記する。

なお，平成20年調査の担当者の一人である髙木清生は，検出遺構を末永の大和11＋12号墳ではなく，末永の大和14号墳に比定しているが（髙木2008），註（２）に述べた見解により，それには従っていない。

（４）　文献収集にあたっては，金宇大氏の多大なご協力を頂いた。ここに記して，感謝申し上げたい。

## 〔参考文献〕

（第１～第４節）

秋里籬島1791『大和名所圖會』京師書林，浪華書肆，（1995年に臨川書店から版本地誌大系３として刊行）。

伊藤雅文1989「奈良市　ウワナベ古墳　発掘調査概報」『奈良県遺跡調査概報』1986年度（第一分冊），奈良県立橿原考古学研究所。

伊藤勇輔1976「ウワナベ古墳外堤」『奈良県古墳発掘調査集報Ⅰ』（『奈良県文化財調査報告書』第28集），奈良県立橿原考古学研究所。

今尾文昭2014『ヤマト政権の一大勢力　佐紀古墳群』（『シリーズ「遺跡を学ぶ」』093），新泉社。

小栗明彦1993「奈良市　ウワナベ古墳隣接地遺跡　1992年度発掘調査報告書」『奈良県遺跡調査概報』1992年度（第一分冊），奈良県立橿原考古学研究所。

小栗明彦1994「奈良市　ウワナベ古墳隣接地遺跡　1993年度発掘調査報告書」『奈良県遺跡調査概報』1993年度（第一分冊），奈良県立橿原考古学研究所。

小栗明彦1996「奈良市　ウワナベ古墳隣接地遺跡　1995年度発掘調査報告書」『奈良県遺跡調査概報』1995年度（第一分冊），奈良県立橿原考古学研究所。

楠元哲夫1995「奈良市　ウワナベ古墳群大和第８・９・10号墳　発掘調査概報」『奈良県遺跡調査概報』1994年度（第一分冊），奈良県立橿原考古学研究所。

宮内庁書陵部陵墓課編2003『展示会目録　埴輪Ⅳ』，宮内庁書陵部。

末永雅雄編1950『奈良県史蹟名勝天然記念物調査抄報』第４輯，奈良県史蹟名勝天然記念物調査委員会。

杉山秀宏1992「奈良市　ウワナベ古墳隣接地　発掘調査概報」『奈良県遺跡調査概報』1991年度（第一分冊），奈良県立橿原考古学研究所。

髙木清生・松岡淳平2006「大和11～14号墳」『奈良県遺跡調査概報』2005年度（第一分冊），奈良県立橿原考古学研究所。

髙木清生2008「佐紀盾列古墳群東群の古墳分布復元試案」菅谷文則編『王権と武器と信仰』，同成社。

髙木清生・入倉徳祐2009「ウワナベ古墳外濠」奈良県立橿原考古学研究所『奈良県遺跡調査概報』2008年度（第一分冊），奈良県立橿原考古学研究所。

髙木清生・松岡淳平2009「大和11・12号墳」『奈良県遺跡調査概報』2008年度（第三分冊），奈良県立橿原考古学研究所。

帝室林野局1927『皇后磐之媛命平城坂上陵之図』（宮内庁書陵部陵墓課編1999『陵墓地形図集成』，学生社，所収）。

西口寿生1975「Ⅴ　古墳」『平城宮発掘調査報告』Ⅵ（『奈良国立文化財研究所学報』第23冊），奈良国立文化財研究所。

土生田純之・清喜裕二・加藤一郎2005「宇和奈辺陵墓参考地採集の埴輪について」『書陵部紀要』第57号，宮内庁書陵部。

町田　章編1975『平城宮発掘調査報告』Ⅵ（『奈良国立文化財研究所学報』第23冊），奈良国立文化財研究所。

光石鳴巳2012「佐紀古墳群」『奈良県遺跡調査概報』2011年度（第一分冊），奈良県立橿原考古学研究所。

安井宣也1992「１　ウワナベ古墳外堤の調査」『奈良市埋蔵文化財調査概要報告書』平成３年度，奈良市教育委員会。

吉村和昭・井上主税2008「佐紀古墳群（教育講堂地区・ウワナベ古墳中堤～外堤）」『奈良県遺跡調査概報』2007年度（第一分冊），奈良県立橿原考古学研究所。

（第５節）

〔日本語〕

明石雅夫2003「大和６号墳出土鉄鋌の素材製錬法について」『たたら研究』43，たたら研究会。

東　潮1986「古代朝鮮との交易と文物交流」『日本の古代』３，中央公論社。

東　潮1987「鉄鋌の基礎的研究」『考古学論攷』第12冊，奈良県立橿原考古学研究所。

東　潮1991a「弁辰と伽耶の鉄」『東アジアの古代文化』68，大和書房。

東　潮1991b「２　鉄と鉄生産」『古墳時代の研究　第５巻　生産と流通Ⅱ』，雄山閣。

東　潮1993「出作遺跡の鉄鋌をめぐって」『出作遺跡Ⅰ』，松前町教育委員会。

東　潮1999「第５章 鉄鋌の基礎的考察」『古代東アジアの鉄と倭』，溪水社。

東　潮2004「弁辰と加耶の鉄」『国立歴史民俗博物館研究報告』110（国立歴史民俗博物館 国際シンポジウム 古代東アジアにおける倭と加耶の交流），国立歴史民俗博物館。

東　潮2006「倭と加耶の鉄―鉄鋌の生産と流通」『倭と加耶の国際環境』，吉川弘文館。

東　潮2015「倭の五王の時代の国際交流」『中期古墳とその時代―５世紀の倭王権を考える―』（季刊考古学別冊22），雄山閣。

李東冠2016「日本列島古墳時代前期の百済系鉄鋌の流入とその系譜」『古文化談叢』第76集，九州古文化研究会。
大阪府立近つ飛鳥博物館2010『鉄とヤマト王権　邪馬台国から百舌鳥・古市古墳群の時代へ』（大阪府立近つ飛鳥博物館平成22年度秋季特別展）。
大澤正己・山本信夫1977「鉄鋌の新例に関する検討―福岡県小郡市花聳（はなそげ）２号墳の出土遺物」『考古学雑誌』第62巻第4号，日本考古学会。
大澤正己1981「大県遺跡及び周辺遺跡出土鉄滓・鉄剣の金属学的調査」『大県・大県南遺跡－下水道管暗渠埋設工事に伴う－』，柏原市教育委員会。
大澤正巳1994「出作遺跡出土鉄器の金属学的調査」『出作遺跡とそのマツリ』，愛媛県松前町教育委員会。
大澤正己2004「古代東アジアにおける倭と加耶の交流」『国立歴史民俗博物館研究報告』110（国立歴史民俗博物館 国際シンポジウム 古代東アジアにおける倭と加耶の交流），国立歴史民俗博物館。
大道和人2015「鉄素材としての鉄鋌について」『倭五王海を渡る』（平成27年秋季特別展），滋賀県立安土城考古博物館。
岡崎　敬1979「鉄鋌」『宗像沖ノ島』，宗像大社復興期成会。
小田富士雄1974「大分県下山古墳出土の鉄鋌」『古文化談叢』２，九州古文化研究会。
久野雄一郎1982「奈良市高塚（大和6号墳）出土鉄鋌七点の金属考古学的調査―金属材料としての鉄鋌の品質―」『橿原考古学研究所論集』７，吉川弘文館。
窪田蔵郎1974「宇和奈辺陵墓参考地陪塚高塚（大和六号墳）出土鉄鋌の金属考古学的調査」『書陵部紀要』第25号，宮内庁書陵部。
槙林啓介・八幡浩二・加藤徹 2004「鍛冶技術から見た大和第６号古墳出土鉄鋌資料の概要紹介」古瀬清秀編『東アジアにおける古代鉄鍛冶技術の伝播と展開』（平成12～15年度科学研究費補助基盤研究（B）（2））広島大学大学院文学研究科考古学研究室。
黒田幹一1938「新羅の鉄鋌に就いて」『貨幣』231，東洋貨幣協會。
国立歴史民俗博物館編1994a「日本・韓国の鉄生産技術〈調査編1〉」『国立歴史民俗博物館研究報告』第58集，第一法規出版。
国立歴史民俗博物館1994b「日本・韓国の鉄生産技術〈調査編2〉」『国立歴史民俗博物館研究報告』第59集，第一法規出版。
国立歴史民俗博物館1996「日本・韓国の鉄生産技術〈調査編〉補遺」『国立歴史民俗博物館研究報告』第66集，第一法規出版。
小林行雄1965「神功・応神紀の時代」『朝鮮学報』36，朝鮮学会。
佐々木稔1987「大和６号墳鉄鋌中の非金属介在物の組成」『考古学論攷』第12冊，奈良県立橿原考古学研究所。
笹生　衛2010「古墳時代における祭具の再検討－千束台遺跡祭祀遺構の分析と鉄製品の評価を中心に」『國學院大學伝統文化リサーチセンター研究紀要』２，國學院大學研究開発推進機構伝統文化リサーチセンター。
潮見　浩・和田誠一1966「鉄および鉄器生産」『日本の考古学』Ⅴ，河出書房新社。
潮見　浩1982『東アジアの初期鉄器文化』，吉川弘文館。
潮見　浩2000『図解　技術の考古学〔改訂版〕』，有斐閣。
白石太一郎1985「神まつりと古墳の祭祀―古墳出土の石製模造品を中心として―」『国立歴史民俗博物館研究報告』第７集，国立歴史民俗博物館。
白石太一郎2010「鉄とヤマト王権」『鉄とヤマト王権　邪馬台国から百舌鳥・古市古墳群の時代へ』（大阪府立近つ飛鳥博物館平成22年度秋季特別展），大阪府立近つ飛鳥博物館。
新海正博2010「もっと知りたい　鉄の歴史と鉄素材」『鉄とヤマト王権　邪馬台国から百舌鳥・古市古墳群の時代へ』（大阪府立近つ飛鳥博物館平成22年度秋季特別展），大阪府立近つ飛鳥博物館。
末永雅雄編1950「宇和奈邊陵墓陪塚高塚・大和六号墳（円形墳）」『奈良県史蹟天然記念物調査抄報』第４輯，奈良県史蹟名勝天然記念物調査委員会。
寺沢知子1979「鉄製農工具副葬の意義」『橿原考古学研究所論集』４，吉川弘文館。
奈良市史編集審議会1968『奈良市史　考古編』，吉川弘文館。
野上丈助1968「古墳時代における鉄および鉄器生産の諸問題」『考古学研究』第15巻第２号，考古学研究会。
朴天秀1995「渡来系文物からみた伽耶と倭における政治的変動」『待兼山論叢』史学篇第29号，大阪大学文学部。
朴天秀2007『加耶と倭　韓半島と日本列島の考古学』，講談社。
濱田耕作1932『慶州の金冠塚』，慶州古蹟保存会。
花田勝広2002『古代の鉄生産と渡来人－倭政権の形成と生産組織』，雄山閣。
坂　靖2005「小形鉄製農工具の系譜―ミニチュア農工具再考―」『考古学論攷』第28冊，奈良県立橿原考古学研究所，（坂靖2009「第Ⅰ部第３節ミニチュア鉄製品と鍛冶集団」『古墳時代の遺跡学―ヤマト王権の支配構造と埴輪文化―』，雄山閣，所収）。
松本正信1975「鉄鋌に関する一考察」『考古学研究』第22巻第２号，考古学研究会。
真鍋成史2003「鍛冶関連遺物」『考古資料大観』第七巻，小学館。
三木　弘1986「古墳出土の鉄製雛型農工具について」『史学研究集録』11，國學院大学史学大学院会。
村上英之助1977「鉄鋌の本質とその編年序説」『考古学研究』第24巻第２号，考古学研究会。
村上英之助1983a「鉄鋌余論―『中国古代度量衡図集』を読む」『考古学研究』第30巻第１号，考古学研究会。
村上英之助1983b「鉄鋌（枚鉄）ふたたび」『日本製鉄史論集』，たたら研究会。
村上英之助1984「もっとも古い鉄鋌を出す古新羅古墳の年代」『考古学研究』第31巻第１号，考古学研究会。
村上英之助1991「鉄鋌の重量再考」『考古学研究』第38巻第２号，考古学研究会。
村上英之助1994「鉄鋌の遠近」『考古学研究』第40巻第４号，考古学研究会。
村上恭通1993「出作遺跡における鍛冶と祭祀」『出作遺跡とそのマツリ』，愛媛県松前町教育委員会。

村上恭通1997「原三国・三国時代における鉄技術の研究―日韓技術比較の前提として」『青丘学術論集』11，韓国文化研究振興財団
村上恭通1998『倭人と倭の考古学』，青木書店。
村上恭通2007「４．鉄素材論の再検討」『古代国家成立過程と鉄器生産』，青木書店。
本村豪章1960「論文紹介　森浩一（古墳時代の鉄鋌について）」『たたら研究』第５号，たたら研究会。
森　オリ江2005「鉄鋌の規格性とその性格」『市大日本史』８，大阪市立大学日本史学会。
森　浩一1959「古墳出土の鉄鋌について」『古代学研究』20・21，古代学研究会，（森浩一著作集編集委員会編2016『渡来文化と生産』（森浩一著作集３），新泉社，所収）。
森　浩一1983『ＮＨＫ市民大学　日本の古墳文化』，日本放送出版協会。
森　浩一1998『僕は考古学に鍛えられた』，筑摩書房。
森　浩一 2002「古代史の道（17）　製鉄と鉄鋌」『本の旅人』 ８（１），角川書店
森　浩一 2002「古代史の道（18）　製鉄と鉄鋌(続)」『本の旅人』８（２），角川書店
門田誠一1987「鉄鋌始源の一様相―韓・日発見の大形板状鉄器―」『考古学と地域文化』（同志社大学考古学シリーズⅢ），同志社大学考古学シリーズ刊行会。
門田誠一1999「古墳時代の鉄製模型農工具と渡来集団」『史学論集―佛教大学文学部史学科創設30周年記念―』，佛教大学文学部史学科創設三十周年記念論集刊行会。
門田誠一2006「第１章　古墳時代の鉄製模型農工具と渡来系集団」『古代東アジア地域相の考古学的研究』，学生社。
和島誠一1960「鉄器の成分」『月の輪古墳』，柵原町　月の輪古墳刊行会。
〔韓国語〕
金正完2000「忠清全羅地域出土の鉄鋌について」『考古学誌』11，韓国考古美術研究所
武末純一2012「新鳳洞古墳群にみられる日本文化系要素」『清州新鳳洞百済古墳群発掘30周年記念国際学術会議』
朴天秀2012「加耶，新羅と倭の交渉をつうじてみた古代韓日関係」『アジアの古代文物交流』（中央文化財研究院学術叢書）書景文化社
成正鏞・孫スイル2012「鉄鋌をつうじてみた古代の鉄の生産と流通」『韓半島の製鉄遺跡』（主要遺跡総合報告書Ⅳ）（財）韓国文化財調査研究機関協会
宋桂鉉1995「洛東江下流域の古代鉄生産」『加耶諸国の鉄』図書出版　新書苑
安順天1996「小形鉄製模型農工具副葬の意義―大伽耶古墳の埋葬儀礼と関連して―」『嶺南考古学』18，嶺南考古学会
安在晧1990「鉄鋌について」『東萊福泉洞古墳群Ⅱ』（釜山大学校博物館遺蹟調査報告14輯）釜山大学校博物館
林孝澤1985「副葬鉄鋌考」『東義史学』20，東義大学校史学会
中原文化財研究院2009『忠州弾琴台土城Ⅰ』（中原文化財研究院調査報告叢書81）

# 第３章　昭和20(1945)年～昭和21(1946)年の調査

## 第１節　調査に至る経緯と調査の経過―当時の記録から―

昭和20(1945)年８月15日に太平洋戦争が終戦を迎えた。旧陪冢ろ号の調査が，終戦直後の様々なことにおいて困難な時期に行われたものであることは，森浩一氏の著作等をはじめとして，既に知られているところである（森1959・1998・2009)。また，調査内容については，森氏の残した記録により明らかにされていることが多い。一方で，調査を取り巻く環境とその前後の状況については，これまで明らかになっていない点も多い。ここでは，宮内庁宮内公文書館に残る当時の記録を辿り，森氏の残した記録，ならびに奈良県立図書情報館で閲覧可能な公文書の中から関連するものを対照させながら，調査に至る経緯と調査の経過，及びその前後の状況を確認しておきたい。

また，附編１では，菅谷文則氏が奈良県の公文書等から当時の状況を多角的に示されているので，森氏の記録，本章と附編１により，当時の状況がかなり明らかになってきたと考えられる。

なお，利用した公文書や必要に応じて確認した書籍等は以下のとおりである。公文書のほかこれらの内容を時間経過に沿って対照させたものを第２表としてまとめたので，あわせて参照いただきたい。

〔宮内庁所蔵歴史的公文書等〕

宮内公文書館　24336‐1　諸陵寮 図書寮 昭和21年『重要雑録』１

〔森浩一氏の著作・講演録〕

森浩一　1959「古墳出土の鉄鋌について」『古代学研究』第21・22合併号，古代学研究会。

1998『僕は考古学に鍛えられた』，筑摩書房。

2009「研究所の発足と歩み　敗戦前後の考古学　―附属博物館講演会の記録―」『青陵』第127号，奈良県立橿原考古学研究所。

〔奈良県立図書情報館所蔵公文書〕

『昭和二十，二十一年度　連合軍より日本政府に対する命令書』渉外事務局　奈良県庁文書 S21 22

〔一般書〕

鈴木　良ほか1985『奈良県の百年』（県民百年史29），山川出版社。

（１）調査に至る経緯

奈良県では，終戦後１ヶ月の９月15日に県庁内に進駐軍受入奈良県実行本部が設置されて，９月24日にはアメリカ第６軍の一部が駐留を開始した。併せて旧日本陸軍第38連隊跡地などを接収してキャンプ地を設けていった（鈴木ほか1985)。そのひとつとして，平城坂上陵（ヒシアゲ古墳），小奈辺陵墓参考地（コナベ古墳），宇和奈辺陵墓参考地の各陪冢を含む西部国民勤労訓練所一帯が，進駐軍のキャンプ地（Ｅキャンプ地）となったことで立入禁止となった。当該地付近の写真を見る限り，撮影された時期には，現在の航空自衛隊奈良基地幹部候補生学校（以下，奈良基地と表記）と同程度の範囲が敷地として広く整地されている。建物は西部国民勤労訓練所のものであり，原野や耕作地のような状態ではなかった。[1]（第12図）。

いずれにしても，立入禁止になったことにより巡回ができなくなったために，畝傍陵墓監区事務

第12図　進駐軍Ｅキャンプ地の状況（航空自衛隊奈良基地所蔵写真を転載）

所は進駐軍に対する巡回再開の交渉を奈良県に申請して，その後巡回を行った。そうしたところ，陪冢の一部が無断で切り崩されている状況を確認している。公文書の内容からすると，先に平城坂上陵陪冢へ号（大和11・12号墳），と号（大和13号墳）から切り崩しの作業が始まっている。この看過できない状況を踏まえて県連絡事務局へ交渉した結果，後述するとおり，いったん切り崩し作業は止まったようである。また，旧陪冢ろ号の切り崩し作業の開始にあたっては，進駐軍から事前に聖地顕揚課に連絡が入っている。しかし事前とはいえ，実際の連絡は着手前日の12月21日夕刻のことであり，同課課長から「宮内省所有地ナルヲ以テ一應原状実測寫眞撮影致置度ニ付」との申入れにより，12月22日着手予定に１日の猶予を得て，作業開始は23日に延期された。申入れによっても十分な時間的余裕が与えられたわけではなかったが，これにより調査が開始されることとなった。

もし，最初に旧陪冢ろ号が切り崩しの対象となっていた場合は，当時の状況から考えて当然無断で行われた可能性が高い。そうであった場合は，調査の実施はおろか，出土状況を含む遺物の全容が把握できなくなっていた可能性も考えられる。進駐軍からの事前連絡と若干の猶予があったことは，不幸中の幸いだったといえる。

（２）調査の経過

墳丘の切り崩しに伴う発掘調査が開始されたのは，森氏の記録で既に知られているように12月26日であり，これは公文書からも確認できる。森氏の記録では，26日以前に島田暁氏が布施中学校の生徒達とともに墳丘の実測を行ったとされているが，公文書には22日に聖地顕揚課から派遣された技師が「立會実測撮影」したことが記されており（第2表-②），おそらくは，この測量が「実測」に該当して（第13図2カ），図版3・4がその時に「撮影」された写真と考えられる。

よって，旧陪冢ろ号の実質的な調査の開始は12月22日と位置づけることができるだろう。墳丘測量の終了日は記載がなく不明であるが，26日に墳丘頂部から掘り下げを始めていることから，遅くとも25日中には終了したと考えられる。結局のところ，墳丘に対する工事の着手は26日まで延期されたということになる。

26日からの遺物の出土を伴う調査についての経過を示す内容は，公文書には記録されていない。また，「抄報4」（末永編1950）においても概略にとどまっているために，詳細なものは森氏の記録が唯一であり，これが極めて貴重な情報であることは言を俟たない（森1959，森浩一著作集編集委員会編2016）。

主要な遺物は12月26日～28日に出土している。26日に墳頂部における鉄鋌を中心とした遺物の検出，27日に墳丘斜面部を中心に葺石や埴輪列の検出が行われた。28日は墳丘基底面付近から土師器高坏が出土している。

出土状況の詳細は，森氏の著作に譲るとして，積み上げられた大鉄鋌の最上面に板状の腐植物が認められて，釘状鉄製品があったこと，大鉄鋌どうしの間に漆の粉のようなものが認められたことなどは，遺物の観察結果と対照させられる部分があると同時に，遺物の埋納状況を復元的に考える根拠となる重要な情報である。また，鉄製農工具では斧頭に装着された木質の長さや形態を知ることができるなど，現在では遺物の観察からだけでは判断しがたい状況を知ることができる。また，遺物相互の位置関係や方向まで細かく記録されており，遺物配列の全体像を把握することができる点で重要である。

その後は，年末年始の作業中断を挟んで断続的に調査が実施されたようである。森氏の記録では12月29日以降は12月30日，1月(2)4・7日に調査が実施されたが，「変化なし」（森1959）とのことで，目立った記事は残されていない。最終的に，1月8日に墳丘基底面より深く掘り下げて，遺構がないことを確認して調査は終了している。

なお，調査期間中である12月28日付で，終戦連絡中央事務局第四部長から奈良県内政部長あてに，アメリカ第8軍で使用する要求書の雛形等が送付されている。西日本を管轄するアメリカ軍が，第6軍から第8軍に交替することに合わせての準備であろう。占領体制の確立と変容がめざましい世相の中での調査だったことがわかる。

（3）出土遺物の取扱い

出土遺物については，第2表の昭和20年(1945)12月31日付公文書の中で，「發掘品ハ縣ニ一時保管スルコトニ相成リタルモノニ付」とあり，出土遺物が確認された12月26日以降30日までの間に，おそらくは整理作業の実施も含めて，県が一時保管することで調整されたということであろう（第2表-②）。

その後，年が改まり調査も終盤を迎えた昭和21年1月7日には進駐軍あてに出土品の受領証を提出している（第2表-③）。公文書に受領証の内容が記録されて，その時点で把握された遺物の種類と点数が挙げられている。余白に「進駐軍ニ受領証提出ノ寫」との注記がある。元来陵墓地として管理していた土地からの出土遺物であるにも関わらず，進駐軍に対して受領証を提出しているのは奇異な印象を受けるが，当時は墳丘の破壊を止めることができないほど切迫した状況にあった。進駐軍が占領地に対して認識していた権利なども相まって「現状」が何よりも優先されていたので

第２表　宇和奈辺陵墓参考地旧陪冢ろ号の調査経過と関連文書

| 年 | 月 | 日 | 森浩一氏の記録 | 宮内公文書館所蔵公文書から復元される調査に関わる動向 | 宮内公文書館所蔵公文書 | 関連事項 |
|---|---|---|---|---|---|---|
| 昭和20(1945)年 | ８月 | 15日 | | | | 太平洋戦争終戦 |
| | | 26日 | | | | 終戦連絡中央事務局設置 |
| | ９月 | ９日 | | | | ９月９日付　終戦連絡中央事務局宛聯合軍総司令部書翰<br>最高司令官の代理トシテ副官部「ハロルド・フェアー」中佐<br>大阪・京都・神戸・和歌山・名古屋地區ニ於ケル聯合国占領部隊ノ必要トスル地域及施設ニ関スル件（奈良県立図書情報館文書） |
| | | 15日 | | | | 県庁内に進駐軍受入奈良県実行本部を設置（鈴木ほか1985） |
| | | 24日 | | | | 米第６軍の一部が奈良県内に駐留（鈴木ほか1985） |
| | 12月 | 21日 | | 奈良県聖地顕揚課あて，進駐軍より宇和奈辺陵墓参考地旧陪冢ろ号の切崩しを22日から着手する旨の連絡が入る。聖地顕揚課長の交渉の結果，23日に延期となる。→② | | |
| | | 22日 | 島田暁氏と布施中の生徒による実測（墳丘測量か）が対応か | 「技師等立会実測撮影」→②（調査開始） | | |
| | | 23日 | 実測？（終了日不明） | | | |
| | | 24日 | 実測？（終了日不明） | | ①　12月24日付佐紀発第66号　佐紀部陵墓守長から諸陵頭あて<br>進駐軍のキャンプ地となったことにより巡回不能となったこと，奈良県に交渉後巡回を行ったところ，平城坂上陵陪冢へとちぬ号ならびに宇和奈辺陵墓参考地旧陪冢ろ号に改変の被害が判明したことの報告。 | |
| | | 25日 | 実測？（終了日不明） | | | |
| | | 26日 | 発掘開始。すぐに鉄鋌，鉄製農工具，石製模造品などの遺物が出土。 | 宇和奈辺陵墓参考地旧陪冢ろ号切崩し開始。→③ | | |
| | | 27日 | 埴輪と葺石の調査。 | | | |
| | | 28日 | 古墳の一番深いところで灰の層が現れる。土師器高坏が1個出土。 | | | 12月28日付終戦連絡中央事務局第四部長から奈良県内政部長あて<br>進駐米國第八軍使用ノ要求書等雛形送付ニ關スル件（奈良県立図書情報館文書） |
| | | 29日 | | | | |
| | | 30日 | 変化なし | | | |
| | | 31日 | | 調査休止（④末永報告） | ②　12月31日付畝第72号　畝傍陵墓監区事務所長から諸陵寮庶務課長あて<br>①の文書を受けて，調査に至る経過と出土遺物の扱いに関する報告。 | |
| 昭和21(1946)年 | １月 | １日 | 変化なし | 調査休止（④末永報告） | | |
| | | ２日 | | 調査休止（④末永報告） | | |
| | | ３日 | | | | |
| | | ４日 | 変化なし | | | |
| | | ５日 | | | | |
| | | ６日 | | | | |

| | | | | | | |
|---|---|---|---|---|---|---|
| 昭和21(1946)年 | １月 | ７日 | 変化なし | 進駐軍に出土遺物の受領証を提出。当日の立会は島田氏ほか数名と佐紀部の陵墓守部１名。→③ | ③　１月７日　佐紀発第□号　佐紀部陵墓守長から諸陵頭あて<br>12月26日から始まった発掘で出土した遺物について進駐軍に受領証を提出したことを報告。 | |
| | | ８日 | 研究所員全員が集合，墳丘下約２ｍまで掘り下げるが主体部確認できず。出土遺物の搬出。 | １月８日までの間に，畝傍陵墓監区事務所長ほか１名が，各１回連絡のため現地を訪れる。→④（調査終了） | | |
| | | 20日 | | １月20日付　末永雅雄氏による報告書の作成。→④ | | |
| | | 24日 | 橿原文庫で遺物の展観と討論会 | | | |
| | ２月 | １日 | | | ④　２月１日付聖第39号　奈良県知事から宮内大臣あて<br>宇和奈辺陵墓参考地旧陪冢ろ号の調査報告の送付（末永雅雄氏による報告書）。 | |
| | | ７日 | | | ⑤　２月７日付佐紀発第８号　佐紀部守長から諸陵寮庶務課長あて<br>進駐軍による地均し工事の結果，紛失した境界石標に関する報告。 | |
| | | 16日 | | | ⑥　２月16日付陵□第34号　諸陵頭から奈良県知事あて<br>④の文書を受けて，出土遺物は宮内庁帰属とすること，ついては畝傍陵墓監区事務所に引き渡してほしい旨の通知。<br>⑦　⑥と同日同番号　諸陵寮考證課長から畝傍陵墓監区事務所長あて<br>⑤の文書での通知を受けて，奈良県からの出土遺物の受け取りと諸陵寮への送付とその方法の指示。<br>⑧　佐紀発第12号　佐紀部守長から諸陵頭あて<br>平城坂上陵陪冢と号ち号の地均し工事が２月13日から始まり，立会で埴輪片５点が採集された旨の報告。 | |
| | ３月 | 11日 | | 宇和奈辺陵墓参考地旧陪冢ろ号出土遺物の受け取り。→⑨ | ⑨　３月11日付　佐紀部守長から諸陵寮管理掛員あて<br>⑩の文書に添付された文書。平城坂上陵陪冢へ号が急に破壊されることになった経過と宇和奈辺陵墓参考地旧陪冢ろ号出土遺物の受け取り日が３月11日になった旨の報告。 | |
| | | 15日 | | | ⑩　３月15日付佐紀発第14号　佐紀部守長から諸陵寮庶務課長あて<br>平城坂上陵陪冢へ号の地均し工事に関しての状況報告。<br>⑪　３月15日付畝第59号　畝傍陵墓監区事務所長から諸陵寮庶務課長あて<br>宇和奈辺陵墓参考地旧陪冢ろ号出土遺物について奈良県からの引き継ぎ（目録あり）を終えて，輸送の準備に入る旨の報告。 | |
| | ６月 | 17日 | | | | ６月17日付ウィリアム．Ｈ．コールバン少将ノ命令中「二．奈良縣内ノ次ギノ道路ヲ修繕スルコト」ニ對スル措置報告　　奈良縣土木課長　　→旧西部国民勤労訓練所のキャンプ地への道路が含まれる（奈良県立図書情報館文書） |
| | | 30日 | | | ⑫　６月30日付佐紀発第22号　佐紀部守長から図書寮庶務課長あて<br>進駐軍の指令で測量されている範囲内に多くの陪冢が含まれるため，状況を県庁に確認に赴くが，十分な回答が得られなかった旨の報告。 | |
| | ７月 | ２日 | | | ⑬　７月２日付畝第144号　畝傍陵墓監区事務所長から図書寮庶務課長あて<br>⑫の報告を受けて測量区域内に陵墓及び陵墓参考地があるため完全に保存されるように県渉外局に申入れ，同局も既に同様の指示を出している旨の回答を得たことについての報告。 | |

あろうか。また，「物品ハ橿原國史館ニ保管」という注記もみえ，先述の「縣ニ一時保管」の具体的な保管先が示されている。また，１月７日の現地での立会は「島田氏外数名と陵墓守部１名」と記録されており，宮内省職員の立会もあったことがわかる。

なお，「外数名」の中に，調査に参加していた森氏が含まれていると考えられる。

出土遺物の現地からの搬出は，森氏の記録によれば調査が終了した１月８日である。大変な状況の中で搬出が行われたことは，氏の著作等に詳しく（森1998，2009），附編１で菅谷氏もこの点について触れられている。

出土遺物は「橿原國史館」に搬入された後，すぐに整理作業に入ったようであり，早くも１月20日には末永雅雄氏により報告書が作成されて，２月１日付聖第39号により宮内省に送付されている（第２表‐④）。ただし，文中には「目下調査委員を督して整理中にして略ぼ今月中に完了の見込み」とあり，その後もしばらく整理作業は続けられたとみられる。実質20日程度の短い期間ではあったが，整理作業は着実に進められたようであり，その時点での器種や点数が示されている。森氏の記録によれば，１月20日に遺物を前にして座談会が行われて（森2009），１月24日には「橿原文庫」で遺物の展観があり，午後には討論会も開かれている（森1959）。

なお，この報告の中で末永氏は，出土遺物の取扱いについて「従来通りの手続を以て博物館もしくは諸陵寮に送付すべきも要すれば大和國史館の列品資料として各形式一個づヽ（数量僅少のものを除く）保管を希望す引き渡後更めて大和國史館に寄贈を願ひても結構なり」と記している。この前半部分は，明治期以来の古墳出土遺物の取扱いに該当するとの認識が示されたものであり，その上で後半部分では，形式ごとに１点ずつ國史館への寄贈を希望する旨を述べている。しかし，後半部分の希望は実現しなかったようである。

上記の末永氏による報告を添えた奈良県知事からの文書に対する諸陵頭からの回答には，「陵墓参考地ヨリノ出土品ニ付テハ一般古墳ト取扱ヲ異ニシ宮内省ニ歸屬スヘキモノナルニ付右出土品ハ畝傍監區事務所ヘ御引渡シ相成度」とあり，既に陵墓地として管理していた経緯を踏まえて，明確に宮内省に帰属する出土品であるとの認識を表明している（第２表‐⑥）。この文書と連動して，諸陵寮考證課長から畝傍陵墓監あてには，奈良県知事へ上記の通牒を行ったこと，出土遺物を受領の上は輸送機関に支障がない限り至急送付することについての指示がなされている。あわせて梱包についても別途指示が書き込まれている。占領地となっている尋常ならざる状況に加えて，進駐軍により陪冢を完全に削られるという，これまで想定されたこともなかった形で膨大な数の遺物が出土したことで，それらを一刻も早く確保するべく一種の緊張感が現れているようにも思われる（第２表‐⑦）。

以上のような経過で，旧陪冢ろ号の出土遺物は，昭和21（1946）年３月11日に「畝傍陵」（畝傍陵墓監区事務所）に運ばれて，書類上は３月15日付畝第59号で宮内省に引き渡されたことが報告され，現在に至っている（第２表‐⑪）。出土遺物が，東京の諸陵寮に到着した日付については，現段階で記録を確認できておらず，不明である。

なお，この文書に引継目録が記載されており，奈良県の整理作業による最終的な器種と点数が示されている（第２表‐⑪）。この器種認定と点数が，昭和25（1950）年刊行の『奈良縣史蹟名勝天然記念物調査抄報』第四輯の基礎となり，その後の旧陪冢ろ号出土遺物の基本データとなっている。

### （４）旧陪冢ろ号調査以降の周辺の状況

旧陪冢ろ号の切り崩し以降も，いったんは止まっていたと考えられる平城坂上陵陪冢で切り崩しの工事は続いた。まず，２月13日からは，と号（大和13号墳），ち号（大和14号墳）が切り崩されて地均し工事が行われた。また，へ号（大和11・12号墳）も切り崩し予定になっていたが，交渉の結果いったんは保存される方向性であったようである。しかし，急遽2月27・28日頃から切り崩すこととなり，3月2日には失われたようである（第2表-⑩）。その後6月～7月にかけて，宮内省からは進駐軍の何等かの計画に対しては陵墓地の保存，事前の連絡をするように，再三県庁各部局への申入れが続けられたが，進駐軍から十分な返答が得られなかったようである。しばらくの間，陵墓地と進駐軍キャンプ地の境界線で緊張状態が続いたと考えられる（第2表-⑫・⑬）。

なお，現地における進駐軍の駐留は，1956(昭和31)年9月まで続いた。

（5）小結

以上，旧陪冢ろ号の調査とその前後の経過についてみてきた。公文書の中には，他にも幾つか文書のやりとりが行われたことを示す記述が見られるため，今回検討したものが関連する公文書のすべてではないが，大まかな流れを追うことができたと考える。

当時の占領体制の中では，当事者である宮内省（畝傍陵墓監区事務所）が進駐軍と直接交渉のできる形にはなっておらず，すべて県終戦連絡事務局や聖地顕揚課等を通じて行われるシステムになっていたことがわかる。また，陪冢の切り崩しにあたっては，無断で行われることが多く，旧陪冢ろ号のように事前の連絡があっても時間的余裕は少ない状態であって，交渉の余地はほとんどなかったようである。基本的に，進駐軍からの要求には日本側が応えざるを得ない状況下にあった。

一方で，旧陪冢ろ号の場合は，厳しい条件のもとで始まった調査であるが，始まってからは昭和20年12月22日から翌21年1月8日まで調査は断続的に行われた。短日で一気に終了したのではなく，必要に応じて調査が継続されたということであろう。森氏は「総合していうと調査にはかなり好意的だった」(森1998　79頁)，末永氏は「好意ある援助によって調査を進めることが出來た」(末永編1950　15頁）と述べている[3]。おそらくは調査にあたった方々の熱意ある取り組みや，あるいは関係者の事務的な交渉などにより，現場レベルでは進駐軍の作業計画について柔軟な調整が行われたものと推察される。

あらためて，当時の調査にあたった方々の努力に敬意を表したい。

## 第2節　墳丘の位置・形態・規模と外表施設

（1）位置

**周辺の状況**　旧陪冢ろ号は，佐紀古墳群東群が展開する佐紀丘陵東端付近に位置しており，周辺は，北西が高く，南東に向けて緩やかに下る斜面地である。もともと旧陪冢ろ号が築造された丘陵上は多くの古墳が築造されていたようであり，明治から大正期にかけては畑地や樹林地であったようである。手つかずではなかったが，本来的にもかなりなだらかな丘陵であったことが推測されよう。その後，1942(昭和17)年4月に西部国民勤労訓練所が設置されるにあたっての改変により，さらに一帯の平坦化が進んだとみられる。旧陪冢ろ号のすぐ東側は，段丘崖が形成されており，東側へ下る谷地形への傾斜変換点付近に位置する。そのため，東側には同じ丘陵上として古墳が展開する余地はない。

現在，墳丘が所在した一帯は奈良基地の敷地内となっている。その位置は，陵墓地形図を利用して現在の地図に当てはめると，おおむね同基地敷地内の給水塔付近に該当する（第6図）。

旧陪冢ろ号（大和6号墳）の位置から西～北にかけての比較的近い範囲には，大和3～5・7・95－8～10号墳の合計7基の古墳の存在が指摘されている（高木2008)。分布を見る限り，平城坂

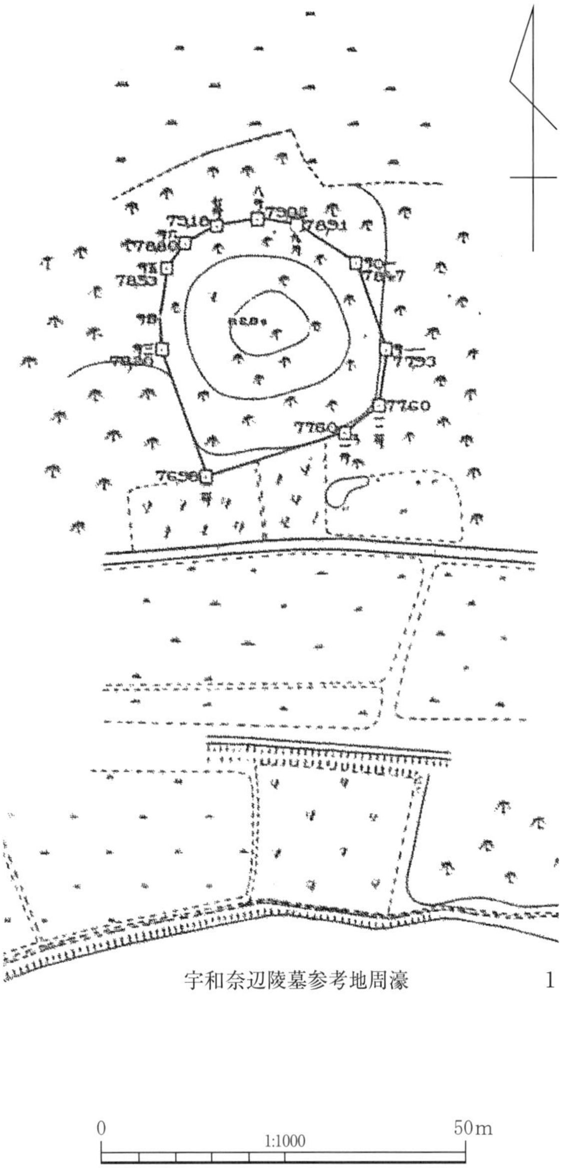


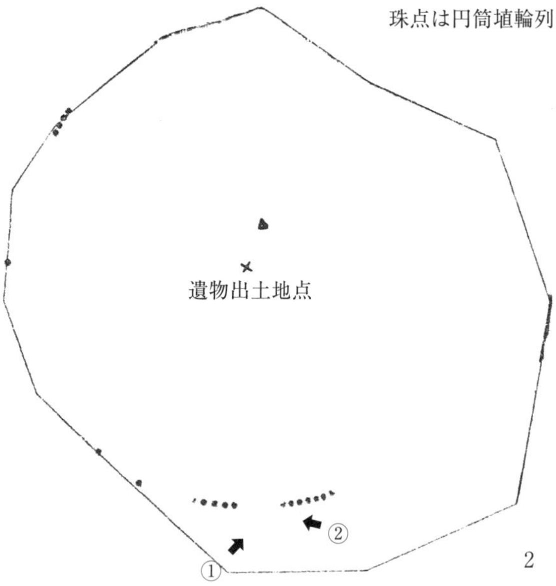


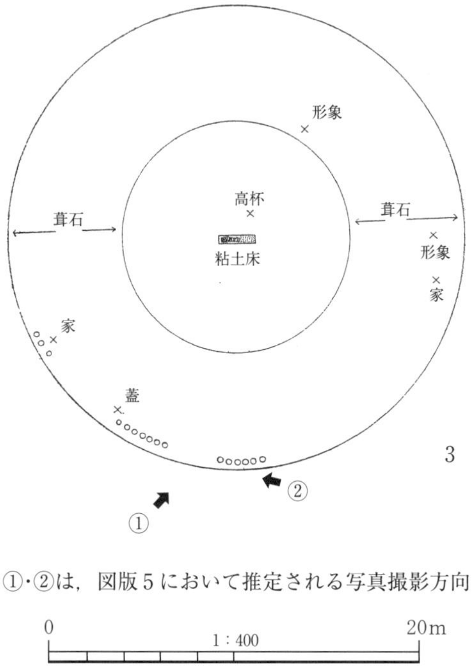


１：陵墓地形図より抜粋
２：末永編 1950　p.14 上段図を転載，一部改変
３：森 1959　p.3　第２図を転載，一部改変

①･②は，図版５において推定される写真撮影方向

0　1：400　20m

第13図　宇和奈辺陵墓参考地旧陪冢ろ号　墳丘測量図・略測図

上陵東側や小奈辺陵墓参考地周囲に位置する古墳とは一定の距離があることから，７基の古墳でひとつの群を形成しているようにも見える。一方で，宇和奈辺陵墓参考地との位置関係でみると計画性が希薄であったり，そもそも位置を含めた詳細が不明なものもある。少し離れるが大和14号墳のように，明らかに主墳たるいずれの大型古墳にも先行する時期のものがあることから，関係性の議論は今後の調査成果に委ねられている部分が大きいといえるだろう（橿考研編2006）。

**宇和奈辺陵墓参考地との位置関係**　宇和奈辺陵墓参考地との位置関係は，特に注意されるところであろう。この点については，既に森氏や末永氏が宇和奈辺陵墓参考地の陪冢的位置にあることを指摘している（末永編1950，森1959）。

昭和21（1946）年アメリカ軍撮影の航空写真（図版１），及び宇和奈辺陵墓参考地の地形図（第７図），及び周辺の調査成果（西口1975）を参考に，両者の関係を少し細かくみていきたい。

周濠の外側には西～北側にかけて，幅約50mの帯状の区画が認められる。この区画の性格は，奈良県教育委員会や奈良国立文化財研究所の調査により，外堤と外濠を合わせた範囲であることが判明している。奈良国立文化財研究所の調査で，東南隅においては外堤上面幅約30m，外濠幅約10mと推定されている。推定復元による誤差などを踏まえると，その幅は矛盾のないものと捉えることができよう。また，断続的に認められる地表の痕跡からは，外堤，外濠ともにほぼ全周するものと考えられる。

よって，推定される外堤と外濠との位置関係から，旧陪冢ろ号は，外濠に接する位置に築造されていたと考えられよう。

さらに，平面上の位置として，同参考地の墳丘主軸を北に延長したライン上に所在する。

これは旧陪冢ろ号の評価と大きく関わるものであろう。つまり，同参考地の築造にあたって，墳丘が主軸を共有して，かつ外濠・外堤に接していることから，極めて密接な関係をもち，重要な位置づけをもって計画的に配置されたことは明らかと考えられる。さらに，他の計画的配置と考えられる古墳よりも，主墳である宇和奈辺陵墓参考地と一体化に近い位置関係と言い換えることもできよう。

なお，西に隣接する大和５号墳は，埴輪が宇和奈辺陵墓参考地の埴輪と同じ特徴をもつ点から，旧陪冢ろ号と同様に，同参考地との明瞭な関係性を指摘できる[(4)]。

（２）形態・規模と構造

墳丘に関する具体的なデータは公文書等に記されていないが，宇和奈辺陵墓参考地の陵墓地形図に示された旧陪冢ろ号の墳丘測量図があるので，ある程度の地形と墳丘形態，および最低限の数値情報も判明する。以下，現地での調査所見をもとに（末永編1950，森1959），陵墓地形図や写真から読み取れる情報も交えつつ記述したい。

**形態と規模**　陵墓地形図の旧陪冢ろ号墳丘測量図から計測すると，墳丘は直径約30mの円墳である。高さは，地形的に高い北西側の裾から墳頂部までの比高が約3.6mを測り，低い南東側の裾からで約5.2mを測る（第13図１）。

墳丘規模としては，奈良基地が所在する丘陵上に点在していた古墳の墳丘と比較した場合，その規模は比較的大型ということができる。

なお，墳丘測量に際して撮影されたと考えられる写真（図版３・４）から読み取れる情報としては，左側から右に地形が下っているように見える。測量図から読み取れる地形と写真に写る景観とを比較すると，南西～南方向から撮影したものと考えられる。墳丘上には「陵墓参考地陪冢　宮内省」と書かれた木製と考えられる標識が建てられ，松が植えられていたようである。

**構造**　段築については不明である。陵墓地形図は等高線間隔が２mであるために，細かな地形変化は読み取れない[(5)]。「抄報４」では，復元的に２段の埴輪列が存在した可能性を指摘するが（末永編1950），森氏は確認された埴輪列は墳丘裾付近としている（森1959）。墳丘裾の埴輪列については，西側に隣接する大和５号墳の調査でも，墳丘裾付近を埴輪列が廻るとの報告がなされており，旧陪冢ろ号と同様である点が注意される（末永編1950）。

なお，周濠の存在が指摘されるが（森1959），陵墓地形図や写真からは判読が困難である。

（３）外表施設

外表施設としては，葺石と埴輪列が確認されている（森1959・1998，末永編1950）。主として森氏の調査記録をもとに整理しておきたい。12月27日に，墳丘西側斜面の裾付近が南北方向の道状に削られていたことから，葺石と埴輪列の存在が明らかになった。

**葺石**　葺石に関しては，「拳大の石が２～３重になり，頂上平坦部以外の斜面には全面に使用し，円筒列の内側にまで及んでいた」とある。

「拳大の石」とあるので，それほど大きな石材は使われていなかったと考えられる。また，石材は２～３重になっていたようであり，裏込石を備えた構造が想定されようか。また，「円筒列の内側にまで及んでいた」ということであるから，埴輪列にかなり近い位置，あるいは接する位置まで葺石が確認されたと考えられよう。墳丘裾付近であるため，少なからず転落石が含まれている可能性も考えられる。

**埴輪列**　埴輪列は，墳丘裾付近に，主として墳丘の南西面を中心として，不整形ながら円形に廻る状態が確認されている。墳丘の平面略図によると埴輪列をなす数は，断続的に16本が表現されている（森1959）。一方，「抄報４」の墳丘略測図を見る限り，確認された埴輪列をなす数は断続的に18～19本ほどのようである（末永編1950）。おおむね20本弱が確認されたものと見なせようか。また，「抄報４」では復元的に２段の埴輪列を想定しているが，森氏の記録からも，墳丘裾付近以外には，列をなした状態で埴輪は確認されなかったとみてよい。２段の埴輪列を想定したのは，墳頂部で蓋形埴輪の破片が出土したことによるものであろう[(6)]。

円筒埴輪は直径が約27㎝で，埴輪間の距離は約６～９㎝と記録されている。また，赤色顔料（朱）が塗布されていることが指摘される。円筒埴輪の設置に関わる点については，下部に粘土を用いていたことが確認されている。その他，円筒埴輪の中には，朝顔形埴輪が含まれていること，三角形透孔を有するものがあることが記録されている。

なお，現在書陵部で所蔵する埴輪については，第４章第５節で報告する。

## 第３節　埋納施設の構造と遺物の出土状況

本節も森氏の調査記録をもとに，整理しておきたい（森1959・1998, 2009）。遺物のみの施設であり，人体埋葬の痕跡がないことから，埋納施設と表記することとする。

なお，森氏の記録内容と異なる記述になっているとすれば，すべて本節執筆者の責任であることを明記しておきたい。

（１）埋納施設の構造

配列された遺物を覆った上部構造は確認されていない。直接土が被せられたと考えられている。床面は，小石の混じった粘土で形成されており，厚さ約３㎝を測る。平面形は，長軸が東西方向にのびた長方形をなしていた。その規模は，当初，長さ約1.5m，幅約0.5mを測ったが，表面を削ったブルドーザーの下から斧頭が出土した。その位置から長さは約２mに復元されている。

（２）遺物の出土状況

３時間あまりで遺物の検出作業は終えたということであるが（森1998），冷静に出土状況を観察して，記録を残している。

出土遺物の検出面は地表下約30㎝と考えられており，床面までで約60㎝と推定されている。すなわち鉄鋌などの遺物が積まれた高さは約30㎝となる。最終的には地表面に近い位置に埋蔵された状態にあったことがわかるが，そのような環境であったにも関わらず，相当に良好な遺存状況であったということになる。

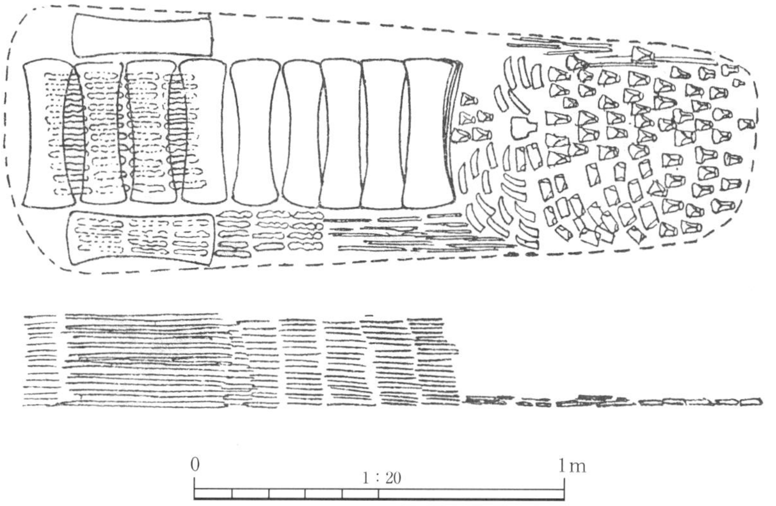


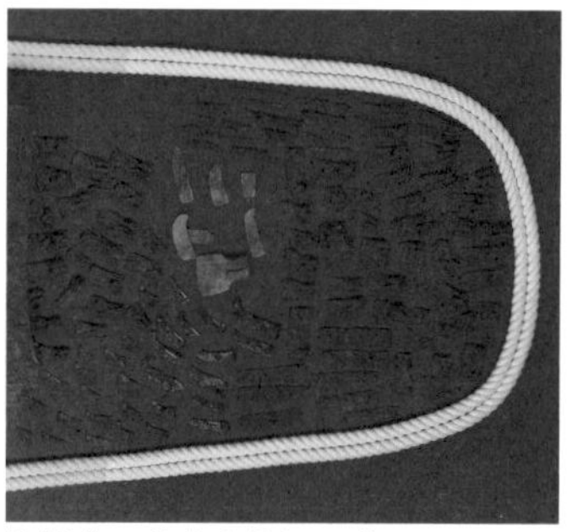

鉄製農工具出土状況の復元

1　　末永編 1950　p.14　下段図を転載

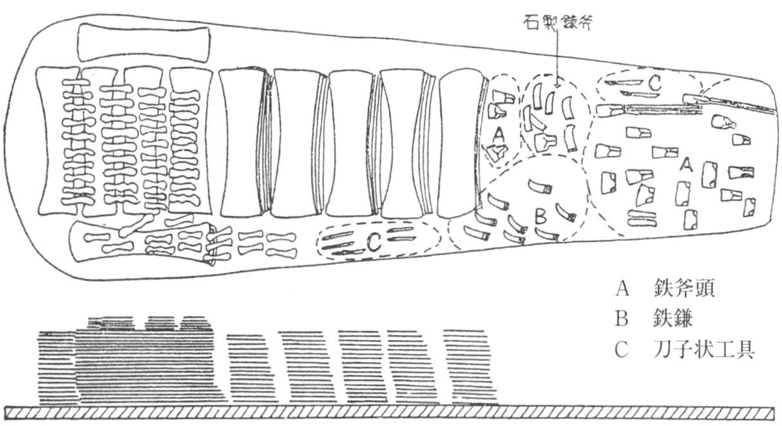


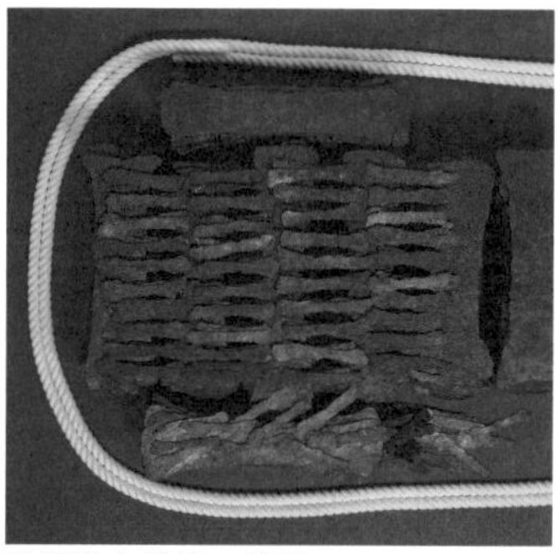

鉄鋌出土状況の復元

2　　森 1959　p.4　第３図を転載

第14図　宇和奈辺陵墓参考地旧陪冢ろ号　遺物出土状況見取り図

**出土状況見取り図**　全体の状況は，端的に出土状況見取り図に描かれている（第14図１・２）。本図については，いずれも森氏が現地で作成した見取り図が基になっているが，「抄報４」に掲載されたものと（第14図１），後に森氏が自身の著作で使用しているものとでは（森1959，1974，1998），細部において異なっている（第14図２）。「抄報４」の見取り図には描かれた農工具の数が多く，検出範囲の区別が示されていないなどの違いがある。実際に出土した農工具の点数からすれば，第14図１が見た目としては実際の出土状況に近いということになるが，第14図２の方が器種ごとの位置関係などを理解しやすい。書陵部で平成21年に開催した展示会での出土状況復元展示も，第14図２をもとに各個体の方向や器種ごとのまとまりを確認した後に，ある程度空間を埋めるために，第14図１のように一定程度の個体数を配置した。

以下に，森氏の記述内容を辿りながら，出土状況を概観しておきたい。出土遺物は器種ごとにまとめられて配置されている点に特徴がある。

**鉄鋌**　大鉄鋌は，粘土床の西端から，11のブロックに分けられて積み重ねられていた。具体的には，個体の長軸を南北に向けたブロックが，粘土床の中軸に沿って東西に９列に並べられている。９列に配列されたブロックのうち，東から４ブロック分については，上部が西側に滑ったような状態で斜めに重なっていた。残る２つのブロックは，９列の南北に１ブロックずつが接しており，位置は９列の中でも西端付近に配列されている。この２つのブロックは，個体の長軸を東西に向けている。さらに，部分的には東西に並ぶブロックに積まれた鉄鋌とかみ合うような状態にあったようである。

また，この大鉄鋌の各ブロックの最上面には，板状の腐植物が「必ず」確認されて，「その中には必ず釘状の鉄製品」が確認された。また，「漆の粉のような物」が大鉄鋌のブロックの間や大鉄鋌個々の重なりの間に堆積していた。

なお，１ブロックごとの枚数は不明であるが，出土点数をブロック数で割ると，１ブロックあたり25点程度となる。ただし，東寄りのブロックの幾つかは積み上げられた点数が少なめであったことが指摘されている。

小鉄鋌は，東西に並んだ大鉄鋌のうち西より（見取り図によれば西から４ブロックまで）のブロックの上に，大鉄鋌とは長軸を交叉して「南北に整然と一列になって」並んでいた。ひとつのブロックにつき，５～６枚が積まれていたという。そして，小鉄鋌のブロックと大鉄鋌のブロックの間に板状の腐植物が確認されたことにより，大鉄鋌とは別の容器に納められていた可能性が推測されている。

また，大鉄鋌のブロック上で出土したもの以外には，その南側で少量の出土があったことが記録されている。

**石製模造品**　石製模造品は，大量の鉄製農工具とは対照的に，ごく少量が出土している。点数は，「石製模造の斧」（以下，斧形と表記）１点，「石製の鎌」（以下，鎌形と表記）６点である。森氏の記録によると，斧形は刃部を西に向けて粘土床の中軸，かつ床面直上での出土である。鎌形は，斧形の北～北西側にまとまって一部重なりながら出土している。刃部は南東方向を向いていたようである。

斧形は，粘土床の中央付近における床面直上での出土ということで，配列の順番としては比較的早い段階であったと考えられる。鎌形も同様であろうか。また，鎌形のうち，２点については破損した状態での出土である。

**鉄製農工具**　農工具は，その大きさがいわゆるミニチュア品と考えられるものだけが出土している。実際は柄が装着されているために，もっと立体感のある埋納状況であったことが推定される。

「鉄斧頭」は，石製模造品が配置された辺りから床面の東端まで，刃部を西に向けて一面に検出されて，５個体が重なって出土したものもあった。

「鍬先かと思う鉄製品」は，「鉄斧頭」と混在した状態で刃部を西に向けて，やはり一面に出土している。注目すべきは，この「鍬先かと思う鉄製品」のうち，床面の北縁付近で検出された個体では，柄が「泥のように腐っていた」ものの，長さ約24㎝の棒状の形態で確認されたことである。いわゆるミニチュア農工具の柄がどの程度の長さで，形態がどのようなものかは不明な点が多い。貴重な観察所見である。

「鉄鎌」は，主に東西に９列に並んだ大鉄鋌のブロックのうち，東から４ブロック分の南側にあたる範囲と，石製模造品の南側で出土した。

「刀子状工具」は，大鉄鋌のブロックの南側と石製模造品の北に接する位置で出土している。

「遣鉋」は，「刀子状工具」と同様の位置で出土している。「数種類ある」と記述される。

「先の曲がっていない鎌状の鉄器」は「木が横に銹び着いて」いる特徴をもち，石製模造品の東南30㎝の辺りで一塊になって出土している。

「刀子らしい物」は，床面の長軸に長辺が平行する方向で並んでいた。

## 第４節　奈良県立橿原考古学研究所所蔵の調査写真

旧陪冢ろ号の調査の際に撮影された写真は少ないが，現在，奈良県立橿原考古学研究所に保管されている。埋納施設の調査では，進駐軍キャンプ地内であることを考慮して，大勢としては写真・図面等の記録類の作成が躊躇されていたようである（森2009）。しかし，墳丘の写真は撮影されており，「抄報４」で２枚の写真が公表されている（末永編1950）。また，その後に同研究所の刊行物に，別カットの写真も掲載されている（橿考研編2002）。これらの撮影時期としては，本章第１節にも述べたとおり，埋納施設の調査前に12月22日から墳丘測量が行われていたらしいこと，また写真に写る墳丘が削られていないことから，その際に撮影された可能性が高いと考えられる。

本書の作成にあたり，同研究所の御配慮のもと，当時撮影された写真等について確認を行った。やはり，埋納施設調査時の写真は確認されず，また「抄報４」で使用されている写真２カット分についても，今回は確認されなかった。一方で，墳丘の別カットの写真や，調査途中の写真と推定されるものが認められたため，当時の調査の状況を知る貴重な資料として，本書への掲載許可を得た上で，以下にいくらかの説明を加えておきたい。

図版３～５が，今回確認し得た旧陪冢ろ号，あるいはその可能性が高い調査時の写真である。

図版３　１が墳丘を南西から，２が南側から撮影した写真である。２は「抄報４」の図版第四の下段写真とほぼ同じ角度から撮影されているようであり，連続的に撮影されたものである可能性もあろう。

図版４　１が墳丘を南西から，２が北から撮影した写真である。１は，「抄報４」の図版第四の上段写真と同じ角度から撮影されており，ブルドーザーの向きや人影の有無などの違いがあるが，上記写真の前後に撮影されたものである可能性が考えられよう。この後に旧陪冢ろ号の墳丘は削平されてしまうため，当時の状況示す象徴的な写真の１枚といえよう。２は，北から旧陪冢ろ号の墳丘をかすめて宇和奈辺陵墓参考地の墳丘（後円部）を臨んだ状況である。両墳丘が至近の位置関係にあることがよくわかる。

図版５　これまで旧陪冢ろ号の具体的な調査の写真は知られてこなかったように思われるが，橿原考古学研究所での調査の結果，墳丘の写真と一連で整理されていることや，検出状況の特徴から旧陪冢ろ号で確認された埴輪列の可能性が考えられたため，掲載することとした。以下に詳述しておこう。

１・３・５は，同じ埴輪列を異なる角度から撮影したものと考えられる。旧陪冢ろ号では，墳丘裾付近の南側から西側にかけて埴輪が検出されているが（第13図２・３），特に南側で明瞭な埴輪列が検出されている。図を見ると南側の埴輪列は，中央付近が途切れており12～13本が検出されたことが知られる。この特徴から写真を検討してみると，まず１では，埴輪列が中央の未掘部分を挟んで確認される。これは，図にあるとおり埴輪列が途切れて表現されている状況と合致する。さらに，この途切れた部分（未掘部分）の左右の埴輪の本数を３・５から確認するといずれも６本が確認できるようであり，図に示された本数と一致する。よって，１は未掘部分の東側，３は西側の埴輪列を撮影したと考えられる。撮影方向は，第13図２・３に矢印で示した。また，埴輪列の背景の状況を見ると，南西から撮影した１では木立が写る。一方で，東から撮影した５では，建物が写っている。これも，東側は段丘状に地形が下っているため，木立や周辺山塊が背景になることは首肯される。一方，西側は西部国民勤労訓練所の建物が多数建てられていたエリアであり，建物が写り込んでいることは，撮影方向から当然といえる。

以上のことから，あくまで「推定」の表記は伴うものの，図版５に示した写真は，旧陪冢ろ号の墳丘南側の埴輪列を撮影したものである可能性が高いと考えられる。その場合，撮影日は埴輪列が調査された昭和20年12月27日ということになろう。

## 第５節　その後の宇和奈辺陵墓参考地旧陪冢ろ号

**キャンプ地周辺の様相**　旧陪冢ろ号が削平される契機となった進駐軍キャンプ地には，昭和21(1946)年６月時点では，第89・90野砲隊が駐留していたようである。また，キャンプ地へ至る道路事情が悪かったようであり，修繕の対象となっていた（第２表）。順次，キャンプ地内，関連施設が整備されていった様子がうかがえる。

**航空写真にみる変遷**　既に述べてきたように，旧陪冢ろ号は完全に削平されて，現在では現地にその痕跡も残っていない状況である。その変遷を，アメリカ軍によって撮影された航空写真により確認しておきたい。

昭和21(1946)年10月２日に撮影された，佐紀古墳群東群を含む周辺地域の航空写真には，削平された跡が一部円形に白く写っている(図版１－１～３)。この時点では，跡地は空き地の状態である。その約１年後の，同22年９月23日の写真には，西部国民勤労訓練所の建物が撤去されて新しい建物に替わっている(図版２－１)。旧陪冢ろ号跡地では，何らかの建物が建設中のように見受けられる。同23年９月１日に撮影された航空写真には，跡地に何棟かの建物が造られており（図版２－２)，この場所に現在は給水塔が建設されている。

なお，周辺の古墳も多くが失われた中，すぐ西側に隣接して大和５号墳がある。この古墳は，現在南北を建物に挟まれつつも現存しているため，往時の状況をわずかに知ることができる。ただし，低墳丘であるため，航空写真では判読が困難である。

**現在の旧陪冢ろ号跡地**　今回，本書の作成にあたって，旧陪冢ろ号跡地と大和５号墳を訪ねて現況写真を撮影した[7](図版６－１～６)。１が，跡地を南から撮影したものである。２は，旧陪冢ろ号跡地から見た宇和奈辺陵墓参考地である。３は，やや南西にずれたプールの北側付近に位置をずらして撮影したものである。この付近が，おおよそ宇和奈辺陵墓参考地の外濠・外堤にあたると考えられる。いずれも，同参考地の後円部を間近に臨むことができる。４は，５号墳を挟んで，西から旧陪冢ろ号跡地を臨んだ風景である。５・６は，大和５号墳の現況である。

また，同古墳の調査時に撮影されたと考えられる写真があるので，紹介しておきたい（図版６－７・８　奈良県立橿原考古学研究所提供)。７は，墳丘を南から撮影したと考えられる。現況とそれほど大きな差は認められないように思われる。後方に見える建物は，西部国民勤労訓練所の建物と考えられる。８は，墳丘の南側の工事の状況を撮影したものと考えられる。写真の左上隅に写るのは，宇和奈辺陵墓参考地の後円部と考えられる。また，注意される点としては，高いフェンスが設置されていることであろう。おそらく，このようなフェンスが廻らされたことにより，結果的に進駐軍キャンプ地内に取り込まれることとなった各陪冢への，畝傍陵墓監区事務所による巡回ができなくなったのであろう。

**〔註〕**

（1）　写真は，奈良基地内資料館「松林苑」での展示パネルから複写したものである。複写にあたっては，奈良基地広報室の御配慮を得た。また，この写真は，既に（橿考研編2006）11頁の写真1で使用されているものと同じである。この写真には高木清生氏が指摘するように，大和11・12～14号墳が既に削平を受けており写っていない。撮影時期として，昭和17(1942)～昭和20(1945)年頃が推定されている（橿考研編2006）。

しかし，写真に写る現地の状況と後述する当庁の公文書の内容，及び航空写真，特に終戦直後のアメリカ軍撮影の航空写真（昭和21年10月2日撮影，同22年9月23日撮影，同23年9月1日撮影）を新たに加えることで，本書では，この写真の撮影時期について以下のように推測する。

a　写真では，旧陪冢ろ号，大和11・12～14号墳は既に削平されている。

b　公文書の内容から，平城坂上陵陪冢へ号（大和11・12号），と号（大和13号墳），ち号（大和14号墳）の削平は，昭和21年2月中旬～3月初旬に行われた。この時点で，旧陪冢ろ号も既に削平されていた。

c　大和3・4号墳については，昭和16年に西部国民勤労訓練所の設置に伴う造成で一部が破壊されたが，これは陵墓地ではない古墳であったためと考えられる。宮内公文書館所蔵の「諸陵寮　昭和16年　重要雑録」第25号には，西部国民勤労訓練所の開設にかかる書類が残されている。それによると，昭和16年6月30日付けで諸陵頭あてに財団法人職業協会理事長から開設に向けての申請書が提出されて，その後7月14日付けで奈良県知事からも副申が出されている。これに対して，宮内省は，8月7日付けで①火気の取り扱いに厳重注意すること，②陵墓地の周囲に生垣を巡らせて巡回路を存置することを条件に承認している。このことからも，平城坂上陵の陪冢であった大和11・12～14号墳が，同訓練所の設置に伴う造成により破壊されたとは考え難い。大和3・4号墳も昭和21年春に破壊されており（末永編1950），大和11・12～14号墳の削平とほぼ同じ時期と考えられる。

d　昭和21年10月2日アメリカ軍撮影の当該地航空写真（図版1）では，同訓練所の建物（東西棟）が残るが，昭和22年9月23日アメリカ軍撮影の写真（図版2-1）では，南北棟の新たな建物に替わっている（橿考研編2006）。

以上のことから，撮影時期としては，キャンプ地として接収されて，陪冢が削平された後の昭和21年3月上旬から，キャンプ地内の建物の建て替わりが確認される昭和22年9月までの間と考えられる。

なお，平城坂上陵陪冢へ号（大和11・12号），と号（大和13号墳），ち号（大和14号墳）の位置は，西部国民勤労訓練所の敷地内であったことは明らかであるが，建物などの配置はなかったようである（附編1第3図）。この一帯は進駐軍のキャンプ地となった際に，建物のない平地を確保するために造成の対象になったということであろう。そのために，キャンプ地内に所在することになった複数の陪冢のうち，最初に切り崩しの対象となったのではないだろうか。

（2）（森1959）記載の調査日誌には，「30日，1日4日，7日」とある。ここでは，「1日」と「4日」の間に「,」がない点，12月から年・月ともにかわっていることから，「1日」は「1月」の誤植ではないかと判断した。

なお，附編1において菅谷氏は，文字どおりに「1日」として理解されている。いずれにしても，この間の調査に大きな変化はみられなかったということである。

（3）埴輪の出土状況の記録にトランシットが使用されたようである（森2009）。残念ながら，この時の図面は製図に至らなかったとのことであるが，測量器械を設置して作業が行われていたことなど，調査に対する進駐軍側の協力的な姿勢の一端がうかがえるともいえよう。

（4）今尾文昭氏は，旧陪冢ろ号（大和6号墳）と大和5号墳に加えて，同3号墳も宇和奈辺陵墓参考地との有意な関係性を指摘している（今尾2014）。

（5）宇和奈辺陵墓参考地の陵墓地形図は等高線間隔が2mで作成されている。旧陪冢ろ号についても同様である。大正15年3月に，諸陵寮と陵墓の測量作業・地形図の調製を行った帝室林野局との間で，作成上の要点について協議がなされて，面積が2万坪以上は縮尺1/1000で等高線間隔2～5mを標準とすると定められた。実際は，多くの陵墓地形図で面積の広狭に関わらず等高線間隔が1mであり，設定された基準以上の精度で作成されている（笠野1999）。宇和奈辺陵墓参考地は基準どおりの精度で作成されたといえるわけだが，なぜ大半が基準以上の精度で作成される中，あえて基準どおりの精度で作成されたのか，理由は不明である。

（6）墳頂部に埴輪列があったとして，埋納施設が削られる過程で検出された可能性が考えられるが，森氏の記録にもない。あわせて，埋納施設が地表下すぐで検出されたことを考えると，調査の時点では，墳頂部の盛土の流出は少なからずあったと考えられる。墳頂部に埴輪列が存在したとしても，既に墳頂部盛土とともに埴輪列も流出していた可能性が高い。墳頂部や墳丘斜面上で形象埴輪片が検出されていることからも，墳頂部における埴輪列の存在は肯定的に捉えてよいと考えられる。

（7）撮影日は平成28(2016)年3月28日である。撮影にあたっては，事前申請のうえ奈良基地広報室のご配慮を得た。

## 〔参考文献〕

笠野　毅1999「陵墓地形図の概要　―序文にかえて―」『宮内庁書陵部　陵墓地形図集成』，学生社。
末永雅雄編1950『奈良県史蹟名勝天然記念物調査抄報』第4輯，奈良県史蹟名勝天然記念物調査委員会。
高木清生2008「佐紀盾列古墳群東群の古墳分布復元試案」菅谷文則編『王権と武器と信仰』，同成社。
今尾文昭2014『ヤマト政権の一大勢力　佐紀古墳群』（『シリーズ「遺跡を学ぶ」』093），新泉社。
奈良県立橿原考古学研究所編2002『大和の考古学100年』，（財）由良大和古代文化研究協会。
奈良県立橿原考古学研究所編2006「大和11～14号墳」『奈良県遺跡調査概報2005年（第1分冊）』，奈良県立橿原考古学研究所。
西口寿生1975「Ⅴ　古墳」『平城宮発掘調査報告』Ⅵ（『奈良国立文化財研究所学報』第23冊），奈良国立文化財研究所。
森　浩一編1974『日本古代文化の探求　鉄』，社会思想社。
森浩一著作集編集委員会編2016『渡来文化と生産』（森浩一著作集3），新泉社。

# 第４章　昭和20(1945)年～昭和21(1946)年調査の出土遺物

## 第１節　出土遺物の概要

（１）出土遺物を把握するための前提

第３章第１節で詳述したとおり，宮内庁宮内公文書館所蔵の公文書から，出土遺物の収蔵に至る経過が辿れるが，その中の幾つかの文書に各時点での器種と点数が示されている。また，昭和21年の調査直後の整理の結果として，「抄報４」で器種と点数が図面・写真と共に示されており，これが現在の旧陪冢ろ号出土遺物の構成であると理解されている（第15図）。

しかし，特に埋納施設出土遺物のうち鉄製農工具については，再整理を行う過程で，昭和20年の調査直後には器種分類に至らなかったものや，当初から存在が認識されながらも，最終的に「抄報４」に反映されなかった器種の存在が判明してきた。よって，本書で示す器種と個体数，特に器種認定は，本出土遺物の各時点での認識との対応関係を整理することが不可欠であると考えられた。そのため，各器種と点数の対照を行えるようにする目的で，第３表を作成した。以下の記述は，第３表に基づいて行うこととする。また，「点数」と「個体数」という異なる表記を使用するが，「点数」はこれまでの目録や「抄報４」に記載されている数字や単純な破片の数を示す。「個体数」は，旧陪冢ろ号の築造に伴う埋納時点の数を意識したものである。

（２）出土遺物の構成

細かい器種等は，以下に述べる各節と第３表に譲るとして，ここでは全体を概観しておく。

墳頂部の埋納施設からは，大小の鉄鋌を中心に鉄製農工具と石製模造品が出土している。

**鉄鋌**　大鉄鋌と小鉄鋌が出土している。参考として，同一縮尺で両者を提示した（第16図）。

なお，鉄鋌の名称と大小の区分については，これまでの整理や保管にあたって，用いられてきた名称・区分であるため本報告書においても踏襲している。

**鉄製農工具**　器種構成は，第３表に示したとおりである。いわゆるミニチュア製品ということができよう(1)。

**石製模造品**　斧形と鎌形が出土しており，もっとも通有の器種である刀子形は含まれていない。

**埴輪**　円筒埴輪と形象埴輪が出土している。詳細は本章第５節を参照されたい。人体埋葬はなかったと考えられているが，他の古墳と同様に埴輪の配列がなされていたことがわかる。

**土器**　高杯など，土器の出土が知られているが，今回の整理作業の中では確認されていない。

なお，武器，武具は含んでいない。

（３）個体数の推定

ここでは鉄鋌と鉄製農工具について述べる。個体数の推定にあたっては，多くは破片であるため，切先や茎など個体数を示すに足る部位の特徴から個体数を推定することになる。例えば，同じ器種の切先と茎の数を数えて，数が多い方が現状における当面の個体数ということになる。しかし，後述するように，刀子状工具と鑿などは茎や刃部の破片だけでは器種の特定が困難である。また，破片が小さいとその数だけでは当面の個体数の推定も難しく，完形品か完形品に近い破片しか数えられないということにもなる。このような状況は，器種によっては個体数の推定を難しくしている。

**大鉄鋌**　現在，宮内庁で番号を付したものは274点である。単純な数字の比較をすると「抄報

４」の数字より少ない。当時の点数の中に既に破片となっていたものがどの程度含まれており，それらがどのように点数に反映されたのか，その判断の基準は不明であるため，単純に対照することは難しい。現状では，破片になっているものにも番号が付されているため，出土時点で遺存状態のよくない個体も少なからずあったと考えられる。それらの個体が経年変化により形状が変わったことも想定しておかなければならないだろう。よって，厳密に個体数を推定することは困難と言わざるを得ない。その意味でも出土後すぐに数えられた「抄報４」の数字の価値は高いと考えられる。

**小鉄鋌**　現在，小鉄鋌には636の番号が付されている。ただし，358は欠番のため，実際の数字としては635である。この点は注意願いたい。以下，小鉄鋌の点数は635を基準に記述する。しかし，これがすぐに個体数を表している訳ではない。大鉄鋌と同様に，現在破片となっているものにも番号が付されていることから，個体数が635を下回ることは確実である。破片から復元的に推定することも難しいために，大鉄鋌と同じく厳密に個体数を推定することは困難と言わざるを得ない。「抄報４」では，小鉄鋌の点数は590点である。出土直後に数えられたものであり，現在よりも良好な状態の個体が多かったと考えられることからも，確度の高い数字といえる。

**鉄製農工具**　第３表に当面確認された個体数を示した。整理の結果，ほぼ個体数と考えられるものは，そのまま数字を記入して，破片はあるものの具体的な個体数の把握に至らなかったものは，括弧でくくった。器種によっては破片の数が多いために，鉄鋌と同様に確定的な個体数ではないことから，この点については注意されたい。

「抄報４」の鉄製農工具の点数は，合計708点である。再整理の結果では，明確な個体数を得るには至らなかったため，数字は挙げられないが，単純に破片数を足していかなければ700点を超えることはないことから，「抄報４」の数字は破片数を示している可能性があるかもしれない。

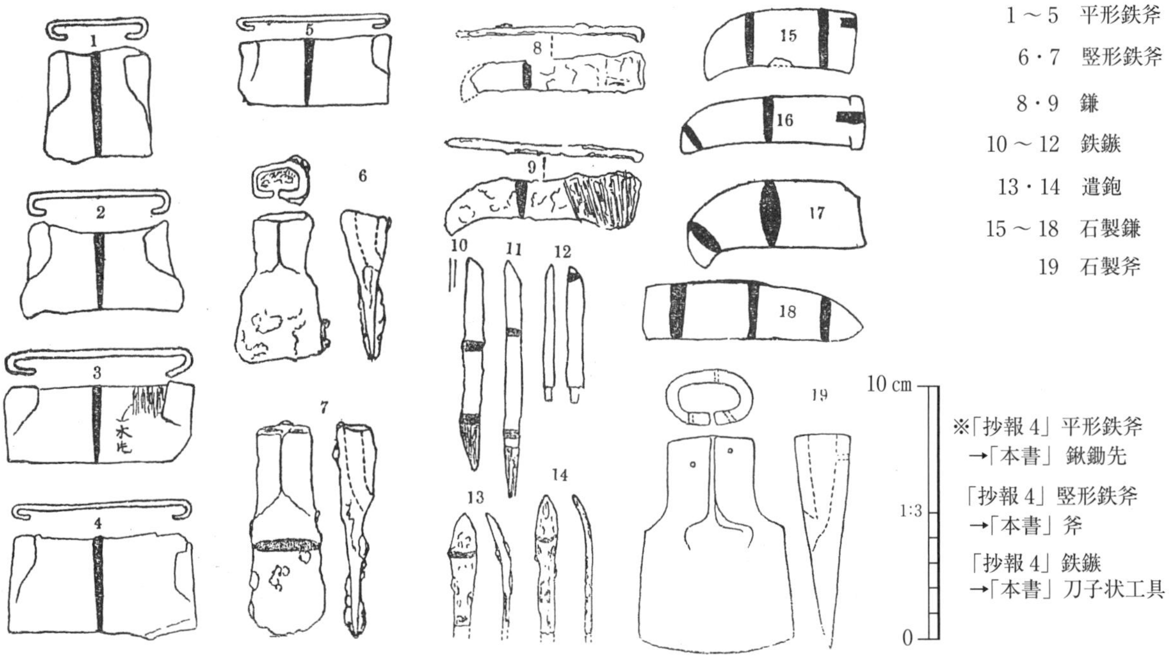


第15図　宇和奈辺陵墓参考地旧陪冢ろ号　出土遺物実測図〔末永編 1950　p.15　第12図）

第3表　宇和奈辺陵墓参考地旧陪冢ろ号出土遺物対照表

| 本書での名称 | | 森浩一氏 古墳ノート | 進駐軍あて受領書 (S21.1.7) | | 奈良県聖39号添付報告書 (S21.1.20) | | 奈良県⇒宮内省引継目録 (S21.3.15) | | 抄報4（S25.3.15） | |
|---|---|---|---|---|---|---|---|---|---|---|
| 名称 | 個体数 | 名称 | 名称 | 点数 | 名称 | 点数 | 名称 | 点数 | 名称 | 点数 |
| 鉄鋌 | | | | | | | | | | |
| 大鉄鋌 | | 大型鉄板 | 大型鉄片 | 200 | 大形鉄板完形破損品 | 約180 | 大型鉄片 | 282 | 大形鉄板 | 282 |
| 小鉄鋌 | | 小型鉄板 | 小型鉄片 | 250 | 小形鉄板完形破損品 | 約590 | 小型鉄片 | 590 | 小形鉄板 | 590 |
| 鉄製農工具 | | | | | | | | | | |
| 鎌 | 100 | 鉄鎌 | 鉄片及び石製品破片 | 一括 | 鉄製鎌形利器 | 約30 | | | 鎌 | 134 |
| 穂摘具 | (10) | 先の曲がっていない鎌状の鉄器（木が横に錆着） | | | 鉄製篦形利器（一側に木片附着） | 約50 | 鎌形鉄器（一側に木片銹着セル長方形鉄器） | 134 | | |
| 鍬鋤先 | 85 | 鍬先かと思う鉄製品 | | | 鉄製斧第二形式（扁平） | 約50 | 扁平斧 | 102 | 斧（横形） | 179 |
| 刀子 | (67) | 刀子らしい物 | | | 〔鉄製印刀状利器一括〕 | | 〔小刀〕 | | 〔小刀子〕 | |
| 鉇 | 13 | 遣鉋 | | | 鉄製やりかんな（遣鉋） | 約10 | 遣鉋 | 9 | 遣鉋 | 9 |
| 斧 | 106 | 鉄斧頭 | 鉄斧 | 90 | 鉄製斧第一形式（円形） | 約150 | 鉄片（鉄斧か） | 179 | 斧（竪形） | 102 |
| 刀子状工具 | | 刀子状工具 | 鉄片及び石製品破片 | 一括 | 鉄製印刀状利器一括 | 約100 | 小刀 | 284 | 小刀子 | 284 |
| 鑿 | (10) | 〔刀子状工具〕 | | | 〔鉄製印刀状利器一括〕 | | 〔小刀〕 | | | |
| 石製模造品 | (40) | | | | | | | | | |
| 斧形 | 1 | 石製模造の斧 | 石製斧 | 1 | 石製斧第一形式（円形） | 1 | 石製斧 | 1 | 石製斧 | 1 |
| 鎌形 | 6 | 石製の鎌 | 鎌形石製品 | 2 | 石製鎌形 | 5 | 石製鎌 | 6 | 石製鎌 | 6 |
| | | | 鎌形石製品 | 10 | 石製篦形 | 2 | | | | |
| 埴輪 | | | | | | | | | | |
| 円筒埴輪 | | 円筒埴輪 | 土製品破片一括 | 一括 | 埴輪破片 円筒・家形・蓋形 | 一括 | | | | |
| 家形埴輪 | | 家形埴輪 | | | | | | | | |
| 蓋形埴輪 | | 蓋形埴輪 | | | | | | | | |
| 土器 | | | | | | | | | | |
| 確認できず | | 土師器の高坏 | 土製品破片 | 一括 | | | 土器破片 | 1箱 | | |
| 本書では記載のないもの | | | | | | | 不明鉄板 | 2 | | |

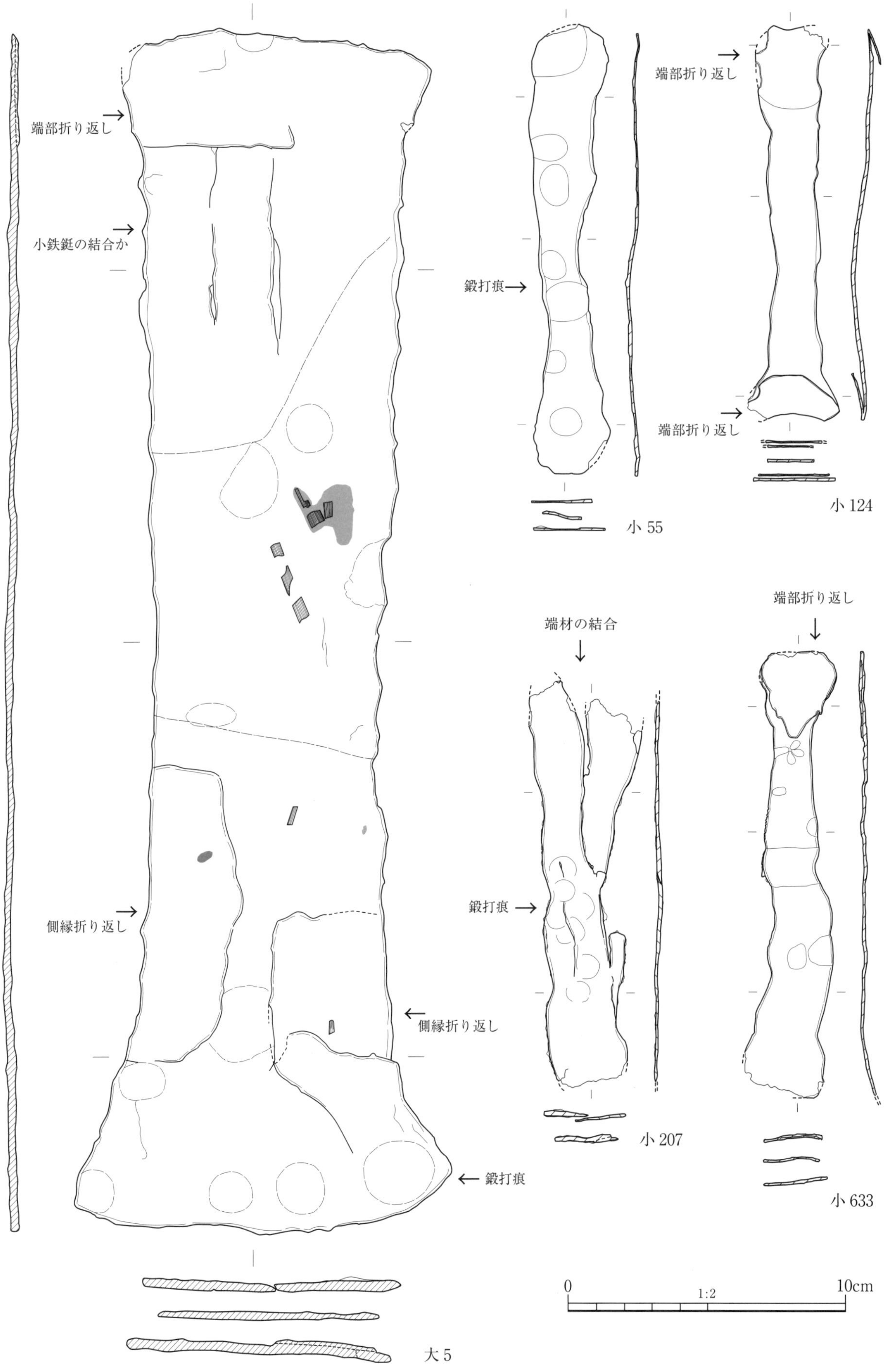


第16図　大鉄鋌と小鉄鋌の比較

## 第２節　鉄鋌

（１）大鉄鋌

１）形態分類

ここではまず大鉄鋌の分類をおこない，その分類ごとに説明を加えることとする。分類にあたっては，成正鏞と孫スイルの形態分類を参考にする（成正鏞・孫スイル2012）。

鉄鋌を分類するに際して，上下端部の平面形態は重要である。成正鏞と孫スイルの型式分類を土台にすると，Ａ（弧状＋直線），Ｂ（弧状＋弧状），Ｃ（直線＋直線），Ｄ（凹形＋弧状），Ｅ（凹形＋直線），Ｆ（凹形＋凹形）の６つに区分することができる。

また，鉄鋌は（Ⅰ）非対称形と（Ⅱ）対称形に区分することができる。これらは両端部幅の差異が基準であり，非対称形鉄鋌は平面形態上で両端部の幅に差異がある。対称形の鉄鋌は平面形態上，両端部幅の差異が大きくなく，対称的である姿をみせるものである。

これらは，板状鉄斧が鉄鋌へ変化する過程が，鉄鋌の形態に反映される可能性があるという仮説を想定した分類である。すなわち，弧状＋直線であり非対称形を呈するもの（ＡⅠ式）は，片側が板状鉄斧の刃部に相当する幅広の弧状，もう片側が柄部に相当する直線であり，板状鉄斧の形態に近い古い要素といえるのではないかという解釈である。さらに凹形＋凹形であり対称形を呈するもの（ＦⅡ式）は，板状鉄斧の形態から大きく変化したものであり，新しい要素とする。鉄鋌が板状

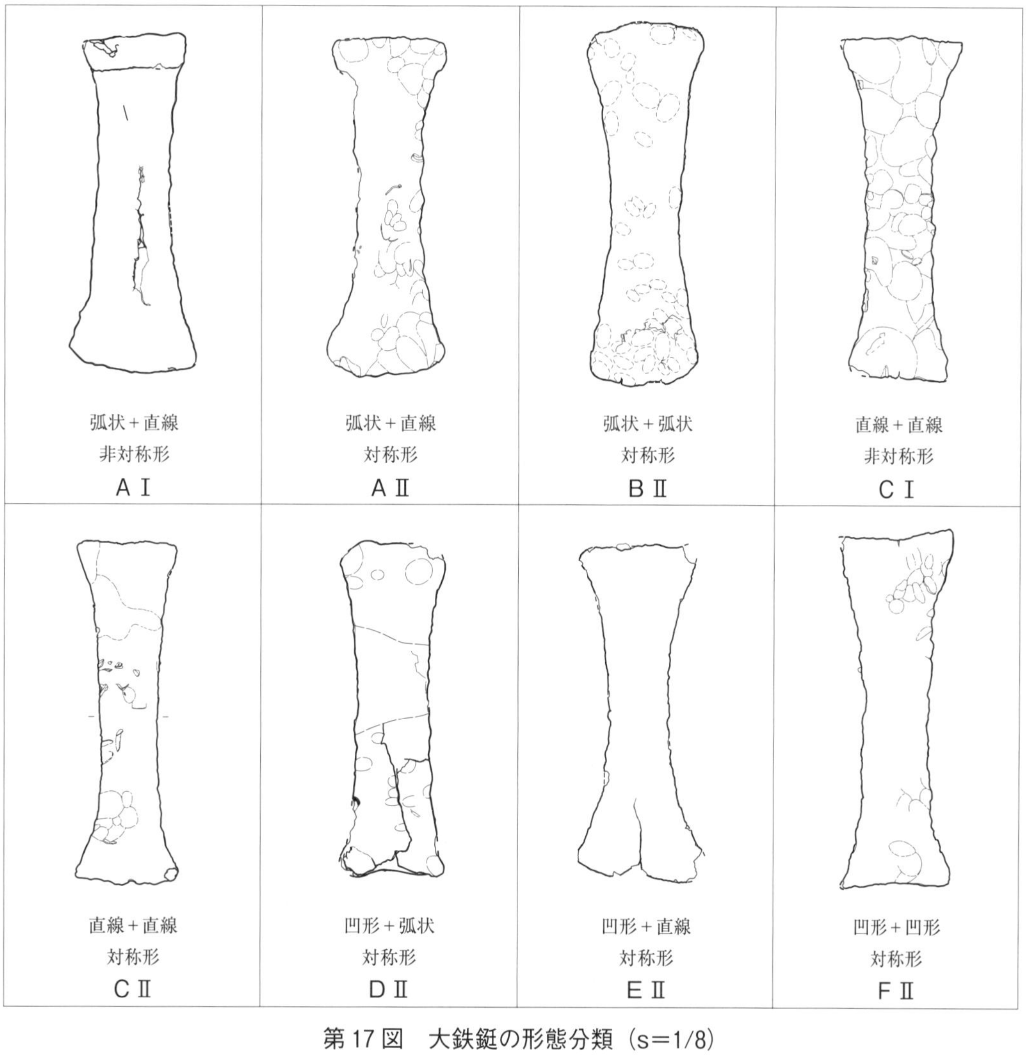


第17図　大鉄鋌の形態分類（s＝1/8）

鉄斧から変化したものであるという説は有意であると考えられることから，分類の基準とする[1]。

旧陪冢ろ号出土の大鉄鋌をこれらの基準で分類したところ，ＡⅠ式，ＡⅡ式，ＢⅡ式，ＣⅠ式，ＣⅡ式，ＤⅡ式，ＥⅡ式，ＦⅡ式の８つに分類することができた。第17図では各形式の形態の代表例を示した。以下，形式ごとにその特徴をみていく。

まずそれぞれの点数であるが，ＡⅠ式（15点），ＡⅡ式（13点），ＢⅡ式（19点），ＣⅠ式（15点），ＣⅡ式（28点），ＤⅡ式（５点），ＥⅡ式（９点），ＦⅡ式（11点）である。最も多くみられるものがＣⅡ式（直線＋直線，対称形）であるという点に注目したい。大鉄鋌４，107のように，元々端が弧状であったが，折り返すことで端を直線にしたものがみられることからもわかるように，ＣⅡ式を目標の形としていた可能性が考えられる。また，ＤⅡ式（凹形＋弧状，対称形），ＥⅡ式（凹形＋直線，対称形），ＦⅡ式（凹形＋凹形，対称形）のように凹形をもつ形式は数が少ない。これらは，板状鉄斧に近いＡⅠ式からは最も離れた形態であり，目標の形ではなかった可能性がある。

２）計測値

旧陪冢ろ号出土の大鉄鋌と小鉄鋌は大きさの違いが明確であるため，その区別は安易である。だが，大鉄鋌の中では大きさのばらつきがあり，最も短い個体（211）で最大長約29.1cm，最も長い個体（７）で最大長44.4cmである。大きさにばらつきがあり，東潮の分類では中型鉄鋌と大型鉄鋌に相当する（東1987，1999）。このような大きさのばらつきは，鉄鋌の研究史上，鉄鋌の「規格性」を検討するうえで重要な情報であるとされてきた。

旧陪冢ろ号出土大鉄鋌の計測値はこれまでにも公表されたことがある（東1987）。これは保存処理前の計測値であり，より本来の形態の数値に近いものである。ただし，「長さ」は，上下端部が本来の面を保っている個体の数値と，上下端部が欠損している個体の数値が区別されていないため，大鉄鋌の本来の大きさを探る際には不都合が生じる。

本稿では，Ｘ線透過撮影写真を参照しながら，上下両端が本来の面を保っている大鉄鋌を抽出したうえで，大鉄鋌の最大長について改めて検討した。このような条件で抽出することができた大鉄

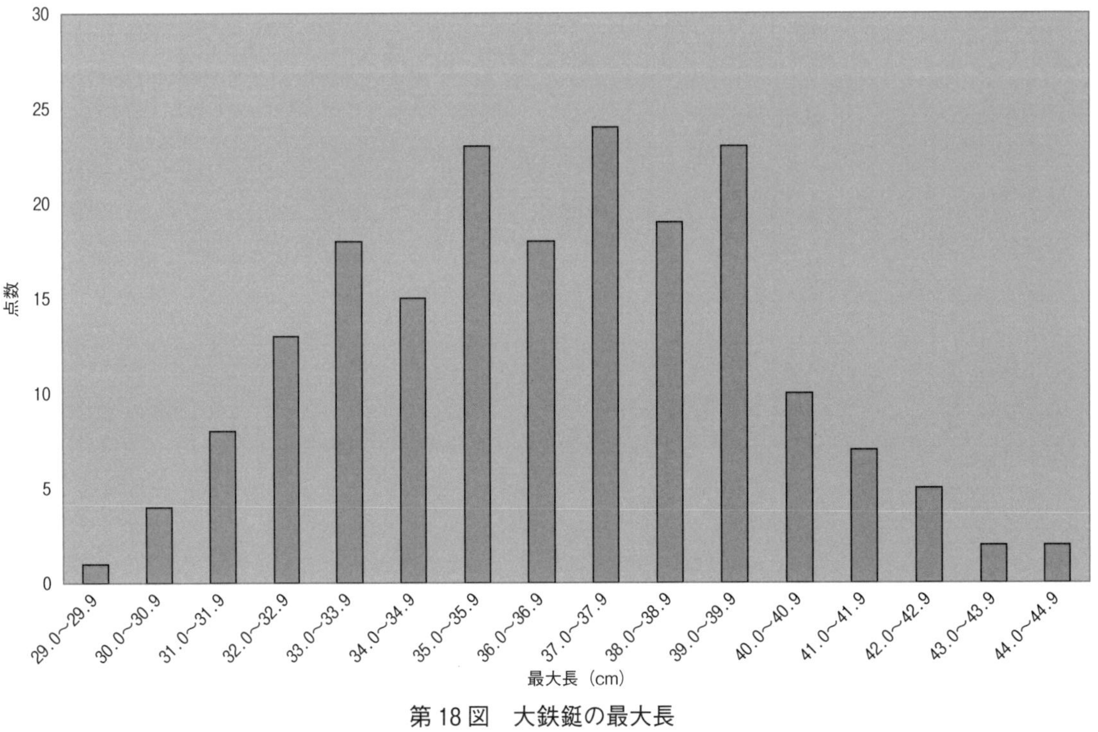


第18図　大鉄鋌の最大長

鋌は193点である。第18図では，大鉄鋌の最大長を１cm間隔で区分し，それぞれの長さの個体が何点あるかをグラフで示した。グラフは山形を描き，37.0～37.9cmの点数が最も多く，グラフ両端の29.0～29.9cmや44.0～44.9cmが少ないことを示している。大きいものから小さいものまで満遍なく均等にみられるのではなく，平均的な長さの個体が最も多くみられることがわかる。長さの異なる個体を一定数意図的に作り分けていたというよりも，一定の大きさを目指して作った結果，長さの異なる個体ができたという状況のほうが考えやすい。

３）成形技法

製作技法については東潮と村上恭通による指摘がある（東1987，1999，村上恭2007）。大鉄鋌の成形技法には，「鉄塊を鍛打・圧延して長方形の鉄板をつくった後に，両端を薄く延ばして成形されるもの」と，「小鉄鋌を鍛接して成形されるもの」があるという。

このような見解を踏まえ，今回整理の過程で製作技法について検討した。そのうえで，大鉄鋌の成形技法を以下の３つに分類した。

技法①：鉄塊を鍛打・圧延して長方形の鉄板をつくった後に，両端を薄く延ばして成形する。

技法②：小鉄鋌状の縦長の部材を複数鍛接して成形する。

技法③：不整形な大型の部材を複数鍛接して成形する。

以下，それぞれの技法をもつ事例について詳しくみていく。

技法①は，技法②，③が目視で確認できない場合に消去法で選ばざるを得ないものもあり，判断が難しい。技法①である可能性があるものは，１，13，21，45，127，138，165，217，271である。これらは，上下端部そして側面が波打っておらず，整った形のものが多い。

技法②は，旧陪冢ろ号出土大鉄鋌の特徴としてこれまで強調されてきた。明確な事例は５であろう。上半部左側と下半部左側では，小鉄鋌状の縦長の部材が鍛接された状態を観察することができる。また本例の中央付近には横方向の接合痕跡がみられ，大きくみると３つの部材にわかれている。縦長の部材を鍛接することで大型の部材を作り，さらにそれらの部材を鍛接して，本例の形が作られたようである。また，17の上半部でも縦長の部材が鍛接されている。小鉄鋌よりもやや大きな部材ではあるが，これも技法②の範疇に含めることができるだろう。

他にも，小鉄鋌の形態とは異なるものの，縦長の部材の鍛接痕跡がみられるものとして，14，26，27，30，33，41，54，62，89，95，120，122，123，145，152，194，206，215，267，272が挙げられる。これらも技法②によるものである可能性がある。

目視で技法②を認識することができるのは，これら22点である。Ｘ線透過撮影やＣＴスキャンを全ての個体でおこなえば，技法②で作られた個体の数は増加するかもしれないが，全ての個体を技法②で製作していたとは考えにくい。旧陪冢ろ号出土大鉄鋌の一部の個体に限られる技法であろう。鉄鋌の研究史上，この技法は旧陪冢ろ号出土大鉄鋌の特徴として指摘されてきたが，旧陪冢ろ号出土大鉄鋌の中でも一部の個体に限ってみられるものであるということに注意しておく必要がある。

技法③は，不整形な大型の部材の鍛接痕跡がみられるものが目印となる。９，10，19，36，37，38，40，42，43，44，47，48，49，51，63，65，73，74，78，79，80，83，84，85，86，87，89，90，91，93，94，100，101，102，103，111，113，118，119，121，124，125，126，132，134，137，139，154，155，156，157，160，162，164，166，167，171，174，175，176，179，180，183，199，202，203，204，230，238の69点で確認することができた。縦長の部材を鍛接することで大型の部材を作った技法②の個体を含んでいる可能性があるが，縦長の部材の鍛接痕跡を目視できないものについては，技法③として認識した。69点の内の多くは，不整形な大型の部材３枚が上中下に鍛接されたものである。ただ，一部に特殊なものがあり，78のように幅の異なる部材が鍛接されたものや，204のように下端に後で部材を付け足したようなものもみられる。

目視で認識することができない個体を含めると，技法③によるものはさらに増加するだろう。技法②よりは多く用いられた技法であったと考えられる。

４）調整技法

成形技法とも関連するが，旧陪冢ろ号出土大鉄鋌には「端部を折り返すもの」が確認できる。これは端部形態を調整する，もしくは最大長を調整するためのものであると考えられるため，調整技法として捉えておく。４，20，107，109，185，208，273は端部を縦方向に折り返している。また，19では側面を横方向に折り返している。19は，側面形態を整えるために折り返したのであろう。

５）有機質の付着

旧陪冢ろ号出土の大鉄鋌には黒色顔料，赤色顔料，繊維が付着しているものがある。先述された通り，保存処理の際に大部分が取り除かれたため現在はあまり確認することができないが，保存処理前に取られた実測図には有機質が描かれているものがある。報告に際しては，実測者の観察結果をできる限り反映させて図化した。繊維製品の表現があるものは，２，５，28，35，40，45，48，49，54，91，97，102，129，131，161，167，169，180である。黒色顔料の表現があるものは，７，11，13，27，36，62，166，222である。図上では濃いトーンで表現した。赤色顔料の表現があるものは，５，16，114，124，152，162，168，171である。図上では薄いトーンで表現した。

６）形態分類と計測値の関連性

ここでは形態分類と最大長の関連性について述べる。第19，20図では，形式ごとの最大長の分布を示した。説明にあたり，29.0～33.9cmを小型，34.0～38.9cmを中型，39.0～44.9cmを大型と区分する。検討した結果，多くの形式（ＡⅠ式，ＡⅡ式，ＢⅡ式，ＣⅠ式，ＣⅡ式，ＤⅡ式，ＥⅡ式）は，「小型，中型，大型にみられるが，とくに中型が多い」ということがわかった。大鉄鋌全体の最大長も同様の傾向を示していることから，当然の結果であろう。注目すべきはＦⅡ式である。これは大型にはみられず，小型と中型に限定してみられる。他形式とは異なる傾向として注目したい。

７）形態分類と製作技法の関連性

ここでは形態分類と製作技法の関連性について述べる。技法①の認識は可能性を示すに留まったため，ここでは検討対象としない。技法②は，ＡⅡ式を除いて全形式でみられ，とくにＣⅠ式，ＣⅡ式で多く確認した。技法③は，全形式にみられ，とくにＢⅡ式，ＣⅠ式，ＣⅡ式で多く確認した。

ＢⅡ式，ＣⅠ式，ＣⅡ式は最も多くみられる形式であるため，技法②と③が多く確認できるのも当然である。形態分類と製作技法の関連性は明確にはみえてこない。

８）小結

ここまでの説明の中で特に重要な点は以下の通りである。

・上下端部の形態と対称性に注目すると，８つに分類することができる。ＣⅡ式（直線＋直線，対称形）が最も多く，ＤⅡ式（凹形＋弧状，対称形），ＥⅡ式（凹形＋直線，対称形），ＦⅡ式（凹形＋凹形，対称形）は少ない。

・最大長の分布をみると，平均的な長さの個体が最も多くみられることがわかる。長さの異なる個体を一定数意図的に作り分けていたというよりも，一定の大きさを目指して作った結果，長さの異なる個体ができたという状況のほうが考えやすい。

・成形技法は３つに分類することができる。これまでの研究では旧陪冢ろ号出土大鉄鋌の製作技法の特徴として技法②（小鉄鋌状の縦長の部材を複数鍛接して成形する）が強調されてきたが，こ

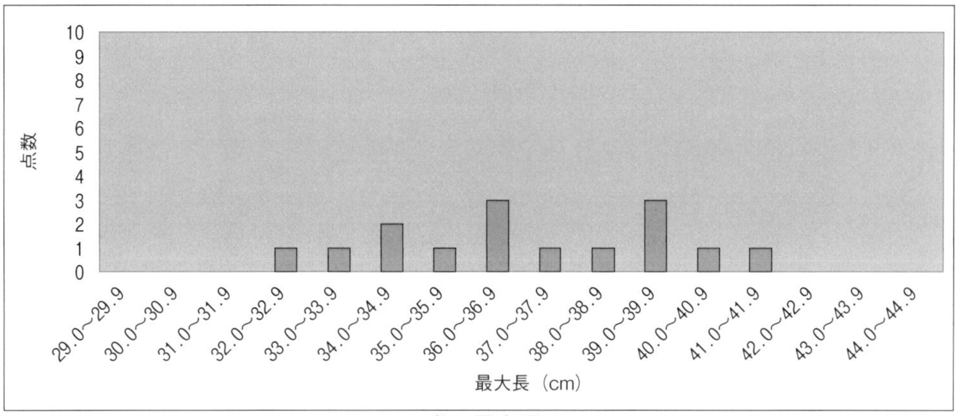


AⅠ式の最大長

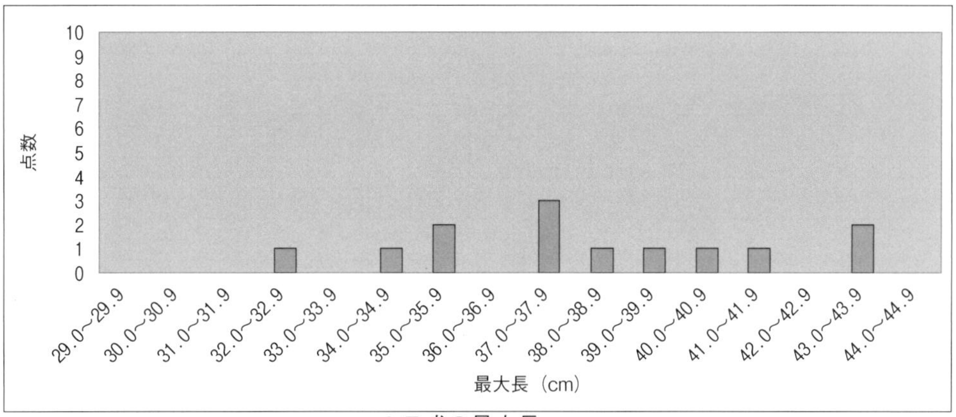


AⅡ式の最大長

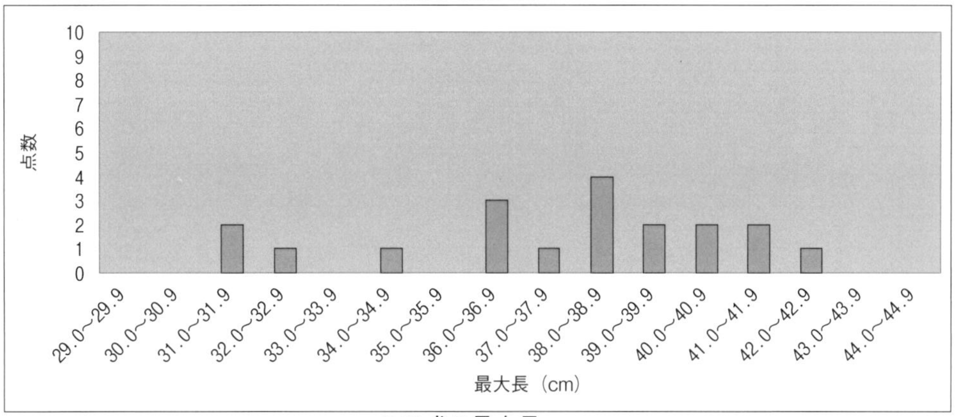


BⅡ式の最大長

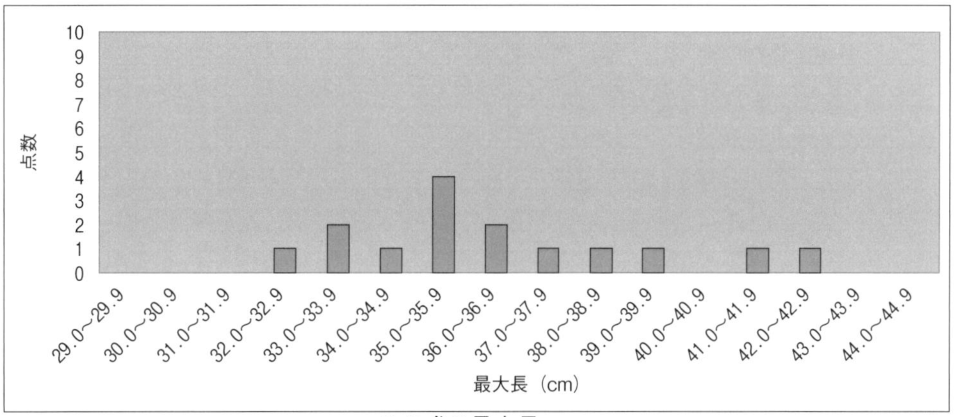


CⅠ式の最大長

第19図　大鉄鋌の形態分類別最大長1

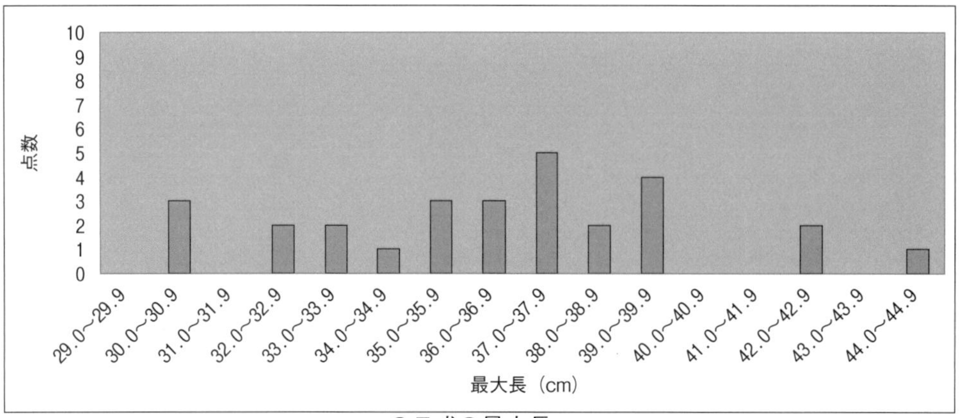


CⅡ式の最大長

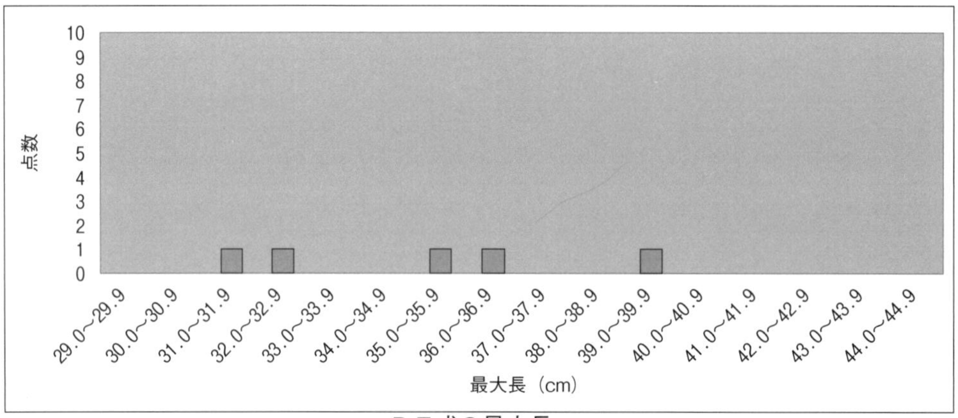


DⅡ式の最大長

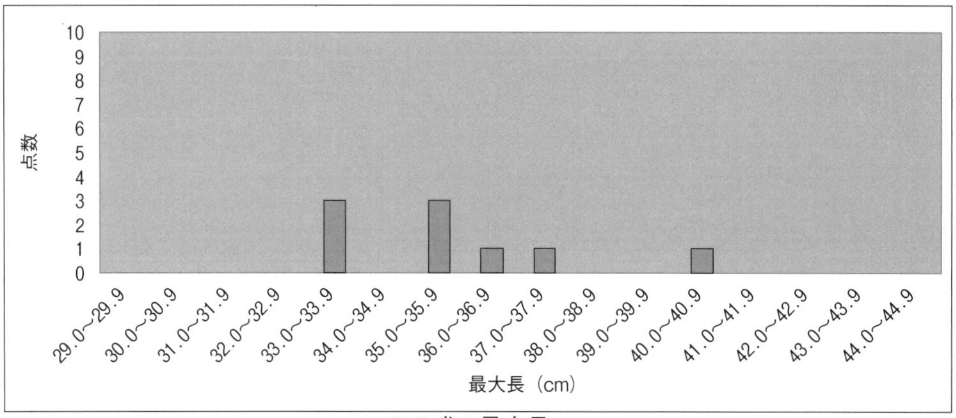


EⅡ式の最大長

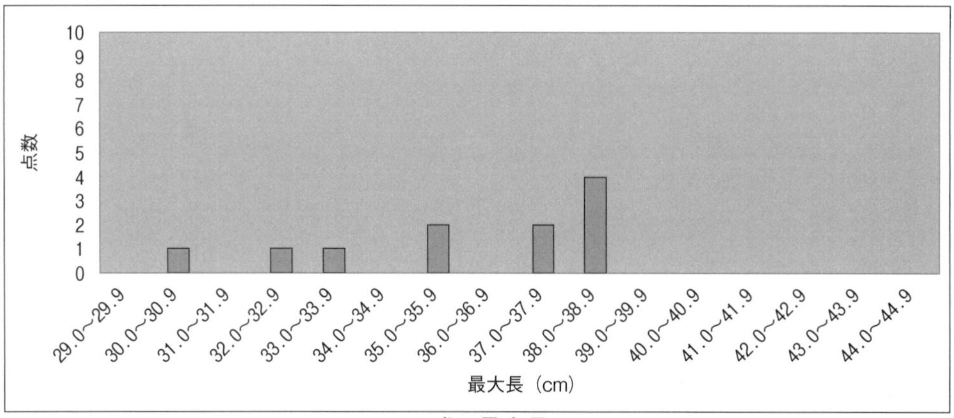


FⅡ式の最大長

第20図　大鉄鋌の形態分類別最大長2

れは一部の個体に限られる技法である。技法③（不整形な大型の部材を複数鍛接して成形する）が主流である。

・形態分類と最大長の関連性を検討したところ，ＦⅡ式（凹形＋凹形，対称形）だけが他形式と異なる傾向を示しており，大型にみられず小型と中型にまとまることがわかった。

以上の点からわかることは，旧陪冢ろ号出土大鉄鋌に明確な規範はないということである。形態，長さ，成形技法にはどれもばらつきがある。ＦⅡ式のようにイレギュラーな個体もみられることから，特定の製作地で全てが製作されたとは考えにくい。大鉄鋌は一括で埋納されたものであるが，それまでの履歴については，他の遺跡から出土した鉄鋌との比較検討をおこなったうえで個体ごとに慎重に検討する必要がある。

## 第4表　大鉄鋌観察表1

| 遺物番号 | 最大長 | 最小幅 | 最大幅 | 重量 | 形態分類 | 製作技法 | |
|---|---|---|---|---|---|---|---|
| | | | | | | 成形 | 折返 |
| 1 | 40.3 | 7.1 | 11.4 | 569.8 | E Ⅱ | ① | |
| 2 | 43.2 | 7.0 | 10.2 | 422.3 | A Ⅱ | | |
| 3 | 40.6 | 7.0 | 10.3 | 530.1 | A Ⅱ | | |
| 4 | 41.3 | 7.3 | 10.8 | 413.6 | C Ⅰ | | ○ |
| 5 | 41.9 | 8.0 | 13.8 | 680.1 | A Ⅰ | ② | |
| 6 | 44.3 | 8.3 | 13.8 | 471.5 | ? | | |
| 7 | 44.4 | 8.4 | 12.8 | 651.5 | C Ⅱ | | |
| 8 | 38.0 | 7.5 | 12.2 | 484.1 | F Ⅱ | | |
| 9 | 37.4 | 6.9 | 11.3 | 395.3 | A Ⅰ | ③ | |
| 10 | 39.9 | 5.9 | 12.4 | 475.0 | D Ⅱ | ③ | |
| 11 | 37.6 | 6.4 | 11.3 | 424.8 | A Ⅱ | | |
| 12 | 35.8 | 7.1 | 10.5 | 525.1 | A Ⅱ | | |
| 13 | 38.8 | 8.2 | 13.0 | 556.1 | F Ⅱ | ① | |
| 14 | 39.7 | 7.2 | 10.5 | 516.3 | C Ⅰ | ② | |
| 15 | 39.2 | 6.5 | 10.8 | 670.3 | C Ⅱ | | |
| 16 | 40.5 | 5.8 | 8.8 | 353.8 | B Ⅱ | | |
| 17 | 34.1 | 7.6 | 14.6 | 505.2 | C Ⅰ | ② | |
| 18 | 35.8 | 8.8 | 10.5 | 520.1 | E Ⅱ | | |
| 19 | 35.6 | 7.8 | 9.0 | 577.8 | D Ⅱ | ③ | ○ |
| 20 | 35.8 | 8.0 | 13.8 | 646.8 | A Ⅰ | | ○ |
| 21 | 35.9 | 7.4 | 13.2 | 499.7 | C Ⅰ | ① | |
| 22 | 34.8 | 7.0 | 12.6 | 594.1 | ? | | |
| 23 | 36.8 | 6.8 | 11.8 | 586.4 | ? | | |
| 24 | 36.6 | 7.8 | 13.5 | 667.3 | B Ⅱ | | |
| 25 | 36.0 | 7.3 | 14.3 | 415.2 | A Ⅰ | | |
| 26 | 36.8 | 6.0 | 10.3 | 335.1 | C Ⅱ | ② | |
| 27 | 35.1+ | 6.6 | 8.7 | 262.4 | ? | ② | |
| 28 | 36.4 | 7.2 | 12.9 | 431.4 | A Ⅰ | | |
| 29 | 35.6 | 7.7 | 11.1 | 499.8 | C Ⅰ | | |
| 30 | 34.8+ | 6.9 | 12.0 | 470.8 | ? | ② | |
| 31 | 35.4 | 6.7 | 12.8 | 543.6 | A Ⅱ | | |
| 32 | 35.9 | 5.3 | 10.8 | 311.3 | C Ⅱ | | |
| 33 | 37.5 | 7.4 | 10.5 | 482.3 | F Ⅱ | ② | |
| 34 | 38.4+ | 7.6 | 8.7 | 369.1 | ? | | |
| 35 | 32.2 | 7.6 | 11.0 | 442.5 | F Ⅱ | | |
| 36 | 32.1 | 7.4 | 11.3 | 388.2 | C Ⅱ | ③ | |
| 37 | 36.2 | 7.6 | 11.6 | 427.9 | E Ⅱ | ③ | |
| 38 | 36.8 | 7.3 | 11.0 | 514.4 | D Ⅱ | ③ | |
| 39 | 35.7 | 6.4 | 11.4 | 449.0 | C Ⅰ | | |
| 40 | 39.4 | 5.8 | 9.9 | 493.4 | B Ⅱ | ③ | |
| 41 | 38.6 | 5.9 | 10.5 | 559.2 | A Ⅰ | ② | |
| 42 | 36.7 | 6.5 | 11.3 | 361.2 | C Ⅰ | ③ | |
| 43 | 35.2 | 7.4 | 11.4 | 355.0 | ? | ③ | |
| 44 | 32.8 | 8.1 | 12.8 | 519.7 | C Ⅱ | ③ | |
| 45 | 34.0 | 5.2 | 10.7 | 429.0 | C Ⅱ | ① | |
| 46 | 30.2 | 4.8 | 9.4 | 346.9 | C Ⅱ | | |
| 47 | 37.0 | 4.9 | 13.0 | 549.9 | C Ⅱ | ③ | |
| 48 | 36.1 | 5.5 | 10.8 | 345.0 | B Ⅱ | ③ | |
| 49 | 36.6 | 6.4 | 10.5 | 311.5 | C Ⅰ | ③ | |
| 50 | 37.1 | 6.2 | 8.2 | 388.5 | ? | | |
| 51 | 34.0 | 8.5 | 12.1 | 590.7 | ? | ③ | |
| 52 | 32.8 | 5.4 | 10.9 | 339.2 | D Ⅱ | | |
| 53 | 32.7 | 6.8 | 11.4 | 368.1 | A Ⅰ | | |
| 54 | 31.4 | 5.8 | 9.0 | 299.9 | B Ⅱ | ② | |
| 55 | 31.5 | 5.8 | 8.2 | 204.7 | ? | | |
| 56 | 33.7 | 6.5 | 7.8 | 202.0 | ? | | |
| 57 | 33.5 | 5.9 | 7.7 | 186.1 | ? | | |
| 58 | 35.0+ | 7.5 | 11.3 | 237.7 | ? | | |
| 59 | 33.5 | 5.5 | 10.4 | 277.3 | ? | | |
| 60 | 34.2+ | 6.3 | 28.0 | 220.8 | ? | | |
| 61 | 28.2+ | 6.9 | 9.5 | 177.3 | ? | | |
| 62 | 33.3 | 6.0 | 11.6 | 290.8 | ? | ② | |
| 63 | 31.2 | 4.9 | 10.4 | 204.7 | ? | ③ | |
| 64 | 31.5 | 6.4 | 9.0 | 217.9 | ? | | |
| 65 | 32.4 | 5.3 | 9.5 | 246.6 | ? | ③ | |
| 66 | 34.4 | 6.8 | 10.1 | 351.6 | ? | | |
| 67 | 32.2 | 6.2 | 8.7 | 200.4 | ? | | |
| 68 | 31.2 | 6.3 | 9.4 | 217.3 | ? | | |
| 69 | 31.8+ | 6.9 | 8.9 | 204.5 | ? | | |
| 70 | 32.9+ | 6.8 | 9.4 | 297.2 | ? | | |
| 71 | 33.3 | 4.8 | 10.7 | 403.8 | E Ⅱ | | |
| 72 | 34.6+ | 5.6 | 10.2 | 357.1 | A Ⅰ | | |
| 73 | 36.0+ | 8.9 | 10.0 | 547.2 | ? | ③ | |
| 74 | 37.1 | 8.3 | 10.8 | 523.2 | C Ⅱ | ③ | |
| 75 | 38.6 | 7.3 | 11.7 | 409.2 | B Ⅱ | | |
| 76 | 37.0 | 9.6 | 14.1 | 516.7 | E Ⅱ | | |
| 77 | 39.2+ | 11.0 | 12.8 | 359.9 | ? | | |
| 78 | 40.0 | 5.8 | 13.2 | 430.0 | ? | ③ | |
| 79 | 39.4 | 7.6 | 11.7 | 512.4 | B Ⅱ | ③ | |
| 80 | 39.8 | 8.1 | 12.0 | 495.2 | A Ⅰ | ③ | |
| 81 | 39.1 | 6.6 | 10.9 | 429.6 | C Ⅱ | | |
| 82 | 34.6+ | 5.4 | 10.4 | 247.3 | ? | | |
| 83 | 38.0 | 7.2 | 11.6 | 465.8 | C Ⅰ | ③ | |
| 84 | 37.4 | 7.8 | 12.2 | 332.2 | ? | ③ | |
| 85 | 36.6 | 9.4 | 13.7 | 544.7 | B Ⅱ | ③ | |
| 86 | 38.6 | 8.9 | 12.6 | 595.3 | ? | ③ | |
| 87 | 35.7+ | 5.8 | 11.1 | 232.2 | ? | ③ | |
| 88 | 39.0 | 8.5 | 12.7 | 559.0 | ? | | |
| 89 | 36.4+ | 9.6 | 13.4 | 721.5 | ? | ③ | |
| 90 | 36.8 | 5.7 | 9.3 | 413.1 | ? | ③ | |
| 91 | 36.8 | 7.1 | 9.9 | 311.3 | ? | ③ | |
| 92 | 35.4+ | 6.0 | 9.8 | 311.8 | ? | | |
| 93 | 35.4+ | 7.6 | 8.8 | 269.4 | ? | ③ | |
| 94 | 33.2 | 7.5 | 10.2 | 382.2 | ? | ③ | |
| 95 | 32.2 | 7.2 | 10.8 | 274.0 | C Ⅰ | ② | |
| 96 | 32.4+ | 8.7 | 10.5 | 367.1 | ? | | |
| 97 | 30.2 | 6.6 | 11.4 | 393.2 | C Ⅱ | | |
| 98 | 35.8+ | 6.0 | 11.5 | 303.3 | ? | | |
| 99 | 35.7 | 8.2 | 11.5 | 542.1 | ? | | |
| 100 | 35.4+ | 6.7 | 10.5 | 231.9 | ? | ③ | |
| 101 | 33.6 | 6.6 | 10.7 | 424.7 | E Ⅱ | ③ | |
| 102 | 31.5 | 6.6 | 10.8 | 391.3 | B Ⅱ | ③ | |
| 103 | 32.3+ | 5.9 | 10.8 | 248.1 | ? | ③ | |
| 104 | 34.4+ | 7.5 | 12.3 | 355.9 | ? | | |
| 105 | 32.8+ | 7.9 | 11.1 | 521.5 | ? | ② | |
| 106 | 34.0+ | 7.3 | 9.8 | 343.1 | ? | | |
| 107 | 35.2+ | 6.5 | 8.6 | 232.0 | ? | | ○ |
| 108 | 35.0 | 5.2 | 9.0 | 233.5 | ? | | |
| 109 | 35.9+ | 7.4 | 12.8 | 408.0 | ? | | ○ |
| 110 | 34.1 | 6.5 | 10.5 | 363.2 | ? | | |
| 111 | 34.1+ | 5.8 | 10.3 | 214.2 | ? | ③ | |
| 112 | 37.2+ | 8.0 | 11.3 | 394.9 | ? | | |
| 113 | 32.5 | 5.0 | 9.8 | 273.8 | ? | ③ | |
| 114 | 33.4 | 7.0 | 7.4 | 240.3 | ? | | |
| 115 | 34.9 | 9.3 | 11.1 | 318.3 | ? | | |
| 116 | 36.9+ | 6.5 | 10.3 | 289.2 | ? | | |
| 117 | 34.2+ | 7.9 | 10.3 | 310.8 | ? | | |
| 118 | 34.2 | 5.4 | 10.9 | 249.0 | ? | ③ | |
| 119 | 34.0 | 5.7 | 10.3 | 324.0 | B Ⅱ | ③ | |
| 120 | 30.9 | 6.5 | 10.9 | 264.1 | F Ⅱ | ② | |
| 121 | 33.3 | 7.2 | 10.4 | 366.2 | C Ⅰ | ③ | |
| 122 | 35.9 | 8.3 | 9.7 | 274.9 | ? | ② | |
| 123 | 33.8+ | 7.8 | 11.4 | 369.3 | ? | ② | |
| 124 | 33.1 | 6.2 | 8.8 | 298.3 | C Ⅰ | ③ | |
| 125 | 35.2 | 5.2 | 9.2 | 350.2 | C Ⅱ | ③ | |
| 126 | 33.3 | 7.7 | 10.8 | 350.3 | C Ⅱ | ③ | |
| 127 | 33.3 | 7.9 | 10.8 | 385.6 | ? | ① | |
| 128 | 38.6+ | 7.7 | 8.9 | 386.8 | ? | | |
| 129 | 38.7 | 6.3 | 9.8 | 290.5 | A Ⅱ | | |
| 130 | 36.9 | 5.1 | 10.1 | 349.1 | ? | | |
| 131 | 39.4 | 7.4 | 11.2 | 462.4 | ? | | |
| 132 | 38.2+ | 6.9 | 10.0 | 197.9 | ? | ③ | |
| 133 | 39.3 | 6.8 | 11.5 | 476.0 | ? | | |
| 134 | 35.8 | 5.7 | 10.3 | 345.9 | ? | ③ | |
| 135 | 38.2+ | 8.0 | 9.7 | 294.0 | ? | | |
| 136 | 39.4 | 7.3 | 11.2 | 409.5 | ? | | |
| 137 | 37.4 | 7.6 | 12.0 | 498.3 | C Ⅱ | ③ | |
| 138 | 38.2 | 8.2 | 12.4 | 520.6 | F Ⅱ | ① | |
| 139 | 38.2 | 5.9 | 10.2 | 447.6 | B Ⅱ | ③ | |
| 140 | 38.4 | 8.5 | 11.4 | 338.5 | ? | | |

## 第５表　大鉄鋌観察表２

| 遺物番号 | 最大長 | 最小幅 | 最大幅 | 重量 | 形態分類 | 製作技法 | |
|---|---|---|---|---|---|---|---|
| | | | | | | 成形 | 折返 |
| 141 | 38.3 | 7.6 | 12.6 | 559.1 | B Ⅱ | | |
| 142 | 37.8 | 7.9 | 11.5 | 346.8 | C Ⅰ | | |
| 143 | 38.4 | 7.1 | 11.8 | 384.9 | ? | | |
| 144 | 35.8 | 8.4 | 11.2 | 443.0 | F Ⅱ | | |
| 145 | 35.6 + | 7.1 | 13.0 | 650.0 | ? | ② | |
| 146 | 40.1 | 6.0 | 13.3 | 372.8 | A Ⅰ | | |
| 147 | 37.8 | 7.8 | 13.9 | 407.4 | ? | | |
| 148 | 40.3 + | 6.7 | 10.3 | 474.6 | ? | | |
| 149 | 37.0 | 9.1 | 9.6 | 429.6 | ? | | |
| 150 | 36.8 | 7.0 | 11.5 | 333.2 | A Ⅰ | | |
| 151 | 37.2 + | 7.9 | 12.7 | 429.5 | ? | | |
| 152 | 37.4 + | 7.0 | 10.7 | 341.9 | ? | ② | |
| 153 | 39.7 | 7.0 | 11.8 | 404.7 | ? | | |
| 154 | 37.2 | 7.3 | 10.5 | 370.2 | A Ⅱ | ③ | |
| 155 | 36.8 | 7.6 | 9.4 | 357.6 | C Ⅱ | ③ | |
| 156 | 39.8 | 8.3 | 12.2 | 661.5 | A Ⅰ | ③ | |
| 157 | 39.2 | 6.7 | 11.3 | 467.2 | A Ⅰ | ③ | |
| 158 | 39.4 | 8.7 | 12.1 | 542.4 | C Ⅱ | | |
| 159 | 38.4 | 6.8 | 10.7 | 383.8 | ? | | |
| 160 | 39.8 | 7.0 | 11.1 | 418.1 | ? | ③ | |
| 161 | 37.8 + | 5.7 | 9.5 | 434.5 | ? | | |
| 162 | 37.5 | 5.2 | 9.5 | 322.1 | ? | ③ | |
| 163 | 37.8 + | 6.9 | 8.8 | 284.9 | ? | | |
| 164 | 39.2 + | 8.5 | 12.6 | 461.5 | ? | ③ | |
| 165 | 40.2 + | 8.1 | 12.2 | 470.8 | ? | ① | |
| 166 | 37.6 + | 6.0 | 11.0 | 296.0 | ? | ③ | |
| 167 | 38.4 + | 6.3 | 9.7 | 328.1 | ? | ③ | |
| 168 | 39.2 | 7.7 | 12.8 | 437.9 | ? | | |
| 169 | 39.2 | 8.8 | 13.6 | 368.6 | ? | | |
| 170 | 36.3 | 6.1 | 9.0 | 267.0 | C Ⅱ | | |
| 171 | 34.8 | 6.8 | 9.9 | 298.6 | ? | ③ | |
| 172 | 37.6 | 8.5 | 10.7 | 244.3 | ? | | |
| 173 | 34.6 + | 5.2 | 8.5 | 232.0 | ? | | |
| 174 | 35.6 | 8.0 | 11.8 | 456.8 | F Ⅱ | ③ | |
| 175 | 37.9 | 6.2 | 9.5 | 268.0 | B Ⅱ | ③ | |
| 176 | 37.9 + | 8.1 | 9.5 | 303.6 | ? | ③ | |
| 177 | 31.0 + | 7.8 | 12.0 | 272.6 | ? | | |
| 178 | 40.1 + | 8.0 | 11.2 | 442.0 | ? | | |
| 179 | 37.1 | 8.0 | 8.2 | 449.1 | ? | ③ | |
| 180 | 37.7 | 6.9 | 9.3 | 331.9 | ? | ③ | |
| 181 | 35.7 | 6.4 | 10.9 | 554.6 | E Ⅱ | | |
| 182 | 34.1 + | 6.6 | 9.1 | 197.6 | ? | | |
| 183 | 34.7 + | 6.0 | 9.6 | 246.5 | ? | ③ | |
| 184 | 34.3 | 8.3 | 12.3 | 372.1 | ? | | |
| 185 | 33.4 + | 7.1 | 11.6 | 385.6 | ? | | ○ |
| 186 | 32.8 | 7.2 | 12.2 | 227.4 | ? | | |
| 187 | 26.0 + | 6.1 | 11.2 | 171.0 | ? | | |
| 188 | 22.4 + | 5.6 | 6.6 | 116.2 | ? | | |
| 189 | 33.6 + | 6.5 | 9.7 | 204.2 | ? | | |
| 190 | 34.2 + | 5.2 | 11.5 | 216.5 | ? | | |
| 191 | 26.2 + | 6.9 | 7.2 | 205.6 | ? | | |
| 192 | 34.4 + | 5.0 | 9.0 | 219.7 | ? | | |
| 193 | 34.4 + | 7.8 | 8.4 | 272.0 | ? | | |
| 194 | 34.0 | 7.3 | 9.7 | 320.0 | ? | ② | |
| 195 | 34.1 | 7.6 | 8.9 | 237.0 | ? | | |
| 196 | 35.8 | 7.5 | 12.0 | 559.9 | ? | | |
| 197 | 33.4 | 7.2 | 9.8 | 250.1 | ? | | |
| 198 | 32.6 | 7.6 | 13.1 | 479.5 | B Ⅱ | | |
| 199 | 33.6 | 7.8 | 12.1 | 426.3 | F Ⅱ | ③ | |
| 200 | 34.5 | 5.0 | 9.6 | 272.4 | A Ⅰ | | |
| 201 | 30.8 + | 6.0 | 7.1 | 232.0 | ? | | |
| 202 | 32.4 | 6.2 | 11.1 | 421.9 | A Ⅱ | ③ | |
| 203 | 34.1 + | 5.4 | 13.3 | 245.5 | ? | ③ | |
| 204 | 33.7 | 6.1 | 11.2 | 436.1 | ? | ③ | |
| 205 | 35.2 | 9.5 | 10.2 | 406.0 | ? | | |
| 206 | 31.6 | 6.8 | 11.1 | 282.6 | D Ⅱ | ② | |
| 207 | 31.6 | 4.7 | 10.0 | 256.0 | ? | | |
| 208 | 33.6 | 5.3 | 8.9 | 173.9 | A Ⅰ | | ○ |
| 209 | 35.2 | 3.9 | 12.0 | 219.9 | C Ⅰ | | |
| 210 | 27.8 + | 7.2 | 12.4 | 307.5 | ? | | |

| 遺物番号 | 最大長 | 最小幅 | 最大幅 | 重量 | 形態分類 | 製作技法 | |
|---|---|---|---|---|---|---|---|
| | | | | | | 成形 | 折返 |
| 211 | 29.1 | 6.2 | 8.6 | 263.4 | ? | | |
| 212 | 34.8 | 2.6 | 3.9 | 202.8 | A Ⅱ | | |
| 213 | 32.9 | 7.7 | 11.2 | 302.3 | ? | | |
| 214 | 37.9 | 4.8 | 9.9 | 296.1 | C Ⅱ | | |
| 215 | 38.0 | 6.9 | 10.5 | 478.9 | C Ⅱ | ② | |
| 216 | 37.6 + | 2.6 | 9.1 | 174.1 | ? | | |
| 217 | 35.9 | 8.2 | 11.2 | 430.9 | C Ⅱ | ① | |
| 218 | 37.2 | 6.4 | 10.5 | 327.1 | C Ⅱ | | |
| 219 | 37.6 | 7.5 | 9.4 | 347.8 | ? | | |
| 220 | 37.8 | 7.1 | 8.4 | 316.1 | A Ⅱ | | |
| 221 | 39.1 | 6.5 | 15.0 | 475.1 | A Ⅱ | | |
| 222 | 39.9 | 8.1 | 10.2 | 345.3 | ? | | |
| 223 | 39.6 | 6.7 | 10.9 | 500.1 | ? | | |
| 224 | 38.4 | 6.3 | 10.3 | 406.5 | ? | | |
| 225 | 37.0 | 8.4 | 12.5 | 415.1 | F Ⅱ | | |
| 226 | 38.6 + | 7.5 | 9.9 | 427.5 | ? | | |
| 227 | 38.2 | 7.9 | 11.4 | 449.0 | B Ⅱ | | |
| 228 | 38.8 | 7.8 | 9.7 | 404.0 | ? | | |
| 229 | 38.6 | 7.3 | 10.2 | 532.1 | C Ⅱ | | |
| 230 | 37.4 | 5.4 | 10.1 | 291.4 | ? | ③ | |
| 231 | 37.2 | 7.6 | 12.9 | 336.7 | ? | | |
| 232 | 42.1 | 5.8 | 10.6 | 397.8 | B Ⅱ | | |
| 233 | 41.1 | 5.8 | 10.2 | 395.1 | B Ⅱ | | |
| 234 | 41.7 | 5.7 | 10.2 | 405.7 | A Ⅱ | | |
| 235 | 42.9 + | 6.8 | 10.3 | 339.1 | ? | | |
| 236 | 40.6 + | 7.6 | 9.2 | 369.9 | ? | | |
| 237 | 40.5 | 6.6 | 9.8 | 393.9 | ? | | |
| 238 | 40.8 + | 6.6 | 10.6 | 336.5 | ? | ③ | |
| 239 | 43.8 | 6.6 | 12.1 | 720.4 | A Ⅱ | | |
| 240 | 41.0 | 5.2 | 10.9 | 354.9 | B Ⅱ | | |
| 241 | 41.5 + | 8.0 | 12.1 | 382.7 | ? | | |
| 242 | 40.2 | 6.9 | 10.3 | 388.9 | B Ⅱ | | |
| 243 | 40.5 | 6.5 | 10.0 | 419.2 | ? | | |
| 244 | 41.6 | 6.1 | 9.3 | 481.3 | ? | | |
| 245 | 42.1 | 6.8 | 13.2 | 483.2 | C Ⅰ | | |
| 246 | 40.5 | 6.4 | 11.8 | 682.4 | ? | | |
| 247 | 42.4 | 6.8 | 10.8 | 563.9 | C Ⅱ | | |
| 248 | 41.6 + | 4.1 | 9.2 | 382.8 | ? | | |
| 249 | 42.1 | 8.4 | 12.8 | 470.5 | ? | | |
| 250 | 42.5 | 6.0 | 10.4 | 506.0 | C Ⅱ | | |
| 251 | 40.7 + | 5.8 | 10.8 | 446.0 | ? | | |
| 252 | 41.6 + | 6.6 | 8.5 | 313.3 | ? | | |
| 253 | 41.8 | 6.3 | 10.2 | 351.6 | ? | | |
| 254 | 41.2 + | 7.2 | 9.5 | 278.3 | ? | | |
| 255 | 40.6 | 6.4 | 10.5 | 330.2 | ? | | |
| 256 | 39.4 | 68.0 | 10.7 | 489.8 | C Ⅱ | | |
| 257 | 13.8 + | 8.0 | 8.0 | 125.9 | ? | | |
| 258 | 22.0 + | 5.6 | 6.4 | 130.4 | ? | | |
| 259 | 19.4 + | 8.1 | 10.3 | 75.1 | ? | | |
| 260 | 25.0 + | 7.1 | 7.4 | 139.9 | ? | | |
| 261 | 25.6 + | 6.5 | 8.2 | 131.1 | ? | | |
| 262 | 17.2 + | 6.2 | 8.6 | 106.5 | ? | | |
| 263 | 16.4 + | 4.8 | 11.6 | 75.5 | ? | | |
| 264 | 25.2 + | 6.5 | 7.4 | 140.6 | ? | | |
| 265 | 28.4 + | 6.8 | 11.5 | 115.4 | ? | | |
| 266 | 33.0 | 6.5 | 12.8 | 382.0 | E Ⅱ | | |
| 267 | 35.6 | 7.0 | 10.5 | 383.5 | E Ⅱ | ② | |
| 268 | 37.3 + | 7.6 | 9.7 | 459.2 | ? | | |
| 269 | 39.0 | 8.2 | 11.4 | 539.8 | ? | | |
| 270 | 36.9 | 5.3 | 10.6 | 511.9 | ? | | |
| 271 | 38.0 | 8.0 | 12.5 | 299.0 | F Ⅱ | ① | |
| 272 | 33.0 | 6.2 | 9.7 | 340.0 | C Ⅱ | ② | |
| 273 | 30.8 | 6.3 | 10.2 | 509.0 | C Ⅱ | | ○ |
| 274 | 21.4 + | 6.0 | 9.2 | 500.0 | ? | | |

〔凡例〕＋は欠損を示す。？は欠損により不明を示す。
重量は東1987を引用し，記載のないものは現状を量った。

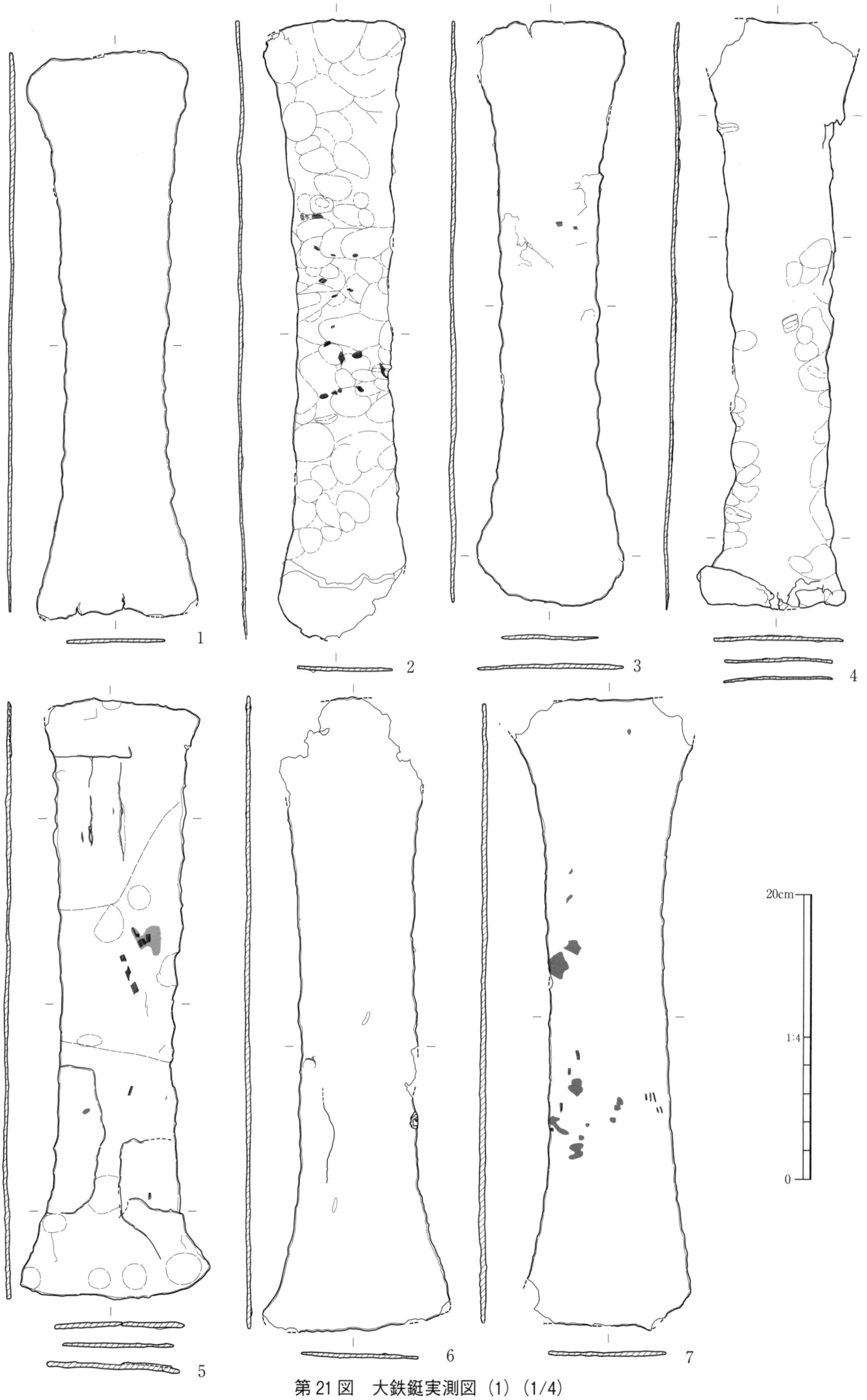


第21図　大鉄鋌実測図（1）（1/4）

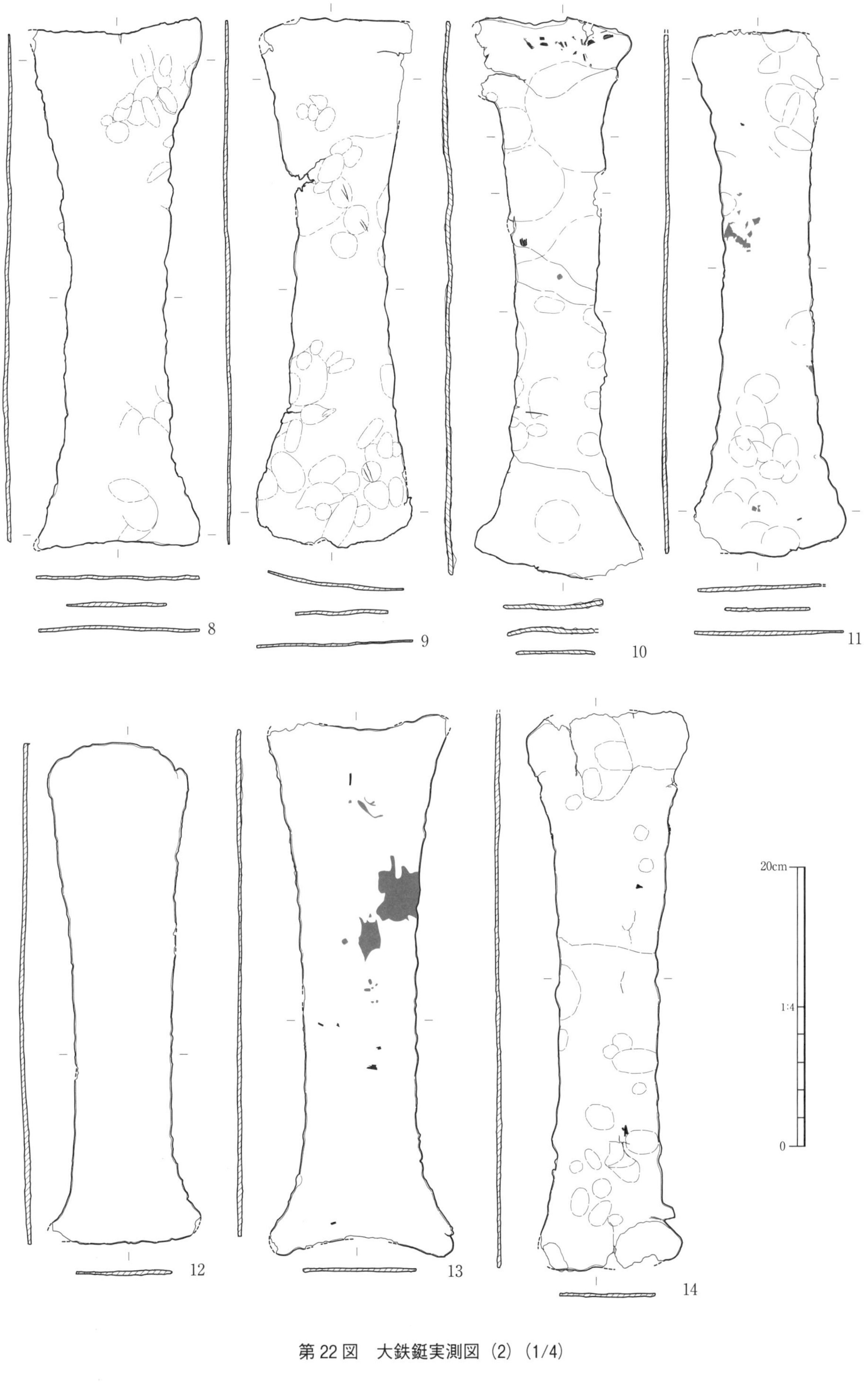


第22図　大鉄鋌実測図（2）（1/4）

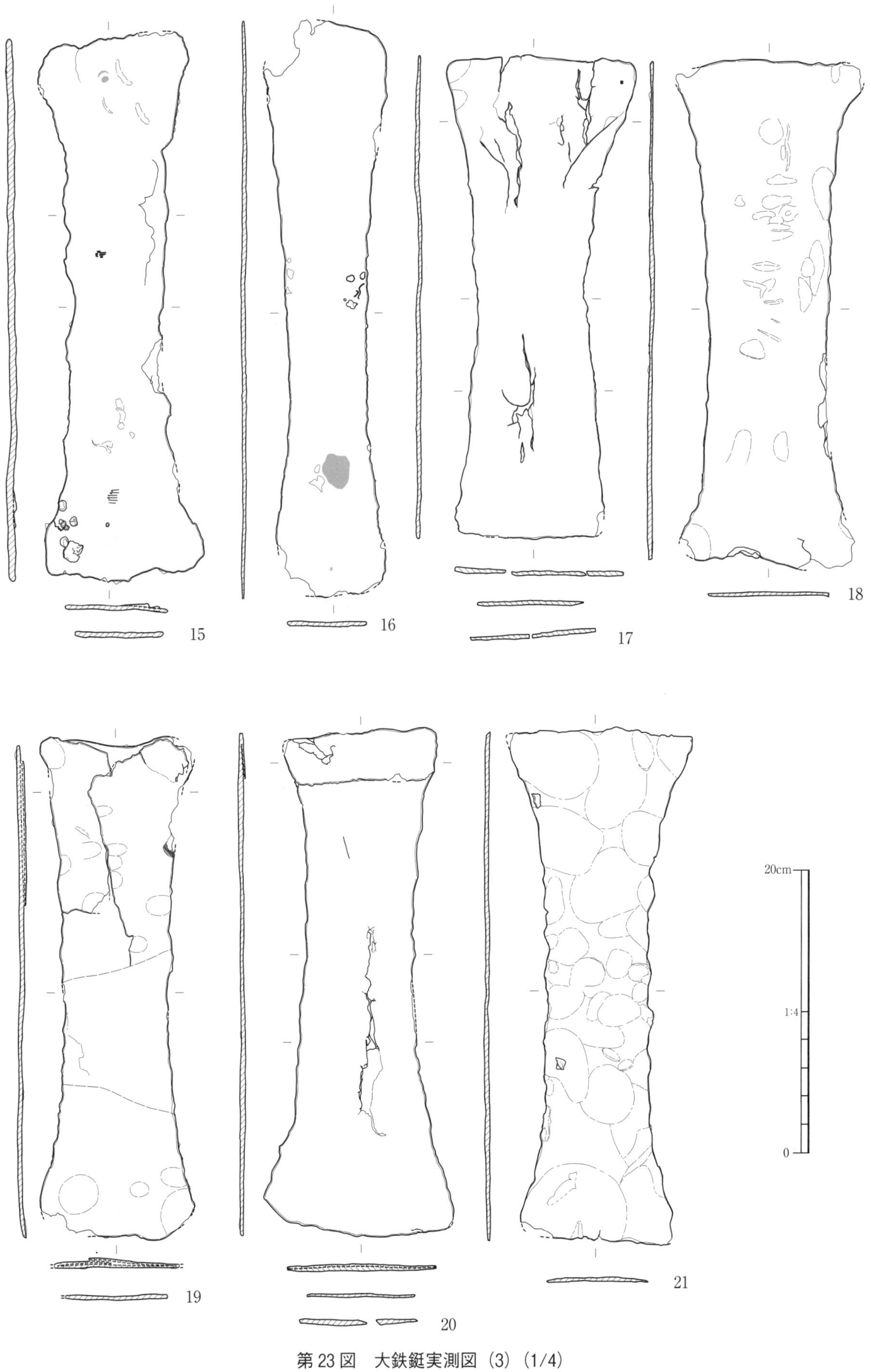


第23図　大鉄鋌実測図（3）（1/4）

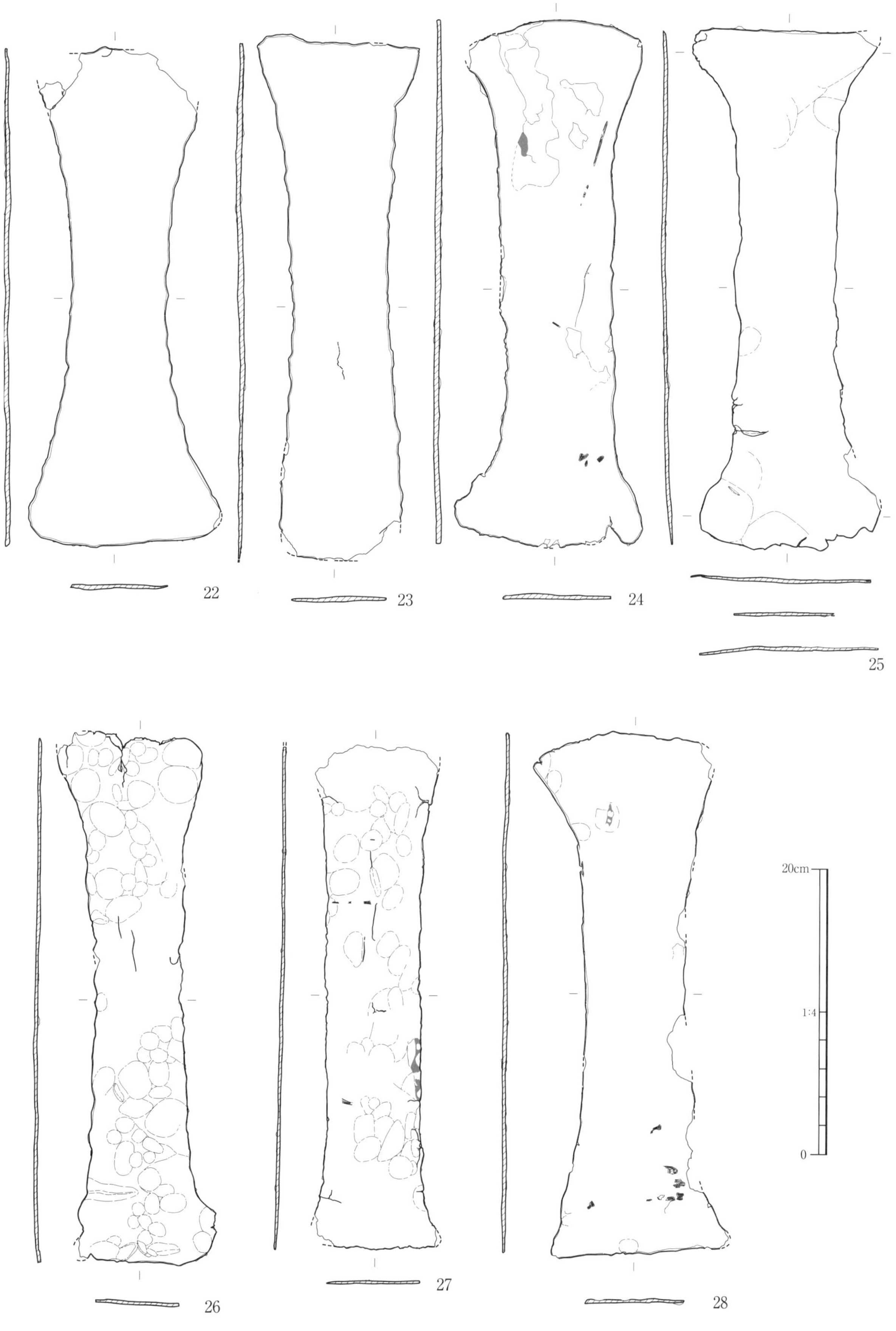


第 24 図　大鉄鋌実測図（4）（1/4）

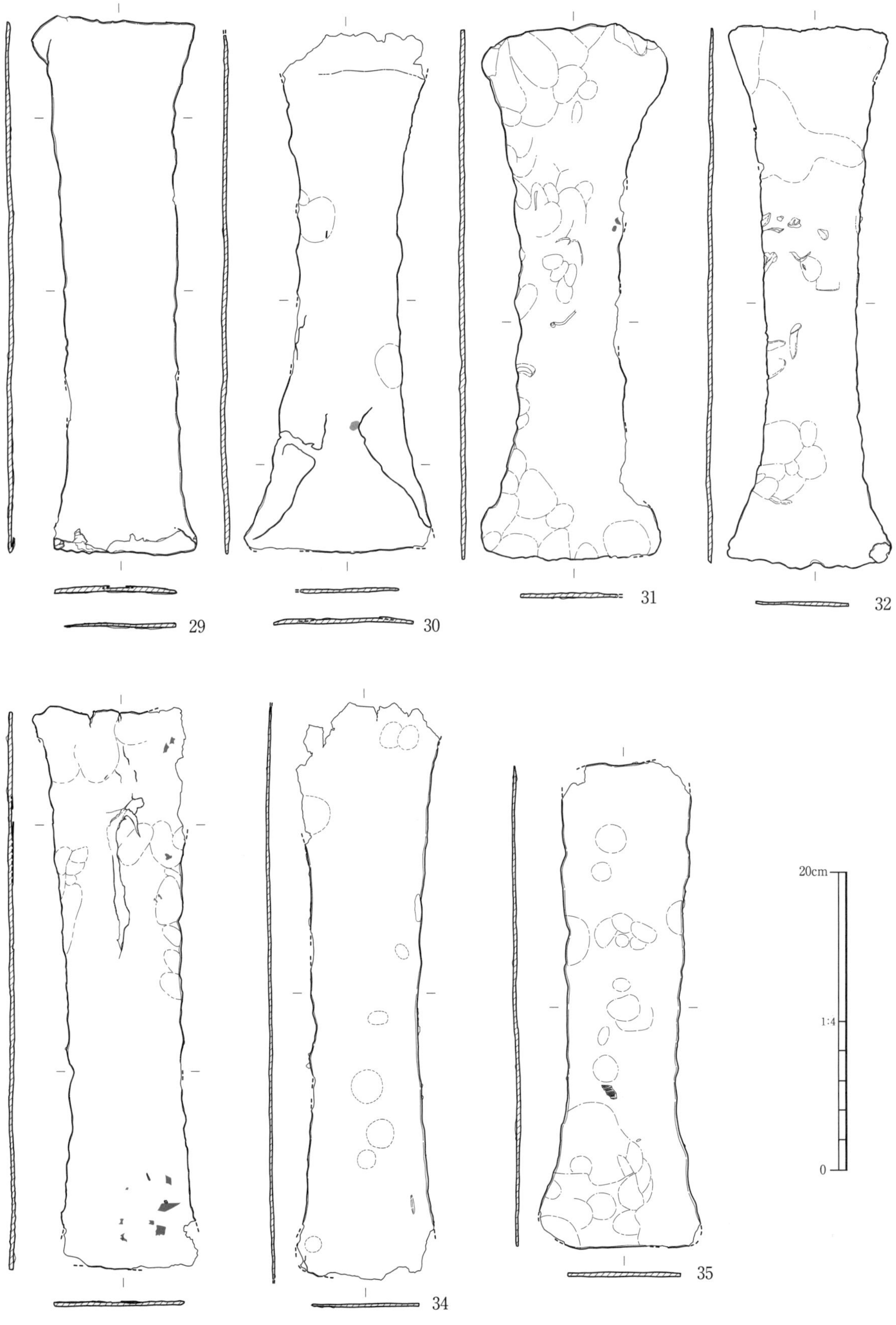


第25図　大鉄鋌実測図（5）（1/4）

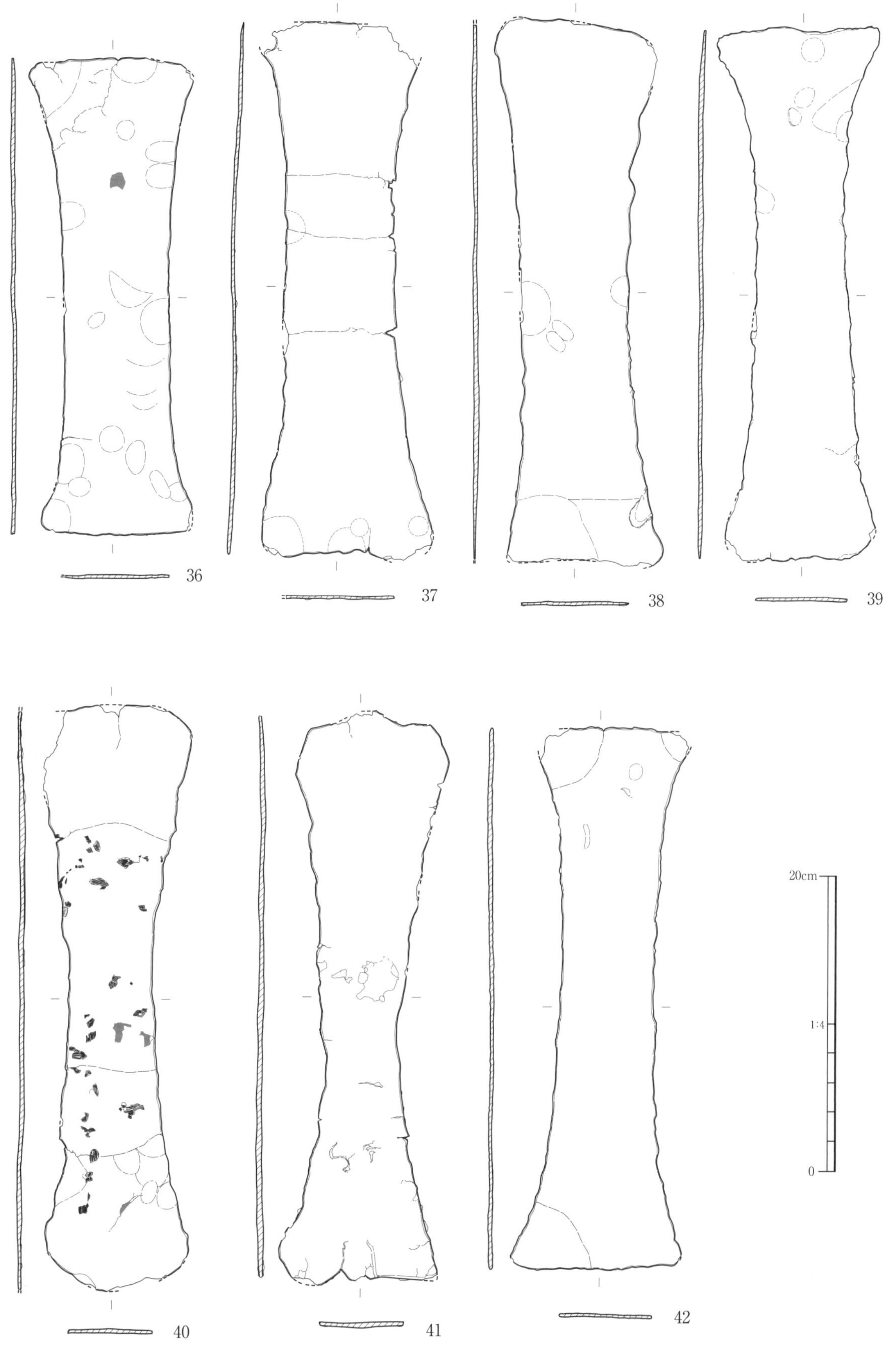


第26図　大鉄鋌実測図（6）（1/4）

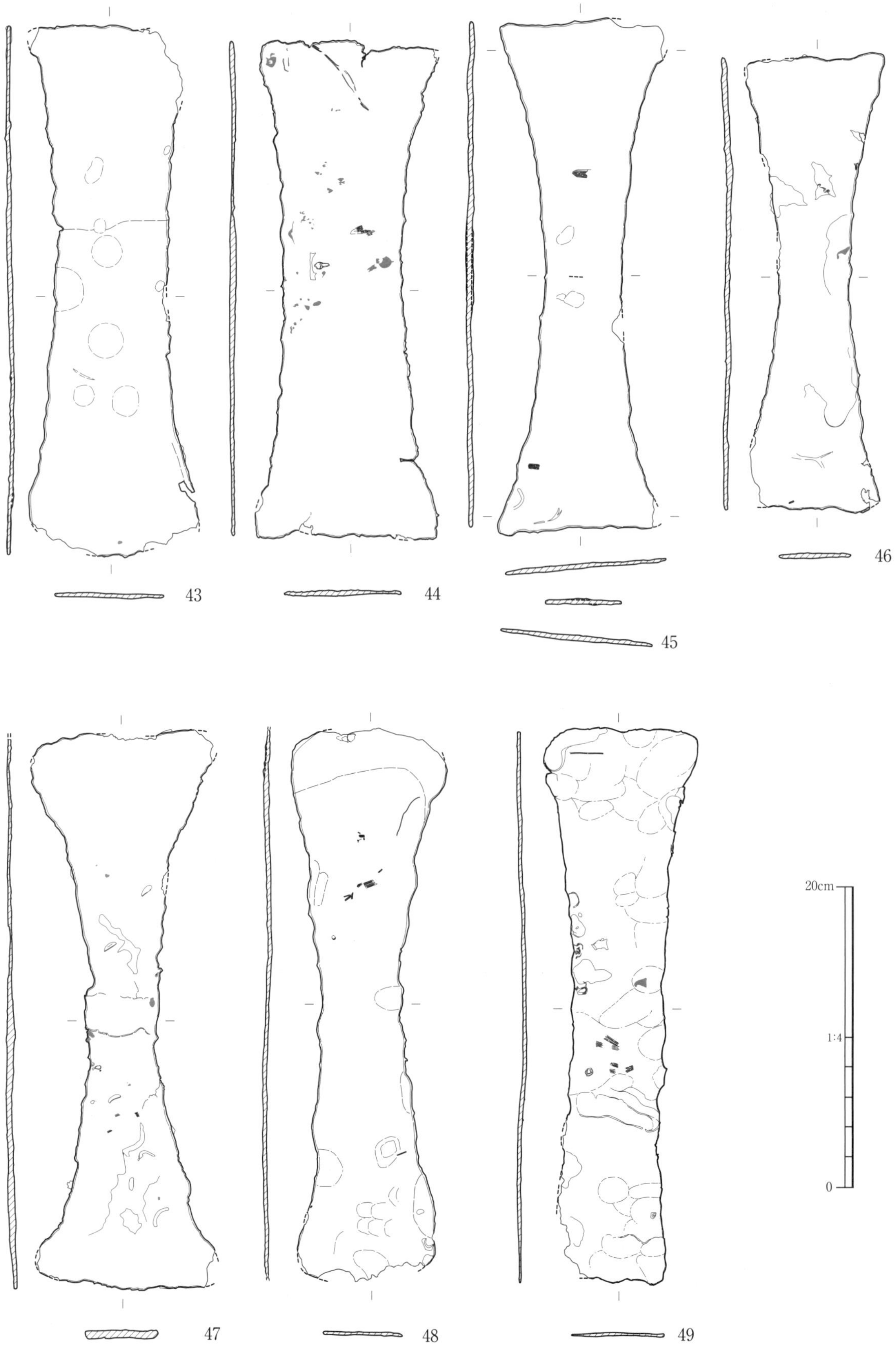


第27図　大鉄鋌実測図（7）（1/4）

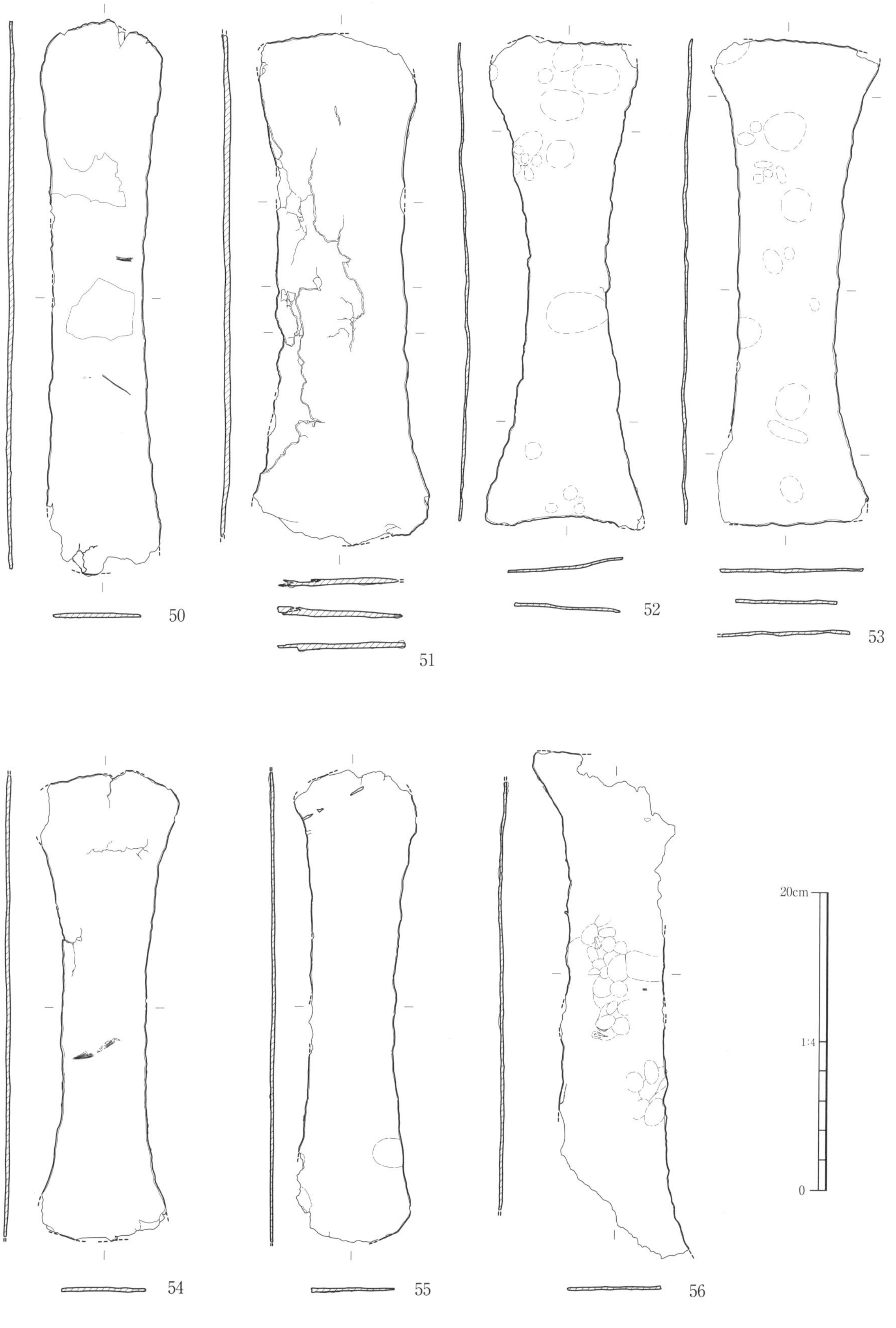


第28図　大鉄鋌実測図（8）（1/4）

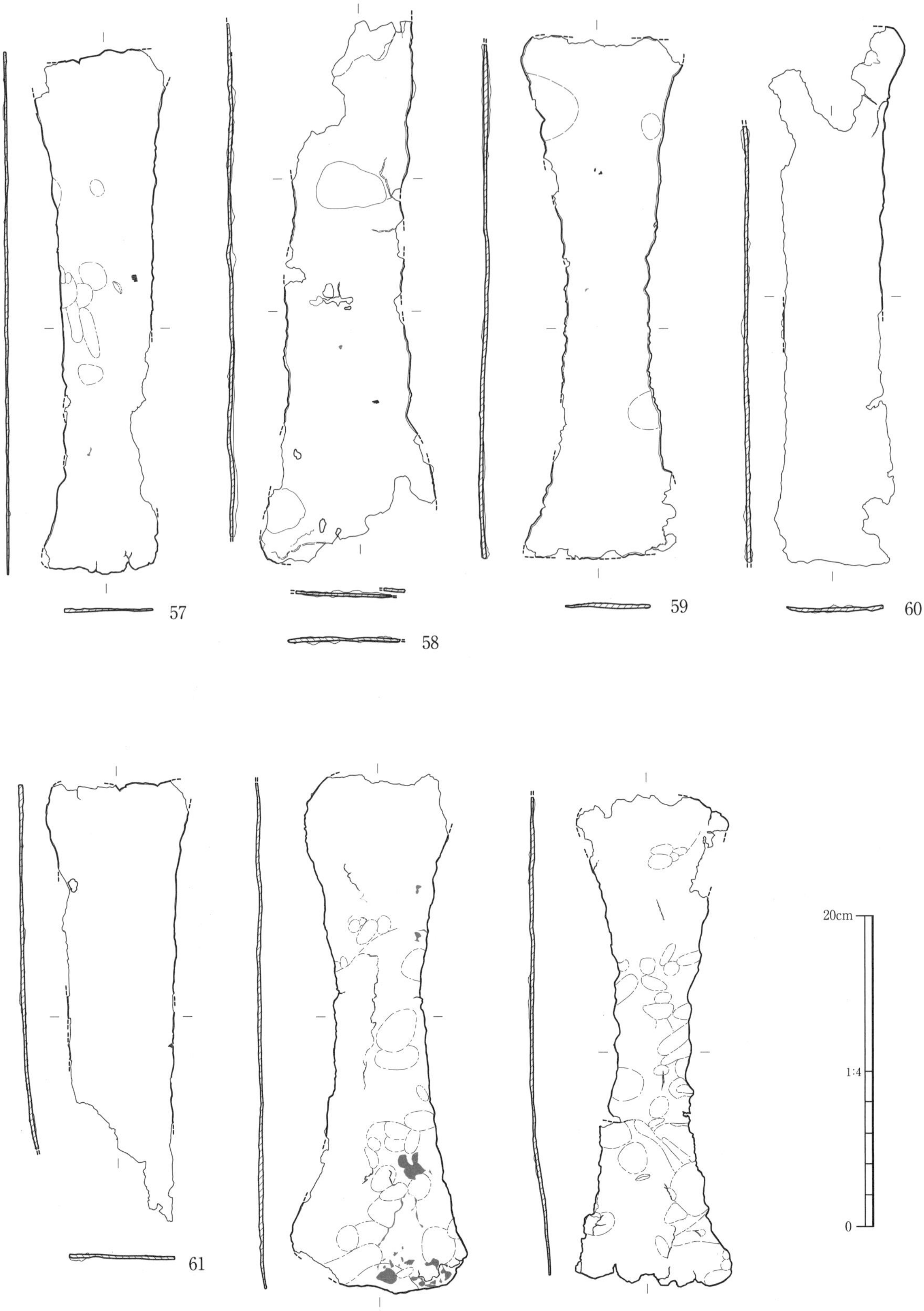


第29図　大鉄鋌実測図（9）（1/4）

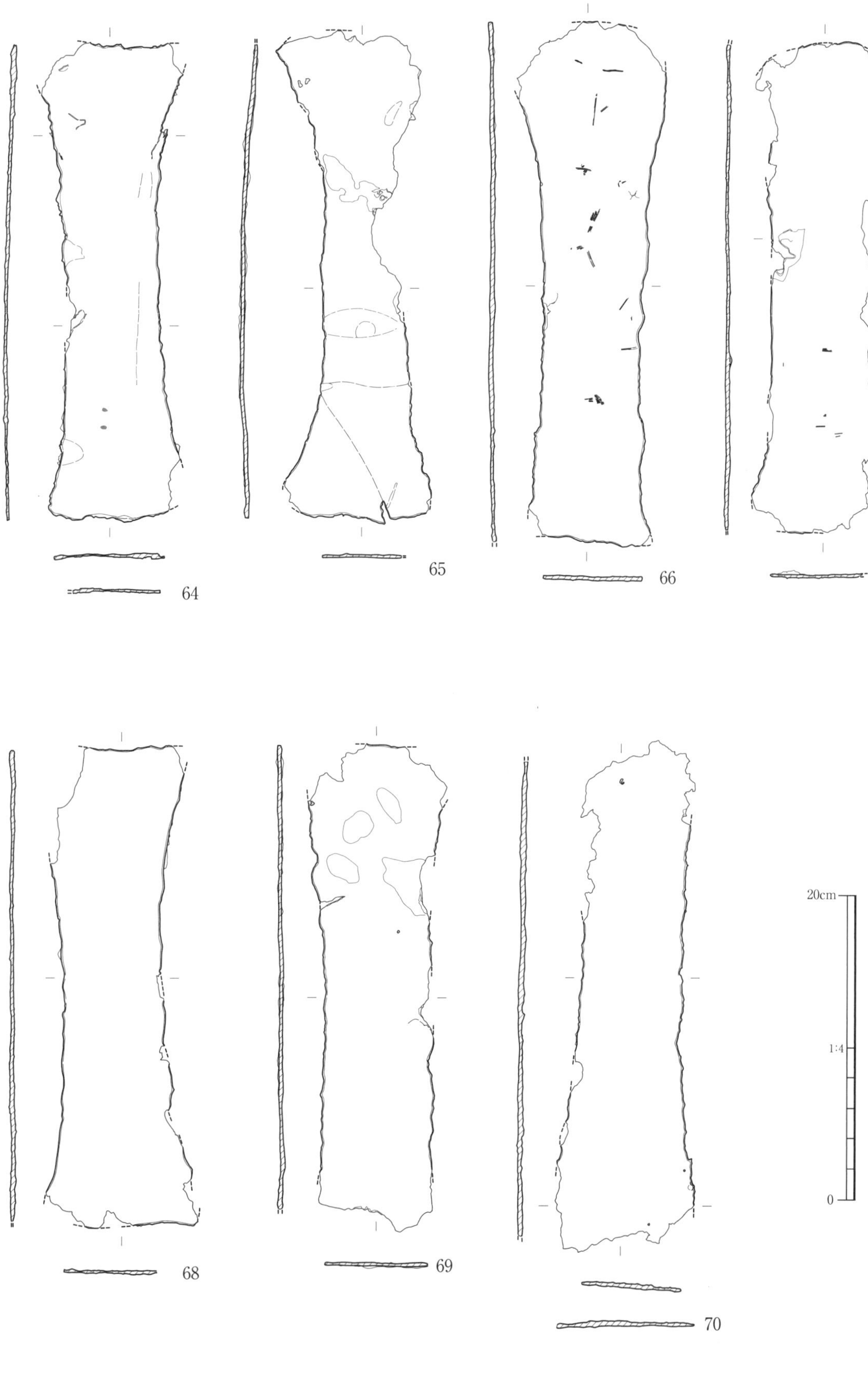


第 30 図　大鉄鋌実測図（10）（1/4）

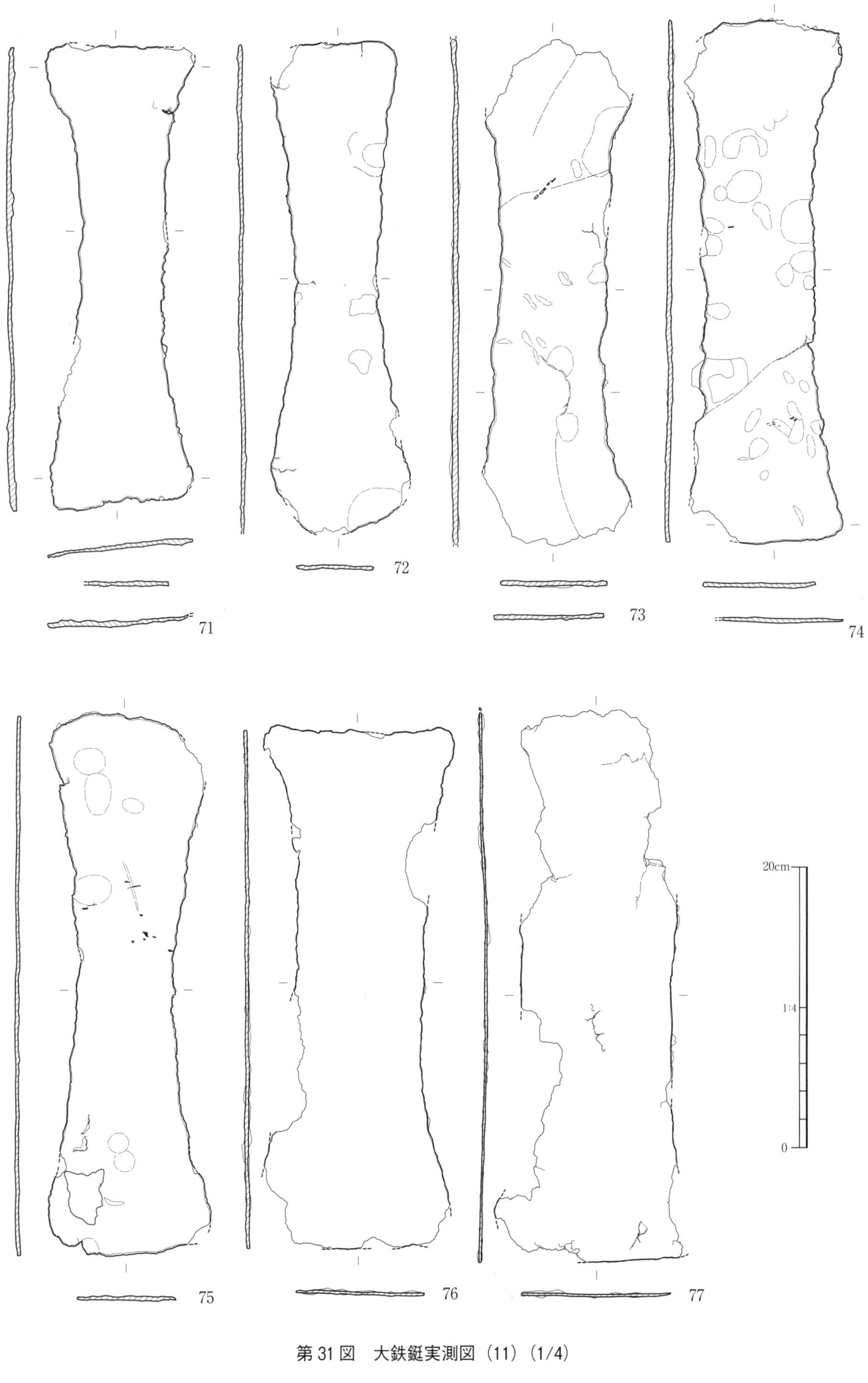


第 31 図　大鉄鋌実測図（11）（1/4）

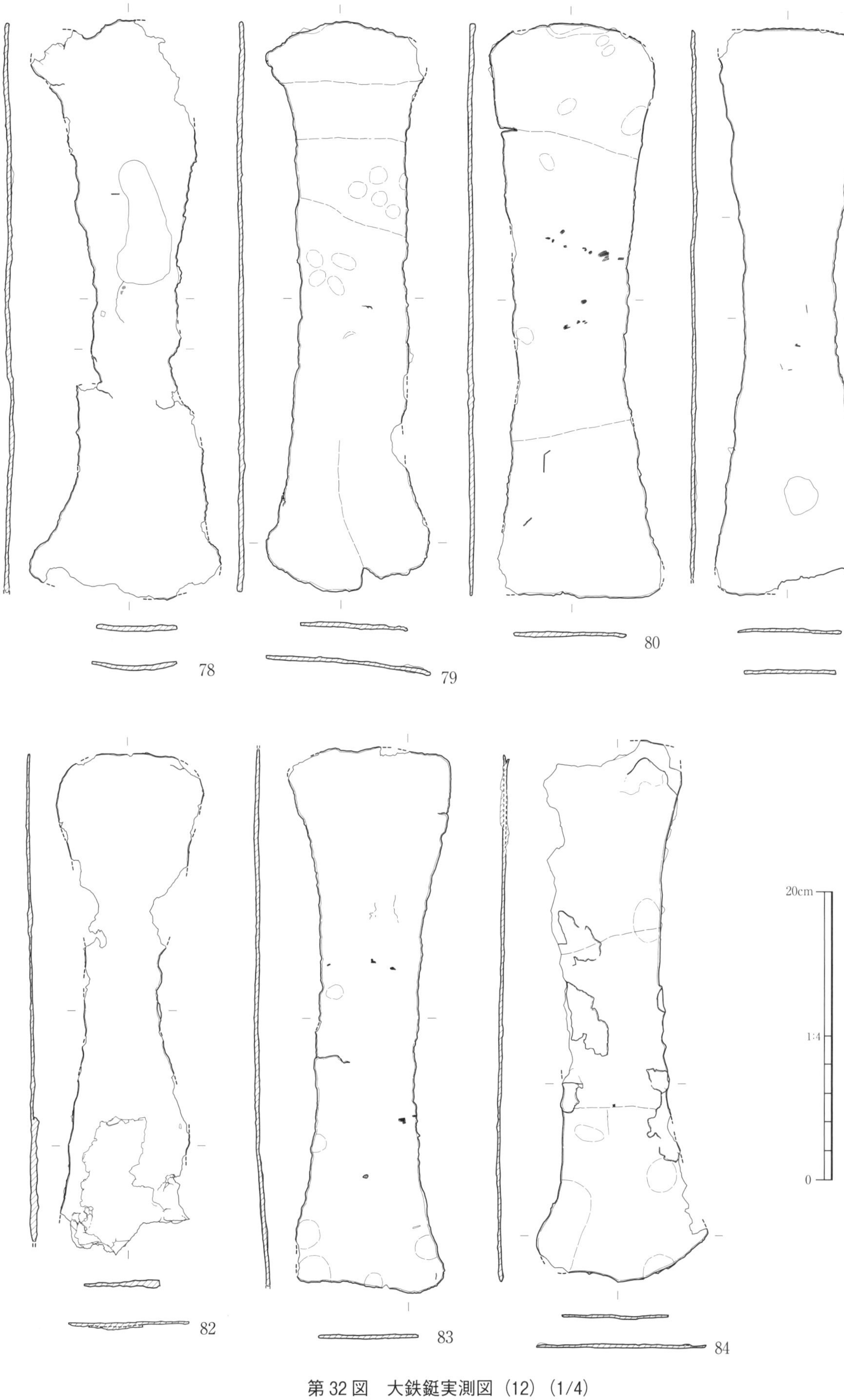


第32図　大鉄鋌実測図（12）（1/4）

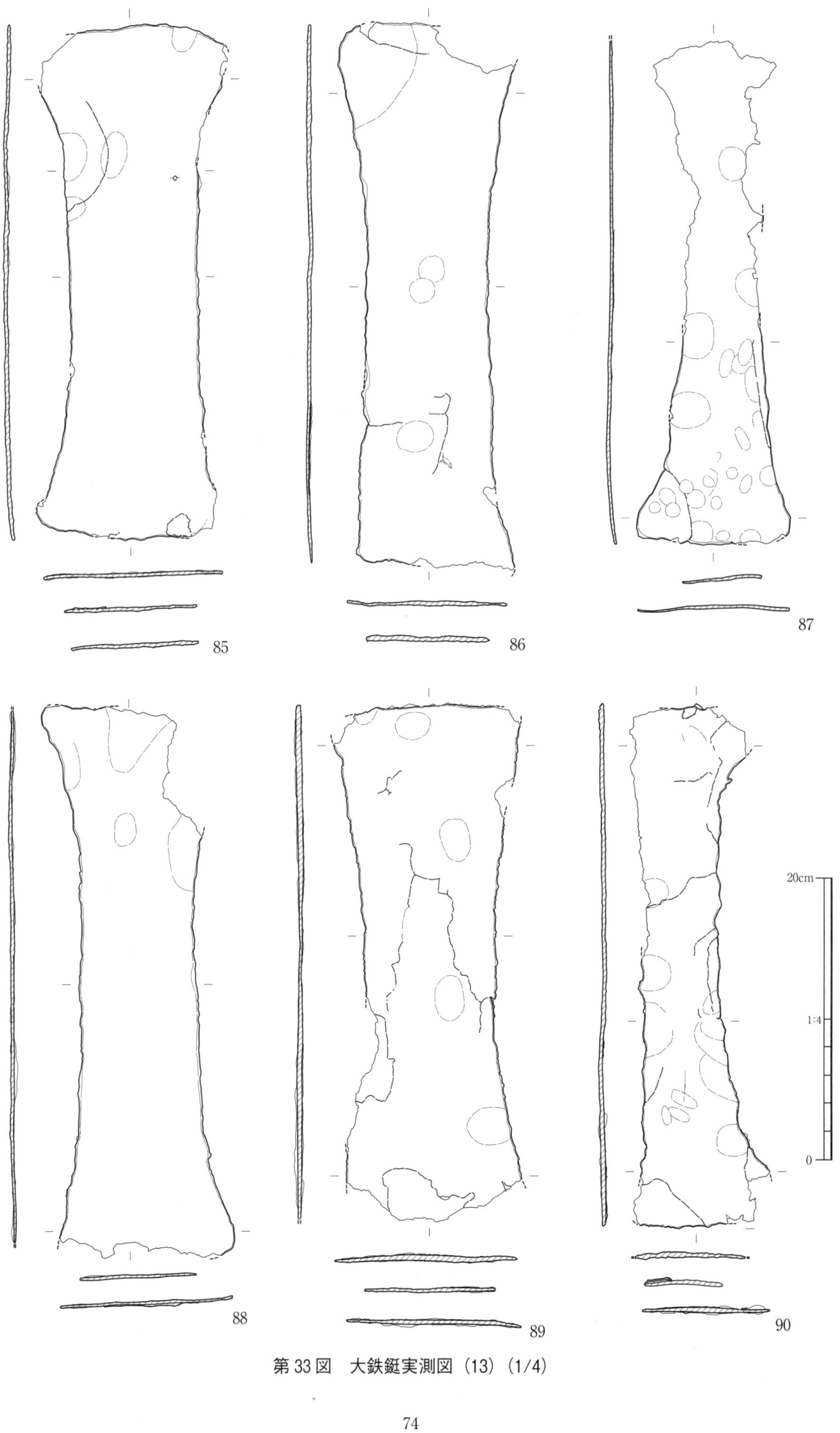


第33図　大鉄鋌実測図（13）（1/4）

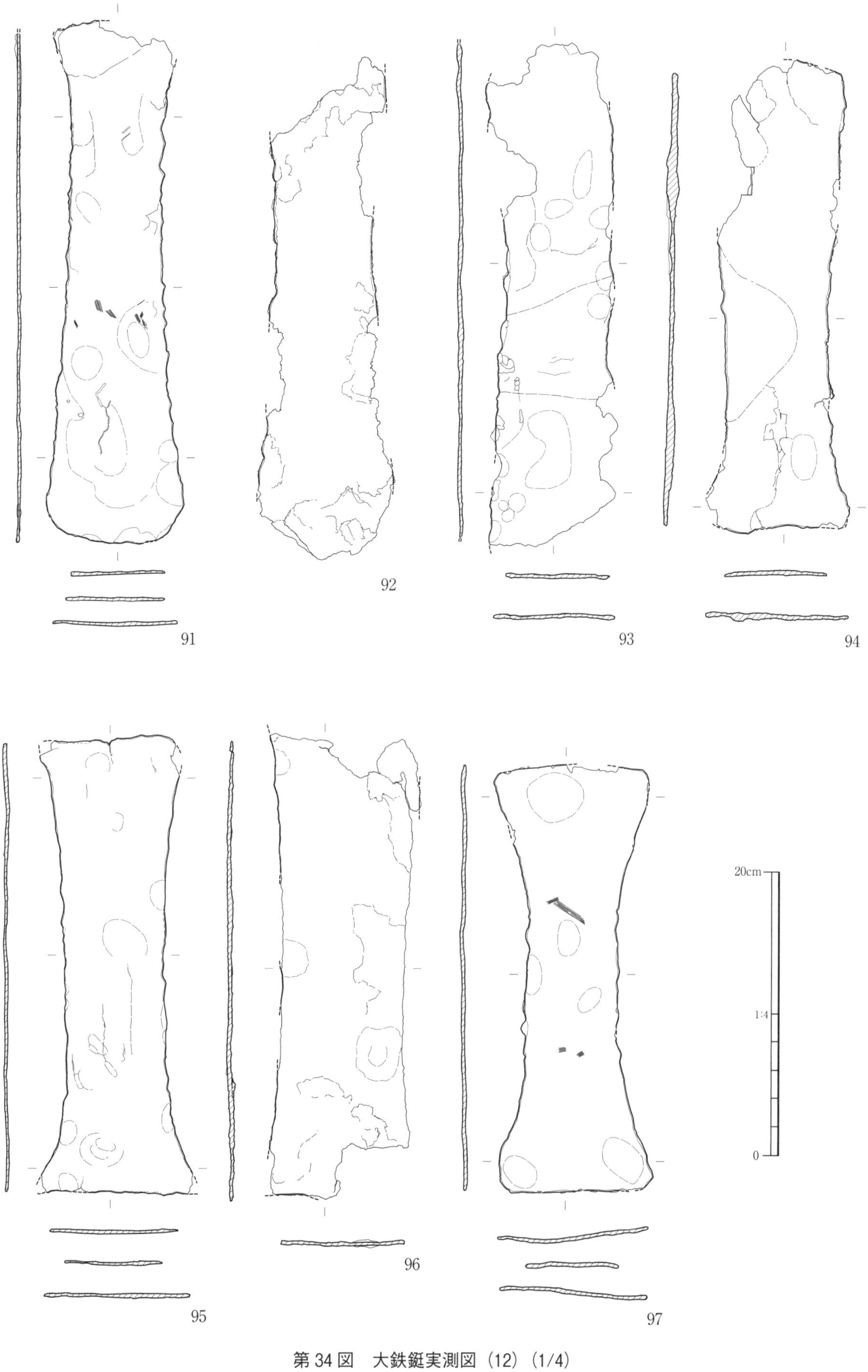


第34図　大鉄鋌実測図（12）（1/4）

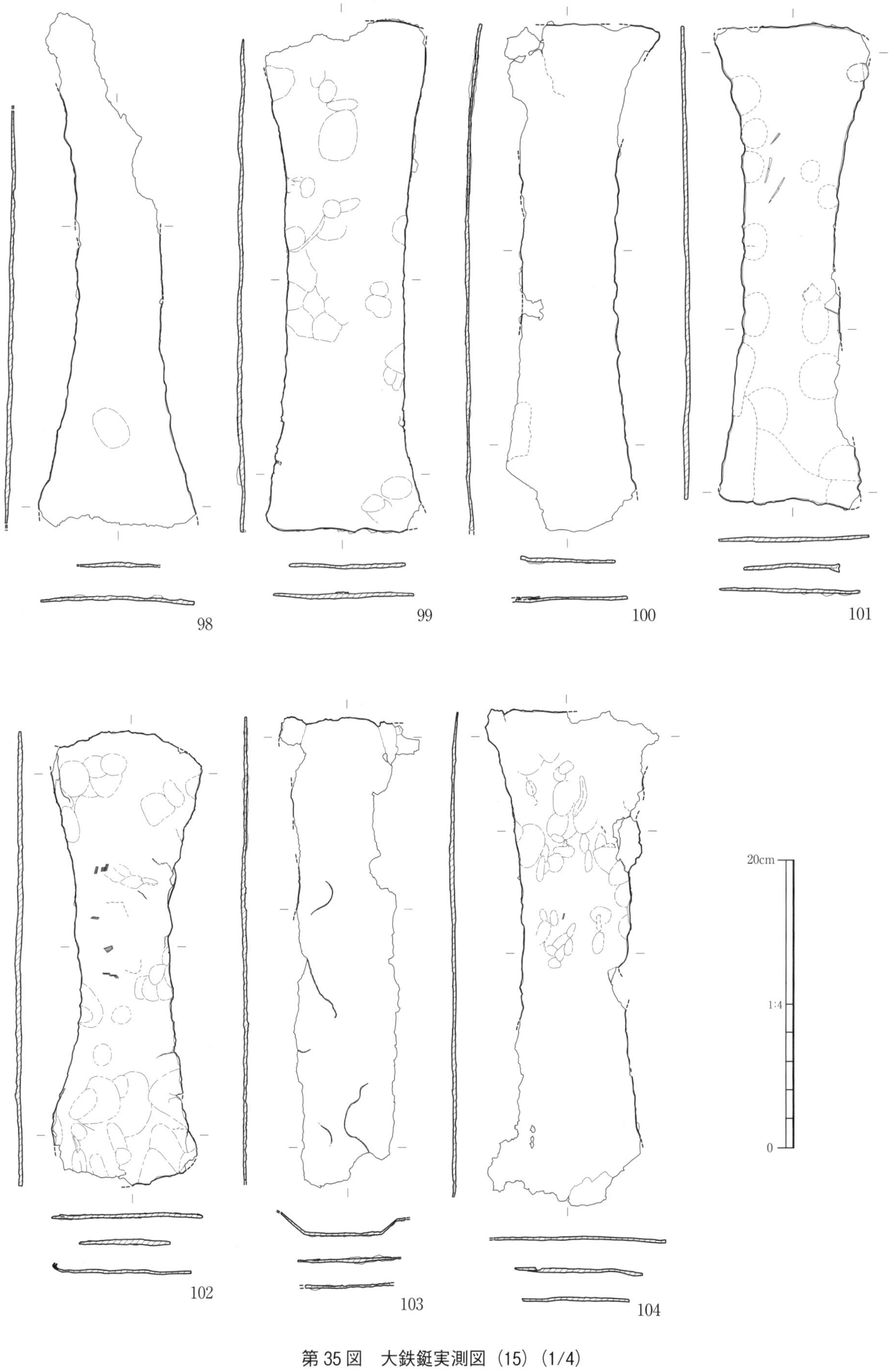


第35図　大鉄鋌実測図（15）（1/4）

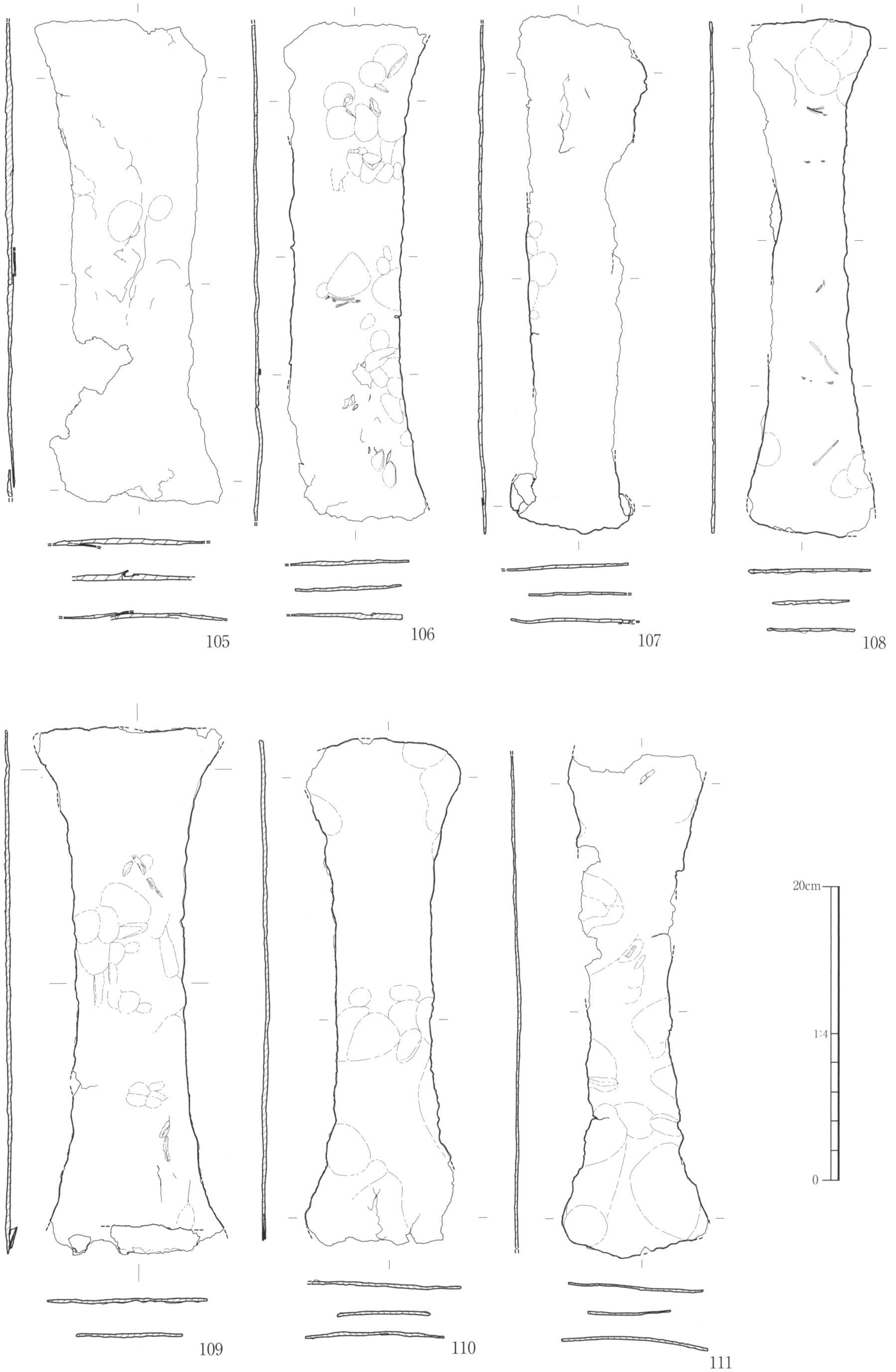


第 36 図　大鉄鋌実測図（16）（1/4）

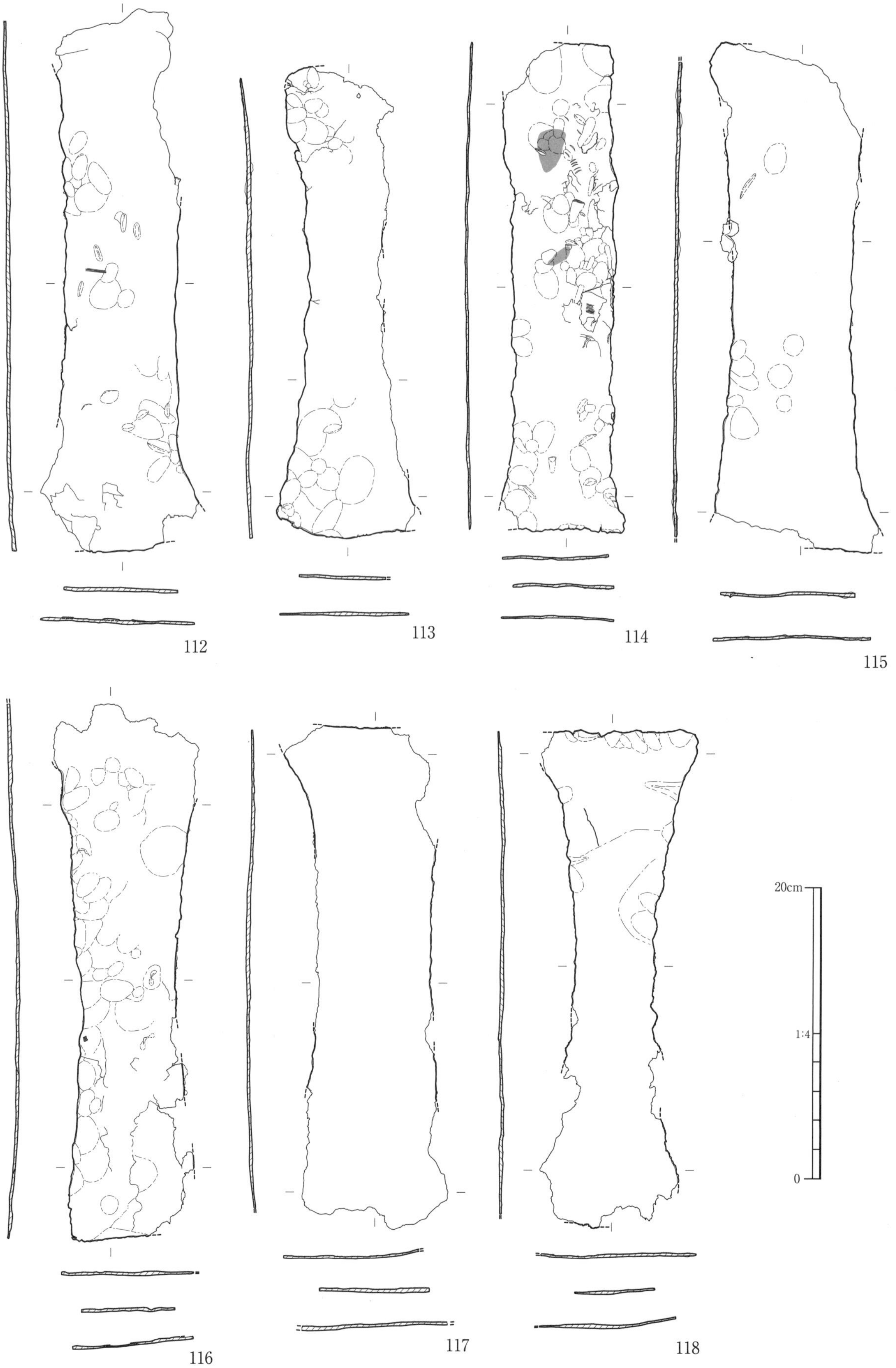


第37図　大鉄鋌実測図（16）（1/4）

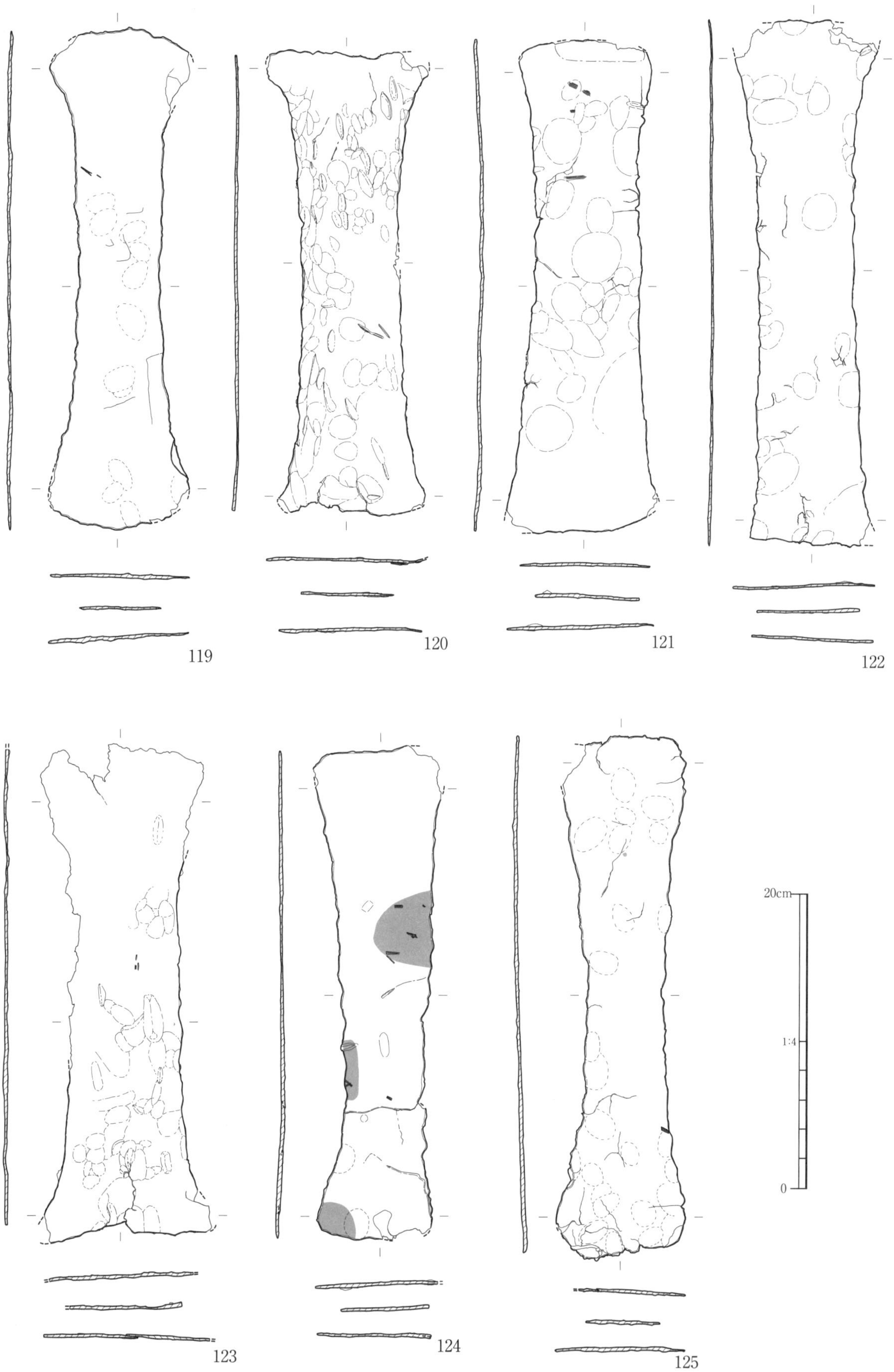


第38図　大鉄鋌実測図（18）（1/4）

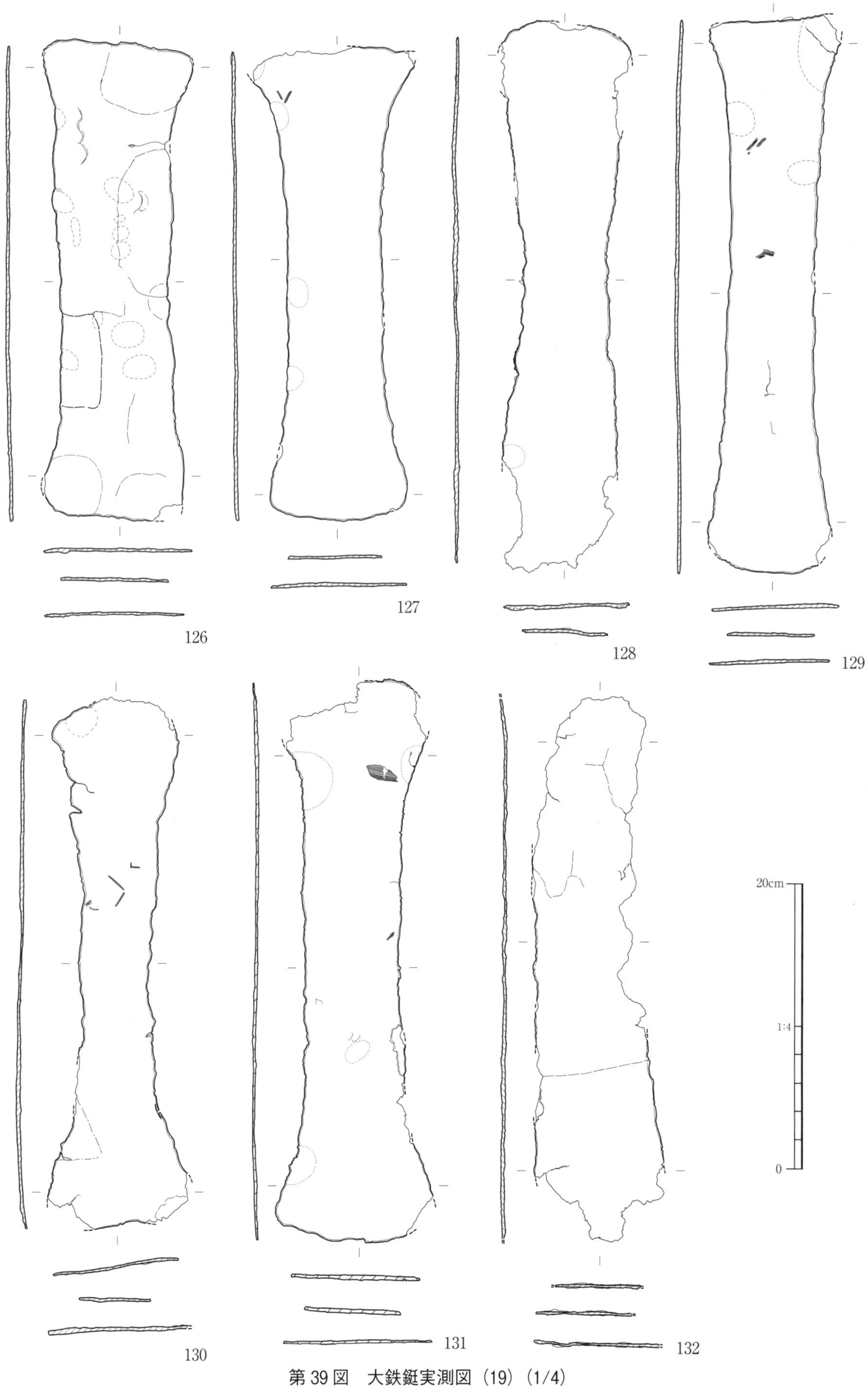


第39図　大鉄鋌実測図（19）（1/4）

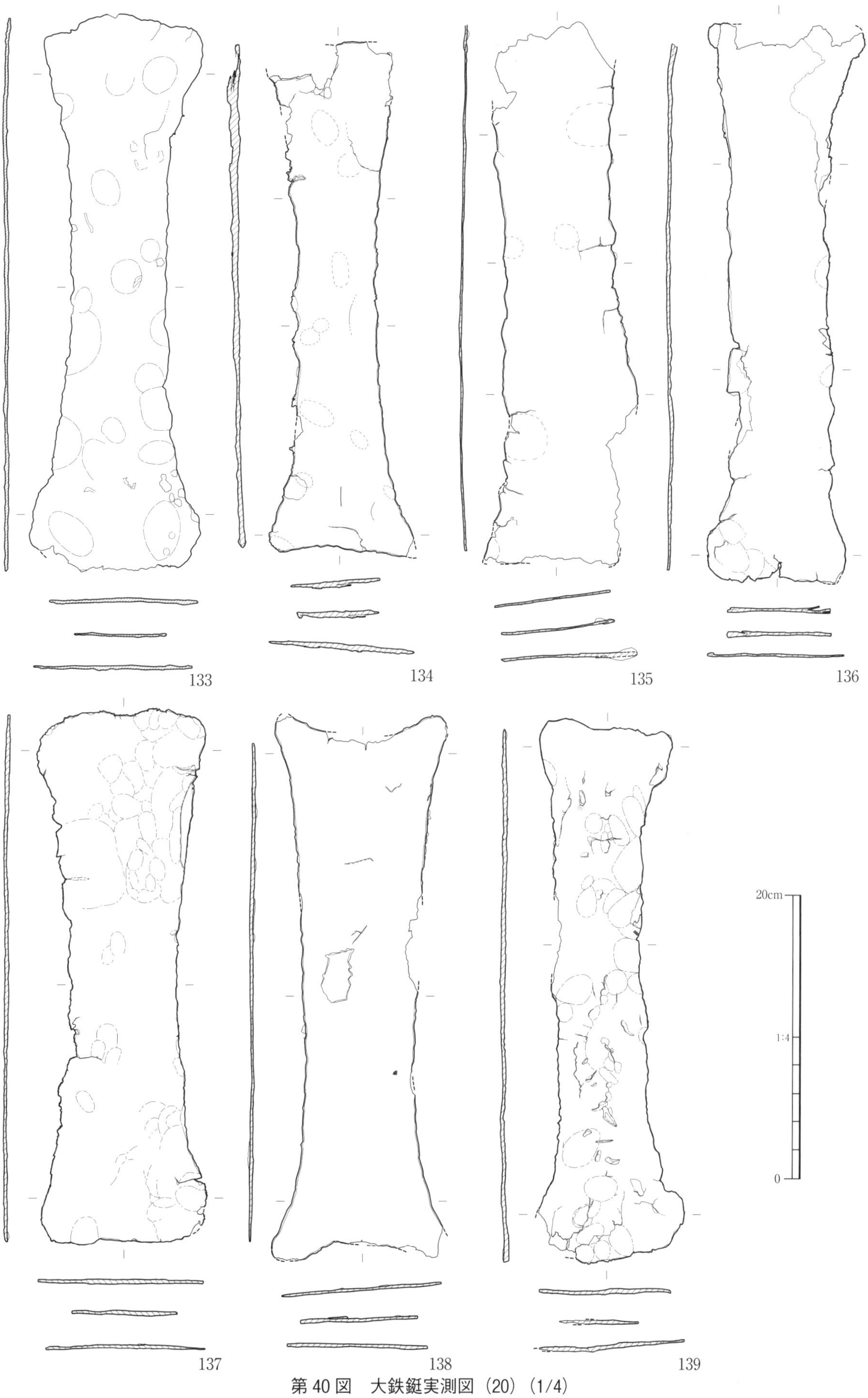


第 40 図　大鉄鋌実測図（20）（1/4）

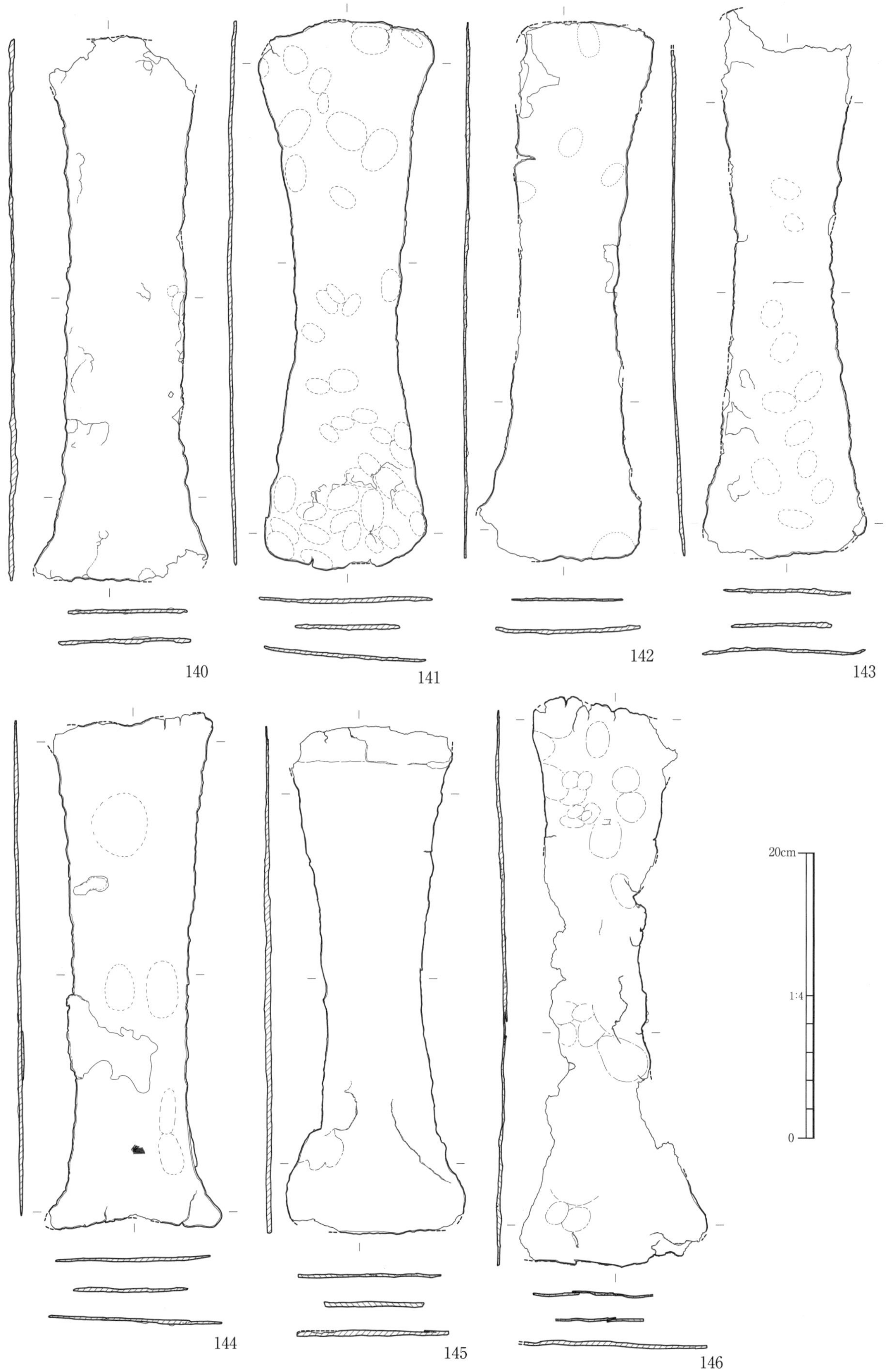


第41図　大鉄鋌実測図（21）（1/4）

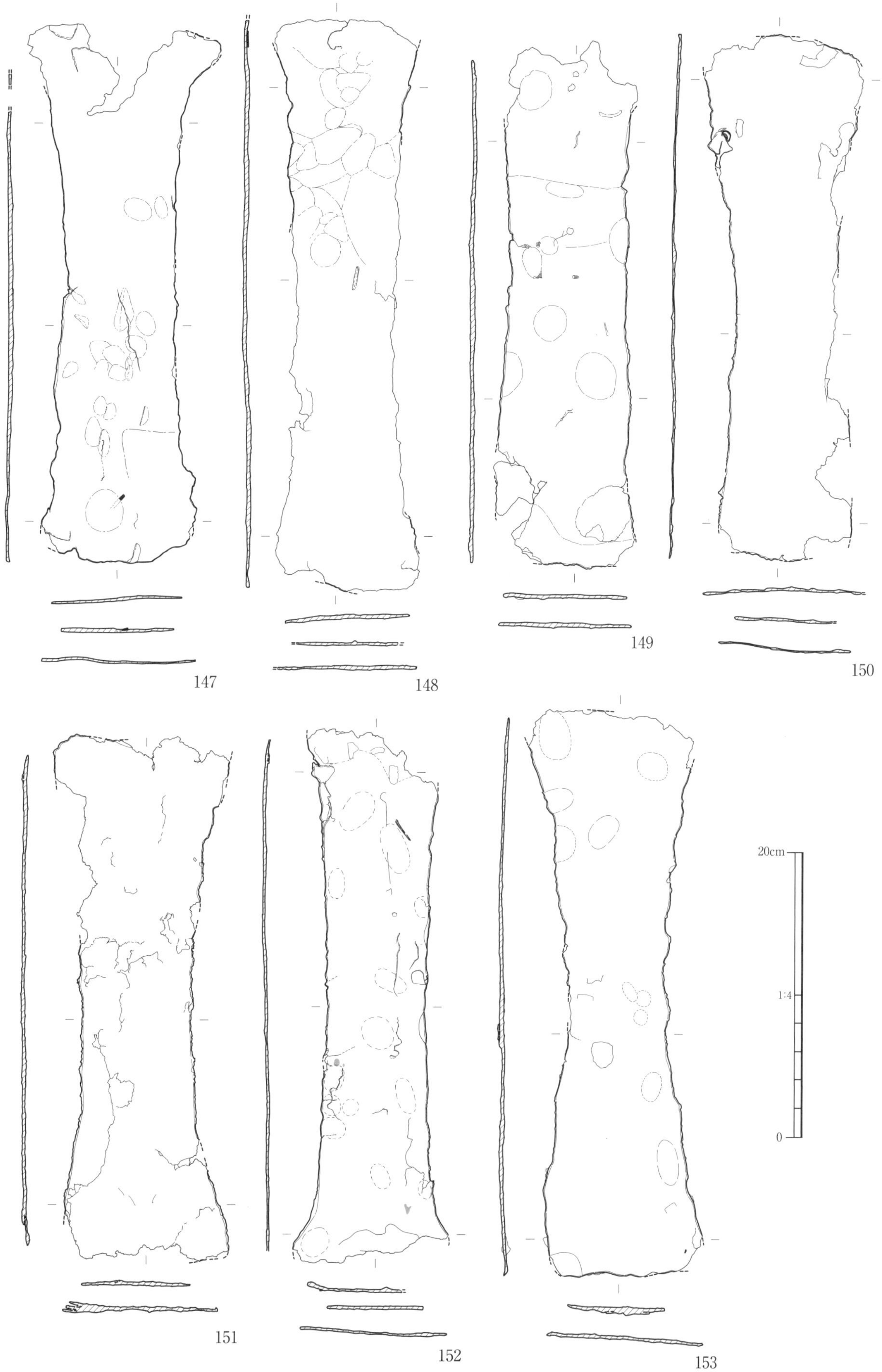


第42図　大鉄鋌実測図（22）（1/4）

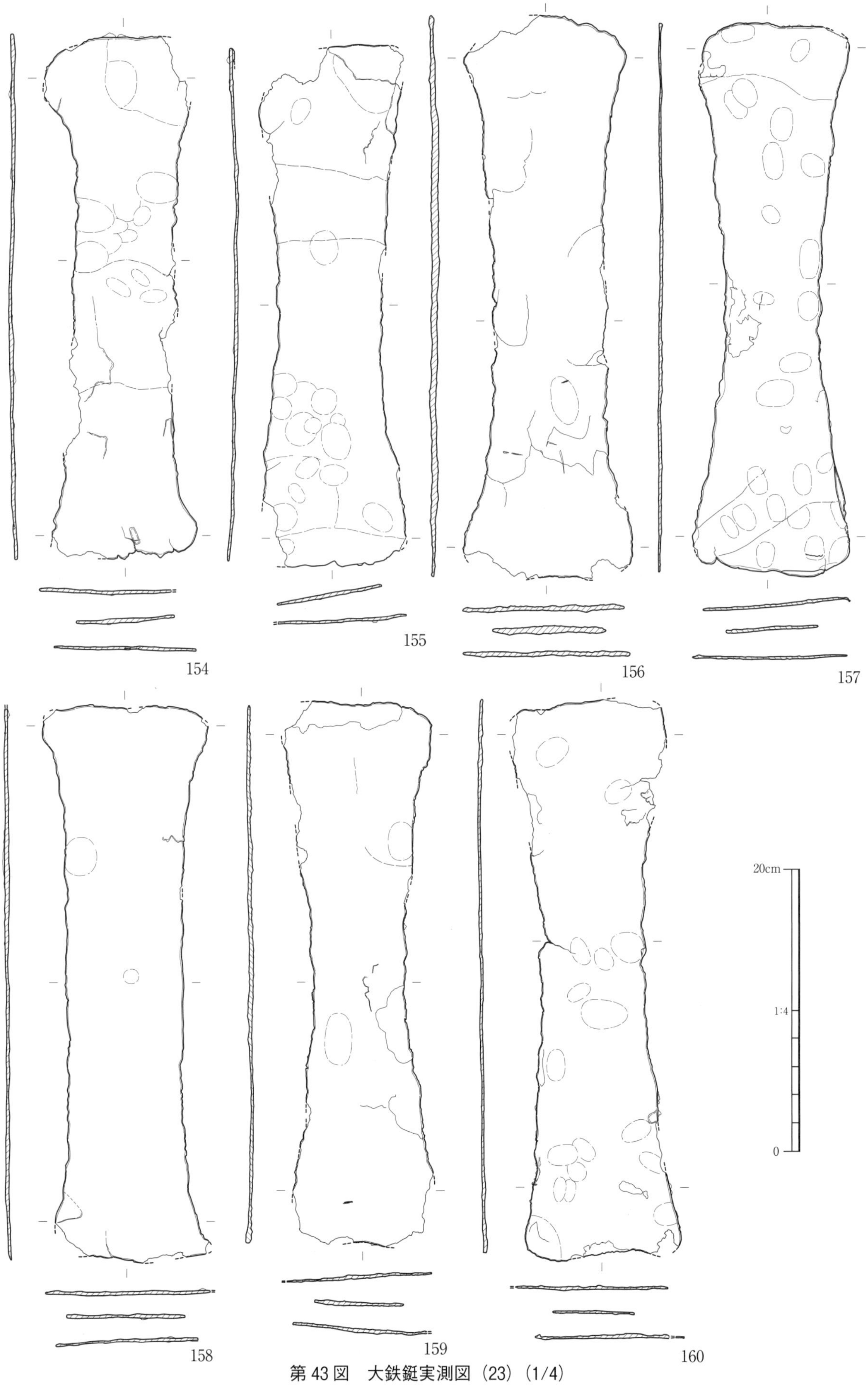


第43図　大鉄鋌実測図（23）（1/4）

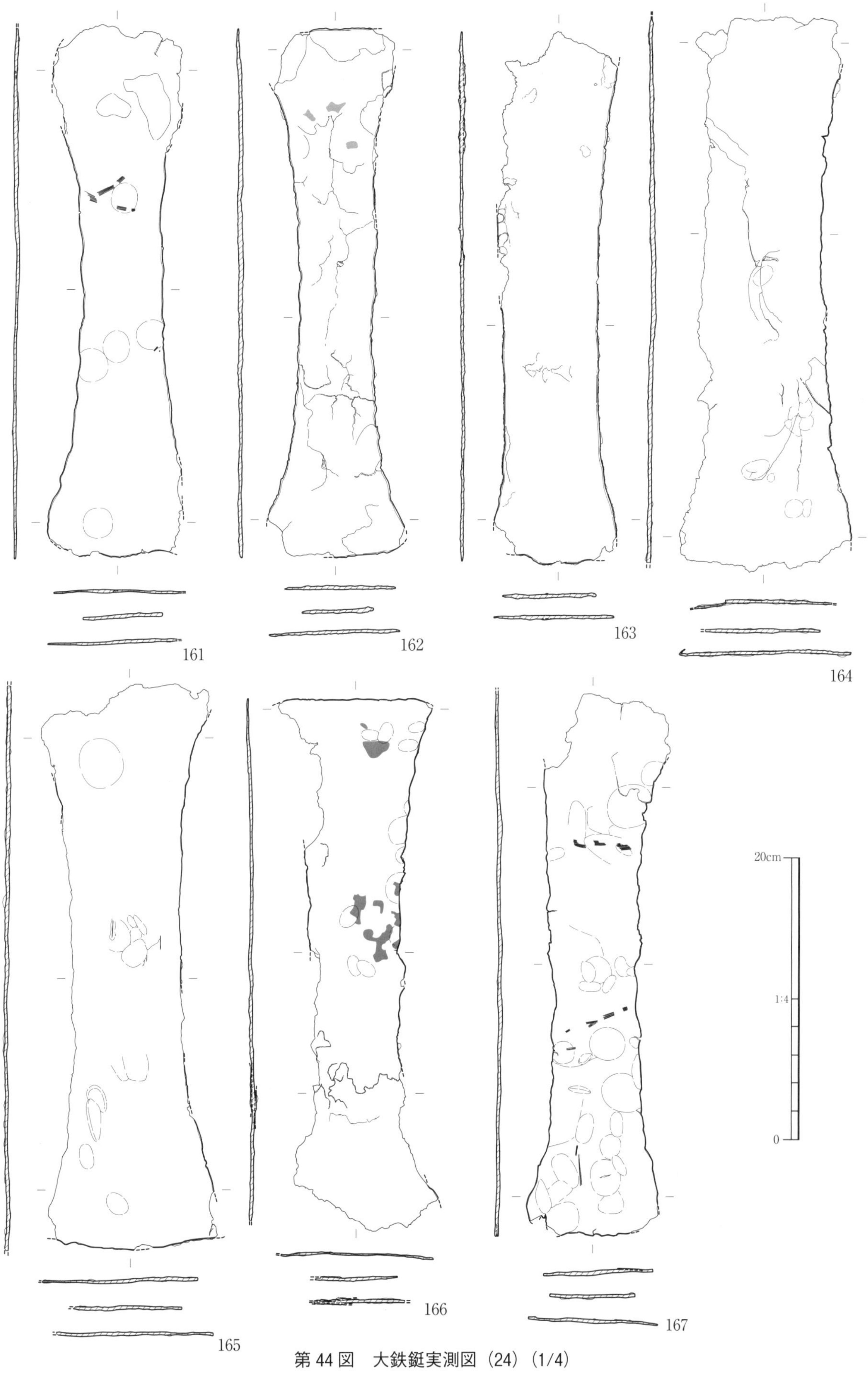


第 44 図　大鉄鋌実測図（24）（1/4）

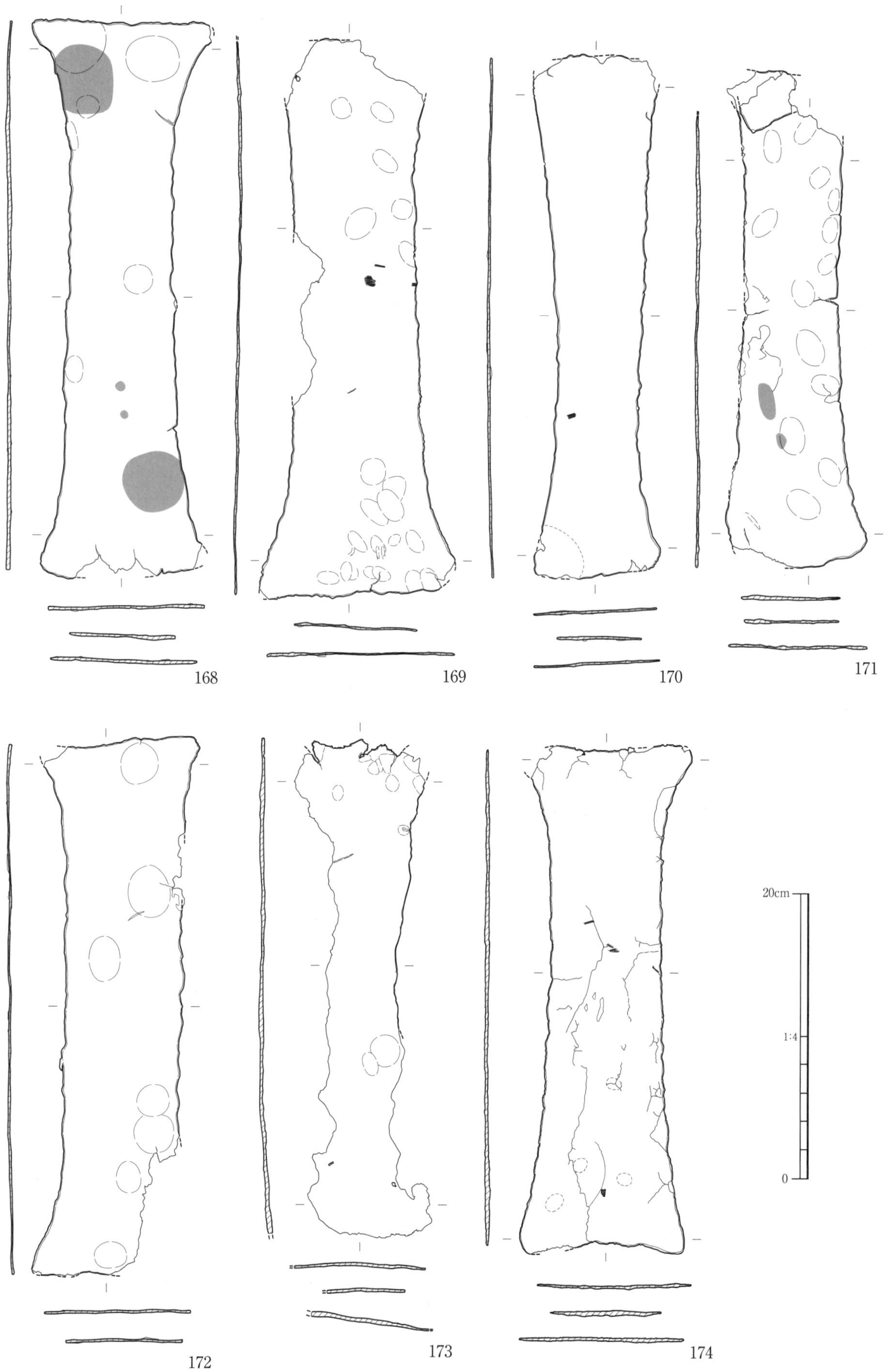


第45図　大鉄鋌実測図（24）（1/4）

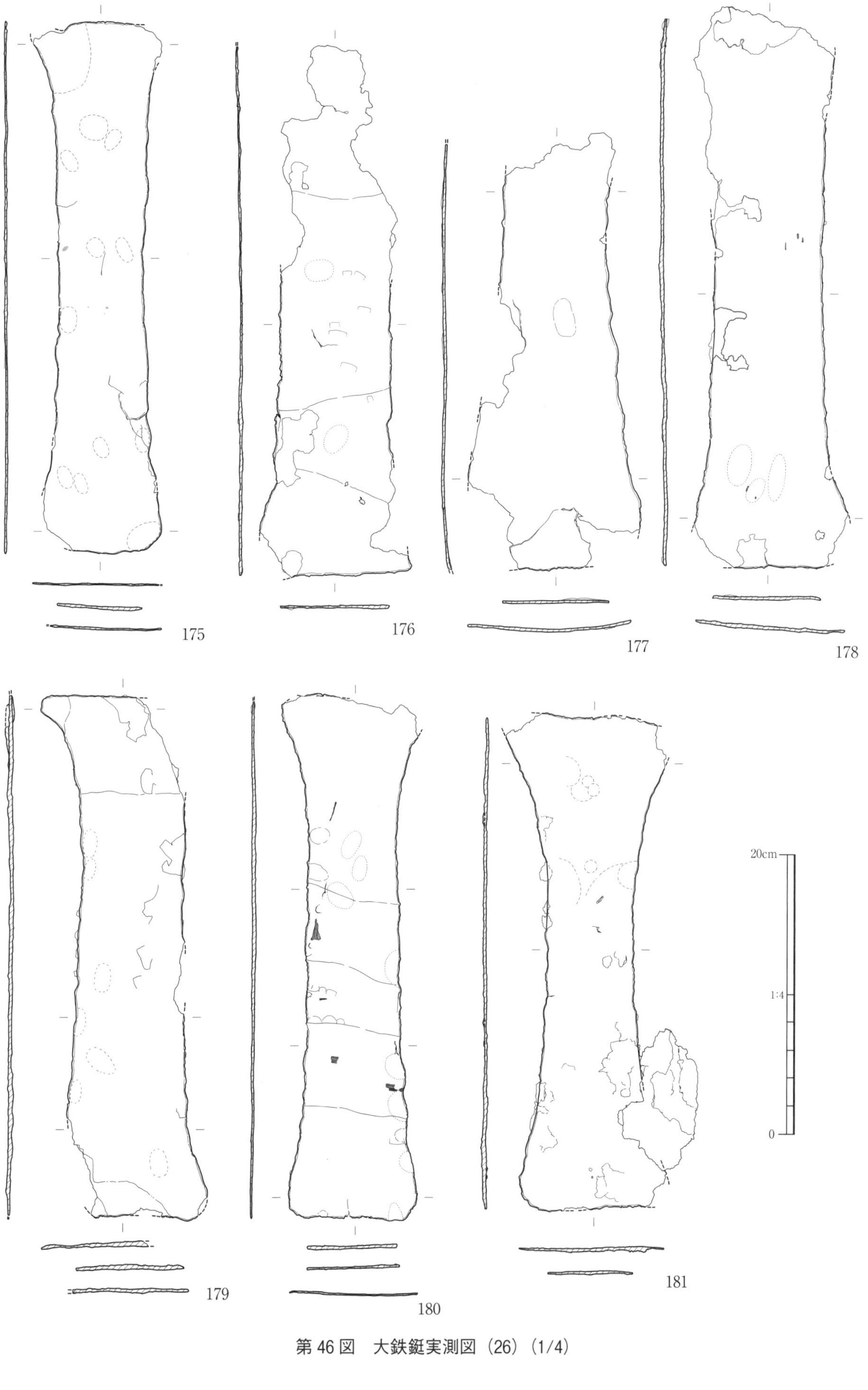


第46図　大鉄鋌実測図（26）（1/4）

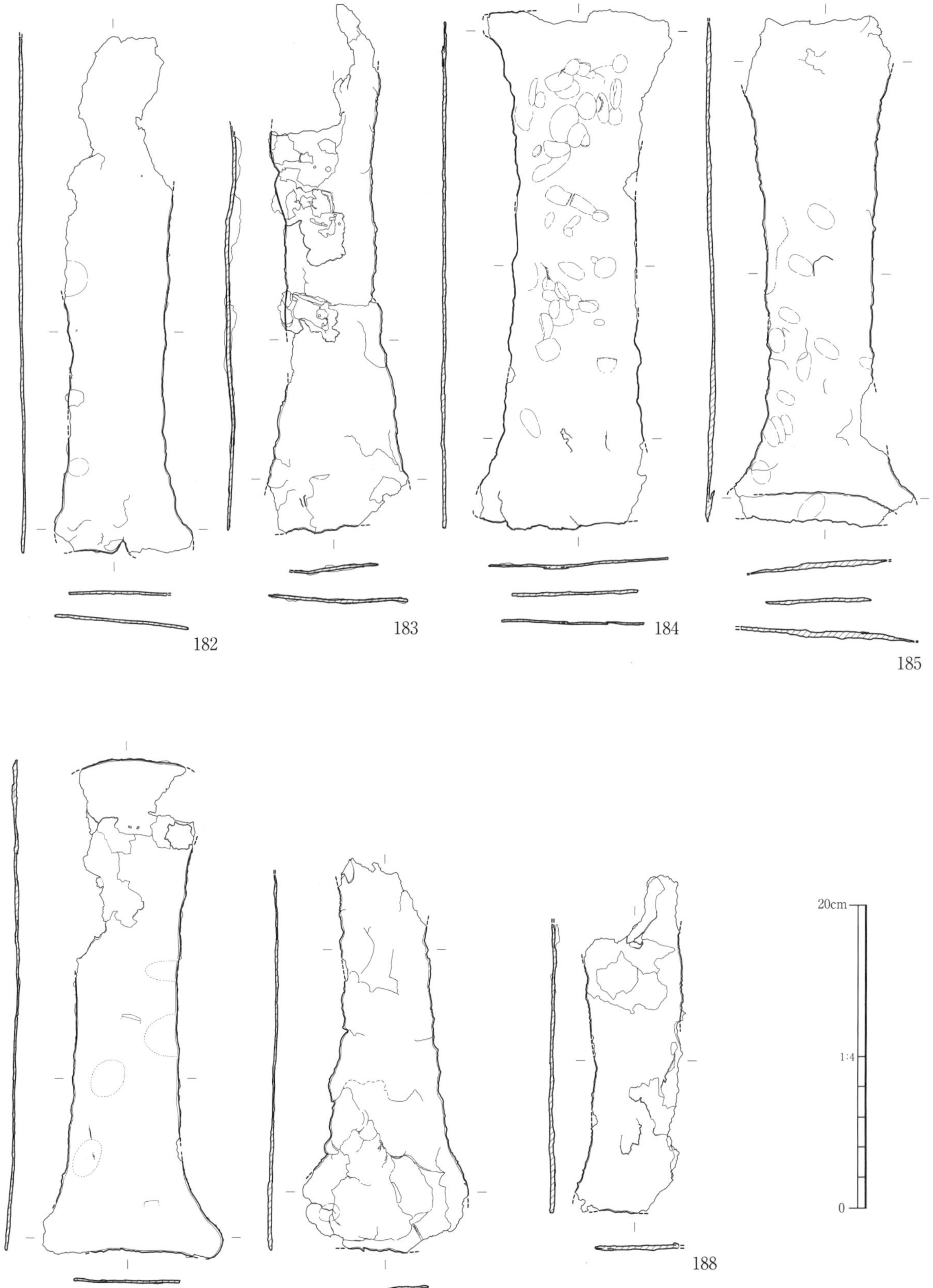


第47図　大鉄鋌実測図（27）（1/4）

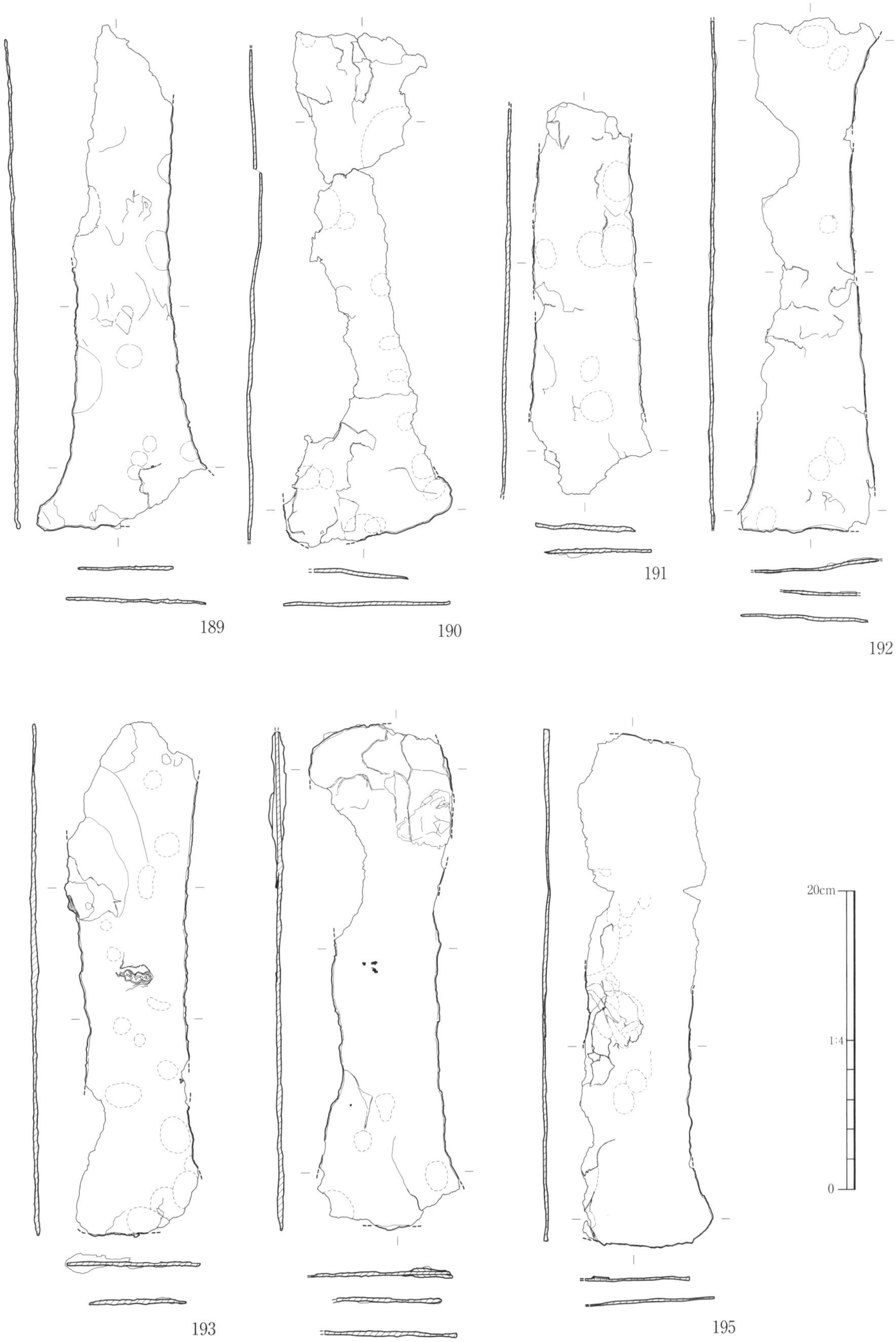


第48図　大鉄鋌実測図（28）（1/4）

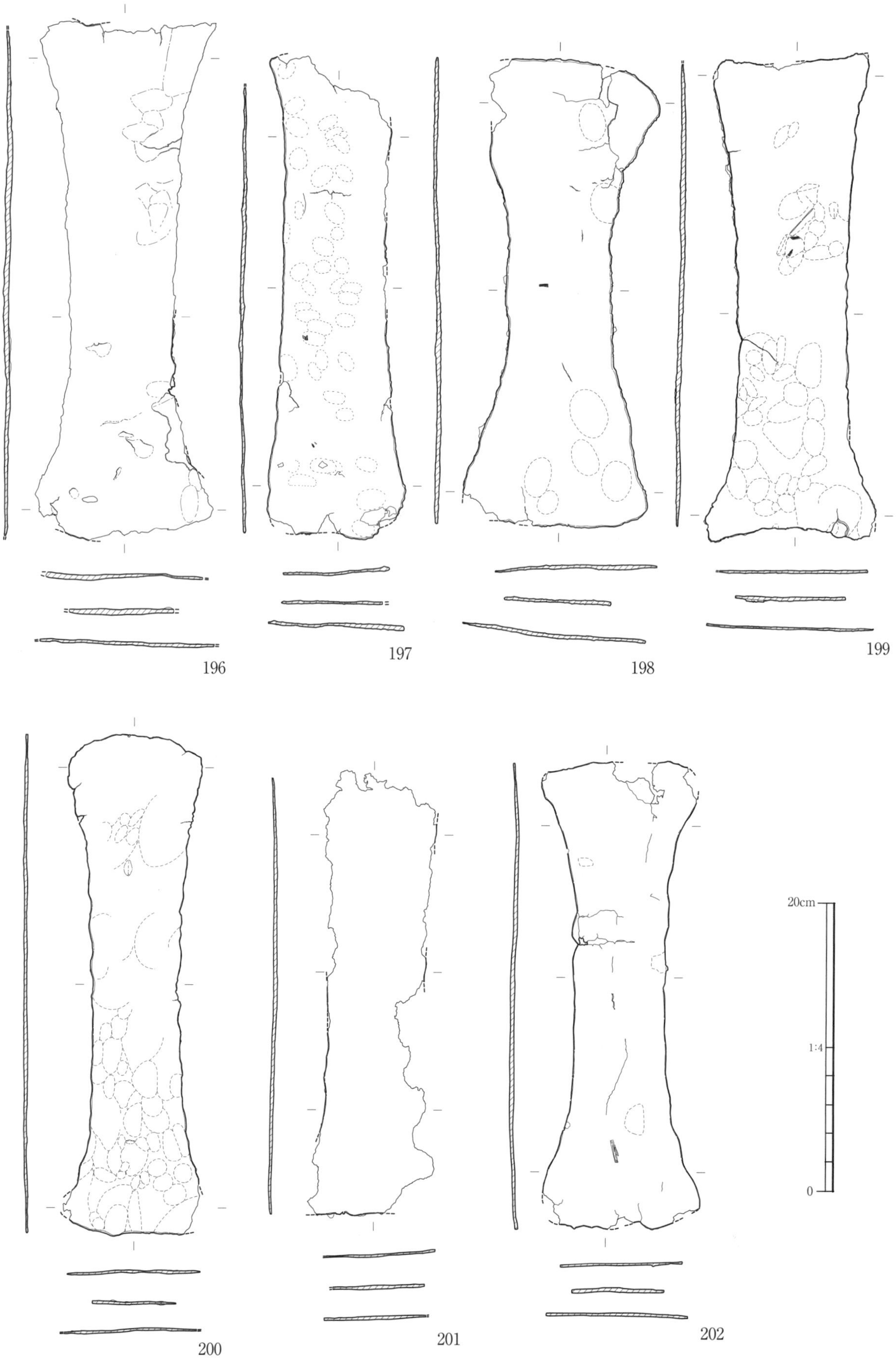


第49図　大鉄鋌実測図（29）（1/4）

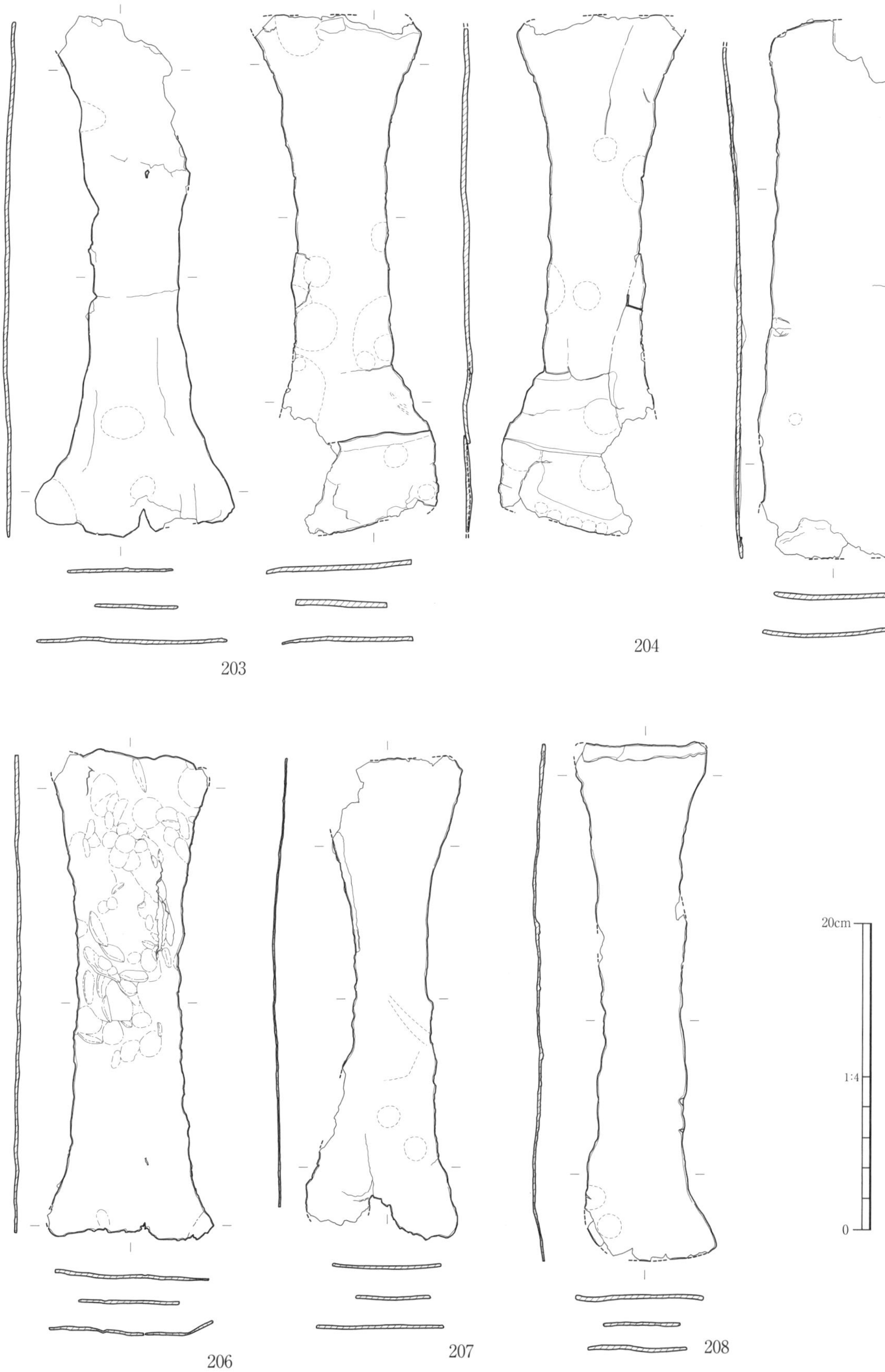


第50図　大鉄鋌実測図（30）（1/4）

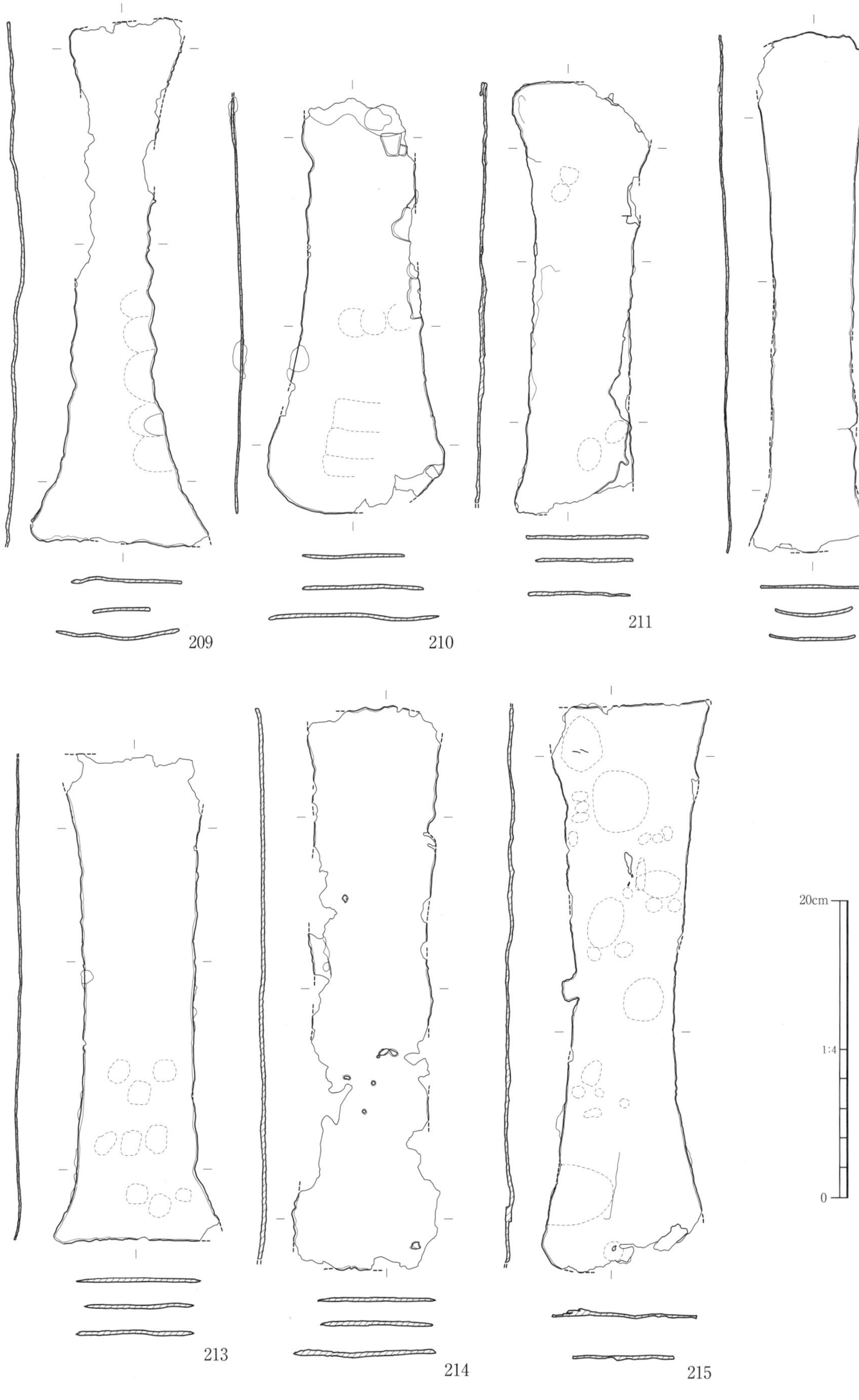


第51図　大鉄鋌実測図（31）（1/4）

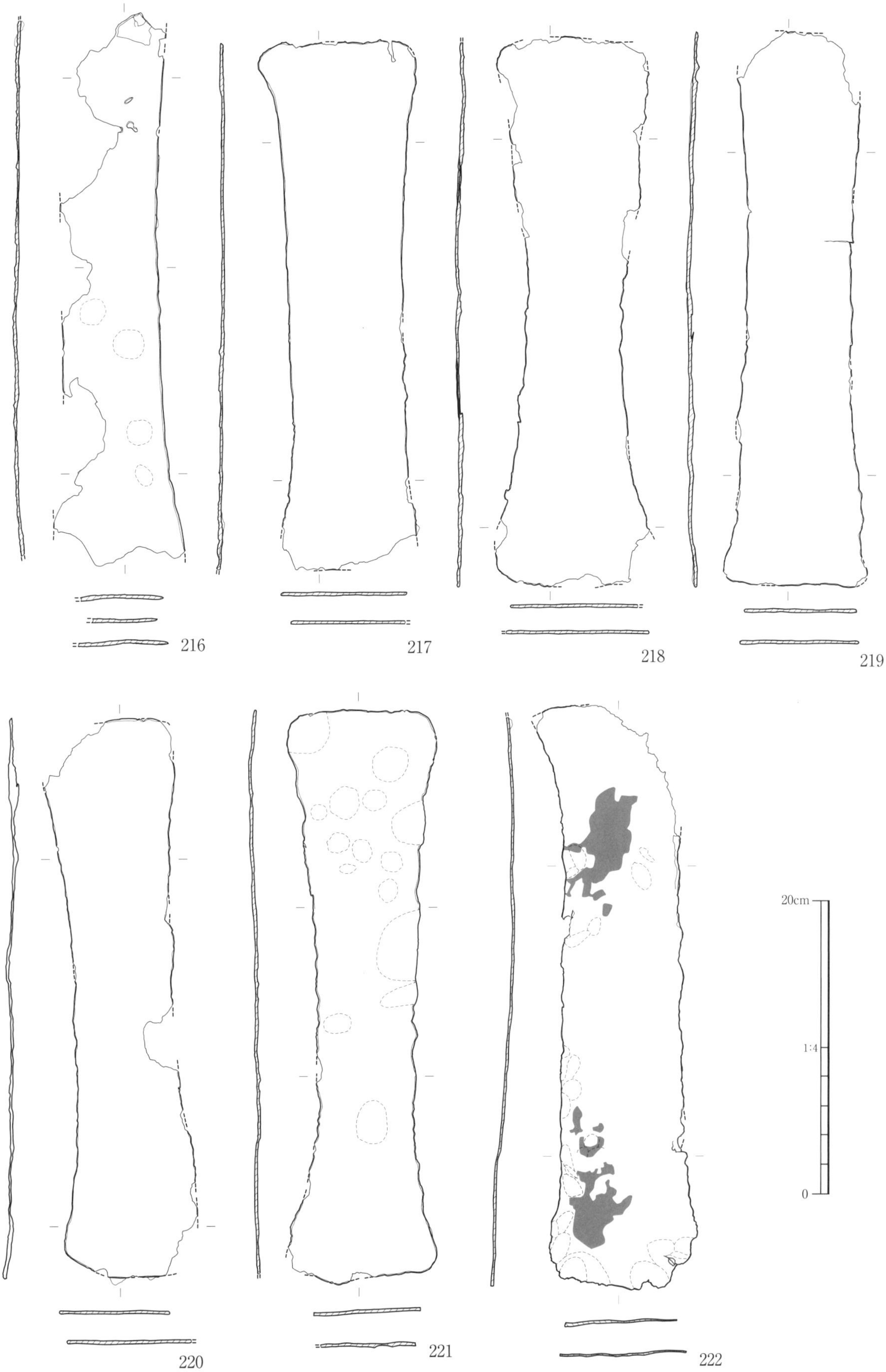


第52図　大鉄鋌実測図（32）（1/4）

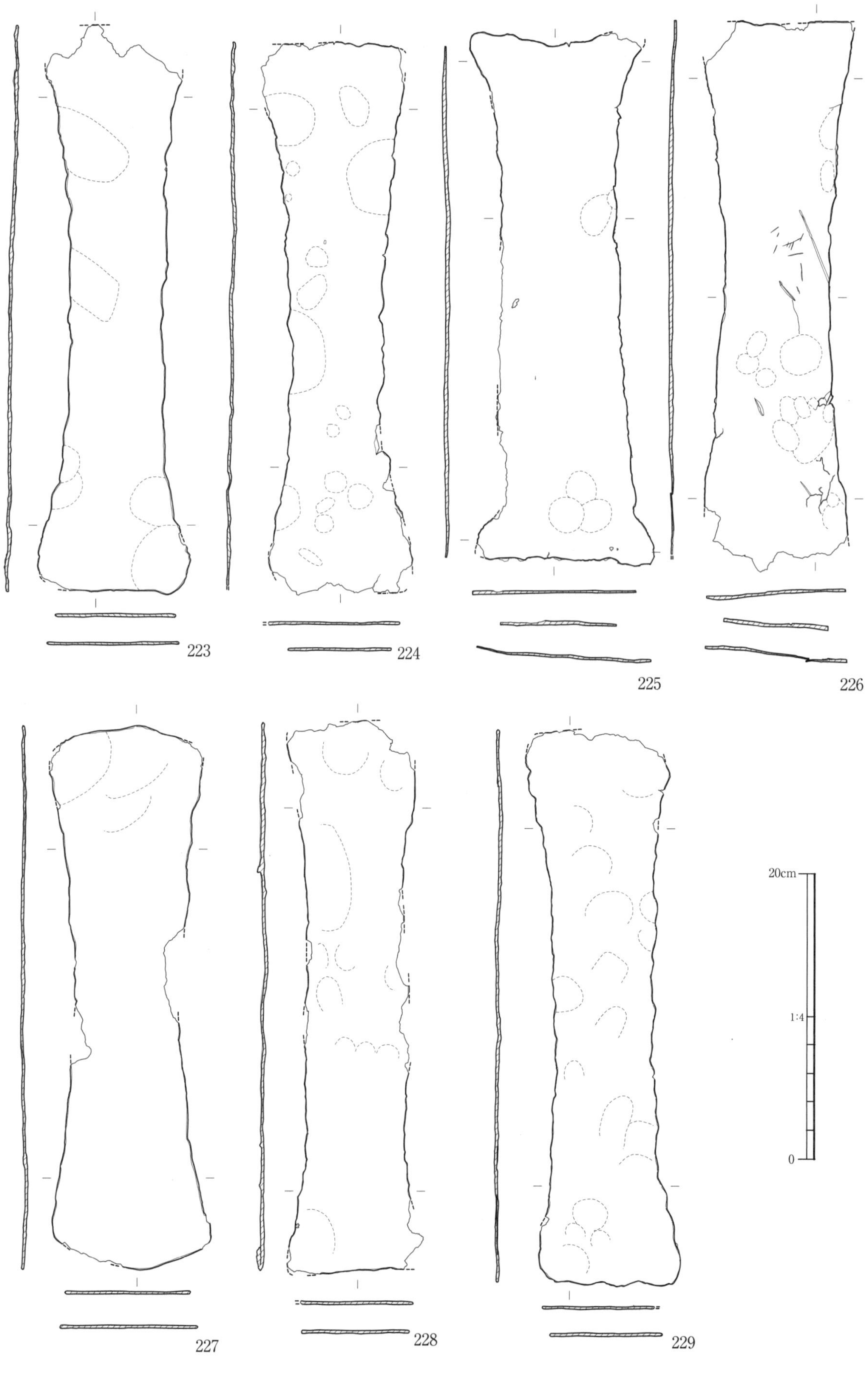


第53図　大鉄鋌実測図（33）（1/4）

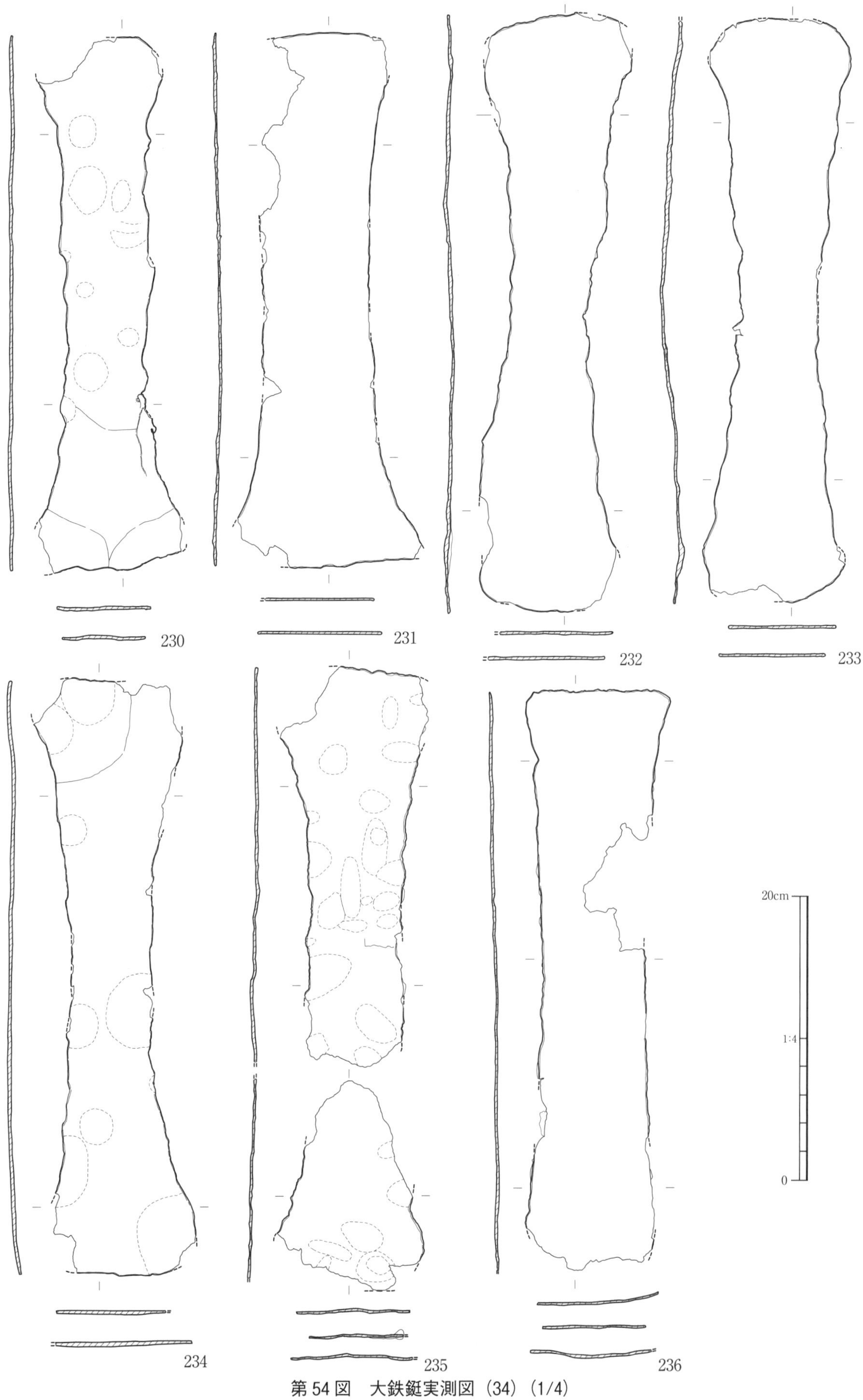


第54図　大鉄鋌実測図（34）（1/4）

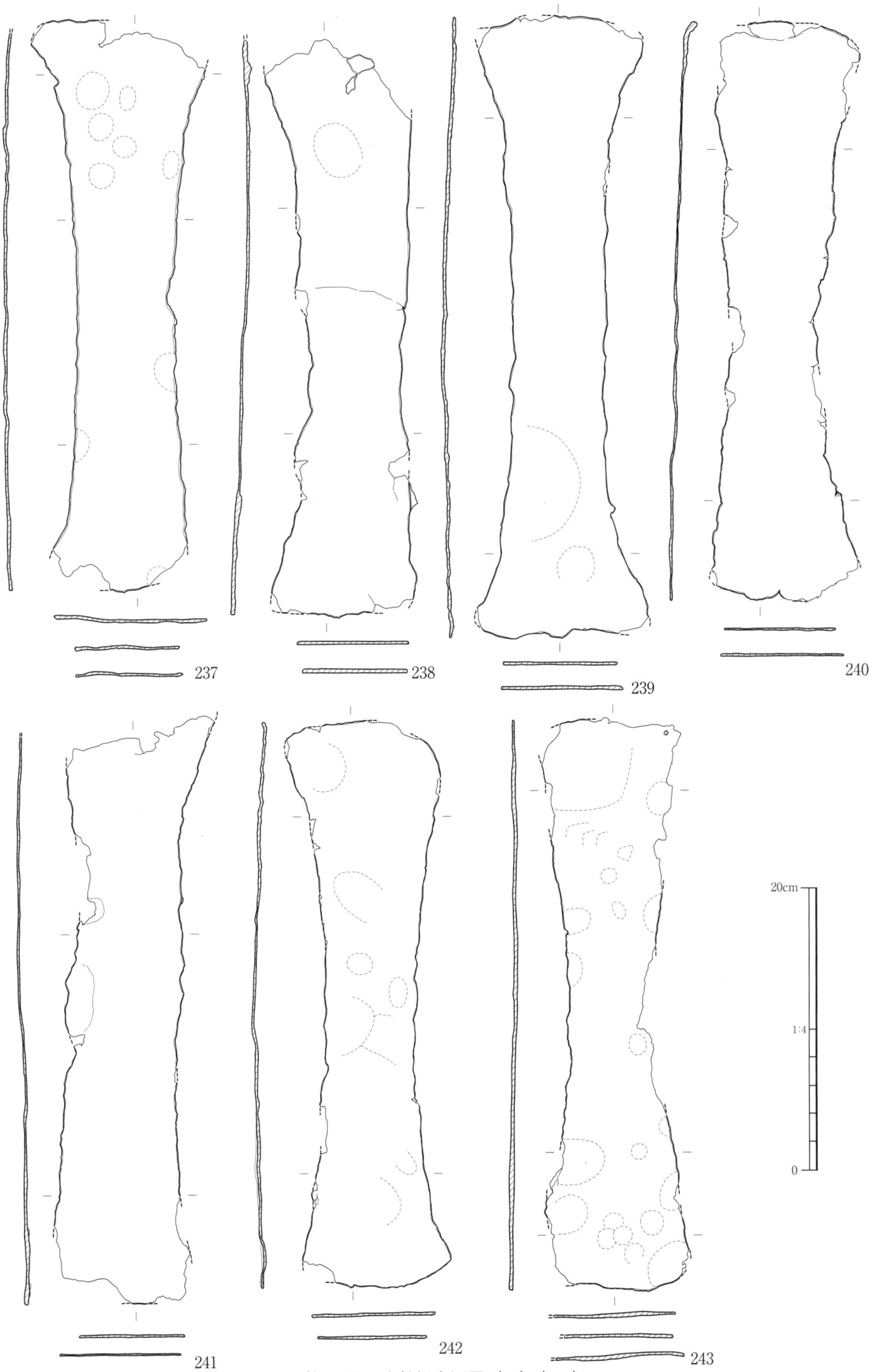


第55図　大鉄鋌実測図（35）（1/4）

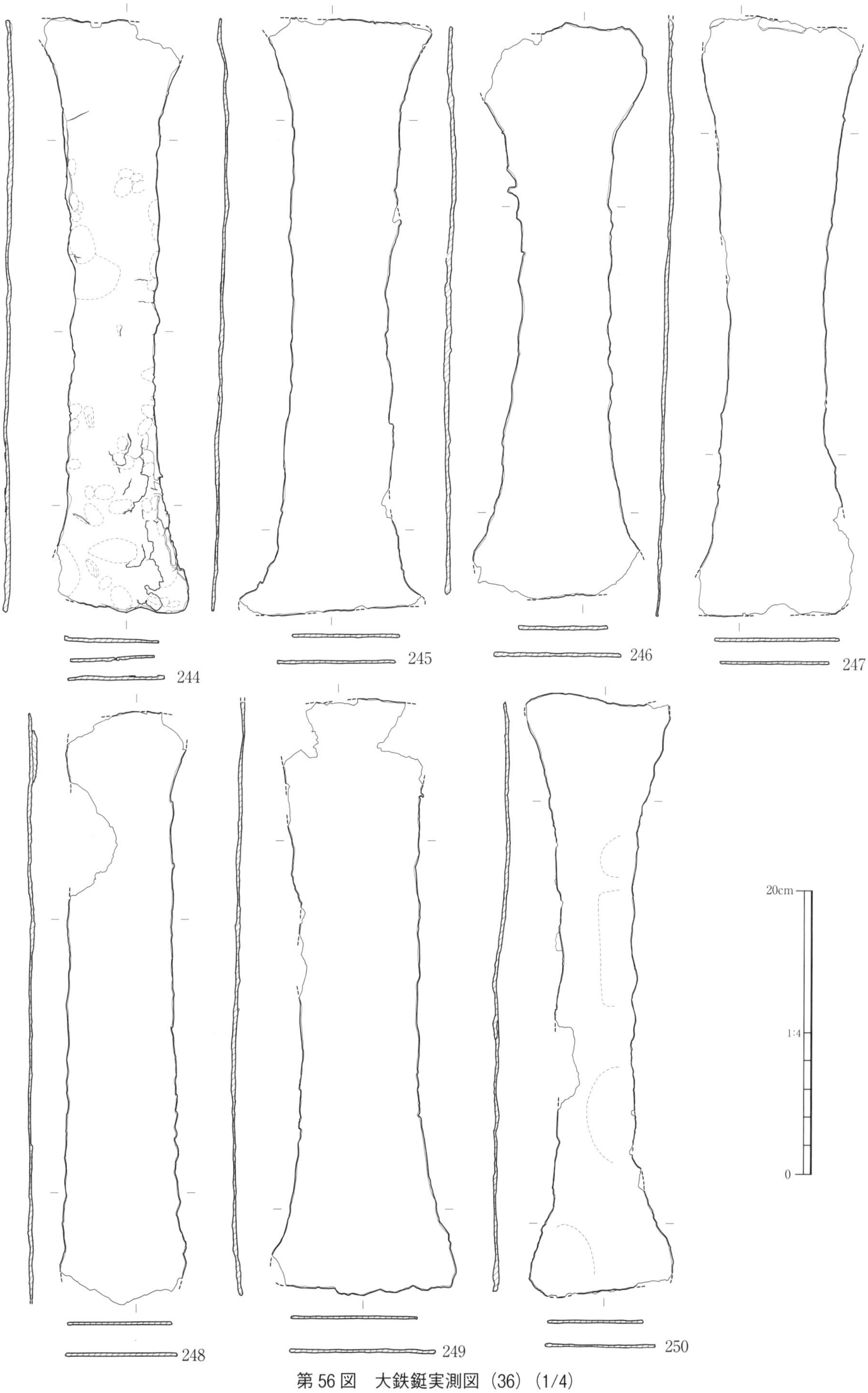


第56図　大鉄鋌実測図（36）（1/4）

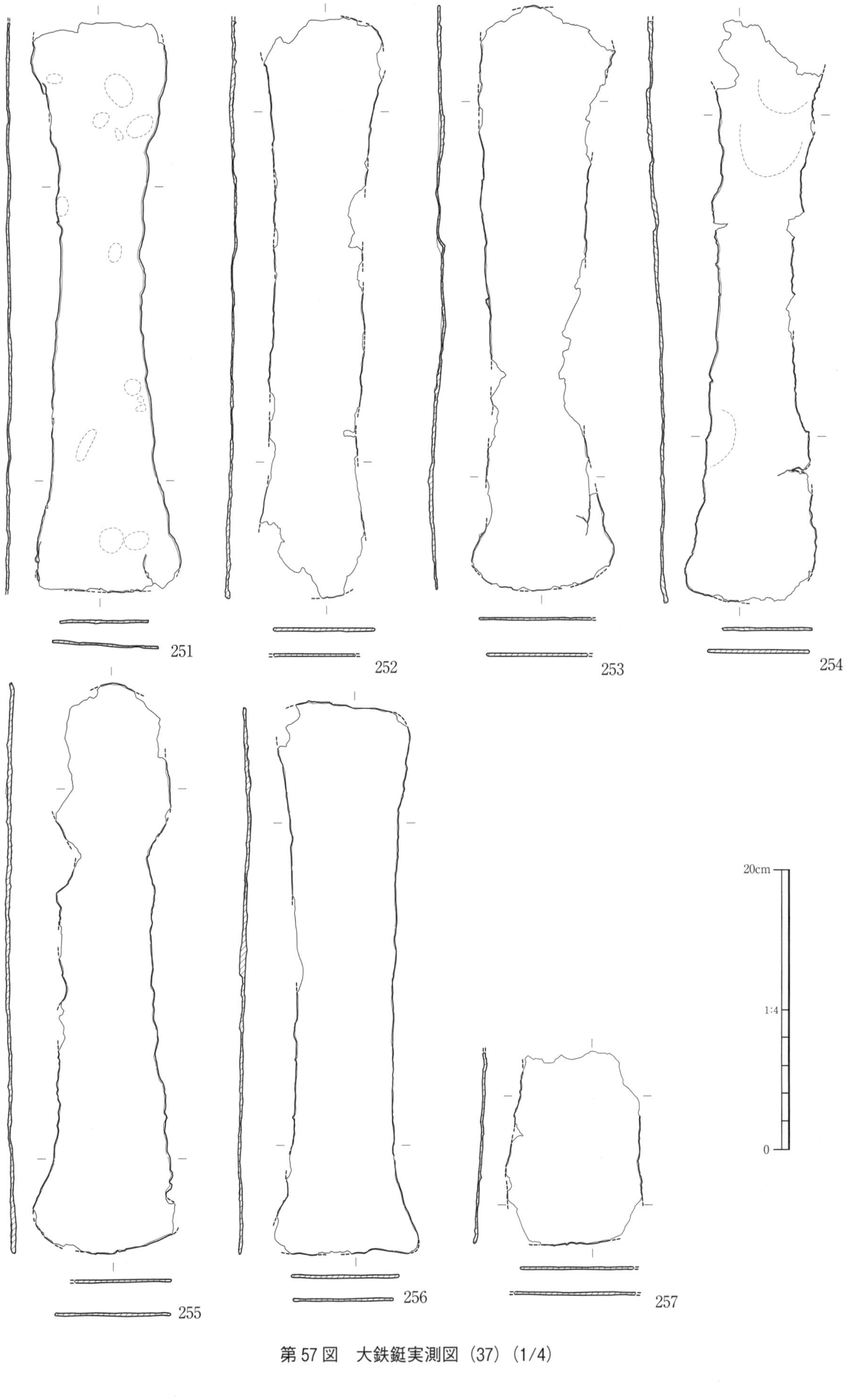


第57図　大鉄鋌実測図（37）（1/4）

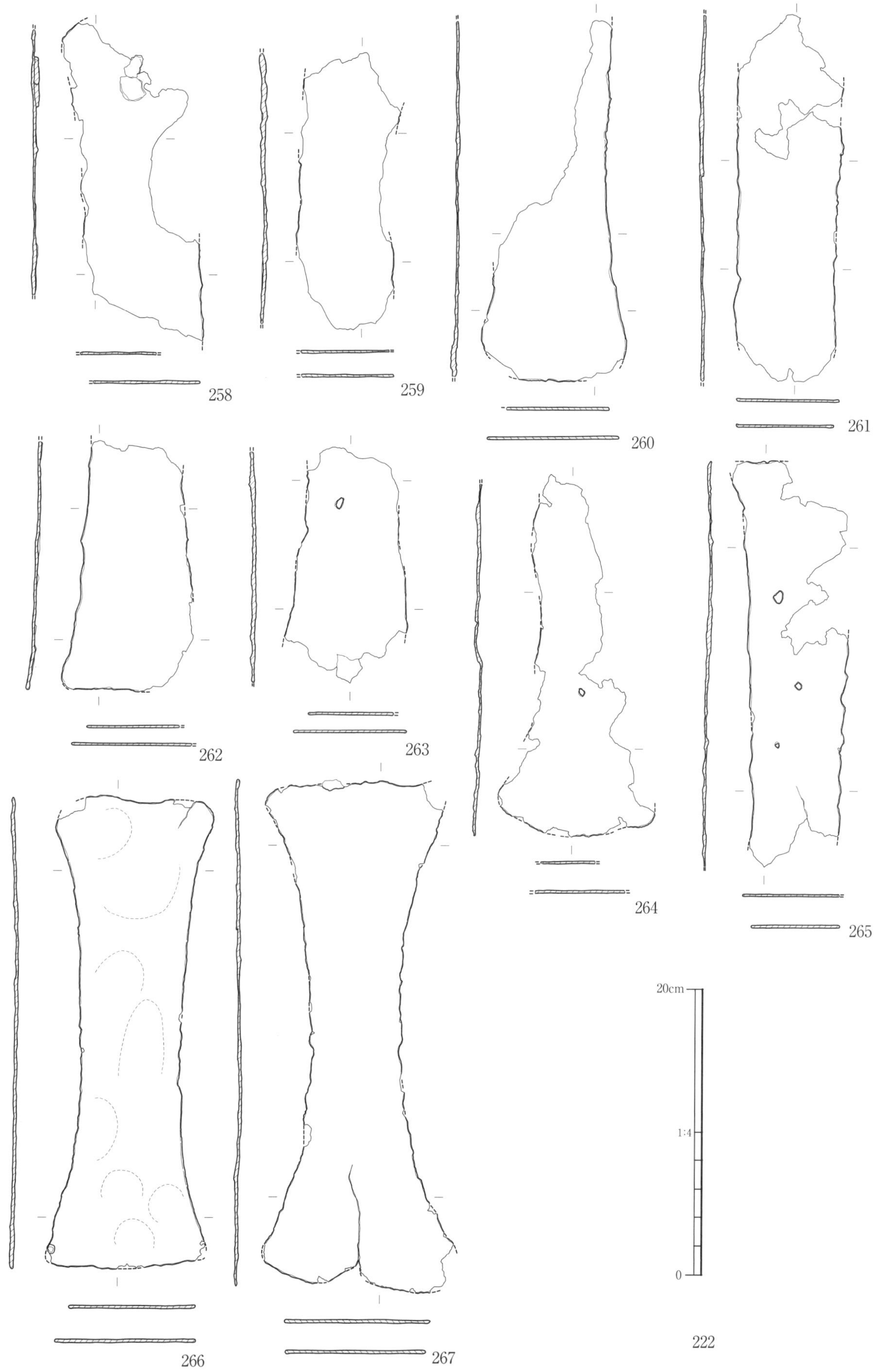


第58図　大鉄鋌実測図（38）（1/4）

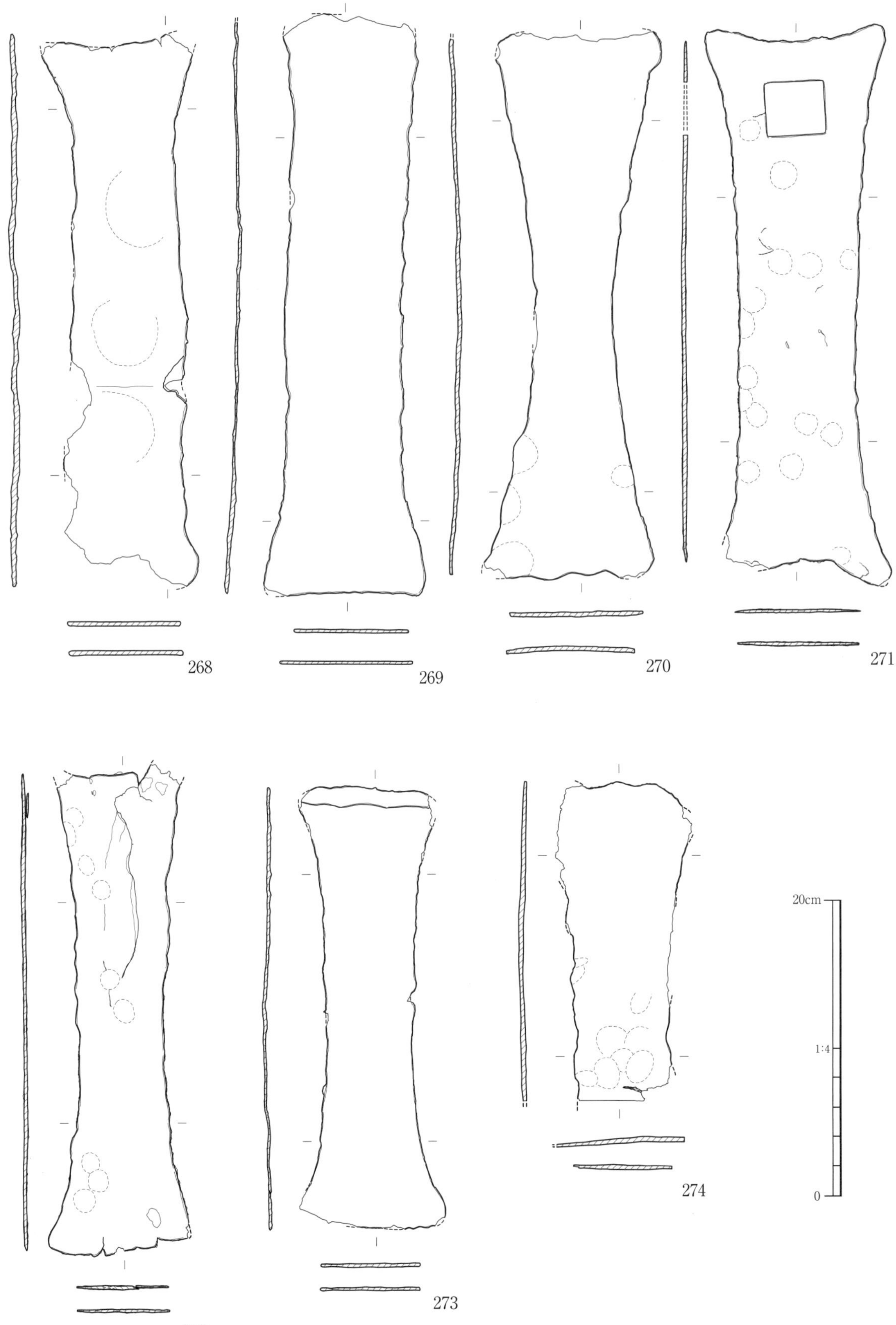


第59図　大鉄鋌実測図（39）（1/4）

（２）小鉄鋌（第60～93図　図版41～73　第６～10表）

ここでは，小鉄鋌の概要について記述する。記述の項目は大鉄鋌に準じるが，一部に変更を加えて小鉄鋌の実態に合わせて記述を進めたい。

形　態　大鉄鋌は，全体的に形態のまとまりを抽出しやすく，先行研究などもあることから分類を試みた上での記述が可能であった。一方，小鉄鋌は，遺存状態の良好な個体もあるが，大鉄鋌よりも薄いために，端部の形態がどこまで正確に遺存しているかどうかは明らかでない部分が大きい。

全体的な形態に関しては，個体ごとに特徴があるものの，基本的には，端部が広く中央付近がくびれる鉄鋌の基本形態を意識して製作されていることは把握できる。断面形態は，比較的直線的なものが多いが，大きく湾曲したり，細かいゆがみが認められるものも多い。

計測値　計測値も，欠損の具合に左右されるために，十分な検討に堪える個体は限られてくる。長さは17.8㎝に及ぶ個体(51)もあるが，15㎝を超える個体は少ない。多くは12㎝から15㎝の中に集まっているような状況である。端部を折り返す個体が散見されるが，長さの調整を意図してのものかどうかは判然としない。例えば，折り返しの見られる個体（124・633)で計測値を比較すると，124が13.85㎝で，633が15.6㎝であり，誤差の範疇を超える違いとみられる。基本的には，厳密な大きさの基準があったのではなく，製作にあたって準備された鉄材の大きさに規定される部分が大きいと考えられる。

成形技法　これまでも，大鉄鋌については小鉄鋌を接合して製作されたもののあることが指摘されてきた。附編２第１章での分析結果でも複数枚の鉄材を接合することで，大鉄鋌が製作されたことが明らかにされている。

小鉄鋌の場合は，鍛打によって，鉄材の接合を行うことなく製作されたと考えられるものが一定数あるが，それ以外にも，明らかに複数枚の鉄材を接合している個体が多く認められる（29・30・47など)。小形品ではあるものの，ひとつの鉄塊を打ち延ばして製作しただけではなく，大鉄鋌と同様の製作方法も一般的であったと考えられる。大鉄鋌の製作に準備された鉄材とは異なり，かなり小さい，いわば鉄の端材をつなぎ合わせて作られている個体が多いことにも注意しておきたい。このことから，小鉄鋌の製作にあたり多量の鉄の端材が準備されたことが想定される。

また，これら鉄材の接合で製作されている個体の中には，明らかに不十分な接合で成形されているものがある（113・207・333・365・380・383など)。

調整技法　形態の調整にあたっては，基本的には単純な鍛打により行われている。多くの個体に，側縁の凹凸が認められるのは，鍛打の結果と考えられる。また，端部についても鍛打により打ち延ばして広げることで，鉄鋌の側縁との区別を行おうとしていた様子が観察される（第93図47)。これにより側縁より平面上は幅を広く見せることができるが，打ち延ばした分，厚みが著しく薄くなっている個体も多い。これは，実測図の断面図にも反映されている。

これ以外に，大鉄鋌にみられた折り返しも認められる。端部(124･633など)と側縁(21)にみられる。一見鉄材の接合痕のようにみえるが，折り返しによるものである可能性も高く，この違いを峻別することが難しい個体もあった。

なお，21のように，明らかに最終的な形態の調整のために用いられた折り返しがある一方で，複雑に折り返されたと考えられる個体もある（40など)。このような場合，調整技法とするよりは，むしろ成形技法のひとつとして折り返しが用いられたと考えた方がよいのかもしれない。

有機質の付着　大鉄鋌では，比較的有機質の付着が指摘される個体があったが，小鉄鋌についてはほとんど認められない。17で漆の可能性が指摘されるが，不明瞭な部分も多く，現状で明確に示せるものはない。

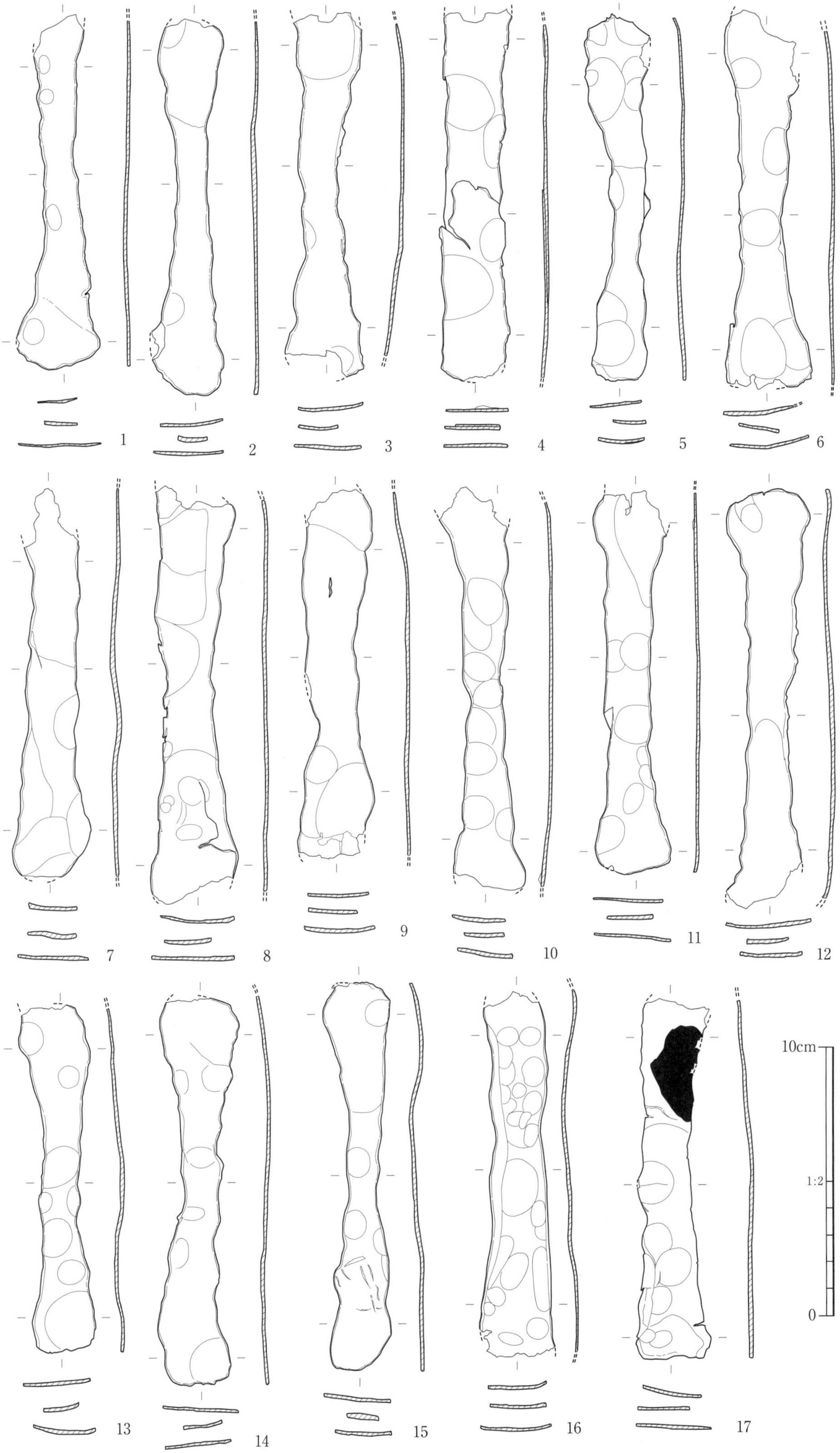


第60図　小鉄鋌実測図（1）

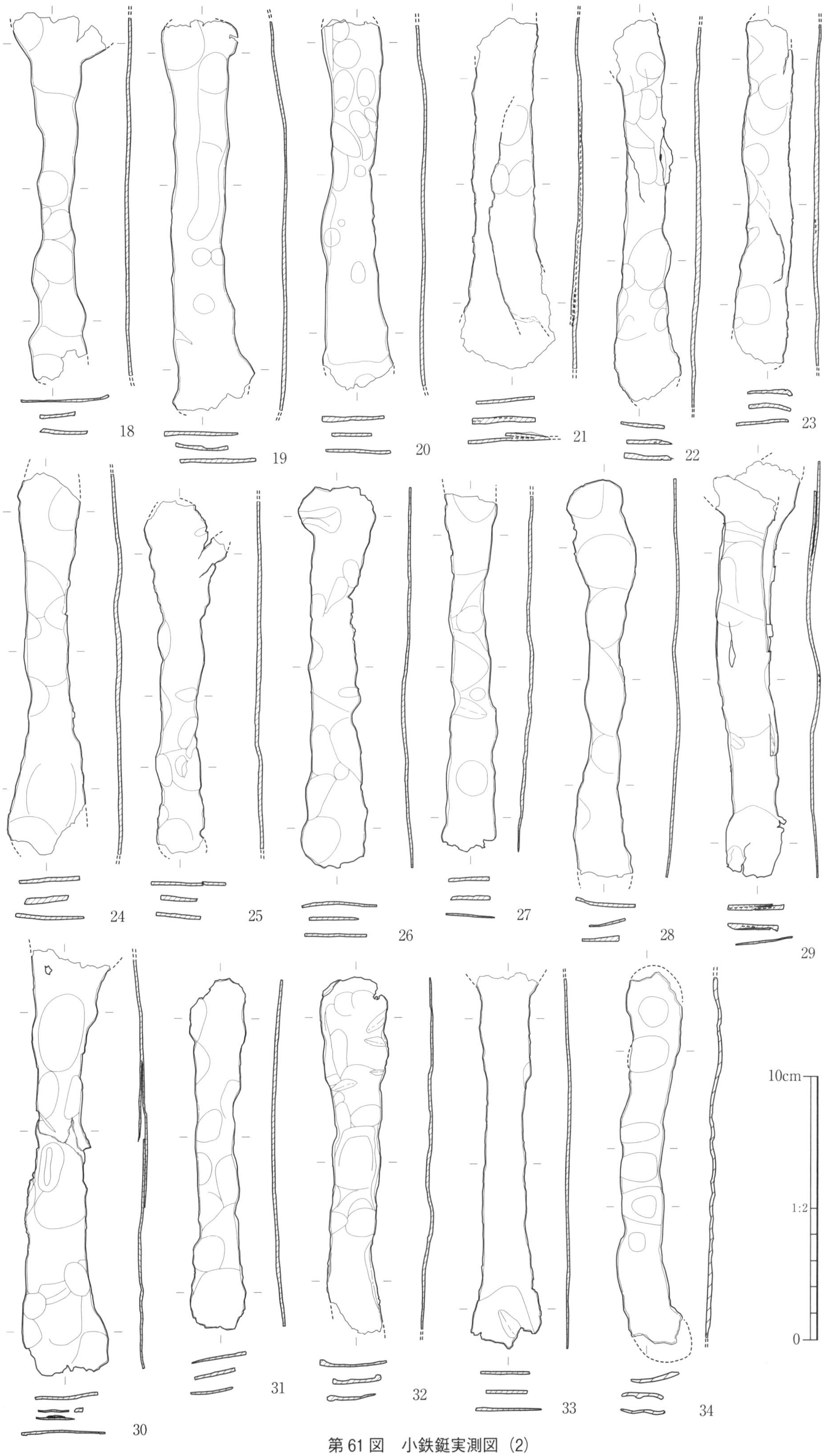


第61図　小鉄鋌実測図（2）

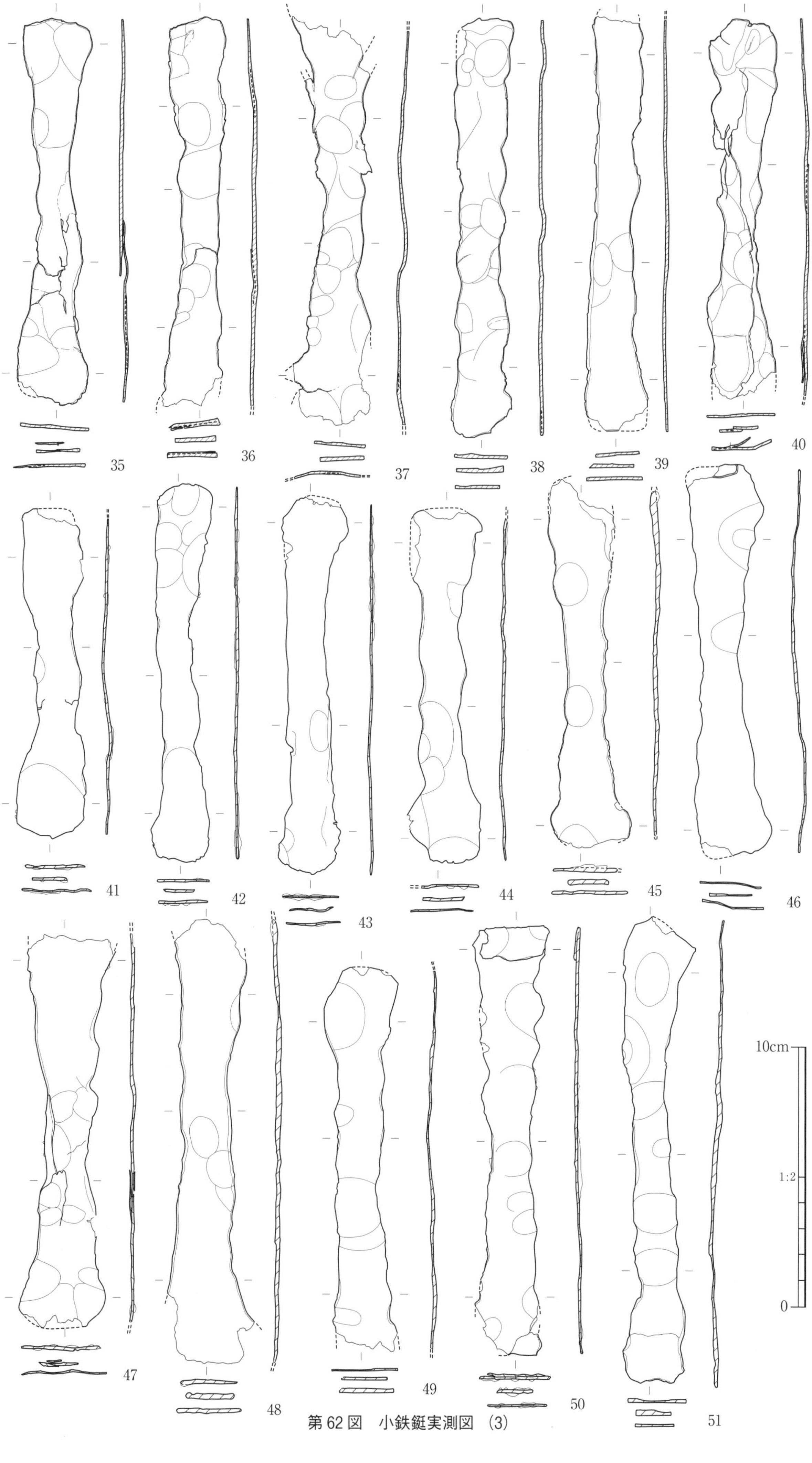


第62図　小鉄鋌実測図（3）

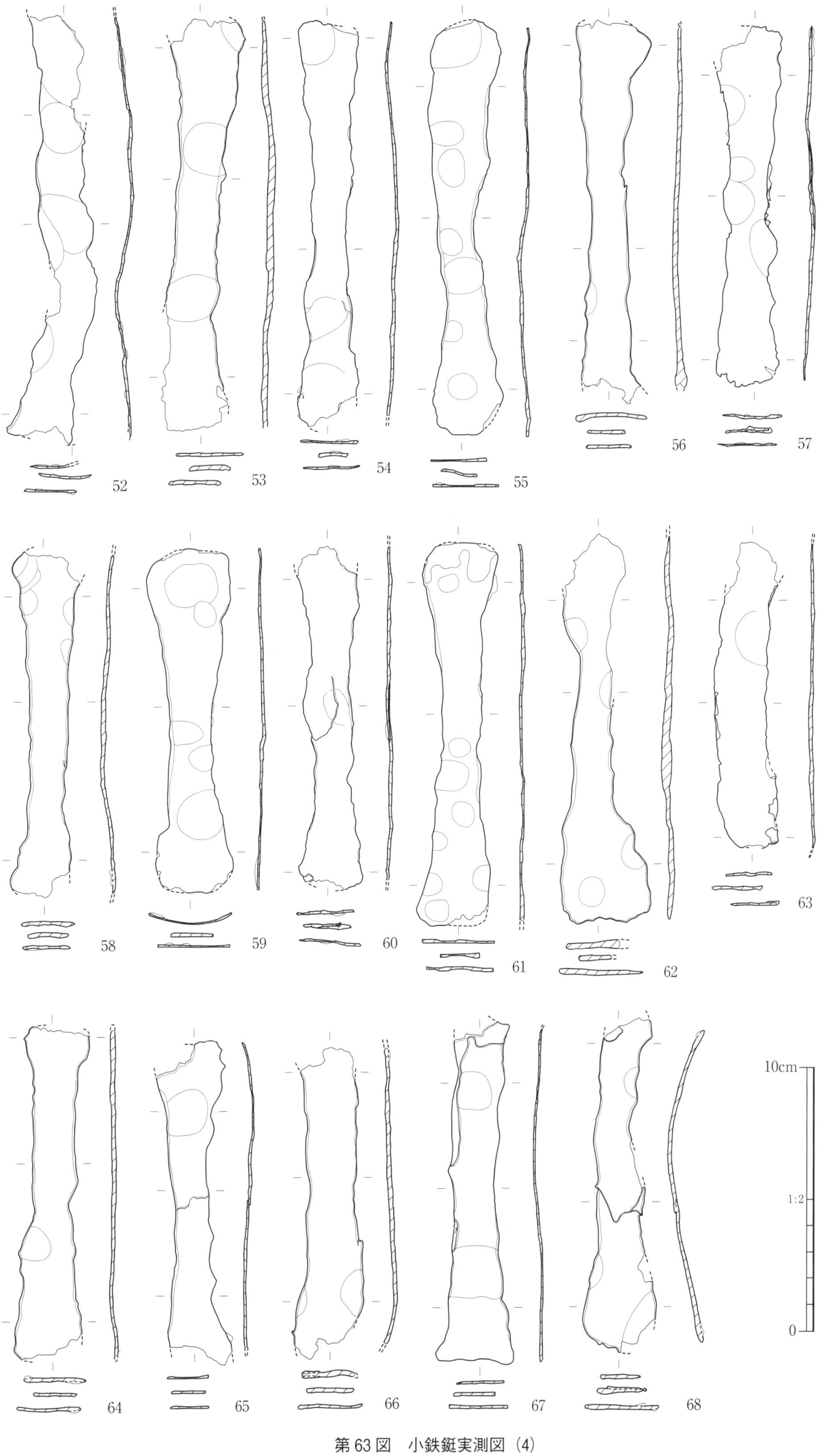


第63図　小鉄鋌実測図（4）

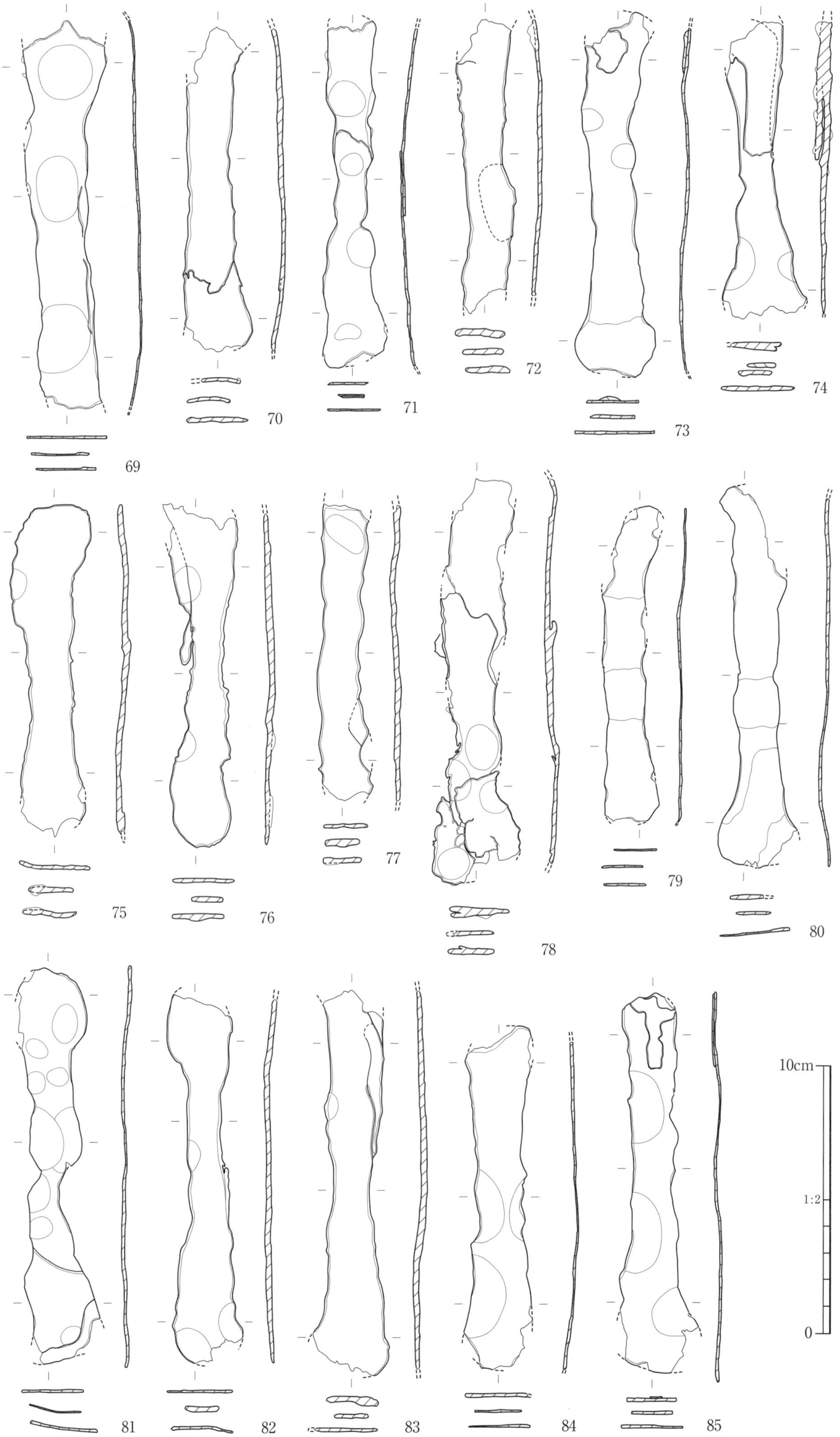


第64図　小鉄鋌実測図（5）

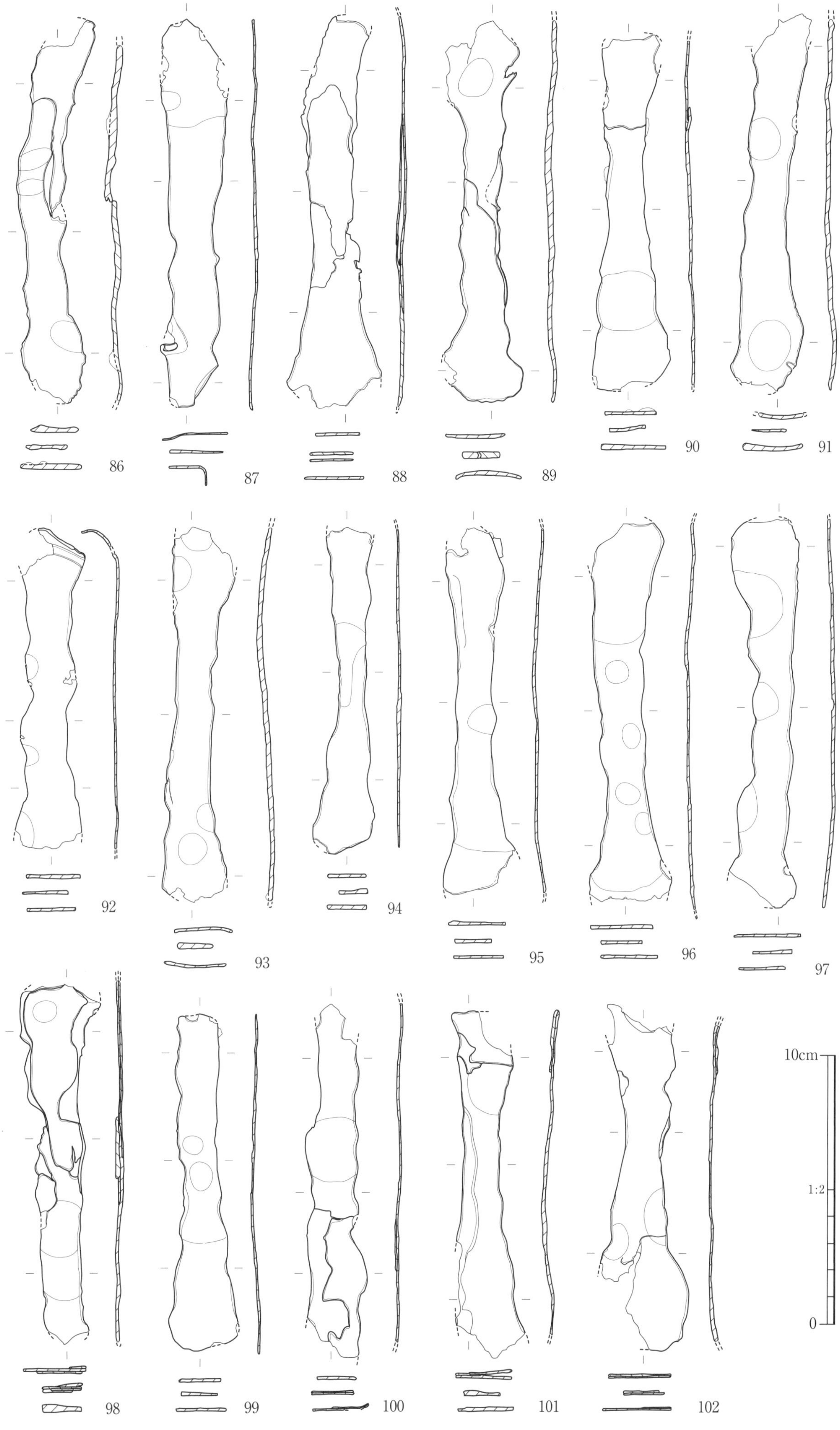


第65図　小鉄鋌実測図（6）

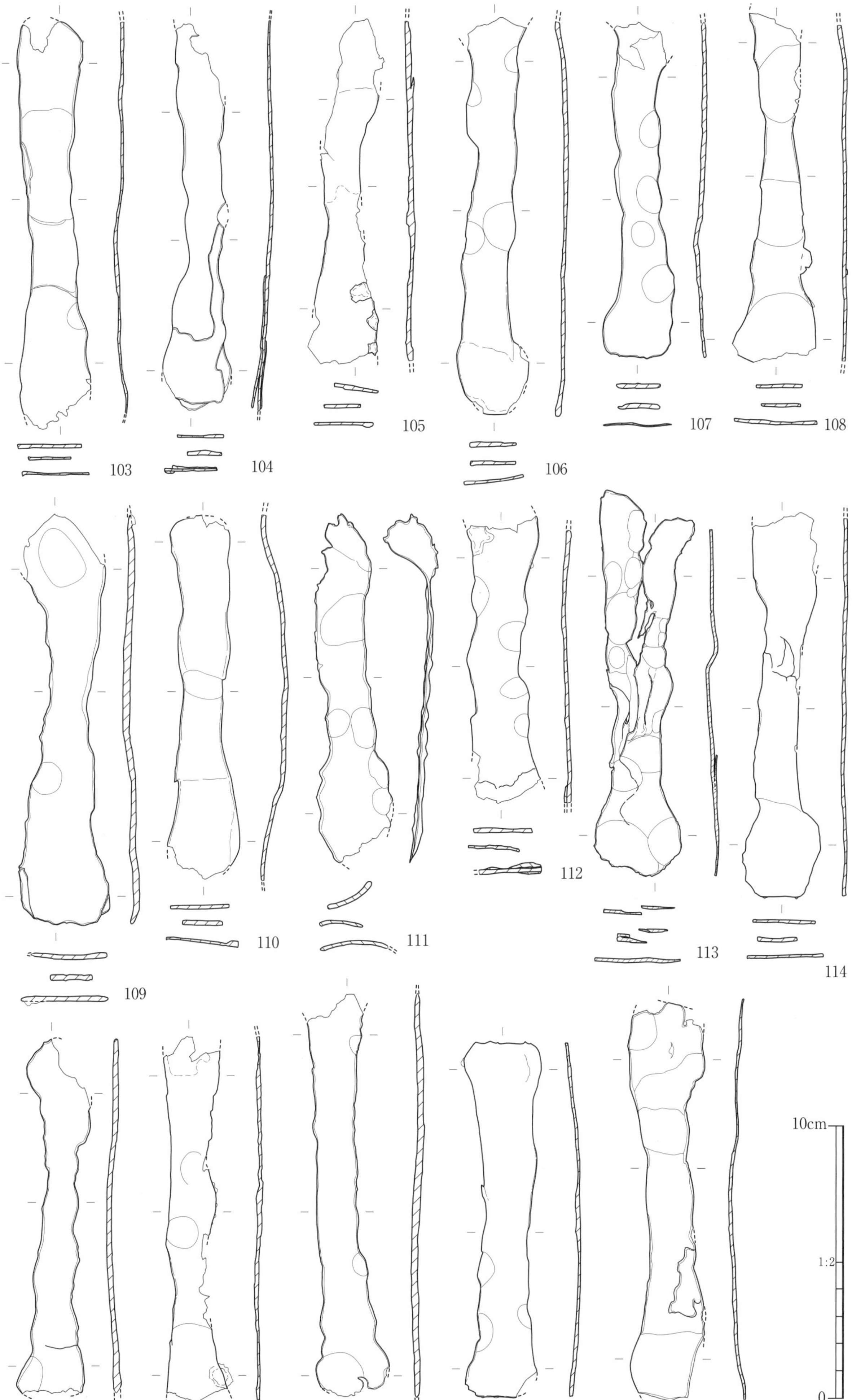


第66図　小鉄鋌実測図（7）

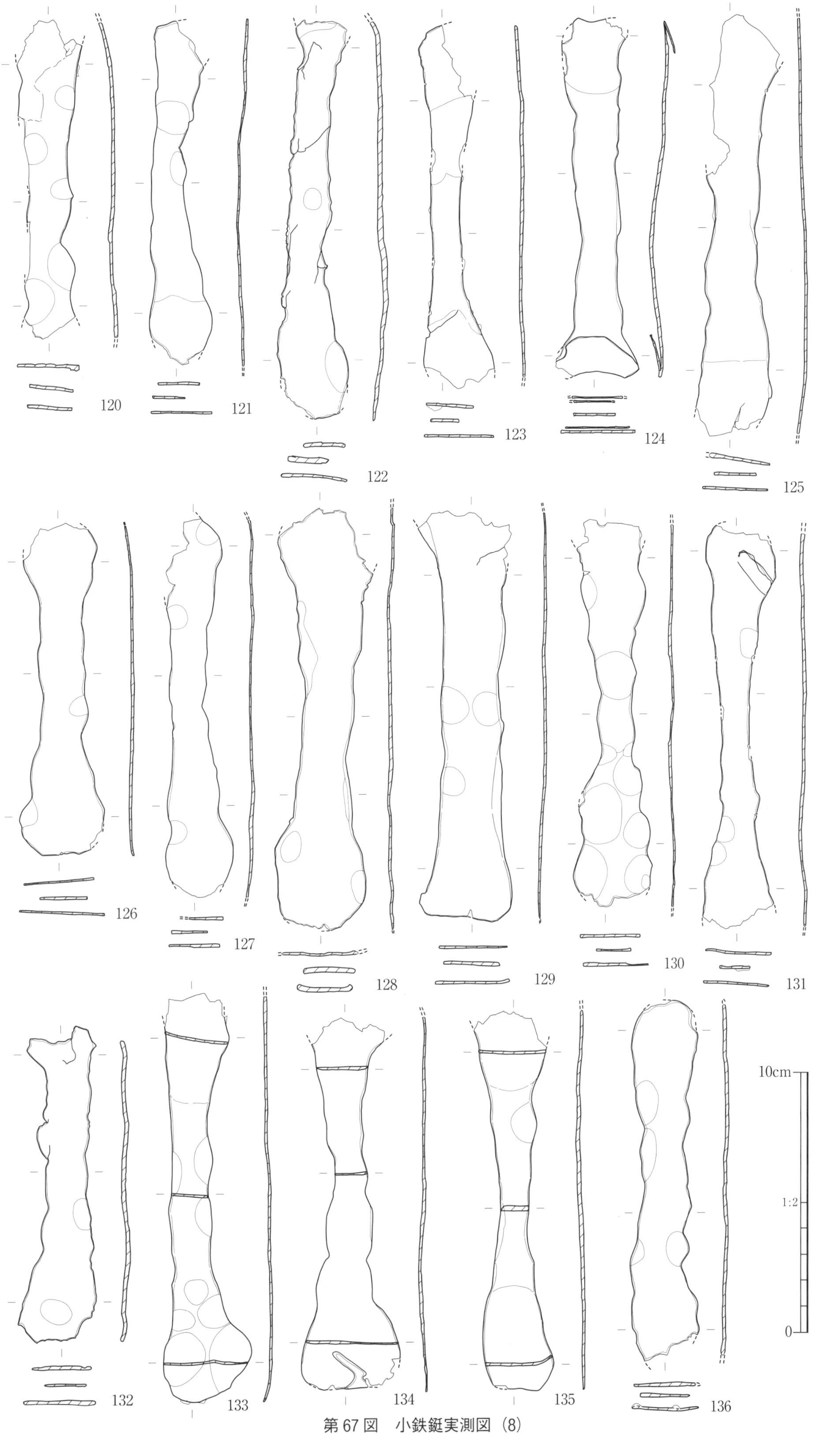


第67図　小鉄鋌実測図（8）

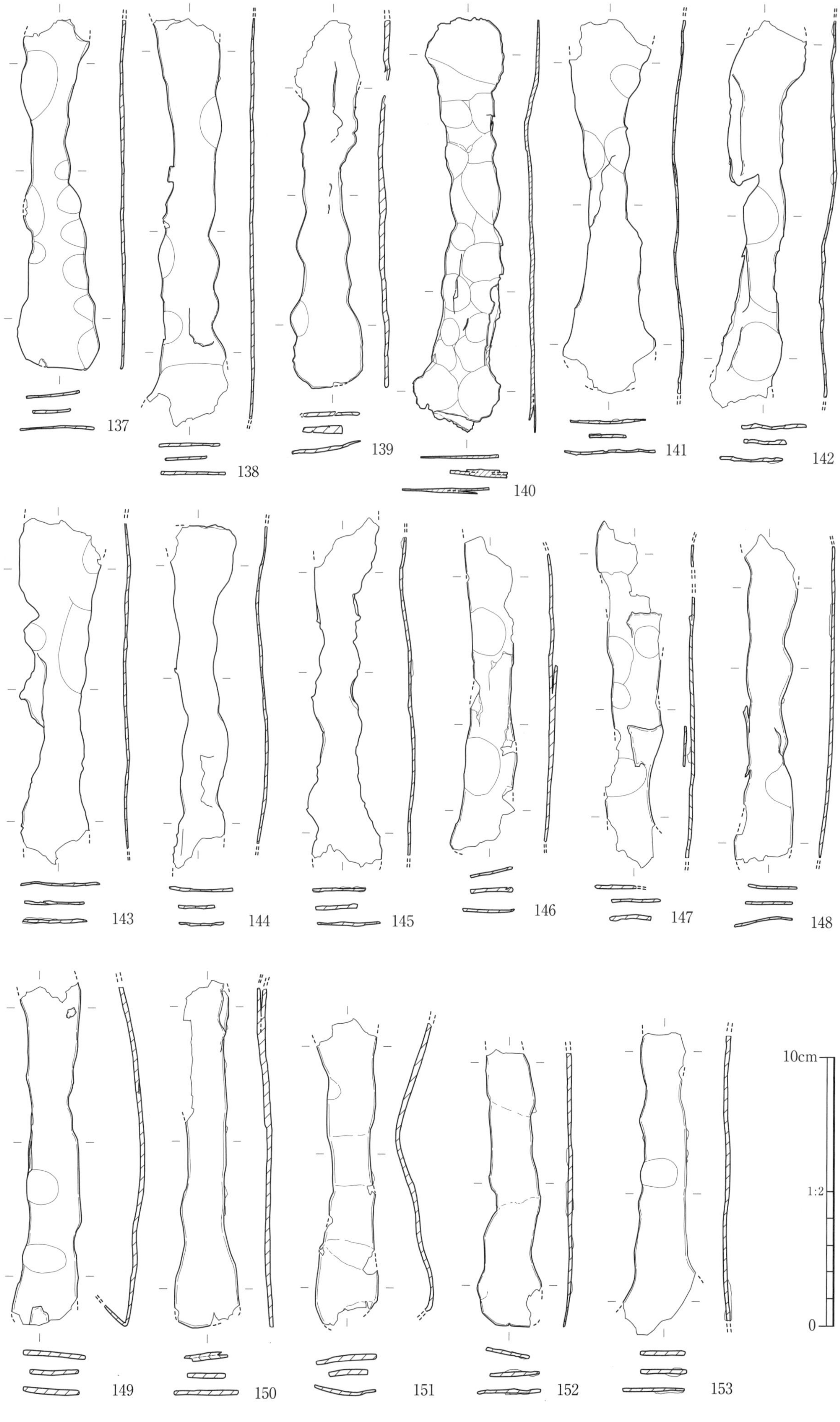


第68図　小鉄鋌実測図（9）

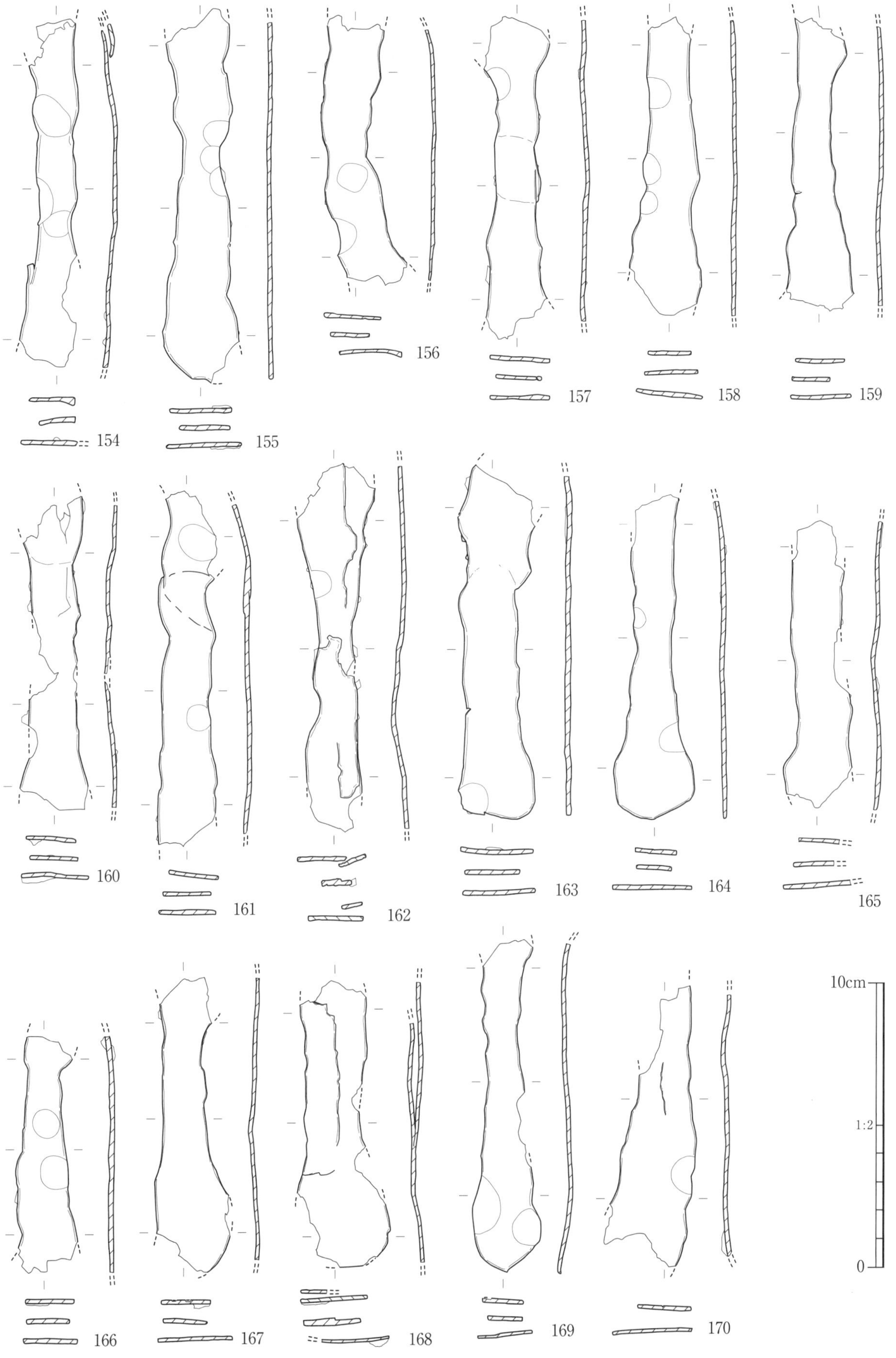


第69図　小鉄鋌実測図（10）

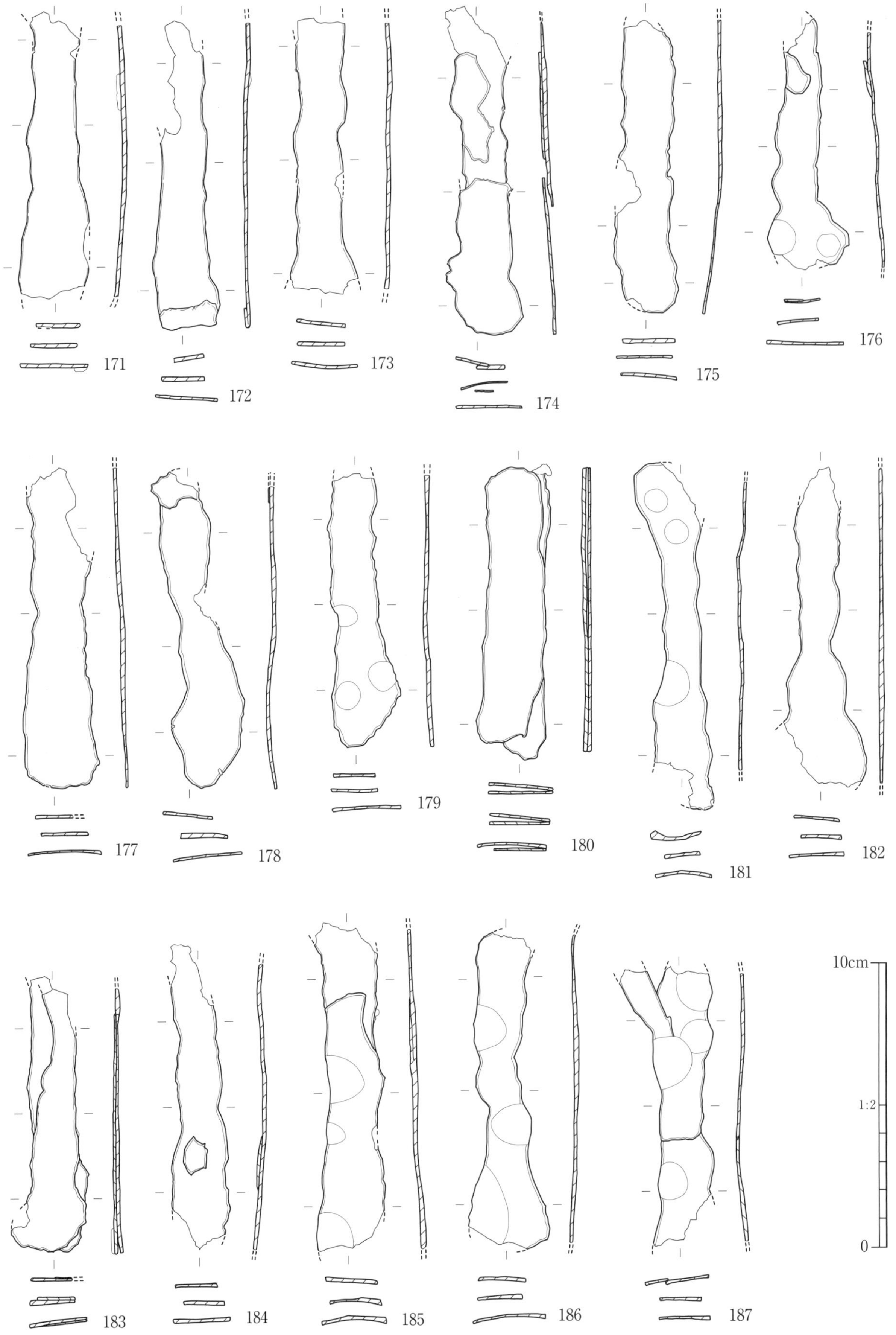


第 70 図　小鉄鋌実測図（11）

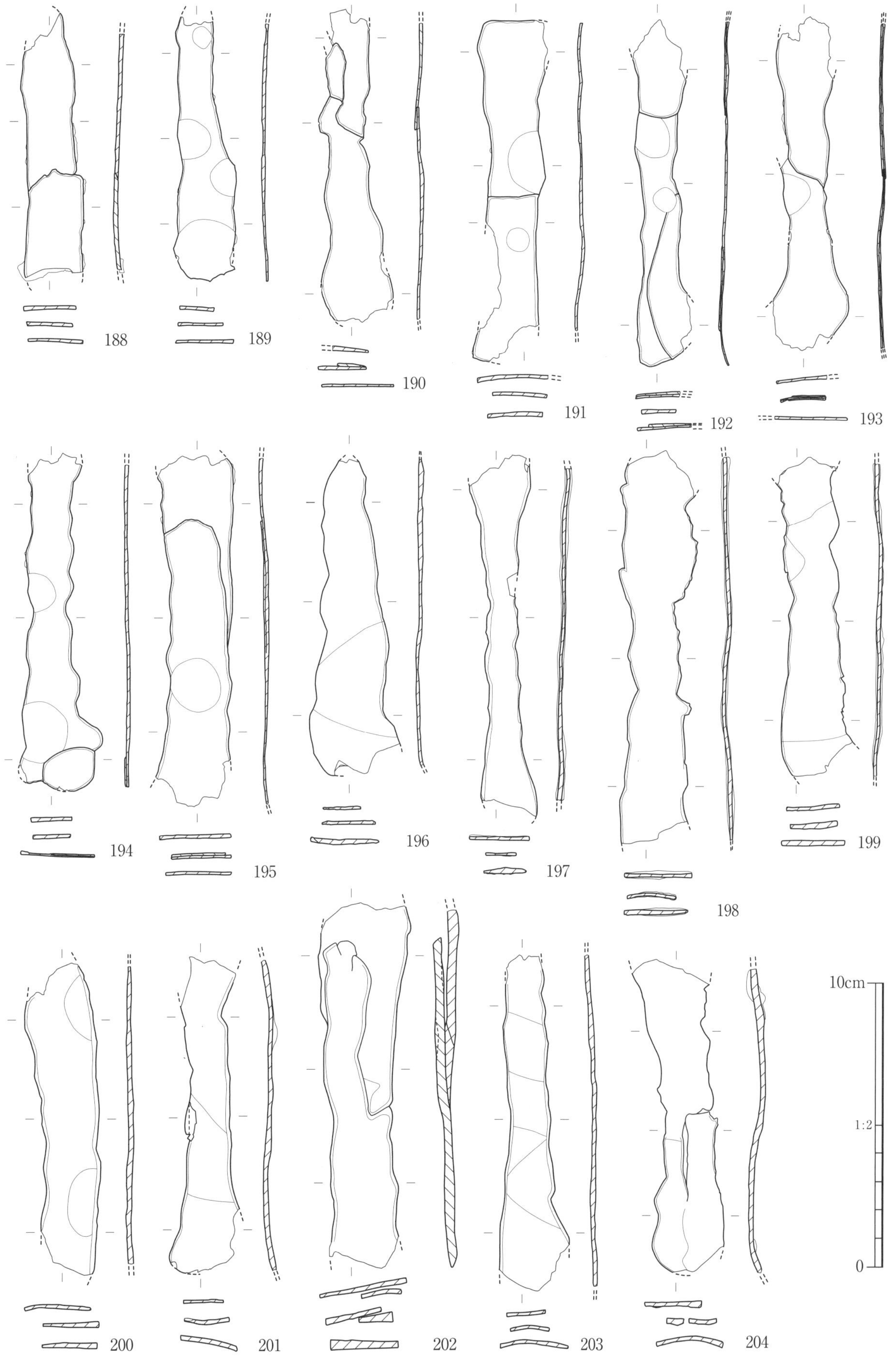


第71図　小鉄鋌実測図（12）

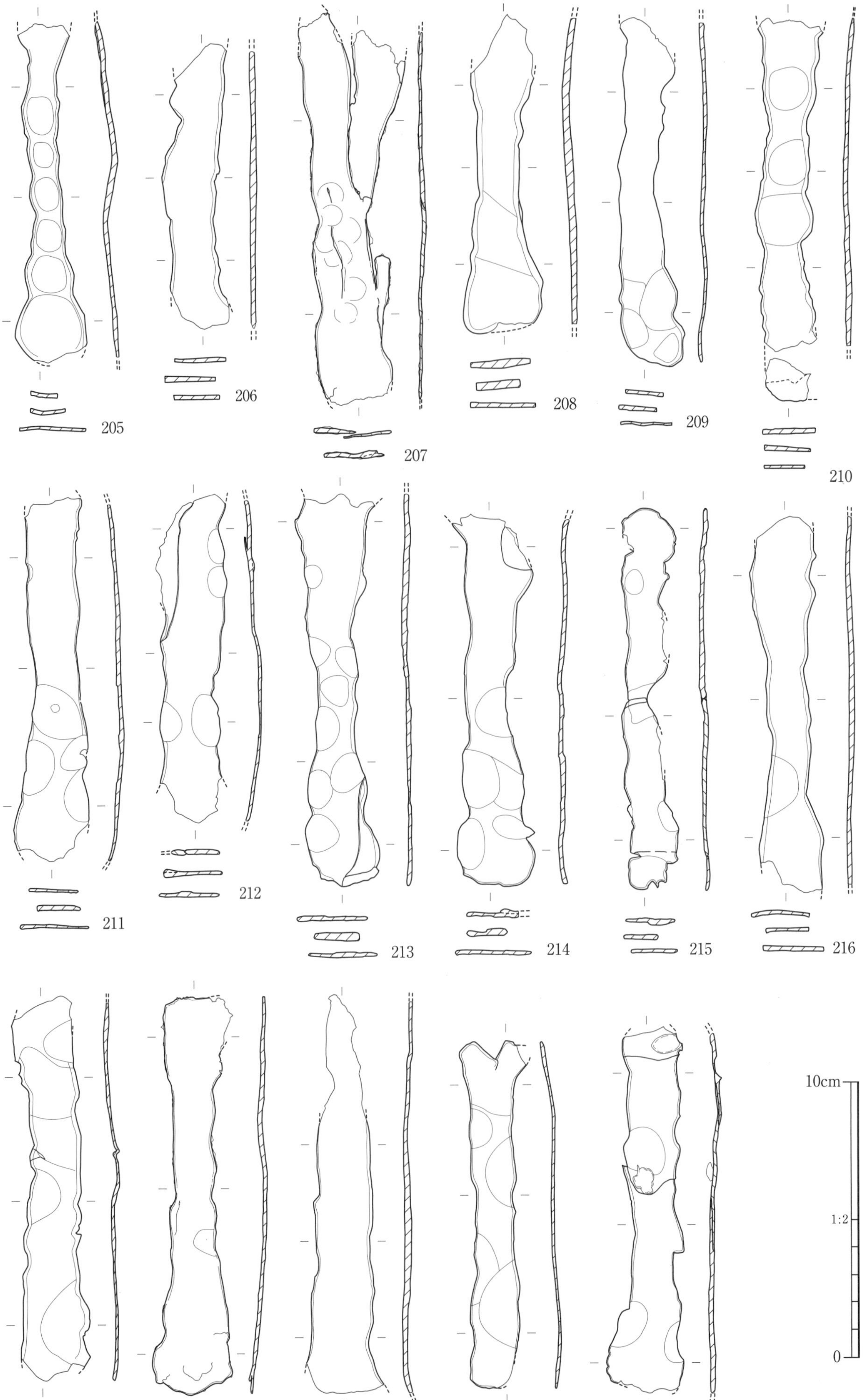


第72図　小鉄鋌実測図（13）

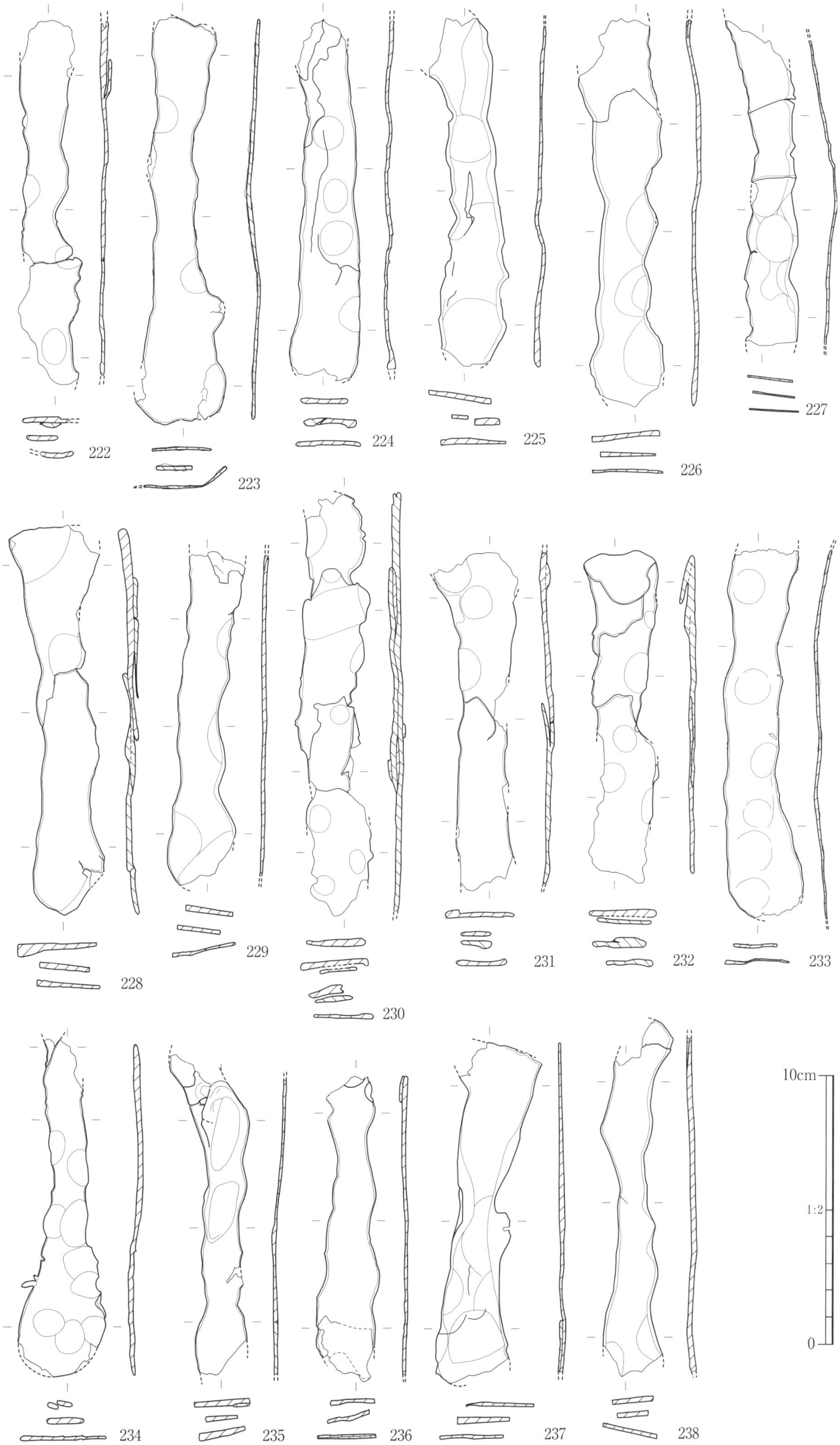


第 73 図　小鉄鋌実測図（14）

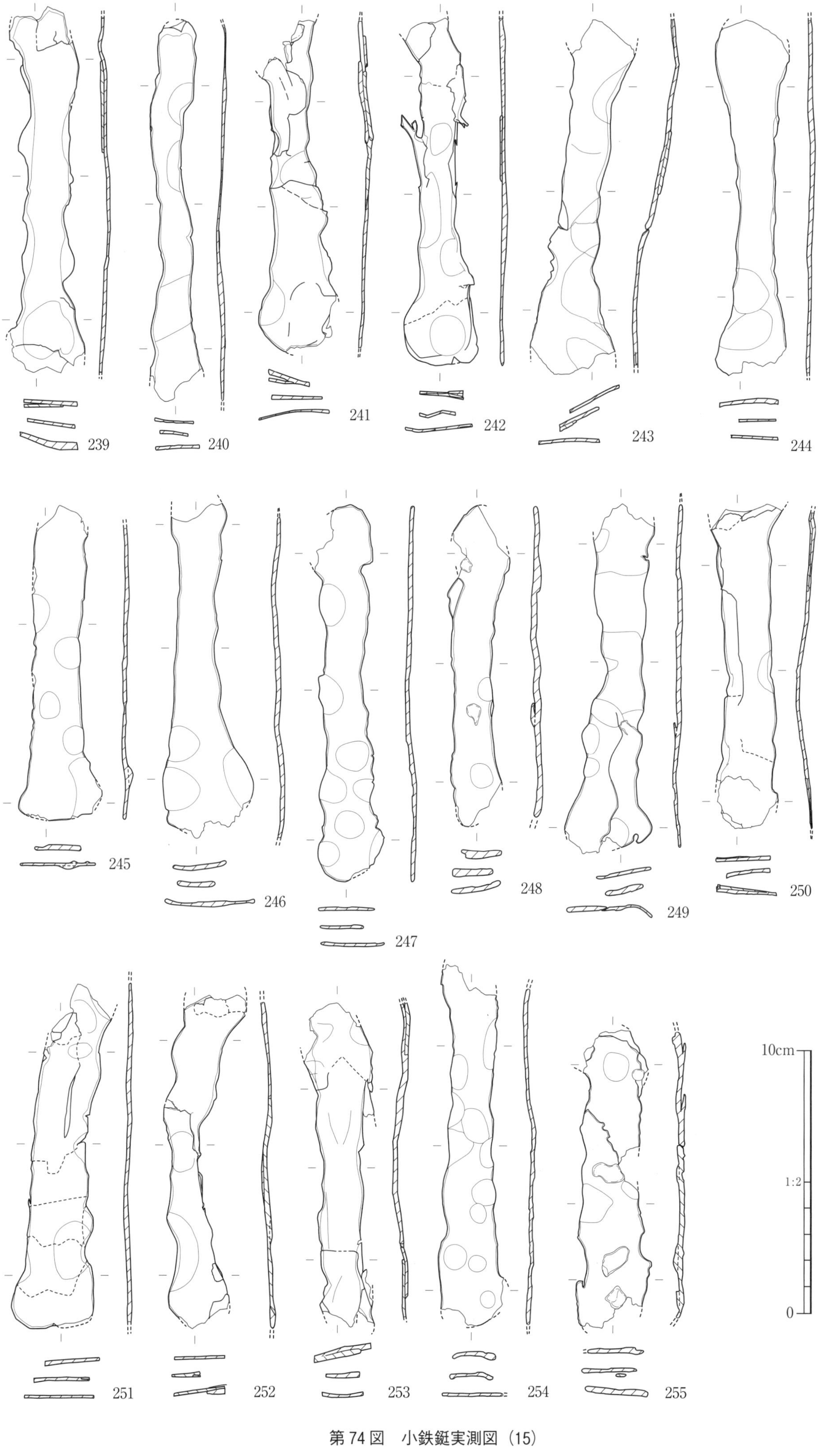


第74図　小鉄鋌実測図（15）

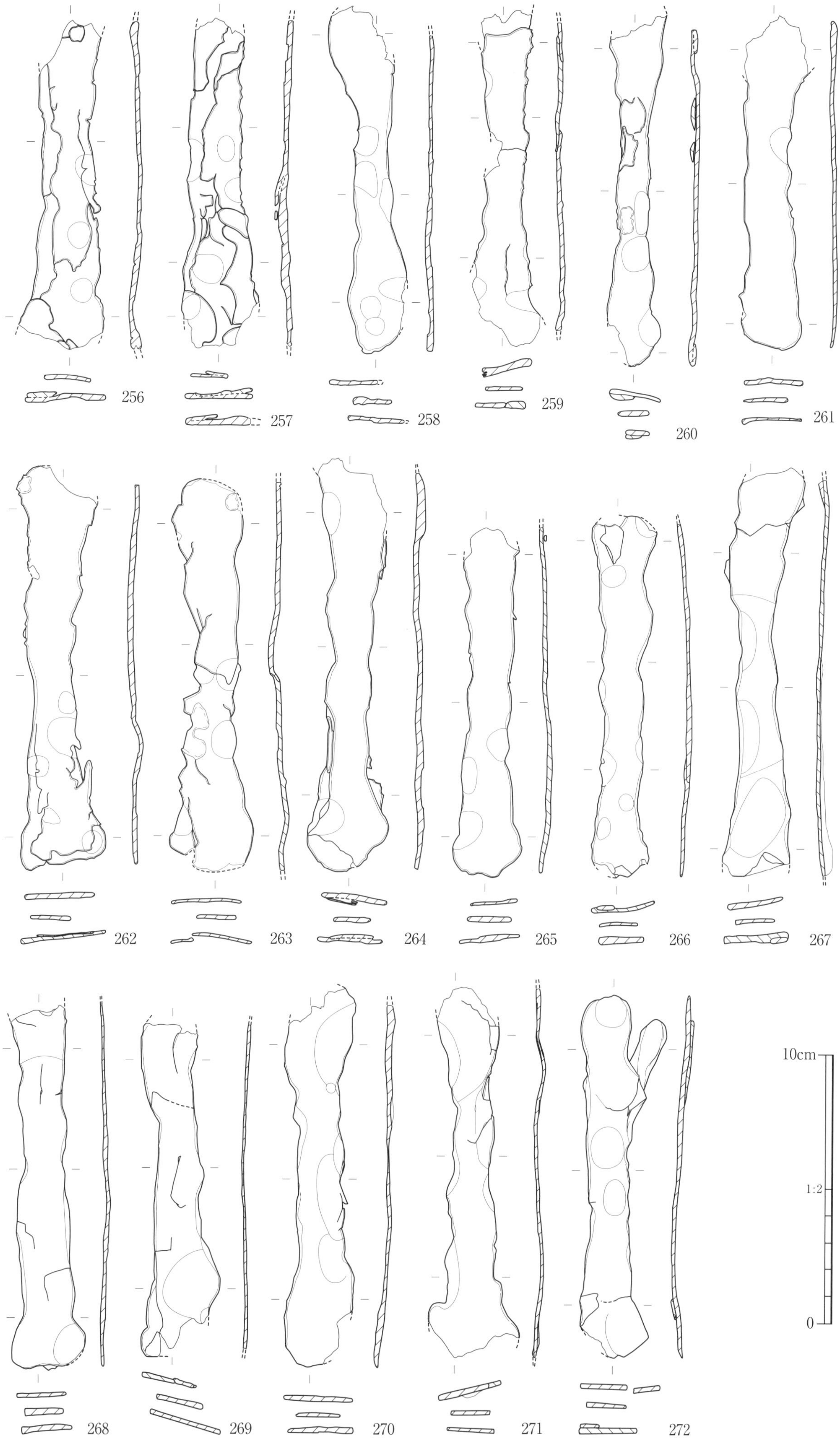


第 75 図　小鉄鋌実測図（16）

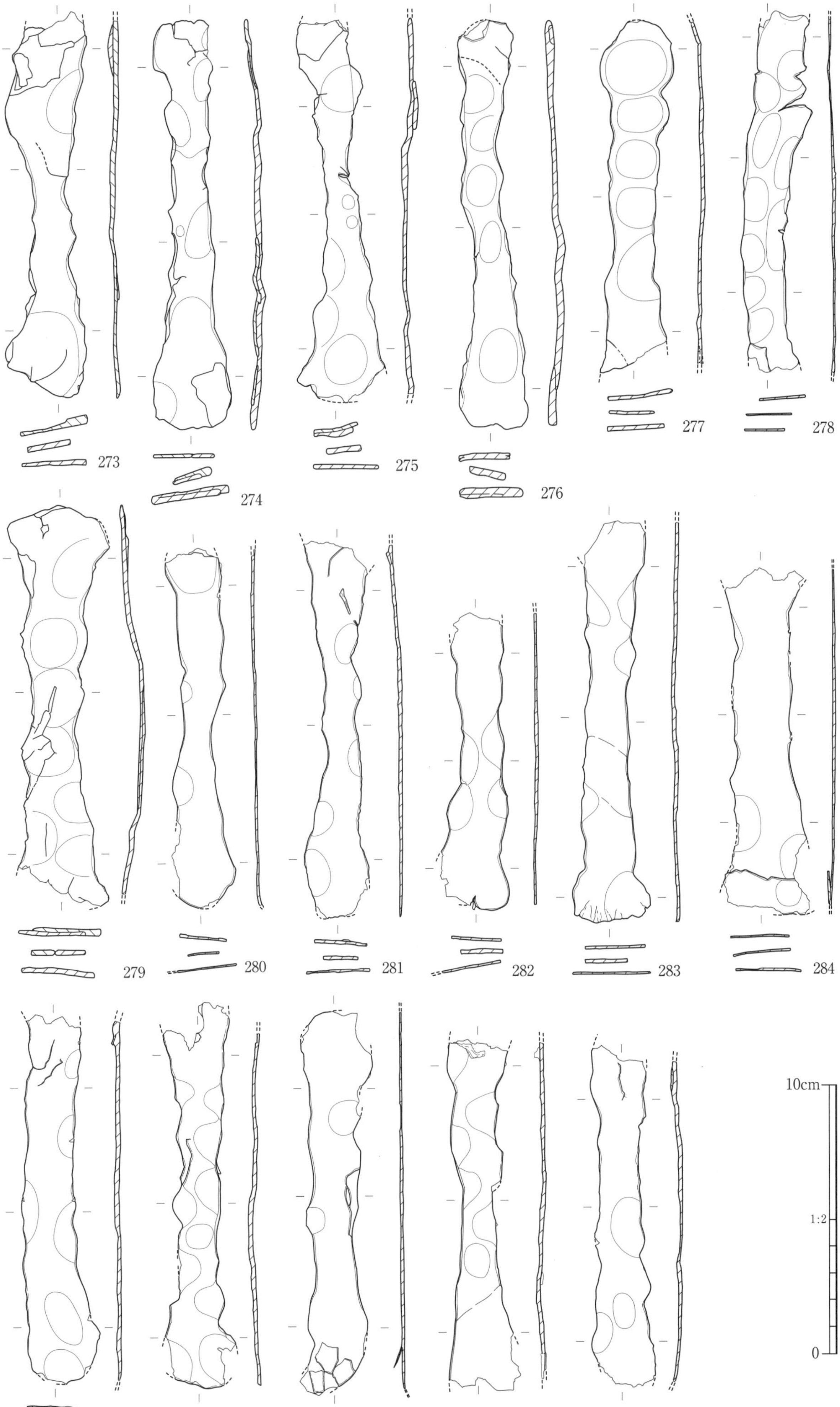


第 76 図　小鉄鋌実測図（17）

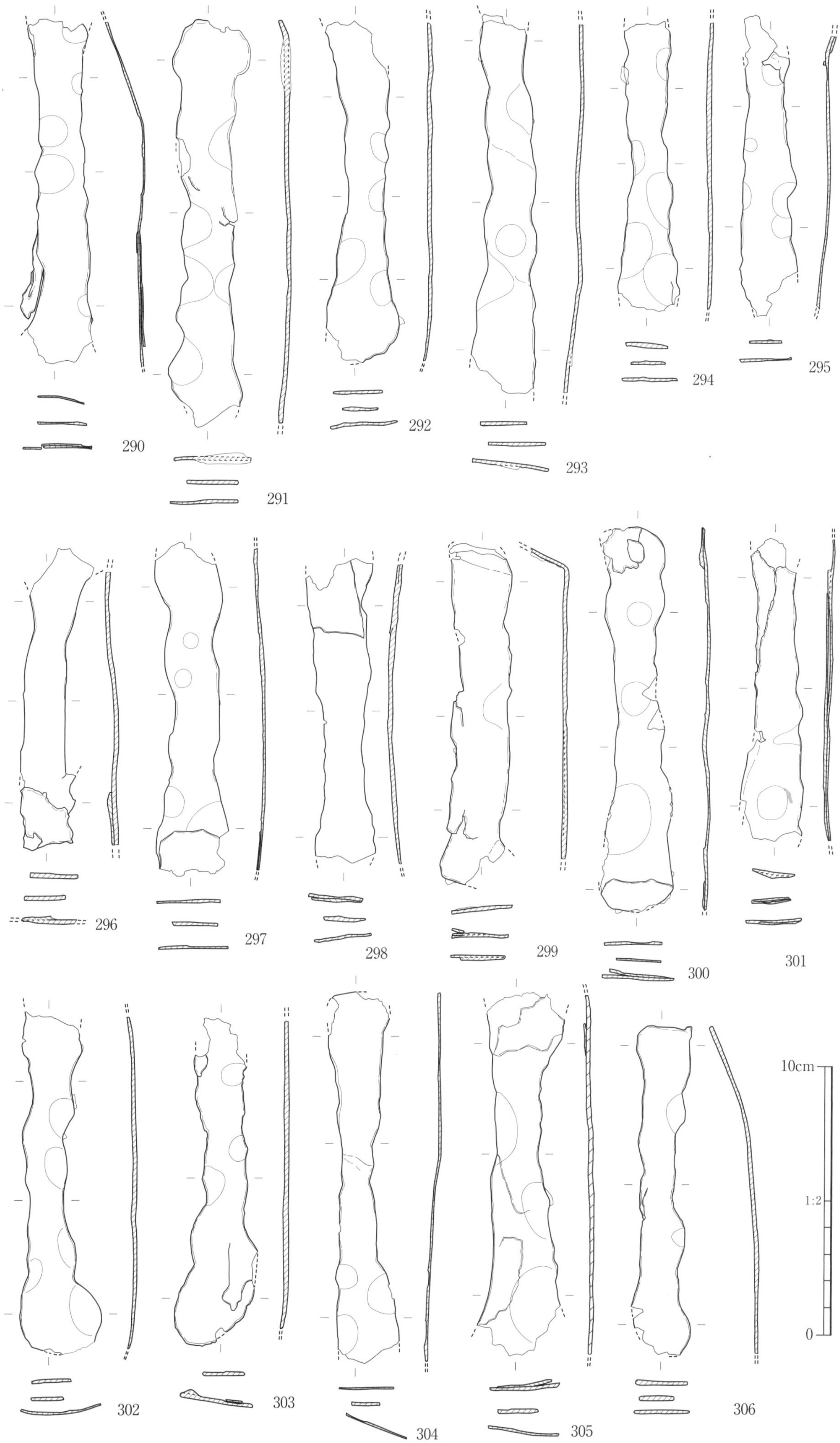


第 77 図　小鉄鋌実測図（18）

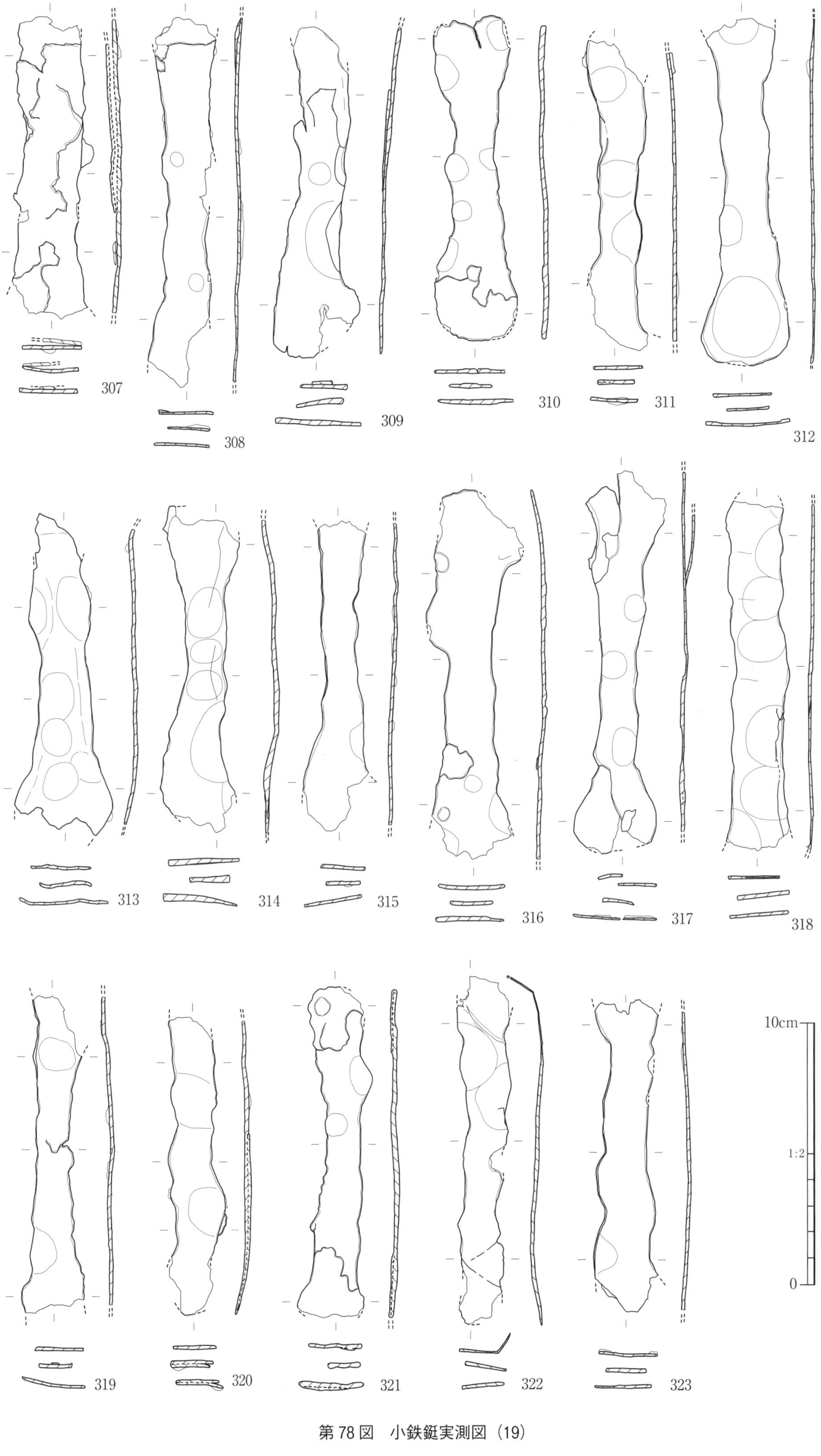


第78図　小鉄鋌実測図（19）

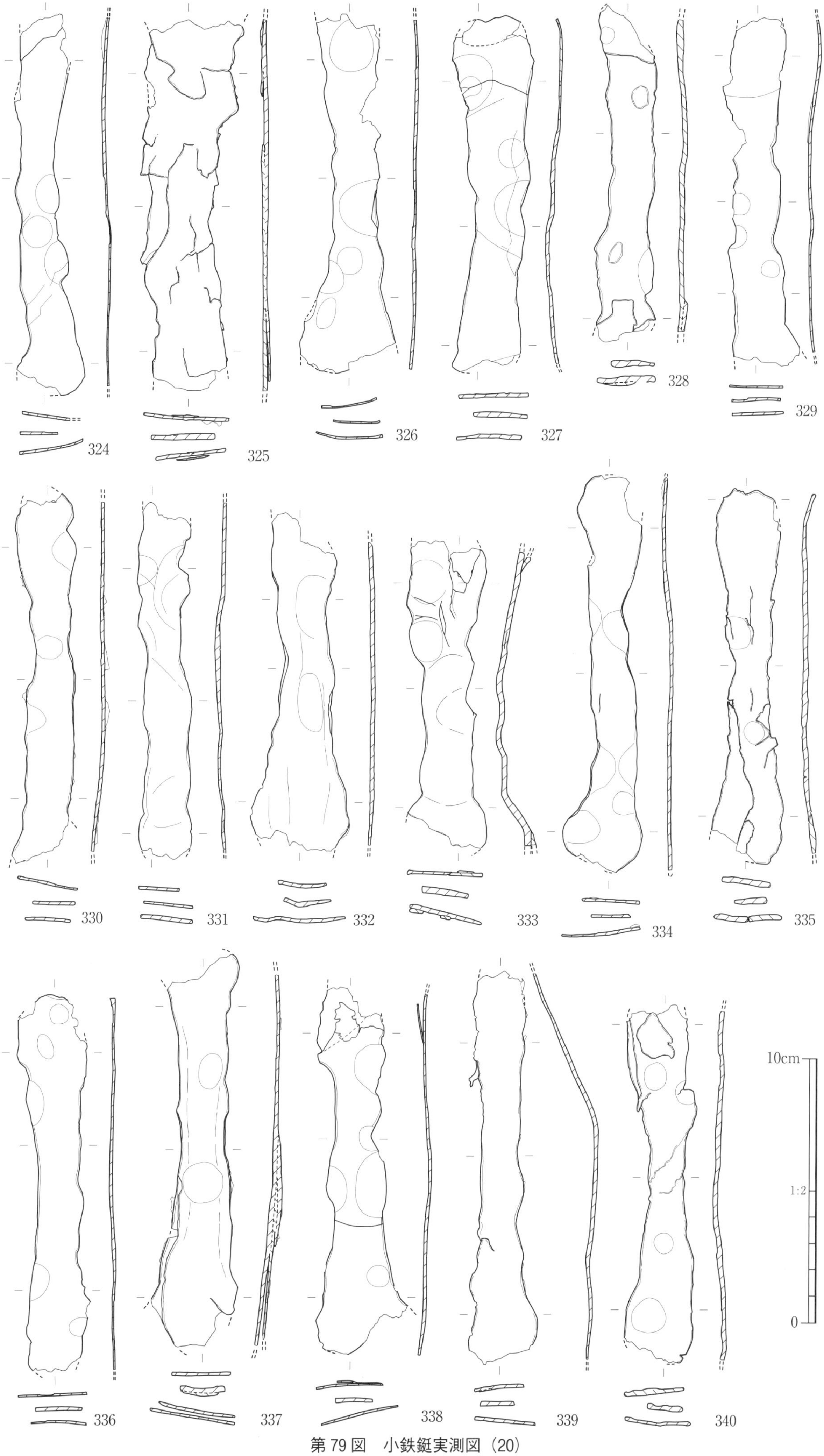


第79図　小鉄鋌実測図（20）

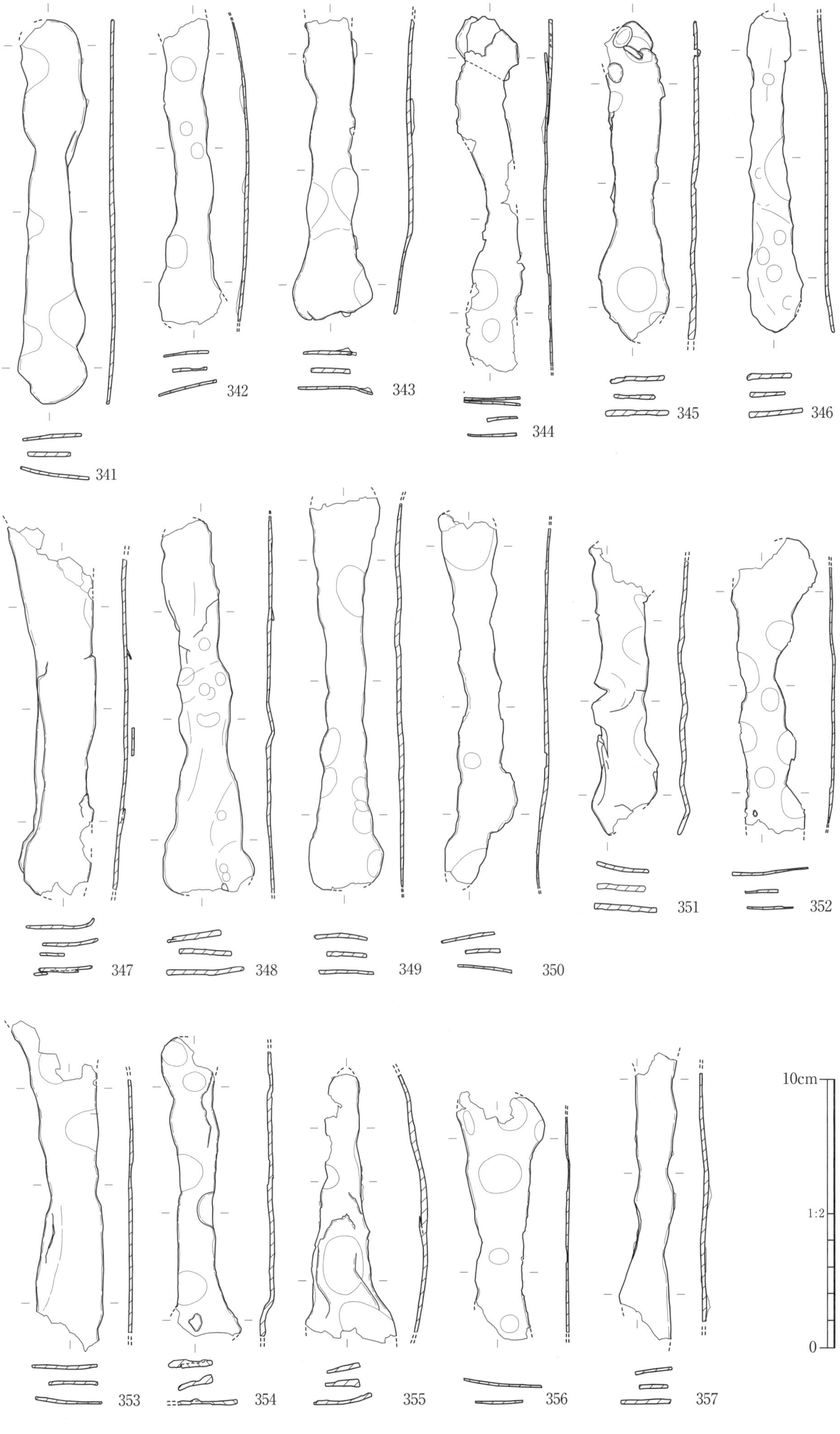


第80図　小鉄鋌実測図（21）

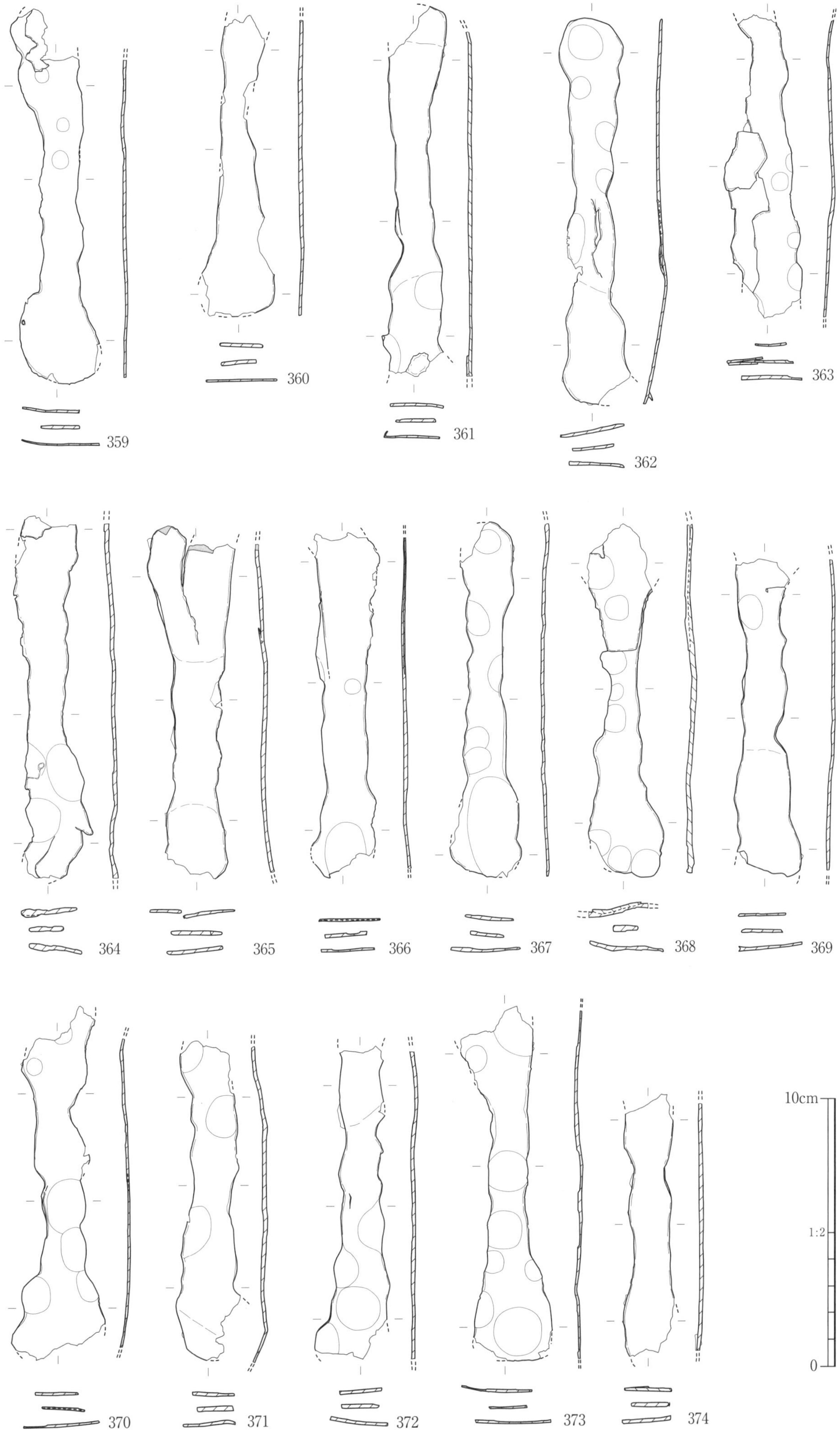


第 81 図　小鉄鋌実測図（22）

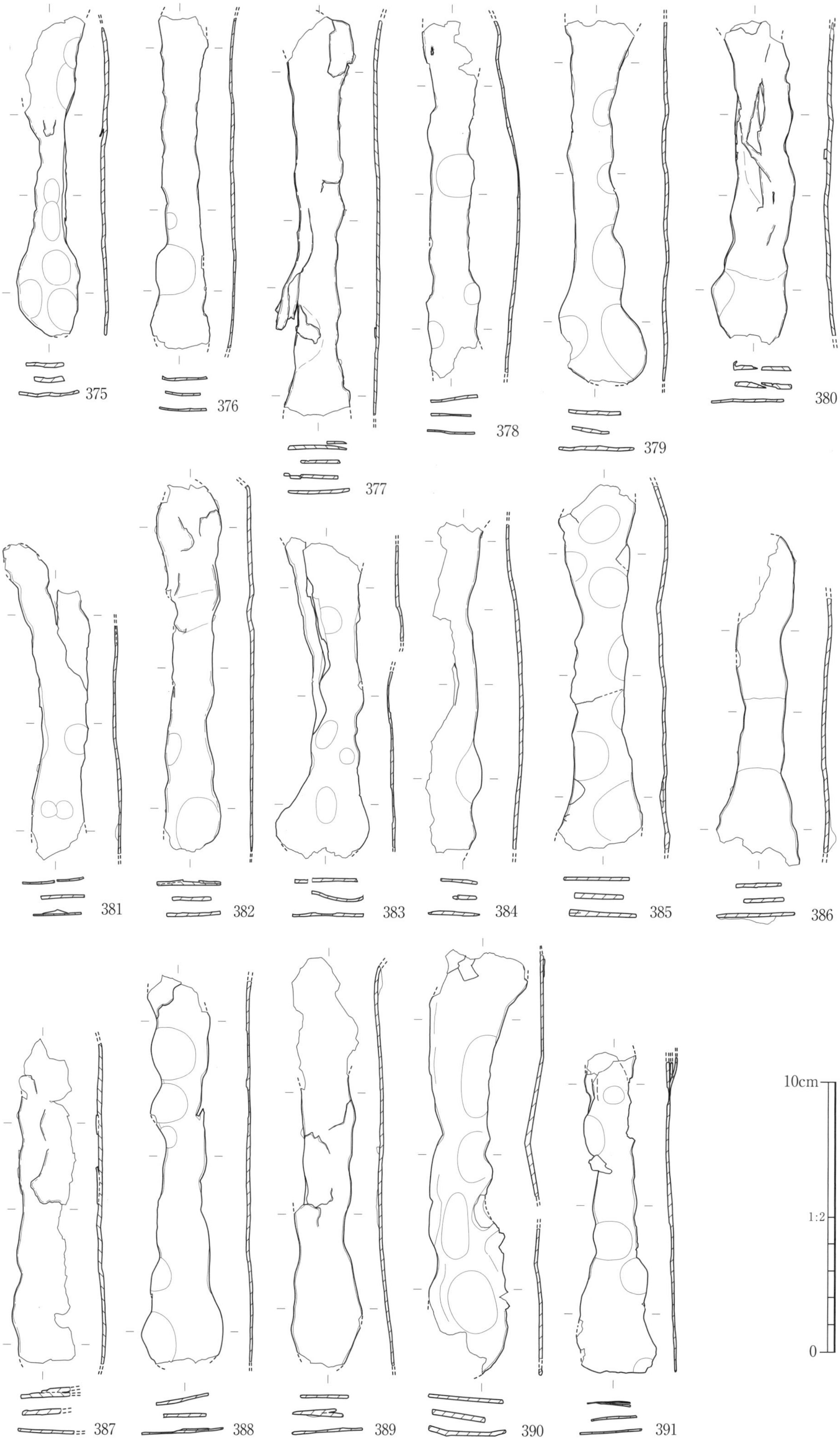


第82図　小鉄鋌実測図（23）

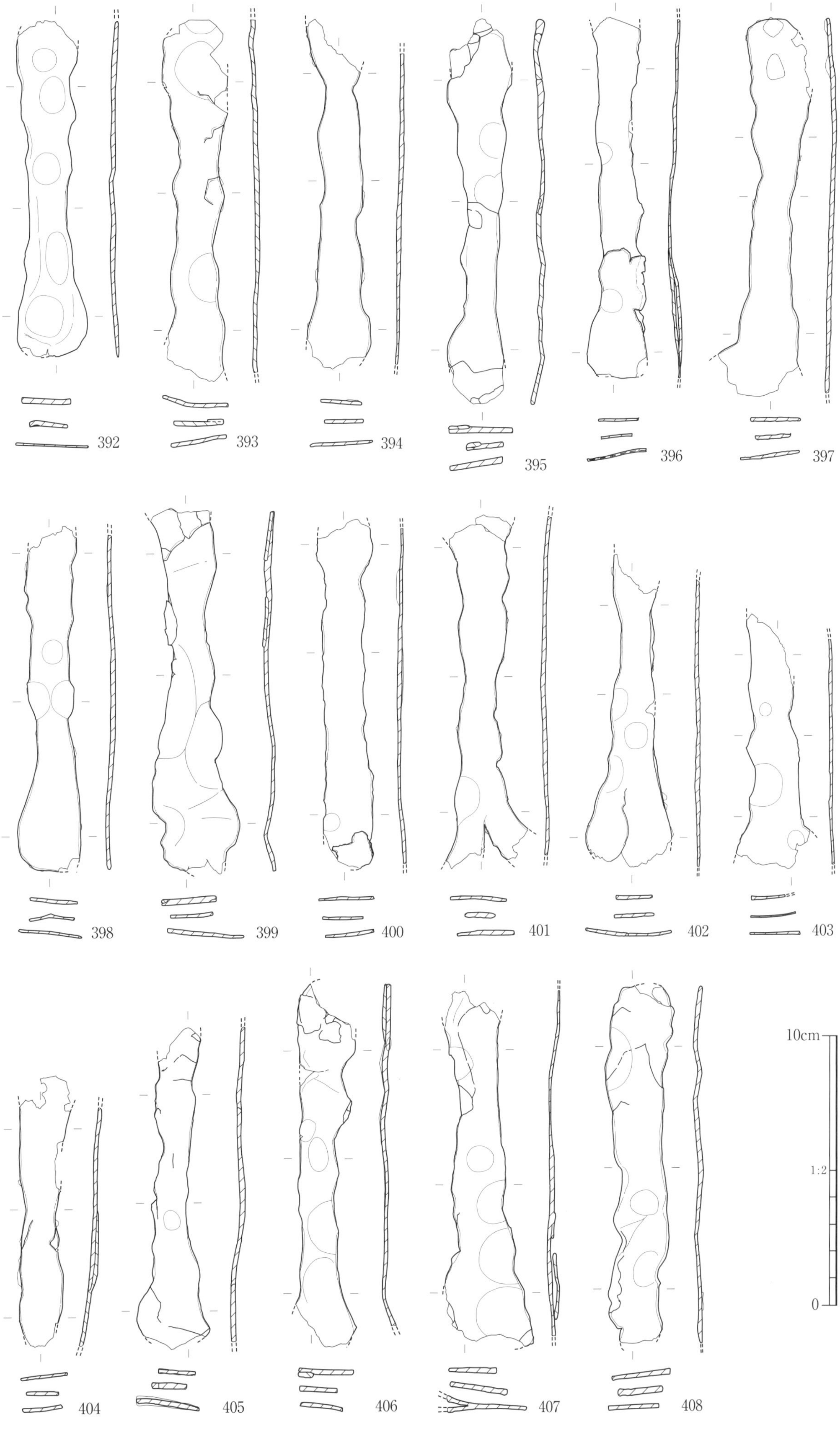


第83図　小鉄鋌実測図（24）

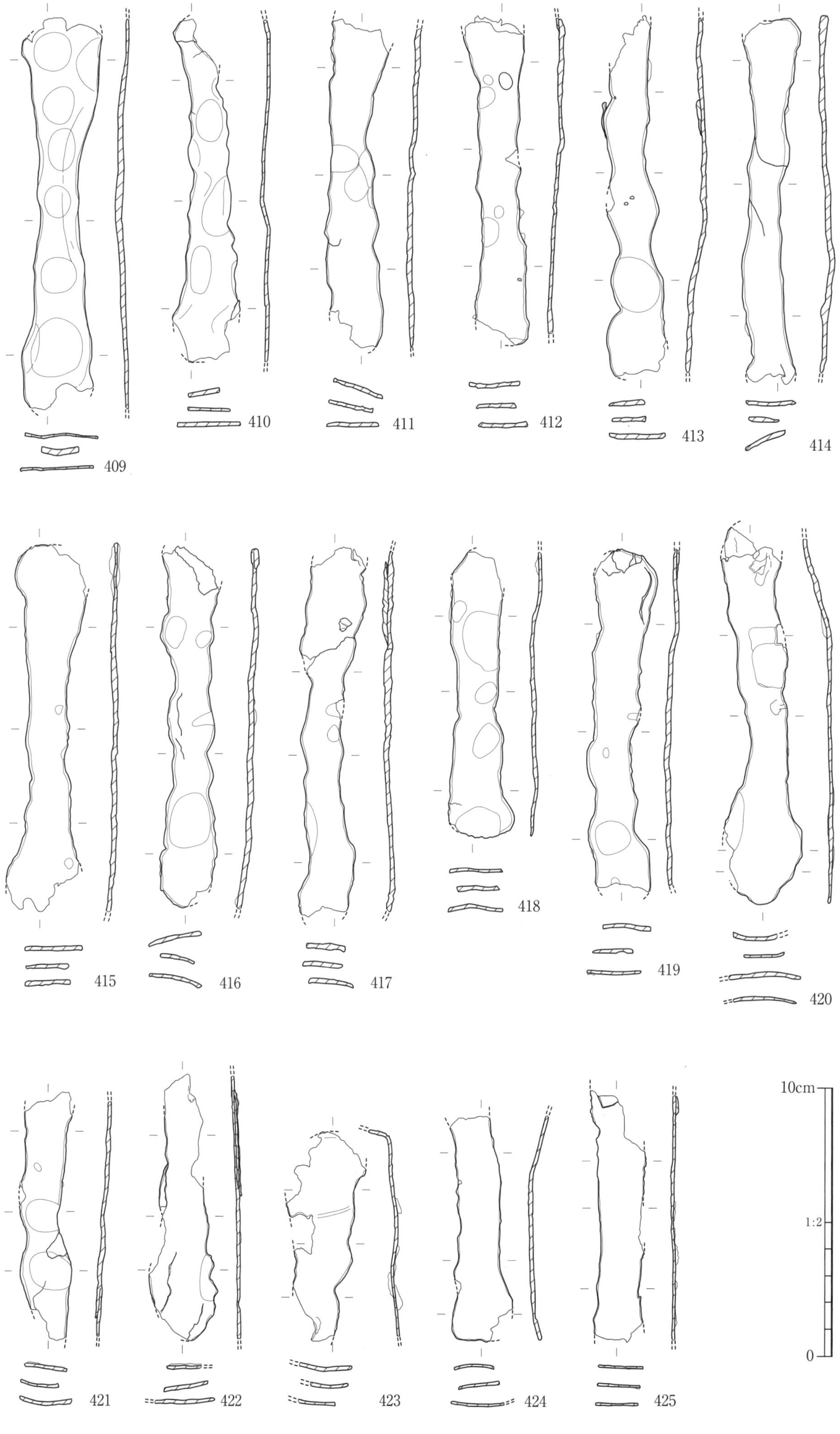


第 84 図　小鉄鋌実測図　(25)

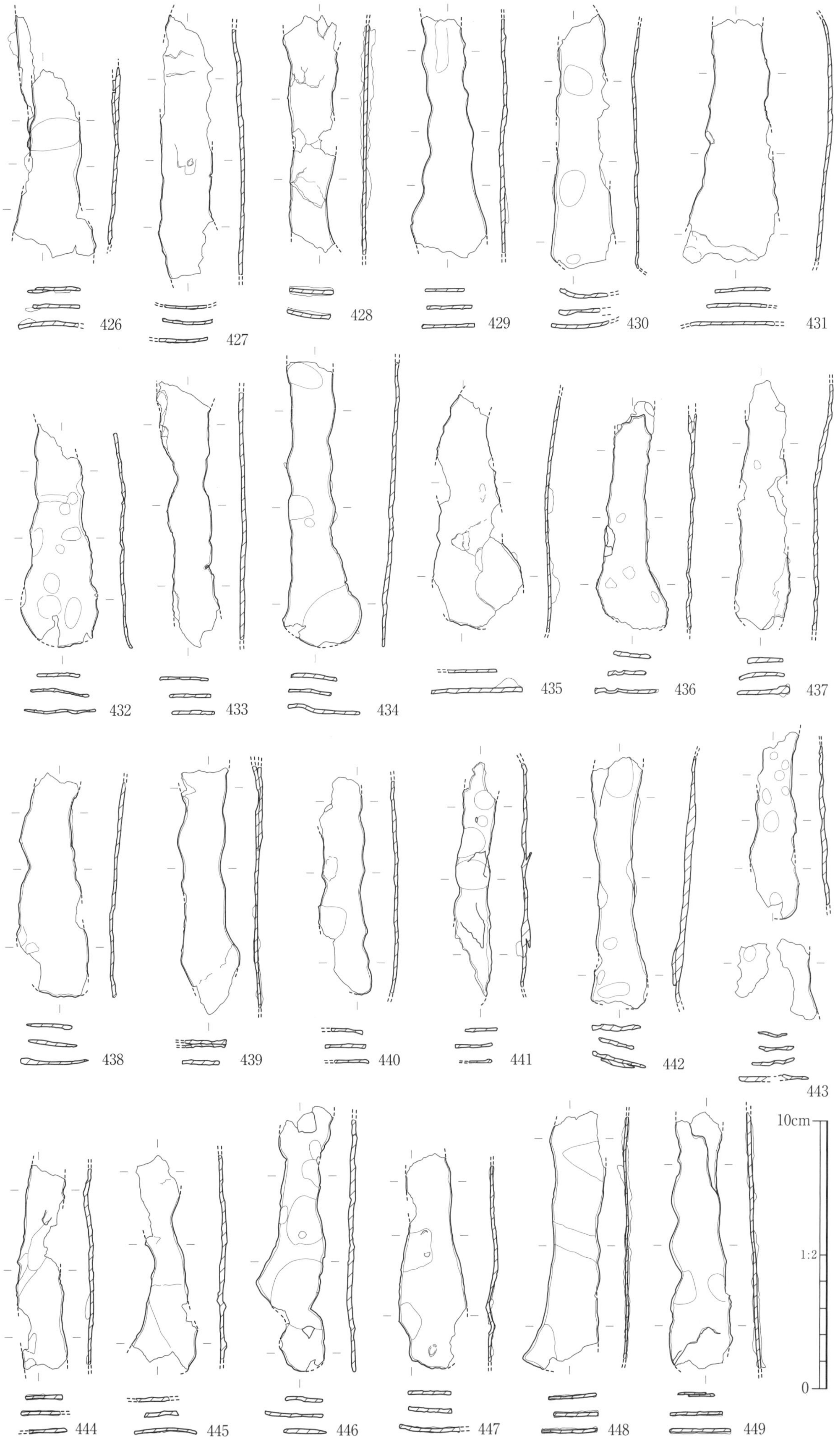


第 85 図　小鉄鋌実測図（26）

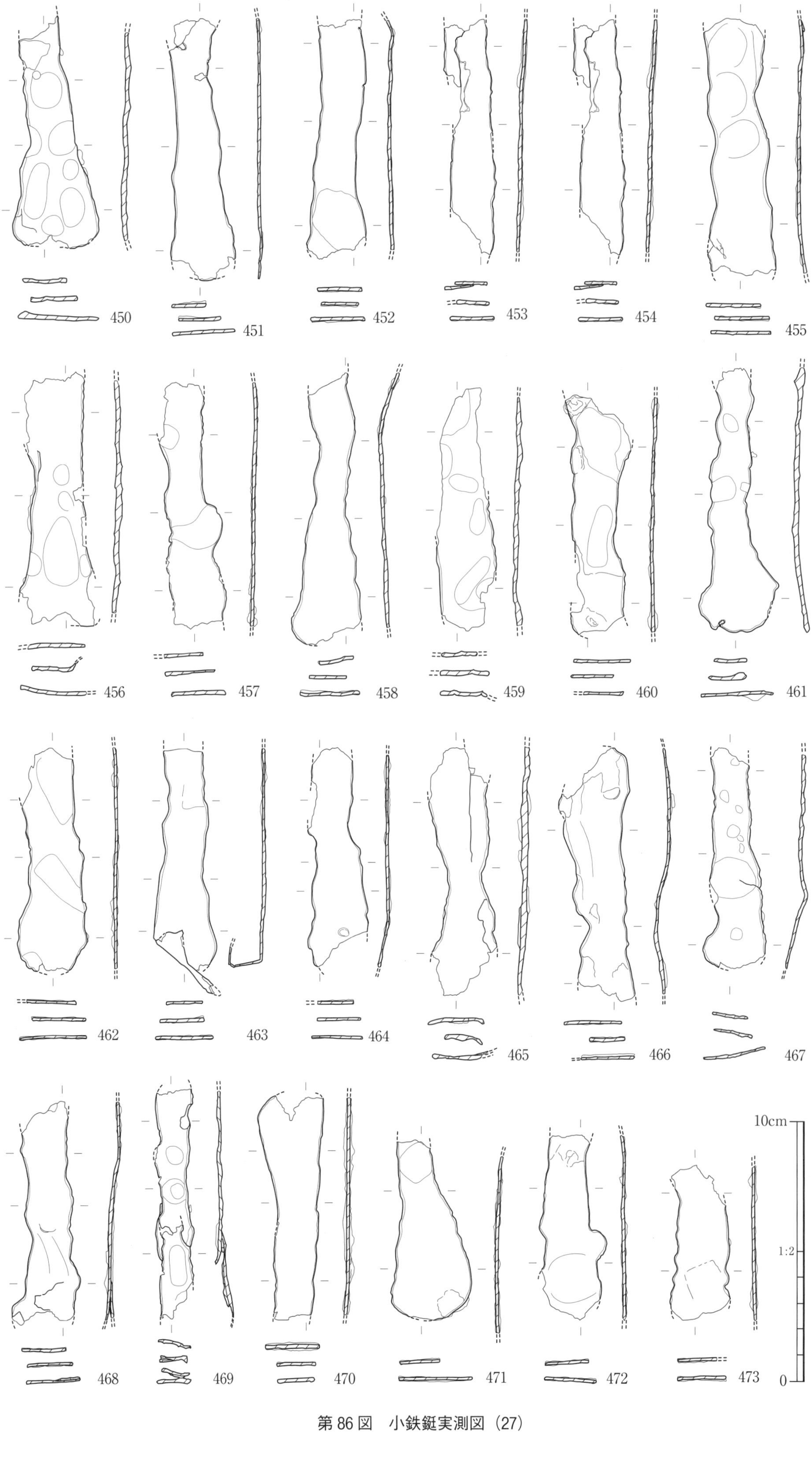


第 86 図　小鉄鋌実測図（27）

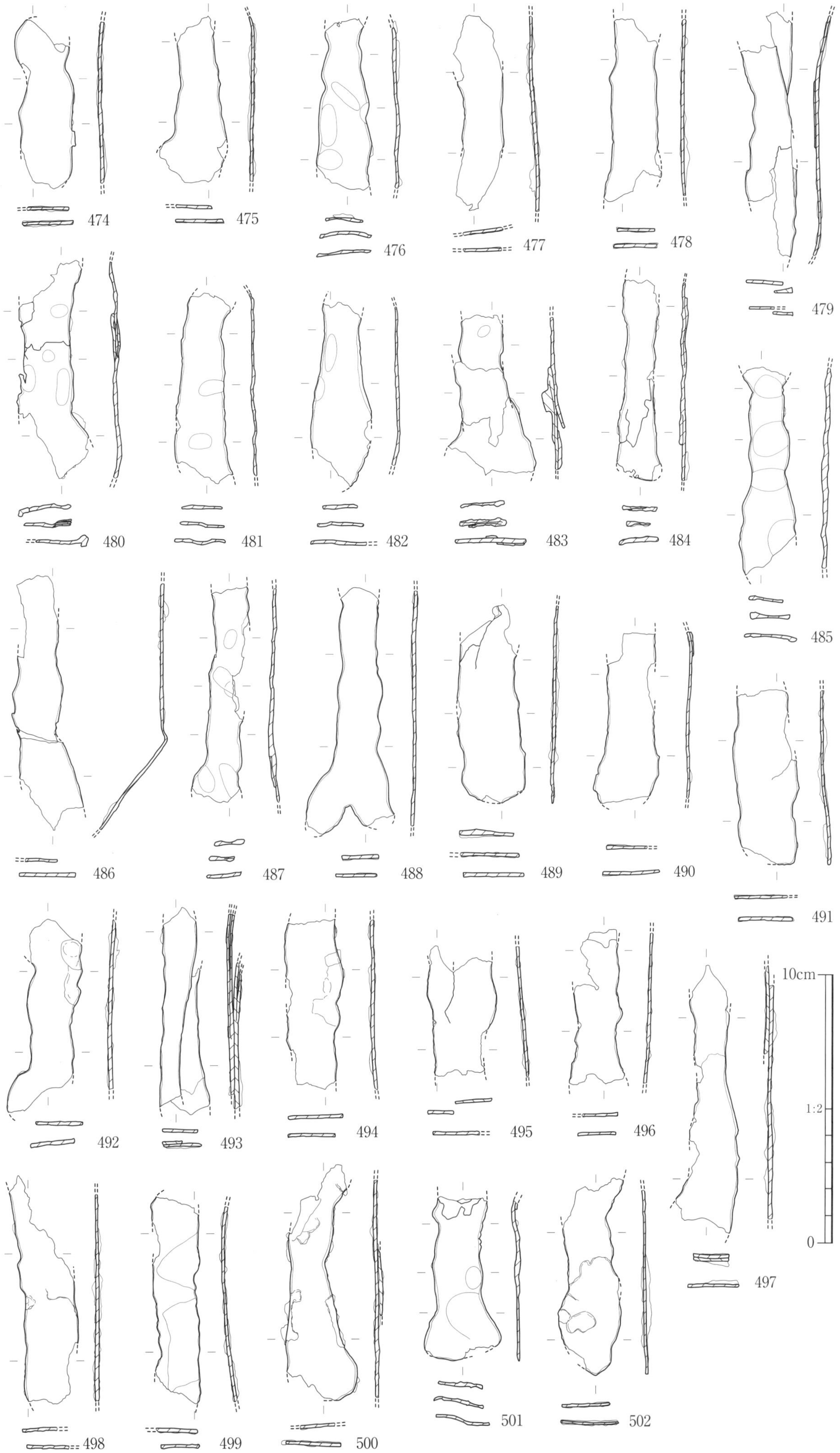


第 87 図　小鉄鋌実測図（28）

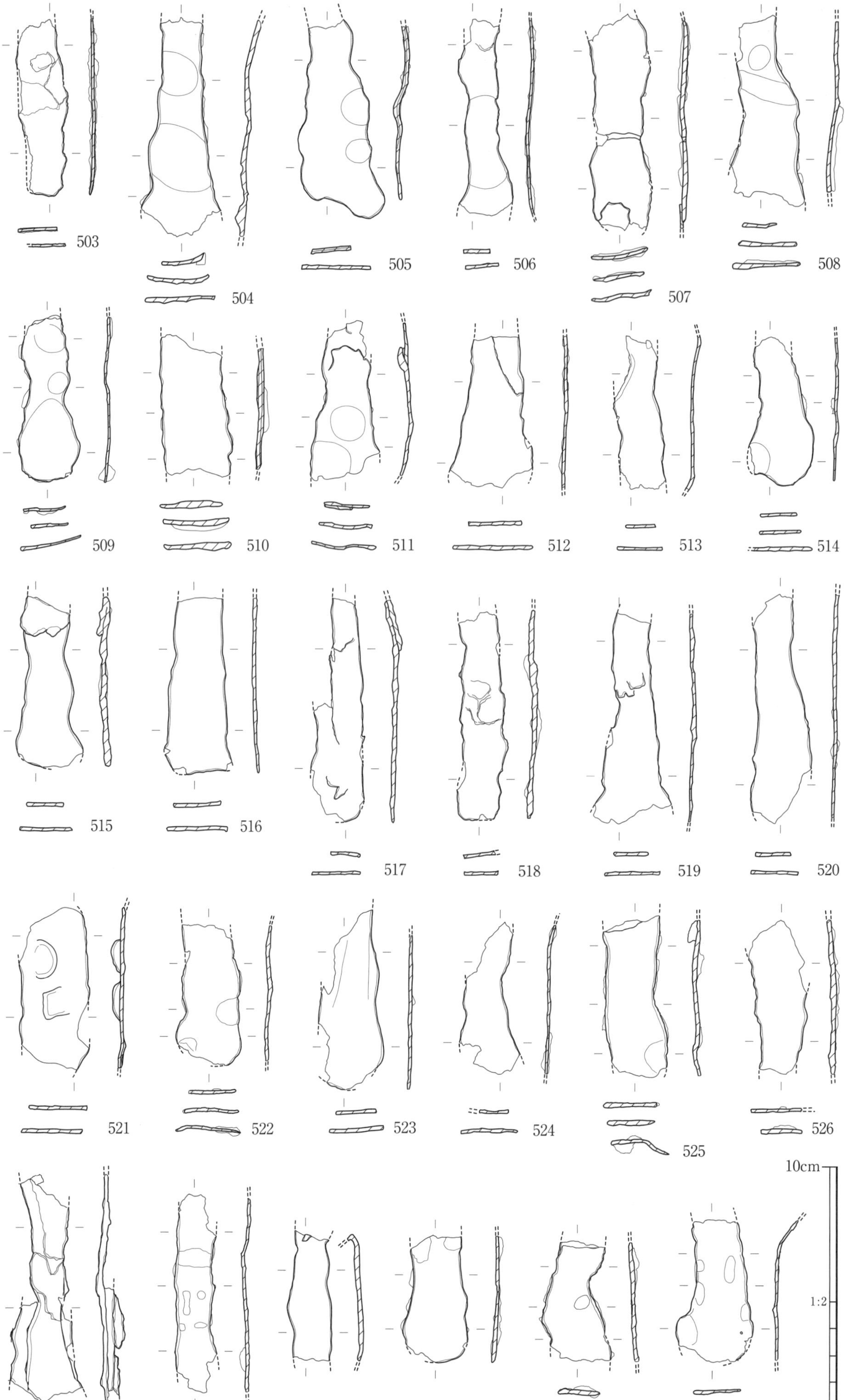


第 88 図　小鉄鋌実測図（29）

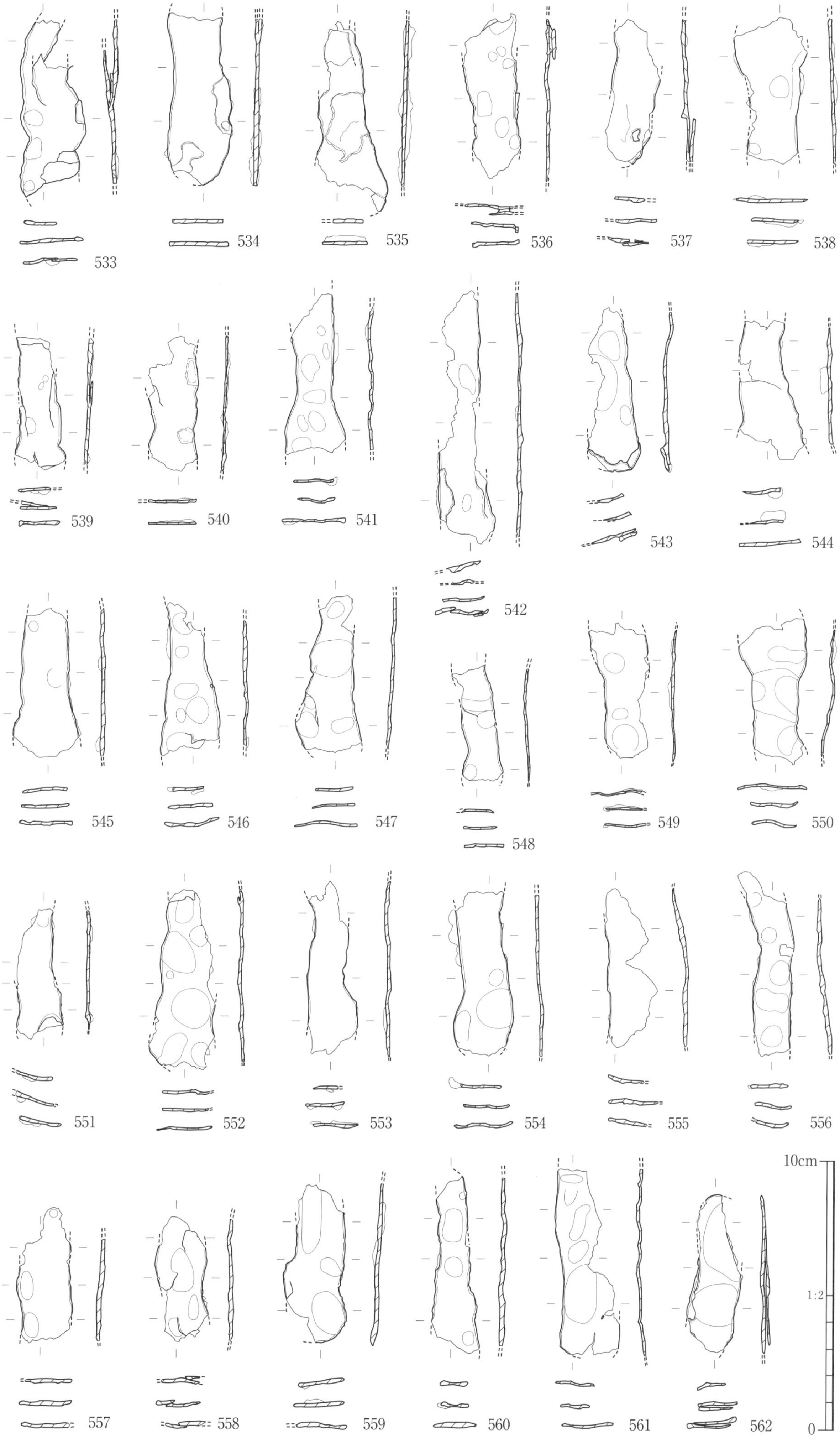


第89図　小鉄鋌実測図（30）

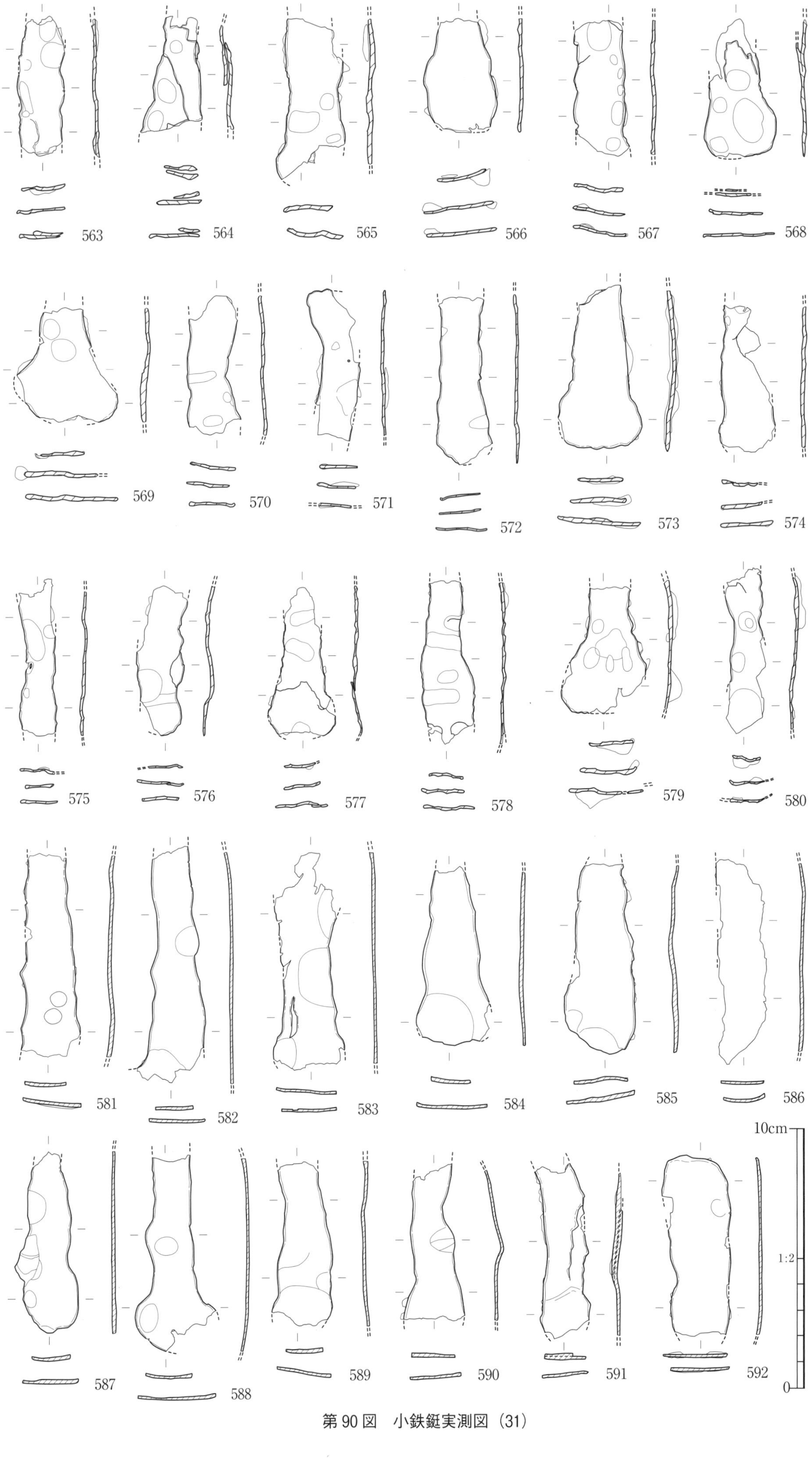


第 90 図　小鉄鋌実測図（31）

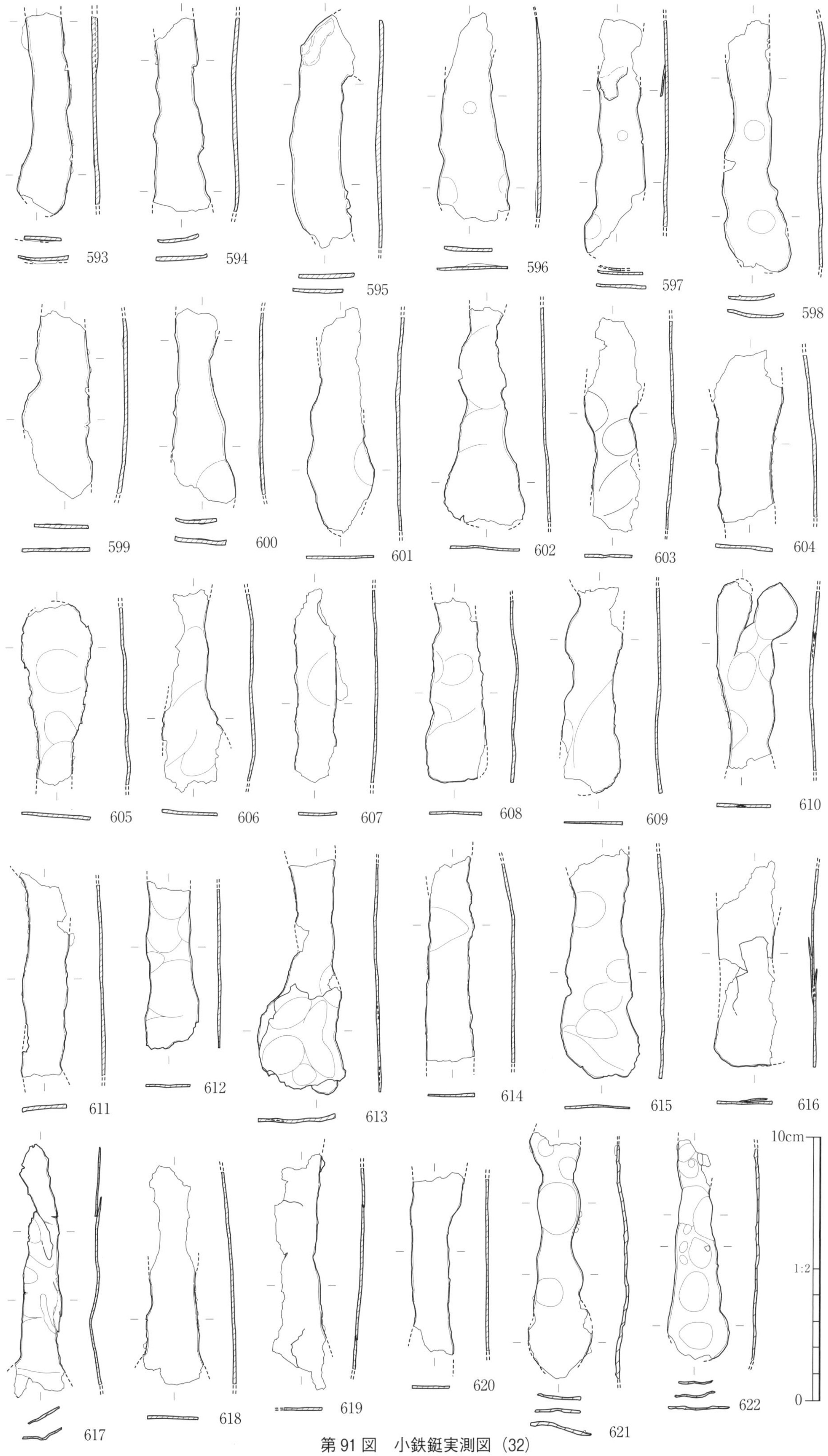


第91図　小鉄鋌実測図（32）

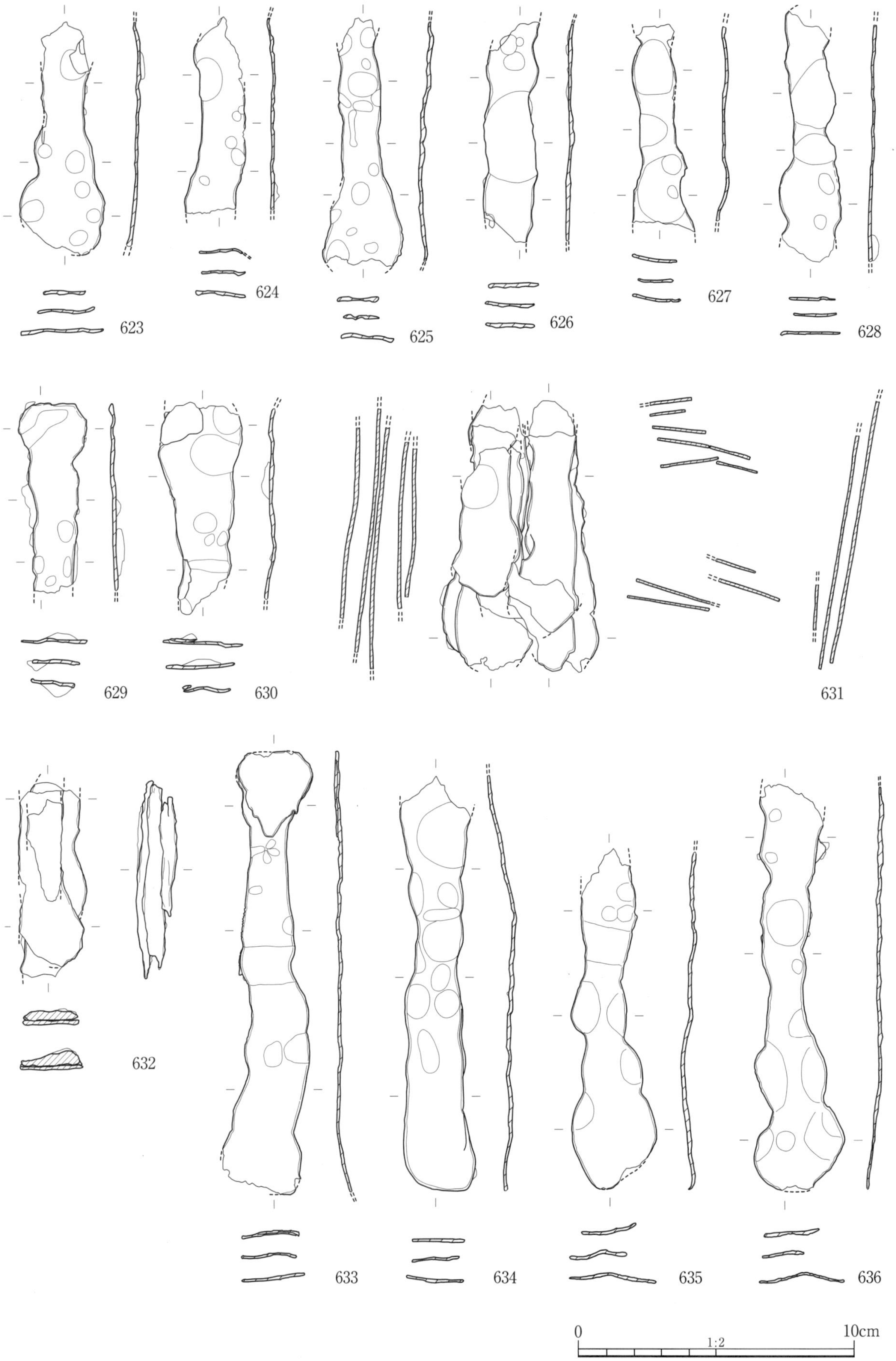


第92図　小鉄鋌実測図（33）

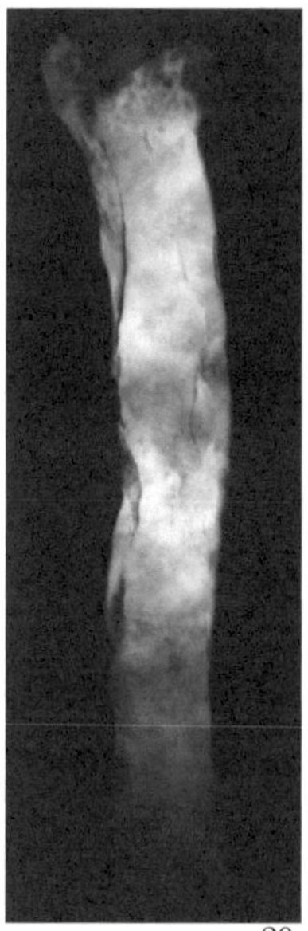
29

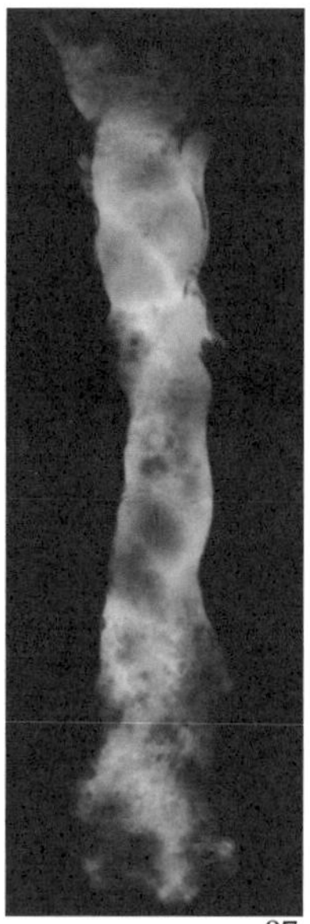
37

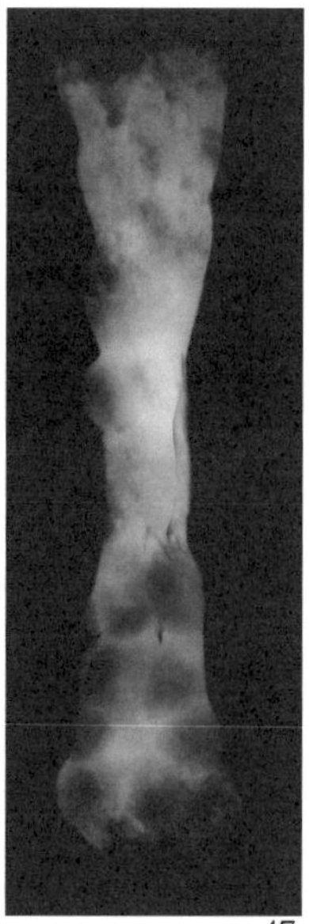
47

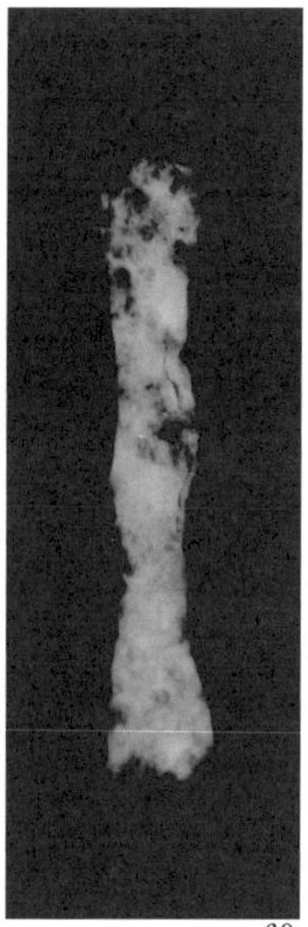
60

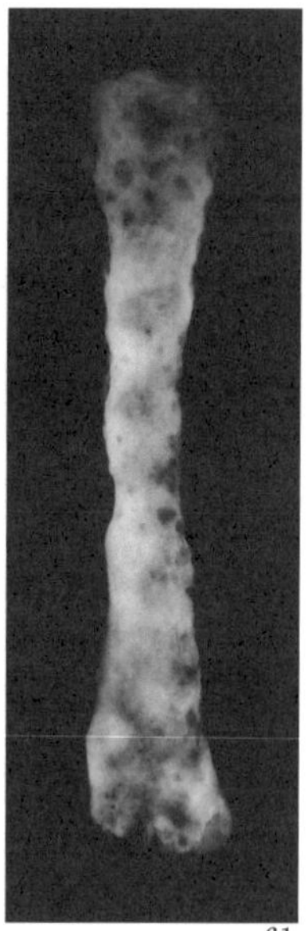
61

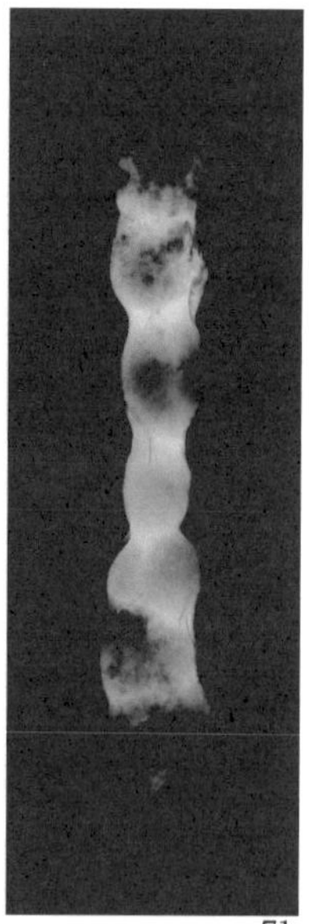
71

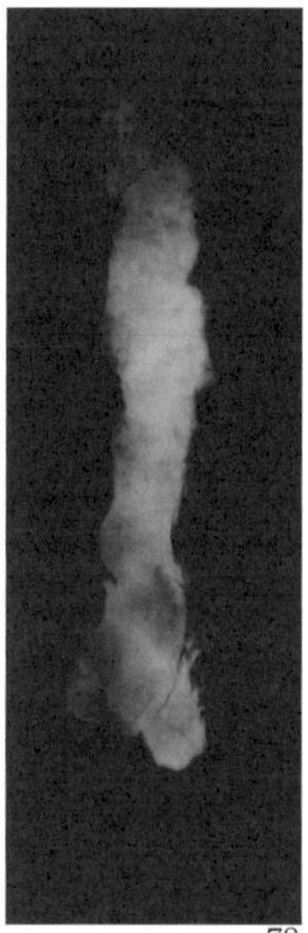
78

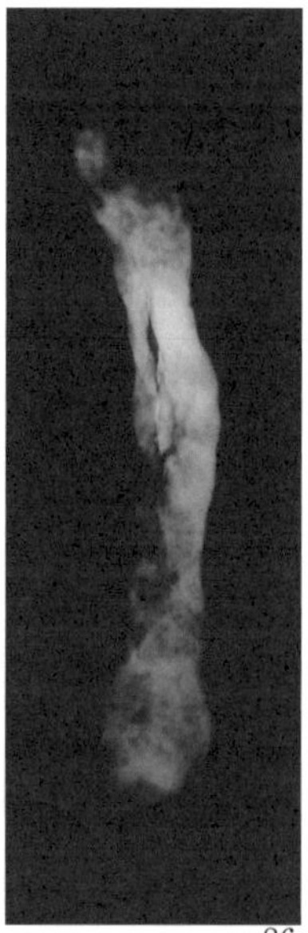
86

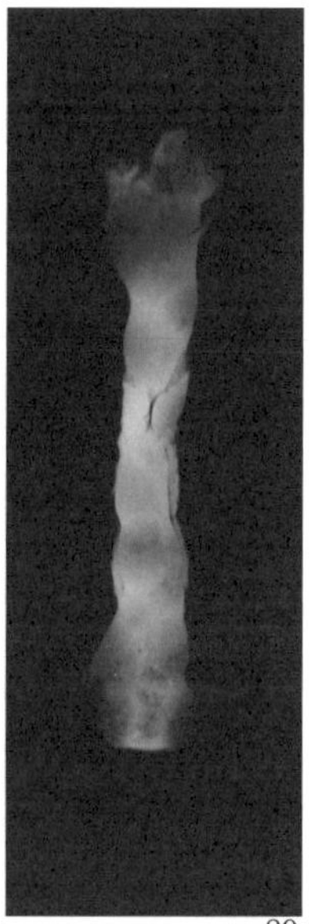
89

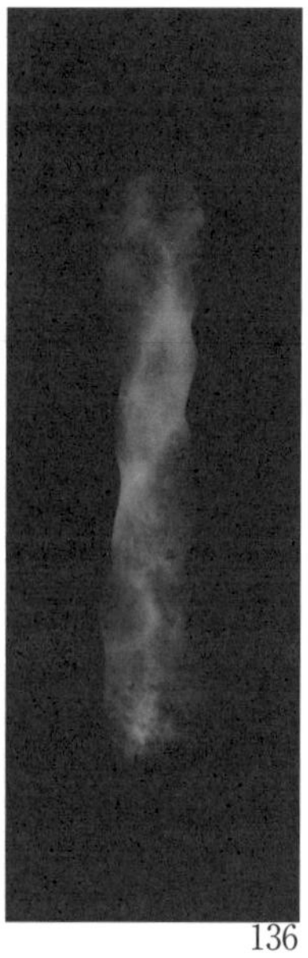
136

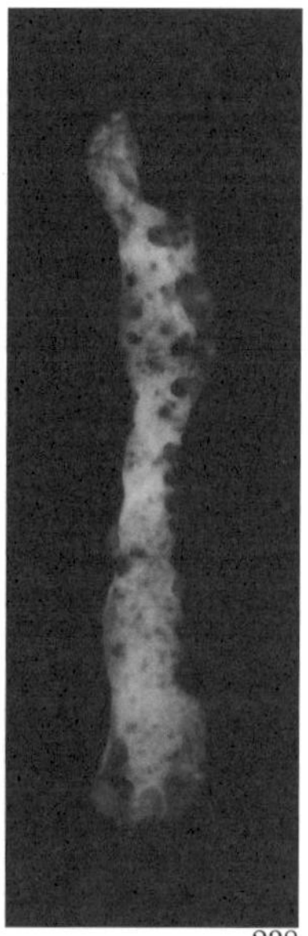
238

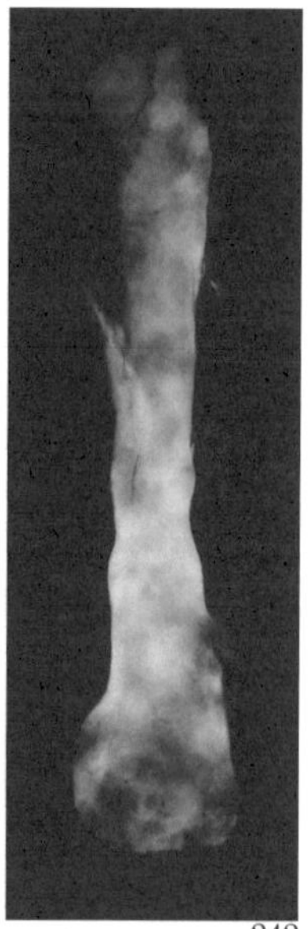
242

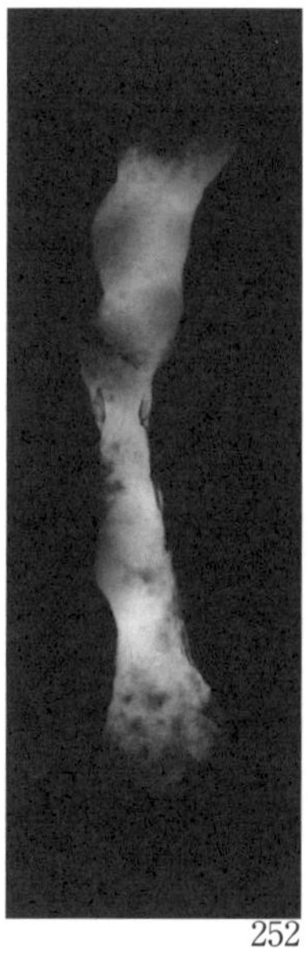
252

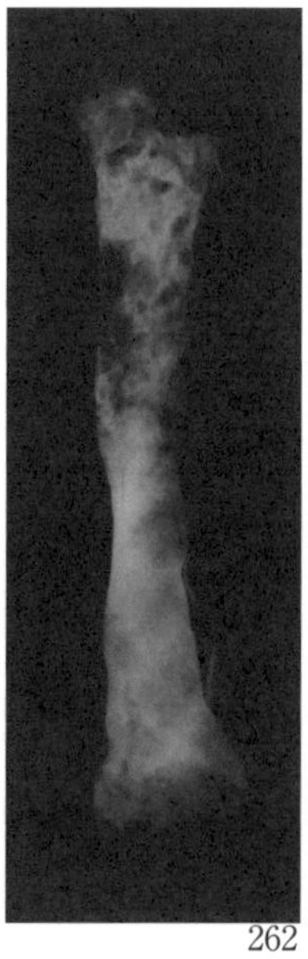
262

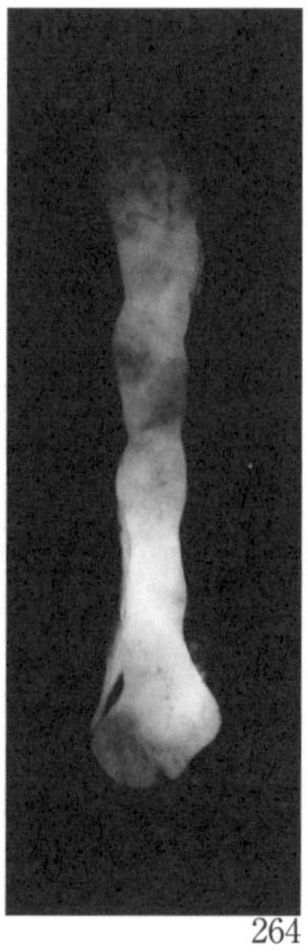
264

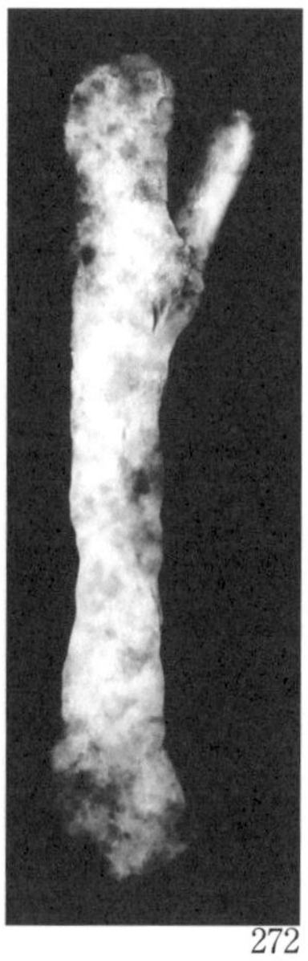
272

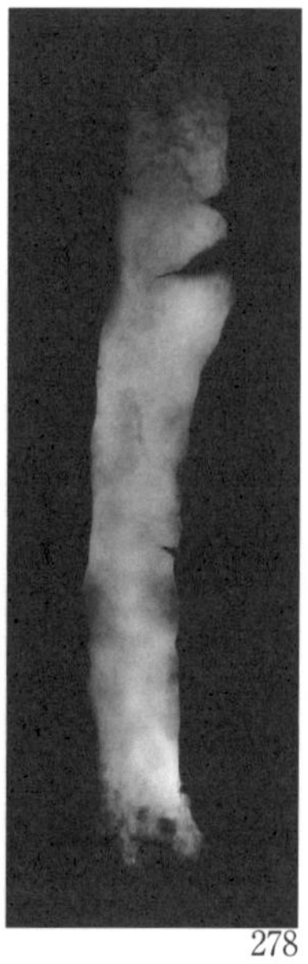
278

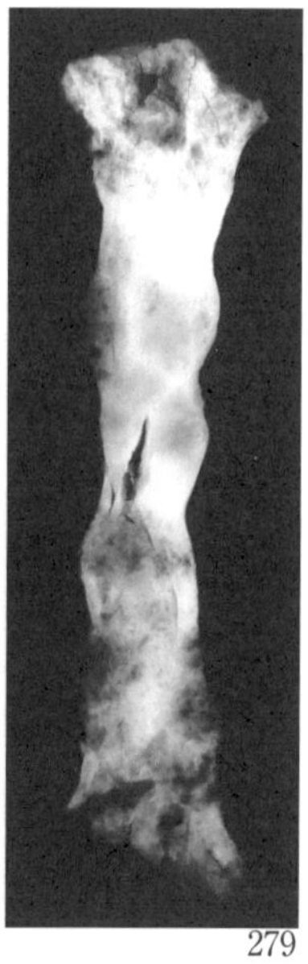
279

第 93 図　小鉄鋌　X線透過写真（縮尺不同）

## 第６表　小鉄鋌観察表（１）

| 番号 | 残存状態 | 最大長 | 最小幅 | 最大幅 | 重量 | 鍛打痕 | 接合・折り返し |
|---|---|---|---|---|---|---|---|
| 1 | ほぼ完形 | 13.2 | 1.1 | 3.2 | 14.135 | | |
| 2 | ほぼ完形 | 14 | 1.1 | 2.7 | 21.145 | | |
| 3 | ほぼ完形 | 13.5 | 1.3 | 3 | 19.215 | | |
| 4 | ほぼ完形 | 13.8 | 2 | 2.1 | 22.265 | | 接合○ |
| 5 | 完形 | 13.7 | 1 | 2.4 | 17.075 | ○ | |
| 6 | ほぼ完形 | 14 | 1.5 | 3.2 | 24.715 | | |
| 7 | ほぼ完形 | 14.4 | 1.7 | 2.8 | 24.72 | | |
| 8 | ほぼ完形 | 15.55 | 1.6 | 3.3 | 20.48 | ○ | |
| 9 | ほぼ完形 | 13.7 | 1.5 | 2.25 | 21.45 | | 接合○ |
| 10 | ほぼ完形 | 15 | 1.1 | 2.7 | 22.74 | ○ | |
| 11 | 完形 | 14.2 | 1.5 | 2.9 | 21.475 | | |
| 12 | ほぼ完形 | 15.6 | 1.4 | 3.2 | 27.76 | | |
| 13 | 完形 | 12.9 | 1.4 | 2.7 | 22.55 | ○ | |
| 14 | 完形 | 14.4 | 1.2 | 3 | 19.44 | | |
| 15 | 完形 | 14.5 | 1.1 | 2.6 | 23.04 | | |
| 16 | ほぼ完形 | 13.6 | 1.7 | 2.8 | 18.025 | ○ | |
| 17 | ほぼ完形 | 13.45 | 1.7 | 2.85 | 24.52 | | 接合○ |
| 18 | ほぼ完形 | 14 | 1.1 | 3.6 | 16.22 | ○ | |
| 19 | ほぼ完形 | 14.8 | 1.9 | 3 | 22.25 | | |
| 20 | ほぼ完形 | 14.05 | 1.45 | 2.7 | 19.54 | | |
| 21 | 一部欠 | 13.3 | 2.15 | 3.7 | 29.645 | | 折返○ |
| 22 | ほぼ完形 | 14.4 | 1.5 | 2.6 | 22.235 | | 接合○ |
| 23 | 一部欠 | 13 | 1.7 | 2.1 | 19.950～ | | |
| 24 | ほぼ完形 | 14.5 | 1.5 | 2.85 | 27.18 | | |
| 25 | ほぼ完形 | 13.4 | 1.4 | 3 | 20.34 | | |
| 26 | 完形 | 14.4 | 1.4 | 3 | 20.525 | | |
| 27 | 一部欠 | 13.6 | 1.2 | 2.15 | 16.96 | | |
| 28 | ほぼ完形 | 15.1 | 1 | 2.4 | 22.95 | ○ | |
| 29 | ほぼ完形 | 15.8 | 1.8 | 3.4 | ～33.395 | | 接合○ |
| 30 | ほぼ完形 | 16.2 | 1.8 | 3.3 | 18.4 | ○ | 接合○ |
| 31 | ほぼ完形 | 13.3 | 1.5 | 2.2 | 19.62 | | |
| 32 | 一部欠 | 13.5 | 1.7 | 2.5 | 18.245 | ○ | |
| 33 | ほぼ完形 | 14.2 | 1.4 | 2.7 | 15.98 | | |
| 34 | ほぼ完形 | 14.1 | 1.5 | 2.2 | 21.85 | | |
| 35 | 完形 | 14.9 | 1.1 | 2.8 | 25.38 | ○ | 接合○ |
| 36 | ほぼ完形 | 14.9 | 1.4 | 2.3 | 29.68 | ○ | 接合○ |
| 37 | ほぼ完形 | 15.7 | 1.4 | 2.6 | 24.235 | ○ | 接合○ |
| 38 | 完形 | 16.1 | 1.4 | 2.4 | 25.09 | ○ | |
| 39 | ほぼ完形 | 16 | 1.4 | 2.4 | 20.11 | | |
| 40 | ほぼ完形 | 14.6 | 1.2 | 2.7 | 21.13 | ○ | 接合○ |
| 41 | 完形 | 12.65 | 1.35 | 2.7 | 20.06 | | |
| 42 | 完形 | 14.1 | 1.2 | 2.3 | 20.8 | | |
| 43 | 完形 | 14.5 | 1.5 | 12.6 | 14.62 | | |
| 44 | 完形 | 13.55 | 1.45 | 2.75 | 20.57 | | |
| 45 | 完形 | 14.15 | 1.4 | 3.1 | 21.61 | | |
| 46 | 完形 | 15 | 1.45 | 2.95 | 27.94 | | |
| 47 | 完形 | 15 | 1.6 | 13.4 | 31.48 | ○ | 接合○ |
| 48 | 完形 | 17 | 1.8 | 3.1 | 29.42 | | |
| 49 | 完形 | 14.7 | 1.5 | 2.7 | 25.12 | | |
| 50 | 完形 | 16.4 | 1.5 | 2.85 | 32.15 | | 折返○ |
| 51 | 完形 | 17.8 | 1.3 | 2.15 | | ○ | |
| 52 | 完形 | 16.2 | 1.6 | 2.55 | | | |
| 53 | 完形 | 15.6 | 1.6 | 2.8 | 27.65 | | |
| 54 | 完形 | 15.3 | 1.2 | 2.2 | 23.865 | | |
| 55 | 完形 | 15.7 | 1.35 | 2.7 | 26.635 | | |
| 56 | 完形 | 14.5 | 1.4 | 3 | 22.36 | | |
| 57 | 完形 | 13.6 | 1.6 | 2.45 | 20.18 | | 接合○ |
| 58 | 完形 | 3.05 | 1.5 | 2.4 | 19.235 | | |
| 59 | 完形 | 13 | 1.6 | 3.25 | 23.28 | | |
| 60 | 完形 | 13 | 1.45 | 2.5 | 20.07 | | 接合○ |
| 61 | 完形 | 14.45 | 1.3 | 2.8 | 28.39 | | |
| 62 | 完形 | 14.7 | 1.45 | 3.5 | 30.82 | | |
| 63 | ほぼ完形 | 11.6 | 1.8 | 2.35 | 17.89 | | |
| 64 | 完形 | 12.5 | 1.4 | 12.6 | 17.59 | | |
| 65 | ほぼ完形 | 12.25 | 1.3 | 2.45 | 14.92 | | 接合○ |
| 66 | 一部欠 | 11.75 | 1.7 | 2.55 | 17.815 | | |
| 67 | ほぼ完形 | 13 | 1.6 | 3 | 18.185 | ○ | 接合○ |
| 68 | ほぼ完形 | 12.65 | 1.3 | 2.9 | 17.6 | | 接合○ |
| 69 | ほぼ完形 | 14.5 | 1.8 | 3.2 | 14.625 | ○ | 接合○ |
| 70 | 一部欠 | 12.1 | 1.6 | 2.6 | 15.03 | | 接合○ |
| 71 | ほぼ完形 | 12.9 | 1.1 | 2.35 | 16.14 | | 接合○ |
| 72 | 一部欠 | 11 | 1.55 | 1.95 | 20.94 | | |
| 73 | ほぼ完形 | 3.6 | 1.55 | 3.1 | 16.365 | | |
| 74 | ほぼ完形 | 11.1 | 1.25 | 3.15 | 19.66 | | |
| 75 | ほぼ完形 | 12.15 | 1.6 | 2.9 | 19.47 | | |
| 76 | ほぼ完形 | 12.75 | 1.2 | 2.6 | 19.61 | | 接合○ |
| 77 | 一部欠 | 11.05 | 1.4 | 1.9 | 16.83 | | |
| 78 | ほぼ完形 | 15.15 | 1.6 | 3.3 | 36.355 | | 接合○ |
| 79 | ほぼ完形 | 11.8 | 1.5 | 2.1 | 14.53 | | |
| 80 | ほぼ完形 | 14 | 1.3 | 3 | 15.36 | | |
| 81 | 完形 | 14.75 | 0.9 | 2.6 | 24.35 | ○ | 接合○ |
| 82 | 完形 | 13.8 | 1.25 | 2.5 | 16.445 | | |
| 83 | ほぼ完形 | 14.4 | 1.4 | 2.8 | 25.59 | | 接合○ |
| 84 | 一部欠 | 12.8 | 1.7 | 2.45 | 17.49 | | |
| 85 | 完形 | 14.15 | 1.5 | 2.9 | 21.48 | | 接合○ |
| 86 | ほぼ完形 | 14.15 | 1.3 | 2.4 | 26.84 | | 接合○ |
| 87 | ほぼ完形 | 14.4 | 1.4 | 2.5 | 17.34 | | |
| 88 | ほぼ完形 | 14.5 | 1.6 | 3.5 | 22.555 | | 接合○ |
| 89 | 完形 | 14.15 | 1.25 | 2.65 | 19.34 | | 接合○ |
| 90 | 完形 | 13.2 | 1.3 | 3 | 25.505 | | 接合○ |
| 91 | ほぼ完形 | 14 | 1.35 | 2.45 | 15.58 | | |
| 92 | ほぼ完形 | 11.9 | 1.55 | 2.55 | 11.2 | | |
| 93 | 完形 | 13.9 | 1.3 | 2.4 | 17.285 | | 接合○ |
| 94 | ほぼ完形 | 12.1 | 1 | 2.3 | 13.83 | | |
| 95 | ほぼ完形 | 13.6 | 1.3 | 2.1 | 16.62 | | 接合○ |
| 96 | 完形 | 14.05 | 1.45 | 3.2 | 20.9 | | |
| 97 | ほぼ完形 | 14.4 | 1.3 | 2.6 | 18.51 | | |
| 98 | 一部欠 | 13.3 | 1.35 | 3.1 | 25.4 | | 接合○ |
| 99 | ほぼ完形 | 12.45 | 1.3 | 2.65 | 11.86 | | |
| 100 | 欠 | 13.1 | 1.3 | 2.1 | 16.41 | | 接合○ |
| 101 | 一部欠 | 12.8 | 1.35 | 2.4 | 18.58 | ○ | 接合○ |
| 102 | 一部欠 | 12.85 | 1.4 | 2.5 | 16.285 | | 接合○ |
| 103 | 一部欠 | 14.95 | 1.7 | 2.6 | 20.83 | | |
| 104 | 一部欠 | 14.25 | 1.05 | 2.5 | 20.18 | | 接合○ |
| 105 | 一部欠 | 12.65 | 1.35 | 2.6 | 15.555 | | |
| 106 | 一部欠 | 14.6 | 1.45 | 2.7 | 25.29 | | |
| 107 | 一部欠 | 12.3 | 1.35 | 2.55 | 14.15 | | |
| 108 | 一部欠 | 12.8 | 1.05 | 3.15 | 16.78 | | |
| 109 | ほぼ完形 | 15 | 1.4 | 3.3 | 30.21 | | |
| 110 | ほぼ完形 | 13.35 | 1.5 | 2.8 | 22.8 | | |
| 111 | 一部欠 | 12.8 | 1.7 | 2.9 | 17.4 | | |
| 112 | 一部欠 | 10.5 | 1.85 | 2.75 | 18.46 | | |
| 113 | ほぼ完形 | 14.2 | 1.7 | 3.5 | 26.795 | | 接合○ |
| 114 | ほぼ完形 | 14.1 | 1.45 | 2.8 | 17.845 | | |
| 115 | 一部欠 | 12.95 | 1 | 2.5 | 16.27 | | |
| 116 | 一部欠 | 13.45 | 1.65 | 2.5 | 16.785 | | |
| 117 | ほぼ完形 | 14.2 | 1.45 | 2.8 | 20.07 | | |
| 118 | ほぼ完形 | 12.95 | 1.65 | 2.9 | 28.24 | | |
| 119 | ほぼ完形 | 14.45 | 1.45 | 2.8 | 23.55 | | |
| 120 | 一部欠 | 12.25 | 1.2 | 2.45 | 14.955 | | |
| 121 | 完形 | 13.2 | 1.05 | 2.45 | 13.84 | | |
| 122 | 完形 | 15.2 | 1.35 | 2.65 | 21.685 | | 接合○ |
| 123 | 一部欠 | 13.9 | 1.15 | 2.75 | 16.35 | | 接合○ |
| 124 | ほぼ完形 | 13.85 | 1.4 | 3.35 | 22.24 | ○ | 折返○ |
| 125 | 一部欠 | 16.2 | 1.6 | 2.9 | 24.975 | | |
| 126 | ほぼ完形 | 12.8 | 1.65 | 3.35 | 19.46 | | |
| 127 | ほぼ完形 | 14.45 | 1.2 | 2.65 | 14.45 | | |
| 128 | ほぼ完形 | 16.2 | 1.8 | 3.5 | 30.37 | | |
| 129 | 完形 | 15.8 | 2.2 | 3.6 | 24.69 | | |
| 130 | ほぼ完形 | 14.4 | 1.25 | 3.05 | 20.67 | ○ | |
| 131 | ほぼ完形 | 15.5 | 1.1 | 2.8 | 22.485 | | |
| 132 | 一部欠 | 12.1 | 1.5 | 2.9 | 12.59 | | |
| 133 | ほぼ完形 | 15.7 | 1.4 | 3.5 | 29.01 | | |
| 134 | ほぼ完形 | 14.3 | 1.3 | 3.9 | 18.455 | ○ | |
| 135 | ほぼ完形 | 14.6 | 1.1 | 2.75 | 27.72 | | 接合○ |
| 136 | ほぼ完形 | 13.85 | 1.7 | 2.65 | 17.27 | | |
| 137 | ほぼ完形 | 13.1 | 1.3 | 3 | 18.3 | | |
| 138 | ほぼ完形 | 14.2 | 1.6 | 2.8 | 27.425 | | |
| 139 | ほぼ完形 | 13.6 | 1.4 | 2.65 | 18.625 | | 接合○ |
| 140 | ほぼ完形 | 15.4 | 1.4 | 3.3 | 30.83 | ○ | 接合○ |

## 第 7 表　小鉄鋌観察表（2）

| 番号 | 残存状態 | 最大長 | 最小幅 | 最大幅 | 重量 | 鍛打痕 | 接合・折り返し |
|---|---|---|---|---|---|---|---|
| 141 | 一部欠 | 13.85 | 1.4 | 3.5 | 18.75 | | 接合○ |
| 142 | ほぼ完形 | 12.85 | 1.2 | 2.8 | 24.34 | | 接合○・折返○ |
| 143 | ほぼ完形 | 12.85 | 1.4 | 3.1 | 18.68 | | 接合○ |
| 144 | 一部欠 | 12.7 | 1.25 | 2.3 | 18.745 | | |
| 145 | 一部欠 | 13 | 1.15 | 2.7 | 18.45 | | |
| 146 | 一部欠 | 11.7 | 1.5 | 2.05 | 14.105～ | | 接合○ |
| 147 | 一部欠 | 12.9 | 1.7 | 2 | 15.33 | | 接合○ |
| 148 | 一部欠 | 12 | 1.2 | 2.25 | 12.22 | | 接合○ |
| 149 | 一部欠 | 12.6 | 1.4 | 2.5 | 21.95 | | 接合○ |
| 150 | 一部欠 | 12.9 | 1.5 | 2.5 | 18.07 | | 接合○ |
| 151 | 一部欠 | 10.8 | 1.5 | 2.45 | 13.16 | | |
| 152 | 一部欠 | 10.35 | 1.7 | 2.5 | 13.73 | | |
| 153 | 一部欠 | 11.25 | 1.3 | 2.35 | 16.72 | | |
| 154 | 一部欠 | 12.3 | 1.15 | 2 | 12.37 | | |
| 155 | 一部欠 | 13.2 | 1.3 | 2.8 | 20.78 | | |
| 156 | 一部欠 | 9.5 | 1.4 | 2.3 | 12.01 | | |
| 157 | 一部欠 | 11.3 | 1.4 | 2.2 | 16.99 | | |
| 158 | 一部欠 | 10.5 | 1.5 | 2.6 | 13.36 | | |
| 159 | 一部欠 | 10.25 | 1.15 | 2.4 | 11.43 | | |
| 160 | 欠 | 11 | 1.7 | 2.5 | 13.55～ | | |
| 161 | 一部欠 | 12.5 | 1.6 | 2.15 | 17.22 | | 接合○ |
| 162 | 一部欠 | 12.95 | 1.2 | 2.45 | 21.86 | | 接合○ |
| 163 | 一部欠 | 12.45 | 1.9 | 2.8 | 17.97 | | |
| 164 | 一部欠 | 11.4 | 1.25 | 2.9 | 15.175 | | |
| 165 | 一部欠 | 10.1 | 1.8 | 2.5 | 12.42 | | |
| 166 | 一部欠 | 8.3 | 1.15 | 2.05 | 12.02 | | |
| 167 | 一部欠 | 10.4 | 1.5 | 2.5 | 16.02 | | |
| 168 | 一部欠 | 10.1 | 2 | 2.9 | 16.38 | | 接合○ |
| 169 | 一部欠 | 11.7 | 1.1 | 2.5 | 12.91 | | |
| 170 | 欠 | 9.9 | 1.9 | 3 | 15.140～ | | 接合○ |
| 171 | 欠 | 10.1 | 1.5 | 2.5 | 13.95～ | | |
| 172 | 欠 | 10.8 | 1.7 | 2.2 | 12.45 | | 折返○ |
| 173 | 一部欠 | 9.7 | 1.6 | 2.5 | 11.21 | | |
| 174 | 一部欠 | 11.5 | 1.5 | 2.3 | 15.42 | | 接合○ |
| 175 | 欠 | 10.3 | 1.6 | 2 | 9.57～ | | |
| 176 | 欠 | 8.8 | 1.2 | 2.9 | 10.5～ | | |
| 177 | 一部欠 | 11.3 | 1.7 | 2.7 | 15.89～ | | |
| 178 | 欠 | 11.2 | 1.5 | 2.6 | 12.82～ | | |
| 179 | 欠 | 9.6 | 1.5 | 2.5 | 10.23～ | | |
| 180 | 一部欠 | 10.2 | 2.2 | 2.5 | 17.59 | | 接合○ |
| 181 | 一部欠 | 12.2 | 1.1 | 2.1 | 15.955 | ○ | |
| 182 | 一部欠 | 11.2 | 1.1 | 2.3 | 12.32 | | |
| 183 | 一部欠 | 9.6 | 1.6 | 2.5 | 15.66～ | | 接合○ |
| 184 | 欠 | 10.7 | 1.3 | 2.1 | 11.91 | | |
| 185 | 一部欠 | 11.6 | 1.7 | 2.4 | 11.635 | | 接合○ |
| 186 | ほぼ完形 | 11.5 | 1.4 | 2.9 | 13.4 | | |
| 187 | 一部欠 | 9.8 | 1.4 | 3.3 | 12.115 | | 接合○ |
| 188 | 欠 | 9.4 | 1.6 | 2 | 14.68 | | 接合○ |
| 189 | 一部欠 | 9.3 | 1.2 | 2.15 | 8.51 | | |
| 190 | 一部欠 | 11 | 1.1 | 2.5 | 11.8 | | 接合○ |
| 191 | 欠 | 12 | 1.75 | 2.5 | 17.27 | | 接合○ |
| 192 | 一部欠 | 12.1 | 1.1 | 2 | 14.56 | ○ | 折返○ |
| 193 | 一部欠 | 11.6 | 1.5 | 2.7 | 14.39 | | 接合○ |
| 194 | 一部欠 | 11.7 | 1.2 | 2.7 | 16.17 | | |
| 195 | 一部欠 | 12.2 | 2.1 | 2.7 | 19.25 | | 接合○ |
| 196 | 欠 | 11.1 | 1.4 | 3.2 | 15.4 | | |
| 197 | 一部欠 | 12.7 | 0.9 | 2.2 | 12.79 | | |
| 198 | 一部欠 | 13.8 | 1.6 | 2.7 | 21.415 | | |
| 199 | 一部欠 | 11.2 | 1.7 | 2.6 | 13.81 | | |
| 200 | 一部欠 | 11 | 1.8 | 2.4 | 12.3 | | |
| 201 | 一部欠 | 11 | 1.3 | 2.1 | 11.545 | | |
| 202 | 一部欠 | 12.7 | 2.1 | 3.3 | 47.03 | | 接合○ |
| 203 | 一部欠 | 11.8 | 1.3 | 2.5 | 13.08 | | |
| 204 | 一部欠 | 11 | 1.7 | 2.7 | 13.6 | | 接合○ |
| 205 | 一部欠 | 12.3 | 1 | 2.6 | 13.52 | ○ | |
| 206 | 欠 | 10.3 | 1.4 | 2.1 | 12.5 | | |
| 207 | ほぼ完形 | 14.2 | 1.3 | 3.9 | 27.89 | | |
| 208 | 一部欠 | 11.6 | 1.6 | 2.7 | 20.8 | | |
| 209 | 一部欠 | 12.6 | 1.2 | 2.3 | 11.18 | | |
| 210 | 一部欠 | 12.1 | 1.4 | 2.2 | 16.3 | ○ | |

| 番号 | 残存状態 | 最大長 | 最小幅 | 最大幅 | 重量 | 鍛打痕 | 接合・折り返し |
|---|---|---|---|---|---|---|---|
| 211 | 一部欠 | 12.9 | 1.6 | 2.7 | 19.14 | | |
| 212 | 一部欠 | 11.9 | 1.8 | 2.5 | 16.21 | | 接合○ |
| 213 | ほぼ完形 | 14.2 | 1.4 | 2.7 | 26.57 | | |
| 214 | ほぼ完形 | 13.5 | 1.7 | 2.9 | 23.67 | | |
| 215 | 一部欠 | 13.75 | 0.7 | 1.9 | 11.11 | | 接合○ |
| 216 | 一部欠 | 13.6 | 1.3 | 2.3 | 16.45 | | |
| 217 | 一部欠 | 13.9 | 1.8 | 2.5 | 16.73 | | |
| 218 | 完形 | 14.4 | 1.3 | 3 | 23.38 | | |
| 219 | 一部欠 | 14.4 | 1.8 | 2.6 | 32.26 | | |
| 220 | ほぼ完形 | 12.6 | 1.3 | 2.3 | 11.94 | | 接合○ |
| 221 | ほぼ完形 | 13.3 | 1.6 | 2.9 | 17.47 | | 接合○ |
| 222 | 一部欠 | 12.7 | 2.1 | 3.3 | 17.54 | | |
| 223 | 完形 | 20.5 | 1.45 | 3.3 | 26.33 | | |
| 224 | 一部欠 | 13.5 | 1.7 | 2.6 | 26.17 | | 接合○ |
| 225 | ほぼ完形 | 12.9 | 1.7 | 2.6 | 20.42 | | 接合○ |
| 226 | ほぼ完形 | 14.4 | 1.8 | 2.8 | 21.65 | ○ | |
| 227 | 一部欠 | 12 | 1.2 | 2 | 11.14 | | 接合○ |
| 228 | ほぼ完形 | 14.4 | 1.3 | 3.2 | 29.03 | | 接合○ |
| 229 | 一部欠 | 12.5 | 1.5 | 2.4 | 20.76 | | |
| 230 | 一部欠 | 15.65 | 1.6 | 2.2 | 37.26 | | 接合○ |
| 231 | 一部欠 | 12.6 | 1.7 | 3.2 | 21.31 | | 接合○ |
| 232 | 一部欠 | 12.4 | 1.5 | 2.9 | 24.43 | | 接合○・折返○ |
| 233 | ほぼ完形 | 13.7 | 1.85 | 2.95 | 20.29 | ○ | |
| 234 | 一部欠 | 12.55 | 1.2 | 3.3 | 17.445 | | |
| 235 | 一部欠 | 12 | 1.1 | 2.1 | 13.79 | ○ | 接合○ |
| 236 | 一部欠 | 11.3 | 1.2 | 2.2 | 14.19 | | |
| 237 | ほぼ完形 | 12.6 | 1.4 | 2.8 | 20.635 | ○ | |
| 238 | 一部欠 | 13.3 | 1.1 | 2.2 | 15.71 | | 接合○ |
| 239 | ほぼ完形 | 14 | 1.5 | 2.9 | 21.88 | | 接合○ |
| 240 | 一部欠 | 14.4 | 1.1 | 2.1 | 13.59 | | |
| 241 | 一部欠 | 12.6 | 1.2 | 3 | 18.15 | | 接合○ |
| 242 | ほぼ完形 | 13.2 | 1.3 | 2.9 | 18.28 | ○ | 接合○ |
| 243 | ほぼ完形 | 13.6 | 1.5 | 3.3 | 17.83 | ○ | 接合○ |
| 244 | ほぼ完形 | 13.6 | 1.4 | 2.9 | 19.16 | | |
| 245 | 一部欠 | 11.95 | 1.7 | 3.1 | 17.39 | | |
| 246 | 一部欠 | 12.7 | 1.45 | 3.6 | 22.37 | | |
| 247 | ほぼ完形 | 14.3 | 1.4 | 2.4 | 15.29 | ○ | |
| 248 | 欠 | 12.2 | 1.45 | 2.05 | 17.14 | | |
| 249 | ほぼ完形 | 13.3 | 1.3 | 3.4 | 19.71 | ○ | 接合○ |
| 250 | ほぼ完形 | 12.3 | 1.7 | 2.4 | 18.24 | | 接合○ |
| 251 | 一部欠 | 13 | 2 | 3.2 | 24.22 | | 接合○ |
| 252 | ほぼ完形 | 12.8 | 1 | 2.5 | 17.135 | | 接合○ |
| 253 | 一部欠 | 12.3 | 1.4 | 2.6 | 24.02 | ○ | 接合○ |
| 254 | 一部欠 | 13.7 | 1.45 | 2.4 | 16.045 | ○ | |
| 255 | 欠 | 11.3 | 2.25 | 2.8 | 17.475 | | 接合○ |
| 256 | 一部欠 | 12.2 | 1.7 | 3.3 | 20.81 | | 接合○ |
| 257 | 一部欠 | 12.3 | 1.65 | 2.9 | | | 接合○・折返○ |
| 258 | ほぼ完形 | 12.9 | 1.1 | 2.1 | 16.455 | ○ | |
| 259 | 一部欠 | 12.5 | 1.25 | 2.2 | 16.58 | | 接合○ |
| 260 | 一部欠 | 13 | 0.95 | 2 | 15.4 | | |
| 261 | 一部欠 | 12.4 | 1.5 | 2.3 | 15.06 | | |
| 262 | ほぼ完形 | 14.9 | 1.45 | 3.25 | 25.62 | ○ | 接合○ |
| 263 | ほぼ完形 | 14.55 | 1.35 | 3.15 | 22.07 | ○ | 接合○ |
| 264 | ほぼ完形 | 18.5 | 1.25 | 3.05 | 25.73 | ○ | 接合○ |
| 265 | 完形 | 13 | 1.45 | 2.15 | 17.72 | ○ | |
| 266 | 一部欠 | 13.4 | 1.3 | 2.5 | 18.28 | | |
| 267 | 一部欠 | 15.2 | 1.2 | 2.6 | 23.53 | ○ | 接合○ |
| 268 | 一部欠 | 13.6 | 1.4 | 2.8 | 24.56 | ○ | 接合○ |
| 269 | 一部欠 | 12.4 | 1.4 | 2.6 | 15.44 | | 接合○ |
| 270 | 一部欠 | 14.1 | 1.6 | 2.5 | 17.39 | | |
| 271 | 一部欠 | 13.8 | 1.3 | 3.3 | 20.375 | | 接合○ |
| 272 | ほぼ完形 | 13.5 | 1.4 | 3.3 | 19.42 | ○ | 接合○ |
| 273 | ほぼ完形 | 14.4 | 1.2 | 3.1 | 23.295 | | |
| 274 | ほぼ完形 | 15.2 | 1.3 | 3 | 29.1 | ○ | 接合○ |
| 275 | 一部欠 | 14.3 | 0.9 | 3.1 | 16.32 | | |
| 276 | 完形 | 15.2 | 1.2 | 2.6 | 26.16 | ○ | |
| 277 | 一部欠 | 13.1 | 1.6 | 2.8 | 15.395 | ○ | |
| 278 | 一部欠 | 13.5 | 1.5 | 2.2 | 14.14 | ○ | |
| 279 | 一部欠 | 14.9 | 1.7 | 3.6 | 24.53 | ○ | 接合○ |
| 280 | ほぼ完形 | 14.2 | 1 | 2.15 | 16.675 | | 接合○ |

## 第８表　小鉄鋌観察表（３）

| 番号 | 残存状態 | 最大長 | 最小幅 | 最大幅 | 重量 | 鍛打痕 | 接合・折り返し |
|---|---|---|---|---|---|---|---|
| 281 | 一部欠 | 14.1 | 1.1 | 2.5 | 14.04 | | |
| 282 | 一部欠 | 11.1 | 1.4 | 2.4 | 14.41 | | |
| 283 | ほぼ完形 | 14.9 | 1.5 | 3 | 18.75 | | |
| 284 | 一部欠 | 12.6 | 1.95 | 3.3 | 26.28 | | 折返○ |
| 285 | 一部欠 | 13.7 | 1.8 | 2.7 | 17.045 | | |
| 286 | 一部欠 | 14.3 | 1.5 | 2.6 | 14.34 | ○ | |
| 287 | ほぼ完形 | 14 | 1.55 | 2.3 | 20.205 | | |
| 288 | ほぼ完形 | 13.1 | 1.1 | 2.7 | 17.81 | | |
| 289 | 一部欠 | 12.7 | 1.5 | 2.4 | 17.495 | | |
| 290 | 一部欠 | 12.7 | 1.6 | 2.4 | 21.955 | | 接合○ |
| 291 | ほぼ完形 | 15.1 | 1.6 | 3 | 24.85 | | |
| 292 | 一部欠 | 12.7 | 1.35 | 2.8 | 16.8 | | |
| 293 | 一部欠 | 14.1 | 1.6 | 2.4 | 19.65 | | |
| 294 | 一部欠 | 10.8 | 1.25 | 2.3 | 14.48 | | |
| 295 | 一部欠 | 11 | 1.25 | 1.8 | 14.56 | | |
| 296 | 一部欠 | 11.3 | 1.3 | 2.1 | 15.845 | | 折返○ |
| 297 | 一部欠 | 11.8 | 1.6 | 2.5 | 19.905 | | 折返○ |
| 298 | 一部欠 | 11.4 | 1.35 | 2.6 | 15.69 | | 接合○ |
| 299 | 一部欠 | 12.7 | 1.8 | 2.3 | 29.515 | | |
| 300 | ほぼ完形 | 14.3 | 1.55 | 2.8 | 24.43 | | |
| 301 | 一部欠 | 11.3 | 1.4 | 2.4 | 12.51 | | 接合○ |
| 302 | 一部欠 | 12.8 | 1.3 | 3.2 | 15.81 | | |
| 303 | 一部欠 | 12.1 | 1.3 | 2.9 | 18.26 | | |
| 304 | ほぼ完形 | 13.7 | 1.05 | 2.3 | 16.76 | | |
| 305 | ほぼ完形 | 13.5 | 1.6 | 3 | 24.08 | | |
| 306 | 完形 | 12.2 | 1.2 | 2.2 | 13.48 | | |
| 307 | 一部欠 | 12.6 | 2.2 | 2.8 | 26.015 | | 接合○ |
| 308 | 一部欠 | 13.9 | 1.55 | 2.3 | 20.32 | | |
| 309 | ほぼ完形 | 12.6 | 1.9 | 3.3 | 20.55 | | 接合○ |
| 310 | 完形 | 12.4 | 1.1 | 3.2 | 19.32 | | 接合○ |
| 311 | ほぼ完形 | 12.8 | 1.3 | 2.1 | 18.25 | | |
| 312 | ほぼ完形 | 13 | 1.6 | 3.4 | 22.645 | | |
| 313 | 一部欠 | 12.3 | 1.7 | 3.9 | 17.52 | | |
| 314 | 一部欠 | 12.4 | 1.4 | 2.8 | 17.04 | ○ | |
| 315 | 一部欠 | 11.8 | 1.2 | 2.6 | 15.47 | | |
| 316 | ほぼ完形 | 14.1 | 1.7 | 3.5 | 21.075 | | |
| 317 | ほぼ完形 | 13.6 | 1.35 | 3.2 | 23.89 | | 接合○ |
| 318 | ほぼ完形 | 13.3 | 1.9 | 2.4 | 22.83 | ○ | |
| 319 | 一部欠 | 12.1 | 1 | 2.4 | 15.025 | | |
| 320 | 一部欠 | 11.4 | 1.4 | 2.1 | 16.965 | | 接合○ |
| 321 | ほぼ完形 | 12.6 | 1.3 | 2.6 | 17.52 | | 接合○ |
| 322 | ほぼ完形 | 13.3 | 1.2 | 2.1 | 11.44 | | |
| 323 | ほぼ完形 | 11.9 | 1.6 | 2.5 | 16.44 | | |
| 324 | ほぼ完形 | 13.9 | 1.3 | 2.6 | 16.76 | | |
| 325 | ほぼ完形 | 15 | 2.3 | 3.5 | 38.35 | | 接合○ |
| 326 | 一部欠 | 13.3 | 1.55 | 3.7 | 16.775 | | |
| 327 | 一部欠 | 13.5 | 1.8 | 3.2 | 17.72 | | |
| 328 | 一部欠 | 16.7 | 1.6 | 2.2 | 16.2 | | |
| 329 | 一部欠 | 12.75 | 1.5 | 2.6 | 18.06 | | |
| 330 | 一部欠 | 14 | 1.3 | 2.3 | 17.84 | | |
| 331 | ほぼ完形 | 13.5 | 1.3 | 2.1 | 16.35 | | |
| 332 | 一部欠 | 12.8 | 1.8 | 3.9 | 22.53 | | |
| 333 | 一部欠 | 11.8 | 1.7 | 3.1 | 23.32 | | 接合○ |
| 334 | ほぼ完形 | 15 | 1.4 | 3.1 | 23.74 | | |
| 335 | ほぼ完形 | 14.1 | 1.2 | 2.8 | 20.7 | | 接合○ |
| 336 | ほぼ完形 | 14.1 | 1.55 | 2.65 | 24.795 | | |
| 337 | ほぼ完形 | 14.8 | 1.7 | 3.2 | 25.615 | | 接合○ |
| 338 | 一部欠 | 13.6 | 1.45 | 3.3 | 21.56 | | 接合○ |
| 339 | ほぼ完形 | 14.9 | 1.4 | 2.6 | 20.215 | | |
| 340 | ほぼ完形 | 13.5 | 1.4 | 2.6 | 21.07 | | |
| 341 | 完形 | 14.3 | 1.4 | 2.6 | 17.76 | | |
| 342 | 一部欠 | 11.15 | 1.25 | 2.4 | 16.735 | | |
| 343 | 一部欠 | 11.2 | 1.3 | 3.1 | 16.09 | | |
| 344 | 一部欠 | 12.85 | 1.1 | 2 | 14.45 | | 接合○ |
| 345 | 一部欠 | 11.8 | 1.7 | 2.5 | 20.61 | | |
| 346 | 一部欠 | 11.8 | 1.6 | 2.2 | 13.78 | | |
| 347 | 一部欠 | 13.7 | 2 | 2.8 | 16.41 | | 接合○ |
| 348 | 一部欠 | 13.9 | 1.5 | 3.6 | 18.59 | | |
| 349 | ほぼ完形 | 14.6 | 1.4 | 2.9 | 23.42 | | |
| 350 | 一部欠 | 13.25 | 1.2 | 2.3 | 17.1 | | |

| 番号 | 残存状態 | 最大長 | 最小幅 | 最大幅 | 重量 | 鍛打痕 | 接合・折り返し |
|---|---|---|---|---|---|---|---|
| 351 | 欠 | 10.7 | 1.7 | 2.4 | | | |
| 352 | 欠 | 9.4 | 1.3 | 2.85 | | | |
| 353 | 欠 | 12.3 | 1.7 | 2.6 | | | |
| 354 | 欠 | 11.1 | 1.3 | 2.3 | | | |
| 355 | 欠 | 10 | 0.9 | 3.5 | | | 接合○ |
| 356 | 欠 | 8 | 1.6 | 3.2 | | | |
| 357 | 欠 | 10.7 | 1 | 1.9 | | | |
| 358 | 欠番 | | | | | | |
| 359 | 一部欠 | 12 | 1.25 | 3 | 15.18 | | |
| 360 | 一部欠 | 11.2 | 1 | 2.8 | 11.19 | | |
| 361 | 一部欠 | 13.8 | 1.2 | 2.1 | 15.25 | | |
| 362 | ほぼ完形 | 14.4 | 1.1 | 2.6 | 19.21 | | 接合○ |
| 363 | 欠 | 11.3 | 1.35 | 2.5 | | | 折返○ |
| 364 | 一部欠 | 13.5 | 1.3 | 2.3 | 15.54 | | |
| 365 | 一部欠 | 13.2 | 1.7 | 3.3 | 19.38 | | 接合○ |
| 366 | 一部欠 | 12.85 | 1.5 | 2.4 | | | 接合○ |
| 367 | 一部欠 | 13.2 | 1.2 | 2.7 | 14.61 | | |
| 368 | ほぼ完形 | 13.1 | 1 | 2.9 | 21.5 | | 接合○ |
| 369 | 一部欠 | 11.8 | 1.2 | 2.4 | | | |
| 370 | 一部欠 | 13.2 | 1.3 | 3.3 | | | |
| 371 | 一部欠 | 11.9 | 1.5 | 2.3 | | | |
| 372 | 一部欠 | 11.7 | 1.1 | 2.2 | | | |
| 373 | 一部欠 | 13.2 | 1.35 | 3 | 17.16 | | |
| 374 | 欠 | 9.7 | 1.2 | 1.9 | | | |
| 375 | 一部欠 | 11.8 | 1.2 | 2.4 | | ○ | |
| 376 | 一部欠 | 12.3 | 1.15 | 2.2 | 10.61 | | |
| 377 | ほぼ完形 | 14.7 | 1.5 | 2.5 | 17.42 | | |
| 378 | 一部欠 | 13.3 | 1.4 | 2 | | | |
| 379 | ほぼ完形 | 13.4 | 1.4 | 3 | 17.55 | | 接合○ |
| 380 | ほぼ完形 | 12 | 1.9 | 2.8 | 22.78 | | 接合○ |
| 381 | 欠 | 11.6 | 1.2 | 2.4 | | | |
| 382 | ほぼ完形 | 13.5 | 1.4 | 2.5 | 16.49 | | |
| 383 | 一部欠 | 11.8 | 1.55 | 3.6 | 18.42 | | 接合○ |
| 384 | 一部欠 | 12.2 | 0.6 | 2.1 | | | |
| 385 | ほぼ完形 | 13.6 | 1.5 | 3.1 | 21.09 | ○ | |
| 386 | 一部欠 | 12.2 | 1.5 | 3 | | | |
| 387 | 一部欠 | 12 | 1.4 | 2.2 | | | 接合○ |
| 388 | ほぼ完形 | 14.3 | 1.4 | 3.1 | 21.16 | | |
| 389 | ほぼ完形 | 15.1 | 1.7 | 2.7 | 20.71 | | 接合○ |
| 390 | 一部欠 | 15.6 | 1.8 | 3.2 | 19.95 | ○ | |
| 391 | 一部欠 | 11.9 | 1.4 | 2.9 | 14.59 | | 接合○ |
| 392 | ほぼ完形 | 12.4 | 1.4 | 2.7 | 19.12 | ○ | |
| 393 | ほぼ完形 | 13.4 | 1.4 | 2.5 | 18.68 | | |
| 394 | 一部欠 | 13 | 1 | 2.4 | | | |
| 395 | ほぼ完形 | 14.3 | 1.2 | 2.4 | 17.8 | | |
| 396 | ほぼ完形 | 13.3 | 1.3 | 2.3 | 16.17 | | 接合○ |
| 397 | ほぼ完形 | 2.3 | 1.3 | 2.3 | 20.01 | | |
| 398 | ほぼ完形 | 12.8 | 1.2 | 2.4 | 15.51 | | |
| 399 | ほぼ完形 | 13.7 | 1.5 | 3.2 | 22.38 | | 接合○ |
| 400 | ほぼ完形 | 10.9 | 1.3 | 2.1 | 18.67 | | |
| 401 | 一部欠 | 13.1 | 1.2 | 2.7 | 18.39 | | |
| 402 | 一部欠 | 11.6 | 1.2 | 3.3 | | | |
| 403 | 欠 | 9.3 | 1.3 | 2.5 | 15.93 | | |
| 404 | 欠 | 9.9 | 1.1 | 1.9 | 10.73 | | |
| 405 | 一部欠 | 11.9 | 1.1 | 2.7 | 12.49 | | |
| 406 | 一部欠 | 13.4 | 1.3 | 2.2 | 14.81 | | 折返○ |
| 407 | 一部欠 | 13.2 | 1.5 | 3 | 23.85 | | 接合○ |
| 408 | 一部欠 | 13.2 | 1.7 | 2.4 | 20.39 | | |
| 409 | ほぼ完形 | 13.8 | 1.4 | 3 | 20.23 | ○ | |
| 410 | 一部欠 | 12.8 | 1.2 | 2.8 | | | |
| 411 | 一部欠 | 12.3 | 1.3 | 2.3 | 15.6 | | |
| 412 | 一部欠 | 12.25 | 0.8 | 2.2 | 14.82 | | |
| 413 | 一部欠 | 13.5 | 1.15 | 2.25 | 11.31 | | |
| 414 | 一部欠 | 13.7 | 1.2 | 2.2 | 15.42 | | |
| 415 | ほぼ完形 | 13.65 | 1.4 | 2.65 | 17.66 | | |
| 416 | ほぼ完形 | 13.5 | 1.25 | 2.1 | 16.35 | | |
| 417 | ほぼ完形 | 13.8 | 1.1 | 2.1 | 13.76 | | 接合○ |
| 418 | ほぼ完形 | 10.5 | 1.4 | 2.5 | 16.89 | | |
| 419 | 一部欠 | 12.8 | 1.4 | 2.4 | 13.27 | | |
| 420 | ほぼ完形 | 14.1 | 0.8 | 3 | 17.38 | | |

## 第９表　小鉄鋌観察表（４）

| 番号 | 残存状態 | 最大長 | 最小幅 | 最大幅 | 重量 | 鍛打痕 | 接合・折り返し |
|---|---|---|---|---|---|---|---|
| 421 | 欠 | 9.25 | 1.4 | 2 | | | |
| 422 | 欠 | 9.8 | 0.9 | 2.6 | | | 接合○ |
| 423 | 欠 | 7.8 | 1.3 | 2.6 | | | |
| 424 | 欠 | 8.2 | 1.5 | 2.2 | | | |
| 425 | 欠 | 9.3 | 0.9 | 1.6 | | | |
| 426 | 欠 | 8.95 | 1.3 | 3.1 | | | 接合○ |
| 427 | 欠 | 9.8 | 1.7 | 2.1 | | | |
| 428 | 欠 | 8.8 | 0.9 | 1.9 | | | |
| 429 | 欠 | 11.8 | 1.3 | 3 | | | |
| 430 | 欠 | 9.5 | 1.5 | 2.4 | | | |
| 431 | 欠 | 9.1 | 2.2 | 3.2 | | | |
| 432 | 欠 | 8.35 | 1.55 | 2.95 | | | |
| 433 | 欠 | 9.8 | 0.9 | 1.8 | | | |
| 434 | 欠 | 10.6 | 1.4 | 3.1 | | | |
| 435 | 欠 | 8.6 | 2 | 3.4 | | | |
| 436 | 欠 | 8.54 | 1.4 | 2.35 | | | |
| 437 | 欠 | 9.3 | 1.3 | 2.05 | | | |
| 438 | 欠 | 8.4 | 1.7 | 2.3 | | | |
| 439 | 欠 | 9.1 | 1.3 | 2.3 | | | 接合○ |
| 440 | 欠 | 7.8 | 1.2 | 1.8 | | | |
| 441 | 欠 | 8.8 | －0.6 | 1.9 | | | |
| 442 | 欠 | 9.4 | 1.3 | 2.05 | | | |
| 443 | 欠 | 7 | 1.15 | 1.65 | | | |
| 444 | 欠 | 7.4 | －0.8 | 1.7 | | | |
| 445 | 欠 | 8 | 0.4 | 1.4 | | | |
| 446 | 欠 | 9.9 | 1.1 | 2.5 | | | |
| 447 | 欠 | 7.9 | 1.2 | 2.7 | | | |
| 448 | 欠 | 9.2 | 1.7 | －2.3 | | | |
| 449 | 欠 | 9.6 | 1.6 | 2.4 | | | |
| 450 | 欠 | 9 | 1.2 | 3.4 | | | |
| 451 | 欠 | 9.9 | 1.4 | 2.6 | | | |
| 452 | 欠 | 9.2 | 1.5 | 2.6 | | | |
| 453 | 欠 | 8.9 | 1.2 | 1.7 | | | |
| 454 | 欠 | 8.7 | 1.2 | 2.2 | | | |
| 455 | 欠 | 9.85 | 1.35 | 2.65 | | | |
| 456 | 欠 | 9.7 | 1.5 | 2.6 | | | |
| 457 | 欠 | 9.4 | 1.3 | 2.2 | | | |
| 458 | 欠 | 10.2 | 1.1 | 2.7 | | | |
| 459 | 欠 | 9.3 | 1.4 | 2.9 | | | |
| 460 | 欠 | 9.4 | 1.6 | 2.1 | | | |
| 461 | 欠 | 11.5 | 1.15 | 2.7 | | | |
| 462 | 欠 | 8.6 | 1.5 | 2.7 | | | |
| 463 | 欠 | 9.5 | 1.35 | 2.55 | | | |
| 464 | 欠 | 8.4 | 1.4 | 2.1 | | | |
| 465 | 欠 | 9.5 | 1.4 | 2.7 | | | |
| 466 | 欠 | 9.7 | 1.4 | 2.3 | | | |
| 467 | 欠 | 8.5 | 1.3 | 2.45 | | | |
| 468 | 欠 | 8.6 | 1.6 | 2.2 | | | 接合○ |
| 469 | 欠 | 8.8 | 1.1 | 1.5 | | | 接合○ |
| 470 | 欠 | 8.6 | 1.4 | 2.6 | | | |
| 471 | 欠 | 6.8 | 1.5 | 3.1 | | | |
| 472 | 欠 | 7.2 | 1.4 | 2.3 | | | |
| 473 | 欠 | 5.9 | 1 | 2.4 | | | |
| 474 | 欠 | 6.4 | 1.2 | 2.1 | | | |
| 475 | 欠 | 6.2 | 1.3 | 2.4 | | | |
| 476 | 欠 | 6.4 | 1.15 | 2.1 | | | |
| 477 | 欠 | 7.3 | 1.2 | 1.6 | | | |
| 478 | 欠 | 6.8 | 1.4 | 1.8 | | | |
| 479 | 欠 | 9 | 1.2 | 1.6 | | | 接合○ |
| 480 | 欠 | 8.2 | 1.6 | 2.1 | | | 接合○ |
| 481 | 欠 | 7.1 | 1.45 | 1.9 | | | |
| 482 | 欠 | 6.9 | 1.3 | 2.3 | | | |
| 483 | 欠 | 6 | 1.55 | 3.15 | | | 接合○ |
| 484 | 欠 | 7.5 | 0.9 | 1.5 | | | 接合○ |
| 485 | 欠 | 7.8 | 1.3 | 2.15 | | | |
| 486 | 欠 | 10.4 | 1.1 | 2.1 | | | |
| 487 | 欠 | 8.1 | 0.9 | 1.7 | | | |
| 488 | 欠 | 8.8 | 1.3 | 2.8 | | | |
| 489 | 欠 | 7.3 | 1.4 | 2.4 | | | |
| 490 | 欠 | 6.6 | 1.1 | 2.2 | | | |

| 番号 | 残存状態 | 最大長 | 最小幅 | 最大幅 | 重量 | 鍛打痕 | 接合・折り返し |
|---|---|---|---|---|---|---|---|
| 491 | 欠 | 6.5 | 1.7 | 2.3 | | | |
| 492 | 欠 | 6.9 | 1.1 | 1.8 | | | |
| 493 | 欠 | 7.8 | 1.1 | 1.6 | | | 接合○ |
| 494 | 欠 | 6.2 | 1.5 | 2.2 | | | |
| 495 | 欠 | 4.9 | 1.9 | 2.2 | | | |
| 496 | 欠 | 5.7 | －1.35 | 2.1 | | | |
| 497 | 欠 | 10.1 | 0.9 | 2.2 | | | 接合○ |
| 498 | 欠 | 8.6 | 1.1 | 2.1 | | | |
| 499 | 欠 | 7.7 | 1.4 | 1.9 | | | |
| 500 | 欠 | 8.8 | 1.5 | 2.6 | | | 接合○ |
| 501 | 欠 | 6.1 | 2.7 | 3 | | | |
| 502 | 欠 | 7.1 | 1.4 | 2.4 | | | 接合○ |
| 503 | 欠 | 6.5 | 1.1 | 1.8 | | | |
| 504 | 欠 | 8.1 | 1.7 | 3 | | | |
| 505 | 欠 | 8.2 | 1.4 | 2.8 | | | 接合○ |
| 506 | 欠 | 7.4 | 1.1 | 1.9 | | | |
| 507 | 欠 | 8.1 | 1.7 | 2.2 | | | |
| 508 | 欠 | 7.1 | 1.4 | 2.5 | | | |
| 509 | 欠 | 6.2 | 1.4 | 2.4 | | | |
| 510 | 欠 | 5.25 | 2.3 | 2.6 | | | |
| 511 | 欠 | 6 | 1.6 | 2.6 | | | 接合○ |
| 512 | 欠 | 5.6 | 1.9 | 3 | | | |
| 513 | 欠 | 5.6 | 0.9 | 1.5 | | | |
| 514 | 欠 | 5.5 | 1.4 | 2.4 | | | |
| 515 | 欠 | 6.2 | 1.2 | 2.4 | | | |
| 516 | 欠 | 6.4 | 1.8 | 2.2 | | | |
| 517 | 欠 | 8.4 | 1 | 2 | | | 接合○ |
| 518 | 欠 | 7.5 | 1.2 | 1.6 | | | |
| 519 | 欠 | 8 | 1.2 | 2.8 | | | |
| 520 | 欠 | 8.4 | 1.4 | 2.2 | | | |
| 521 | 欠 | 5.9 | 2.1 | 2.6 | | | |
| 522 | 欠 | 5.1 | 1.7 | 2.5 | | | |
| 523 | 欠 | 6.6 | 1.4 | 2.2 | | | |
| 524 | 欠 | 5.7 | 1 | 2 | | | |
| 525 | 欠 | 6 | 1.8 | 2.35 | | | |
| 526 | 欠 | 5.2 | 1.3 | 1.9 | | | |
| 527 | 欠 | 8.4 | 1.4 | 1.8 | | | 接合○ |
| 528 | 欠 | 7.4 | 1.2 | 1.6 | | | |
| 529 | 欠 | 4.8 | 1.1 | 1.7 | | | |
| 530 | 欠 | 4.8 | 1.7 | 2.5 | | | |
| 531 | 欠 | 4.95 | 1.5 | 2.4 | | | |
| 532 | 欠 | 5.3 | 1.7 | 3 | | | |
| 533 | 欠 | 6.6 | 1.7 | 2.1 | | | 接合○ |
| 534 | 欠 | 6.5 | 1.6 | 2.4 | | | |
| 535 | 欠 | 7.2 | 1.2 | 2.2 | | | |
| 536 | 欠 | 6.2 | 1.6 | 2 | | | |
| 537 | 欠 | 5.3 | 1.2 | 1.85 | | | 接合○ |
| 538 | 欠 | 5.3 | 1.9 | 2.65 | | | |
| 539 | 欠 | 5 | 1.15 | 1.9 | | | 接合○ |
| 540 | 欠 | 5.1 | 1.5 | 1.9 | | | |
| 541 | 欠 | 6.1 | 1.35 | 2.3 | | | |
| 542 | 欠 | 9.4 | 0.6 | 2.1 | | | |
| 543 | 欠 | 6.1 | 1 | 2 | | | |
| 544 | 欠 | 5.3 | 1.3 | 2.35 | | | |
| 545 | 欠 | 5.5 | 1.6 | 2.6 | | | |
| 546 | 欠 | 5.7 | 1.3 | 2.2 | | | |
| 547 | 欠 | 5.85 | 1.7 | 2.4 | | | |
| 548 | 欠 | 4.3 | 1.1 | 1.55 | | | |
| 549 | 欠 | 5 | 1.25 | 2.2 | | | |
| 550 | 欠 | 5.5 | 1.6 | 2.65 | | | |
| 551 | 欠 | 4.8 | 0.7 | 1.6 | | | |
| 552 | 欠 | 6.75 | 1.3 | 2.35 | | | |
| 553 | 欠 | 6.4 | 0.9 | 1.8 | | | |
| 554 | 欠 | 6.1 | 1.5 | 2.25 | | | |
| 555 | 欠 | 5.9 | 1.5 | 1.9 | | | |
| 556 | 欠 | 6.9 | 1.3 | 1.9 | | | |
| 557 | 欠 | 5.1 | 1.55 | 2.1 | | | |
| 558 | 欠 | 4.7 | 1.3 | 2 | | | |
| 559 | 欠 | 5.9 | 1.35 | 2.3 | | | |
| 560 | 欠 | 6.5 | 0.95 | 1.65 | | | |

## 第10表　小鉄鋌観察表（５）

| 番号 | 残存状態 | 最大長 | 最小幅 | 最大幅 | 重量 | 鍛打痕 | 接合・折り返し |
|---|---|---|---|---|---|---|---|
| 561 | 欠 | 6.9 | 1 | 2.3 | | | |
| 562 | 欠 | 5.85 | 0.75 | 1.85 | | | 接合○ |
| 563 | 欠 | 5.4 | 1.3 | 1.85 | | | |
| 564 | 欠 | 4.45 | 1.2 | 2.3 | | | 接合○ |
| 565 | 欠 | 6.2 | 2 | 2.5 | | | |
| 566 | 欠 | 4.4 | 1.5 | −2.8 | | | |
| 567 | 欠 | 5.2 | 1.8 | 2.1 | | | |
| 568 | 欠 | 5.3 | 1.25 | 2.85 | | | |
| 569 | 欠 | 4.5 | 1.6 | 3.7 | | | |
| 570 | 欠 | 5.4 | 1.5 | 1.9 | | | |
| 571 | 欠 | 5.8 | 1.1 | 1.7 | | | |
| 572 | 欠 | 6.5 | 1.5 | 2.2 | | | |
| 573 | 欠 | 6.35 | 1.65 | 3.2 | | | |
| 574 | 欠 | 5.6 | 1 | 2.05 | | | |
| 575 | 欠 | 6.1 | 1 | 1.3 | | | |
| 576 | 欠 | 5.75 | 1.2 | 1.6 | | | |
| 577 | 欠 | 5.7 | 0.55 | 2.6 | | | |
| 578 | 欠 | 6.3 | 1.25 | 2.05 | | | |
| 579 | 欠 | 4.9 | 1.65 | 3.1 | | | |
| 580 | 欠 | 6.4 | 1 | 1.5 | | | |
| 581 | 欠 | 7.85 | 1.5 | 2.4 | | | |
| 582 | 欠 | 9.1 | 1.45 | 2.2 | | | |
| 583 | 欠 | 8.2 | 2 | 2.85 | | | |
| 584 | 欠 | 6.9 | 1.2 | 2.8 | | | |
| 585 | 欠 | 7.3 | 1.5 | 2.8 | | | |
| 586 | 欠 | 7.9 | 1.5 | 1.85 | | | |
| 587 | 欠 | 7 | 1.1 | 2.2 | | | |
| 588 | 欠 | 7.5 | 1.4 | 3.2 | | | |
| 589 | 欠 | 6.3 | 1.5 | 2.4 | | | |
| 590 | 欠 | 6.05 | 1.1 | 2.4 | | | |
| 591 | 欠 | 6.7 | 1.5 | 1.9 | | | 接合○ |
| 592 | 欠 | 7 | 2.05 | 2.6 | | | |
| 593 | 欠 | 7.6 | 1.3 | 1.9 | | | 接合○ |
| 594 | 欠 | 7.35 | 1.3 | 2.25 | | | |
| 595 | 欠 | 8.8 | 1.6 | 2.1 | | | |
| 596 | 欠 | 8 | 1.85 | 2.7 | | | |
| 597 | 欠 | 8.85 | 1.5 | 1.95 | | | |
| 598 | 欠 | 9.45 | 1.3 | 2.45 | | | |
| 599 | 欠 | 7.1 | 1.9 | 2.65 | | | |
| 600 | 欠 | 7.35 | 1.2 | 2.05 | | | |
| 601 | 欠 | 8.6 | 2 | 2.6 | | | |
| 602 | 欠 | 8.25 | 1 | 3.1 | | | |
| 603 | 欠 | 8.15 | 1.6 | 2.1 | | | |
| 604 | 欠 | 6.5 | 2 | 2.7 | | | |
| 605 | 欠 | 6.9 | 1.3 | 2.7 | | | |
| 606 | 欠 | 7.7 | 0.8 | 2.4 | | | |
| 607 | 欠 | 7.35 | 1.4 | 1.6 | | | |
| 608 | 欠 | 7 | 1.4 | 2.4 | | | |
| 609 | 欠 | 7.3 | 1.6 | 2.3 | | | |
| 610 | 欠 | 7.1 | 1.4 | 3.2 | | | 接合○ |
| 611 | 欠 | 7.7 | 1.5 | 1.8 | | | |
| 612 | 欠 | 6.4 | 1.55 | 2.1 | | | |
| 613 | 欠 | 8.9 | 1.3 | 3.2 | | | 折返○ |
| 614 | 欠 | 7.8 | 1.5 | 1.8 | | | |
| 615 | 欠 | 8.7 | 1.9 | 3.1 | | | |
| 616 | 欠 | 7.8 | 2.1 | 2.25 | | | 接合○ |
| 617 | 欠 | 9.6 | 0.75 | 1.95 | | | 接合○ |
| 618 | 欠 | 8.3 | 1.7 | 2.4 | | | |
| 619 | 欠 | 8.95 | 1.1 | 2.1 | | | |
| 620 | 欠 | 6.9 | 1.3 | 2 | | | |
| 621 | 欠 | 9.4 | 1.2 | 2.55 | | | |
| 622 | 欠 | 8.4 | 1.1 | 2.4 | | | |
| 623 | 欠 | 8.25 | 1.35 | 3.1 | | | |
| 624 | 欠 | 6.95 | 1.45 | 1.85 | | | |
| 625 | 欠 | 8.7 | 1.25 | 2.9 | | | |
| 626 | 欠 | 7.7 | 1.4 | 1.9 | | | |
| 627 | 欠 | 7.25 | 0.9 | 2.1 | | | |
| 628 | 欠 | 8.9 | 1.1 | 2.2 | | | |
| 629 | 欠 | 6.75 | 1.3 | 2.5 | | | |
| 630 | 欠 | 7.45 | 1.6 | 2.9 | | | |
| 631 | 欠 | 14.1 | 1.5 | 2.2 | | | |
| 632 | 欠 | 7.2 | 1.3 | 2.3 | | | |
| 633 | ほぼ完形 | 15.6 | 1.4 | 2.85 | 21.59 | ○ | 折返○ |
| 634 | ほぼ完形 | 14.65 | 1.5 | 2.6 | 26.8 | ○ | |
| 635 | 一部欠 | 12 | 1.35 | 3.05 | 16.17 | ○ | |
| 636 | ほぼ完形 | 14.3 | 1.2 | 3.2 | 21.2 | ○ | |

〔凡例〕①長さ・幅の単位は㎝，重量はｇである。長さ・幅について端部・側縁に欠損がある場合は，あくまで現存値を示している。

②1～350の重量は（東1987）の数値を引用した。保存処理前に計測されている点で，より本来の重量に近いと考えられる。351以降の重量は，保存処理後に計測したものである。「完形」・「ほぼ完形」・「一部欠」のうち比較的遺存状態の良好な個体について計測した。

③「ほぼ完形」は端部縁辺の欠損が見られるもの，「一部欠」は端部そのものを欠いていると考えられるもの，「欠」は本来の大きさ・形態が著しく失われているものを指す。

④○印は，痕跡が顕著、比較的顕著なものについて記載した。

## 第３節　鉄製農工具

（１）器種の認定と名称

本章第１節において，これまでの器種認定と名称，及びその点数を対照させるために，第３表を作成した。その中で，器種認定と点数にもっとも変動が大きいのが，鉄製農工具である。その数字は出土直後に示されたものであり，非常に重要である。一方で，整理作業を進める過程で，当時示された器種認定は，複数の器種がまとめられている場合や，最終的に欠落したと考えられるものがあり，点数との対応関係にも少なからず混乱が認められた。そのため，改めて器種を整理した上で，個体数の検討を行う必要があると判断された。しかし，点数・個体数に関しては不確定要素が多いため，先述のとおり個体数の追及には限界がある。そこで，ここでは器種の認定行う過程で明らかになったことを中心にまとめておきたい。

①穂摘具は，出土時点から公文書の目録に記載が見られ，森氏は鋸の可能性も指摘されていた（森1959）。しかし，「抄報４」では欠落しており十分に認識されていない状況にあったが，再整理の結果，その存在を改めて確認した。

②第15図として掲げた「抄報４」の実測図において，鉄鏃の名称が与えられているものがあるが，これは再整理の結果，すべて刀子状工具とした器種に該当するものであり，明確な鉄鏃は確認されていない。

③これまで指摘されていなかった器種として，鑿と考えられる器種の存在が判明した。

なお，森氏の記録の中に，大鉄鋌の上面で確認された板状木製品に伴って，釘状鉄製品の存在が記録されており，農工具と一括されている可能性が高いため，これが分離できるかどうかもひとつの課題であったが，これについては結果として峻別できなかった。

以下に，各器種の概要を述べていきたい。

（２）農具

**穂摘具**（第94図　図版74-１）　ほぼ全形がわかる10個体のほかに，70点近い破片が確認された。この破片数をにわかに個体数に反映させることは難しいが，ある程度の点数があったことを推測させる。

手鎌，摘鎌と呼称されるものであるが，本報告書では河野正訓氏の研究に従い，穂摘具と呼称する（河野2014）。すべて板式の穂摘具である。穂摘具には板式と袋式があり，次に記述する鍬鋤先の中に，刃部の長幅の比率や袋部と刃部の関係から袋式の穂摘具が含まれている可能性があるが，峻別が難しいため，ここでは板式のみを示す。

ほぼ全形がわかる10個体のほかに，70点近い破片が確認された。この破片数をにわかに個体数に反映させることは難しいが，ある程度の点数があったことを推測させる。

完形品を中心に図示した。大形品のひとつである１で，長さ11.5㎝，幅2.5㎝を測る。小形品としては，10が長さ6.5㎝，幅1.5㎝を測る。厚さは１㎜ほどである。各個体とも刃部は作り出されていない。また，木製台部の痕跡が明瞭に残っている。両端部に顕著に認められるもの（第94図１・６）や長辺全体に認められるもの（第94図２～５，７～10）がある。

**鍬鋤先**（第95～100図　図版74-２）　方形鍬鋤先である。完形品とそれに準じる個体25点のほか，右の折り返し部の破片が57点，左の折り返し部の破片が60点確認されている。左右の折り返し部の破片数も近似しており，個体数を反映していた可能性が高い。これにより，少なくとも85個体の鍬鋤先が埋納施設に収められていたと考えることができる。

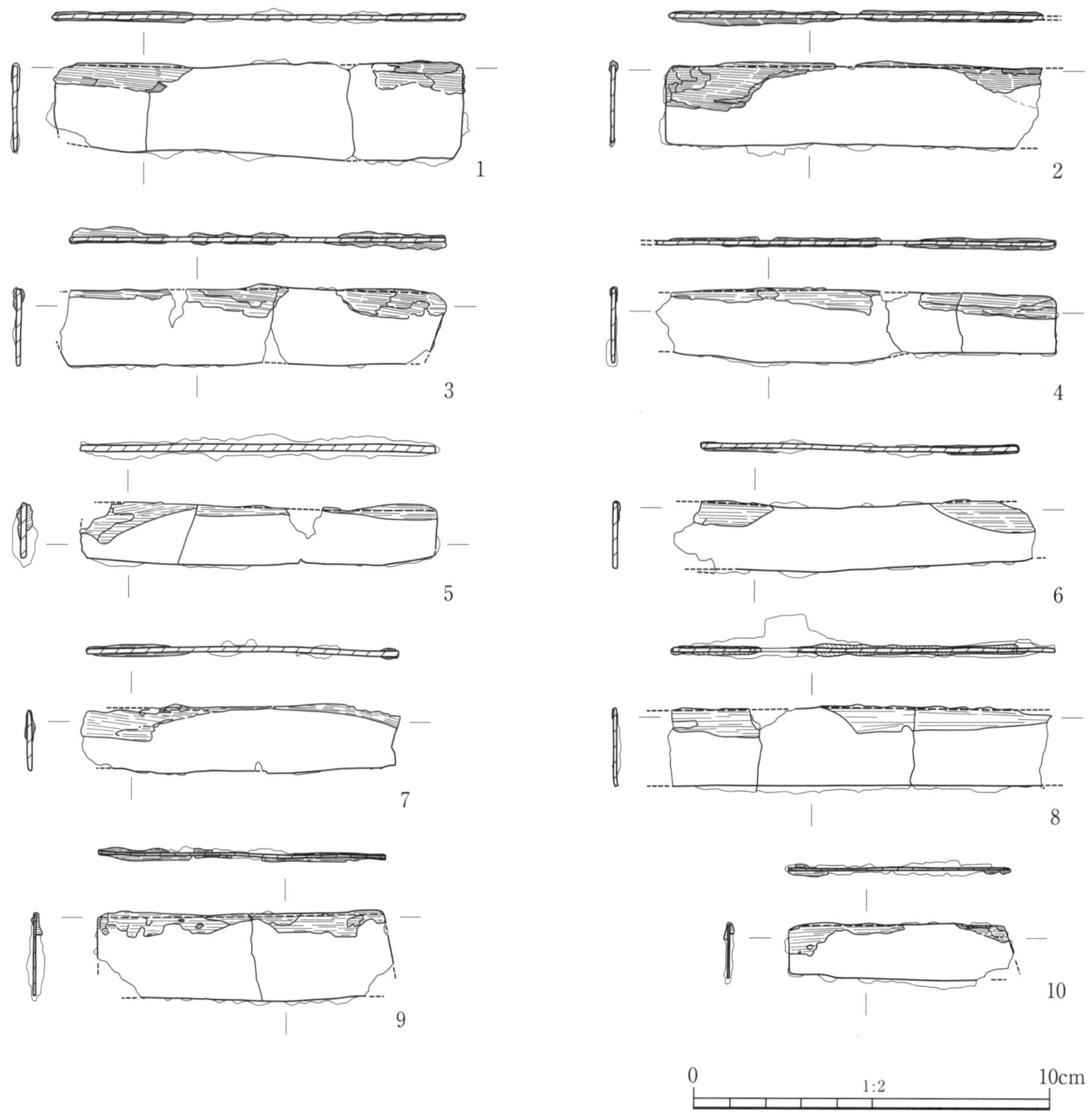


第94図　鉄製農工具実測図（1）（穂摘具）

平面形態は，横に広い長方形を呈するものが多く，正方形に近い形態のものも一定数含まれている。また，長方形でも刃部側の幅が広がっているものもある。大形品である第95図2で，長さ8㎝，幅3.5㎝を測る。厚さは1～2㎜ほどである。刃は作り出していない。刃部は直線的な個体が大半を占めるが，一部に外湾するもの（第99図109など）が認められる。折り返し部の内側には装着していた木柄の痕跡が明瞭に残る個体が多い。

縁辺の形態以外に，折り返し部にも多様性が認められる。折り返しの幅に広いものや狭いものの違いがあるほか，その平面形態も方形状や台形状などの違いがみられる。また，折り返し部の多くは側縁の途中で方形板本体に収束するが，その先端が刃先まで到達するものも少なからず認められる（第95図6，第96図30・32など）。その他，折り返し部の方形板本体への収束もしっかり方形板に密着するように仕上げられているものが多く，ミニチュア品ではあるものの実用品に準じた製作がなされているようである。

なお，図上に網掛けのある第95図1，第96図26などは赤色顔料の付着等が認められた範囲を示している。

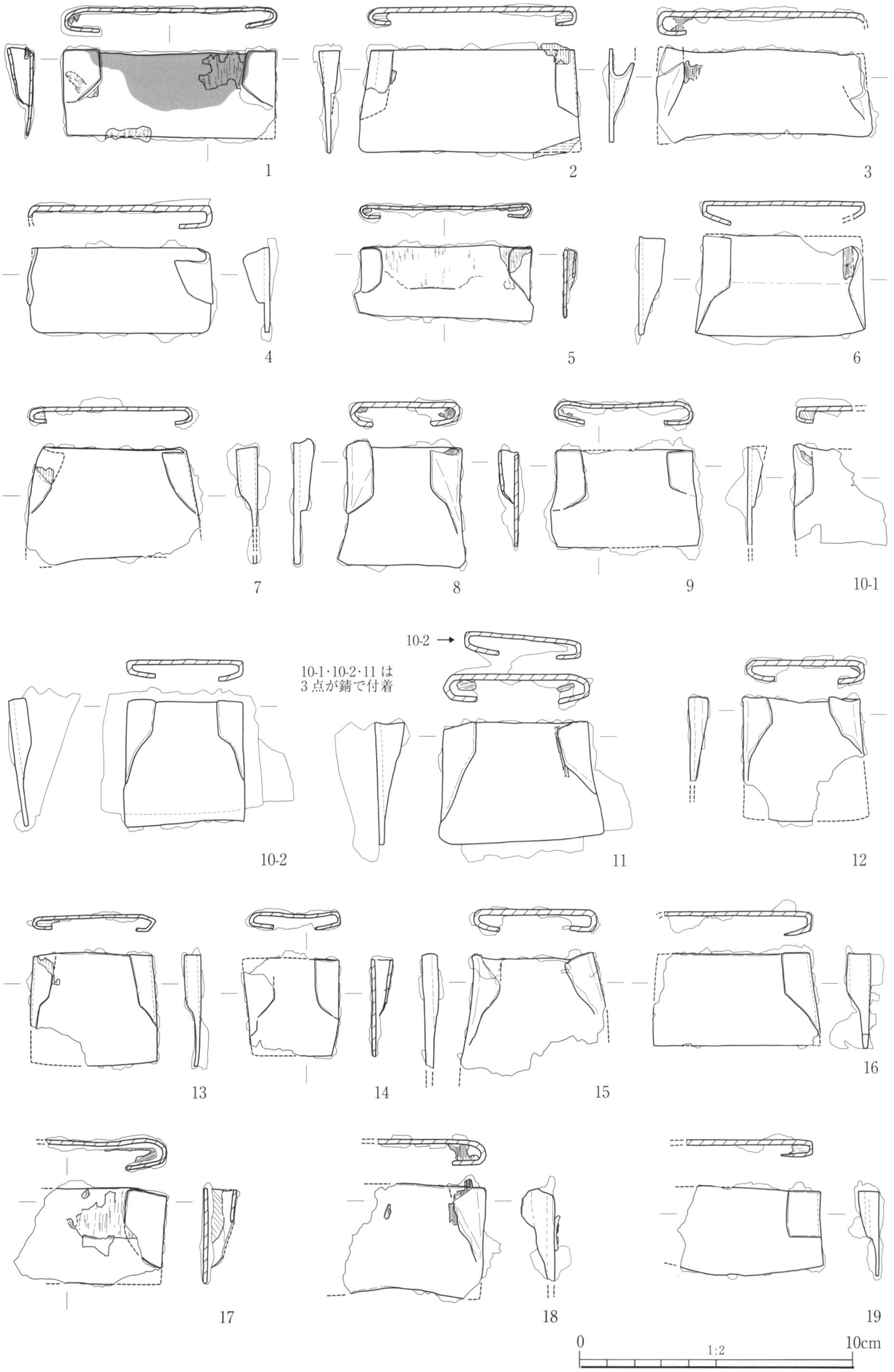


第95図　鉄製農工具実測図（2）（鍬鋤先①）

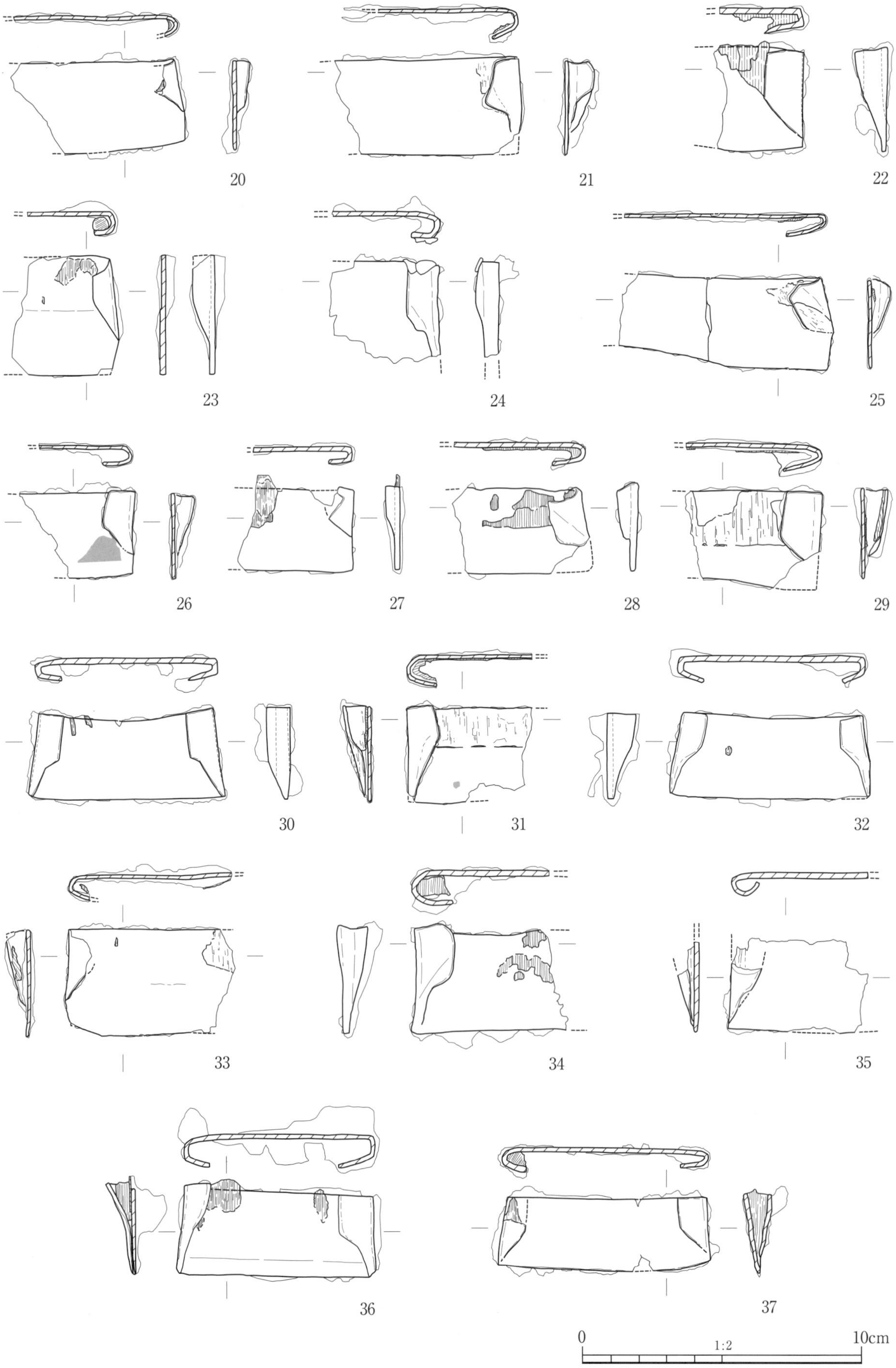


第96図　鉄製農工具実測図（3）（鍬鋤先②）

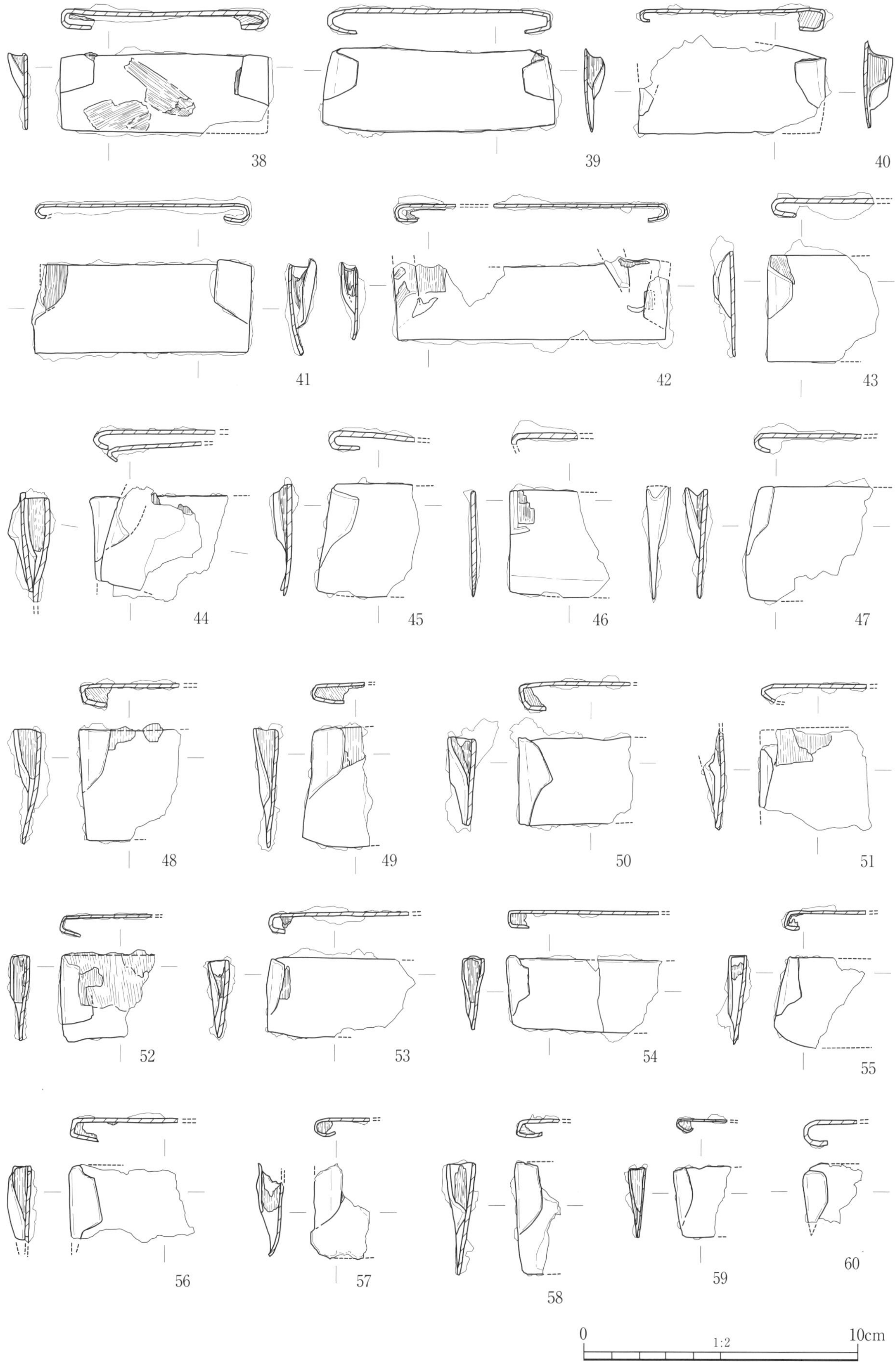


第97図　鉄製農工具実測図（4）（鍬鋤先③）

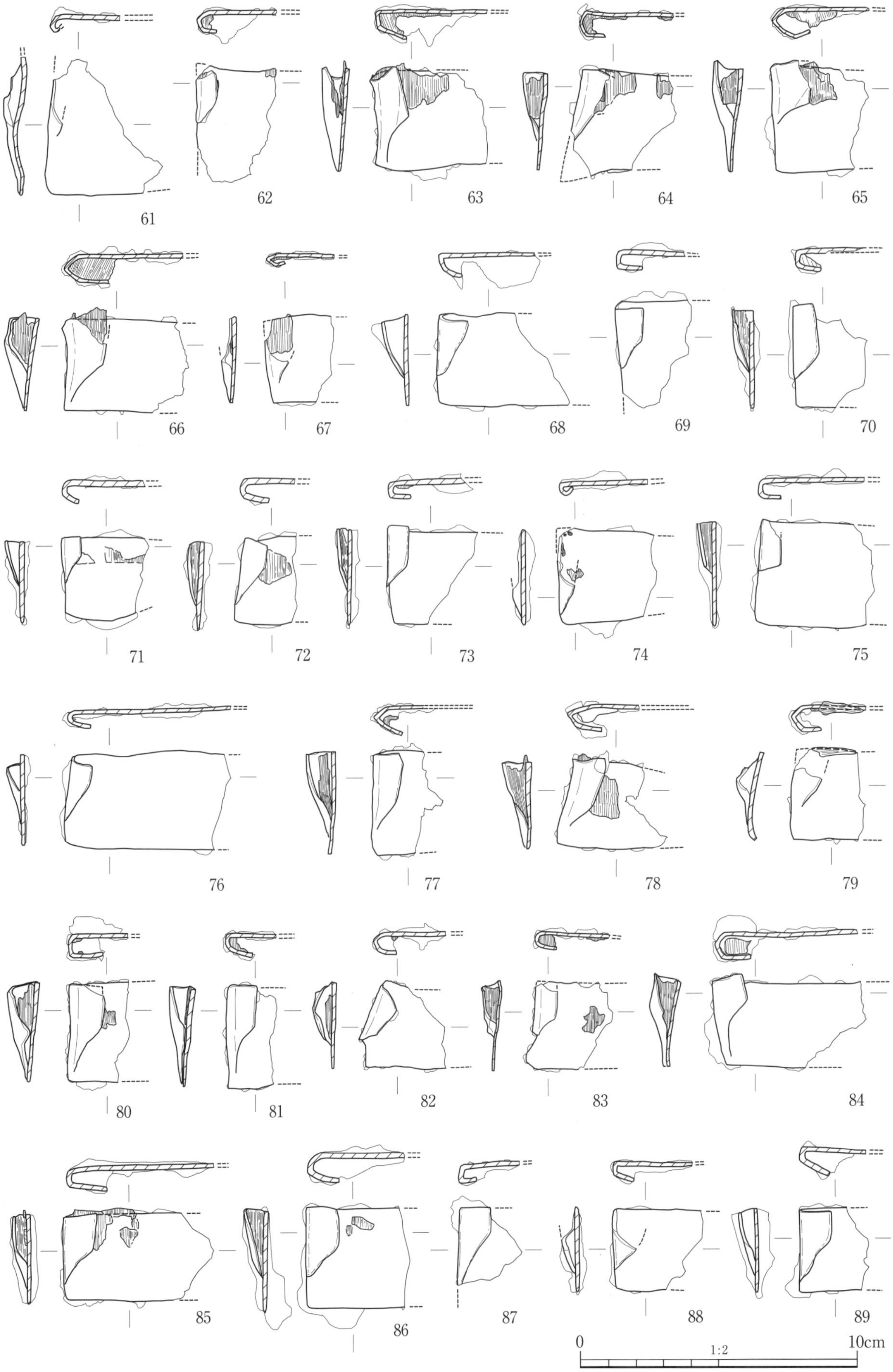


第98図　鉄製農工具実測図（5）（鍬鋤先④）

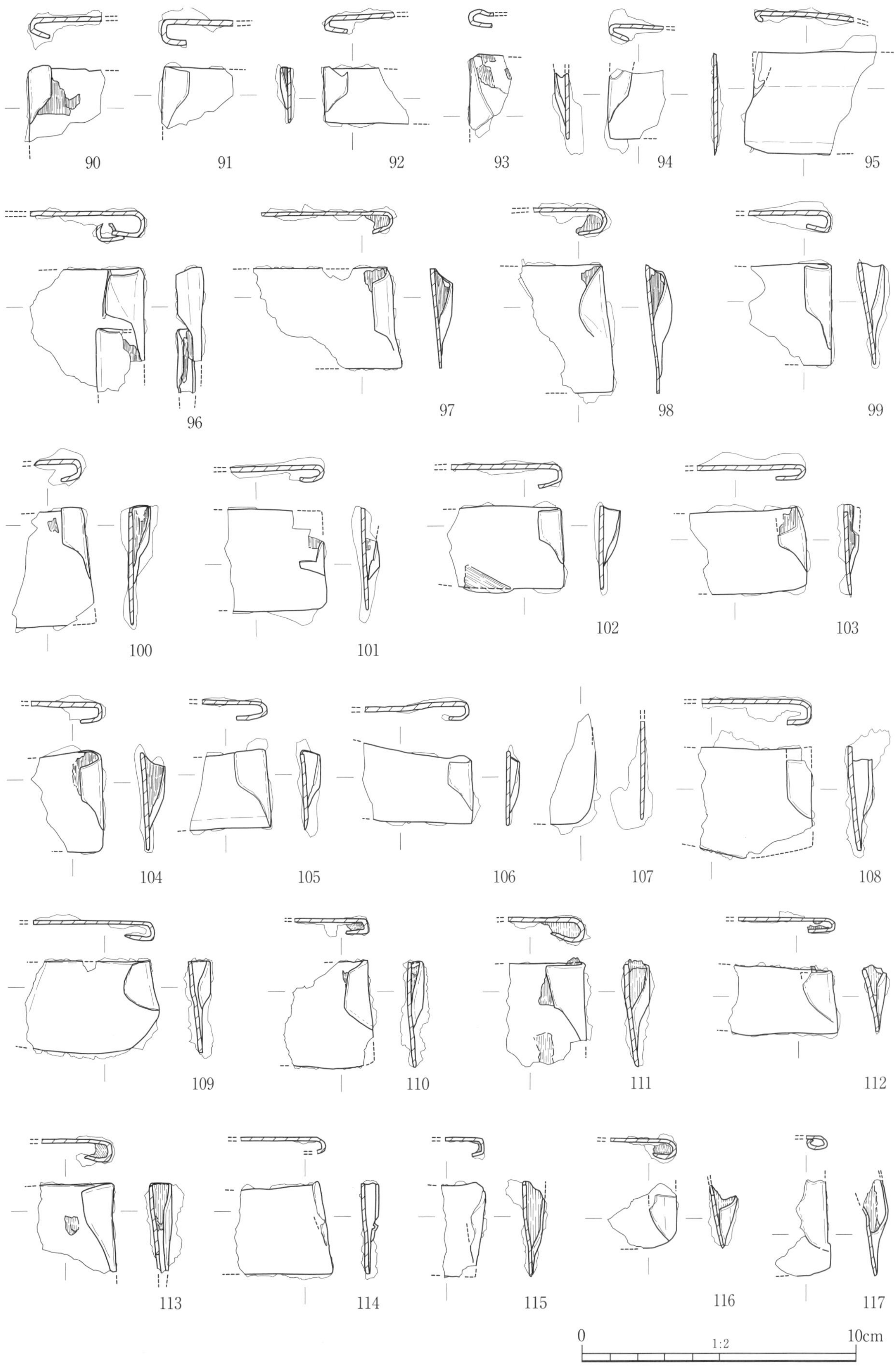


第99図　鉄製農工具実測図（6）（鍬鋤先⑤）

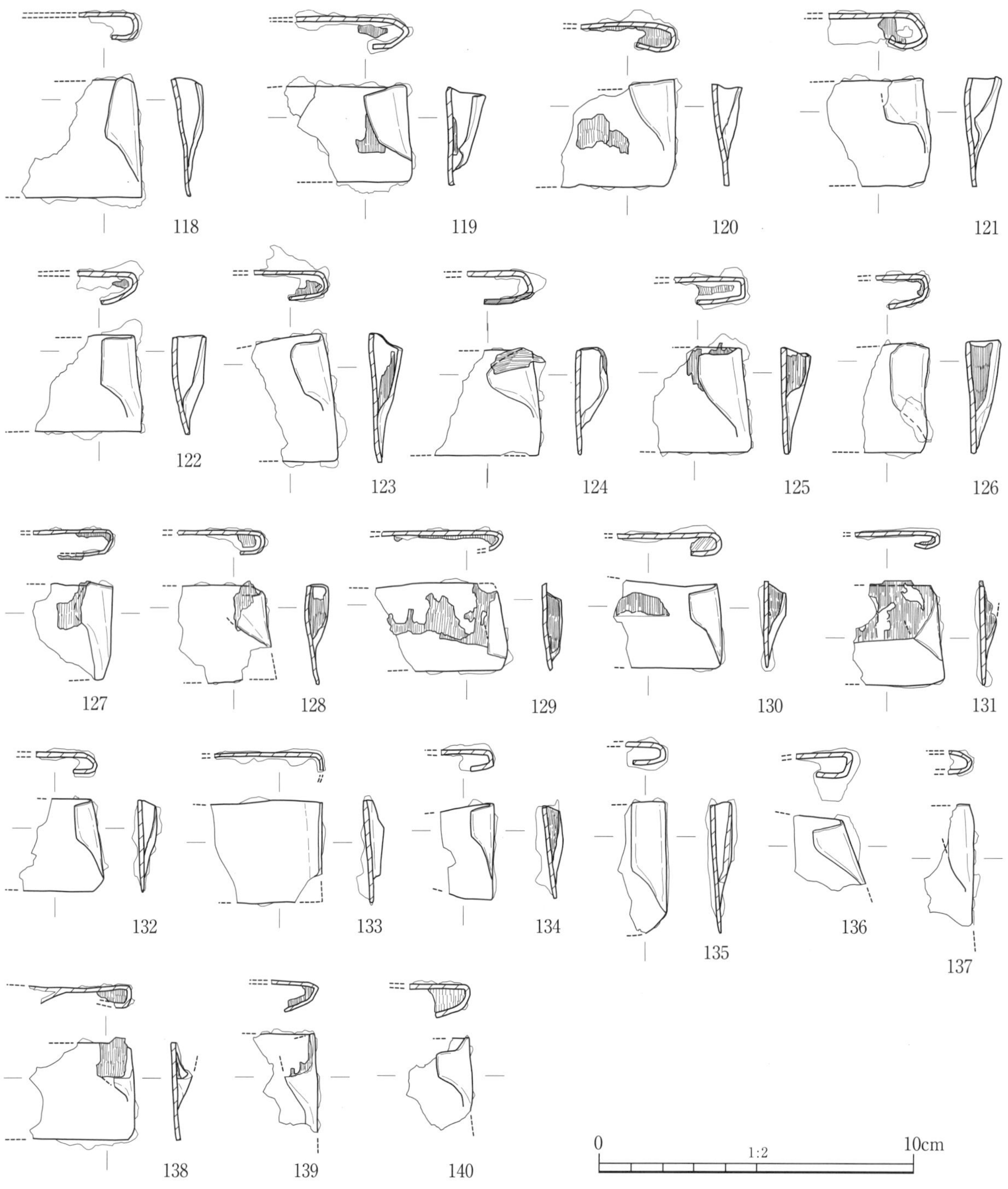


第100図　鉄製農工具実測図（7）（鍬鋤先⑥）

**鎌**（第101～103図　図版75-１・２）　鎌については，完形品とそれに準じる個体13点以外に，刃部破片87点，基部破片79点が確認されている。刃部と基部の破片数は一致していないが，比較的近い数字であることから，個体数を反映している可能性が高いと考えられる。これにより，少なくとも100個体の鎌が埋納施設に収められていたと考えることができる。

完形品を中心に，刃部破片の大半について，基部については主要なものを図示した。鎌はすべて曲刃鎌であり，直刃鎌は認められない。大形品である第101図12の個体で，長さ９㎝を測る。小形品である第101図８の個体で長さ5.2㎝を測る。幅も広狭の違いがあり，基本的には幅の広いものが長く，狭いものが短い個体であると推定される。厚さは１～２㎜を測る。

刃部形態は多様である。ほとんど湾曲が見られないもの（第101図７・19・30など），刃部全体が緩く湾曲するもの（第101図５・11など），刃部先端付近が屈曲するもの（第101図12・17など）がある。先端が屈曲するものとしては，先端が巻き込むように湾曲する特徴的な形態もある（第101図３・６など）。

基部は，木柄の痕跡の残るものが多い。折り返しは，木柄に対して直角に取り付くもの（第103図105・108・109)のほか，鈍角に取り付くもの（第103図104・107・111)も目立つ。また，折り返しの方向としては，「甲技法」のものが多いが，「乙技法」（第103図103・110)のものも目立つ（都出1967)。

（３）工具

**刀子**（第104図１～21　図版76-１）　刀子は完形品のほか，破片を含めて67点を確認している。

ただし，小片については器種認定が難しいものもあったので，すぐに67点が個体数を表すわけではない。しかし，いずれにしても比較的多量の刀子が埋納施設に納められていたと考えられる。

完形品を中心に21点を図示した。長さはもっとも長い第104図12の個体で6.7㎝を測る。関が明瞭に作り出されている。刃部は断面形態からも刃が作り出されていたと考えられる。個体によっては，木質の付着が顕著なものもあり（第104図１・９など），木製鞘に納められていたと考えられる。

**鉇**（第105図　図版76-２）　鉇は，13個体を確認した。すべて図示した。完形品はなく，全長を計測できる個体はない。現存長では第105図１の個体がもっとも長く，6.6㎝を測る。茎の長さは５㎝程度である。茎には木質の付着が顕著である。刃部は断面形が「へ」字形を呈しているが，稜は弱く，刃は作り出されていない。

**斧**（第106～111図　図版77-１）　斧はすべて袋部をもつ。106点を確認した。完形品の占める割合が高く，細片も少ないことから，106個体が埋納施設に納められていたと考えることができよう。

106個体すべてを図示した。平面形態では，大きく有肩と無肩に分けられる。

有肩のタイプは，比較的大きな個体（第106図１)で，長さ6.7㎝，刃部最大幅3.6㎝を測る。肩部は撫肩や強く屈曲するものなどに分かれる。刃部先端については，直線的なものや外湾するものなどがある。

無肩のタイプは，比較的大形の個体（第110図70)で，長さ8.1㎝，刃部最大幅2.7㎝を測る。刃部先端については，直線的なものや外湾するものが認められ，有肩のタイプと同様である。袋部については，合わせ目が有肩のタイプと比較して開いている個体が多い傾向にある。

両タイプに共通することとしては，大形の個体から小形の個体まである点が挙げられる。また，いずれも明瞭な刃を作り出していない。さらに，もう１点袋部の形状がある。側面図に示したとおり，明瞭な袋状となっている。各個体の観察と必要に応じて作成した断面図からは，袋部と刃部の境に段をもつような構造にはなっていないが，木柄の装着を意識した作りといえようか。附編２第

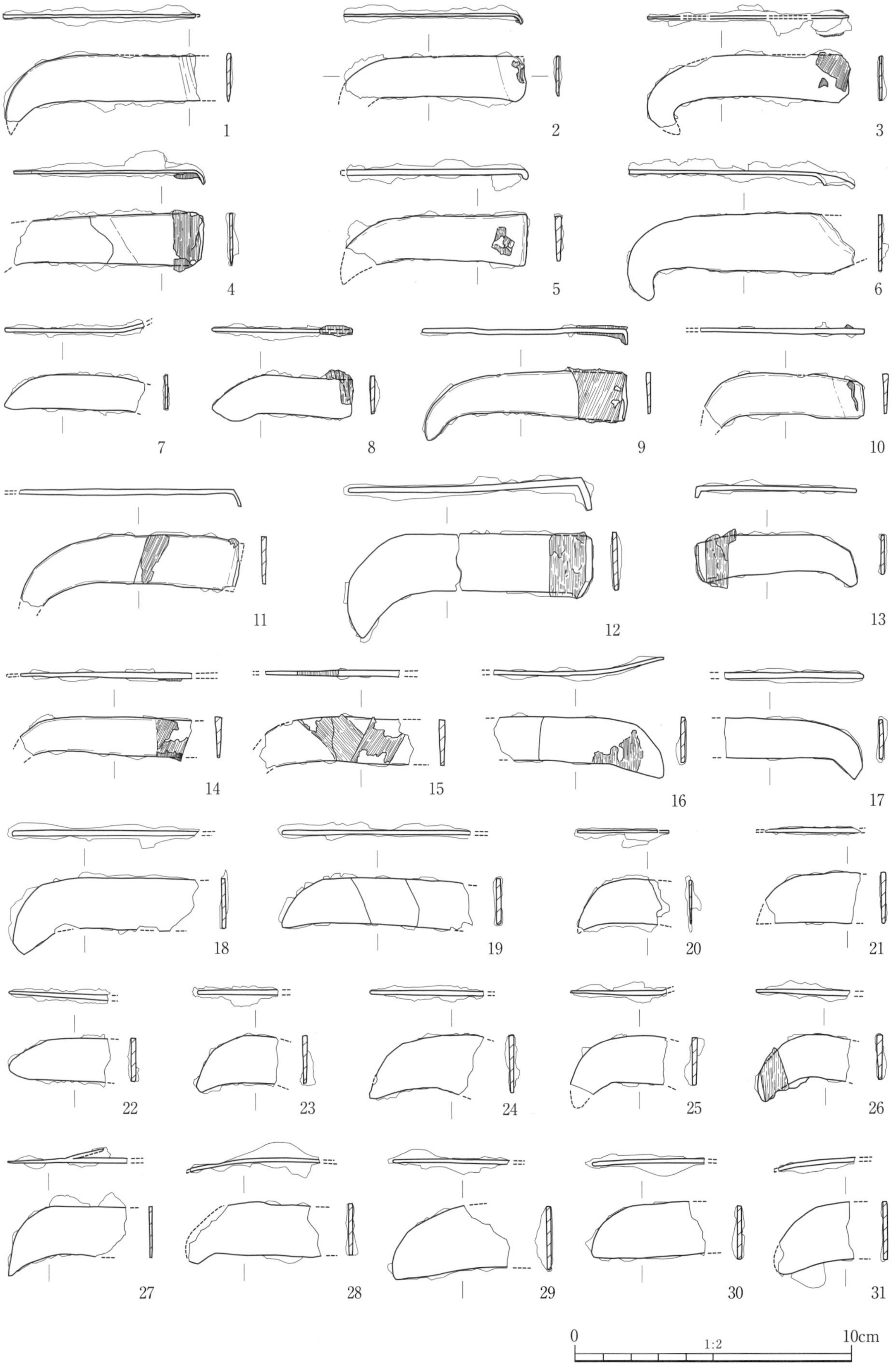


第101図　鉄製農工具実測図（8）（鎌①）

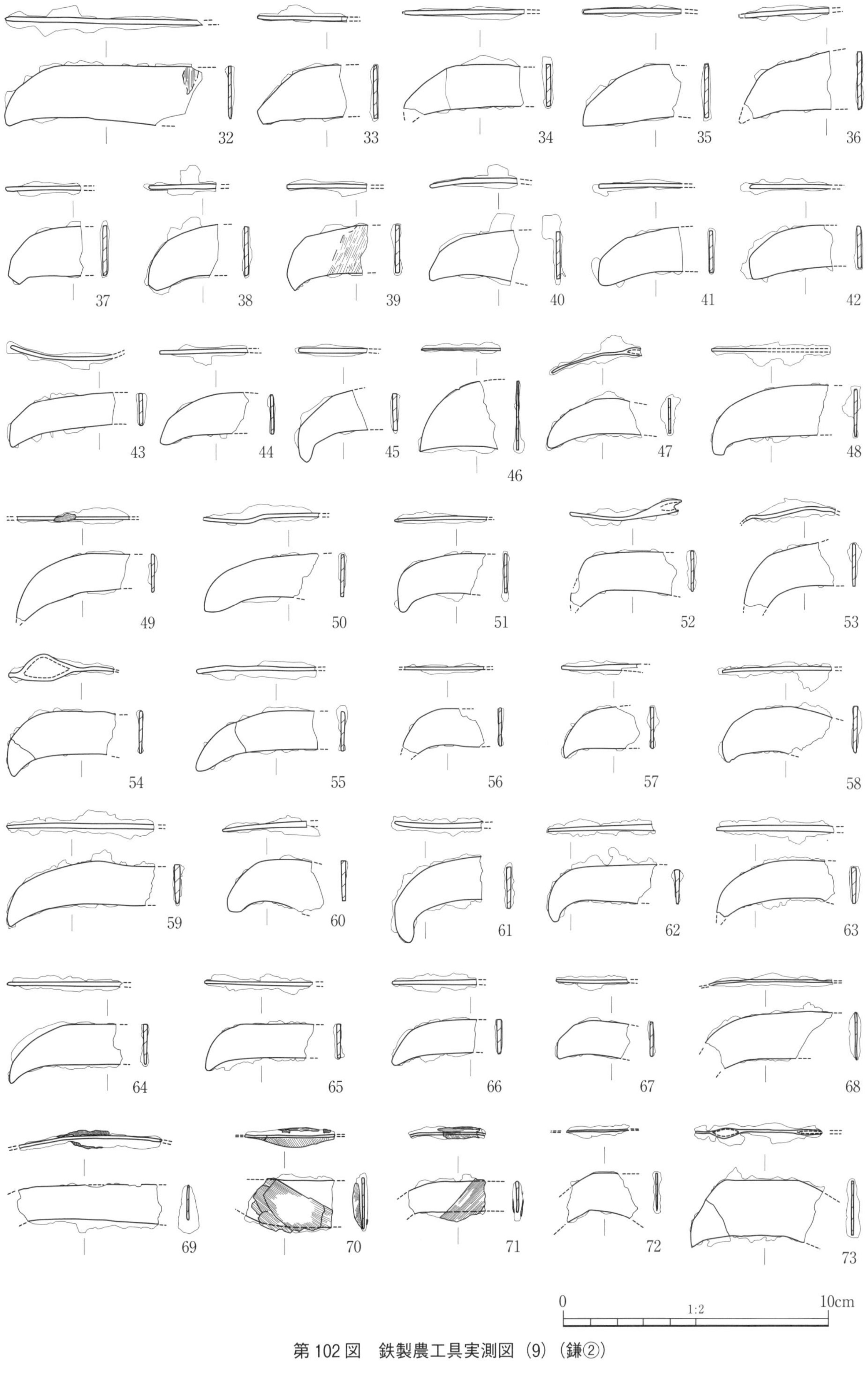


第102図　鉄製農工具実測図（9）（鎌②）

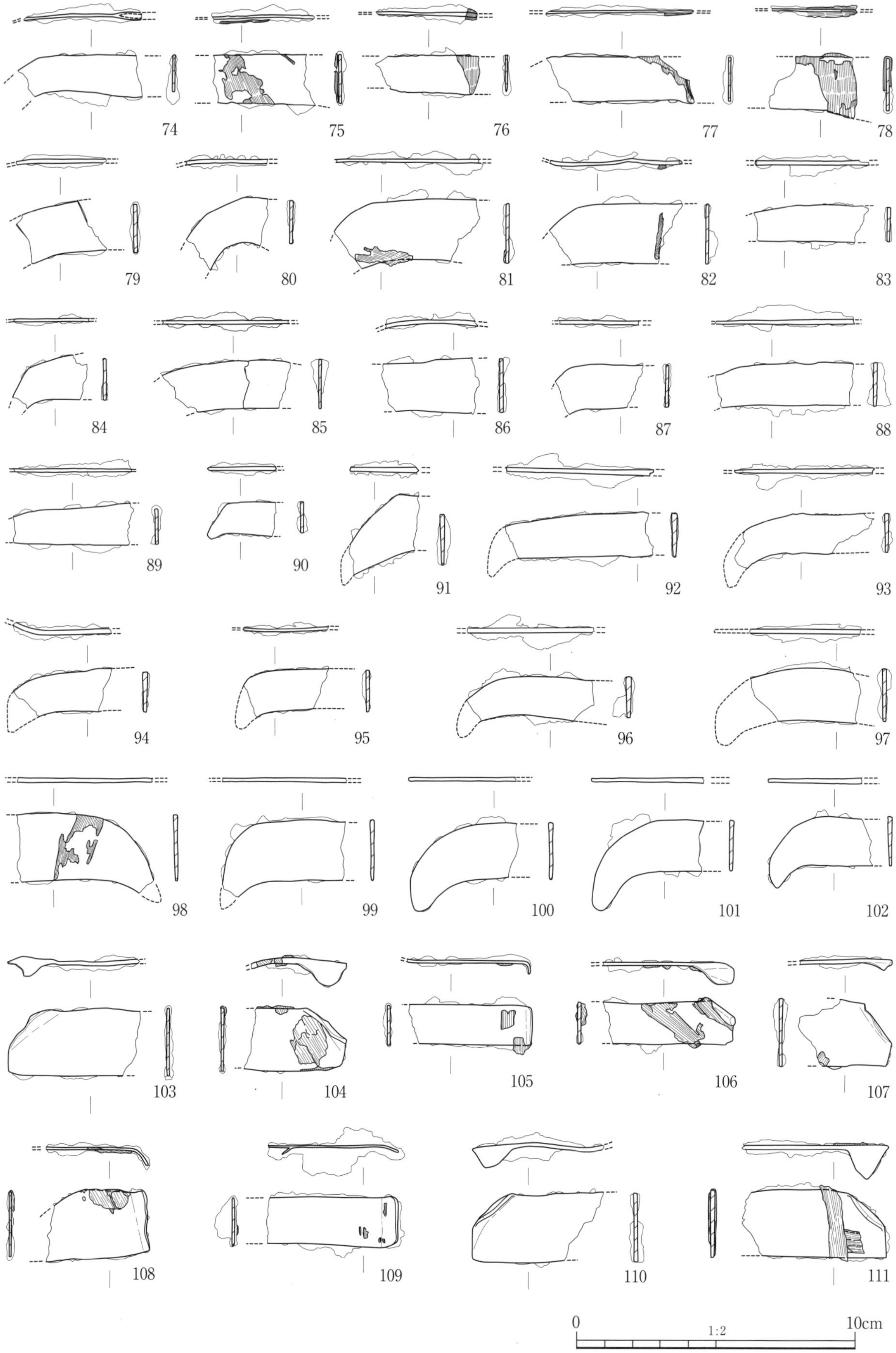


第103図　鉄製農工具実測図（10）（鎌③）

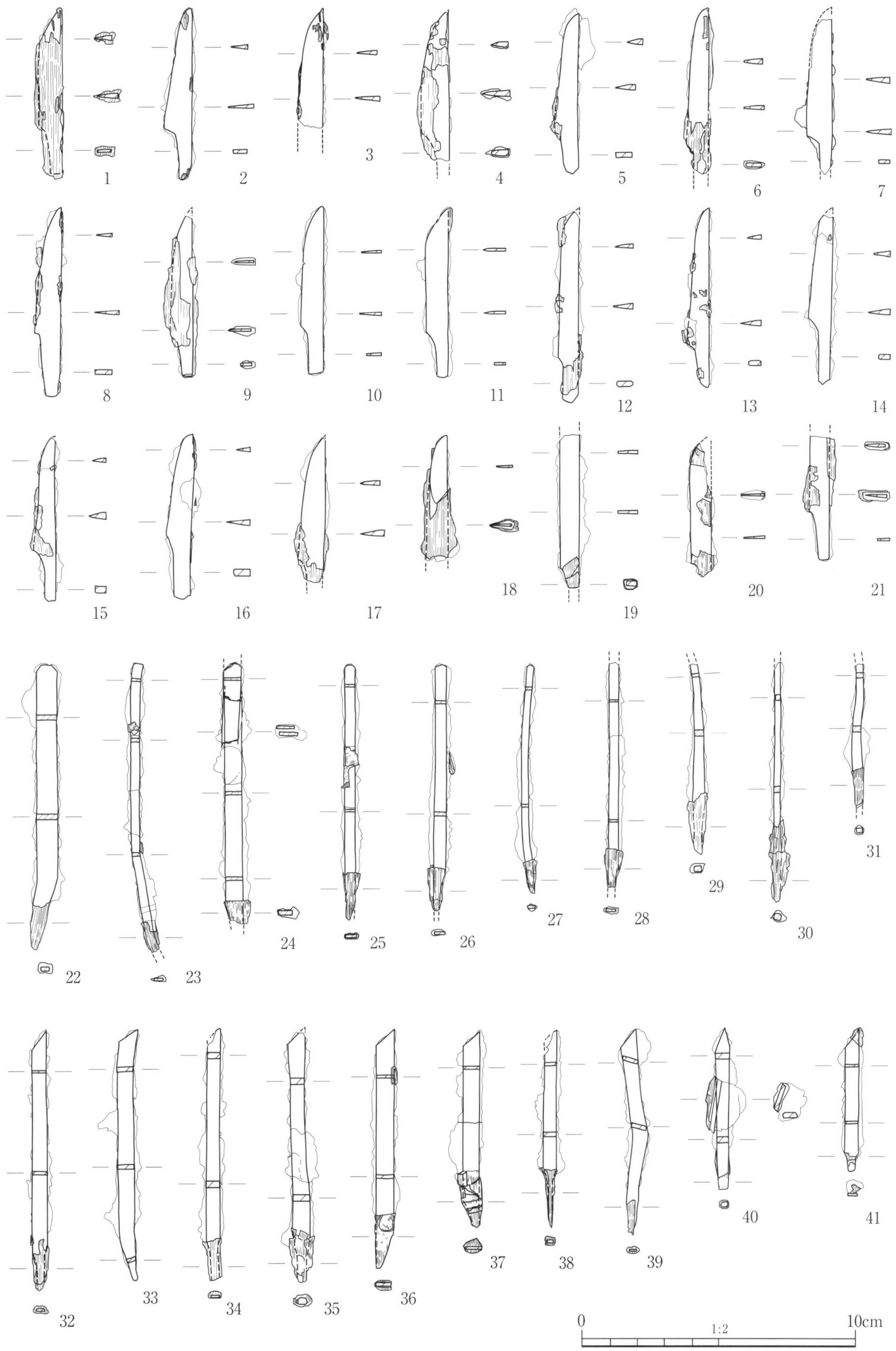


第 104 図　鉄製農工具実測図（11）（刀子・鑿・刀子状工具）

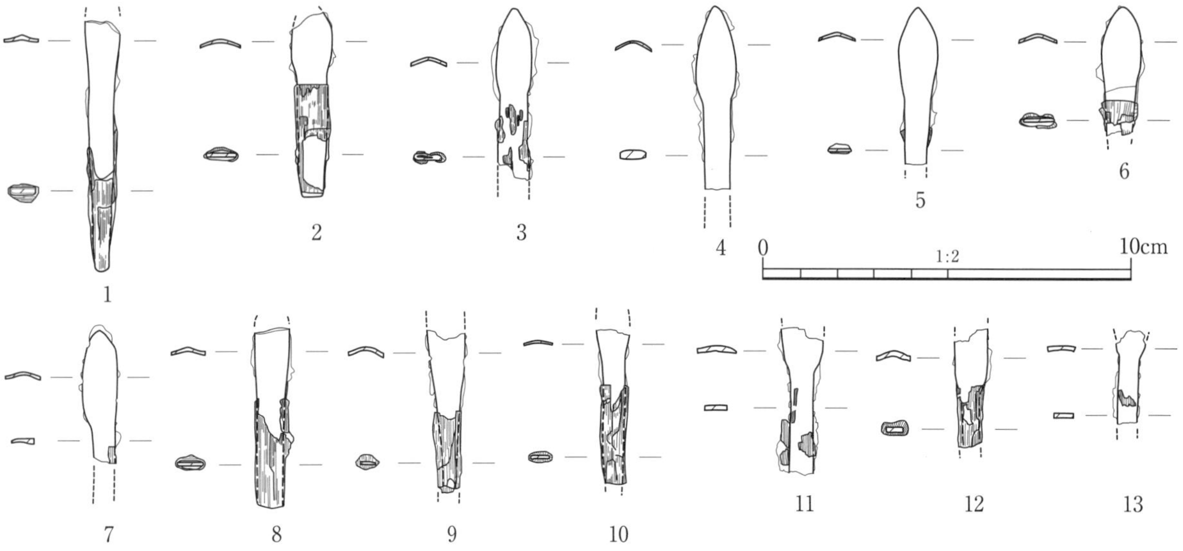


第105図　鉄製農工具実測図（12）（鉇）

２章で示されているとおり，斧に使用されている柄の樹種のみ，サカキであることが判明しており，実用の斧に用いられる樹種と共通するという。大きさはミニチュア製品であるが，実用の斧と位置づけに大きな差がなかったことが考えられる。袋部の形状は，このことと関係する可能性があろう。

**鑿**（第104図22～31　図版77‐２）　整理作業の過程で，新たに確認した器種である。10点を図示した。完形品が少なく，刃部先端が遺存していないと刀子状工具との区別ができない。そのために，具体的な個体数を把握することが困難である。整理の結果として鑿と判断したものは10個体を数えるが，確定的な数字ではない点で，個体数としては注意が必要である。

鑿は，刃部幅の広いもの（第104図22・24）と，狭いもの（第104図23・25～29）の２者がある。完形品で大きさをみると，広いタイプ（22）で長さ10cm，幅7.5mmを測る。狭いタイプ（23）は，長さ10.3cm，幅3.5mmを測る。各個体には茎に木柄の痕跡が認められる。

なお，断面が正方形に近い形態を呈する個体（第104図30・31）がある。鑿の中に含めているが，錐の可能性もある。先端の形状を確認できないので可能性を示すにとどめたい。

**刀子状工具**（第104図32～41　図版78‐１）　用途が必ずしも明らかではないため，名称は森氏の呼称に従った（森1959）。刃部先端が確認できることなどから40個体までは推定できるが，先端の不明な破片が多いことから，大幅に数字が変わる可能性がある点で，注意が必要である。

先端が鋭角になるように，斜めに切り取っている点が形態上の大きな特徴である。大形品から小形品まであり，大形品（第104図32）で，長さ9.1cm，刃部幅５mmを測る。小形品（第104図41）は，長さ５cm，幅4.5mmを測る。茎は刃部と区別して作り出されているものもあれば（第104図34・35・38など），刃部からそのまま移行するものもある（第104図33・36など）。茎には木柄の痕跡を残す個体が多い。

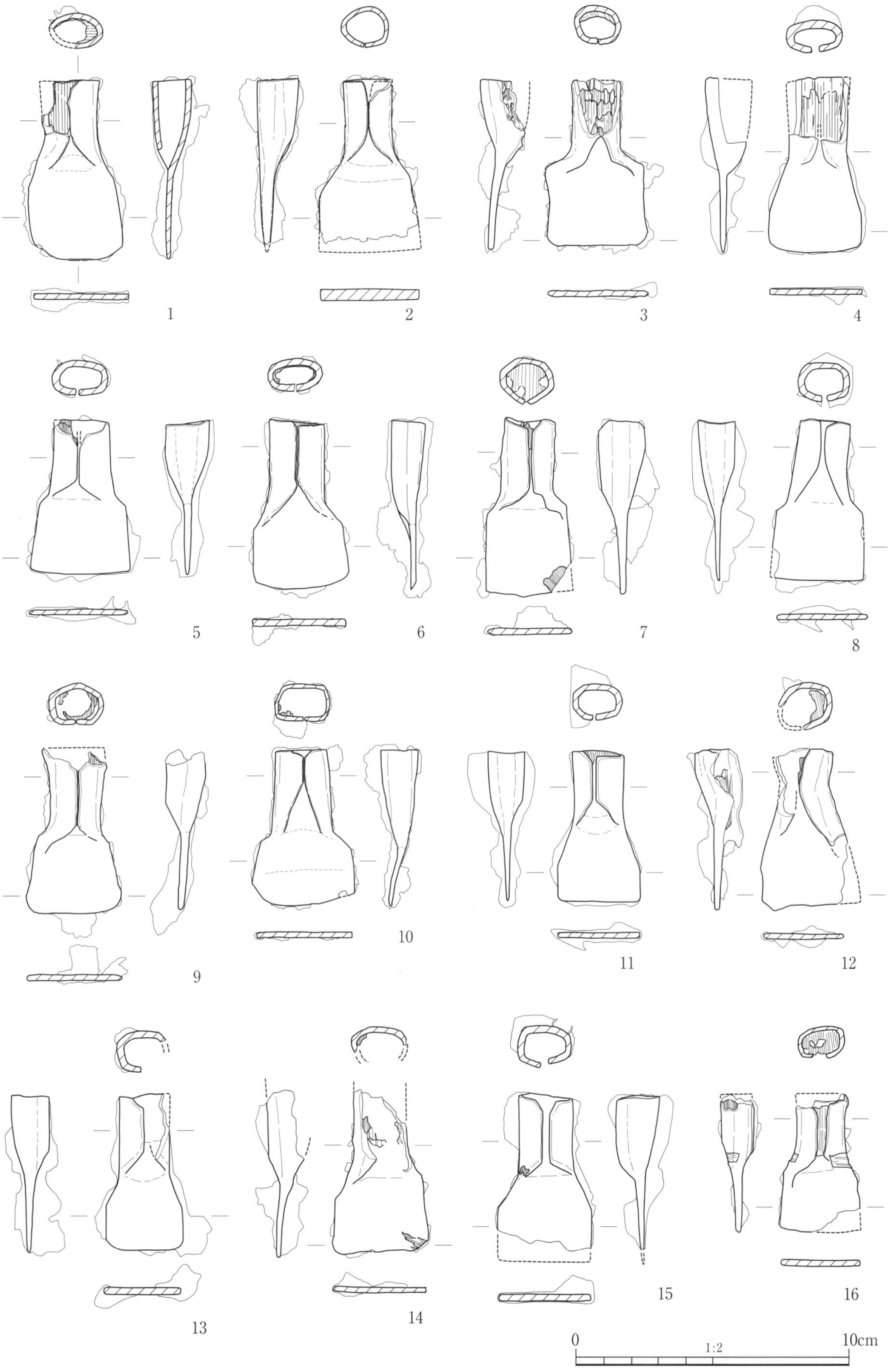


第106図　鉄製農工具実測図（13）（斧①）

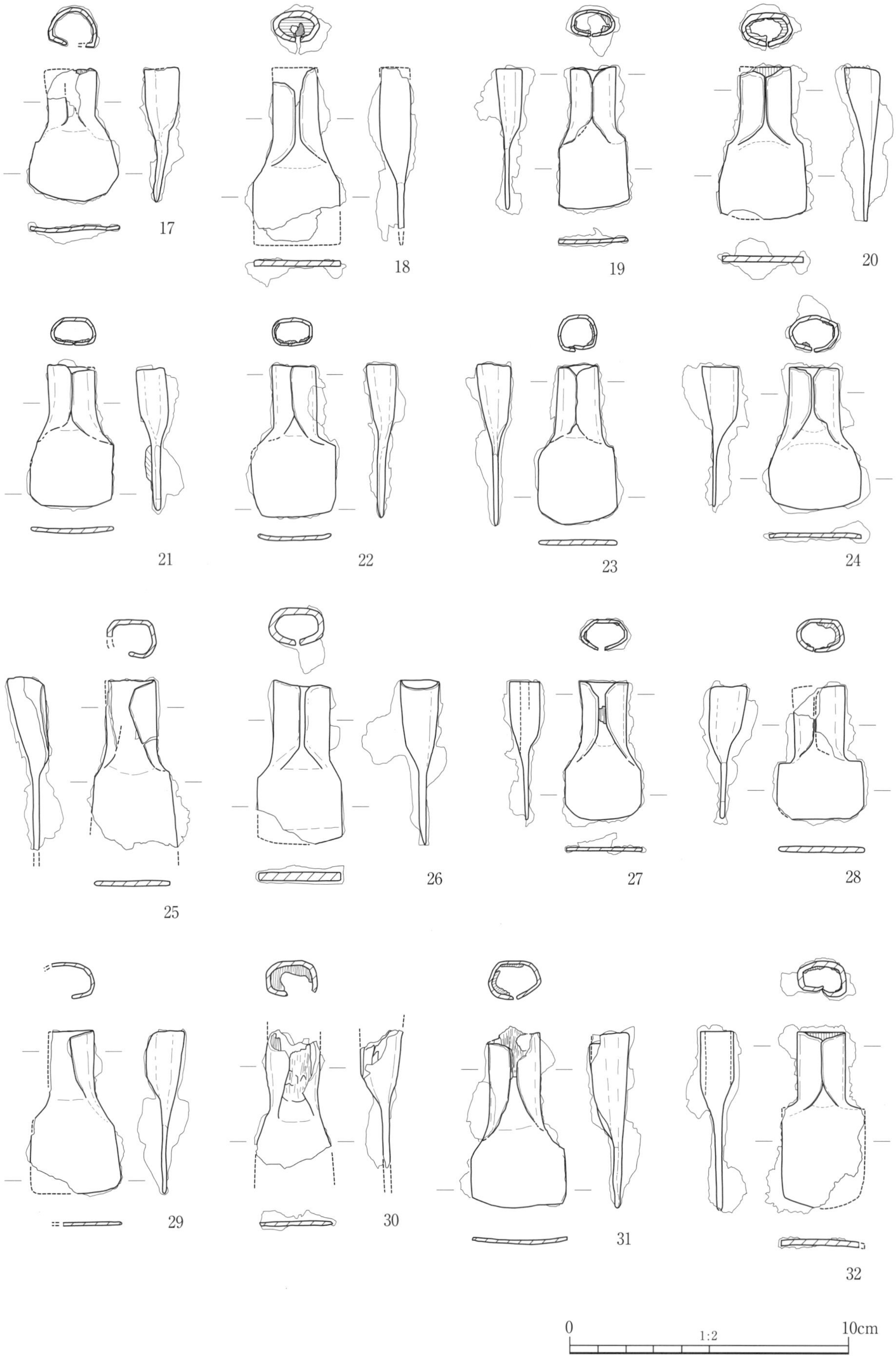


第107図　鉄製農工具実測図（14）（斧②）

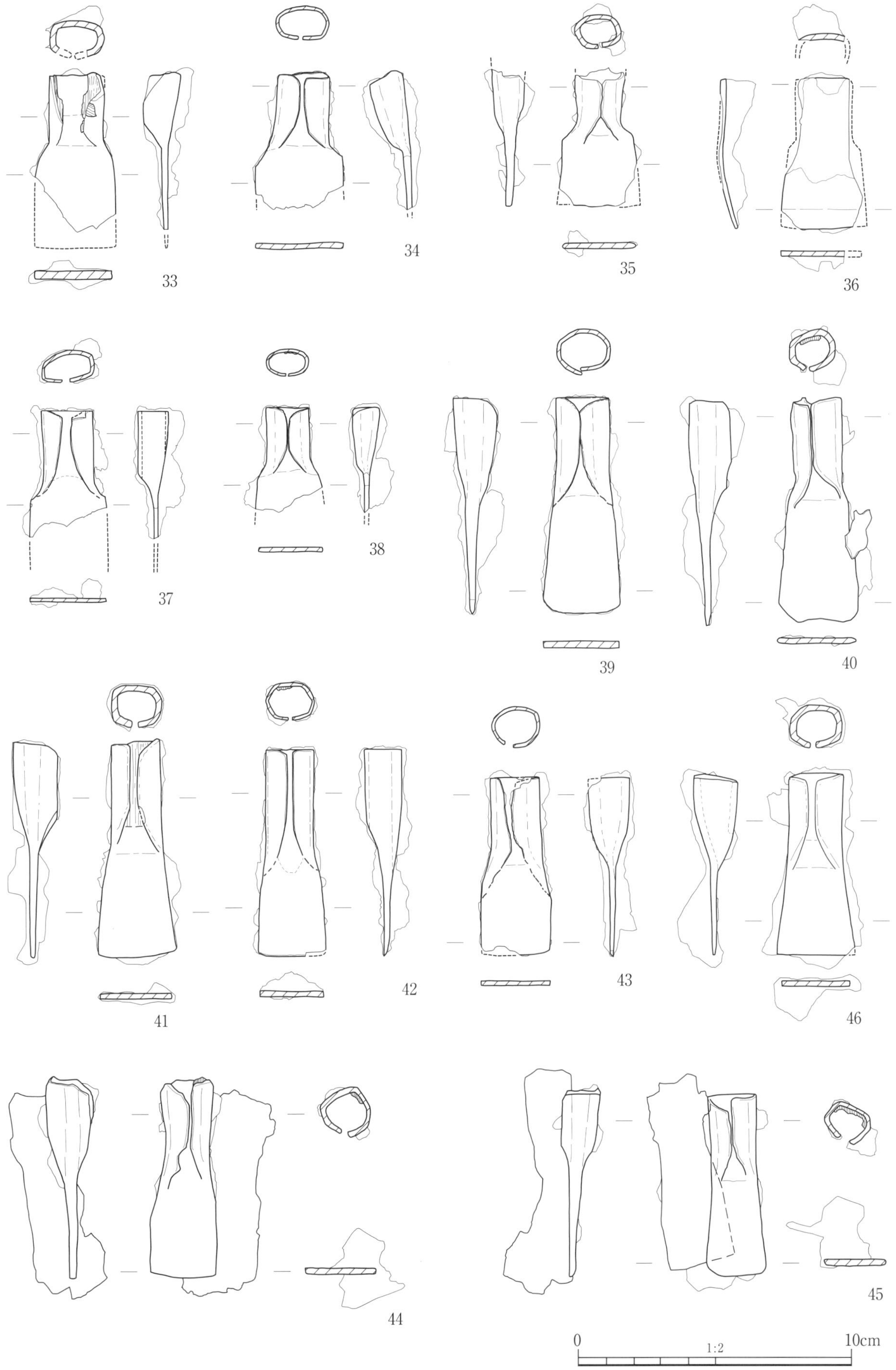


第108図　鉄製農工具実測図（15）（斧③）

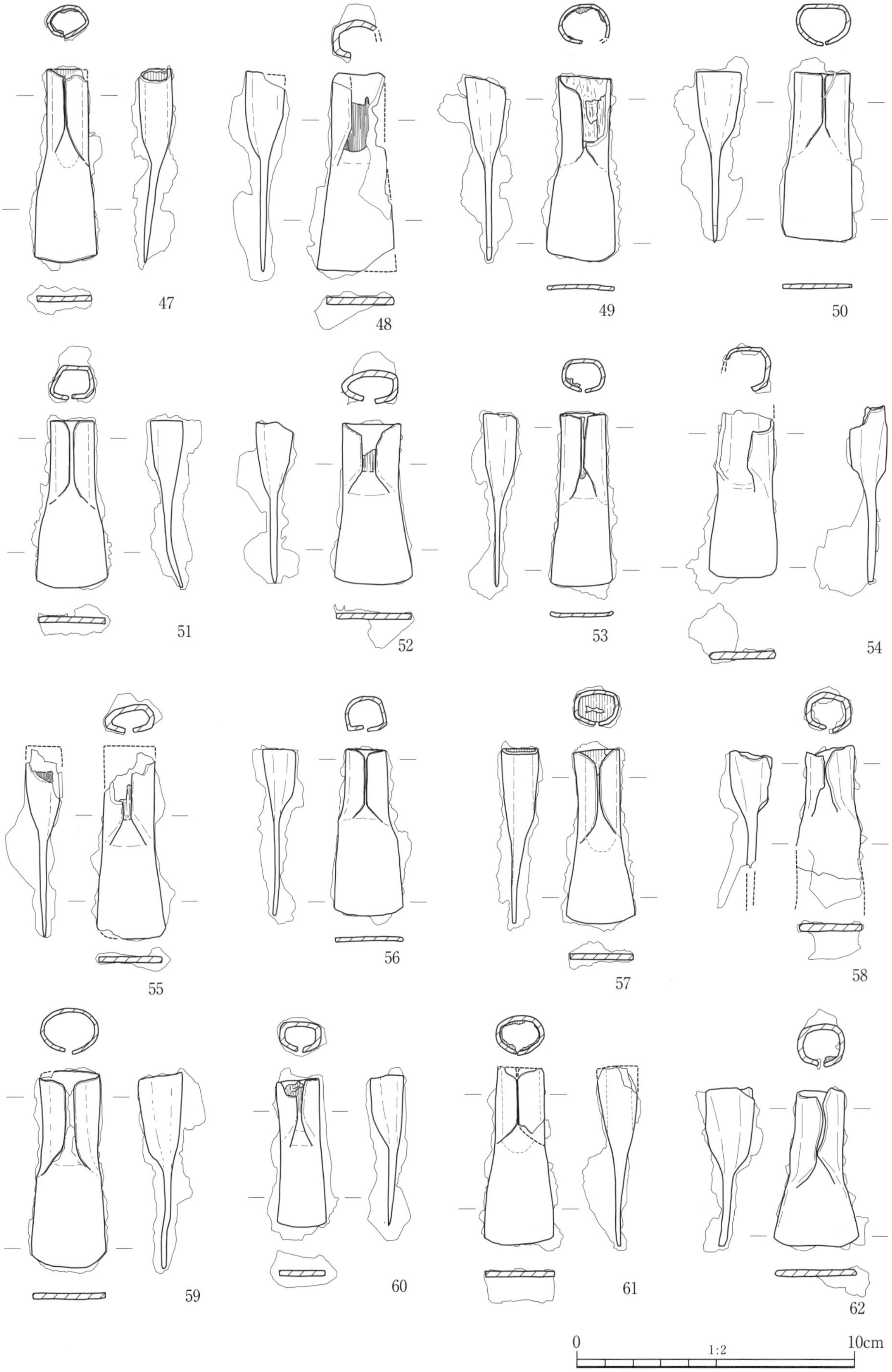


第109図　鉄製農工具実測図（16）（斧④）

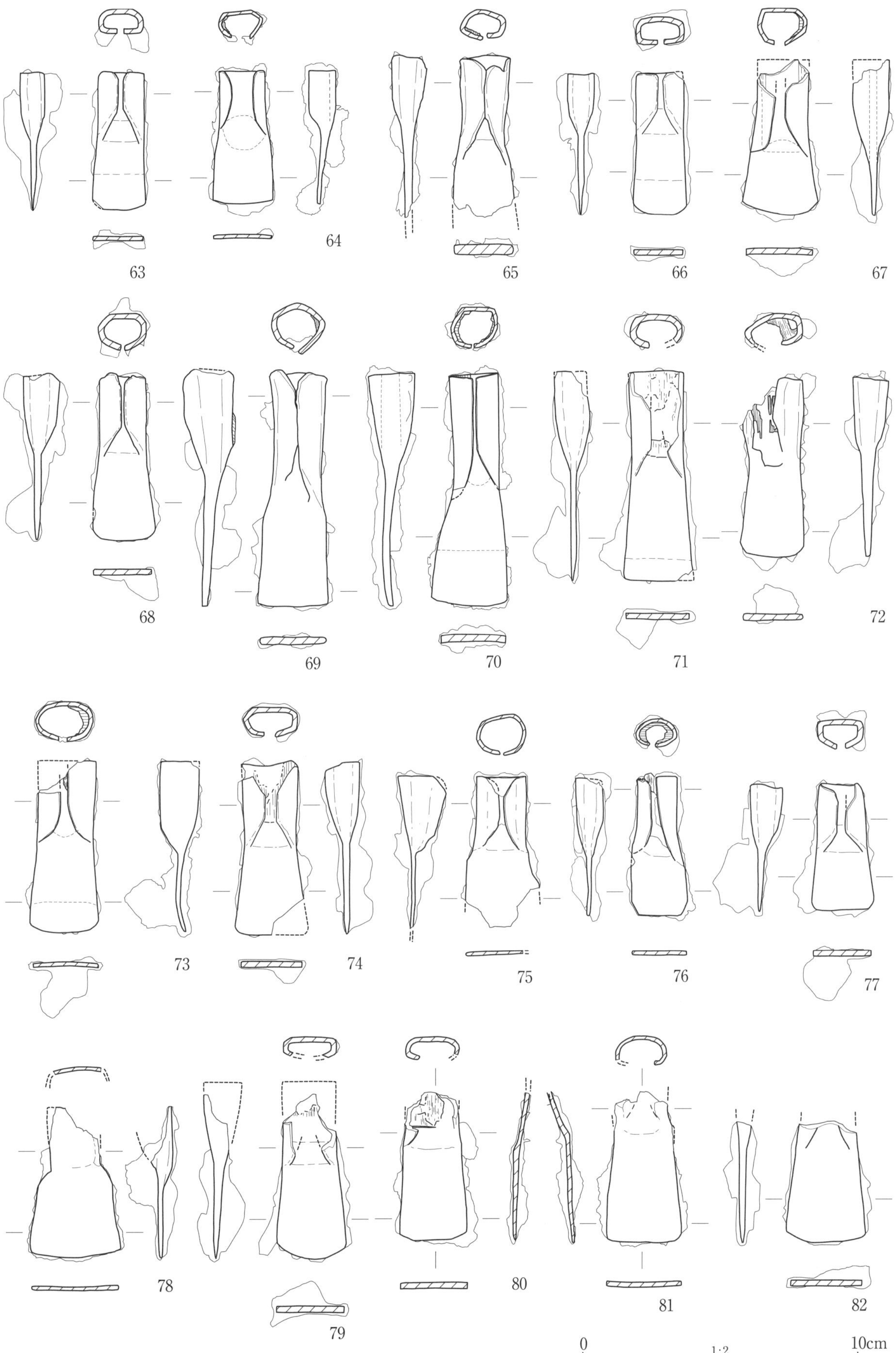


第110図　鉄製農工具実測図（17）（斧⑤）

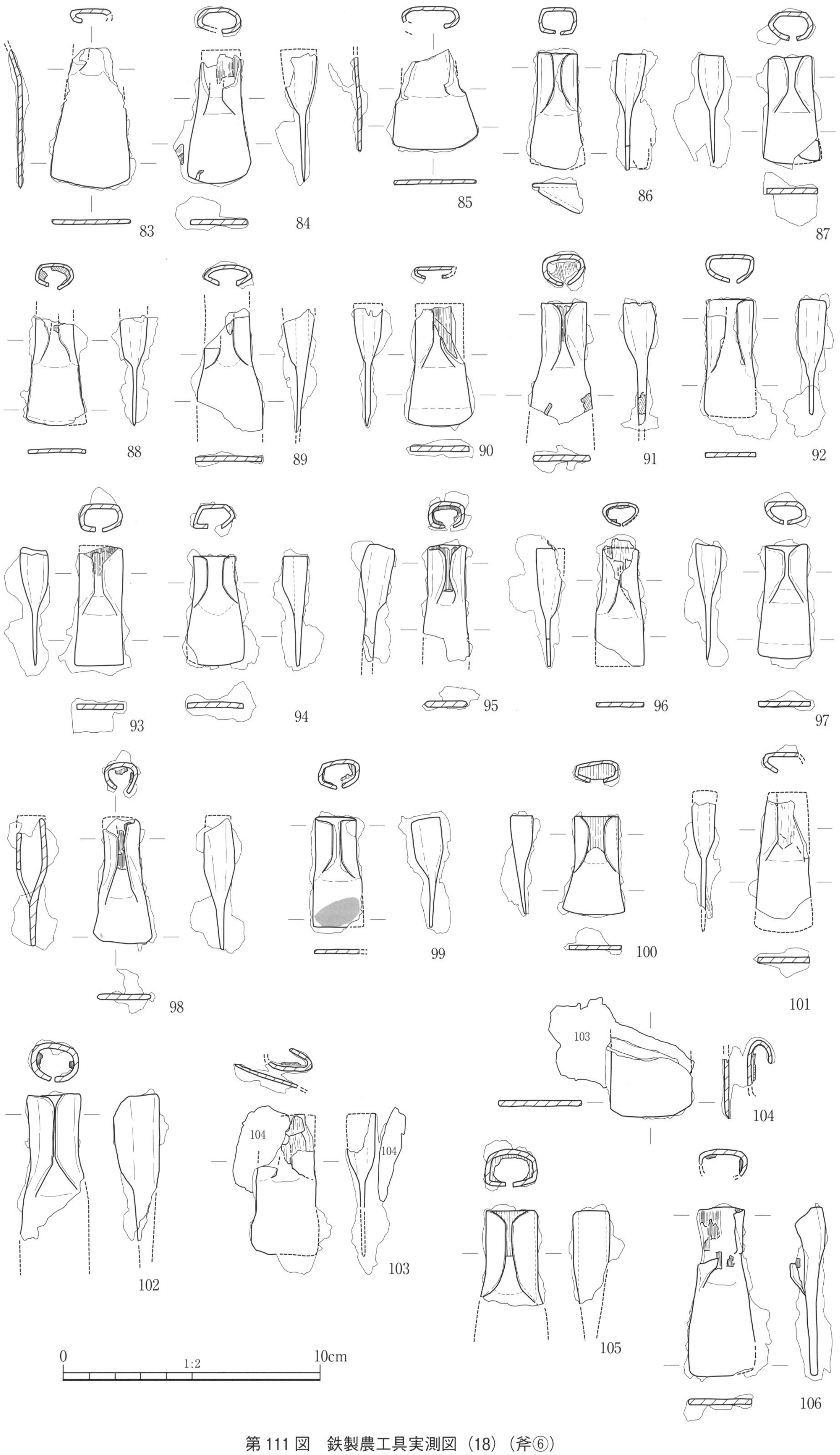


第 111 図　鉄製農工具実測図（18）（斧⑥）

## 第４節　石製模造品

（１）斧形（第112図　図版79）

１点が出土している。有肩袋状斧の形態を示す完形品である。長さ8.55㎝，肩部幅5.72㎝を測る。平面形は，袋部から緩やかな湾曲を示す肩部を経て，刃部は肩部からわずかに広がって，先端に至る。側面形は，おおむね左右対称ではあるが，袋部合わせ目を表現した面の刃部がやや外湾している。刃部先端の表現は明瞭である。

袋部は，丁寧な表現がなされている。上面には長径2.4㎝，短径1.3㎝の楕円形の彫り込みが深さ3.6㎝に及んでおり，これにより内面を作り出している。特に，合わせ目は通常線刻のみで表現される場合が多いが，本例は両端部が離れており，完全に作り出されていることが大きな特徴である。なお，袋部には，径２㎜の穿孔が４箇所不規則に穿たれている。表面はよく研磨されており，袋部側面を中心に削痕が明瞭に認められるほか，袋部上面に擦痕が顕著である。

石材は，附編２第２章に挙げた石種鑑定の結果で，蛇紋岩と判明している。にぶい緑灰色を呈する。ただし，現状は鉄錆の影響によりほとんどの範囲が赤褐色を呈している。

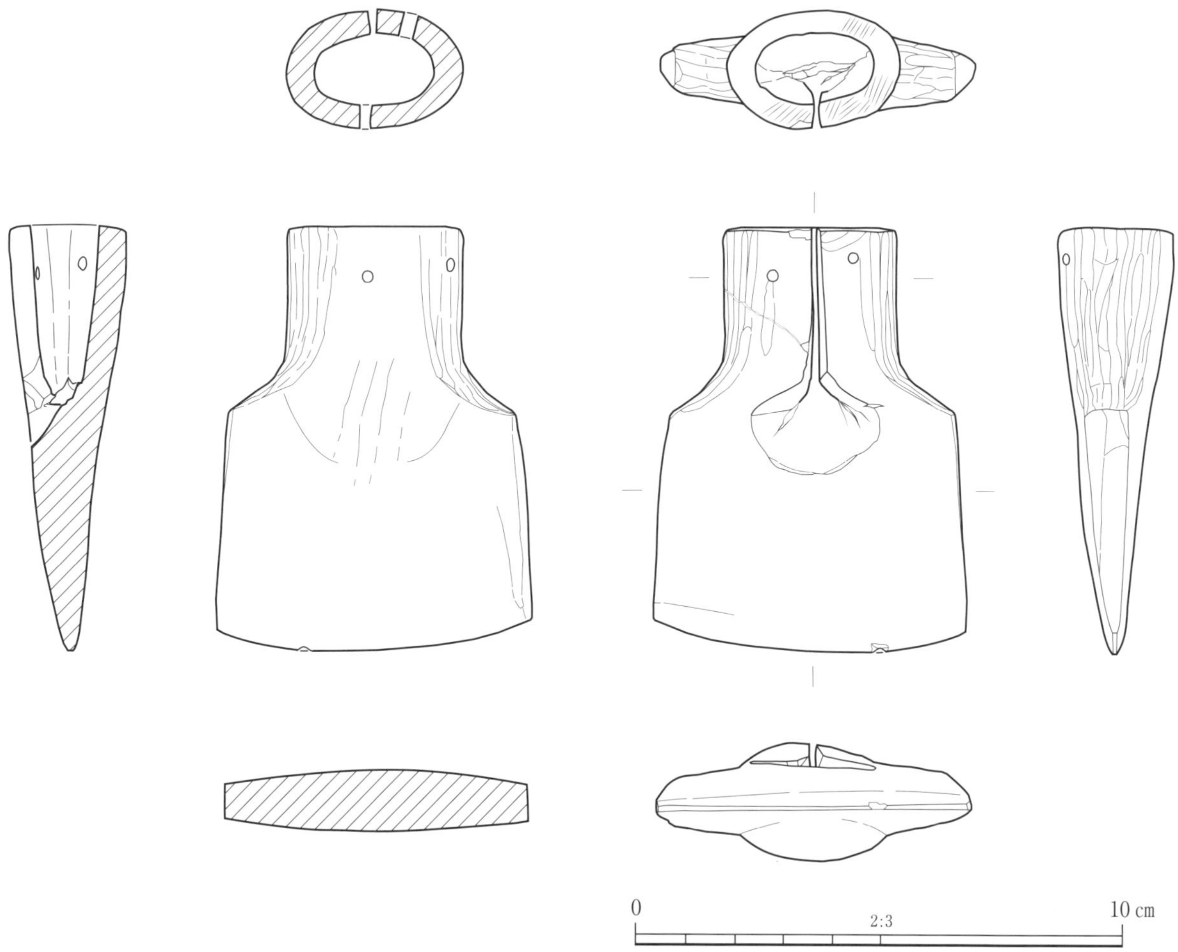


第112図　石製模造品実測図（斧形）

（２）鎌形（第113図　図版79‐１，80）

６点が出土している。１・２・４は大きく欠損しているが，３・５・６は一部欠損がみられるものの完形品である。

１は，刃部先端と基部の下半を一部欠損するが，曲刃鎌の形態を示すと考えられる。基部の折り返しと刃部の方向から，いわゆる「乙技法」（都出1967）の曲刃鎌とわかる。現存長6.27㎝，最大幅2.15㎝，棟部の厚さ3.4㎜を測る。刃部表現はなされているが，鈍く端部は平坦面を残す。一部に赤色顔料が付着している。色調はにぶい緑灰色を呈するが，現状は全面が鉄錆の影響を受けており全体的に赤褐色を呈する。この影響を受けて，一部の削痕を除き製作上の痕跡は観察が難しい状態にある。

なお，穿孔は認められない。

２は，全体の２分の１程度が欠損していると考えられる。基部と考えれば，折り返し表現のない曲刃鎌，直刃鎌を表現した可能性がある。刃部先端と考えた場合は，直刃鎌を表現したものとなる。現存長4.02㎝，最大幅2.26㎝を測る。刃部表現は明瞭である。色調はにぶい緑灰色を呈するが，現状は全面が鉄錆の影響を受けており全体的に赤褐色を呈する。この影響を受けて，一部の削痕と擦痕を除き製作上の痕跡は観察が難しい状態にある。穿孔は認められない。

３は，曲刃鎌の形態を示す。基部の折り返し表現は作り出されていない。現存長6.34㎝，最大幅2.41㎝，棟部の厚さ3.8㎜を測る。刃部表現は，端部に平坦面を残すが，明瞭である。色調はにぶい緑灰色を呈するが，現状は全面が鉄錆の影響を受けており全体的に赤褐色を呈する。しかし，削痕や擦痕を比較的観察できる状態にある。穿孔は認められない。

４は，曲刃鎌の形態を示す。基部を欠損しており，折り返し表現は不明である。錆が破断面に付着していることから，埋納時点で既に欠損していたと考えられる。刃部先端が巻き込むような湾曲を示す。また，断面が突レンズ状を呈する。そのほか，刃部先端付近に，赤色顔料を含む粘土状の物質が付着しており，埋納施設の状況を反映していると考えられる。現存長7.34㎝，最大幅2.8㎝，最大の厚さ６㎜を測る。刃部表現は，端部に平坦面を残さず，明瞭である。色調はにぶい緑灰色を呈する。現状は，基部付近のみが鉄錆の影響を受けていることにより赤褐色を呈する。全体的に削痕やきめの細かい擦痕を観察できる。穿孔は認められない。

５は，刃部の湾曲がほとんどみられない曲刃鎌の形態を示す。いわゆる「乙技法」（都出1967）の曲刃鎌の特徴をもつ。折り返し表現は明瞭である。全長9.07㎝，最大幅2.25㎝，棟部の厚さ5.6㎜を測る。刃部表現は，端部に平坦面を残すが，明瞭である。色調はにぶい緑灰色を呈する。現状は，基部付近を除き鉄錆の影響を受けていることにより赤褐色を呈する。全体的には削痕や擦痕を観察できる。穿孔は認められない。

６は，刃部の先端がわずかに湾曲する曲刃鎌の形態を示す。いわゆる「甲技法」（都出1967）の曲刃鎌の特徴をもつ。折り返し表現は明瞭であり，基部両端からそれぞれ突出するように作り出されている。全長7.56㎝，最大幅1.98㎝，棟部の厚さ４㎜を測る。刃部表現は，不明瞭で端部に平坦面を残す。色調はにぶい緑灰色を呈する。現状は，鉄錆の影響は少なく赤褐色の範囲は一部にとどまる。全体的には削痕やきめの細かい擦痕を観察できる。穿孔は認められない。

石材は，附編２第２章に挙げた石種鑑定の結果で，６点すべてが緑色粘板岩と判明している。また，石種のみならず産出地も同じである可能性が高いという結果が示されている。

（３）小結

石製模造品を器種ごとに特徴を検討してみると，いくつかまとまりが抽出されることがある。その視点で検討を行ったが，錆の影響で細かい部分での観察が十分ではない。そのため，鎌形の中での個体どうしの関係性，鎌形と斧形との関係性を明確に把握できるには至らなかったので，この点については今後の検討課題としたい。

一方で，欠損品を含むため厳密ではないが，鎌形は穿孔をもたない可能性が考えられ，一定の規範のもとに製作されている可能性が考えられる点は注意を要する。

なお，石材は，附編２第２章での石種鑑定により，斧形と鎌形では石材が異なることがわかった。器種により石材が異なる点，鎌形は６点すべてが同じ産出地の石材と考えられる点から，製作に関する様々な状況を想定することが可能であるが，今後の検討課題として指摘するにとどめておきたい。

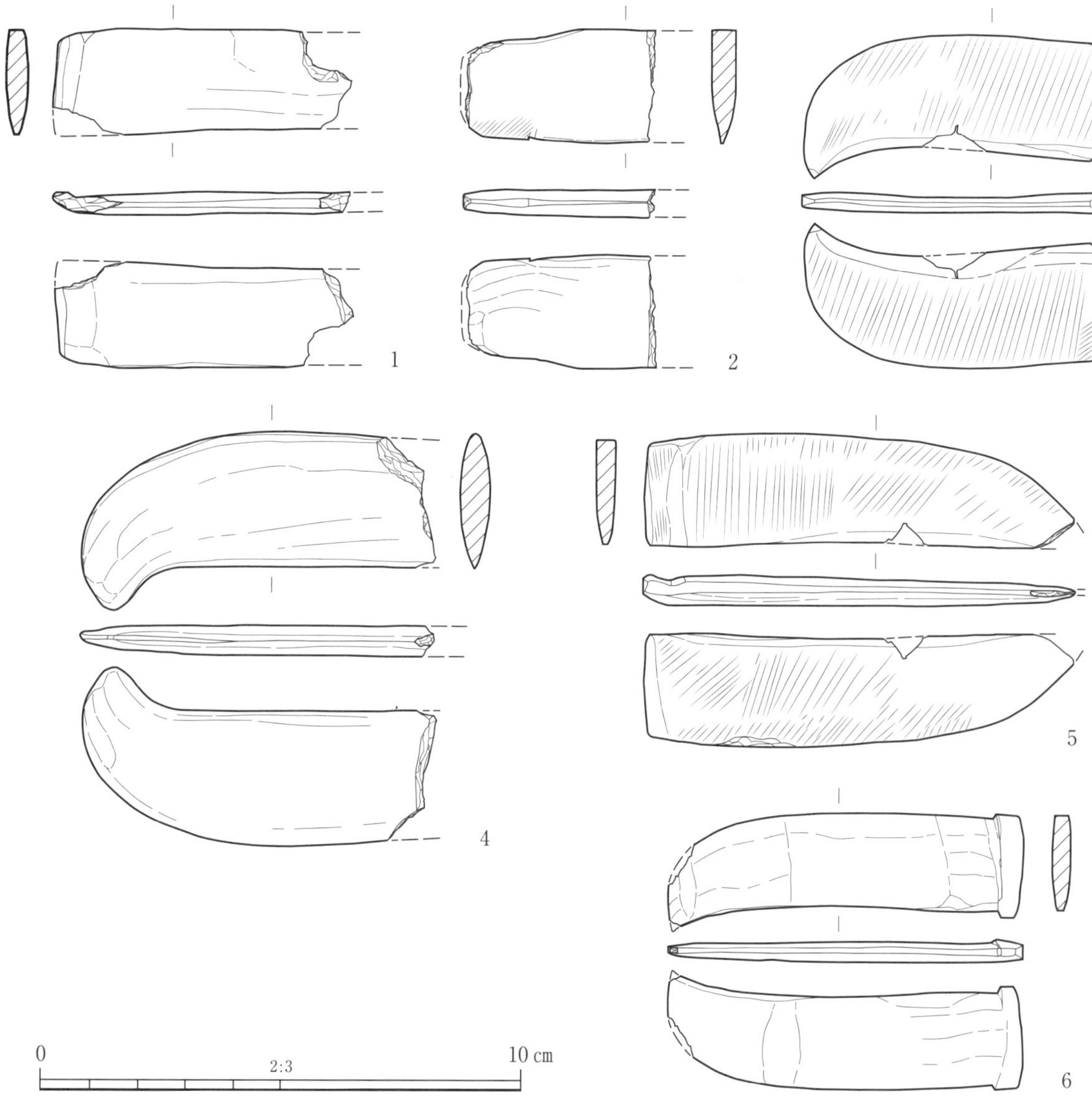


第113図　石製模造品実測図（鎌形）

## 第５節　埴輪

ここでは宮内庁書陵部が所蔵する宇和奈辺陵墓参考地旧陪冢ろ号からの出土が確実な埴輪および確実ではないがその可能性の高い埴輪について報告する。

いずれの埴輪にも宇和奈辺陵墓参考地旧陪冢ろ号からの出土であることを示す注記がなされているものの，この注記がなされたのは昭和50年代頃と考えられ，出土してからだいぶ時間を経てからであったようである。したがって，それまでの間に遺物の混交がおこってしまった可能性が否定できず，また実際に『奈良県史蹟名勝天然記念物調査抄報』第４輯（以下，『抄報』とする）の図版第５に掲載された埴輪のうち，右上のものが所在不明ということもあり，ここでは宇和奈辺陵墓参考地旧陪冢ろ号からの出土が確実といえる『抄報』の図版第５に掲載された現存する埴輪３点以外は伝・宇和奈辺陵墓参考地旧陪冢ろ号出土品としてあつかうこととしたい。ただし，うえでもふれたようにここで伝資料としたものの大半は宇和奈辺陵墓参考地旧陪冢ろ号から出土した可能性が高いものと思われる。

伝資料も含めた当部が保管する埴輪の量はコンテナ３箱程度である。いずれの破片も色調は黄白色で，胎土には直径１～３mm程度の砂粒（白色粒，黒色粒，チャートなど）を多く含んでおり，焼成は窖窯焼成で黒斑はみられないが，破面をみると器壁内部は黒色もしくはそれに近くなっているものが多い。これらの特徴は宇和奈辺陵墓参考地でみられる黄白色の一群とほぼ同様といえる。

（１）宇和奈辺陵墓参考地旧陪冢ろ号出土埴輪

１は盾形埴輪の盾面上部付近の破片である。盾面上部の形状は水平とはならず，ゆるやかに弧をえがいて突出する形状であったと推測される。なお，上部の鋸歯紋は内側に小三角窓をもち，窓部分以外には垂直方向の平行線が充填されている。裏面には斜めにのびる補強粘土帯がみられる。この資料は，『抄報』図版第５左上，『出土品展示目録 埴輪Ⅳ』（以下，『埴輪Ⅳ』とする）の（59）として掲載されているものである。

２は甲冑形埴輪の錣部分および冑の地板第２段部分の破片である。錣はいわゆる三枚錣を表現したものと考えられ，これが付属していた冑本体については，金属製であったとすれば小札もしくは竪矧板をもちいた衝角付冑もしくは眉庇付冑を表現したものと考えられ，基本的には鋲留技法導入期以降の冑を表現したものと推測される。この資料は，『抄報』図版第５右下，『埴輪Ⅳ』（60）として掲載されているものである。発掘調査を担当された森浩一氏のノートには蓋形埴輪の出土したことが記載されており（40頁，第13図３参照），この破片のことであった可能性も考えられる。

３は甲冑形埴輪の短甲部分の破片であり，左前胴竪上周辺の部位であると判断した。竪上第２段の面積がやや大きい点が気にはなるが，この判断が正しいとすれば地板の形状は三角板であったものと考えられる。また，革綴短甲を表現した埴輪のばあい，この程度の大きさの破片であれば革綴表現が入ってしかるべきであるが，その表現がみられないことから，金属製の短甲であったとすれば三角板鋲留短甲を表現したものと推測される。この資料は，『抄報』図版第５左下，『埴輪Ⅳ』（61）として掲載されているものである。

（２）伝・宇和奈辺陵墓参考地旧陪冢ろ号出土埴輪

４は鰭付円筒埴輪である。かろうじて上から下まで接合を確認することができ，６条７段構成で器高73cmであることがわかる。底径は約26cmであり，高さに比較して径が小さいため，やや細身な印象をうける。第１段高は約13.5cm，突帯間隔は10.5～11cm程度，口縁部高は復元で6.5cmであり，口縁部の短くなっている点が特徴である。外面の最終調整は，第１段がタテハケとなっている

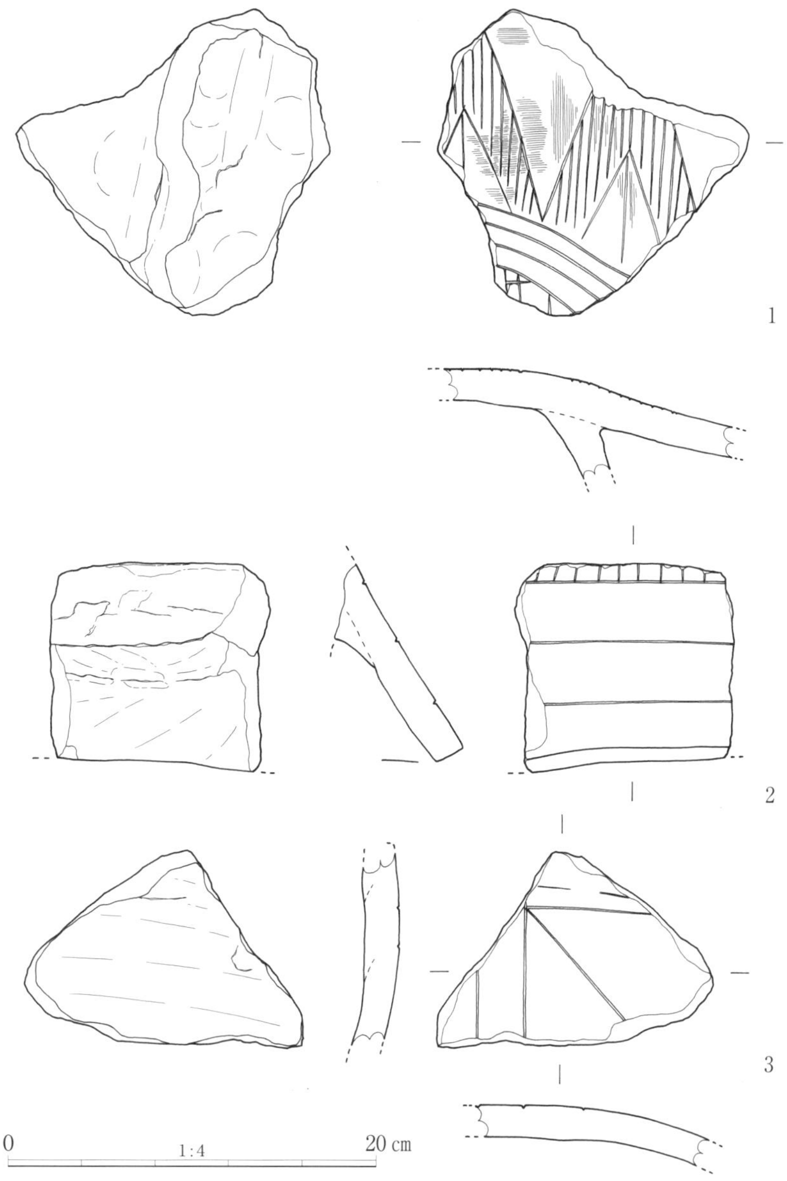


第114図　埴輪実測図（1）

のを除き，基本的にはＢｄ種ヨコハケとなるようである。突帯の設定方法は不明である。内面調整は基本的にはナデであるが，ごく一部にハケがみられる。透孔は推測ではあるが，第２段に円形のものが二つ，第５段に円形と三角形のものをあわせて四つ，第７段（口縁部）に三角形（と円形）のものをあわせて四つ穿っていたようである。付属する鰭は下端が斜めになっており，第３段の中央付近から口縁端部にかけてとりついている。鰭の接合にあたっては，円筒本体の突帯を切り取ってから接合していたことがわかる。径や器高がやや小さいことを除けば，宇和奈辺陵墓参考地出土の円筒埴輪に似た特徴をもつことが指摘でき，おおむね同時期に製作されたものと推測される。この資料は『埴輪Ⅳ』(67)として掲載された資料をもとにしているが，今回あらたに接合関係を複数確認したものである。

５，６は円筒埴輪の口縁部の破片である。６は三角形の透孔がみられる。５，６ともに『埴輪Ⅳ』(66)の上段に掲載されたものである。７は円筒埴輪胴部の破片で，長方形の透孔が穿たれている。赤色顔料を内外面に確認することができ，とくに内面では筋状になって垂れてきた様子を観察でき

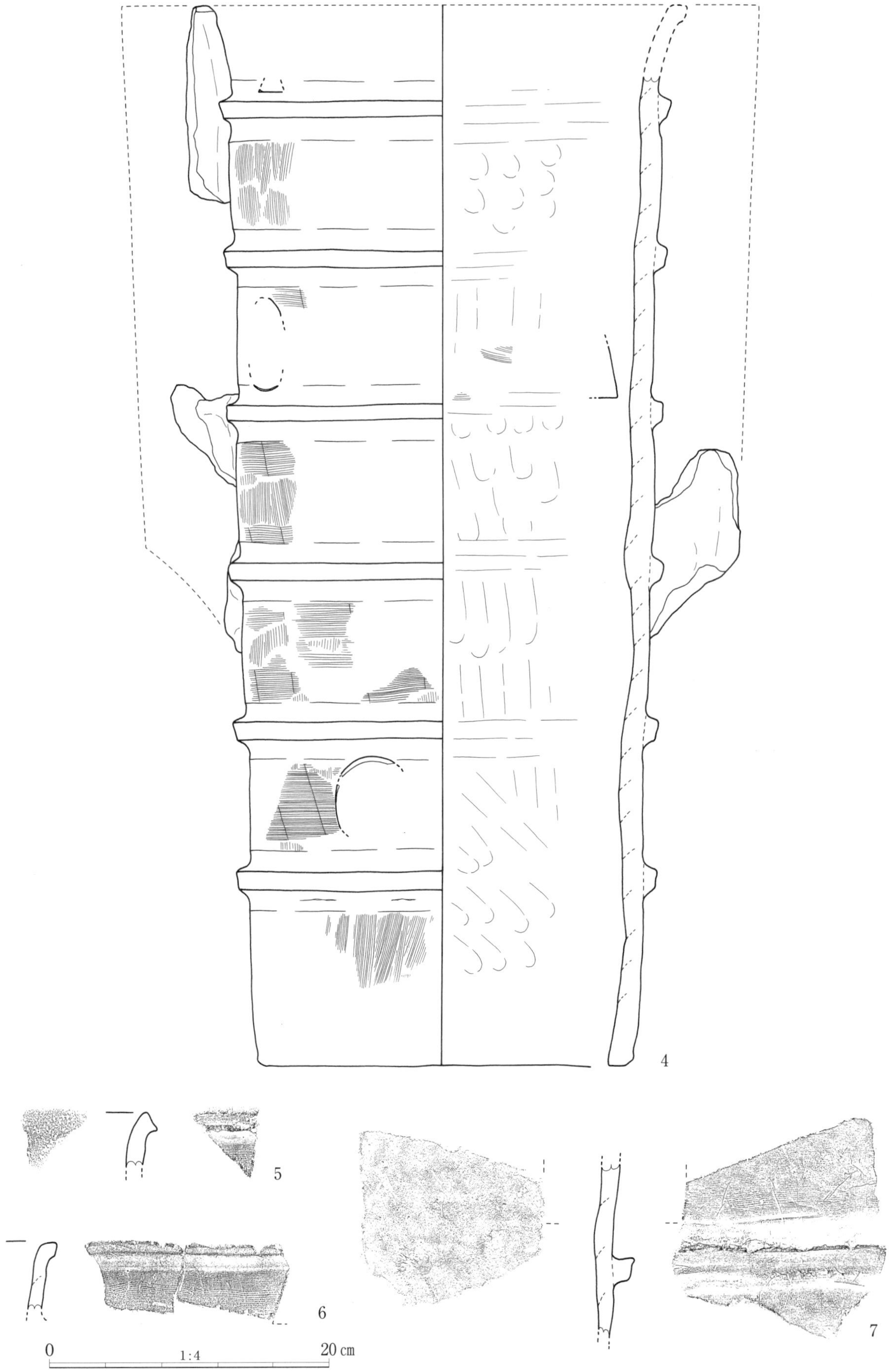


第115図　埴輪実測図（2）

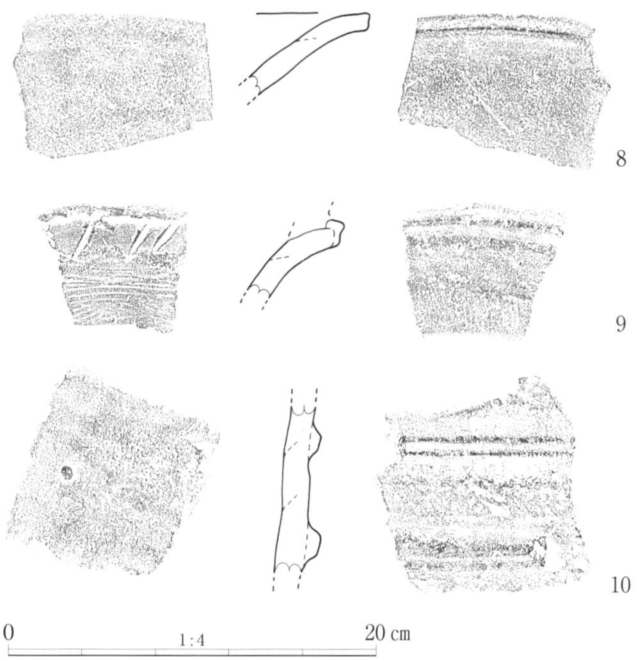


第116図　埴輪実測図（3）

る。この資料は，『埴輪Ⅳ』(66)左下に掲載されたものである。

８～10は朝顔形埴輪の破片である。８，９は『埴輪Ⅳ』(65)として掲載されたもので，10は（66)右下に掲載されたものである。

11・12は家形埴輪の同一個体破片である。『埴輪Ⅳ』(62)として掲載されたものであるが，掲載されたような接合関係は現状では確認できない。柱の表現として粘土帯を壁に貼付している点が特徴といえる。また，裾廻突帯の成形にあたって，最初に貼り付けた突帯よりも上方に粘土塊を再度充填している点が特徴的であり，別個体である13の家形埴輪とも共通している。11～14についてはハケメが同一であり，おそらく同一の製作者によるものと思われる。

13は家形埴輪の壁部の破片である。11・12とは異なり，柱の表現をもたない。部位としては平側と考えられ，窓状の孔が二つみられる（左側の窓はＬ字形で，右側は出入口か)。また，左側の窓の周辺には線刻がみられる。平側は復元で60㎝になり，非常に大型な家形埴輪であったものと推測される。裾廻突帯の形成にあたっては12と同様に，最初に貼り付けた突帯よりも上方に粘土塊を再度充填している点が特徴である。11・12・14とハケメが同一であり，おそらく同一の製作者によるものと思われる。この資料は，『埴輪Ⅳ』(64)として掲載されたものである。

発掘調査を担当された森浩一氏のノートに記載された家形埴輪２個体（40頁，第13図３参照）については，これら11～13の破片が該当する可能性も考えられるし，下の14(囲形埴輪）も含まれるかもしれない。

14は囲形埴輪の矩形に屈曲する部分の破片である。突帯などは貼付されておらず，線刻で表現がほどこされている。現状では上部に三角形の突起などは確認できない。11～13とハケメが同一であり，おそらく同一の製作者によるものと思われる。13の家形埴輪と同様にかなり大型なものになると推測される。発掘調査を担当された森浩一氏のノートには「ヘラ描」と記述される埴輪の出土したことが記載されており（40頁，第13図３参照)，この破片のことであった可能性も考えられるが１や３なども該当する可能性があり，断定はできない。また，上でもふれたように家形埴輪として認識された可能性もある。この資料は，『埴輪Ⅳ』(63)として掲載されたものである。

（３）小結

伝資料も含めて今回紹介した埴輪すべてが宇和奈辺陵墓参考地旧陪冢ろ号出土品であるという前提で考えると，その埴輪は主墳である宇和奈辺陵墓参考地において確認されている埴輪と似たような特徴をもつことが指摘できる。したがって，当陪冢の墳丘規模と比較して非常に大型な埴輪群をともなっていることを指摘できよう。

このように主墳と陪冢において埴輪の構成が共通する現象は応神天皇陵とその周辺でも確認され

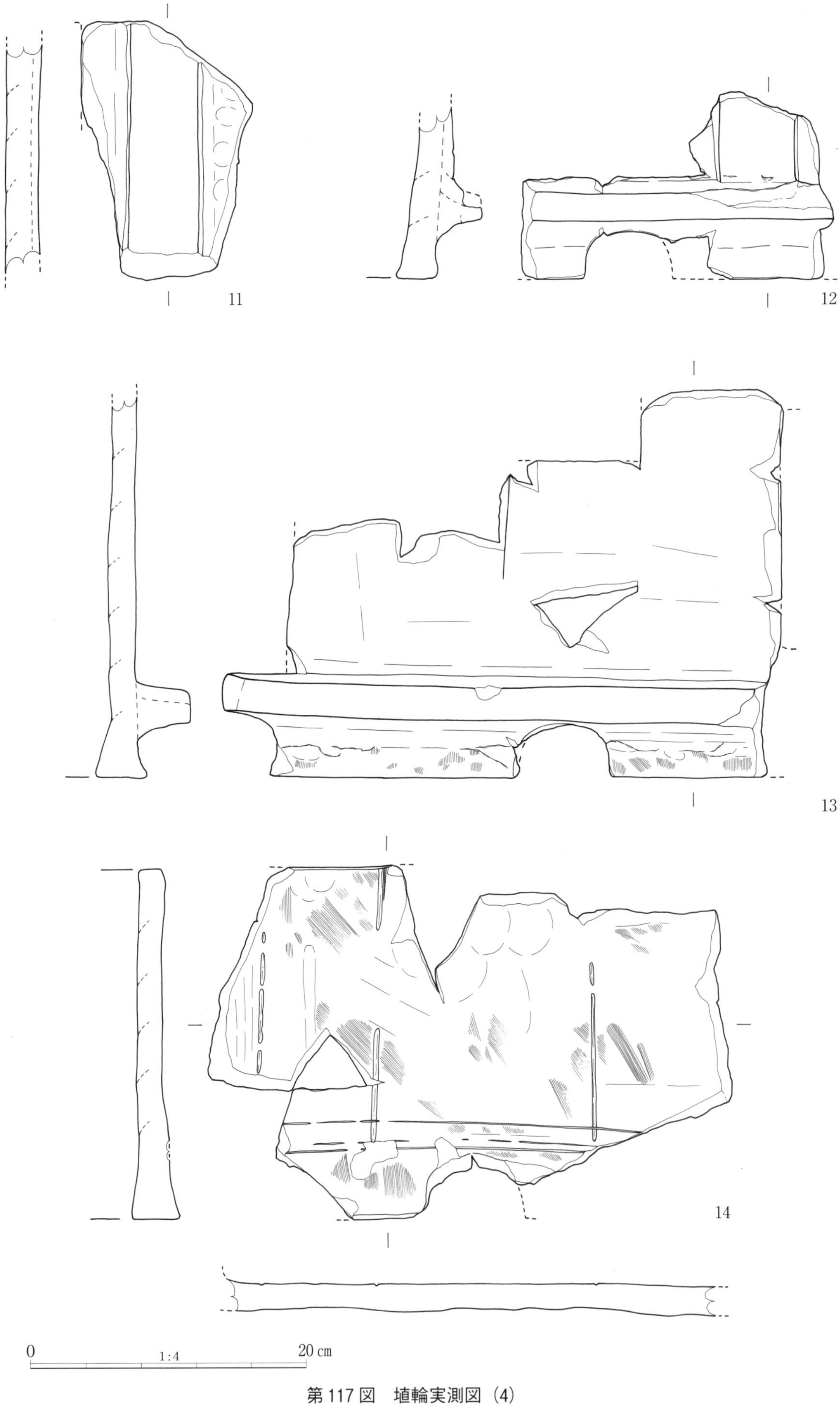


第117図　埴輪実測図（4）

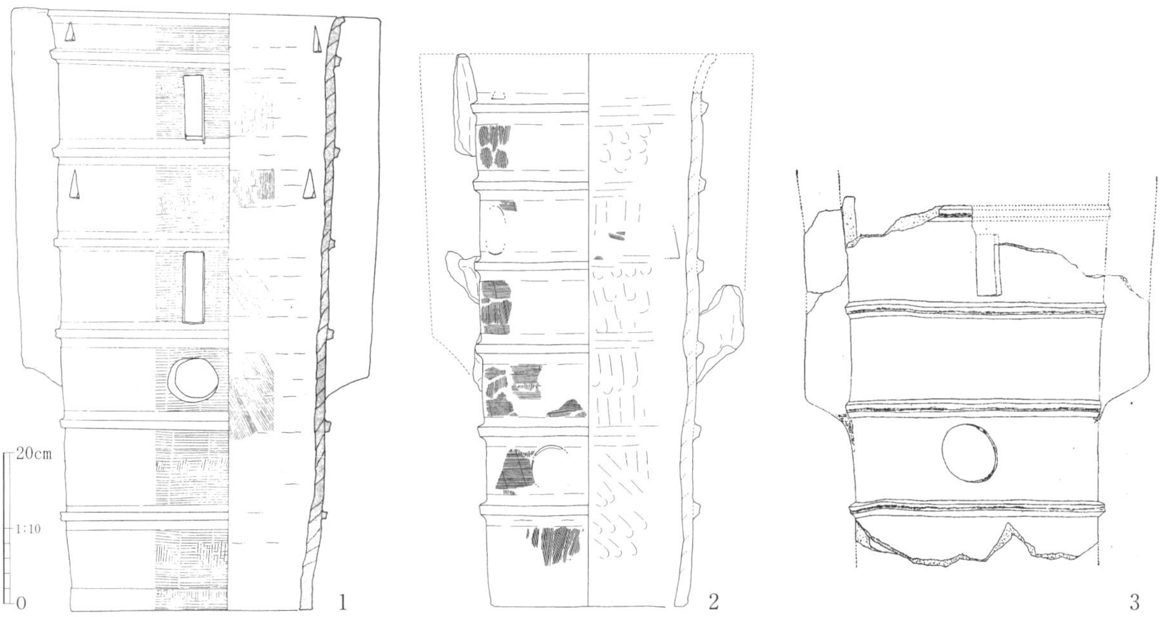


1：宇和奈辺陵墓参考地（大和１号墳）　2：宇和奈辺陵墓参考地旧陪冢ろ号（大和６号墳）　3：大和５号墳

第118図　宇和奈辺陵墓参考地と陪冢の円筒埴輪

ており（加藤2014），応神天皇陵と宇和奈辺陵墓参考地の円筒埴輪については口縁部が短いものが含まれるという点も含めて共通性が高いといえる。

主墳と陪冢にみられる円筒埴輪の段構成の類似性は，応神天皇陵，宇和奈辺陵墓参考地のほかにも京都府久津川車塚古墳，群馬県太田天神山古墳などにおいても確認されており，これらについては同時期の所産とみて大過ないものと思われる。

〔註〕

（１）　器種については，再整理の途中経過として，当部展示会の図録において示したことがある（宮内庁書陵部陵墓課編2009）。また，旧陪冢ろ号の出土遺物の調査を行った研究者の成果として，既に一部が公表されている（坂2005，河野2014）

（２）　朴天秀の分類を参考にすると，両側面に凹凸があるものと，ないものにも区分することができる（朴天秀2007）。朴天秀が指摘しているように，両端部が直線的であるものは凹凸が少なく，両端部が弧状を呈するものは凹凸が多い。そこでここではこれらの属性を両端部形態に含めて考えることにする。

〔参考文献〕

東　潮1987「鉄鋌の基礎的研究」『考古学論攷』12

東　潮1999「第５章鉄鋌の基礎的考察」『古代東アジアの鉄と倭』溪水社

加藤一郎　2014「誉田御廟山古墳併行期の埴輪」『古代』第132号，早稲田大学考古学会。

河野正訓　2014『古墳時代の農具研究—鉄製刃先の基礎的検討をもとに—』，雄山閣。

宮内庁書陵部陵墓課編2009『考古資料の修復・複製・保存処理』，宮内庁書陵部。

都出比呂志　1967「農具鉄器化の二つの画期」『考古学研究』第13巻第４号，考古学研究会。

朴　天秀2007『加耶と倭　韓半島と日本列島の考古学』講談社

坂　　靖　2005「小型鉄製農工具の系譜—ミニチュア農工具再考—」『橿原考古学研究所紀要　考古学論攷』第28冊，奈良県立橿原考古学研究所。

村上恭通2007「４．鉄素材論の再検討」『古代国家成立過程と鉄器生産』青木書店

(韓国語)

成正鏞・孫スイル2012「鉄鋌をつうじてみた古代の鉄の生産と流通」『韓半島の製鉄遺跡』（主要　遺跡総合報告書Ⅳ）（財）韓国文化財調査研究機関協会

# 第5章　総　　括

これまで，宇和奈辺陵墓参考地旧陪冢ろ号について，昭和20年末から昭和21年初めにかけて行われた調査，その調査で出土した遺物について報告を行ってきた。

最後に，以下に挙げた３つの項目について，その成果を振り返って総括としたい。

## 旧陪冢ろ号の調査について

昭和20(1945)年８月15日に太平洋戦争が終結して日も浅い，12月末から翌21年１月初めに調査が行われたことは，既に森浩一氏の著作等で知られていた（末永編1950，森1959・1998・2009)。また，調査内容については，森氏の残した記録がもっとも詳しいものであった。

一方で，調査を取り巻く環境とその前後の状況については，これまで明らかになっていない点も多いことから，この度の報告書作成にあたっては，宮内庁宮内公文書館所蔵文書を確認することで，当時の調査がどのように推移したのか，その時間的経過を確認するとともに，少しでも当時の様子を復元することを目指して，内容の検討を行った。また，森氏の記録以外に何かしら調査内容を補足できるような学術的情報が含まれていないか，ということについて合わせて確認することも目的のひとつであった。

その結果，当時のすべての文書が残されている訳ではなかったが，ほぼ調査の開始から終了に至る時間的経過を追うことができ，当時の調査がどのような環境の中で行われていたかを窺うことができた。

そもそもの調査に至るきっかけは昭和20年12月21日に進駐軍から連絡が入ったことに始まり，奈良県とのやりとりの中で，まず墳丘の測量が行われたことがわかった。この点については森氏の記録の中にもあるが，具体的な開始日と状況が判明したことは，本報告において新たに見出したことであろう。一方で，森氏の調査内容を補足できるような学術的情報は含まれていないことがわかり，この点については森氏の記録がいかに重要なものであるかを再確認できた。

また，調査終了後の奈良県における整理作業の状況もわかり，畝傍陵墓監区事務所へ遺物が引き渡された際の文書に添付された引継目録の器種認定と数値が，「抄報４」のデータとなっていることもわかった。短い期間の中で行われた整理作業であるが，ここで行われた基礎的な作業は，その後の当庁での出土遺物の保管と整理作業の開始にあたって，非常に有用なものであったと考えられる。

なお，附編１に掲載したとおり，奈良県立橿原考古学研究所長の菅谷文則氏には奈良県の公文書等をもとに，旧陪冢ろ号や当時の調査について様々な角度からまとめていただいた。森氏の調査記録，菅谷氏による奈良県の公文書等，当庁の公文書という３者の記録を総合することで，これまでと比較して，旧陪冢ろ号の来歴がかなり明らかになったのではないかと考える。本報告書の成果のひとつと位置付けたい。

## 出土遺物について

出土遺物の整理にあたっては，特に鉄製品について，器種の確認と個体数の把握を目的のひとつとした。また，報告書にはできる限りの実測図の提示を意図した。

鉄鋌については，既に番号が付されていたもの，番号が付されていなかったものの個体として十分把握できるものについては，実測図，写真ともにすべてを掲載した。この点については，本報告におけるひとつの成果といえよう。掲載した数は，必ずしも「抄報４」に挙げられた数字とは一致していないが，出土した時点で既に破片となっていたものもあったであろうこと，当時完形品以外にどの程度の破片が数えられたかが対照できないことなどから，結果としては，「抄報４」の数字との照合や個体数の確認には至らなかった。鉄鋌は，非常に良好な遺存状況のものもあれば，出土時点から既に破片化して遺存状況が悪かったと考えられるものもある。大鉄鋌については大きな数字の違いはないことから，出土時点から遺存状況の悪かった個体に若干の変化があったことで差が生じている可能性が考えられる。一方，小鉄鋌については，現在破片にも番号が付されているため，実際の個体数は番号よりも少なくなることは確実である。よって，「抄報４」の数字に近くなることが推測される。

このように，具体的な数字は示せなかったものの「抄報４」の数字との大きな齟齬はないとみられる。当然のことながら，出土時点の方がより遺物の状態は良好であったと考えられるため，「抄報４」の数字は確度の高い数字であることが，本報告書でも指摘できる。その数字は有効性の高いものとして今後も使用できるであろう。

鉄製農工具については，資料によって器種認定や名称に違いが認められたため，その照合を試みて，現時点での整理結果を示した。ただし，破片となっているものが多いことから，実測図においては，ある程度形態のわかるものについては提示して，それ以外については完形品を中心に代表的な個体を提示した。写真図版については，代表的個体について提示した。

整理の結果としては，これまで「抄報４」に挙がっていた器種のうち，存在が確認されないものがあることを指摘できた。また，鑿などその時点では認識されていなかった器種があることを明らかにした。旧陪冢ろ号の鉄製農工具の器種構成は示せたと考える。

一方で，破片となっているものも多いために，鉄鋌と同様に個体数の特定には至らなかったものもある。ほぼ個体数として示し得たもののほかに，推定される個体数については概数として示した。また，鉄鋌と異なり，「抄報４」で示された数字と違いが認められるものもあるため，この点については若干の問題が残る。器種分別に至らず，まとめて数えられた可能性などが考えられよう。

鉄鋌，鉄製農工具ともに，多量の出土点数であり，それを十分に消化しての記述は十分に行えなかった点もあるが，一定の情報を提示できたものと考える。

## 大鉄鋌の分析結果について

本報告書の作成にあたって，大鉄鋌31点については金属学的な分析を実施した。分析結果の詳細は，附編２第１章を参照されたい。ここでは，附編の補足も行いつつ，その分析結果から考えられることについて述べておきたい。

今回の分析に際しては，31点それぞれの金属学的な特徴を明らかにすること以外に，まず鉄鋌を主に形態的な特徴から６分類して，それぞれの分類で分析結果に違いが出るか否かを確認することを目的のひとつとした。これには，当然のことながら分類の妥当性が前提となるわけであるが，実際には峻別の難しい分類もあり，結果的には細分しすぎた面もある。

分類は以下のとおり行った。なお，第４章第２節で示されている分類と本分析での分類は，一部基準の重なるところはあるが，分類結果は関係しない。

A類：端部が角状に突出する。角状の突出は四隅にあるもの片側にとどまるものがある。突出の度合いも強いものと弱いものがある。

B類：両端部の縁辺を直線的に整える。中央のくびれが明瞭なものと，緩やかなものの2者が認められる。

C類：両端部の縁辺が丸みをおびる，あるいは不整形なもの。

D類：端部の片側が直線的で，反対側が丸みをおびるか不整形なもの。

E類：個体の途中で明らかな継ぎ足しが認められ，やや不整形な形態のもの。

F類：端部縁辺が比較的直線的ではあるが，陵が不明瞭なもの。

なお，K類とあるものは，これまでも分析が行われてきたものであり，C類に含まれる可能性が考えられる。ほかにも，遺存状態によって，どの分類にも位置づけができずに保留したものも少なからずある。

数量的には，B・C・D類が多く，A・E・F類は少ない。特徴的な形態のA類を除けば，E・F類は作業の過程で分類として独立させたものでもあり，本来的にはいずれかの分類に属するものともいえる。

最終的に分析結果と照合したところでは，上記の分類のうち，主にA・B類とした左右対称の形態を示しているもの，側縁の凹凸が少ないものなど比較的精美な形態のものと，D・E類とした比較的不整形な形態をなしており，鉄材の継ぎ足しの痕跡や側縁の凹凸が目立ち，ゆがみなども認められるもの，という大きくは2大別程度にとどまる可能性が考えられる。

以上のような準備作業を踏まえて分析を行った結果，分類と対照させる意味で注目できることとして，いくつかの報告がなされている。

まず，分析を実施した大鉄鋌の成分や製作技術等に大きな差はなく，全体としてはひとつのまとまりとし得る，という点である。

具体的にみていくと，構造としては，何枚かの鉄材を接合することで製作されており，K類とした個体から試料を採取して分析した結果からは，非常に近い位置にあっても炭素量に著しい違いが検出されている。これは，何枚かの鉄材を接合している構造と関係しており，炭素量等の異なる鉄材どうしの接合がなされたことによると考えられている。

また，X線CTによる撮影の結果からは，その接合面には総じて隙間が生じていることがわかった。これは，接合面が剥離したことによるものであり，接合が不十分であったことにより錆が生成した可能性や，そもそも接合した鉄材の表面に生成していた錆の除去が不十分であったことが考えられるという。これらの結果は，大鉄鋌がどのような環境のもとに製作されたかを考える上で，重要な情報であろう。

剥離が生じる原因としては，上記のような鉄材の性格によるもの以外に，製作にあたって十分な加熱・保熱・鍛打が一連の作業として円滑に行われていなかったことも指摘されており，これは形態上の特徴である，縁辺の反りや不揃い等に反映されていることが考えられる。

なお，この特徴は，今回の分析では対象としていないが，小鉄鋌でも同様であり，大鉄鋌よりもむしろ顕著であるということができる。

それでは，このように，いわば不十分な作りの大鉄鋌が目立つということは，その製作環境にどのようなものが想定できるのであろうか。

附編2第1章の報告によれば，「恐らく，何らかの理由で大形鉄鋌を多量・早急に造る必要が生じたために，入手可能な素材（薄板）を各地・近傍から調達して，数箇所の鍛冶工房において製作したことが推測される」という。

この指摘に対して，考古学的な面から考えてみた場合，他の古墳の事例から考えられることがある。大阪府藤井寺市の西墓山古墳では，大量の鉄製武器・農工具が2基の木棺に納められた状態で出土している。特に鉄製農工具はミニチュアとされるようなものであり，少なからず副葬用に製作されたものである可能性が高い。この古墳は応神天皇陵飛地ほ号（墓山古墳）の陪冢と考えられており，宇和奈辺陵墓参考地に対する旧陪冢ろ号と同じ関係性にある。さらに注意したいことは，大量の鉄製農工具とともにごく少量の石製模造品が出土している点である。器種も刀子形を欠き，斧形と鎌形で構成される点まで共通している。これは，鉄製品の性格と合わせて，両者が同様の葬送儀礼を行っていた可能性を考えさせるものといえよう。旧陪冢ろ号の場合は，鉄製武器ではなく鉄鋌である点は異なるが，遺物の性格としては相似たものであった可能性を考えることができよう。

つまり，今回分析した大鉄鋌についていえば，炭素量などの成分が極端に異なる鉄材どうしが接合されている状況，不十分な加熱・保熱・鍛打により製作されている状況からは，旧陪冢ろ号の鉄鋌は，鉄素材としての鉄鋌が贅沢に副葬・埋納されたと考えられるほかに，副葬・埋納用に作られたものである可能性も考えられる。葬送儀礼などに伴い，限られた時間で一定量を必要としたために，様々な履歴をもつ，また成分も異なる，いわば端材のようなものをも集めて日本で製作された可能性を考えることができるのかもしれない。

西墓山古墳の事例なども合わせて考えるならば，附編2第1章の分析結果で示された見解は興味深いものであり，第2章第5節の鉄鋌の研究史で触れられているが，製作地を考える上で今後十分検討すべき課題といえよう。

なお，簡易成分分析からは，A・B類では鉄の成分以外で目立った金属成分が検出されない傾向があり，一方D・E類では銅の成分が目立つほか，ニッケルやクロームが確認されるものがある。簡易分析であるため，この違いをにわかに評価することは難しい。分析結果からは，原料は従来の指摘どおり朝鮮半島で産出する鉄鉱石である可能性の高いことが示されているので，鉄鋌の中には，朝鮮半島と日本でそれぞれ製作されたものが含まれており，それが形態や成分に現れている可能性がある。

輸入品と考えられることが多い鉄鋌であるが，その性格も多様であることが考えられ，用途に応じて製作については，日本で行う可能性があることについて，一考を要する分析結果と考えられる。

以上，本報告書での成果について，簡単ではあるが振り返ってみた。今後，本報告書が少しでも調査・研究に役立つことがあれば幸いである。

最後になるが，昭和20年の調査から始まり，長期間にわたる整理まで，多くの関係者の方々の努力があったことで，本報告書があることを明記して感謝申し上げたい。

# 附　編

# 附　編　1

## 大和６号墳と周辺古墳の調査

奈良県立橿原考古学研究所　　菅　谷　文　則

### 1）大和第3～6号墳の報告書

昭和25年３月15日に『奈良縣史蹟名勝天然記念物調査抄報　第四輯』（以下抄報と略す）が刊行された。昭和25年３月15日は，奥付の発行日である。発行者は，奈良縣史蹟名勝天然記念物調査会で，編集代表者は，奈良縣史蹟名勝天然記念物調査委員会　委員末永雅雄である。ただし，抄報の表紙右上には，昭和24年10月と書かれている。左下には奈良縣と大書されている。

表紙には副題があり，次のように２行に分けて記されている。

「奈良市法華寺町宇和奈邊古墳群

大和第三，第四，第五，第六號古墳調査」

本書は，タテ25.2センチ，ヨコ17.8センチ，Ｂ５判の判型で，タテ書き上下二段組みである（34字×28行)。

序文１ページ。本文・図版目次２ページ。内扉に第一頁のページ表示があり本文35ページ。図版は白黒写真版が５ページある。

本書が，公式に刊行されている大和６号墳等，４古墳の報告である。なかでも大和６号墳に関しては，別に調査の実務を担当した森浩一氏の文章があり，両者では若干の差異がある。調査の実際を少しでも確実にするために本文を記すことにした。抄報序文（ただし，序文の文字はない）には，次のように記されている。

本縣史蹟名勝天然記念物調査會抄報第四輯は宇和奈邊古墳群のうち，その主墳たる宇和奈邊古墳北方濠外にあった數基の古墳が，戰時西部國民訓練所建設の爲破壊されたもの，變形し若しくは戰後平夷されたその姿を消滅せる古墳の調査記録である。

調査は委員末永雅雄が主査となり，島田暁，孔舎衛武郎，上田宏範，堀部日出雄等がこれに従ったと記されているが，具体的な分担は記されていない。第３号～６号古墳の破壊または破損については抄報本文の「古墳の環境」の項に次のように記されている。

この古墳の位置は第一圖に示す如く宇和奈邊古墳の西方濠外の，第五,六号墳の西に接して築かれていた小円墳であったが建築のために昭和十六年七月上旬，第三号墳ははじめその半より截ち切られ，第四號墳は約四分の一の封土を截り取られた。第三號墳は破損せる各種の埴輪破片を出土し，第四號墳は滑石製品及鉄製品を出土した。

この二つの古墳及第六号墳は昭和二十一年の春，附近の敷地を接収した進駐軍の施設の爲に除去されたから，いま現地にあるのは第五號墳（方形）のみである。他にも數個われゞの調査をする時間もなく除去せられた古墳がかなりある。第一圖下はその以前の位置圖である。そのうちどれであるかわからないが神獣鏡があったらしく，平夷後に大きな破片を拾得した話を聞いた。しかし私は寶物を見ていない。

３～６号のおのおのについても戦前に破壊の状況が記されている。ただし，３～６号墳の調査年月日の記述はないので，それを知ることが出来ない。また，主査であり，報告書を執筆された末永雅雄先生は，ご生存中にご自身のノート類などを，すべてご邸宅の庭に大きな穴を掘って埋められていたので，資料は残されていない。後述するように奈良県の関係する公文書としてひとつも残されていない。序文に名前があげられている，島田暁，孔舎衛武郎（木村武郎），上田宏範，堀部日出雄（秋山日出雄），氏はともに生存されていないので，これまた知るよしもない。

つぎに，おのおの古墳について，経過を抄報によって記しておく。

第３号墳は『円墳であるがその高さ八尺，底径三十一尺。道路敷設の為中央部より南半分截り取られた。われわれの現地に行ったときにはもはやその形を留めず，残った北半分の封土と対照してわずかに底邊の痕跡に拠りて基底面を認められるに過ぎなかった。』とある。

第４号墳は『(前略）この古墳ははじめ建築の都合上，封土の約四分の一を削り去った。(中略）昭和二十一年春，再び全部の封土をとることになって，私はその際に発掘調査を終りブルドーザーで削られてゆく封土を検したが（後略)』とある。

第５号墳は『この古墳は第六號墳を調査したときに，墳丘上に進駐軍の水洗便所があったので，それを取除く交渉から調査を進めることとなった。進駐部隊ではこれが古墳であると云うことを知らなかったために便所を建設したが，私から当時の奈良軍政府軍政官中佐シンクレアン氏（Lt, Col, Ross St Clair）に申請した結果直ちに撤去されたのであった』。

第６号墳は，『今回消滅した高塚は宇和奈邊の古墳北方濠外に接して築かれてあった大形円墳で陪塚に指定せられ，主墳たる宇和奈邊参考地に従属していたのであるが，昭和二十年十二月末日，こヽに進駐軍の附属建築をするため此に陪塚の平夷を行った。その報告を受けて現地に至ったときには，ブルドーザーがすでに活動をはじめ，悠長な調査を許されない現状にあり，殆ど出土遺物の収拾程度であったが，この時の進駐軍の主任将校少佐モーブレー氏（Major.Richard A.. Mobley）事務官柿本右左雄，蓮寶重則両氏の好意ある援助によって調査を進めることが出来たことは感謝の至りである。』

以上が，３号墳から６号墳までの調査経過である。つぎに，この古墳を大和○○号墳とする命名について記しておく。

## 2）大和6号墳の名称

抄報１ページの内扉は，『宇和奈邊古墳群　二圓墳の調査（奈良縣古墳台帳大和第三，第四号墳)』とある。五，六号墳のタイトル下にもカギカッコ内に奈良縣古墳台帳の番号としている。

ここに記されている奈良縣古墳台帳とは，どのような簿冊を指すのかは，昭和43年４月１日に奈良県教育委員会技師に採用され，総務課を主担とし，文化財保存課，橿原考古学研究所を兼務とされていた筆者にも判らなかった。同年７月１日に文化財保存課を主務とし，橿原考古学研究所を兼務とされた。つぎに述べる野淵龍潜（1842年１月13日～1912年１月12日）が編輯した『大和国古墳墓取調書』があることを知ったのは，昭和50年代後半のことであった。ただし，この大和国古墳墓取調書が，奈良縣古墳台帳であるかどうかは，さらに今後の検証を要するものと思う。それは昭和38年に開始された橿原市常門における農業パイロット事業による新沢千塚の発掘調査によって，新沢500号墳の調査を行っていた時に，地元における各称（俗称）がなかったので，末永雅雄先生が，小島俊次氏らに奈良県の台帳番号を調査するように指示された。それによって500号墳と命名されたことを記憶しているからであった。なお，野淵龍潜の『大和国古墳墓取調書』の第500号は，北葛上郡葛城村に所在する古墳である。小島俊次氏らが調べられた台帳番号は，『大和国古墳墓取調書』ではないことがはっきりしている。

野淵龍潜氏の報告をベースとして台帳化されたのが，大正14年3月30日に奈良県から刊行された『奈良縣史蹟名勝天然記念物調査會報告第八回（縣内御陵墓・同伝承地及ビ古墳墓表)』である。凡例に『一，古墳墓ノ表記曽テ故野淵龍潜氏ノ踏査ニ係ル取調書ニ拠リ縣ニ於テ其ノ要点ヲ抽出シ又ハ更ニ補遺シタルモノデアル。』とされている。この一覧表には，古墳番号は記されていない。この点が『大和国古墳墓取調書』とは違っている。

明治26年に調査された『大和国古墳墓取調書』では，1号は添上郡佐保村大字半田開字眉間寺畑末にある古墳であるとしている。ところが，抄報第一号（図の誤植か？）では，1号はウワナベ古墳にあてていて，第2号はウワナベ古墳と国鉄関西線（現JR線）との間に前方後円墳を描いている。いま，抄報第1図（号）と，宮内庁の陪塚とを対比すると，次のようになる（第1表)。宮内庁の陪塚は平仮名でい，ろ，はを以て示している。なお，奈良縣史蹟名勝天然記念物調査會報告第八回の「御陵墓傳説地」の十四表では，陪塚を「宇和那邊」「同第一陪塚」のように数字をもって示している（第1図)。

また，ウワナベ古墳東側には明治22年に現在のJR線が敷設されている。このJR線はウワナベ古

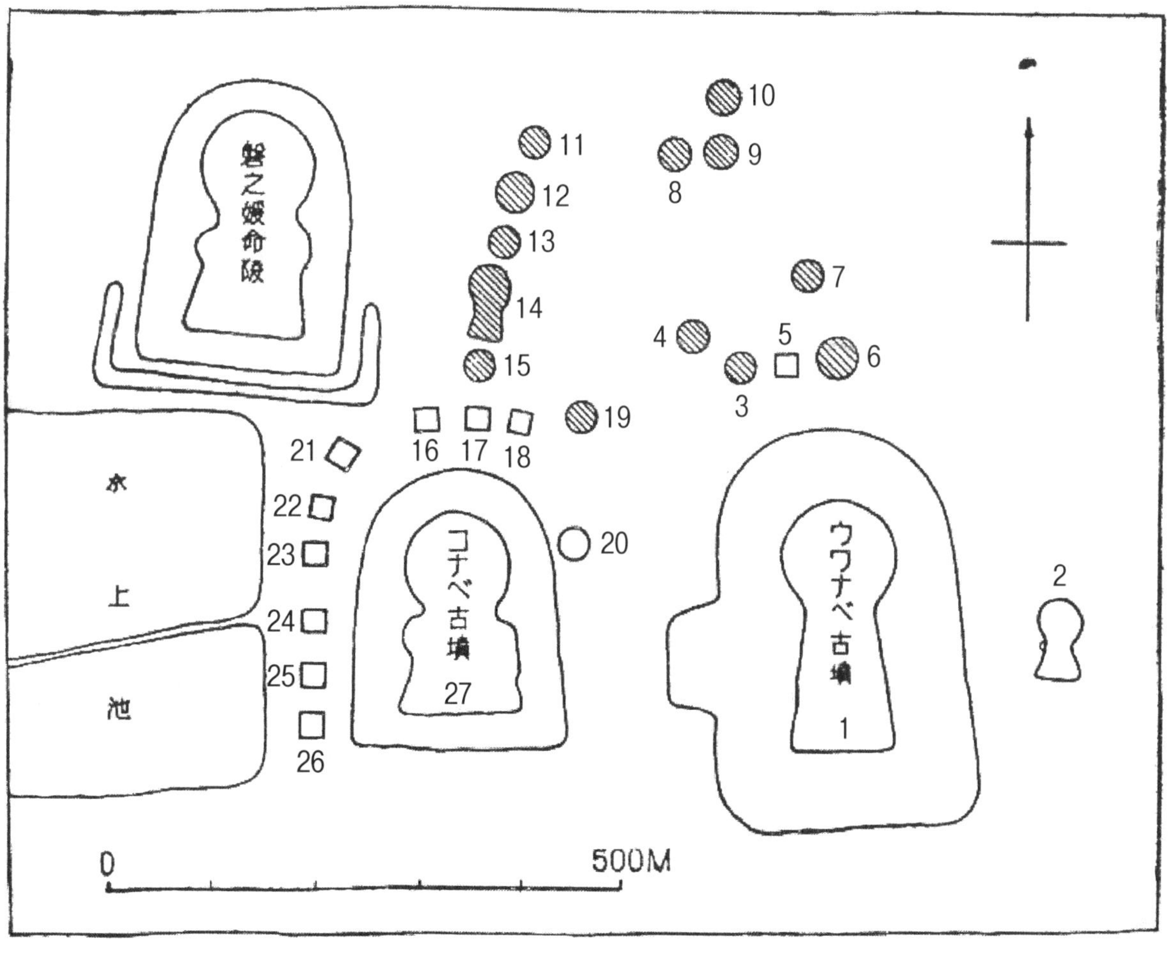


第一号　宇和奈邊古墳群地形図、調査古墳位置図

第1図　抄報の古墳分布図

第１表　大和１号～27号の概要

| 番号 | 古墳名 | 墳形 | 備考 |
|---|---|---|---|
| 1 | ウワナベ古墳 | 前方後円墳 | 宇和奈辺陵墓参考地　現存 |
| 2 | 大和２号墳 | 前方後円墳 | 宇和奈辺陵墓参考地陪冢い号 |
| 3 | 大和３号墳 | 円墳 | 防衛省　昭和16年一部破壊，同21年削平 |
| 4 | 大和４号墳 | 方墳 | 〃　〃 |
| 5 | 大和５号墳 | 方墳 | 〃　現存 |
| 6 | 大和６号墳 | 円墳 | 〃　昭和20～21年頃削平 |
| 7 | 大和７号墳 | 円墳？ | 〃　昭和17年頃に削平カ |
| 8 | 大和８号墳 | 円墳 | 〃　昭和17年頃に削平カ |
| 9 | 大和９号墳 | 円墳 | 〃　〃 |
| 10 | 大和10号墳 | 方墳 | 〃　〃 |
| 11 | 大和11号墳 | 前方後円墳 | 〃　〃 |
| 12 | 大和12号墳 | | |
| 13 | 大和13号墳 | 方墳 | |
| 14 | 大和14号墳 | 前方後円墳 | 〃　〃 |
| 15 | 大和15号墳 | | |
| 16 | 大和16号墳 | 方墳 | 平城坂上陵陪冢ぬ号　現存 |
| 17 | 大和17号墳 | 方墳 | 平城坂上陵陪冢り号　現存 |
| 18 | 大和18号墳 | 方墳 | 小奈辺陵墓参考地陪冢ろ号　現存 |
| 19 | 大和19号墳 | 円墳？ | （未確認） |
| 20 | 大和20号墳 | 方墳 | 小奈辺陵墓参考地陪冢ろ号　現存 |
| 21 | 大和21号墳 | 方墳 | 平城坂上陵陪冢い号　〃 |
| 22 | 大和22号墳 | 方墳 | 小奈辺陵墓参考地陪冢は号　〃 |
| 23 | 大和23号墳 | 方墳 | 小奈辺陵墓参考地陪冢に号　〃 |
| 24 | 大和24号墳 | 方墳 | 小奈辺陵墓参考地陪冢ほ号　〃 |
| 25 | 大和25号墳 | 方墳 | 小奈辺陵墓参考地陪冢へ号　〃 |
| 26 | 大和26号墳 | 方墳 | 小奈辺陵墓参考地陪冢と号　〃 |
| 27 | コナベ古墳 | 前方後円墳 | 小奈辺陵墓参考地　現存 |

・番号は抄報の第一号図（第一図）の番号と古墳名である。
・備考欄の，防衛省用地は，航空自衛隊幹部候補生学校として利用されている。
・ウワナベ古墳の東外堀には，国道が敷設されている。

墳の東外堤を通過しているので，奈良県の古都風致審議会では，JR線の上に国道を二階建で建設するべきとの意見もあったが（末永雅雄『古墳の航空大観』73ページ），国道布設の事前発掘調査（昭和44年）が先行して実施されたので，国の決定が先行してしまったことになった。その過程を知るものとしてはきわめて遺憾，かつ残念なことであった。

### 3）西部国民勤労訓練所の概要

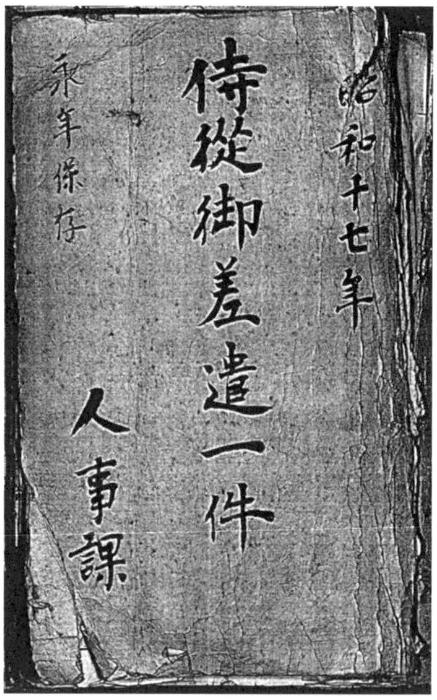

第2図 「侍従御差遣一件」
（奈良県立図書情報館架蔵）

昭和20年8月15日の敗戦を受け入れる昭和天皇の終戦の詔書が渙発された。8月26日には，連合軍の第一隊が厚木飛行場に到着し，占領行政が始められた。

ウワナベ古墳北方には，昭和15年10月の閣議による中小商工業転業対策の一環として，西部国民勤労訓練所が開設された。

奈良県立図書情報館に架蔵されている文書類には，その開設に伴う一件書類はなかったが，ほぼその全体像がわかる文書が残されていた（架蔵番号・奈良県庁文521－19）に，昭和17年7月1日に，『侍従御差遣一件』とあり，それは人事課の作成にかかる文書である。その一件のなかに，『久松侍従奉迎送次第』が合綴されている。すでに奈良県近代史研究会の竹末勤氏が『奈良の戦後史とその現在―奈良にもアメリカ軍がいた―』などにこの記録を用いて発表をおこなっている。

西部国民勤労訓練所の立地について，久松侍従への御説明文が，和紙にトウシャ版印刷されている。引用してみる。『（前略），元平城京ノ北端ニ位シ前面ニハ御陵墓参考地タル「ウワナベ」「コナベ」ノ両池ヲ控ヘ奈良平地ヲ眺メ遠近到ル處ニ輝カシキ肇国ヲ有スル貴キ史蹟多ク訓練生ノ修養道場トシテ最適ノ場所デ御座イマス（下略）』とある。

久松侍従が，奈良県下各地を7月1日，2日にわたって視察する受け入れに伴う日程，具体的行程，各地点での概要説明（原稿）などである。視察地は西部国民勤労訓練所，大和川利用報国農園，アスベスト王寺工場，南和授産所など10数カ所に及んでいる（第2図）。

西部国民勤労訓練所については，御説明文案などから諸元を次のようにまとめることができる。

| | | | | |
|---|---|---|---|---|
| ①根拠法令 | 昭和15年10月に閣議決定された中小商工業轉業対策の一施設。 | | | |
| ②面　　積 | 53,696坪 | | | |
| ③設計者等 | 奈良県知事を建設委員長として軍事保護院工營課 | | | |
| ④工事着工 | 昭和16年7月1日 | | | |
| ⑤工事竣工 | 昭和17年6月5日 | | | |
| ⑥建物の面積 | 4,280余坪（本館・寮舎（5舎）・教室・講堂・浴室・食堂・作業場等の総坪数） | | | |
| ⑦組　　織 | 所長，副所長以下，訓練部，庶務部，医局の三部 | | | |
| ⑧計画の訓練生数 | 1,000人（但し，昭和17年では約800人） | | | |
| ⑨幹部職員 | 所長 | 陸軍中将 | 正四位勲二等 | 志岐　豊 |
| | 副所長 | 陸軍少将 | 従四位勲二等功四級 | 馬淵　久乃助 |
| | 庶務部長 | | 従七位勲七等 | 福西　政治郎 |

このように大規模な施設である。施設と古墳との具体的な位置関係は，西部国民勤労訓練所建物配置図により，およその状況を知ることが出来る。

施設用地南側のウワナベ古墳とコナベ古墳の水濠のもっとも接近している場所に正門が設けられている。そこから南へ市道が延びる。この正門は現在の航空自衛隊奈良基地の正門の位置にも踏襲

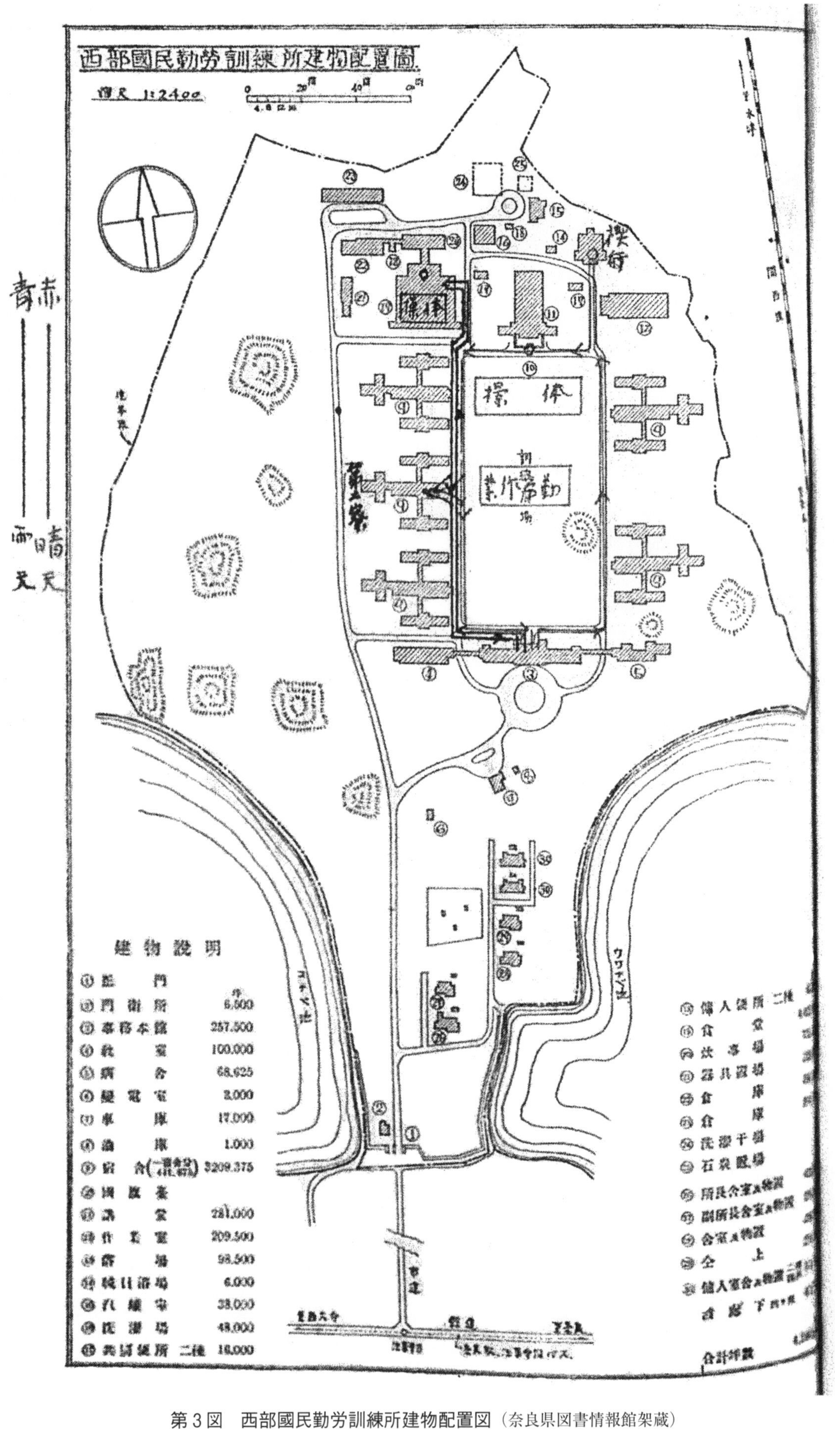


第３図　西部國民勤労訓練所建物配置図（奈良県図書情報館架蔵）

されているようである（駐留軍基地の正門の位置でもあった）。正門北方に，中央に南北に長い広場を囲んで，ロの字形で寮舎などが配置されている。古墳の表示は，細いケバで円形または方形で表示されている。南北道路の両側には合わせて７基が，東側には１基が描かれている。

抄報四輯の第一号図と対照し，かつ現在の状況とを重ね合わせると，確認された古墳の状況がよく判る。第１号図の16・17，18が，現存しているヒシアゲ古墳の陪塚ぬ号（16）・り号（17），コナベ古墳の陪塚ろ号(18)にあたる。20がコナベ古墳の陪塚い号にあたる。南北に並んでいる11から15は，昭和24年当時はすでに削平または破壊されていたようである。西部国民勤労訓練所配置図には，大形の方墳状が２地点（古墳），不整方形が１地点（古墳）描かれている。このうち第一号図の14の前方後円墳は，仮製２万５千分の１の地図においても，それと判る形で描かれている。また，広場の東側より，４号寮舎の西にも１基の円墳が描かれている。これは１号図の７に該当するようである。

西部国民勤労訓練所の建設にあたっては，古墳の存在を考慮することもなく，建築建設用地と，寮舎などに囲まれた中庭部分（運動場）のみを敷地にしたのであろう。久松侍従の視察が７月１日であった。それは，西部国民勤労訓練所の竣工から１ヶ月もたっていない時であったので，西側と，中庭などに古墳が残されていたようである。西側の古墳のいくつかは削平されていたように思われるが資料はなく判明しない（第３図）。

## 4）進駐軍エリアＥ

昭和20年８月15日の敗戦（終戦）からのちは，西部国民勤労訓練所の用地は，駐留軍のエリアＥとして用いられた。奈良市周辺には，エリアＡからエリアＦまでの駐留地があった。また，奈良軍政府は当初の奈良県庁から南都銀行本店３階—旧軍人会館—旧農業会館などに設置された。昭和20年の『昭和20年上級官庁往復綴』が，奈良県図書情報館に架蔵されている。そのなかに『奈良県内ニ於ケル連合国軍進駐状況報告書　昭和20年10月11日現在』という奈良県罫紙に手書きされた10月12日付進駐軍受入奈良縣実行本部事務局から，京都終戦連絡事務局御中とした史料がある（第４図）。

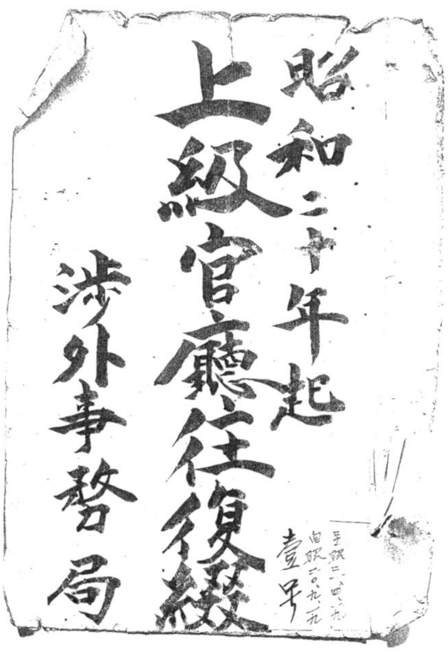


第４図　「昭和20年起上級官廳往復綴」
（奈良県立図書情報館架蔵）

これによると，西部国民勤労訓練所には，人員900人，進駐予定1,000人とあり，昭和20年現在の『奈良縣内聯合軍進駐状況』（昭和20年10月29日現在）と題し，鉛筆書で「本件ノ通リ大阪終戦連絡事務局へ□□□」の文書には，西部国民勤労訓練所は，1,000名となっている。

この1,000人の進駐軍は，西部国民勤労訓練所の予定定員1,000人と一致している。1978年刊行の『奈良県警察史』によると，厚生省西部国民勤労訓練所には，昭和20年10月11日現在の人員900人，同年10月29日現在1,000人とあり，昭和21年１月15日現在では350人とある。

なお，西部国民勤労訓練所への進駐開始日を，昭和20年10月９日とし，98師団砲兵368・369大隊としている。

このような背景のもと，西部国民勤労訓練所の施設を進駐軍の施設に変更する工事が急がれたことは想像に難しくない。さきの竹末勤氏の発表資料によると，エリアＥは，土地59,000坪（県有地49,000坪，民有地10,000坪）

となっている。建物65棟（県有財産50棟・3,000坪）が存在していた。

### 5）森　浩一氏の報告

調査の大概は，抄報四輯によって知ることができるが，さらに詳しいのは，森浩一氏による記録である。第1は，古代学研究21・22合併号に発表した『古墳出土の鉄鋌について』（1959年）の文章である。第2は，『僕は考古学に鍛えられた』（筑摩書房　1998年）である。両者には若干の差異があるが，まず，古代学・考古学専門の学術雑誌である古代学研究に発表した文章によって調査日誌を抄出しておく。

昭和20年12月26日に橿原考古学研究所に所属していたので，調査に参加する。島田暁氏が布施中学（旧制）の生徒とともに調査していることを知り，参加したようである。26日は島田暁，木村武郎（孔舎衛武郎の本名）堀部日出雄の4氏が居た。墳丘は直径25mの円墳で，ブルドーザーが削平していた。森浩一氏が後日談として語り，伺った話によると，ブルドーザーを初めて見たという。

12月26日に鉄鋌の出土があり，積み重ねられていた鉄鋌の最上段の外表面には木目が残っていた，釘状の鉄製品があった（箱に入れられていたとの推認がされた）。石製模造品と鉄斧なども出土した。

12月27日は小雨で，参加者名の記述がない（前日と同じか？）埴輪と葺石を確認している。

12月28日は，島田暁氏と森浩一氏の2名。中央部（鉄鋌の入れられていた粘土床）のある部分の削平が続く。主体部と思ったが土師器高坏1個のみが出土している。

12月30日，1月1日，4日，7日と変化なく調査が進められた。1月1日の調査は今日の調査の慣行からすると不思議な感があるが，次の自分の経験を記しておこう。昭和34年12月に始められたメスリ古墳の第一次発掘調査は，12月31日も行われ，早仕舞をして，角柱などの木材と行事用のテントの帆布で主体部の竪穴式石室の上部を被って終了。元旦は主任の伊達宗泰氏が，昼前に桜井駅から私を同道して警備に行った。昨晩来の大雨で，排土中に含まれた石製品破片の若干を採集して，夕刻まで警備，2日からは学生と少数の関係者とで調査を再開した。昭和37年においても正月期間中の調査は奇異ではなかった。

さて，大和6号墳に戻る。1月8日までに主体部を求めて基底部まで深掘したとある。これも，昭和34年に発掘調査された奈良市柴屋町丸山古墳の調査においても，墳頂直下にあった粘土床が，いわゆる中心主体部ではなく，さらに下位にあるとして，墳底直下まで深掘していることが報告されている（このことは，調査担当者から，いく度も反省点として聞かされていたことである）。

森浩一氏は昭和34年に次のように大和6号墳の調査をまとめている。この調査の記録は，なかでも鉄鋌の出土状況は，当時中学生（旧制）であった森浩一氏の描かれた一枚の図面を除いて記録は残されていない。古代学研究21・22合併号に論文を発表されて以後，森浩一氏はいく度か鉄鋌について述べている。森浩一氏が発掘調査，踏査，出土品の実見をされるのに，わたしたちは同行あるいは引率されて随行することが多かったが，許される時間に合わせて最善の記録を取ることを心がけてこられた。かつて，鉄鋌の出土図は実測図ではないと叱正した研究者に対して，進駐軍に対して，昭和20年の行政は何もしてくれなかった。初めて見たブルドーザー，大柄なオペレーターに脅威すら感じるなか，英語で工事の一時停止を申し出た。そのような条件のなかで，自分のノートに備忘用のメモを残しただけでも研究者の良心であると，強く言われたことが印象に残っている。また昭和20年12月頃は，調査報告を抄本に執筆された末永雅雄先生は体調不良で現場には来られなかったとも言われ，古代学研究に発表された論文でも，そのように記されている。方眼用紙も測量器材もないなかで，よくぞ記録を残して下さったものと思うべきで，この状況を理解したうえで略図しか残されていないなどと批判する必要があるのかと思う。

森浩一氏は出土品を橿原考古学研究所に持ち帰る時の苦労も書かれている。進駐軍基地から木箱に入れた総計約140kgもの鉄鋌などは進駐軍によって，近鉄線油阪駅（現在は廃止されている）まで自動車で送られた。油阪駅は，近鉄奈良駅との間の急坂を運行するため，駅舎は地上に，軌道は高架上にあった。暗く狭く急な階段を登らなければならない構造であった。森浩一氏は，万喜氏（旧制北野中学生・その後の状況はしるすべがないと言われていた。当時，森浩一氏と同行されることも多かった田中英夫・杉本憲司両氏にたずねても，その後の万喜氏の状況は知らないと言われている）と二人で何度も駅舎の外側に数段あった階段，そして改札口からホームまでの階段を往復したと言われていた。同じことを，畝傍御陵前駅においてもくり返して，ようやく橿原考古学研究所に運んだと言われた。そののち，出土品は，宮内庁の畝傍事務所に引き渡された。ただし，そのことを森浩一氏らは知ることがなかったので，実測図などは描けなかったと言われている。

さきに記したように，昭和20年12月から21年1月の奈良県，宮内庁は，まったく何も調査に対して支援しなかったことを，強く憤りながらいく度も語られていた。

## 6）昭和48年以降の佐紀古墳群の調査

昭和48年2月20日にエリアEは撤退が完了し，航空自衛隊幹部候補生学校になることになった（エリアFは，処置が11月17日と遅れた）。昭和48年秋に基地南西部に，それまで下水処理水の一部をウワナベ古墳の濠に流していたので，その施設の老朽化対応として，浄化施設を建設することになり，風致地区内の工事許可申請を奈良県知事に申請してきた。遺跡や古寺，古社が現存する風致地区内での工事申請は，昭和45年度からは，県教育委員会（文化財保存課・昭和47年度からは遺跡調査室）に庁内合議することになった。昭和45年～47年に風致保全課に在職していたわたしは，企画部長，土木部長，教育長との間を行き来して，この案件をまとめ，現在に至っている。当時の風致保全課長であった今田道彦氏（故人）の尽力によるところが大きかった。この庁内合議は農林部なども含めて全庁的なものとして，文化財保護をはかったものであった。こうして，基地内の諸工事に先行する発掘調査が行われるようになった。今年までの発掘調査については，光石鳴巳氏が『奈良県遺跡調査概報2011年』にまとめている。その第1図を揚げておく。これには，一覧表も付けられているが，省略しておく。このほぼ20年にわたる調査の結果として，昭和24年の抄報の第一号（第1号図カ）に図示され，昭和16年以降に削平された古墳の位置と規模が，ほぼ復原できるようになった。本稿の第1表はそれらを一覧したものである。

現在は基地の長方形で南北に長い運動場を囲む4辺に隊舎が配置されているのは，昭和17年に完成した西部国民勤労訓練所の基本形と，ほぼ一致している。抄報において，ウワナベ古墳の西北方には円墳4基（11～13号・15号）と前方後円墳1基（14号）が図示されているが，発掘調査によって，11号と12号は1基の前方後円墳であったことが，平成16年度と平成20年度の調査によって確認された。11号の基底部は現在のところ確認していない。北方に図示されている3基の円墳（8～10号）も基底部確認には至っていない。西部国民勤労訓練所の寮舎と運動場に描かれている円墳4基（3・4・6・7号），方墳1基（5号）についてが，ほぼ基底部あるいは，その地点を確認できている。

さらに，昭和48年以降の発掘調査によって，ウワナベ古墳の内堤と外濠の存在を確認している。

その位置図は，高木清生・入倉徳裕氏によって『奈良県遺跡調査概報・第一分冊・2008年』の第５図として発表している。その端緒は昭和48年度に実施した第３次調査（調査の次数は昭和16年調査から数えている）と，昭和61年度の第４次調査であった。第１次調査の西部国民勤労訓練所に伴う大和３・４号墳調査，第２次は進駐軍駐屯地の調査（大和３～６号）として，以下に続けている。また平成９年の発掘調査では，コナベ古墳外周区画溝を検出するなど，ウワナベ・コナベ両巨大古墳の外周域における古墳築造当初の施設・構造を判明することが出来ている。

第２次世界大戦の直前に，いわゆる富国強兵，満州国への移入殖を目指した西部国民勤労訓練所の工事に併行して発掘調査を実施した橿原考古学研究所の先人と，敗戦に伴う駐留軍の駐留初期の

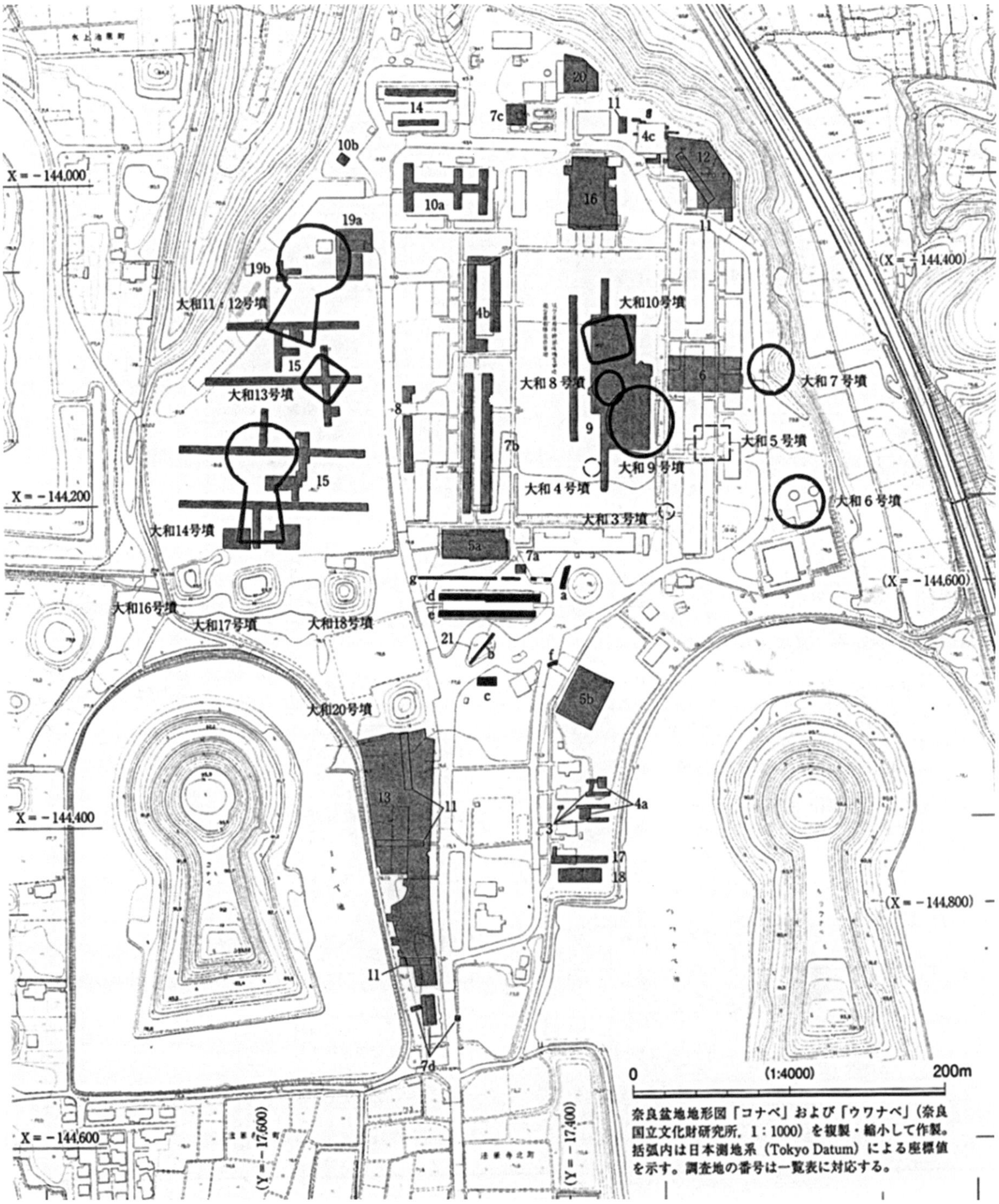

第５図　佐紀古墳群分布図（奈良県遺跡調査概要報告2011年・光石鳴巳原図に加筆）

混乱期にあっても古墳調査を実施した橿原考古学研究所に集まっていた旧制中学生らの若い学徒の調査に対する，また古墳保存に対する不屈の姿勢が，駐留軍を動かしたことにも想像を及ぼしたとき，大きい敬意を表さざるを得ない。

昭和54年に確認した松林苑に関する遺物，遺構も検出されつつある。コナベ・ウワナベ古墳などは，松林苑を構成する苑池部分に点在する小山（陪塚）を利用した臨時または恒久的な施設（建物など）が配されていたようである。松林苑の範囲，内部の構造については，不明なところもあるが，範囲については，当初の水上池畔を東限とする復元案から，ウワナベ古墳東側の谷状地形までとする方向に，ほぼ一致している。このことは，橿原考古学研究所の『青陵』133号に発表している。

大和６号墳の出土品の詳細が発表されるのに合わせて，ウワナベ古墳周辺の発掘調査と，施設の変遷などを概観してきた。大和６号墳と，ウワナベ古墳との関係については，ウワナベ古墳の外濠の外に接して造営されていた古墳らしいことが推測できる。大和６号墳所在地と，ウワナベ古墳内堤との中間部については，まったく発掘調査を実施していないので，憶測を述べることは控えておきたい。昭和16年に始まる，この地域に対する橿原考古学研究所の調査の一部を述べるに留めておく。

最後に付言しておく必要があるのは，野淵龍潜による『大和国古墳墓取調書』にある陪塚と思われる図面と，ウワナベ・コナベ両古墳周辺の陪塚との関係について，野淵龍潜の黒墨による記入ののち，朱墨による記入の「買収」「既定」などの朱墨文字から，民有地であった古墳を宮内省が買取し陪塚としたことも知られる一覧表については，完全に復原できなかったので，ここでは記さなかった。後日に記したい。

### ［主要引用・参考書］


・末永雅雄編『奈良史蹟名勝天然記念物調査抄報』第4輯　1949年
・末永雅雄『日本の古墳』朝日新聞社　1968年
・末永雅雄『古墳の航空大観』学生社　1974年
・森　浩一『古墳出土の鉄鋌について』古代学研究第21・22合併号　古代学研究会　1959年　（『森浩一著作集3』2016　新泉社に収録されている）
・森　浩一「古墳と古墳群（上）—古墳の史料的把握への一試企—」『古代学研究』第６号　古代学研究会　1952年
・森　浩一『僕は考古学に鍛えられた』筑摩書房　1998年
・竹末　勤「奈良の軍隊と地域」（原田敬一編『地域のなかの軍隊４』吉川弘文館　2015年）なお，竹末勤氏が，土庫病院の会歴史講座　近・現代史第６回（2014年９月21日）に配布された『アジア太平洋戦争と奈良』（Ｂ４版　８頁）を参照した。
・伊藤勇輔「ウワナベ古墳外堤」『奈良県古墳発掘調査集報Ｉ』奈良県文化財調査報告書第28集　1976年
・伊藤雅文「ウワナベ古墳発掘調査概報」『奈良県遺跡調査概報』1986年度（第一分冊）　1989年
・杉山秀宏「ウワナベ古墳隣接地」『奈良県遺跡調査概報』1991年度（第一分冊）　1992年
・小栗明彦「ウワナベ古墳隣接地遺跡1992年度発掘調査報告書」『奈良県遺跡調査概報』1992年度（第一分冊）1993年
・小栗明彦「ウワナベ古墳隣接地遺跡1993年度発掘調査報告書」『奈良県遺跡調査概報』1993年度（第一分冊）1994年
・楠元哲夫「ウワナベ古墳大和８・９・10号墳発掘調査概報」『奈良県遺跡調査概報』1994年度（第一分冊）1995年
・小栗明彦「ウワナベ古墳隣接地遺跡1995年度発掘調査報告書」『奈良県遺跡調査概報』1995年（第一分冊）1996年
・西藤清秀「佐紀盾列古墳群隣接地　航空自衛隊奈良基地内試堀調査概要報告」『奈良県遺跡調査概報』1996年度（第一分冊）1997年
・木下　亘・水野敏典1998「佐紀盾列古墳群，松林苑発掘調査概報」『奈良県遺跡調査概報』1997年度（第一分冊）1998年
・高橋幸治「佐紀盾列古墳群隣接地—航空自衛隊幹部候補生学校内施設整備工事に係わる事前調査—」『奈良県遺跡調査概報』2001年度（第一分冊）2002年
・高木清生「大和11～14号墳」『奈良県遺跡調査概報』2005年度（第一分冊）2006年
・吉村和昭・井上主税「佐紀古墳群（教育講堂地区・ウワナベ古墳中堤～外堤）『奈良県遺跡調査概報』2007年度（第一分冊）2008年
・高木清生・入倉徳裕「ウワナベ古墳外濠」『奈良県遺跡調査概報』2008年（第一分冊）2009年
・高木清生・松岡淳平「大和11・12号墳」『奈良県遺跡調査概報』2008年（第三分冊）２　2009年
・本村充保「自衛隊ボイラー室地区（大和８号墳隣接地）」『奈良県遺跡調査概報』2009年（第一分冊）2010年
・光石鳴巳「佐紀古墳群」『奈良県遺跡調査概報』2011年度（第一分冊）2012年

# 附　編　2

## 宇和奈辺陵墓参考地旧陪冢ろ号出土遺物の自然科学分析

## 第1章　宇和奈辺陵墓参考地旧陪冢ろ号（大和6号墳）出土遺物の研究

日鉄住金テクノロジー株式会社

### 第1節　いきさつ

奈良県宇和奈辺陵墓参考地旧陪冢ろ号より出土した大型の鉄鋌30体を，その外観的特徴から6つの類に大別（宮内庁にて，A～Fに分類）し，非破壊調査を主体に各類を代表する鉄鋌の表面ならびに側面から採取した錆片（金属鉄を含む），切り取り可能な大形鉄鋌1体（窪田氏既調査材；以後，K類と表示する）を本調査の対象試料とする。

各試料について，①外観観察，②断層撮影，③断面組織観察，④非金属介在物分析，⑤成分分析，⑥硬度測定，⑦簡易成分分析等の金属学的分析調査を行うことにより，

Ⅰ）鉄鋌の製作技術と構造の解明

Ⅱ）鉄鋌の原材料産地の推定

について検討を行う。

検討に当たっては，切り取り可能なK類鉄鋌を用いて非破壊調査と所謂破壊調査（成分分析や断面観察試料による構造，金属組織調査，元素調査など）とのデータ対応を取得し，非破壊調査による本体鉄鋌の調査結果を照らし合わすことでそれぞれの特徴を抽出した。

また，一部の鉄鋌については，本体から剥離した錆片採取ができたことから，錆片を用いた破壊調査によってデータを補完した。

### 第2節　調査試料および調査項目

調査に供した試料は表1に示す大型鉄鋌30体および採取錆片12片と切取り可能な大型鉄鋌1体（K類）であり，調査項目と使用した試験体名称をまとめて表1に示した。調査項目の概要は以下の通りである。

◆調査項目

1）外観観察（＊宮内庁より，一部試料についてX線透過写真を提供あり）

2）断層撮影（三次元X線CT像の撮影）

3）断面組織観察（採取錆及び，試料採取用大型鉄鋌の光学顕微鏡による断面組織観察）

4）非金属介在物分析（前述3）の断面調製試料を用い，電子線マイクロアナライザー（EPMA）

による非金属介在物の組成調査）
5）成分分析（試料採取用大型鉄鋌の成分調査）
6）硬度測定（マイクロビッカース硬度，超音波硬度計による残存する金属の硬度測定）
7）簡易成分分析（簡易型蛍光X線分析装置を用いた成分分析調査）

## 第3節　試料調製および調査項目

（1）外観観察

大型鉄鋌30体（A～F類）と，錆片12片およびK類の外観的特徴を肉眼で観察し，デジタルカメラにて記録する。また，宮内庁殿よりご提供いただいた既存のX線透過写真についても同様に観察・記録する。

□使用装置

デジタルカメラ　キャノン製PowerShot　G10型

（2）断層撮影

表1に示す各類（A～F類）の代表鉄鋌各1体およびK類について，X線CT断層像撮影を行う。高分解能撮影を実施するため，長手方向を3～5分割して撮影する（分割位置は図2.1に示す）。

□使用装置

X線CT撮影装置　ニコン製　XTH450型　管電圧450kV　測定ピッチ0.1mm

（3）マクロ・ミクロ組織観察

表1・図1.2に示す錆片12片および写真1.1.6に示すK類の1.c,b部位と3.a,d部位（写真中の黄色枠の2箇所4片）について，その断面が観察面になるように真空下で樹脂埋め込みし，樹脂硬化後，鏡面になるまで研磨する。その後，マイクロスコープまたは金属顕微鏡を用い，エッチング前後の金属組織を観察する。

□使用装置

マイクロスコープ　キーエンス製　VHX5000型（マクロ）
金属顕微鏡　オリンパス製　BX51－M型（マクロ・ミクロ）

（4）非金属介在物分析

図1.2に示す錆片12片およびK類のエッチング前の断面調製試料を用い，試料表面に導電性付与のため10nm厚の金蒸着を行ってから，電子線マイクロアナライザー（EPMA）による非金属介在物の定性分析を行う。検出された元素については，半定量分析値を算出した。また表1に示す錆片5試料（B類；No.4,59，C類；No.102，E類；No.238，K類）については，主成分元素の分布測定行う。

測定条件および装置は以下の通りである。

□使用装置および測定条件

| | 定性・半定量分析 | 元素マッピング測定 |
|---|---|---|
| 装置名 | 電子線マイクロアナライザー（EPMA） | |
| メーカー・型式 | 日本電子製　JXA-8100型 | |
| 測定条件 | | |
| 加速電圧 | 15kV | 15kV |
| 照射電流 | 0.05μA | 0.2μA |
| 分析範囲 | 1～5μmφ | 100μm×100μm～1mm×1mm |

（５）地金の成分分析（K類）

K類の１部位，３部位（図1.1.6参照）の２箇所から分析試料を採取し，以下の元素についてそれぞれ実施する。分析元素は，C, Si, Mn, P, S, Cu, Cr, Ni, Co, Alである。

＊測定方法および測定装置

| | | |
|---|---|---|
| C, S | 燃焼赤外線吸収法 | CS444型（LECO製） |
| Si, Mn, P, Cu, Cr, Ni, Co, Al | 誘導プラズマ発光分光法 | ICPS－8100型（島津製作所製） |

（６）硬度測定

大型鉄鋌30体について，鉄鋌１体につき各３～４箇所の測定位置を選定し，φ10mm程度の領域の表面錆を研削除去した後，マイクロビッカース硬度計を用いて硬度測定を行う。また，錆片12体およびK類の断面観察試料は，マイクロビッカース硬度計を用いた硬度測定を行う。

＊使用装置

| | |
|---|---|
| 超音波硬度計 | MIC10型（日本クラウトクレーマー製） |
| マイクロビッカース硬度計 | マツザワ製　SMT－７型　測定荷重；300ｇ |

（７）簡易成分分析

大型鉄鋌30体およびK類について，各３～４箇所の測定位置を選定し，表面錆を研削除去・洗浄を行った後（約φ10mm程度），Niton携帯型成分分析計を用いて鉄鋌の構成成分について簡易分析を行う。

なお，鉄鋌各部の分析位置は前述の硬度測定位置と同じ箇所である。

□使用装置

リガク製　Niton携帯型成分分析計　XL３t900s－HeA型　分析径３mmφ

## 第４節　調査結果と考察

対象とする30体の鉄鋌は非破壊検査を主体とするため，得られる情報は充分なものとはいえない。したがって，切取り可能なK類鉄鋌の情報を比較材としたうえで，各類の代表的な鉄鋌（表中の太字で示した鉄鋌）の特徴・材質等について比較・評価した。

（１）外観観察

各試料（30体）の大きさ・重量および外観的特徴は，表１‐２（鉄鋌寸法等）・１‐３（目視観察）にまとめて記載した。また，代表調査試料の外観を図1.1（大型鉄鋌），表面採取錆片の外観を図1.2に示した。宮内庁提供のX線透過写真は，代表調査試料を抜粋して図1.3に示した。

全試料の鉄鋌表面は，茶褐色で厚さ1.5～３mm・幅は55～135mm・長さは315～420mm・重さ202～651grを測る長方形の薄板である。両端は丸み・あるいは平行になっており，鉄鋌中央部の側面はやや細く括れた形状を呈する。表面は槌で鍛打したと思われる圧痕（大きさはφ20～25mm程度）がところどころに存在する。以下，各類の特徴を述べる。

A類（No.174）は両端が薄く錆化が著しいが比較的平滑な表面をしており，他の同類鉄鋌も滑らかであり，鍛造痕は不明瞭である。

B類（No.244）は両端部が丸みを帯びて中央部の錆化が著しく，錆化により欠損したと思われるクレーター（数mm）も点在する。また，鍛造痕は多いが不明瞭である。４～５体の小片を接合して鍛造している模様である。他の同類鉄鋌もほぼ同様の特徴を示し，６類の中では大形の鉄鋌である。

C類（No.55）は両端部が丸みを帯び，腐食等による欠損部分もみられず，ほぼ完形品に近いものである。他の同類鉄鋌も同様の特徴を有するが，錆化により欠損したと思われるクレーター（数mm）が多い。

D類（No.175）は6分類の中では一番長い形状を示し，両端部は丸みを帯びており比較的平滑な表面状況を示す。他の同類鉄鋌の端部は，丸や平行になっているものなどがあり，この類の形状は様々である。しかし，表面は比較的平滑で鍛造痕も少ない。

E類（No.78）の両端部および側面は錆化が著しく欠損しており，他の類に比べ鉄鋌の特徴的な形状は他の類に比べみられない。しかし，4～5体の小片を用いて成形したことが伺える。

F類（No.267）は形状が整っていないことや，端部の欠損が多いことなど，E類と同様の特徴を示し，大きさはE類を短くしたものと位置づけられる。

形状がよく整っているものもあるが（C類），中には端部や側面が欠損しているものもみられる（E，F類）。また，本調査品全試料にわたり，円形や縞状の凹凸がみられる。また，明らかに別材をつなぎ合わせたと思われる箇所もみられる。上記に示した大きさ・形状に至るには，数枚の鉄板をつなぎ合わして成形したことが推測される。

（2）断層撮影（各類代表試料）

断層撮影には，各類からA.174，B.244，C.55，D.175，E.78，F.267，K類の7体を採用した（表2）。断層写真は，X,YおよびZ方向（鉄鋌の長手方向をY，幅方向をZ，厚さ方向をXとした）の断層写真を別途に電子データ（JPEG形式）で提出した。本報告書中には厚さ方向（X）中央部（図2.2.2を除く）の長手方向（Y）および幅方向（Z）の一断層写真を代表データとして掲載した。

図2.2.7には，K類の観察結果を示す。それによると，本鉄鋌は少なくても4枚の鉄板にて接合しているのが判る。接合面は隙間が生じており，板厚中央に大きな隙間が観察される。これは，接合する際（鍛造時）に使用した鉄板表面に存在する錆を残したまま鍛造したためと推測される。また，境界（接合面）は不規則な貼り合せ面が認められる。他の鉄鋌に比べて緻密な層を形成しており，恐らく鍛造条件（温度や成形状況）は良好であったと推測される。

図2.2.1～7には各類6体の厚さ中央部の断層写真を抜き出し示した。以下に各類の特徴を述べる。

A類（No.174）は，約4枚の小鉄板にて接合している模様である。接合部は傾斜して鍛接している。端部は10mm程度の折返しが確認できる。恐らく，全体の形状を整えるための操作と推測される。3～4mm程度の微細クレーターが側面や端部に多く存在する。また，一部に亀裂が存在し，鍛造時に生成したものなのか，あるいは錆化により膨張のためかは判別が困難である。

B類（No.244）は，A類と同様に4枚程度の小鉄板で，接合面は傾斜して鍛接・成形している。また，側面や端部は幅数mmの折返し処理が施されている。10mm程度の大きなクレーターも点在する。一方，数箇所に亀裂が存在することから，熱不足や鍛接が不充分であったことが伺える。

C類（No.55）は，4枚程度の小鉄板にて接合している。接合面は明瞭な隙間が生じており，鍛接時の熱が不足していた模様である。また，小鉄板の接着面錆除去が不充分であったために充分な融合ができなかったものと思われる。

D類（No.175）は，6枚程度の小鉄板からなる。接合面は隙間や亀裂が存在する。また，端部や側面には多くのクレーターが存在し，鍛造不足（熱不足）が伺える。

E類（No.78）は，形状が不揃いであるため明瞭な数を確認できないが，凡そ5枚程度の小鉄板により成形されたものと思われる。接合部は切欠きや大きな隙間が存在し，腐食の著しいことが伺える。材質の極端に異なるものを用いて成形，端部は幾度も折返しした状況が伺える。

F類（No.267）は，E類と同様の断面状況を呈している。中央部には大きなクレーターが存在するとともに，厚さ方向に亀裂が生じている。これは，錆化の進捗が著しく生成錆により縦方向に亀裂が生じたためと思われる。

一方，接合部は総じて「隙間」が生じており，中には1mm程度の「隙間」も存在している。その一例として，図2.2.7のK類の例に示すように境界は不規則な貼り合せ面が認められる。これは，使用した小鉄板の表面に生成している酸化スケール（加熱鍛造処理により生成）が充分に除去していなかったことか，あるいは接合しても土中にて長時間滞留していたことにより，貼り合せ面に発生した錆によって界面が剥離してしまったか，に因ると考えられる。また，$\phi$10～15mmのクレーター（腐食により穿孔したものと考えられる）が貫通しているものも認められる。

以上，概ね本調査の大形鉄鋌は，4.1項で述べたように（外観観察），4枚から5枚の小さな鉄板を組み合わせて成形していることが断層写真から認められた。その一例として，図2.2.7に示すように，境界は不規則な合わせ面を呈している。接合部は数10mmの幅に重ねあわしているとともに，各素材の接合端部は比較的丸みを帯びた形状を示す。しかし，外観で確認された鍛接した時の槌の圧痕は断層写真では確認できない。

（3）マクロ・ミクロ組織観察

各類鉄鋌錆片は，表面（繋ぎ部分と思われる箇所）ならびに側面から採取できたもので，その断面組織を図3.1に，K類2箇所から採取した試料の断面マクロ・ミクロ写真を図3.2に示す。また，組織観察結果の概要を表3にまとめて記載する。

K類の断面組織は，2箇所2方向，合計4側面の断面全体を観察した結果である。それに対し，錆片は局所的な部分であるため（ほぼ，鉄鋌表面および側面より採取），鉄鋌全体を表しているものではないが，その箇所での材質の特徴を示すものである。以下に各類の金属組織の特徴を述べる。

K類（1，3部位）の金属組織は，フェライト（$\alpha$ Fe）およびパーライト（$\alpha$ Fe+$Fe_3C$；固溶体）からなり，箇所によっては炭素濃度の異なる（炭素濃度<0.05%～0.3%）金属組織が観察される。言い換えれば，極軟鋼から軟鋼と材質の異なる鉄板を3～4枚程度つなぎ合わせて成形していることが伺える。また，僅か数10mmの領域でも炭素濃度が極端に変化する箇所が認められ，その箇所が異材同志の境界部分と見られる。これは，断層写真から想定された数枚の鉄板が重ねあわされていることと一致する。

以下に，金属鉄を伴った錆片組織について述べる。

A類（No.174）錆片の金属組織はフェライトとパーライトで，結晶粒子径は100$\mu$m程度と大きい。金属組織から推定される炭素濃度は0.3～0.4%の軟鋼である。また，非金属介物は細長く伸びており少なく，比較的清浄な材質と思われる。

B類（No.245）の金属組織は，大きく成長したフェライトの部分や微細で細長い結晶を有するフェライトとパーライトが混在する部分が存在する。推定炭素濃度は0.05%以下の極軟鋼や0.1～0.2%の軟鋼部分など，K類と同様に数種の材質のものが使われていることが判る。非金属介在物は，細長く伸びたものが僅かに存在する。

C類（No.102）の金属組織は，フェライトとパーライトの混在する組織であるが，推定炭素濃度が0.5%程度の硬鋼と0.1～0.2%の軟鋼材質の2種類が認められる。全域の金属組織ではないが，No.102・245鉄鋌は武具に用いられる材質が使われていることが判る。非金属介在物は，細長く伸びたウスタイト（FeO）主体のものである。

D類（No.175）の金属組織は，推定炭素濃度が0.05%以下の極軟鋼や0.3～0.4%の硬鋼など，本調査試料だけでも材質の異なる3層から構成されている。結晶粒子径が不揃いの箇所がみられることから，鍛冶操作段階における加熱が不均一であったことが伺える。非金属介在物は，ウスタイト主体でやや丸みを帯び半ば熔けた状態を呈している。鍛冶操作の際に高めの加熱温度にて鍛打されたものと考えられる。

E類（No.238）の金属組織はフェライト主体の極軟鋼組織で，結晶粒子径は50$\mu$m前後のよく揃ったものである。非金属介在物は小さく，かつ少なく比較的清浄な材質である。

F類（No.267）に金属組織は，前述のE類（No.238）と同様の極軟鋼材質である。非金属介在物も少なく小さい。

以上，各類代表鉄鋌の金属組織を記述した。一枚の大形鉄鋌を造る過程については以下のようなことが伺える。すなわち，極端に材質の異なるものでも目的とする鉄鋌形状・大きさにするため，材質に囚われず入手し易いものを用い，一体化（鉄鋌形状）することに傾注したことが伺える。K類を除き極僅かな採取試料であったが，採取位置が材質の異なる位置（側面や接合部付近）であったために，数種のものを使って成形したことが金属組織調査の面からも想定された。

（4）非金属介在物の組成

図4.1には，錆片の非金属介在物およびK類断面研磨試料で観察された非金属介在物の反射電子像とEPMAによる定性分析結果，および元素分布測定結果を示した。また非金属介在物中の各相の定性・半定量分析結果を表4－1に，また表4－2にEPMA分析結果から得られた元素から推定される鉱物相をまとめて記載する。以下に各類代表鉄鋌の非金属介在物の種類について述べる。

K類の非金属介在物は炭素濃度の低い材質中（0.05％以下）では，カルシウム（Ca）と珪酸（Si）を主体とするガラス質，また，炭素濃度の高い（0.4％程度）材質のものはウスタイト（FeO）とCaとSiを主体のガラス質のものである。また，一部の非金属介在物中には燐（P）が多く含有しているものも存在する。K類の非金属介在物はカルシウム（Ca）濃度の高いことが特徴的であり，始発原料鉱石由来（随伴する脈石鉱物由来）とは考えにくい。鍛冶操作段階にて意図的に石灰質物質を投入（使用）したことが推測される（銑鉄から鋼素材を得るための精錬操作段階で添加する物質として）。しかし，始発原料鉱石に随伴する脈石鉱物由来も否定できないが，詳細な随伴鉱物名は不明であるため，現段階では製鉄工程のある段階にて投入した可能性のあるという表現に留めたい。

A類（No.174）の非金属介在物は，微細なウスタイトと燐（P）とカルシウム（Ca）を含むガラス質珪酸塩のものである。また，若干ではあるがチタン（Ti）も含有している。

B類（No.245，4，59）の非金属介在物は，ウスタイトと燐とカルシウム濃度の高いガラス質珪酸塩からなる。本調査鉄鋌の中では最も高濃度を示す。

C類（No.102）の非金属介在物は，前述のB類（No.245）非金属介在物とほぼ同様の組成を示す。したがって，B類とC類はほぼ共通した点が多くみられることから，素材および鍛冶場は同一の可能性が高いと推測される。

D類（No.175）の非金属介在物は，ウスタイトを主体とするもので，チタン分を含有するガラス質珪酸塩が僅かに共存する。

E類（No.238）の非金属介在物は，細かなウスタイト結晶で少なく，含有する他の元素は検出限界以下である。地金中には銅（Cu）が均一に分布している。この銅は始発原料鉱石由来のものと考えられる。KおよびF類と同質のものと考えられる

F類（No.267）の非金属介在物は，カルシウムとチタンを含むガラス質珪酸塩とウスタイトからなり，存在量は少ない。KおよびE類と同質のものと考えられる。

以上，非金属介在物の殆どはウスタイト（FeO）とガラスからなり，一部にはガラス質珪酸塩単

独のものも存在する。ウスタイト中には，Al, Ca, Mg, Tiなどが若干含まれているが，ガラス質珪酸塩中には①Ca.Si系スラグ，②P.Ca系スラグを主体とするものがあり，Fe（鉄）分および若干のTi（チタン）分も含まれている。全体的にはCa分・P分の濃度が高めで，K類で触れたように随伴する脈石鉱物由来とは考えられない高い濃度のものもあり，鍛冶作業時に意図的に投入したことが推測される。

従ってこれらの鉄鋌素材は比較的低温還元で製造された海綿鉄から得られたものや，製鉄の段階で得られた銑鉄の脱炭処理（酸化精錬）を行った素材の可能性が考えられる。当時の朝鮮半島の百済・新羅地方で行われていた製鉄法の一方法である。CaやPの由来はこの操業に添加する貝灰・動物の骨・砂・鉄鉱石粉などで，同地方にて使用されていたらしいことが，現地の調査結果から明らかにされている。

また，多くの鉄鋌にTiが検出されることから，始発原料は朝鮮半島に広く分布するチタン磁鉄鉱が考えられる（図５）。したがって，これらのことから，調査鉄鋌の始発原料は一種ではなく数種類が想定される。このことは，この素材あるいは鉄鋌の産地が一箇所ではなく，数箇所に及んでいることを裏付けるものと想定される。

（５）硬度測定

鉄鋌表面の３～４箇所（表面錆除去処理後）における硬さについてマイクロビッカース硬度値を表５-１に，また，K類断面の測定結果を表５-２に記載した。

その結果，平均的には硬度Hv値で170～230程度であった。また，K類断面からの値は，Hv値で85～250であった。表５-１の結果から勘案すると以下のことが考えられる。

①測定箇所により測定値に差があること。⇒材質・鍛造環境に由来

②測定値は総じて炭素濃度0.2以上の軟鋼であること。⇒表面の材質（加工硬化）

③類別の有意差はみられない。

が認められる。

これは，断面組織の項で記述したように，材質の異なる箇所が存在することに起因するためおよび，硬さは表層の値であるため，鍛打により硬さが増加していること（加工硬化），および錆層が共存するため（除去しきれていない微細錆の存在），などで値にバラツキが生じたものと考えられる。

（６）地金の成分分析-１（K類鉄鋌）

K類鉄鋌の成分分析結果をまとめて表６に記載した。

２箇所からの分析試料採取であるが（１部位，３部位），炭素濃度および銅（Cu）濃度が異なっており，明らかに異材であることが判る。すなわち，１cは図3.2.2に示したように，炭素量が純鉄に近い組織を示していること，および３aは図3.2.3に示したように硬鋼の組織を示すものであり，組織と成分分析の妥当性が確認できた。

このことは，前記の外観ならびに断層観察および非金属介在物組成で記述したように，材質の異なる種類の素材（産地の異なる素材も考えられる）を繋ぎ合わせていることが本試料（K類）にて実証できたことになる。

（７）地金の成分分析-２（鉄鋌表面層および錆層金属鉄部分）

鉄鋌表面３箇所（前述の4.5項で測定した箇所）を簡易成分分析計にて測定した結果を表７-１に，また，錆層中の金属鉄の微量成分をX線マイクロアナライザー（EPMA）にて分析した結果を表７-２に示した。なお，簡易分析について測定点の幾つかは，主に試料表面平滑度によって正常な測定が出来なかった為，明らかに異常値と認められるものについては記載せず空欄とした。

0.2％以上の濃度を示す元素は，Crクロム（Cr），ニッケル（Ni），銅（Cu）であり，C類No.240，D類No.24，D類No.129，D類No.175，D類No.200，E類No.78，E類No.238，F類No.267，K類であった。特に，ニッケル（Ni）の高いD類No.129，D類No.200，銅（Cu）の高いE類No.238は注目する鉄鋌といえる。これらの合金元素が地金に含まれていることは，始発原料を国内に求めることより，大陸，特に朝鮮半島に求める必要があると思われる。なぜならば，当時の我国では合金元素を含む鉄鉱石の産出はしていない。図5（朝鮮半島図と鉄産地鉱床分布）に示したように，朝鮮半島にはチタン磁鉄鉱・磁鉄鉱・赤鉄鉱・褐鉄鉱が広く分布しており，これらの産地と製鉄遺跡はよく対応している。特に西南部にはその遺構が多く分布している。したがって，本調査の鉄鋌類の素材は，朝鮮半島にて造られた可能性が高い。しかし，鉄鋌単体には，材質の異なる複数の鉄板が使われており，素材が即，鉄鋌製作地とは考えにくい。

## 第5節　まとめ

30体の大形鉄鋌の非破壊調査ならびに採取錆片およびK類（窪田氏既調査材）断面の調査を行った結果，構造・鍛造技術・材質・始発原料等の面から，以下のように纏めることが出来る。

（1）構造および製作技術（鍛冶，成形）について

1）本調査試料の鉄鋌は，表面観察・断層撮影・鉄鋌内の成分偏析から，材質の異なる小さな（数10mm）鉄板を数枚（4～5枚）つなぎ合わせ，鍛造によって成形したものと考えられる。

2）一般的な形状は，杵のように中央が括れており，両端部は円形あるいは平行形状のものなど様々である。また，端部や側面の折返し処置が数回にもおよぶ箇所がみうけられる。定められた鉄鋌形状・大きさにするために，鍛冶工人が傾注した様子が伺える。

3）1体の鉄鋌でも材質の異なる箇所が存在し，その配置には規則的なことが認められない。用途に応じて材質の特徴を生かした配置（板材）にはなっていないことから，実用的なもの（例えば利器・刀剣等）ではないと考えられる。

4）加熱・鍛打して薄板を成形する技術は，当時の鍛冶技術としては高度なものであったことが推測される。鍛冶に使われた道具（工具）は槌（ハンマー）や金床石（硬い鉄板又は石）により成形していたと推測される。

5）数枚の鉄板接合には，特別の接着材は使っていない模様である。したがって，単純な加熱・槌による鍛打・成形が行われたものと思われる。

6）接合面の剥離，合わせ面の錆化，端部・側面のソリや不揃い等，本鉄鋌には充分な接合状況（鍛接）がみられないことから，充分な加熱・保熱・鍛打の一連の作業が円滑になされていたとは考えにくい。

（2）材質および始発原料について

1）炭素濃度は，純鉄（C＜0.03％）に近い極軟鋼のものから硬鋼（C＞0.51％）まで多種多様である。したがって，鉄鋌単体における成分偏析は，使われた数種の小さな鉄板の材質が異なっていることを表すものである。

2）このように様々な材質の素材は，①生産地が異なることか，②あるいは製造された鉄素材が炭素濃度にバラツキがあったことか，のいずれかと考えられる。①であれば比較的低温にて製鉄が行われて産物と考えられる（海綿鉄）。一方②であれば，元は銑鉄から出発し（鋳鉄），脱炭素処理を行うことにより炭素量の異なった鉄素材を供給源としたかのいずれかと思われる。

３）地金中の微量元素には，合金元素であるCu, Ni, Crなどが含まれているものが存在すること，および非金属介在分物からはTi成分が検出されることから，始発原料は磁鉄鉱鉱石・含銅磁鉄鉱鉱石・チタン磁鉄鉱鉱石・赤鉄鉱鉱石などが考えられる。これらは，当時の国内（５C～６C）では産出が確認されていないものであることから，大陸（特に朝鮮半島）にその由来を求める必要があると考えられる。

４）朝鮮半島における鉄鉱石の分布をみると，かっての百済・新羅・高句麗に相当する地域である。特に，半島の西側地域に多くの産地が分布する，製鉄遺跡と鉄鉱石産地の関連性。また，山脈一つ違うと異なる鉱床が存在していることが判る。本調査鉄鋌の原料鉄鉱石については，図５に示したように，朝鮮半島の西側地方がその可能性が強いと思われる。

以上，本調査の鉄鋌には，材質の異なるものの組み合わせ，形状・大きさに一定の決まりがないこと，さらには鍛冶技術がまちまち（成形技術に大きな違いがある）であることなど，「異種材質の組合せ」「形状・大きさの違い」「鍛冶技術（成形）の違い」等，鉄鋌によって造り方が異なっている。恐らく，何らかの理由で大形鉄鋌を多量・早急に造る必要が生じたために，入手可能な素材（薄板）を各地・近傍から調達して，数箇所の鍛冶工房にて製作したことが推測される。

## 参考文献


１）窪田蔵朗「大和６号墳出土鉄鋌の金属学的考古学的調査」宮内庁書陵部紀要　第29号（1960）
２）久野雄一郎「大和６号墳出土鉄鋌７点金属学的調査報告」橿原考古学研究所論集７　吉川弘文館（1984）
３）佐々木稔「大和６号墳鉄鋌中の非金属介在物の組成」橿原考古学研究所紀要12（1987）
４）東　　潮「鉄鋌の基礎的研究」橿原考古学研究所紀要12（1987）
５）共同研究「日本・韓国の鉄生産技術」国立歴史民俗博物館研究報告58・59（1996）
６）明石雅夫「大和６号墳出土鉄鋌の素材製錬法について」たたら研究43（2003）
７）車　伝仁「中国各時代の製鉄の変遷とその背景」ふぇらむ６　鉄鋼協会（2001）
８）孫　明助「韓国古代鉄生産.新羅・百済・伽耶」古代東アジアにおける倭と加耶（2002）
９）村上英之介「月の輪古墳出土鉄器の原料について」たたら研究９（1962）
10）森　浩一「古墳出土の鉄鋌について」古代学研究21・22（1955）
12）東　　潮「弁辰と加耶の鉄」 国立歴史民俗博物館研究報告　第110集（2004.2）
13）花田勝広「韓鍛冶と渡来工人集団」国立歴史民俗博物館研究報告　第110集（2004.2）
14）土田定次郎「朝鮮鉱床論」霞ヶ関書房（1944）
15）古瀬清秀「東アジアにおける古代鉄鍛冶技術の伝播と展開」H12～15年度，科学研究助成金基盤研究Ｂ（2）（2004）
16）大澤正巳「窪木薬師遺跡出土鍛冶関連遺物の金属学的調査」岡山県埋蔵文化財発掘調査報告86（1993）
17）大澤正巳「金属組織学からみた日本列島と朝鮮半島の鉄」国立歴史民俗博物館研究調報告　第110集　(2004)
18）孫　明助「百済の鉄器文化」愛媛大学東アジア古代鉄文化研究センター（2012.12）
19）核燃料サイクル開発機構「宇和奈辺陵墓参考地陪塚大和６号墳出土古墳鉄鋌の腐食調査」（2005）
20）山本信夫，大澤正巳「鉄鋌の新例に関する検討」考古学雑誌　Vol.62　No.4
21）日立エンジニアリング（株）「鉄遺物のＸ線CT測定」核燃料サイクル開発機構契約業務報告書（2005.1）
22）JIS　G　3102「機械構造用炭素鋼鋼材の材料特性」
23）村上恭道，佐々木正治「四川・成都平原における古代製鉄技術に関する研究」大学研究助成アジア歴史研究報告書（2010）
24）東　　潮「古代東アジアの鉄と倭」渓水社（1999）
25）金　正完「忠清全羅地域出土の鉄鋌について」考古学誌　（2000.11）
26）森　浩一「考古学からみた鉄」社会思想社（1974）
27）窪田蔵朗「鉄の考古学」考古学選書９　雄山閣（1973）
28）松本正信「鉄鋌に関する一試論」考古学研究　第86号（1975）
29）野上丈助「古墳時代における鉄および鉄器生産の諸問題」考古学研究　第58号（1968）
30）金田善敬「古墳時代後期における鍛冶集団の動向」考古学研究　第43巻第２号（1996）



調査・解析担当　山下　真理子，中澤　映，鈴木　瑞穂，　伊藤　薫

日鉄住金テクノロジー株式会社　材料ソリューション部　部長　松岡和己

表1　調査試料と調査項目

| 調査試料 | | | | | 調査項目 | | | | | | | | | | |
|---|---|---|---|---|---|---|---|---|---|---|---|---|---|---|---|
| 分類 | 鉄鋌番号 | 代表 | 錆片 | | ①外観 | | ②断層撮影 | ③断面組織観察 | | ④非金属介在物分析 | | ⑤成分分析 | ⑥硬度測定 | | ⑦簡易成分分析 |
| | | | 提供 | 採取 | 外観 | 宮内庁透過写真 | | 採取錆片 | 金属 | 定性分析 | 元素分布 | | マイクロビッカーズ | 超音波 | |
| A類 6体 | 8 | | | | ○ | ○ | | | | | | | ○ | ○ | ○ |
| | 138 | | | | ○ | | | | | | | | ○ | ○ | ○ |
| | 144 | | | | ○ | ○ | | | | | | | ○ | ○ | ○ |
| | 174 | ◎ | | ○ | ○ | ○ | ○ | ○ | | ○ | | | ○ | ○ | ○ |
| | 199 | | | | ○ | | | | | | | | ○ | ○ | ○ |
| | 268 | | ○ | | ○ | ○ | | | | | | | ○ | ○ | ○ |
| B類 7体 | 4 | | | ○ | ○ | | | ○ | | ○ | ○ | | ○ | ○ | ○ |
| | 59 | | | ○ | ○ | | | ○ | | ○ | ○ | | ○ | ○ | ○ |
| | 75 | | ○ | ○ | ○ | | | ○ | | ○ | | | ○ | ○ | ○ |
| | 145 | | | | ○ | | | | | | | | ○ | ○ | ○ |
| | 206 | | | | ○ | | | | | | | | ○ | ○ | ○ |
| | 244 | ◎ | ○ | | ○ | ○ | ○ | | | | | | ○ | ○ | ○ |
| | 245 | | ○ | ○ | ○ | ○ | | ○ | | ○ | | | ○ | ○ | ○ |
| C類 6体 | 55 | ◎ | | | ○ | | ○ | | | | | | ○ | ○ | ○ |
| | 102 | | | ○ | ○ | | | ○ | | ○ | ○ | | ○ | ○ | ○ |
| | 117 | | | | ○ | | | | | | | | ○ | ○ | ○ |
| | 139 | | | ○ | ○ | | | ○ | | ○ | | | ○ | ○ | ○ |
| | 141 | | | | ○ | | | | | | | | ○ | ○ | ○ |
| | 240 | | ○ | ○ | ○ | ○ | | ○ | | ○ | | | ○ | ○ | ○ |
| D類 6体 | 24 | | | | ○ | | | | | | | | ○ | ○ | ○ |
| | 28 | | | | ○ | | | | | | | | ○ | ○ | ○ |
| | 31 | | | | ○ | | | | | | | | ○ | ○ | ○ |
| | 129 | | | | ○ | | | | | | | | ○ | ○ | ○ |
| | 175 | ◎ | | ○ | ○ | ○ | ○ | ○ | | ○ | | | ○ | ○ | ○ |
| | 200 | | | ○ | ○ | | | ○ | | | | | ○ | ○ | ○ |
| E類 2体 | 78 | ◎ | ○ | | ○ | ○ | ○ | | | | | | ○ | ○ | ○ |
| | 238 | | ○ | ○ | ○ | ○ | | ○ | | ○ | ○ | | ○ | ○ | ○ |
| F類 1体 | 97 | | | | ○ | | | | | | | | ○ | ○ | ○ |
| | 198 | | | | ○ | | | | | | | | ○ | ○ | ○ |
| | 267 | ◎ | ○ | ○ | ○ | ○ | ○ | ○ | | ○ | | | ○ | ○ | ○ |
| K類* | 窪田氏鉄鋌 | ◎ | | ○ | ○ | | ○ | | ○ | ○ | ○ | ○ | ○ | ○ | ○ |

K類＊　窪田氏による調査が実施された鉄鋌をK類として略表記する

表１-２　大和６号墳大鉄鋌，調査試料寸法

| 試　料No. | | 長　さ (mm) | 幅 (mm) | 厚　み (mm) | 重　量 (gr) | 備　考 (宮内庁) |
|---|---|---|---|---|---|---|
| A類 凹型 | 8 | 375 | 70～120 | 2～3 | 475.9 | |
| | 138 | 380 | 80～125 | 2～3 | 503.5 | |
| | 144 | 360 | 80～125 | 2～2.5 | 421.8 | |
| | **174＊** | 355 | 80～120 | 1.5～2.5 | 451.2、 | |
| | 199 | 335 | 80～120 | 2～2.5 | 416.9、 | |
| | 268＊ | 370 | 75～105 | 2～2.5 | 444.9 | 提供錆片 |
| B類 大型 | 4 | 410 | 70～105 | 1.5～2.5 | 401.8 | |
| | 59 | 335 | 55～105 | 1.5～3 | 266.5 | |
| | 75 | 385 | 70～120 | 1.5～2.5 | 393.5 | 提供錆片 |
| | 145 | 355 | 70～130 | 3～5 | 637.5 | |
| | 206 | 315 | 70～110 | 2～2.5 | 265.0 | |
| | **244＊** | 420 | 60～100 | 1.5～3 | 467.1 | 提供錆片 |
| | 245＊ | 415 | 70～130 | 2～4 | 450.5 | 提供錆片 |
| C類 形状 | **55＊** | 320 | 55～80 | 1.5～2.5 | 202.3 | |
| | 102 | 315 | 65～110 | 2～3 | 380.9 | |
| | 110 | 340 | 65～105 | 2～3 | 353.5 | |
| | 139 | 380 | 60～105 | 1～3 | 428.6 | |
| | 141 | 385 | 75～125 | 2～3 | 552.9 | |
| | 240＊ | 410 | 60～105 | 1～2 | 329.2 | 提供錆片 |
| D類 長い | 24 | 370 | 75～125 | 2.5～3 | 651.6 | |
| | 28 | 365 | 75～130 | 2.5～3 | 418.7 | |
| | 31 | 360 | 70～125 | 2～3 | 537.7 | |
| | 129 | 390 | 60～90 | 2～2.5 | 285.8 | |
| | **175＊** | 380 | 60～90 | 1.5～2.5 | 280 | |
| | 200 | 345 | 65～95 | 2～2.5 | 265.2 | |
| E類 | **78＊** | 400 | 60～130 | 1.5～3 | 407.8 | 提供錆片 |
| | 238＊ | 410 | 75～105 | 2～2.5 | 310.4 | 提供錆片 |
| F類 | 97 | 300 | 65～110 | 2～3 | 385.2 | |
| | 198 | 325 | 75～130 | 2～3 | 467.1 | |
| | **267＊** | 360 | 65～135 | 2～2.5 | 370.5 | 提供錆片 |
| K類 | **窪田氏調査** | 215 | 65～95 | 2～3 | 287.2 | 提供錆片 |

注１；太字；各分類の代表試料（断層撮影）　注２；＊印はＸ線写真（宮内庁提供）

表1－3　大和6号墳大鉄鋌，目視観察結果

| 試　料No. | | 外観　および　表面観察 | 備　考<br>表面錆 |
|---|---|---|---|
| A類<br>凹型 | 8 | 完形品。3～4体接合か。表裏平滑。鍛造痕約$\phi$20. | |
| | 138 | 同上形状。表裏平滑。接合部不明。中央部に欠損アリ | ○ |
| | 144 | 端部欠損・亀裂。中央に鍛造痕約$\phi$20。中央部のクビレは小さい | |
| | **174＊** | 両端薄，錆化著。鍛造痕不明瞭。比較的平滑。144と同形。 | |
| | 199 | 144と同形。平滑，表裏鍛造痕アリ（波状模様）。軟質。 | |
| | **268＊** | 錆化著しく欠損多く凹凸アリ。3～4体接合か。 | □ |
| B類<br>大型 | 4 | 端部は丸-平。裏面鍛造痕アリ。折返し鍛造で長さ調節？軟質。 | ○ |
| | 59 | 4と同形。両端部腐食著しく欠損。クレーター多い（1～2 mm程度）。 | ○ |
| | 75 | 大型両端丸形。表裏平滑。金属質薄皮膜。軟質。 | ○ |
| | 145 | 同上大型完形品。錆層深く表裏ともにクレーター多い。中央部は約5 mm厚。 | |
| | 206 | 4と同形小型。長50×幅4 mmの欠損部アリ。鍛造痕不規。 | |
| | **244＊** | 両端丸，欠損アリ。4体接合か。中央の錆著しい。鍛造痕不明瞭。 | □ |
| | **245＊** | 244と同形。クレーター多い。3～4体の接合か。側面の欠損が多い。 | ○ |
| C類<br>形状 | **55＊** | 完形品，両端丸，一部に欠損あり。4体接合か。軟質。 | |
| | 102 | 端部は丸-平，一部に欠損。微細な凹凸，クレーター多い。硬質。 | ○ |
| | 110 | 102と同形，端部欠損。表裏クレーター多い。 | |
| | 139 | 端部は丸-平，細長形状。大きなクレーター多く錆化著。4体接合か。 | ○ |
| | 141 | 完形品に近い，両端丸。一部にクレーターがあるが表面平滑。端部に亀裂。 | ○ |
| | **240＊** | 両端丸。錆化欠損著しい。表面に「縞模様」，鍛造不良か。 | ○ |
| D類<br>長い | 24 | 両端丸。大きな鍛造痕約$\phi$20。比較的平滑。 | |
| | 28 | 端部は丸-平。クレーター多く深い。裏面平滑。側面に大きな欠損アリ。 | |
| | 31 | 28と同形。表裏クレーター多く深い。側面に大きな欠損アリ。 | |
| | 129 | 端部は丸-平，細長。表裏平滑。 | |
| | **175＊** | 両端丸。形状はC類と同じ丸型長い。比較的平滑で鍛造痕小。 | ○ |
| | 200 | 端部は丸-平。鍛造痕$\phi$15。完形品に近い | |
| E類 | **78＊** | 両端欠損錆化著。正常な形状判別が不可。3～4体の接合か。鍛造不良。 | □ |
| | **238＊** | 78と同形。4体の接合か。両端形状判別不可。錆化著く欠損多い。 | ○ |
| F類 | 97 | E類を短くしたもの。小さなクレーター多い，約$\phi$15鍛造痕アリ。 | |
| | 198 | 97と同じ相似形。端部欠損アリ。折返し痕アリ。縞状模様，鍛造不良。 | |
| | **267＊** | 側面亀裂（錆化膨張），金属質，78同 | □ |
| K類 | **窪田氏** | | ○ |

注1；太字；各分類の代表試料（断層撮影）　注2；＊印はX線写真（宮内庁）
注3；○・□は錆片埋込試料

表２　断層撮影観察結果（A～K類，代表試料）

| 分類 | 鉄鋌番号 | 観察結果 | 備考 |
|---|---|---|---|
| A | 174 | ４枚の小板にて接合。接合部は傾斜して鍛接。中央部の接合箇所は錆化が著しく内部まで達している。端部は10mm程度の折返しがみられる。３～４mmの微細クレーターが側面および端部に生成。亀裂も存在（加熱不充分による鍛打のためか）。 | 欠陥多い |
| B | 244 | 小板材を４枚の小板にて接合。中央部は内部まで錆化が進行。接合面は傾斜をつけて突き合わして鍛接している。10mm程度のクレーターが点在する。端部は数mmに折返し処理。亀裂が存在することから加熱は不充分であったことが伺える。 | 欠陥多い |
| C | 55 | ４枚の小板にて鍛接。側面および端部は数mmのクレーターが多く存在。接合面は隙間が形成しており，鍛接が不充分（融合不足か）。 | 加熱不足 |
| D | 175 | ６枚の小板にて鍛接。接合面は隙間があり亀裂も存在。端部・側面には多くのクレーターが存在（数mm～数10mm）。 | 加熱不足 |
| E | 78 | 形状が不揃。５枚の小板を鍛接して成形。結合部は切欠きが存在する。接合部は大きな隙間が生成。材質が極端に異なるものを使って成形。端部は幾度も折返し（３重）。接合部の腐食が進行。 | 粗雑な鍛造 |
| F | 267 | E-78と同様の作り方（粗雑）。６枚の小板による接合。接合部は大きな隙間が生成，腐食が進行。中央部にも大きなクレーターが存在。厚さ方向に亀裂が生成（数箇所，粒界腐食的な様相）。 | 粗雑な鍛造 |
| K | 窪田氏 | ４枚の小板にて接合。接合面は隙間が生成しており，板厚中央には大きな隙間が生じている。しかし，厚さ方向は他に比べ緻密な組織を呈する。小規模なクレーターはあるものの，少ない。 | 比較的整った形状 |

表3　錆片およびK類断面マクロ・ミクロ組織観察結果

| 分類 | 鉄鋌番号 | 観察結果 | | | 備考 |
|---|---|---|---|---|---|
| | | 金属組織 | 結晶粒径<br>μm | 非金属介在物 | |
| A | 174 | フェライト＋パーライト<br>C＝0.3～0.4% | 80～120 | 細長く伸びる<br>少ない | 軟鋼 |
| B | 4 | フェライト<br>C＜0.05 | 丸；<br>20～50 | 縞状に分布<br>多い | 極軟鋼 |
| | 59 | 2層存在。①フェライト；C＜0.05<br>②フェライト＋パーライト；C＝0.1～0.15 | ①50～150<br>②30～80 | 丸く点在 | 極軟鋼<br>～軟鋼 |
| | 75 | フェライト＋パーライト<br>C＝0.1～0.15 | 細長い<br>10～30 | 小さく少ない | 軟鋼 |
| | 245 | 2層存在。①フェライト；C＜0.05<br>②フェライト＋パーライト；C＝0.1～0.2 | ①50～150<br>②30～80 | 細長く伸びる | 極軟鋼<br>～軟鋼 |
| C | 102 | A-174と同じ。<br>フェライト＋パーライト；C＝0.3～0.4 | 80～120 | 細く少ない | 軟鋼 |
| | 139 | A-174，C-102と同じ。<br>フェライト＋パーライト；C＝0.2～0.3 | 50～100 | 細長い | 軟鋼 |
| | 240 | 2層存在。フェライト＋パーライト<br>①C≒0.5　②C＝0.1～0.2 | ①30～80<br>②20～50 | 細長く伸びる<br>ウスタイト多 | 硬鋼<br>～軟鋼 |
| D | 175 | 2層存在。①フェライト；C＜0.05<br>②フェライト＋パーライト；C＝0.3～0.4 | ①20～80<br>②20～30 | 小さく少ない | 極軟鋼<br>～軟鋼 |
| E | 238 | フェライト<br>C＜0.05 | 丸い<br>20～60 | 小さく少ない | 極軟鋼 |
| F | 267 | フェライト（純鉄組織）<br>C＜0.05 | 20～50 | 小さく少ない | 極軟鋼 |
| K- | 断面1 | b部；3層<br>①C＜0.05②C≒0.15③C≒0.7④C≒0.3<br>c部；4層<br>①C＜0.05　2層，②C≒0.2　2層 | 20～200 | 細長く伸びる | 極軟鋼<br>～硬鋼<br>極軟鋼<br>～軟鋼 |
| | 断面3 | a部；4層<br>①C＜0.05②C≒0.15③C≒0.7④C≒0.3<br>d部；4層<br>①C＜0.05　2層，②C≒0.1～0.15　2層 | 30～200 | 細長く伸びる | 極軟鋼<br>～硬鋼<br>極軟鋼<br>～軟鋼 |

注1；フェライト＝$\alpha$ Fe，パーライト＝$\alpha$ Fe＋$Fe_3C$固溶体，C＝炭素含有量（%）
注2；表中のC濃度（%）は，金属組織から推測される炭素濃度（%）
注3；純鉄；＜0.03%，極軟鋼C＝0.03～0.12%，軟鋼：C=0.13～0.50%，硬鋼＝0.51～0.80%

表4－1　非金属介在物中の鉱物組成分析結果（mass%）

| 分類 | 鉄鋌番号 | | 定性番号 | Na2O | MgO | Al2O3 | SiO2 | P2O5 | SO3 | K2O | CaO | TiO2 | MnO | CuO | FeO |
|---|---|---|---|---|---|---|---|---|---|---|---|---|---|---|---|
| A類 | 174 | 1 | ① | | 1.6 | 6.4 | 33 | 3.1 | 0.7 | 2.0 | 4.7 | 0.4 | | | 48 |
| | | 2 | ② | | 1.0 | 2.3 | 6.9 | 1.5 | | 0.5 | 1.1 | 0.5 | | | 86 |
| | | 3 | ③ | | 1.7 | 5.7 | 26 | 6.6 | 0.9 | 0.9 | 5.4 | | | | 53 |
| B類 | 4 | 1 | ④ | | 3.4 | 1.3 | | | | | 0.3 | | | | 95 |
| | | 2 | ⑤ | | 2.0 | 2.0 | 1.0 | | | | 0.3 | | 1.3 | | 93 |
| | | 錆中 | ⑥ | | 1.5 | 1.1 | | | | | | | 1.6 | | 96 |
| | | 別場所1 | ⑦ | | 2.0 | 1.0 | | | | | 1.7 | | | | 95 |
| | | 別場所2 | ⑧ | | | | 10 | 34 | | 1.3 | 51 | | | | 3.7 |
| | 59 | 1 | ⑨ | | 1.5 | | | | | | | 0.4 | | | 98 |
| | | 2 | ⑩ | | 2.1 | 4.9 | 40 | 2.0 | | 2.3 | 15 | 0.3 | | | 34 |
| | 75 | 1 | ⑪ | | 2.4 | | | | | | 2.4 | | | | 95 |
| | | 2 | ⑫ | 1.0 | 2.7 | 6.5 | 39 | 1.3 | | 3.4 | 21 | 0.4 | | | 25 |
| | 245 | 1 | ⑬ | | 3.2 | 1.5 | | | | | | | | | 95 |
| | | 2 | ⑭ | | | 1.9 | 16 | 26 | | 0.8 | 47 | | | | 7.6 |
| C類 | 102 | 付着 | ⑮ | | | 7.7 | 41 | | | 0.7 | | 0.5 | | | 50 |
| | | | ⑯ | | 2.9 | 7.8 | 49 | 2.4 | 1.0 | 4.5 | 8.4 | 0.5 | | | 24 |
| | 139 | 1 | ⑰ | | 2.4 | 1.0 | | | | | | 0.4 | | | 96 |
| | | 2 | ⑱ | | 3.9 | 10 | 34 | 2.4 | | 2.4 | 9.7 | | | | 38 |
| | 240 | 1 | ⑲ | | 3.3 | | | | | | 0.4 | | | | 96 |
| | | 2 | ⑳ | | 0.8 | 0.4 | 26 | 4.7 | 0.6 | 1.7 | 40 | | | | 26 |
| D類 | 175 | | ㉑ | | 2.1 | 17 | 10 | | | | 0.6 | 0.8 | | | 69 |
| | | | ㉒ | | | 1.3 | 1.2 | | | | | 0.5 | | | 97 |
| | | | ㉓ | | 1.8 | 50 | 2.5 | | | | | 0.6 | | | 45 |
| E類 | 238 | | ㉔ | | | | | | | | | | | | 100 |
| F類 | 267 | | ㉖ | | 5.4 | 12 | 43 | | | 2.1 | 18 | 0.6 | 2.0 | | 17 |
| K類 | 切断1 | BS | ㉗ | | 2.0 | 5.9 | 42 | | 1.2 | 1.1 | 18 | | 1.1 | | 29 |
| | | BC | ㉘ | | 1.7 | 4.6 | 37 | | 1.1 | 2.3 | 18 | 0.3 | | | 36 |
| | 切断3 | A1S | ㉙ | | 3.2 | 7.9 | 45 | | 0.6 | 5.7 | 29 | 0.4 | 1.0 | | 7.2 |
| | | A2S | ㉚ | | 3.7 | 7.5 | 43 | | 0.6 | 2.3 | 39 | 0.4 | 0.9 | | 2.5 |
| | | A4W | ㉛ | | 0.7 | 1.2 | 5.8 | | | 0.4 | 2.7 | | | | 89 |
| | | A4S | ㉜ | | 0.8 | 5.0 | 36 | 2.2 | 1.5 | 2.8 | 29 | | | | 23 |

| 分類 | 試料番号 | | 定性番号 | O | | | | | | | | | | Cu | Fe |
|---|---|---|---|---|---|---|---|---|---|---|---|---|---|---|---|
| E類 | 238 | 錆中 | ㉕ | 25 | | | | | | | | | | 3.9 | 71 |

＊空欄は検出下限以下を示す

表4－2　非金属介在物の種類

| 分類 | 鉄鋌番号 | 非金属介在物の組成 | 分布状況と<br>大きさ（μm） | 存在量 |
|---|---|---|---|---|
| A | 174 | 微細なウスタイトとガラスが共存。ウスタイト中にはSi, Al, Ca, Mg, P, Tiを若干含む。ガラスはSi系ｽﾗｸﾞでCa濃度が高い。 | 幅；10～20<br>長；50～150 | 少ない |
| B | 4 | 微細なウスタイトとガラスが共存。Al, Ca, Mgを含むウスタイト。ガラスはP-Ca系スラグが主体。 | 幅；10～30<br>長；30～100 | 縞状に分布<br>多い |
| | 59 | ウスタイトとガラスが共存。MgとTiを含むウスタイト。ガラスはCa-Si系スラグでTiを含む。B-4と同様。 | 幅；20～30<br>長；20～100 | 縞上に分布<br>多い |
| | 75 | B-59と同様の組成。 | 幅；＜10<br>長；20～30 | 小さく点在<br>少ない |
| | 245 | ウスタイトとガラスが共存。ウスタイトはAl, Mgを含む。ガラスはP-Ca系スラグで，B-4と同じ。 | 幅；＜10<br>長；20～100 | 細長い |
| C | 102 | 殆どがガラス質。Si, Ca, Al, Mg, Kを含む。<br>形状と分布状況から，被熱温度が高かった模様。 | 幅；＜10<br>長；10～150 | 細長く<br>多い |
| | 139 | ウスタイトとガラスが共存，ウスタイト結晶はスピネル構造で，Al, Mg, Tiを含む。ガラスはSi, Ca, Al, Mgを含む。 | 幅；10～15<br>長；100～150 | 細長く<br>多い |
| | 240 | ウスタイトとガラスが共存。ウスタイトはスピネル構造を呈し，Ca, Mgを含む，ガラスはCa-Si系が主体。 | 幅；10～20<br>長；100～200 | 細長く点在<br>多い |
| D | 175 | ウスタイトとガラスが共存。ウスタイトはCa, Tiと若干のAlを含むガラスはSi系スラグが主体で若干のMg, Tiを含むがCaは無い。 | 幅；＜10<br>長；10～30 | 小さく<br>少ない |
| E | 238 | ウスタイト結晶が殆ど。ウスタイト中に含まれる元素は検出限界以下。地金中にはCuが均一分布 | 幅；＜10<br>長；＜10 | 小さく<br>少ない |
| F | 267 | ガラス質が殆ど。Ca-Si系スラグが主体でMn, Tiを含む。 | 幅；10<br>長；50～150 | 細長く<br>少ない |
| K | 断面1 | ガラス質が殆ど。Ca-Si系スラグが主体でAl, Mg, Tiを含む。 | 幅；10～20<br>長；20～300 | 細長く<br>多い |
| | 断面3 | ウスタイトとガラスが共存。Ca-Si系が主体で若干のPを含む。C-240と同じ。 | 幅；30～50<br>長；20～300 | 細長く<br>多い |

注1；A～Fは，採取錆片の金属鉄中に存在する非金属介在物
注2；Kは鉄鋌厚さ方向断面に存在する非金属介在物

表５-１　ビッカース硬度計による硬度測定結果

（HV）

| 調査試料 | | 錆中金属の断面 | | 錆研削除去後の鉄鋌表面 | | | |
|---|---|---|---|---|---|---|---|
| 分類 | 鉄鋌番号 | 組織１ | 組織２ | ① | ② | ③ | ④ |
| A類 | 8 | − | − | 137 | 143 | 142 | − |
| | 138 | − | − | 152 | 178 | 161 | − |
| | 144 | − | − | 220 | 207 | 235 | − |
| | 174 | 166 | − | 190 | 185 | 193 | − |
| | 199 | − | − | 178 | 164 | 160 | − |
| | 268 | − | − | △ | △ | 148 | − |
| B類 | 4 | 147 | − | 142 | 124 | 168 | − |
| | 59 | 110 | 120 | 144 | 123 | 130 | − |
| | 75 | 185 | − | △ | △ | 191 | △ |
| | 145 | − | − | △ | 176 | 196 | − |
| | 206 | − | − | 233 | 185 | 236 | − |
| | 244 | − | − | △ | △ | 212 | − |
| | 245 | 115 | 200 | 236 | 221 | △ | 161 |
| C類 | 55 | − | − | 196 | 228 | 163 | − |
| | 102 | 152 | − | 235 | 198 | 215 | − |
| | 110 | − | − | 172 | 141 | △ | − |
| | 139 | 165 | − | △ | 169 | 243 | − |
| | 141 | − | − | 139 | 226 | 138 | − |
| | 240 | 166 | − | 175 | △ | 139 | − |
| D類 | 24 | − | − | 258 | 183 | 231 | − |
| | 28 | − | − | 176 | 198 | 196 | − |
| | 31 | − | − | 262 | 238 | 202 | − |
| | 129 | − | − | 220 | 179 | 221 | − |
| | 175 | 151 | 167 | 332 | 205 | 243 | − |
| | 200 | 269 | − | 192 | 184 | 210 | − |
| E類 | 78 | − | − | △ | 135 | △ | − |
| | 238 | 136 | − | △ | 178 | 222 | △ |
| F類 | 97 | − | − | 199 | 215 | 244 | − |
| | 198 | − | − | △ | △ | 280 | − |
| | 267 | 120 | − | △ | 193 | △ | − |
| K類 | 窪田氏 | （表３-２） | | 266 | 170 | 158 | − |

−；データ取得せず　△；形状により測定不可　300gf

表５-２　K類（窪田氏調査鉄鋌）の断面硬さ測定結果

（HV）

| 測定面 | 測定位置 | | 硬さ |
|---|---|---|---|
| 1b | 2 | 表層部 | 155 |
| | | 中心部 | 93 |
| | 4 | 表層部 | 101 |
| | | 中心部 | 92 |
| 1c | 1 | 表層部 | 93 |
| | | 中心部 | 87 |
| 3a | 1 | 黒色部 | 248 |
| | | 白色部 | 106 |
| | 2 | 表層部 | 122 |
| | | 板厚1/3 | 169 |
| | 4 | 中心部 | 89 |
| 3d | 2 | 中心部 | 84 |

※測定荷重：300gf

表６　K類の成分分析結果

単位：重量％

| 試料名 | C | Si | Mn | P | S | Cu | Ni | Cr | Co | Al |
|---|---|---|---|---|---|---|---|---|---|---|
| 1c | 0.028 | 0.048 | 0.003 | 0.005 | 0.008 | 0.12 | 0.015 | ＜0.001 | 0.002 | 0.009 |
| 3a | 0.14 | 0.044 | 0.004 | 0.008 | 0.004 | 0.062 | 0.010 | ＜0.001 | 0.002 | 0.009 |

表7-1　ナイトンによる表面成分分析結果（%）

| 鉄鋌番号 | | No. | Ti | V | Cr | Ni | Cu | Mo |
|---|---|---|---|---|---|---|---|---|
| A類 | 8 | 1 | ND | ND | ND | ND | ND | ND |
| | | 2 | ND | ND | ND | ND | ND | ND |
| | | 3 | ND | ND | ND | ND | ND | ND |
| | 138 | 1 | ND | ND | ND | ND | ND | ND |
| | | 2 | ND | ND | ND | ND | ND | ND |
| | | 3 | ND | ND | ND | ND | ND | ND |
| | 144 | 1 | ND | ND | ND | ND | ND | ND |
| | | 2 | ND | ND | ND | ND | ND | ND |
| | | 3 | ND | ND | ND | ND | ND | ND |
| | 174 | 1 | ND | ND | ND | ND | ND | ND |
| | | 2 | ND | ND | ND | ND | ND | ND |
| | | 3 | ND | ND | ND | ND | ND | ND |
| | 199 | 1 | ND | ND | ND | ND | ND | ND |
| | | 2 | ND | ND | ND | ND | ND | ND |
| | | 3 | ND | ND | ND | ND | ND | ND |
| | | 3-1 | ND | ND | ND | ND | ND | ND |
| | | 3-2 | ND | ND | ND | ND | ND | ND |
| | | 3-3 | ND | ND | ND | ND | ND | ND |
| | 268 | 1 | ND | ND | ND | ND | ND | ND |
| | | 2 | ND | ND | ND | ND | ND | ND |
| | | 3 | ND | ND | ND | ND | ND | ND |
| B類 | 4 | 1 | ND | ND | ND | ND | ND | ND |
| | | 2 | ND | ND | ND | ND | ND | ND |
| | | 3 | ND | ND | ND | ND | ND | ND |
| | 59 | 1 | ND | ND | ND | ND | ND | ND |
| | | 2 | ND | ND | ND | ND | ND | ND |
| | | 3 | ND | ND | ND | ND | ND | ND |
| | 75 | 1 | ND | ND | ND | ND | ND | ND |
| | | 2 | ND | ND | ND | ND | ND | ND |
| | | 3 | ND | ND | ND | ND | ND | ND |
| | | 4 | ND | ND | ND | ND | ND | ND |
| | 145 | 1 | ND | ND | ND | ND | ND | ND |
| | | 2 | ND | ND | ND | ND | ND | ND |
| | | 3 | ND | ND | ND | ND | ND | ND |
| | 206 | 1 | ND | ND | ND | ND | ND | ND |
| | | 2 | ND | ND | ND | ND | ND | ND |
| | | 3 | ND | ND | ND | ND | ND | ND |
| | 244 | 1 | ND | ND | ND | ND | ND | ND |
| | | 2 | ND | ND | ND | ND | ND | ND |
| | | 3 | ND | ND | ND | ND | ND | ND |
| | 245 | 1 | ND | ND | ND | ND | ND | ND |
| | | 2 | ND | ND | ND | ND | ND | ND |
| | | 3 | ND | ND | ND | ND | ND | ND |
| | | 4 | ND | ND | ND | ND | ND | ND |

| 鉄鋌番号 | | No. | Ti | V | Cr | Ni | Cu | Mo |
|---|---|---|---|---|---|---|---|---|
| C類 | 55 | 1 | ND | ND | ND | ND | ND | ND |
| | | 2 | ND | ND | ND | ND | ND | ND |
| | | 3 | ND | ND | ND | ND | ND | ND |
| | 102 | 1 | ND | ND | ND | ND | ND | ND |
| | | 2 | ND | ND | ND | ND | ND | ND |
| | | 3 | ND | ND | ND | ND | ND | ND |
| | 110 | 1 | ND | ND | ND | ND | ND | ND |
| | | 2 | ND | ND | ND | ND | ND | ND |
| | | 3 | ND | ND | ND | ND | ND | ND |
| | 139 | 1 | ND | ND | ND | ND | ND | ND |
| | | 2 | ND | ND | ND | ND | ND | ND |
| | | 3 | ND | ND | ND | ND | ND | ND |
| | 141 | 1 | ND | ND | ND | ND | ND | ND |
| | | 2 | ND | ND | ND | ND | ND | ND |
| | | 3 | ND | ND | ND | ND | ND | ND |
| | 240 | 1 | ND | ND | ND | ND | ND | ND |
| | | 2 | ND | ND | ND | ND | ND | ND |
| | | 3 | ND | ND | ND | ND | 0.16 | ND |
| D類 | 24 | 1 | ND | ND | ND | ND | 0.22 | ND |
| | | 2 | ND | ND | ND | ND | 0.24 | ND |
| | | 3 | ND | ND | ND | ND | 0.17 | ND |
| | 28 | 1 | ND | ND | ND | ND | ND | ND |
| | | 2 | ND | ND | ND | ND | ND | ND |
| | | 3 | ND | ND | ND | ND | ND | ND |
| | 31 | 1 | ND | ND | ND | ND | ND | ND |
| | | 2 | ND | ND | ND | ND | ND | ND |
| | | 3 | ND | ND | ND | ND | ND | ND |
| | 129 | 1 | ND | ND | ND | 0.46 | ND | ND |
| | | 2 | ND | ND | ND | 0.25 | ND | ND |
| | | 3 | ND | ND | ND | ND | ND | ND |
| | 175 | 1 | ND | ND | ND | ND | ND | ND |
| | | 2 | ND | ND | ND | ND | ND | ND |
| | | 3 | ND | ND | ND | 0.26 | ND | ND |
| | 200 | 1 | ND | ND | ND | 0.46 | ND | ND |
| | | 2 | ND | ND | ND | 0.31 | ND | ND |
| | | 3 | ND | ND | ND | 0.45 | ND | ND |
| E類 | 78 | 1 | ND | ND | 0.27 | ND | 0.41 | ND |
| | | 2 | ND | ND | ND | ND | 0.24 | ND |
| | | 3 | ND | ND | ND | ND | 0.19 | ND |
| | 238 | 1 | ND | ND | ND | ND | 0.64 | ND |
| | | 2 | ND | ND | ND | ND | 0.67 | ND |
| | | 3 | ND | ND | ND | ND | 0.92 | ND |
| | | 4 | ND | ND | ND | ND | 0.53 | ND |

| 鉄鋌番号 | | No. | Ti | V | Cr | Ni | Cu | Mo |
|---|---|---|---|---|---|---|---|---|
| F類 | 97 | 1 | ND | ND | ND | ND | ND | ND |
| | | 2 | ND | ND | ND | ND | ND | ND |
| | | 3 | ND | ND | ND | ND | ND | ND |
| | 198 | 1 | ND | ND | ND | ND | ND | ND |
| | | 2 | ND | ND | ND | ND | ND | ND |
| | | 3 | ND | ND | ND | ND | ND | ND |
| | 267 | 1 | ND | ND | ND | ND | 1.13 | ND |
| | | 2 | ND | ND | ND | ND | 1.07 | ND |
| | | 3 | ND | ND | ND | ND | 0.84 | ND |
| K類 | 窪田氏 | 1 | ND | ND | 0.22 | ND | 0.11 | ND |
| | | 2 | ND | ND | ND | ND | 0.16 | ND |
| | | 3 | ND | ND | ND | ND | 0.17 | ND |

表７-２　EPMAによる錆中金属部の断面成分分析結果（mass％）

| 分類 | 鉄鋌番号 | | Fe | Ni | Cu | As | Co | Si | P | S | Ca |
|---|---|---|---|---|---|---|---|---|---|---|---|
| A類 | 174 | | 99.9 | | | | | | 0.08 | | |
| B類 | 4 | | 100 | | | | | | | | |
| | 59 | | 100 | | | | | | | | |
| | 75 | | 100 | | | | | | | | |
| | 245 | | 99.9 | | | | | | 0.08 | | |
| C類 | 102 | | 99.7 | | | | | 0.1 | 0.2 | | |
| | 139 | | 100 | | | | | | | | |
| | 240 | | 100 | | | | | | | | |
| D類 | 175 | | 100 | | | | | | | | |
| | 200 | | 99.4 | 0.3 | | | 0.3 | | | | |
| E類 | 238 | | 98.7 | | 0.7 | 0.4 | 0.3 | | | | |
| F類 | 267 | | 99.0 | | 1.0 | | | | | | |
| K類 | 切断１ | B右 | 100 | | | | | | | | |
| | | B左 | 99.4 | | 0.6 | | | | | trace | |
| | | C右 | 100 | | | | | | | | |
| | | C左 | 99.6 | | 0.4 | | | | | | |
| | | C右２ | 99.6 | | 0.3 | | | | | trace | trace |
| | 切断３ | A右 | 100 | | | | | | | | |
| | | A左 | 100 | | | | | | | | |
| | | D右 | 100 | | | | | | | | |
| | | D左 | 100 | | | | | | | | |

＊空欄は検出下限以下を示す

<A 分類>

表　裏

A-8

A-138

A-144

A-174

A-199

A-268

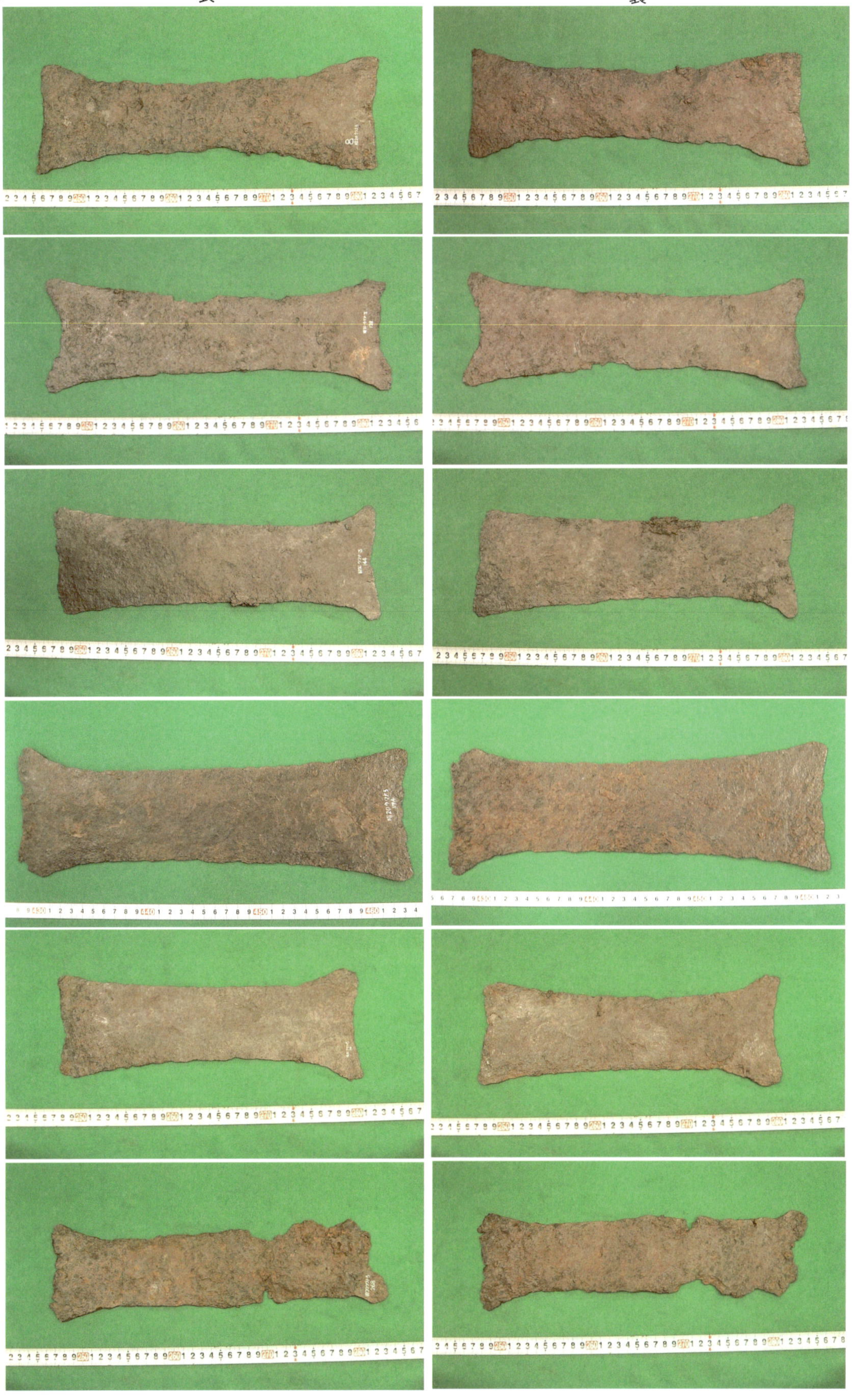

図 1.1.1　試料外観（A 分類）

<B 分類>

表　裏

B-4

B-59

B-75

B-145

B-206

B-244

B-245

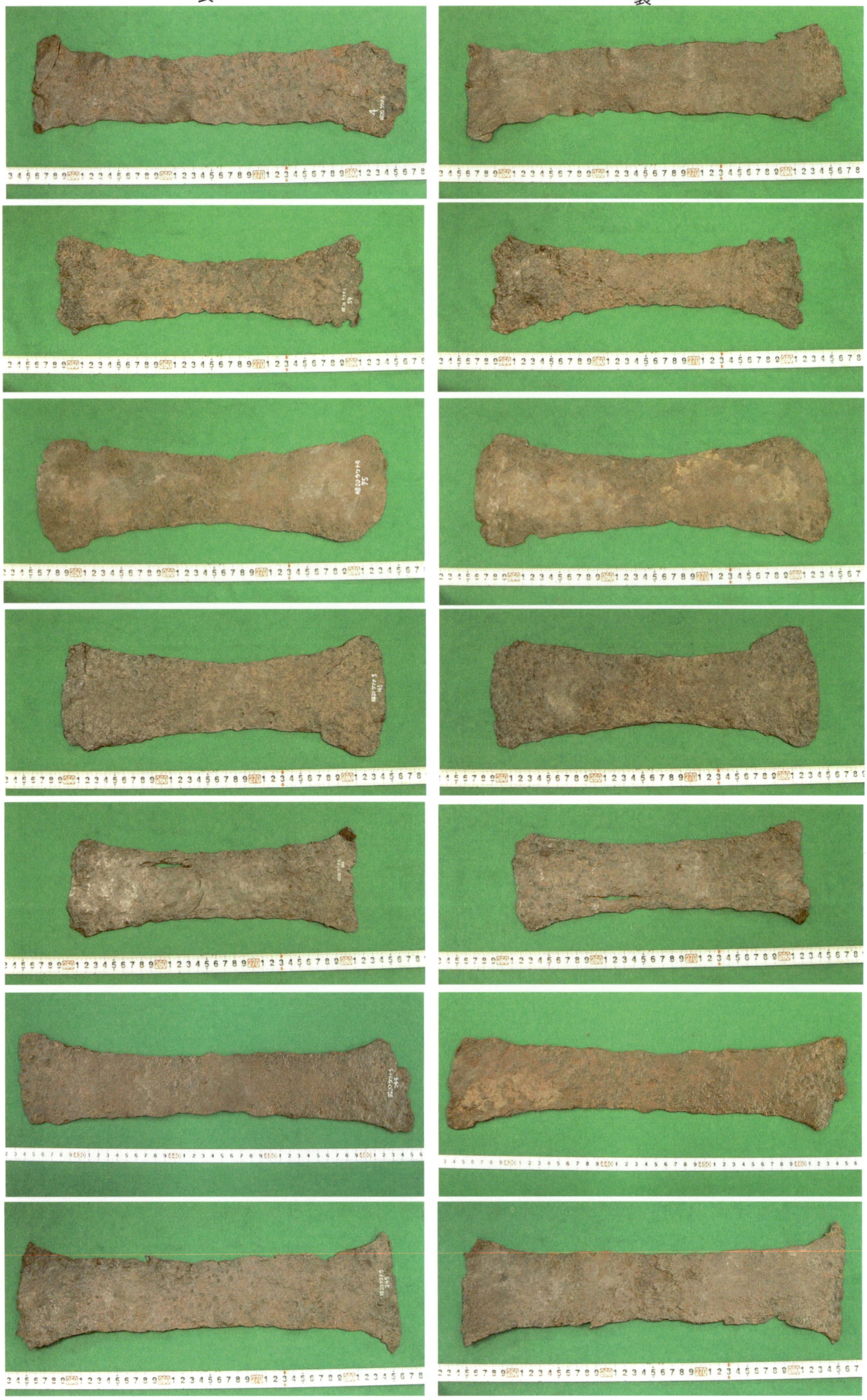

図 1.1.2　試料外観（B 分類）

<C分類>

表　裏

C-55

C-102

C-117

C-139

C-141

C-240

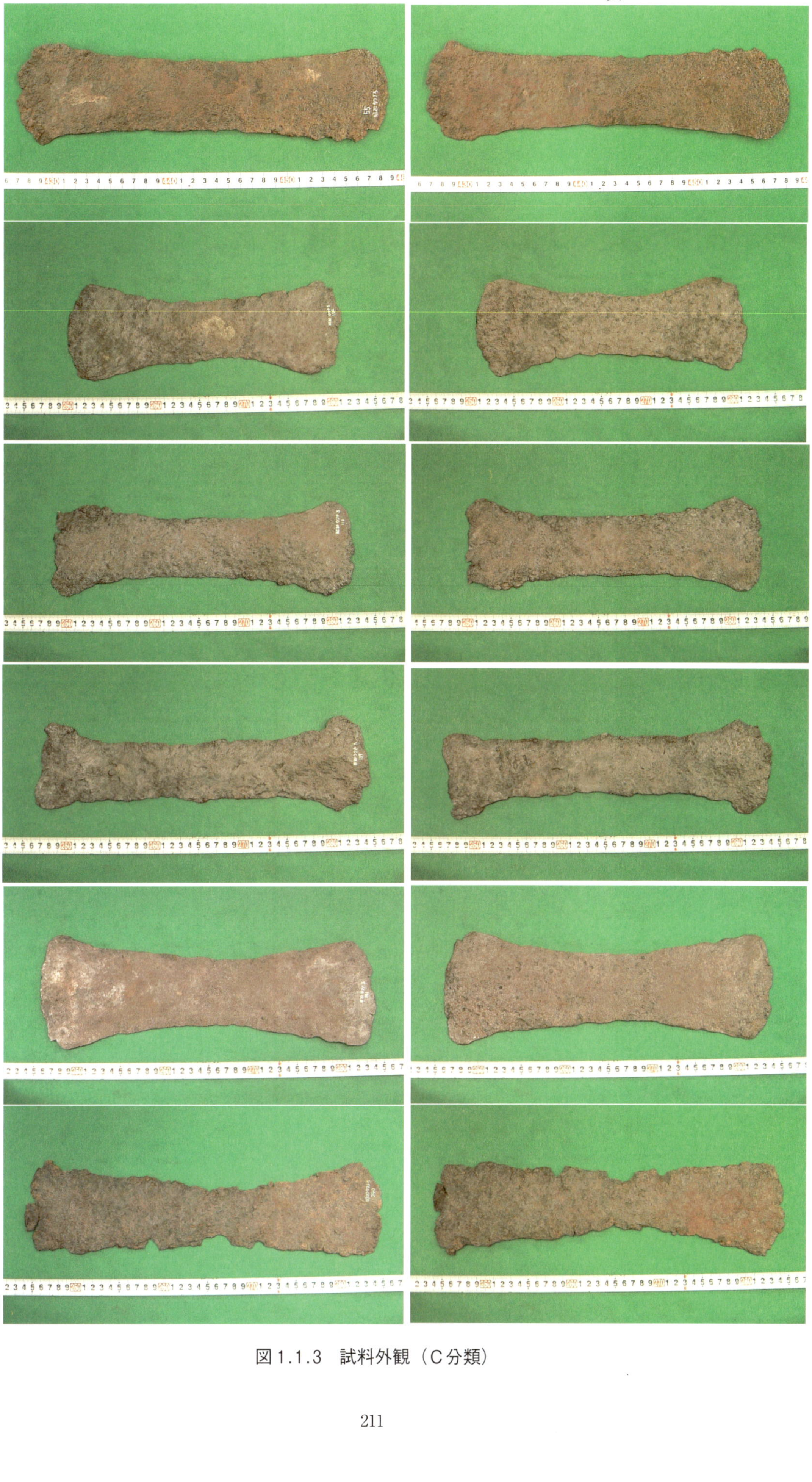

図1.1.3　試料外観（C分類）

<D分類>

表　　裏

D-24

D-28

D-31

D-129

D-175

D-200

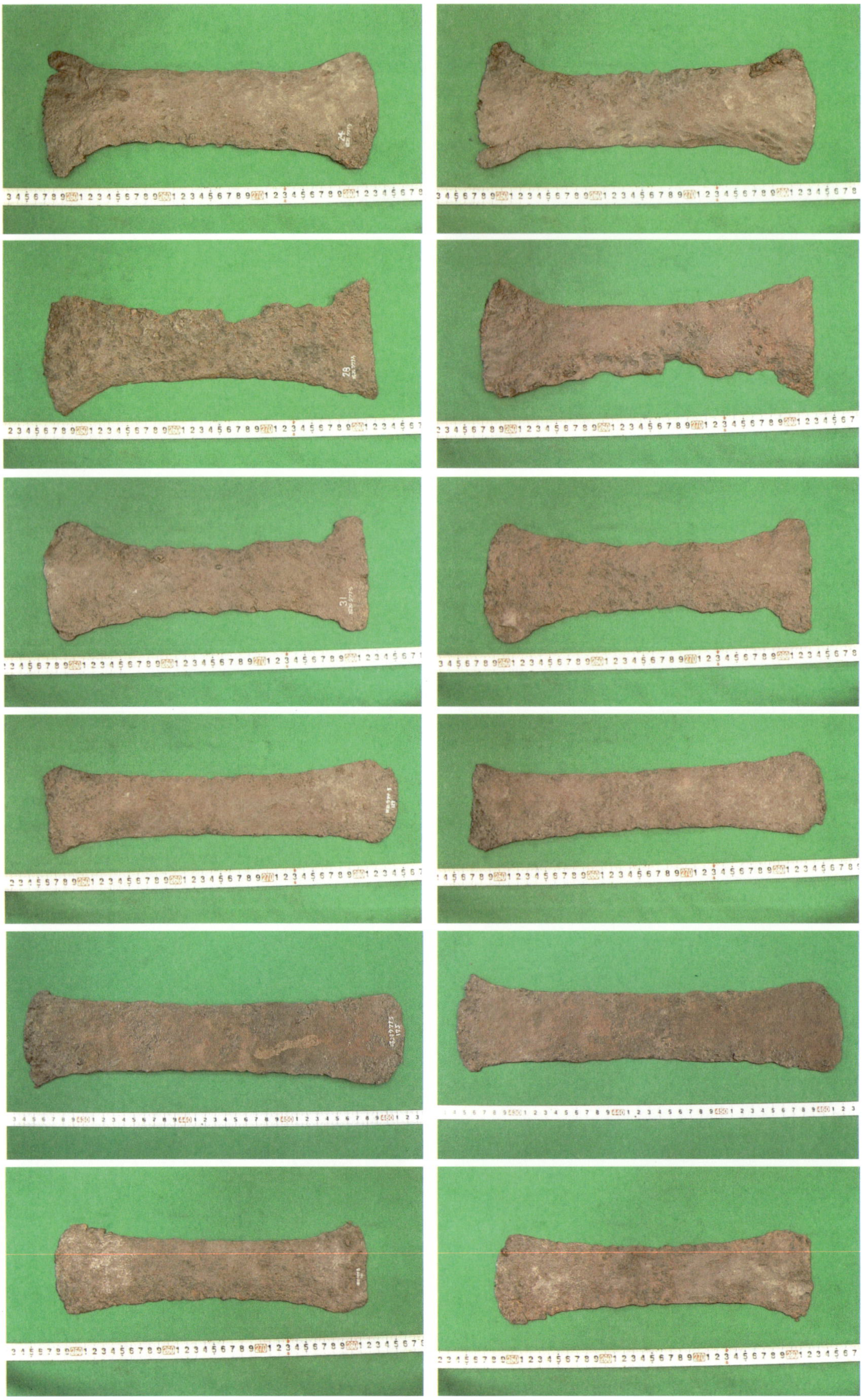

図1.1.4　試料外観（D分類）

<E 分類>

表　裏

E-78

E-238

<F 分類>

F-97

F-198

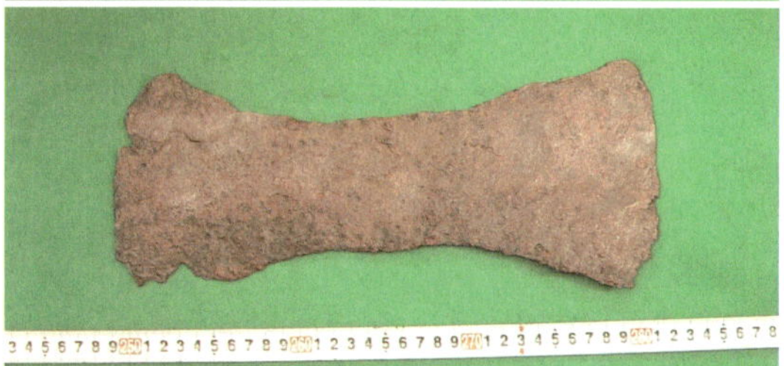

F-267

<K 分類>

窪田氏
既調査

図 1.1.5　試料外観（E 分類, F 分類, K 分類）

図 1.1.6　K 分類鉄鋌（窪田氏既調査鉄鋌）の切断位置

| | | | | | |
|---|---|---|---|---|---|
| A-174 |   | B-245 | 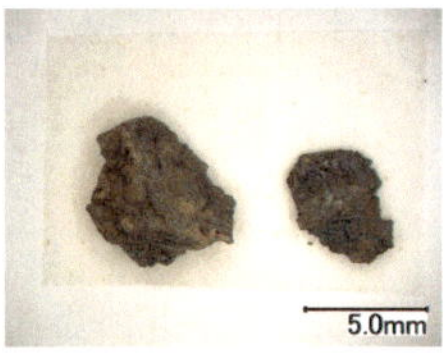  | D-175 | 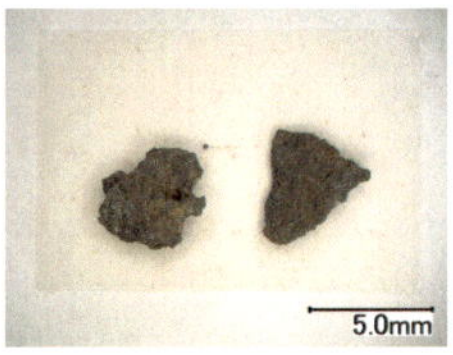  |
| B-4 |   | C-102 | 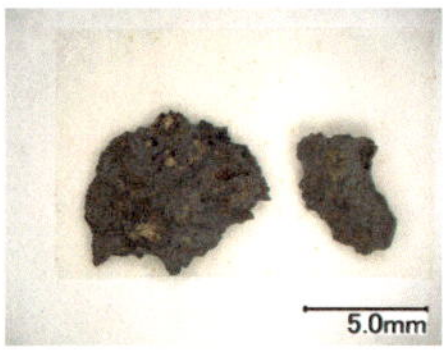  | D-200 |   |
| B-59 | 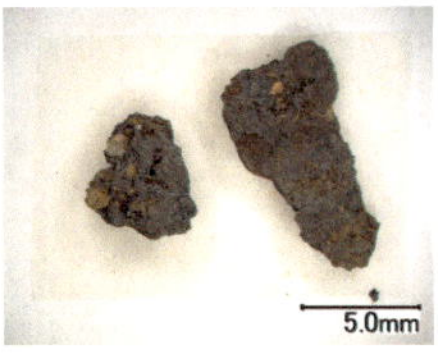  | C-139 | 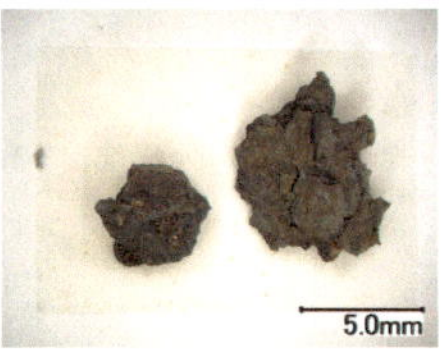  | E-238 | 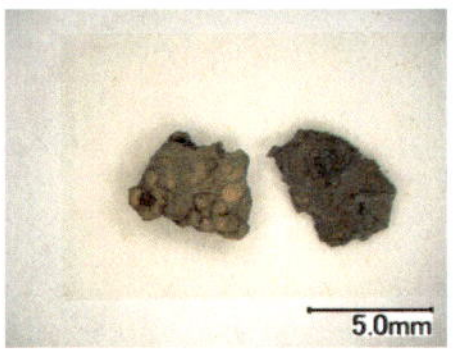  |
| B-75 |   | C-240 | 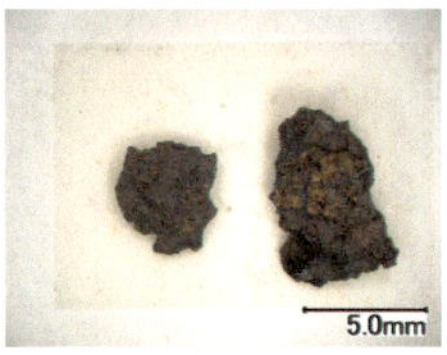  | F-267 | 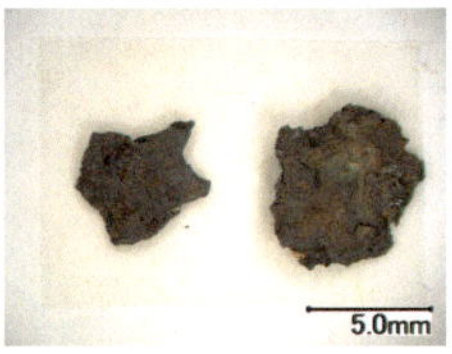  |

図 1.2　採取錆片の外観

A-174

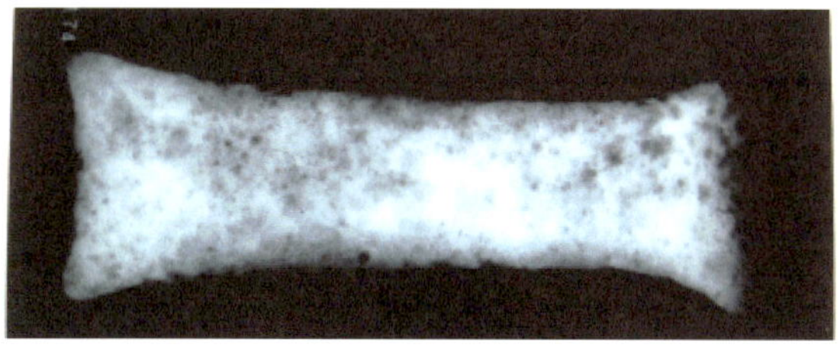

B-244

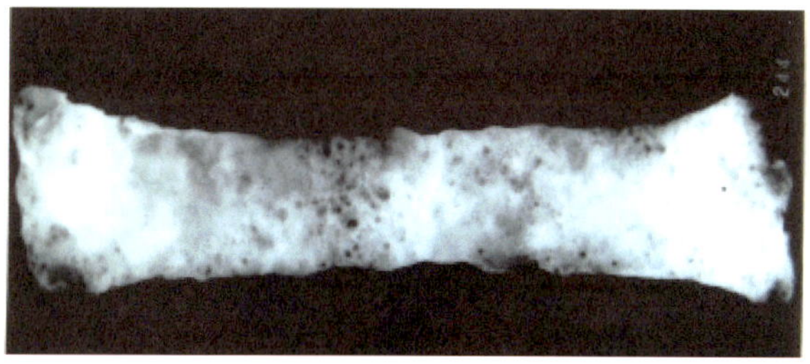

C-55

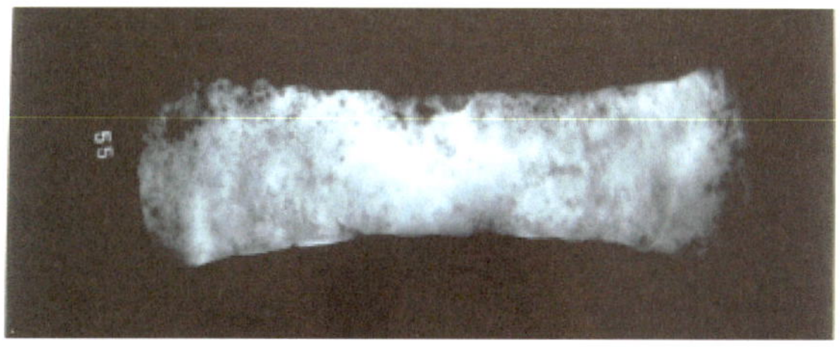

D-175

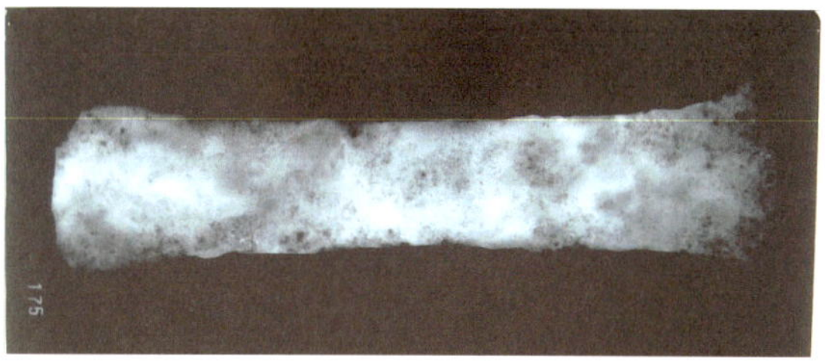

E-78

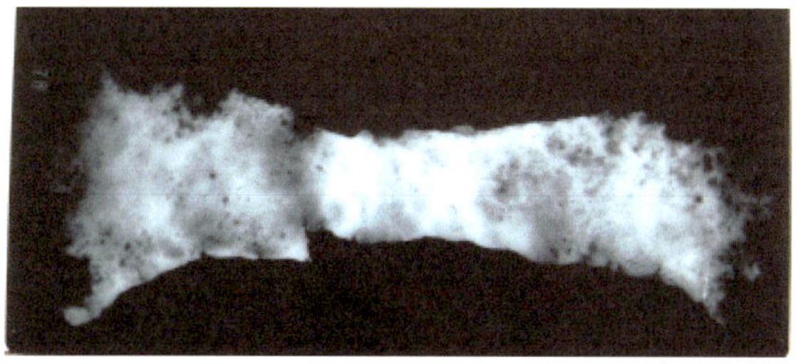

F-267

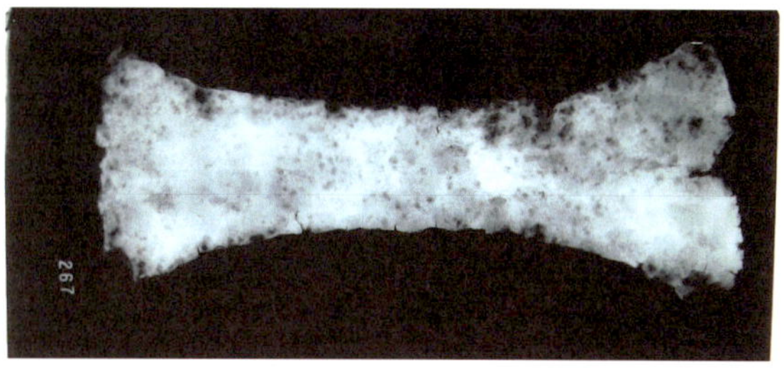

図1.3　代表試料のＸ線透過写真（宮内庁ご提供）

A-174

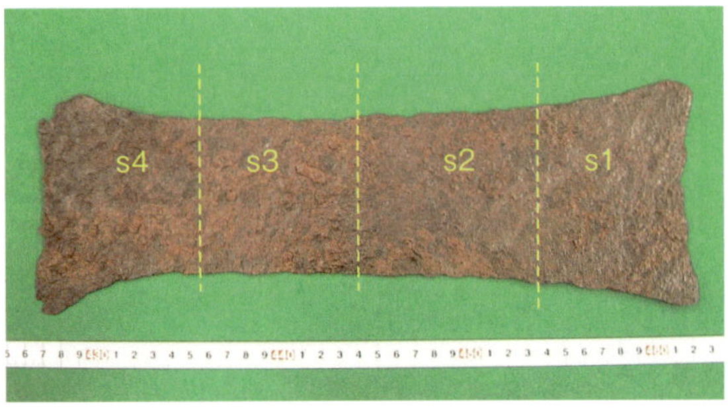


B-244

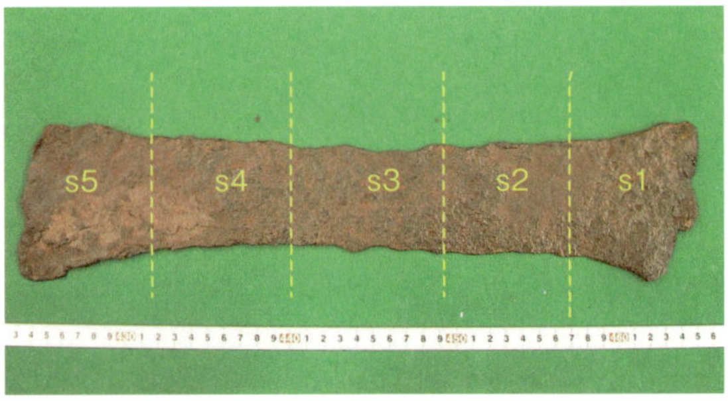


C-55

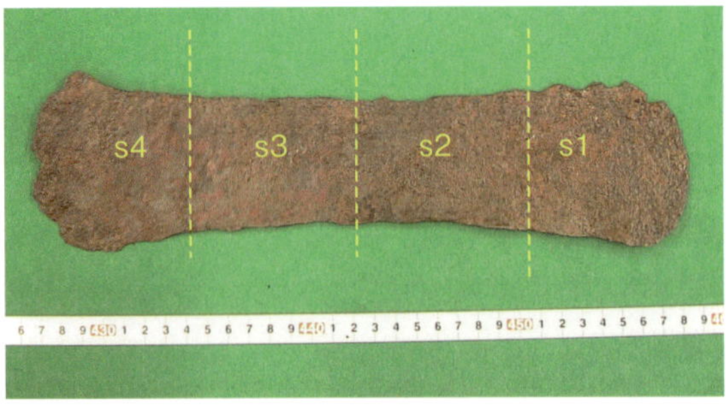


D-175

E-78

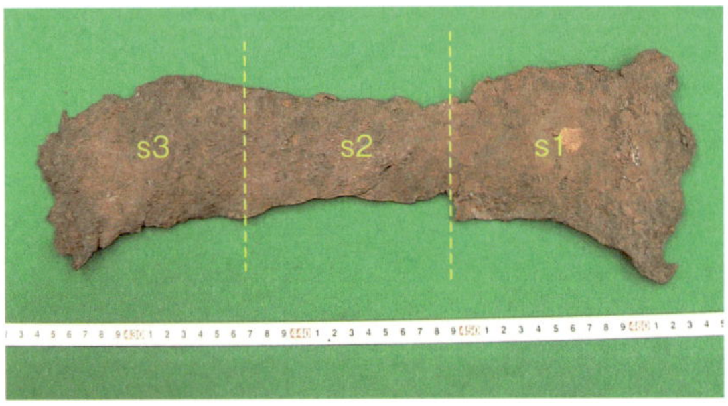


F-267

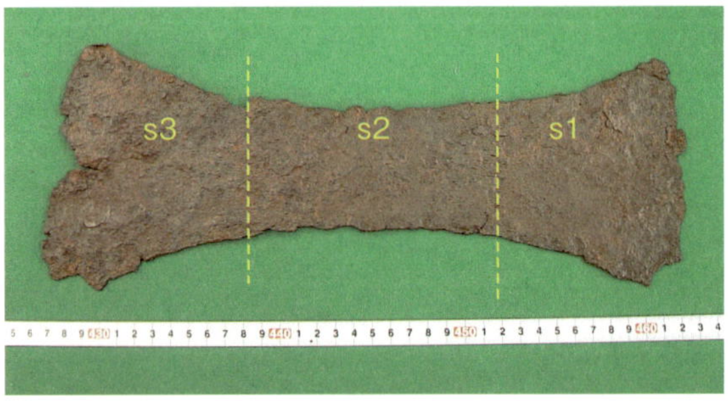


K（窪田氏既調査鉄鋌）

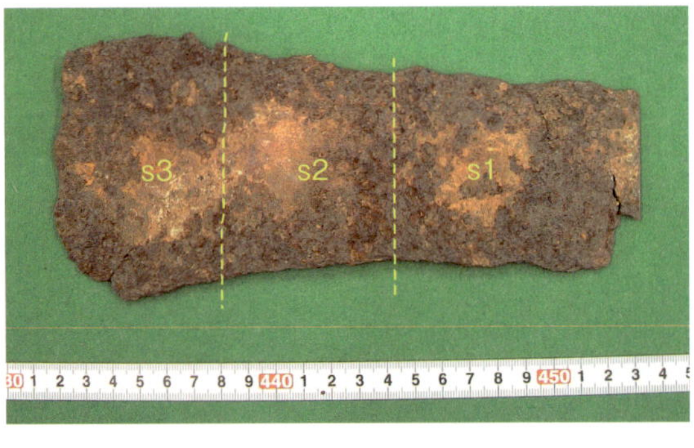


図 2.1　代表試料の断層写真の分割撮影位置

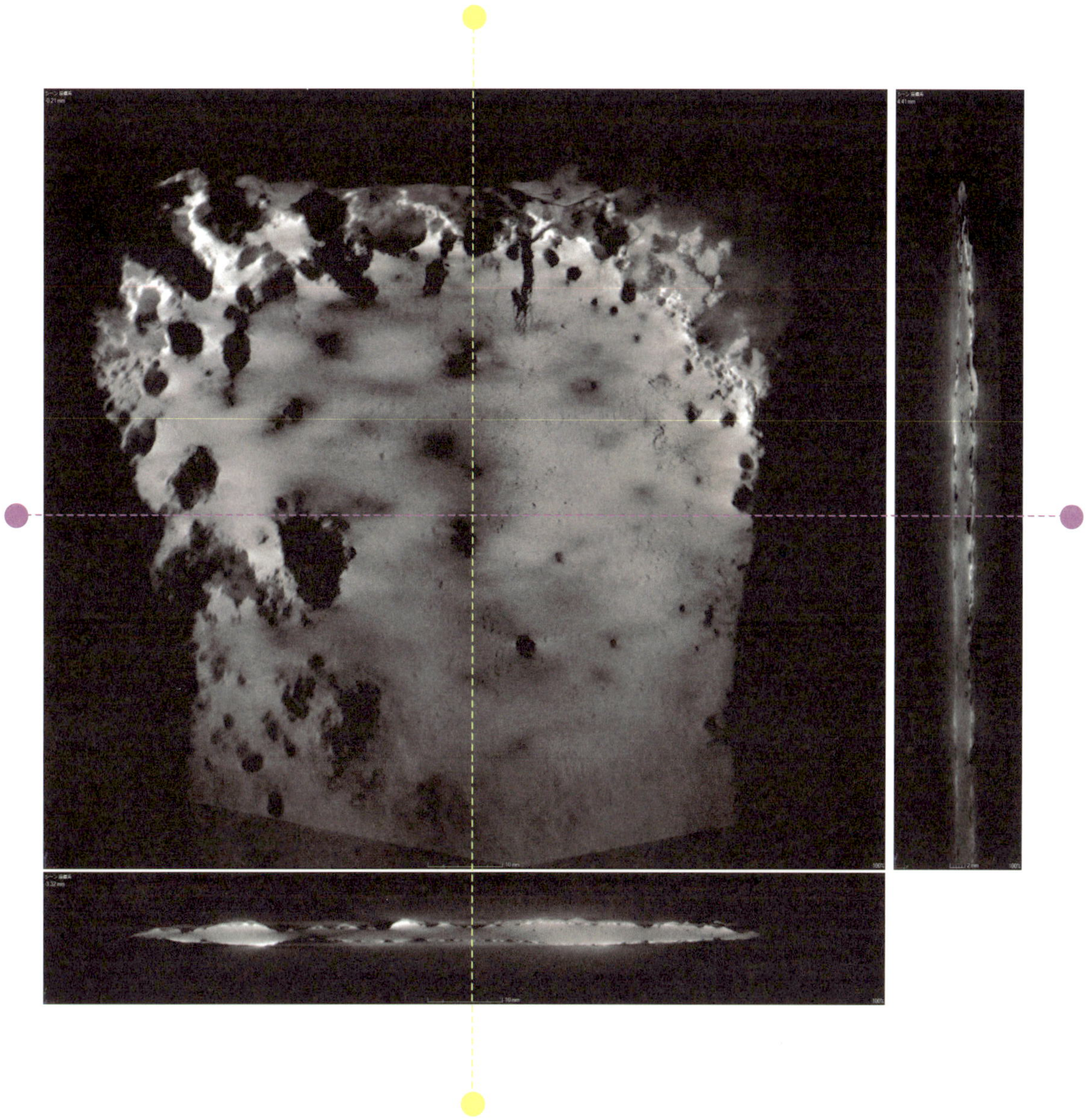

図2.2.1　代表試料（鉄鋌174）断層写真

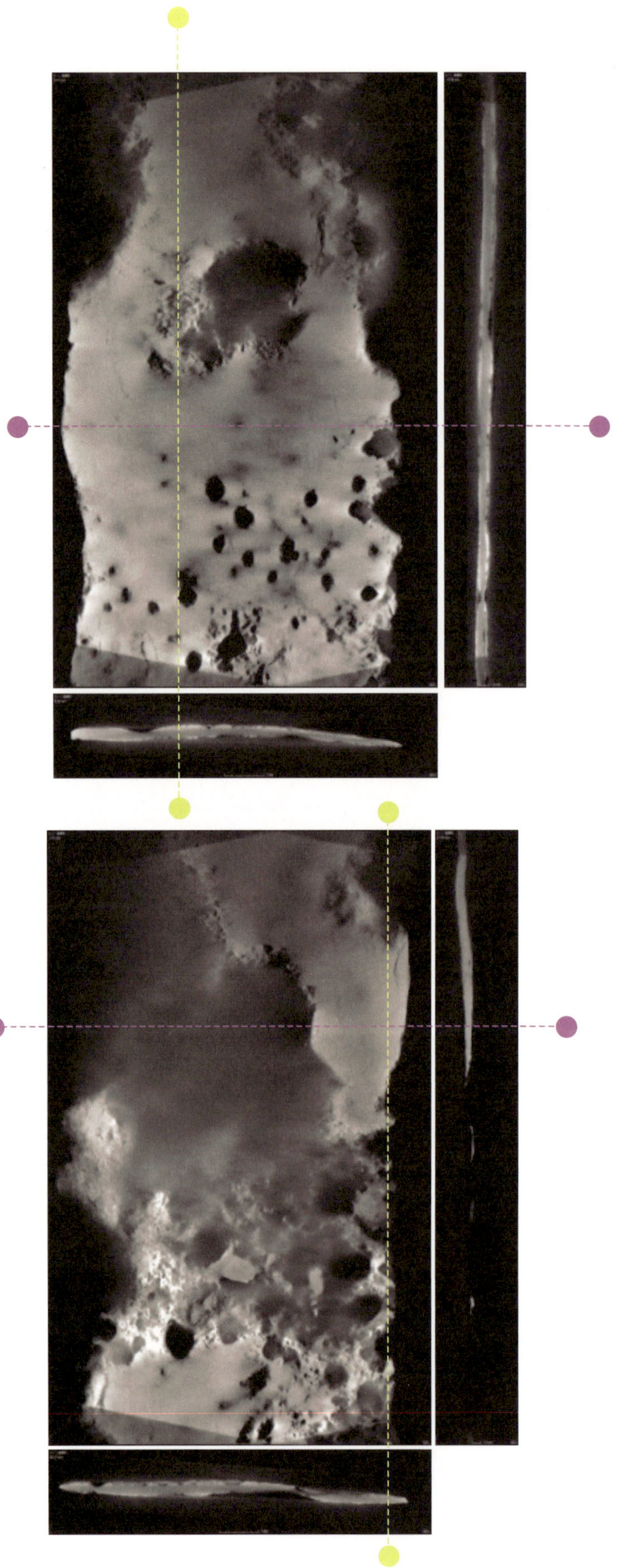

図 2.2.2　代表試料（鉄鋌 B-244）断層写真

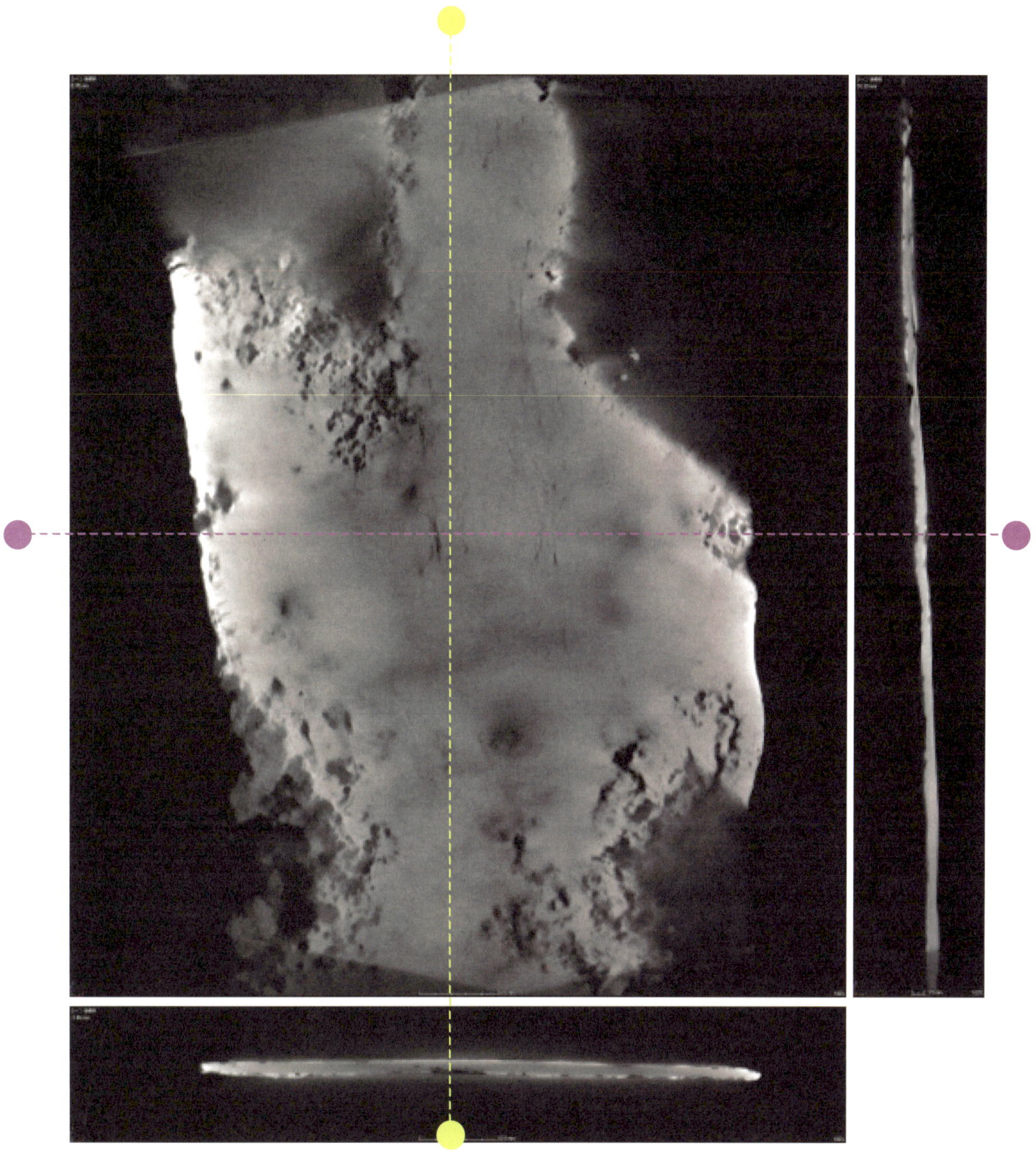

図 2.2.3　代表試料（鉄鋌Ｃ-55）断層写真

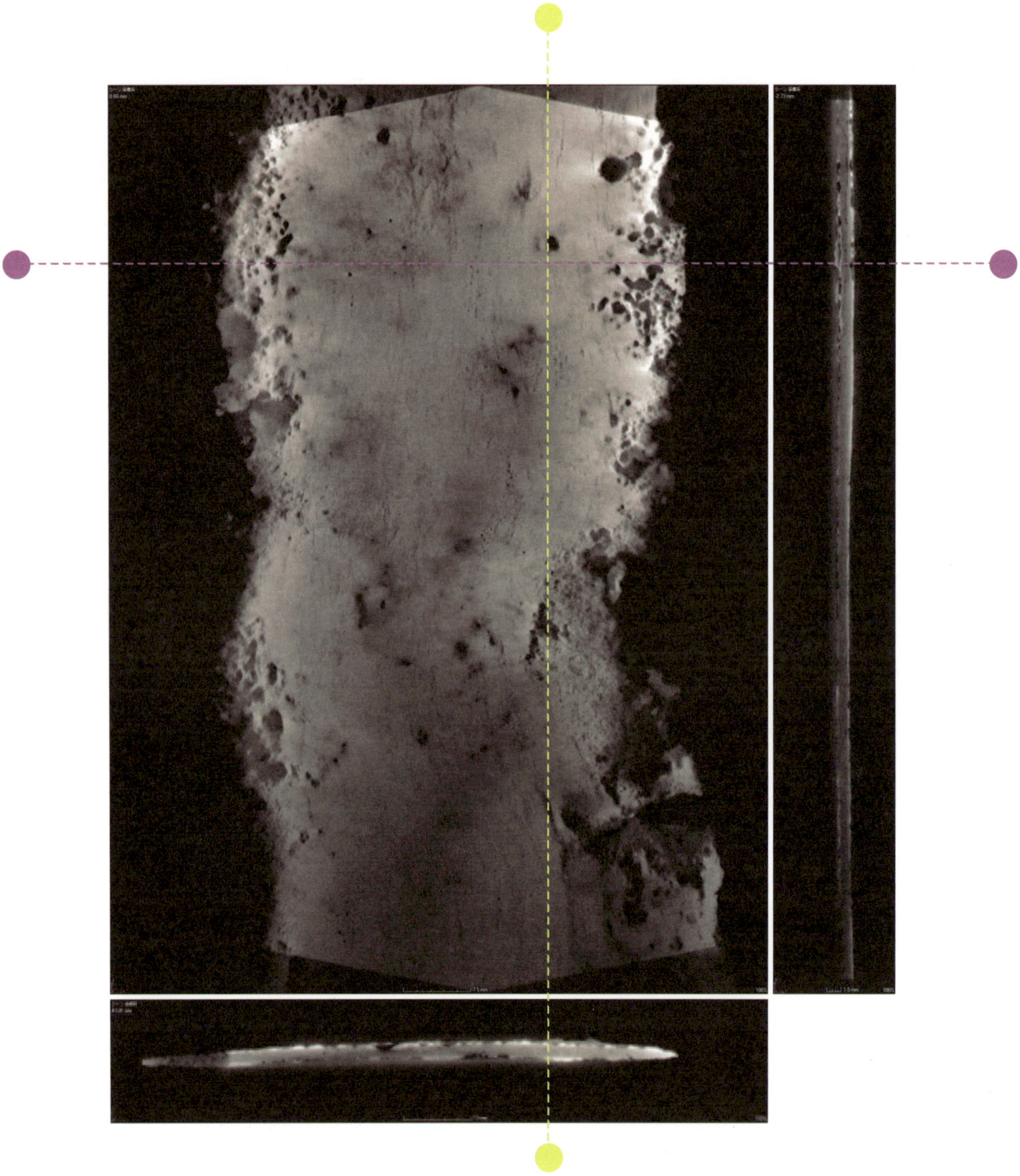

図 2.2.4　代表試料（鉄鋌 D-175）断層写真

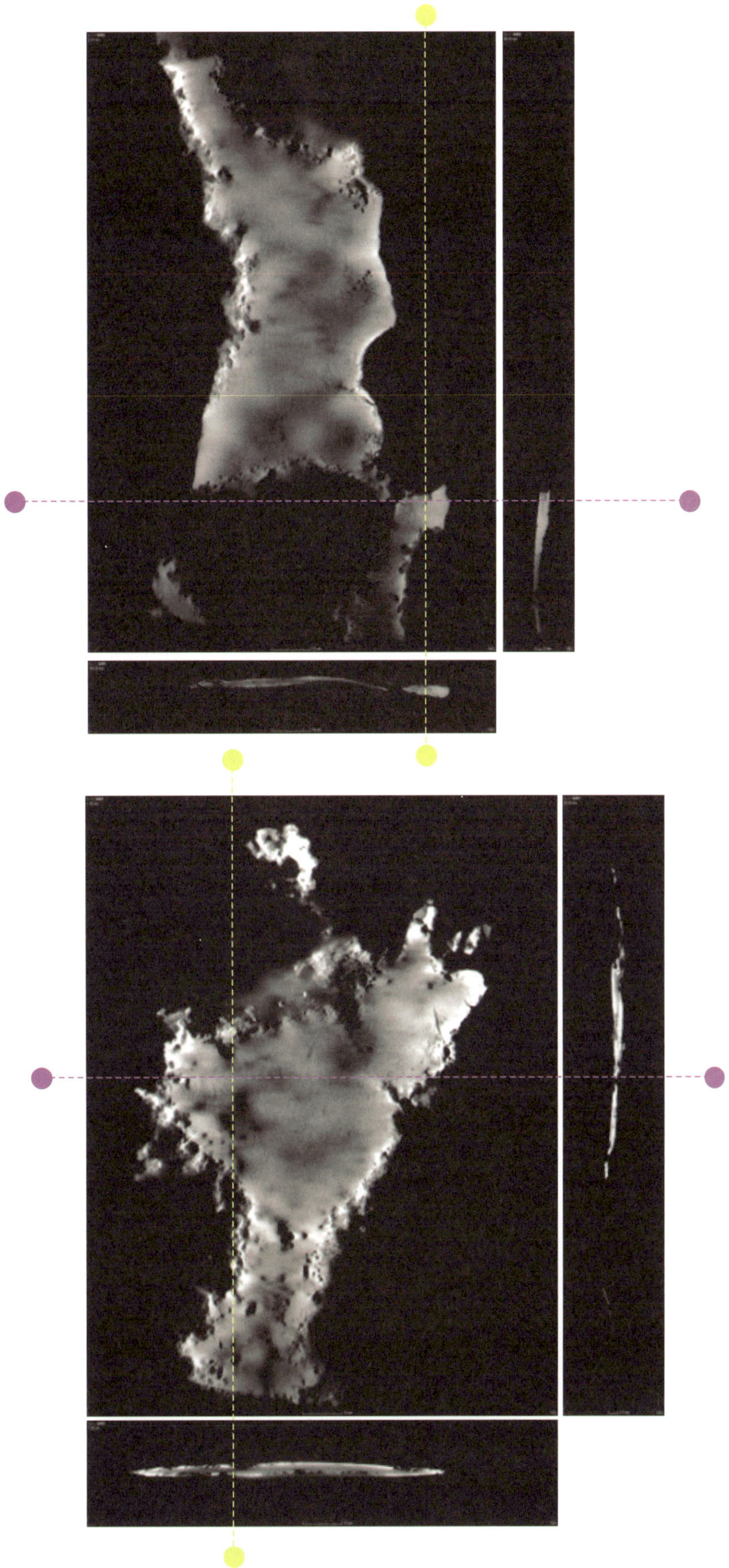

図 2.2.5　代表試料（鉄鋋 E-78）断層写真

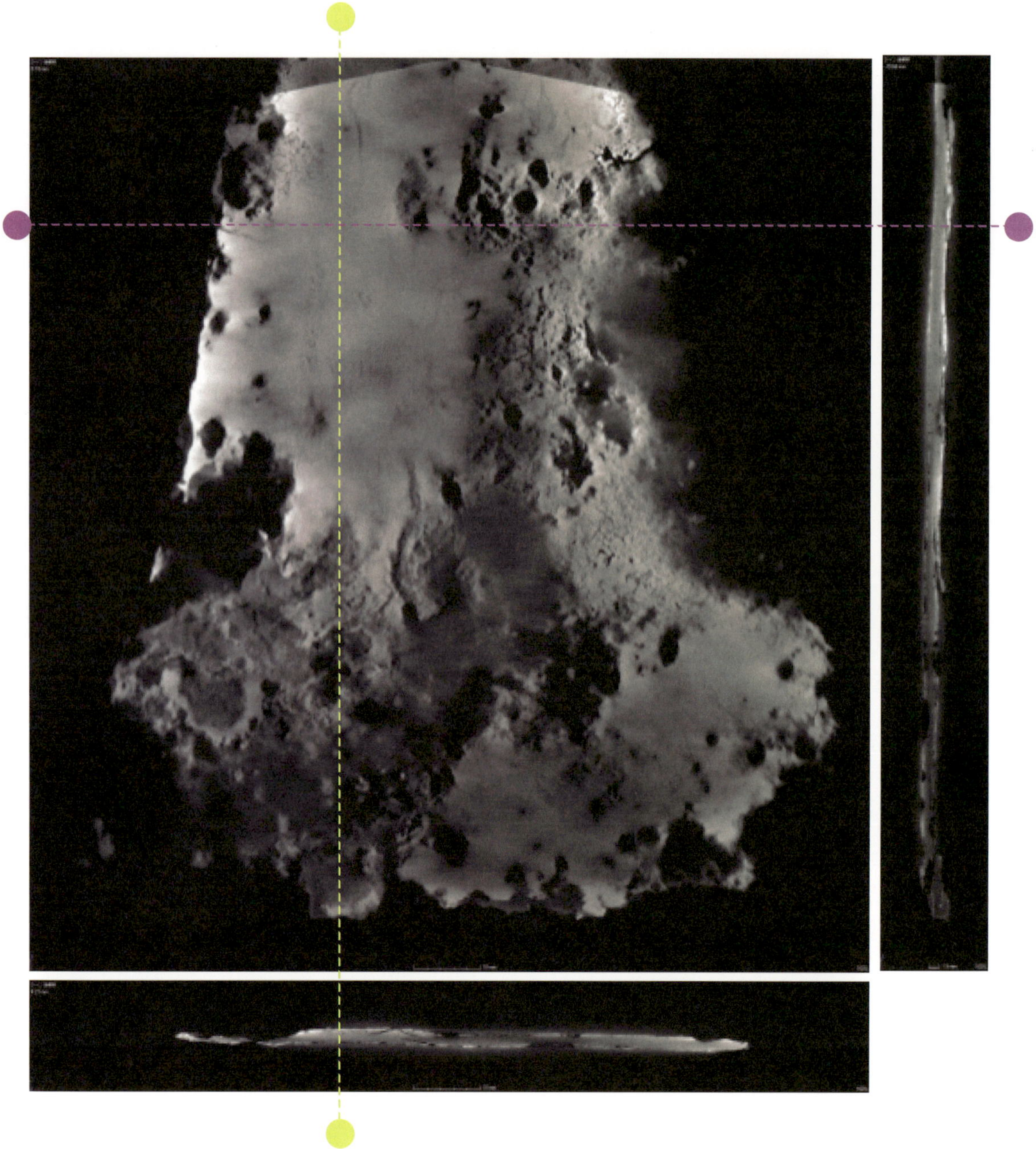

図 2.2.6　代表試料（鉄鋌Ｆ-267）断層写真

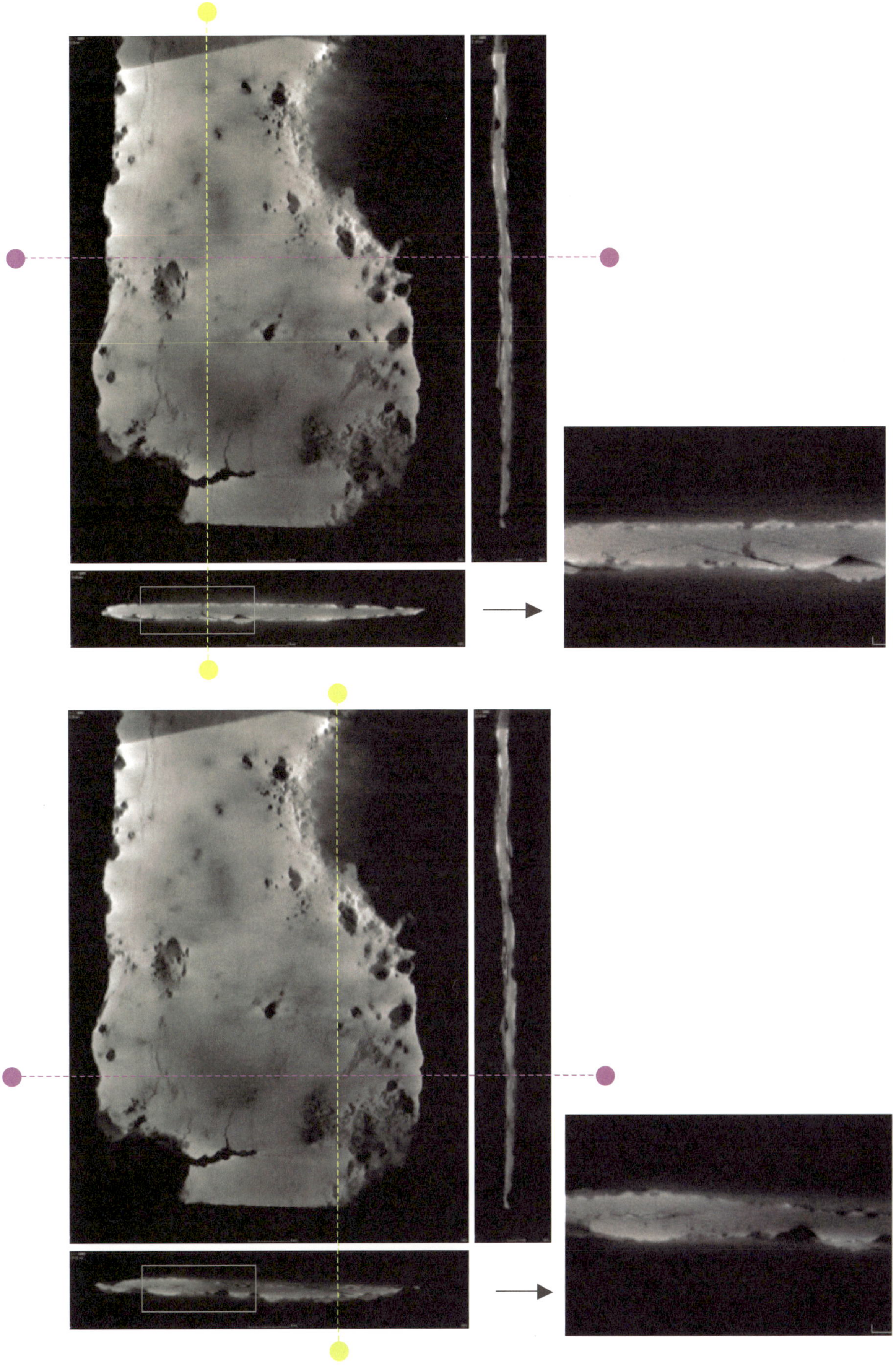

図 2.2.7.1　代表試料（鉄鋌Ｋ）断層写真

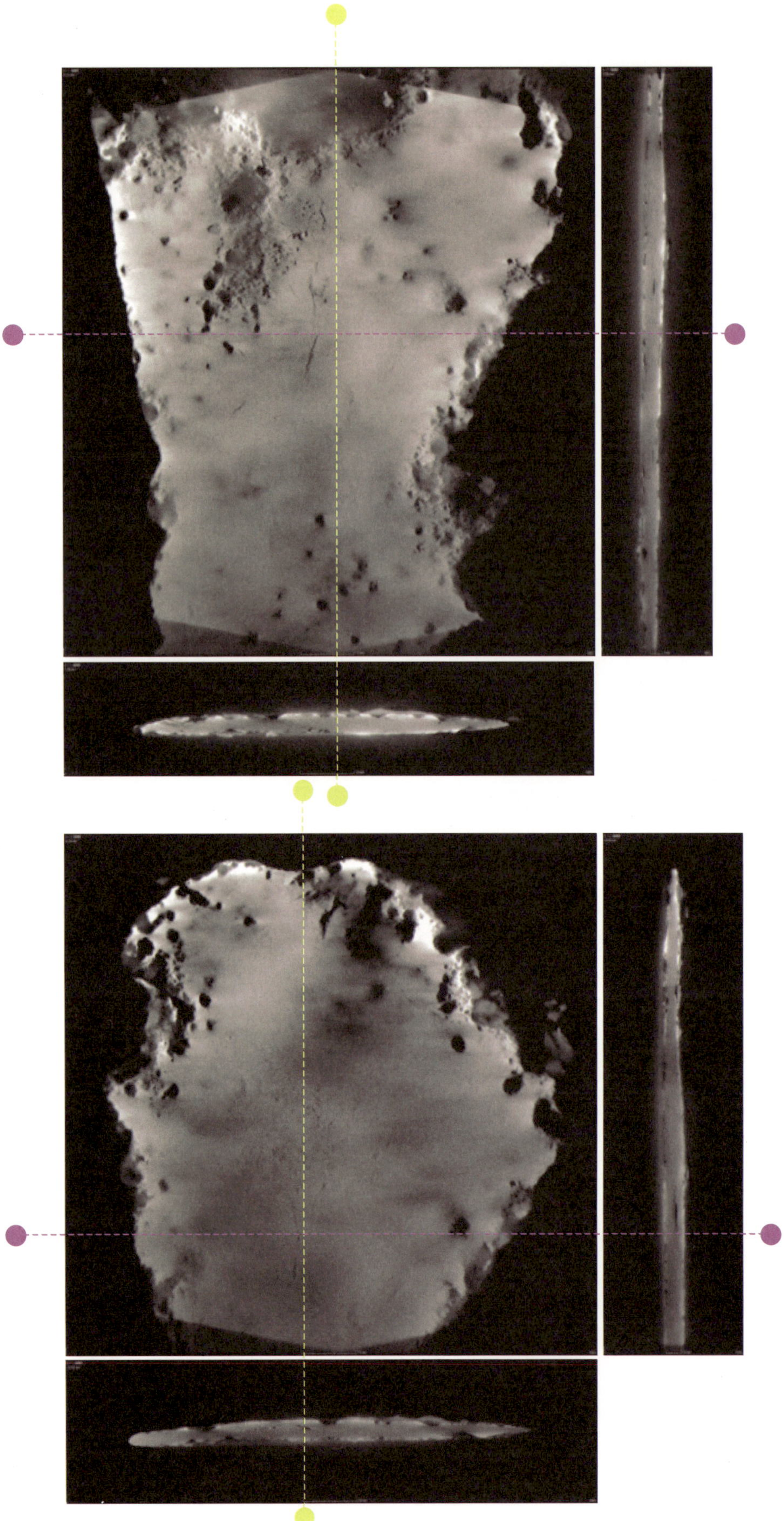

図 2.2.7.2　代表試料（鉄鋌Ｋ）断層写真

エッチング前　　エッチング後

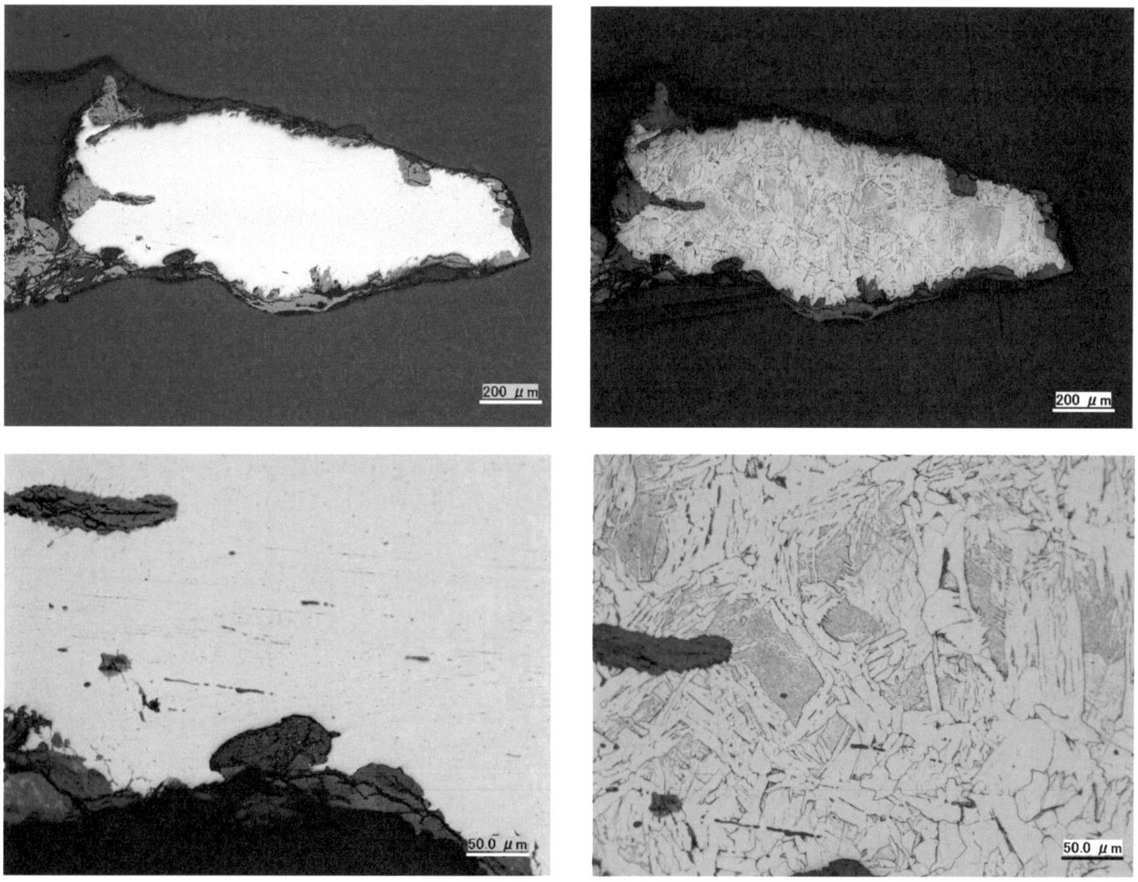


図 3.1.1　代表試料（鉄鋌 174）採取錆の断面マクロ・ミクロ組織

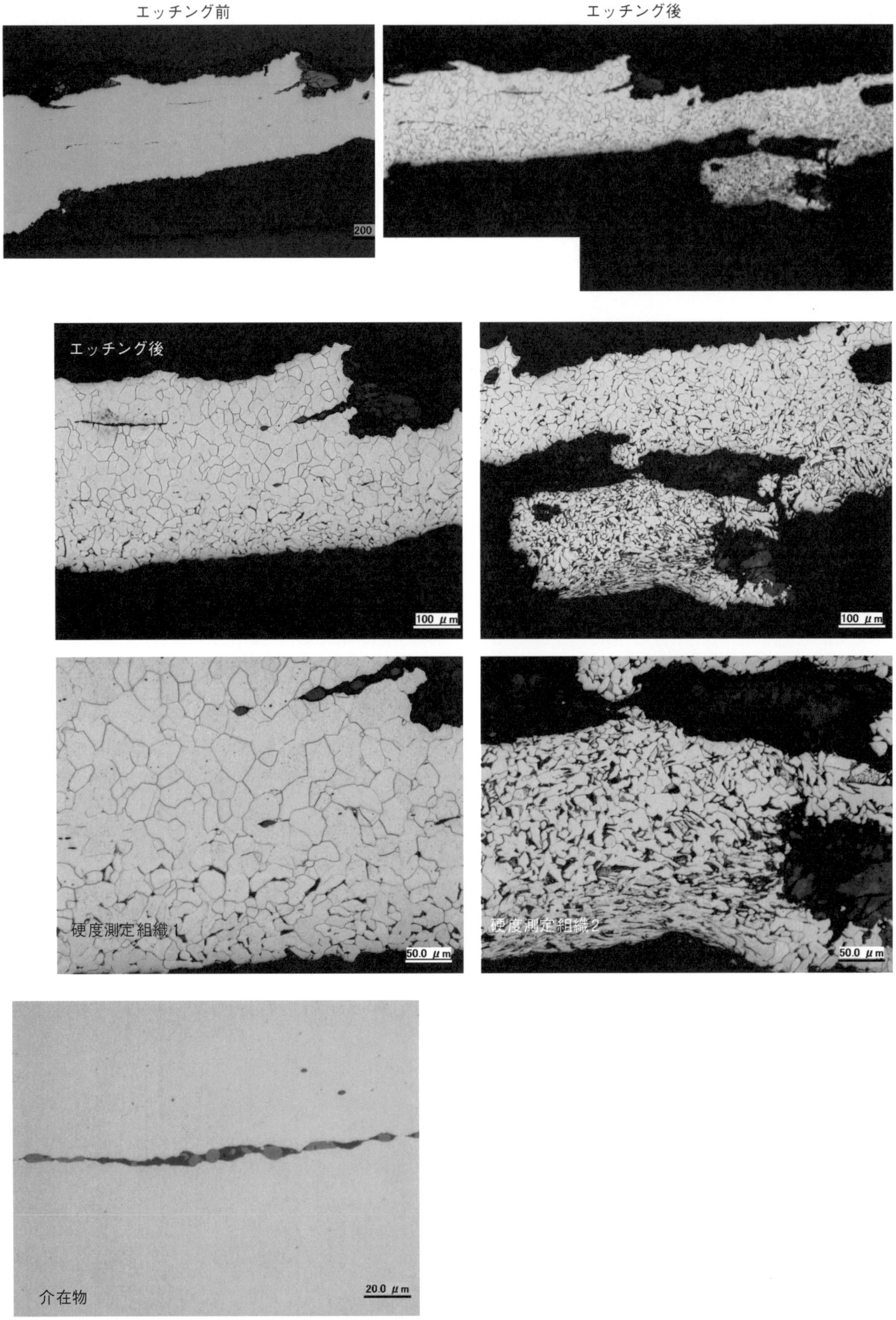


図 3.1.2　代表試料（鉄鋌 245）採取錆の断面マクロ・ミクロ組織

エッチング前　　　　エッチング後

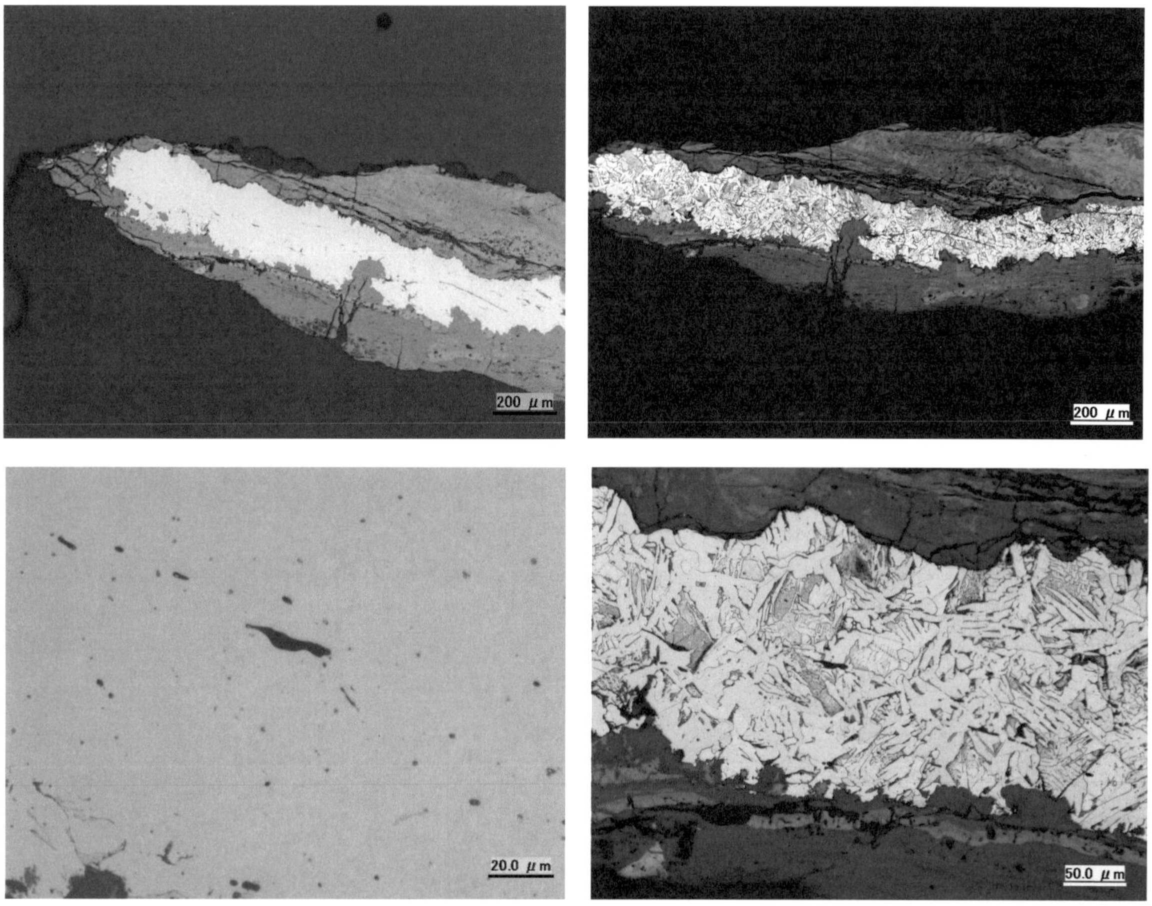


図 3.1.3　代表試料（鉄鋌 C-102）採取錆の断面マクロ・ミクロ組織

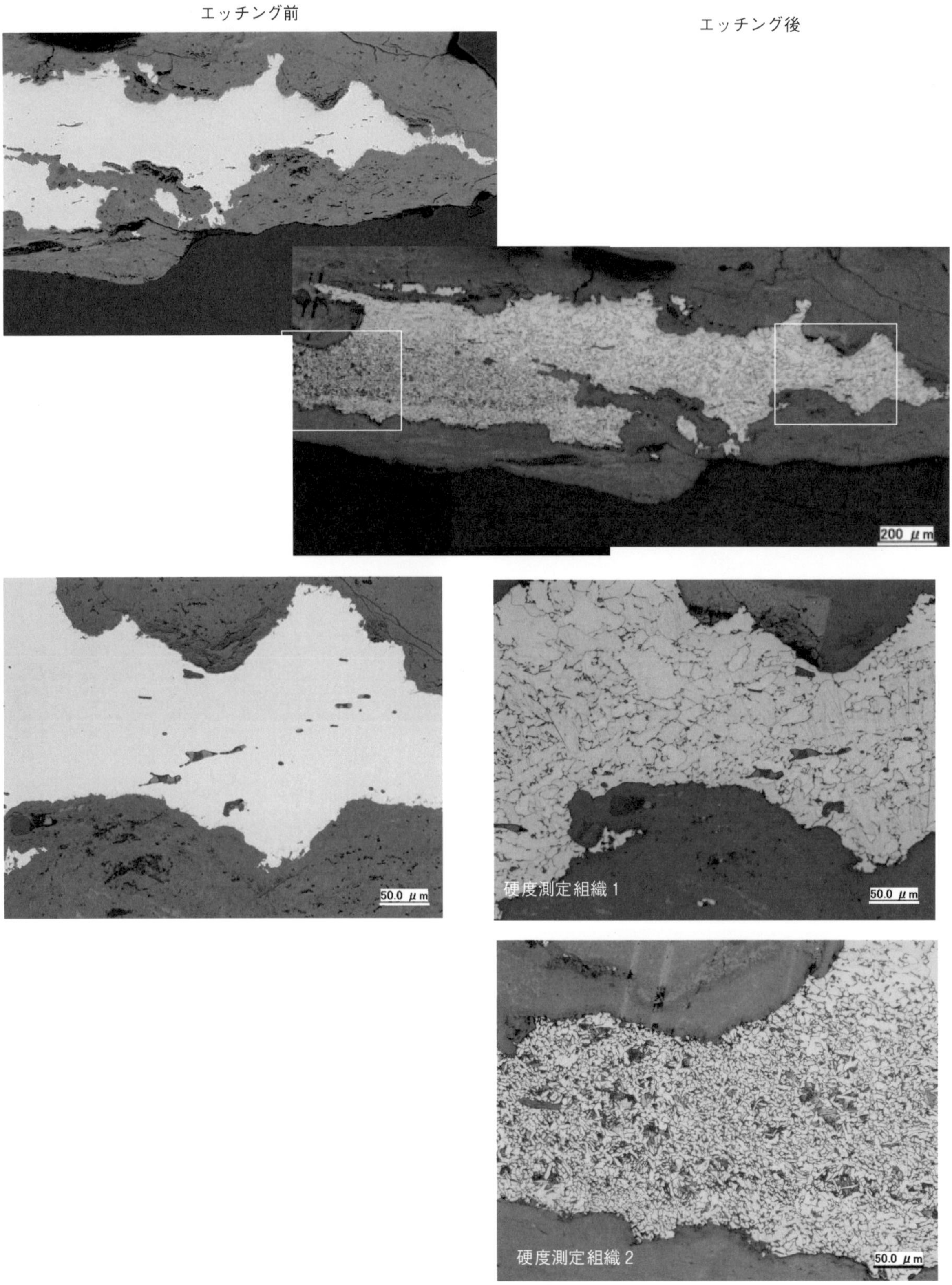


図 3.1.4　代表試料（鉄鋌 175）採取錆の断面マクロ・ミクロ組織

エッチング前　　エッチング後

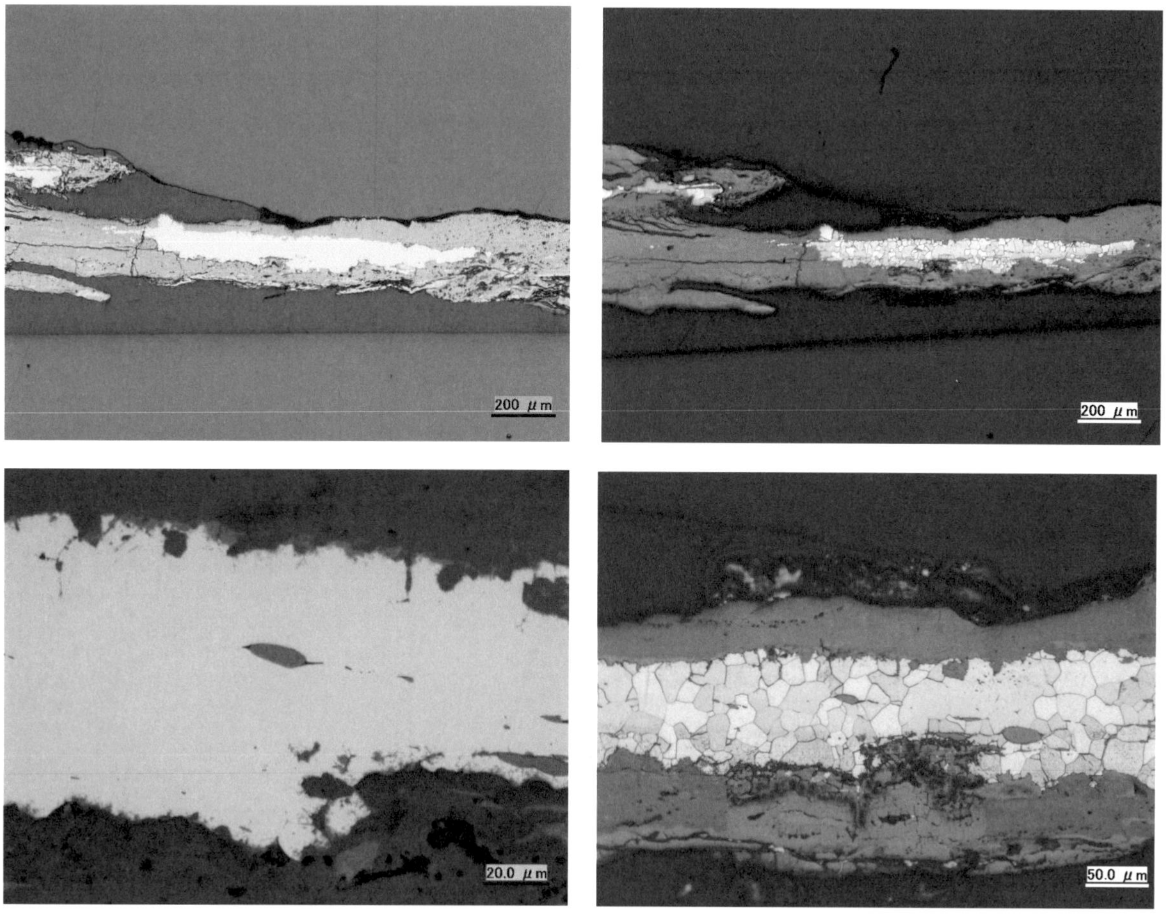


図 3.1.5　代表試料（鉄鋌 E-238）採取錆の断面マクロ・ミクロ組織

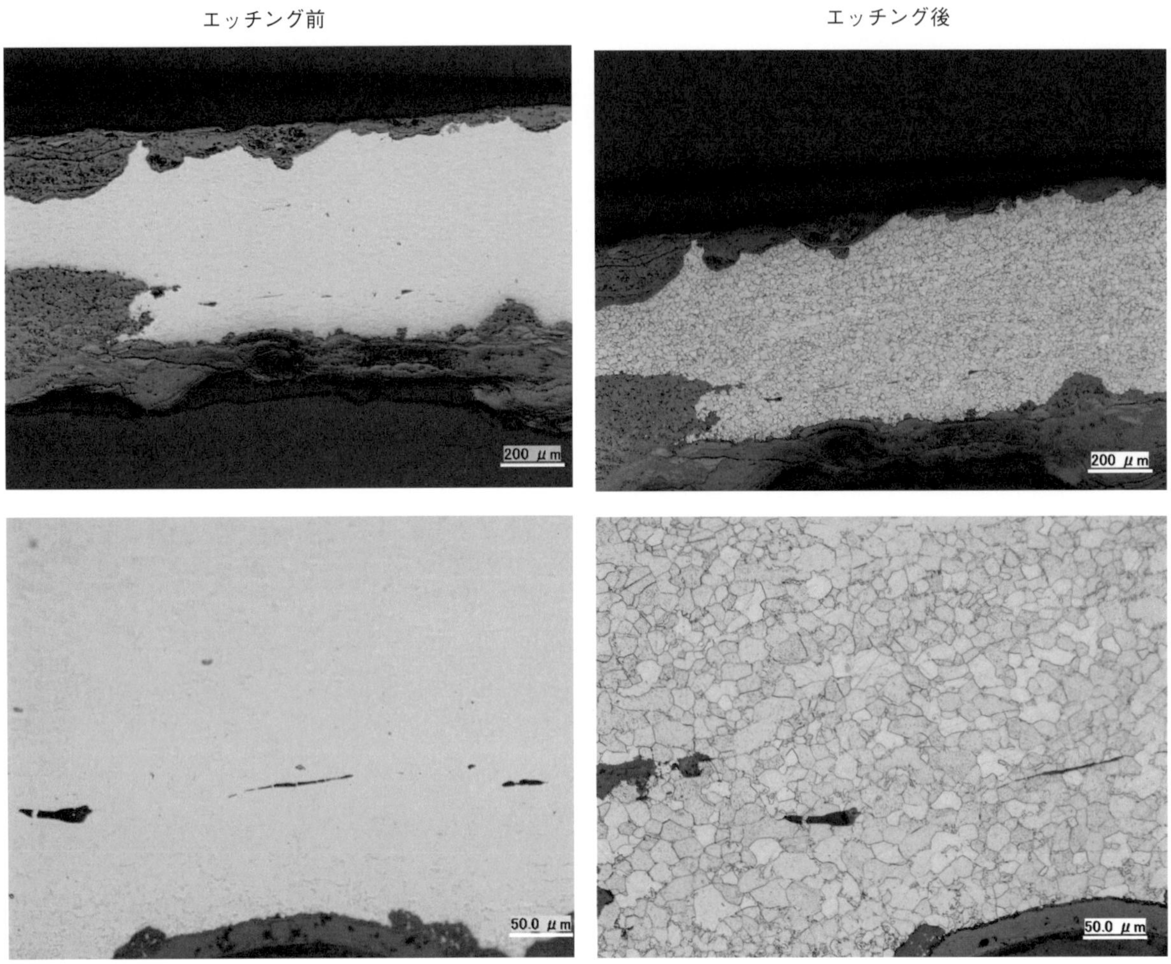


図 3.1.6　代表試料（鉄鋌 F-267）採取錆の断面マクロ・ミクロ組織

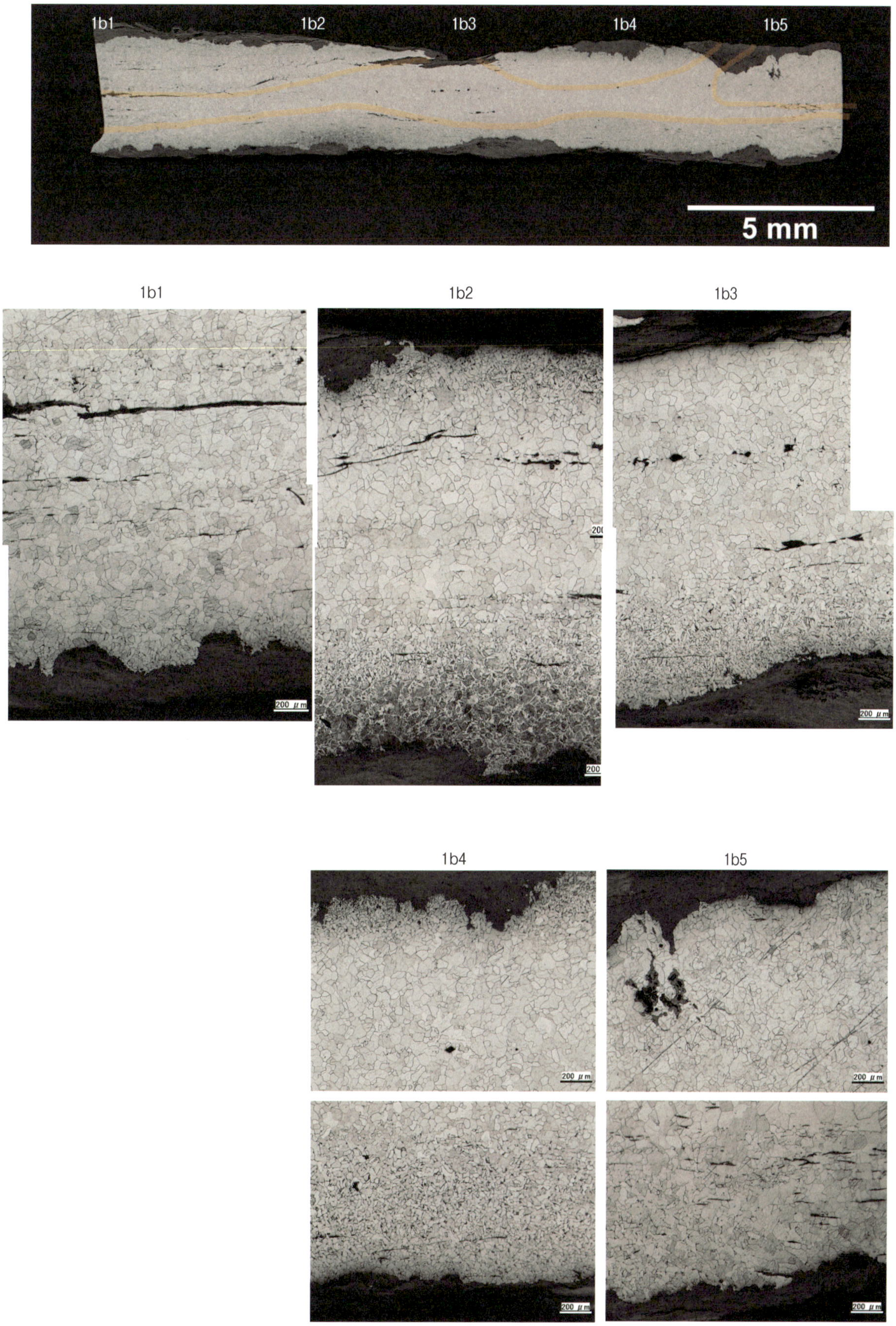


図 3.2.1　代表試料（鉄鋌 K 1b）断面マクロ・ミクロ組織

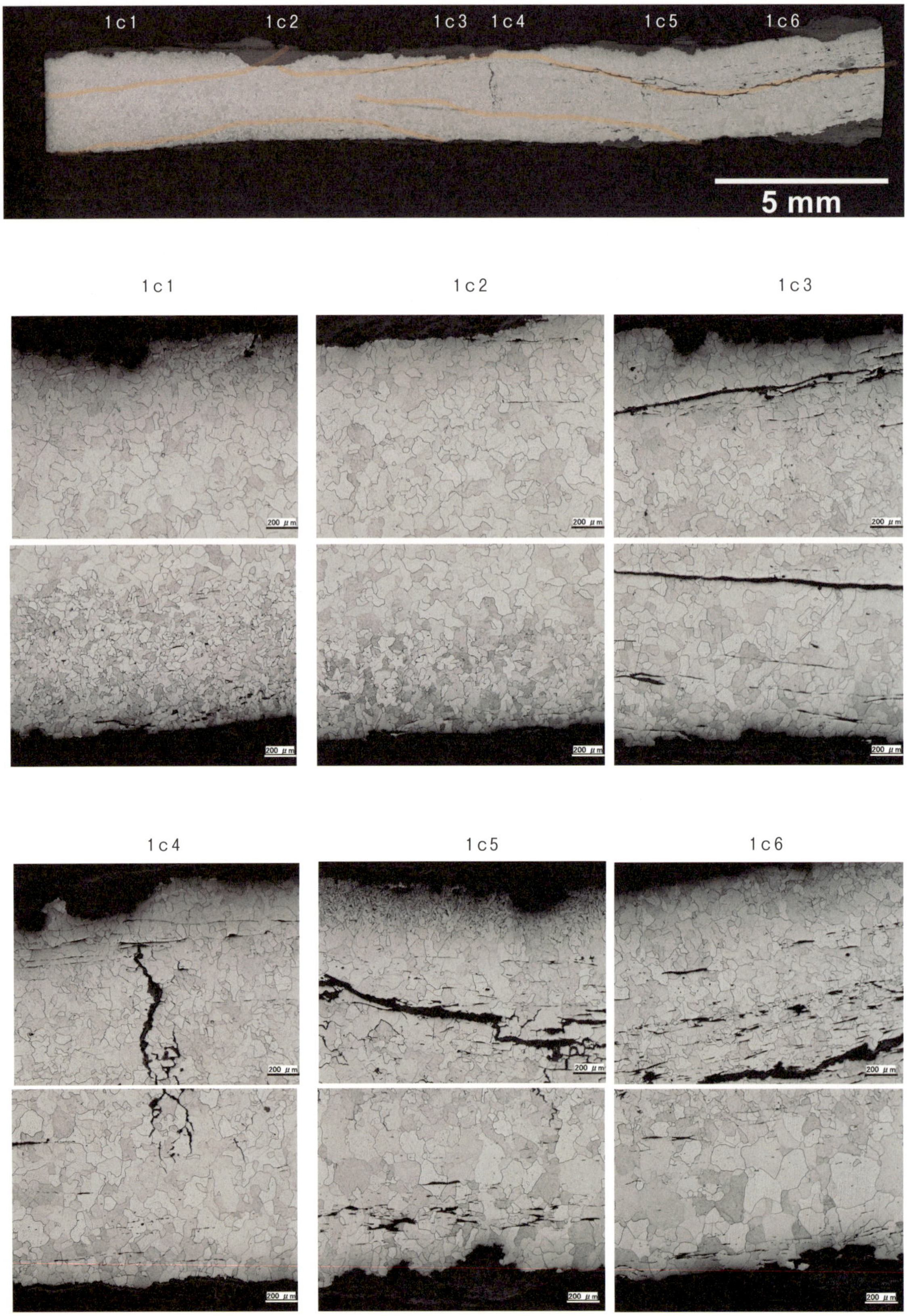


図3.2.2　代表試料（鉄鋌K1c）断面マクロ・ミクロ組織

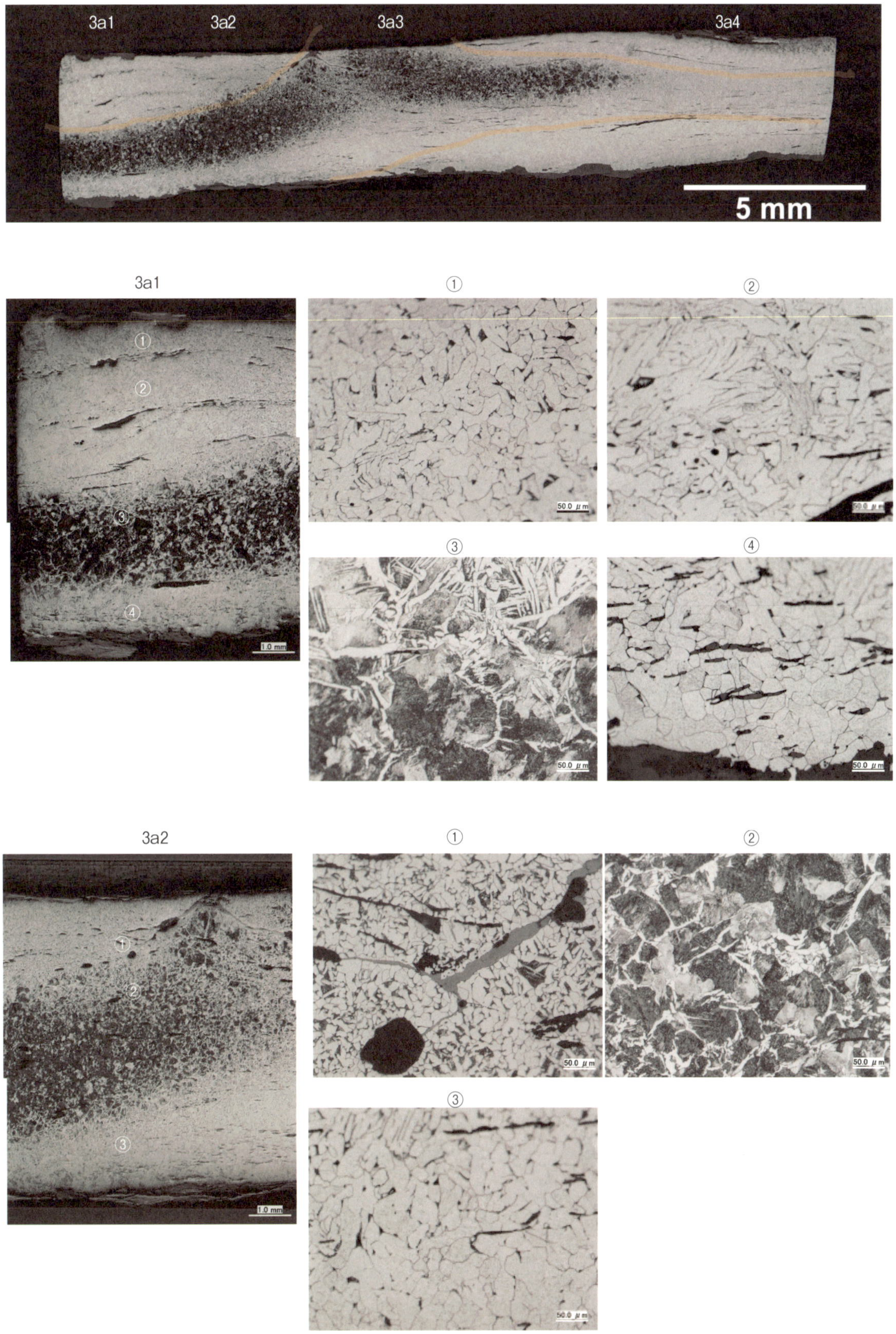


図3.2.3　代表試料（鉄鋌Ｋ3a）断面マクロ・ミクロ組織

3a3

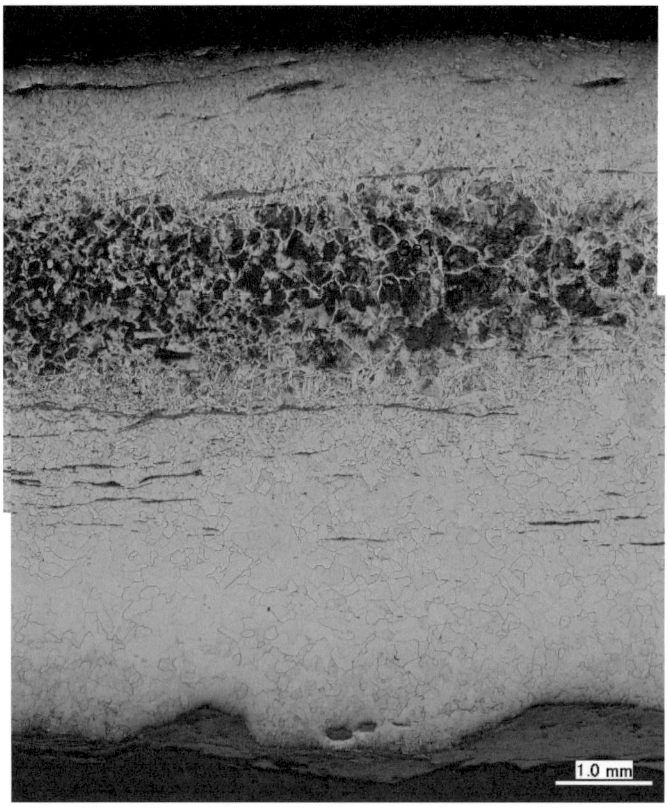


3a4

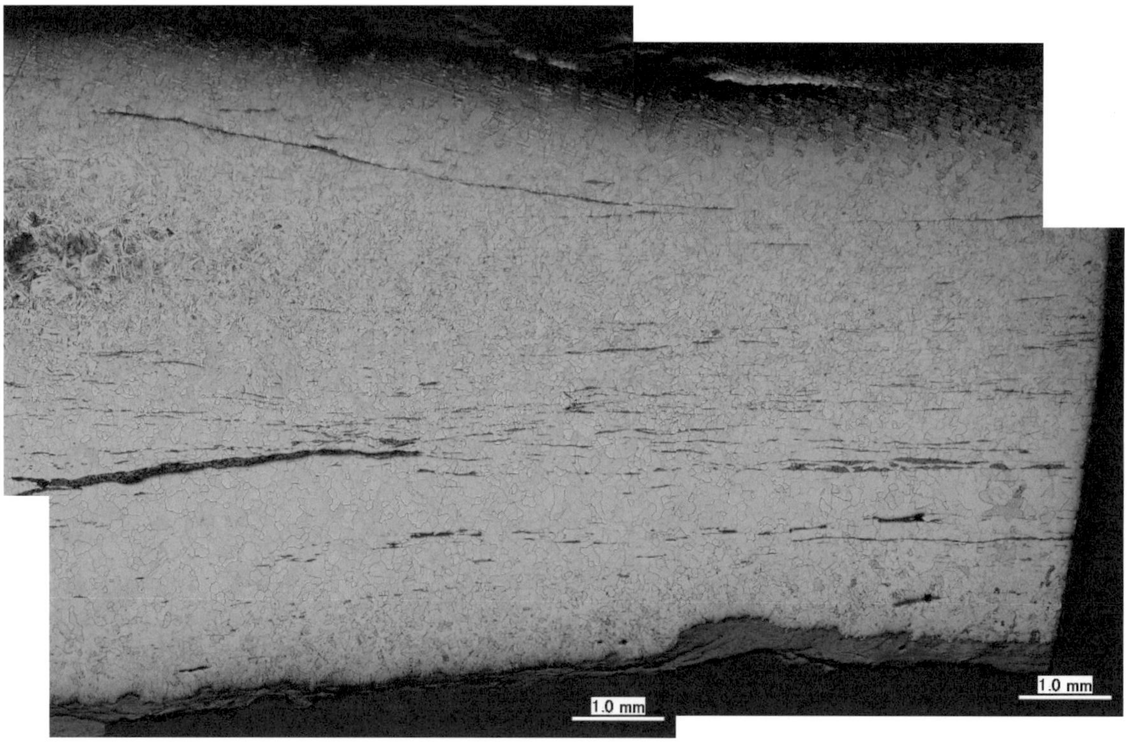


図3.2.4　代表試料（鉄鋌Ｋ）断面マクロ・ミクロ組織

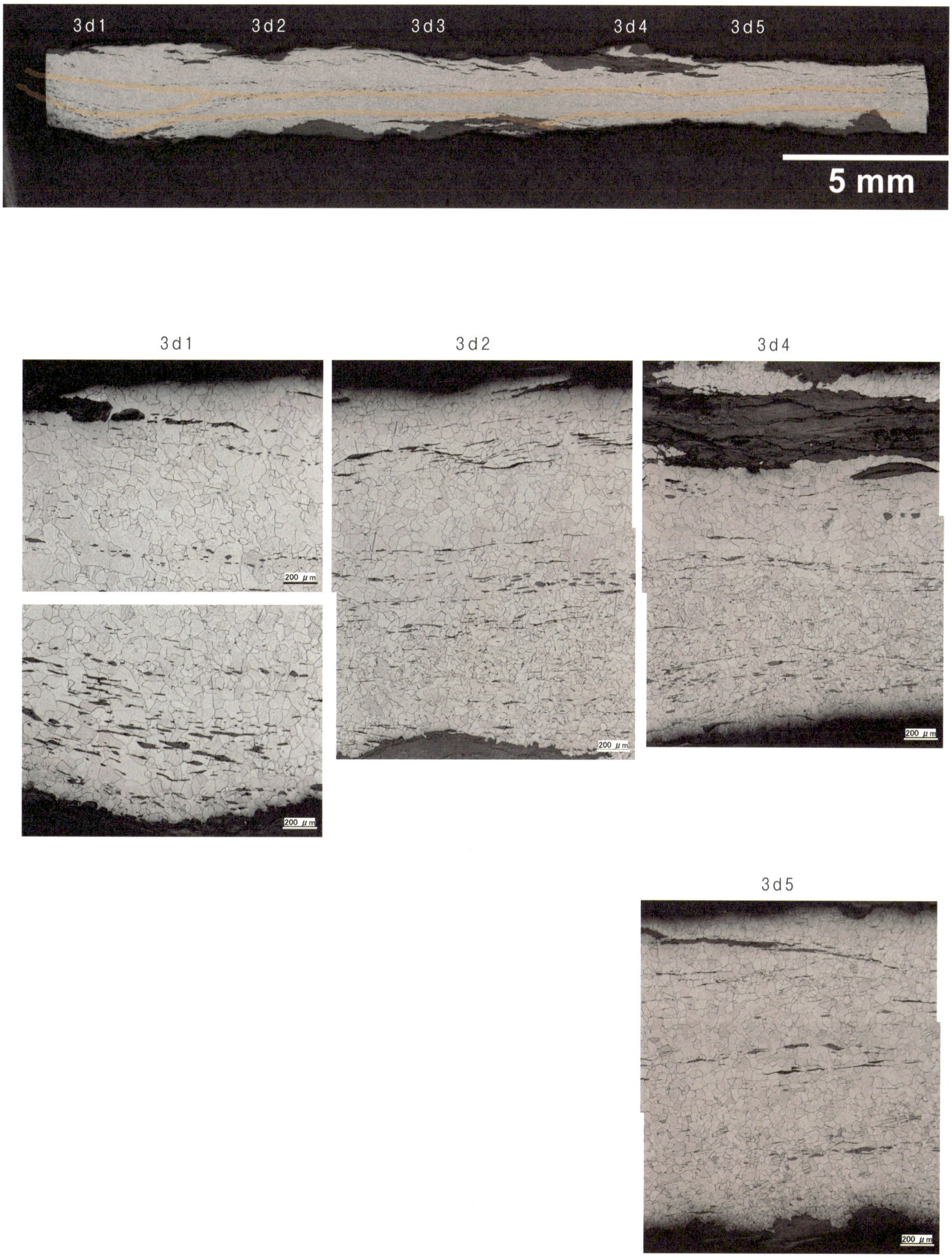


図3.2.5　代表試料（鉄鋌K3d）断面マクロ・ミクロ組織

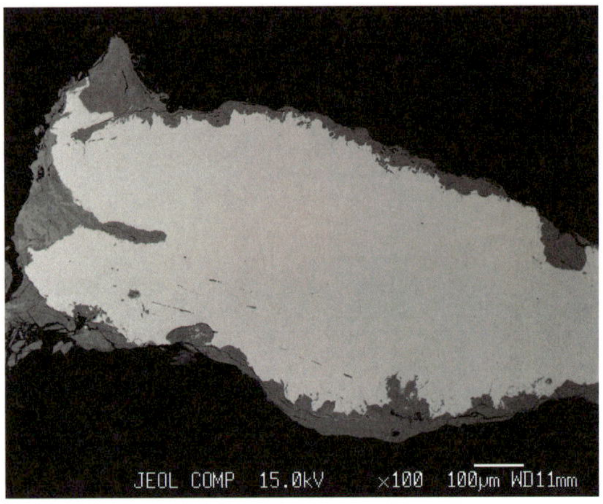


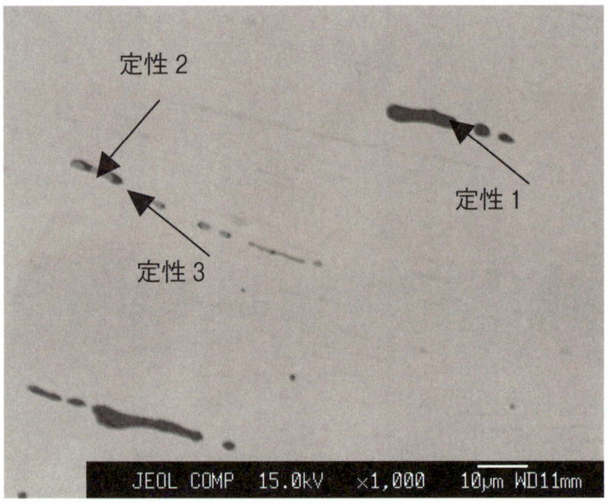


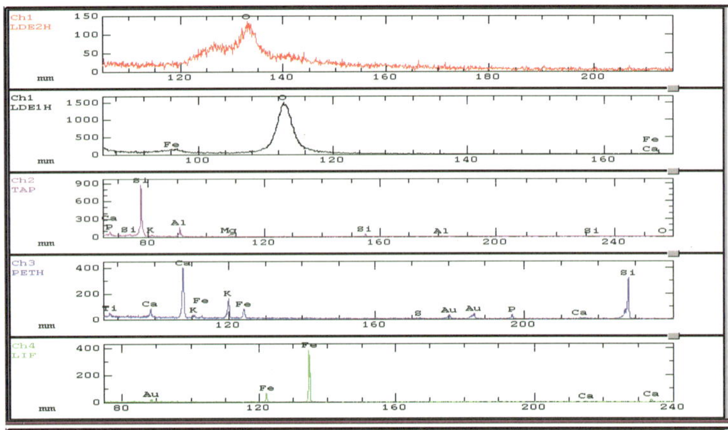


A174-介在物―1

加速電圧 15.0 kV
照射電流 1.511E-08A
CH-1 LDE2H
CH-1 LDE1H
CH-2 TAP
CH-3 PETH
CH-4 LIF

*ID-Doctor*
Aランク: O Mg Al Si P S K Ca Ti Fe Au
Bランク:

ZAF Oxide

| Element | Mass(%) | Cation |
|---|---|---|
| MgO | 1.561 | 0.4140 |
| Al2O3 | 6.421 | 1.3471 |
| SiO2 | 32.943 | 5.8631 |
| P2O5 | 3.082 | 0.4644 |
| SO3 | 0.682 | 0.0911 |
| K2O | 1.994 | 0.4527 |
| CaO | 4.725 | 0.9012 |
| TiO2 | 0.376 | 0.0503 |
| FeO | 48.215 | 7.1766 |
| Total | 100.000 | 16.7605 |
| Norm.F | 0.324 | |

定性 1

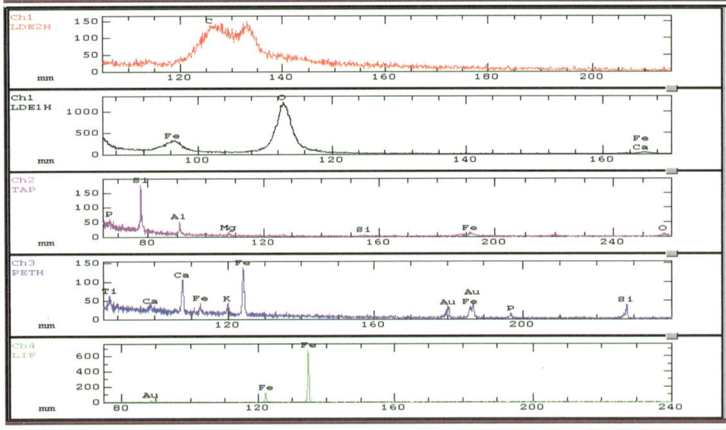


A174-介在物―2W

加速電圧 15.0 kV
照射電流 4.990E-08A
CH-1 LDE2H
CH-1 LDE1H
CH-2 TAP
CH-3 PETH
CH-4 LIF

*ID-Doctor*
Aランク: C O Mg Al Si P K Ca Ti Fe Au
Bランク:

ZAF Oxide

| Element | Mass(%) | Cation |
|---|---|---|
| MgO | 0.954 | 0.3526 |
| Al2O3 | 2.340 | 0.6835 |
| SiO2 | 6.896 | 1.7087 |
| P2O5 | 1.485 | 0.3116 |
| K2O | 0.434 | 0.1371 |
| CaO | 1.126 | 0.2991 |
| TiO2 | 0.460 | 0.0858 |
| FeO | 86.305 | 17.8864 |
| Total | 100.000 | 21.4648 |
| Norm.F | 1.133 | |

定性 2

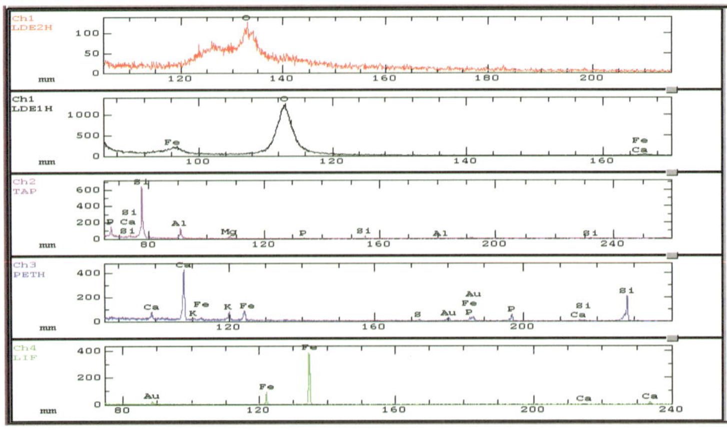


A174 WよこS

加速電圧 15.0 kV
照射電流 4.982E-08A
CH-1 LDE2H
CH-1 LDE1H
CH-2 TAP
CH-3 PETH
CH-4 LIF

*ID-Doctor*
Aランク: O Mg Al Si P S K Ca Fe Au
Bランク:

ZAF Oxide

| Element | Mass(%) | Cation |
|---|---|---|
| MgO | 1.696 | 0.4622 |
| Al2O3 | 5.664 | 1.2207 |
| SiO2 | 26.192 | 4.7887 |
| P2O5 | 6.551 | 1.0141 |
| SO3 | 0.915 | 0.1256 |
| K2O | 0.944 | 0.2200 |
| CaO | 5.423 | 1.0623 |
| FeO | 52.616 | 8.0453 |
| Total | 100.000 | 16.9388 |
| Norm.F | 1.159 | |

定性 3

図 4.1　代表試料（鉄鋌 174）非金属介在物の EPMA 定性分析

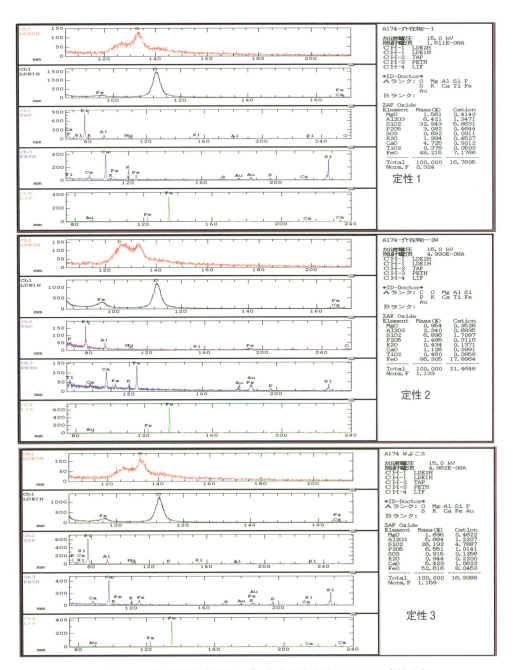

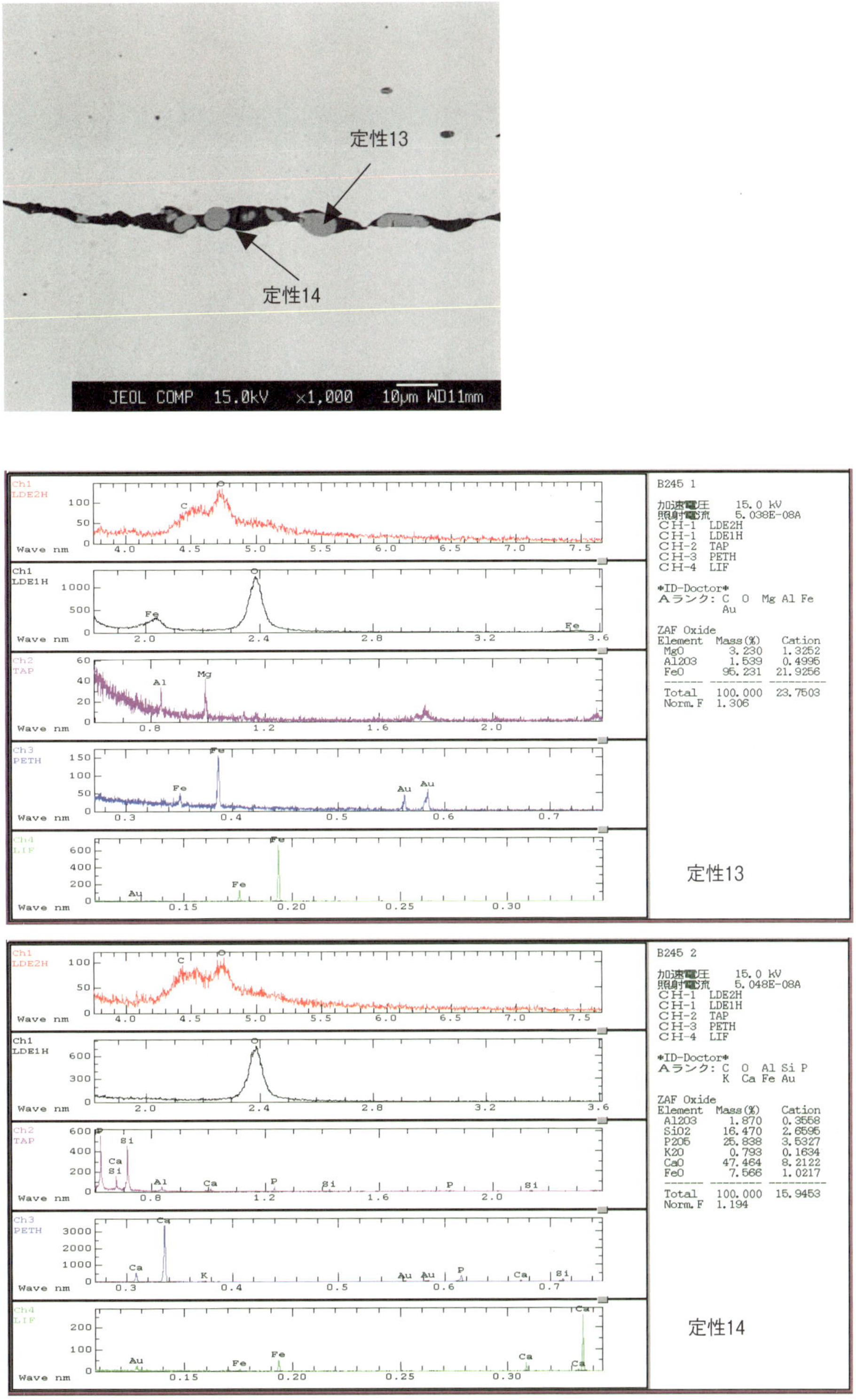


図 4.2.1　代表試料（鉄鋌 245）非金属介在物の EPMA 定性分析

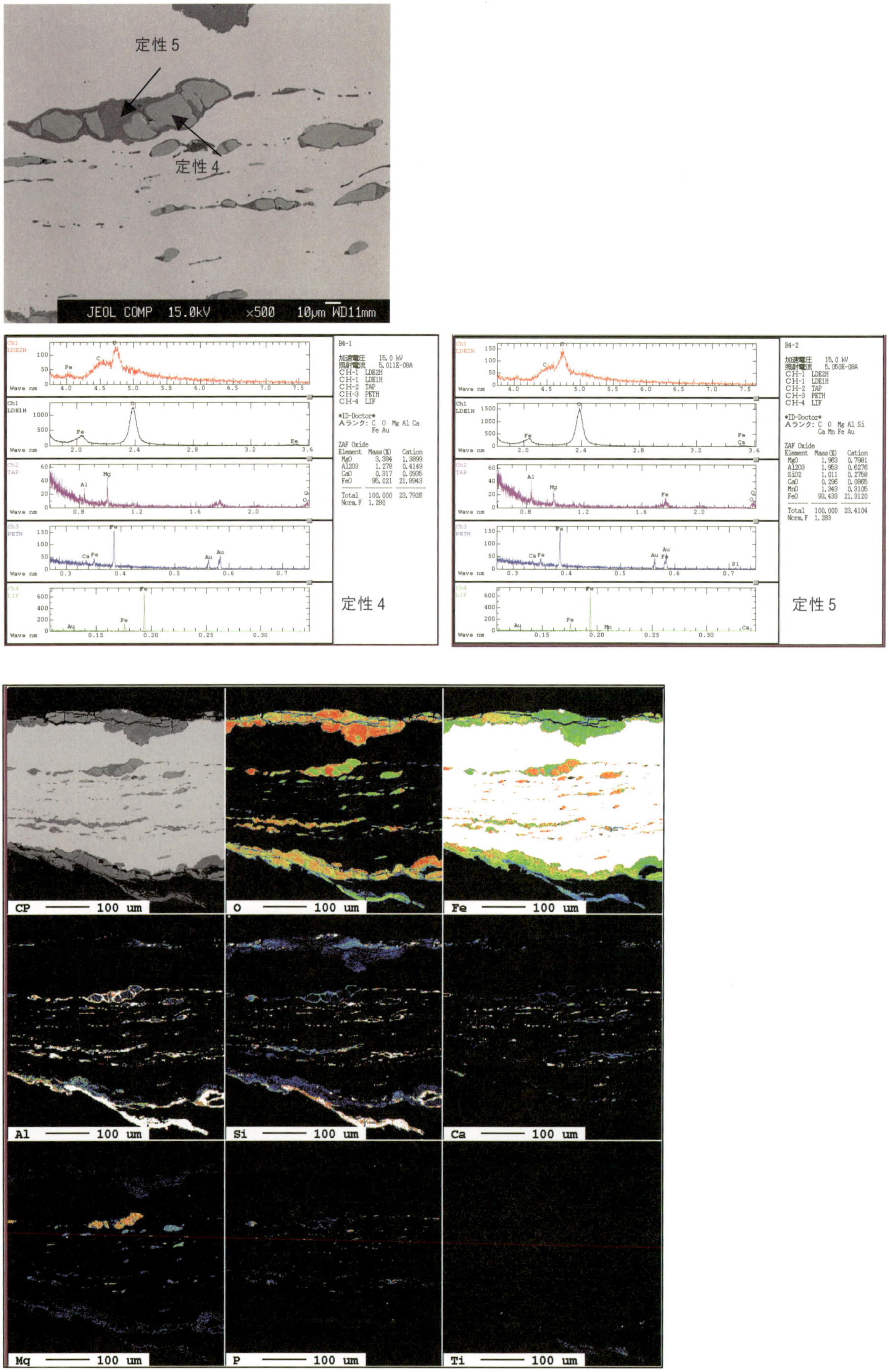


図 4.2.2 代表試料（鉄鋌 B-4）非金属介在物の EPMA 定性分析

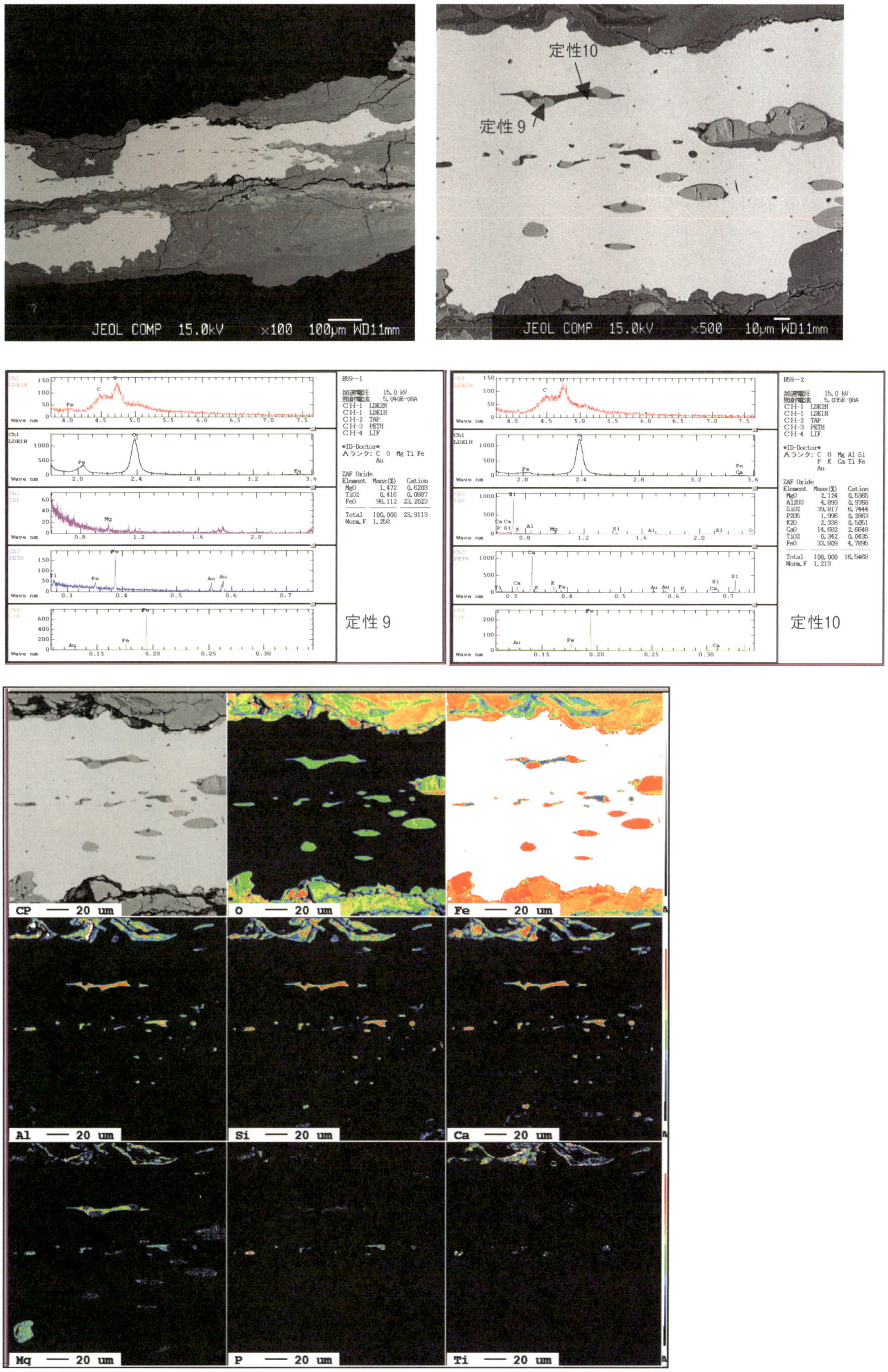


図4.2.3　代表試料（鉄鋌59）非金属介在物のEPMA定性分析

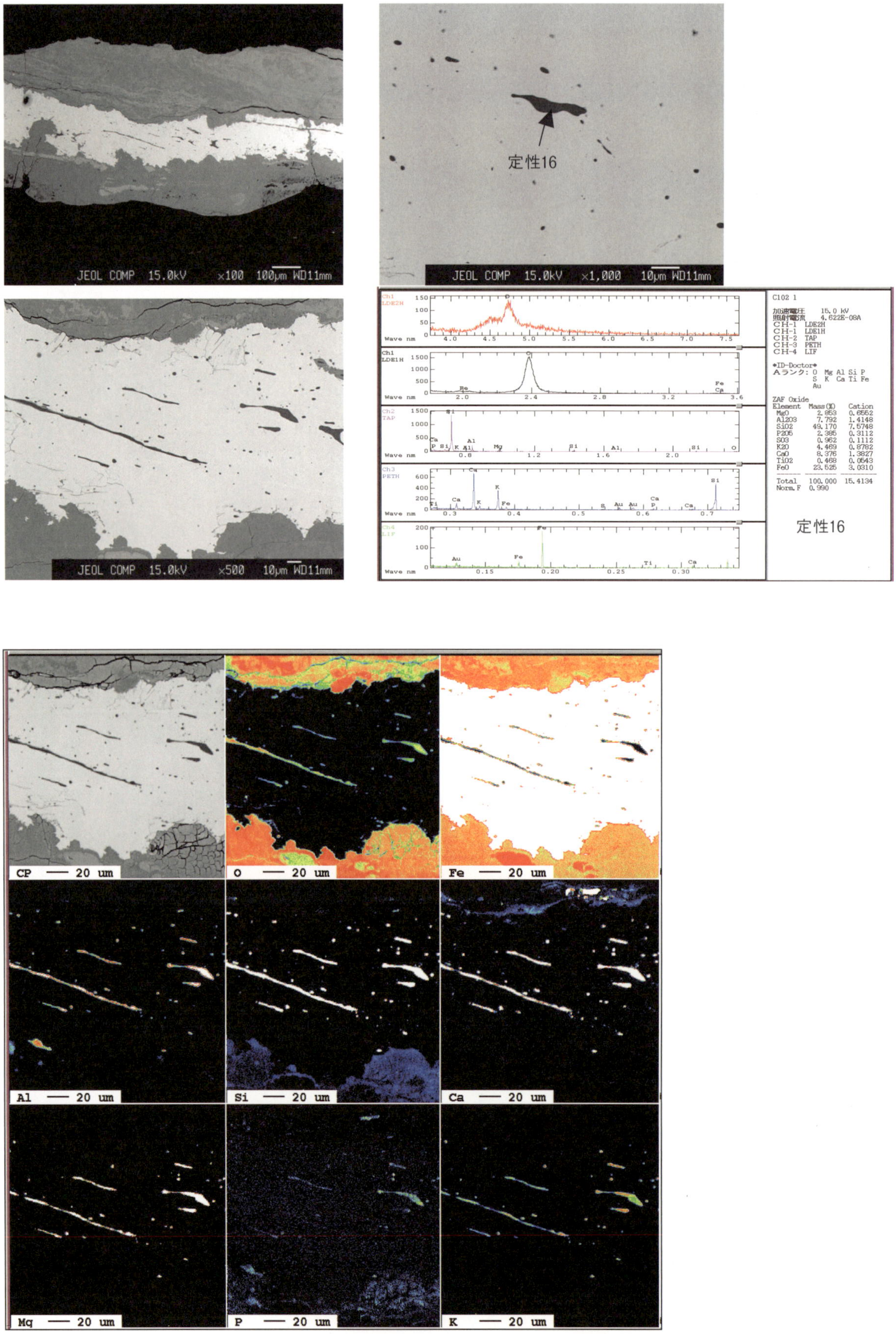


図 4.3　代表試料（鉄鋌 102）非金属介在物の EPMA 定性分析

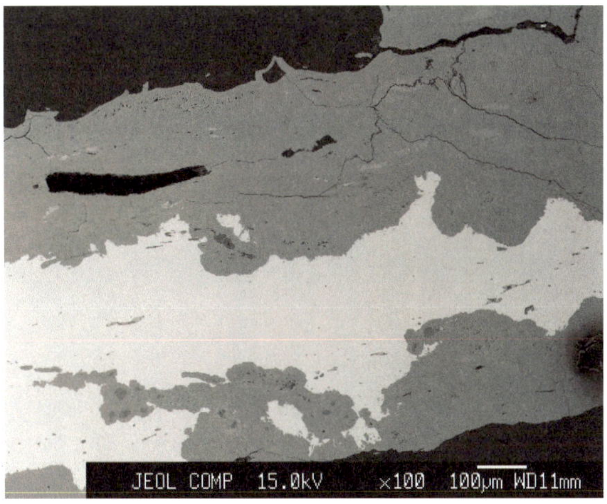


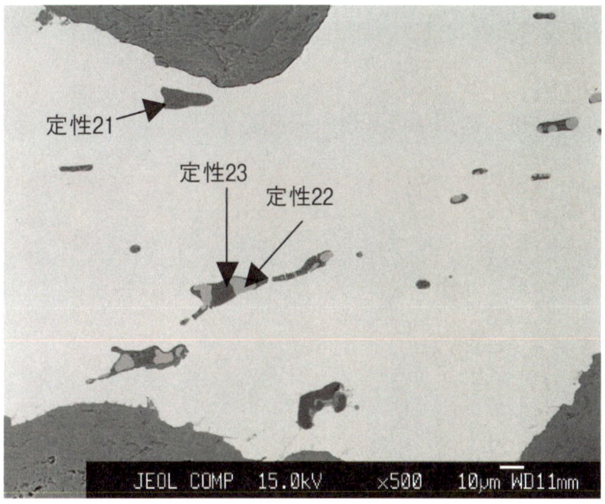


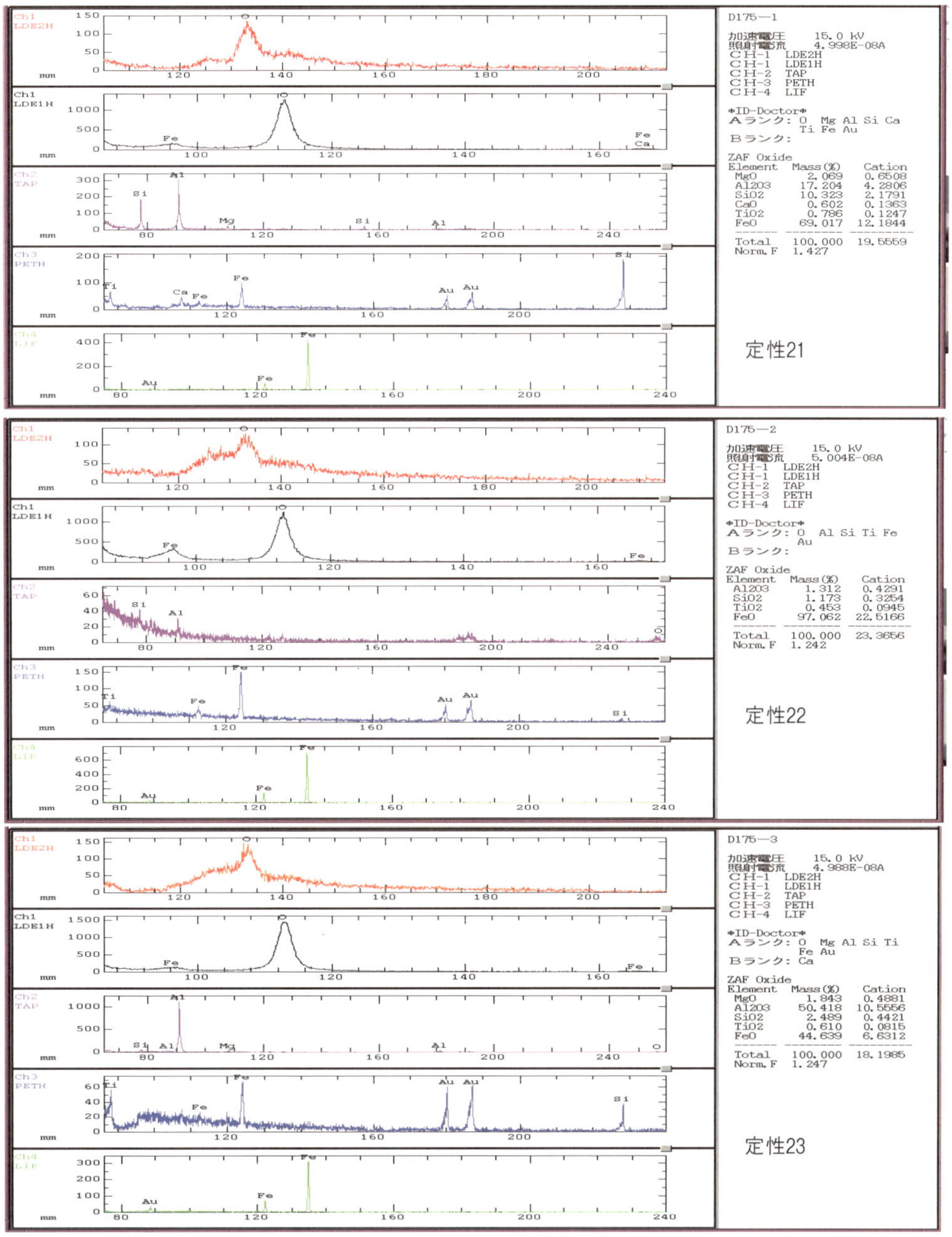


図 4.4　代表試料（鉄鋌 D-175）非金属介在物の EPMA 定性分析

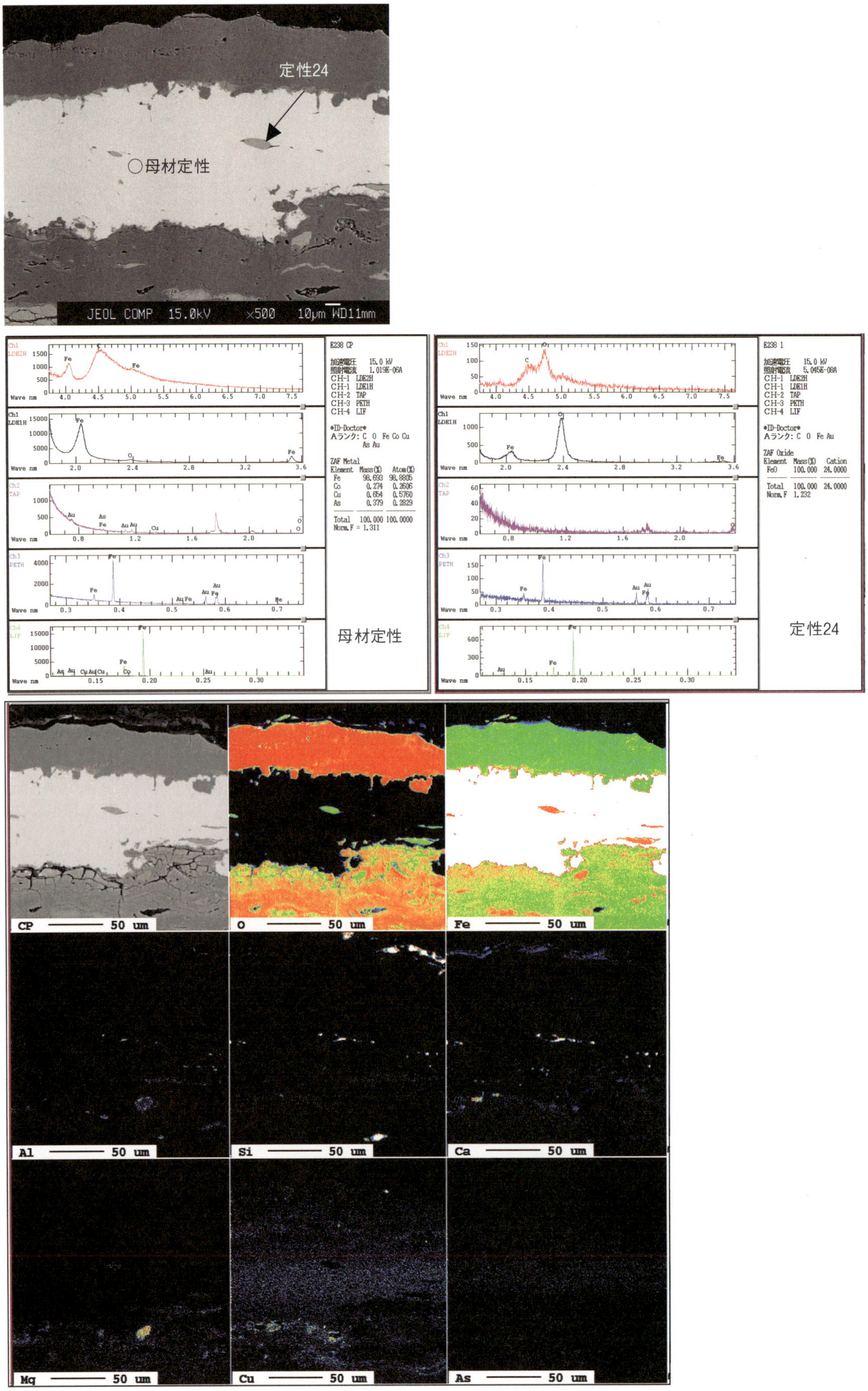


図 4.5　代表試料（鉄鋌 E-238）非金属介在物の EPMA 定性分析

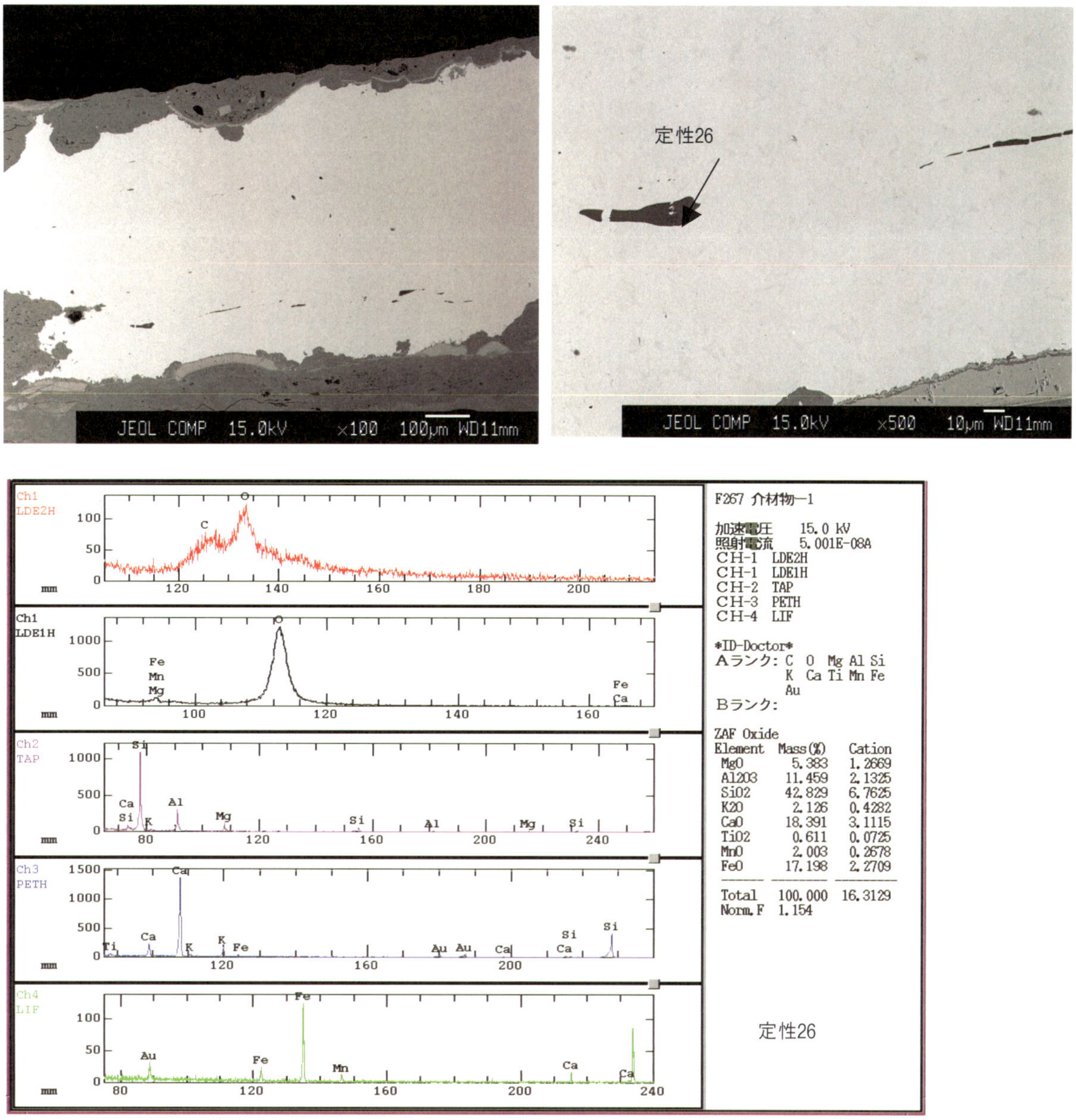


図4.6　代表試料（鉄鏟 F-267）非金属介在物の EPMA 定性分析

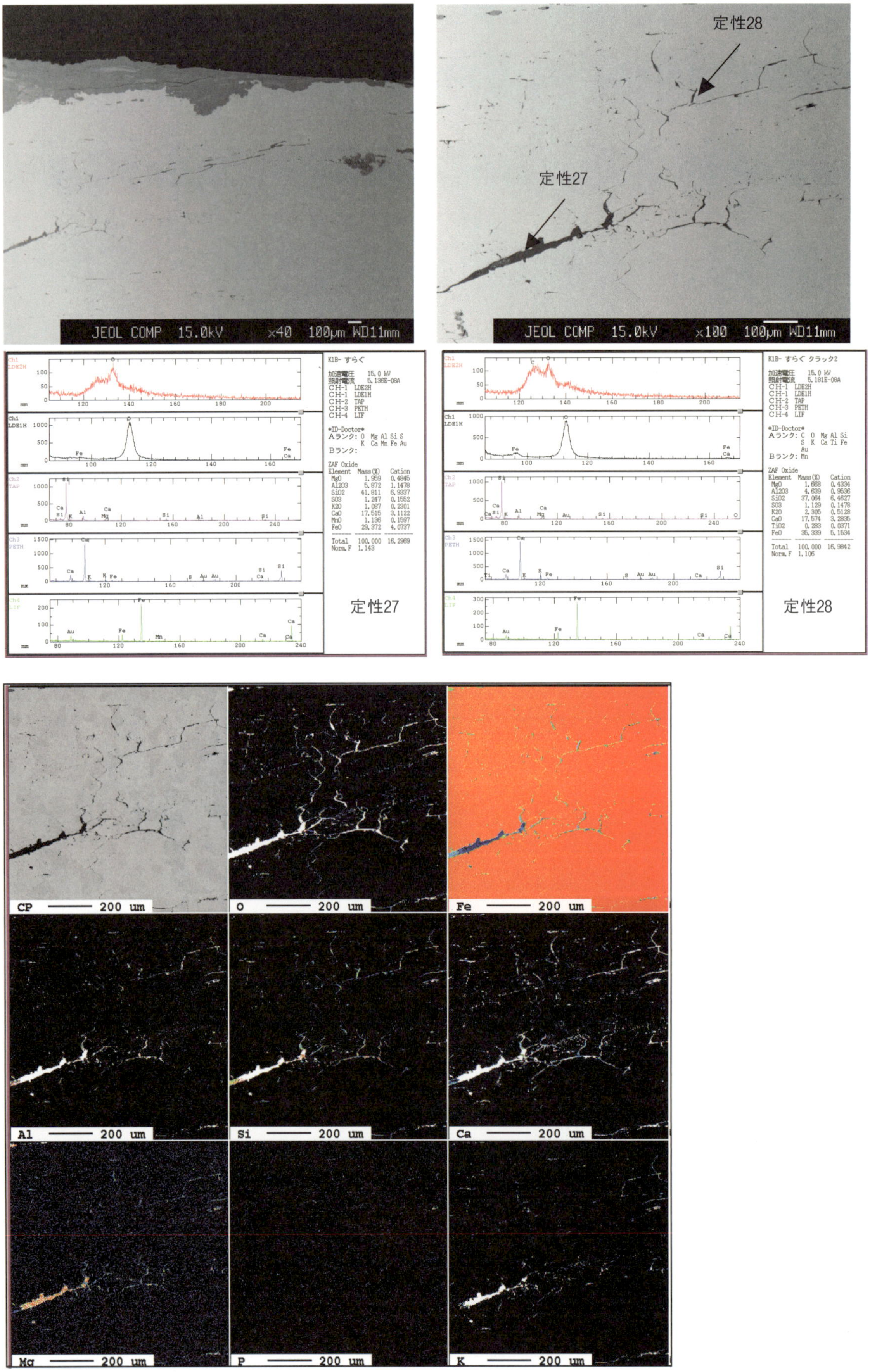


図 4.7.1 代表試料（鉄鋌 K）非金属介在物の EPMA 定性分析

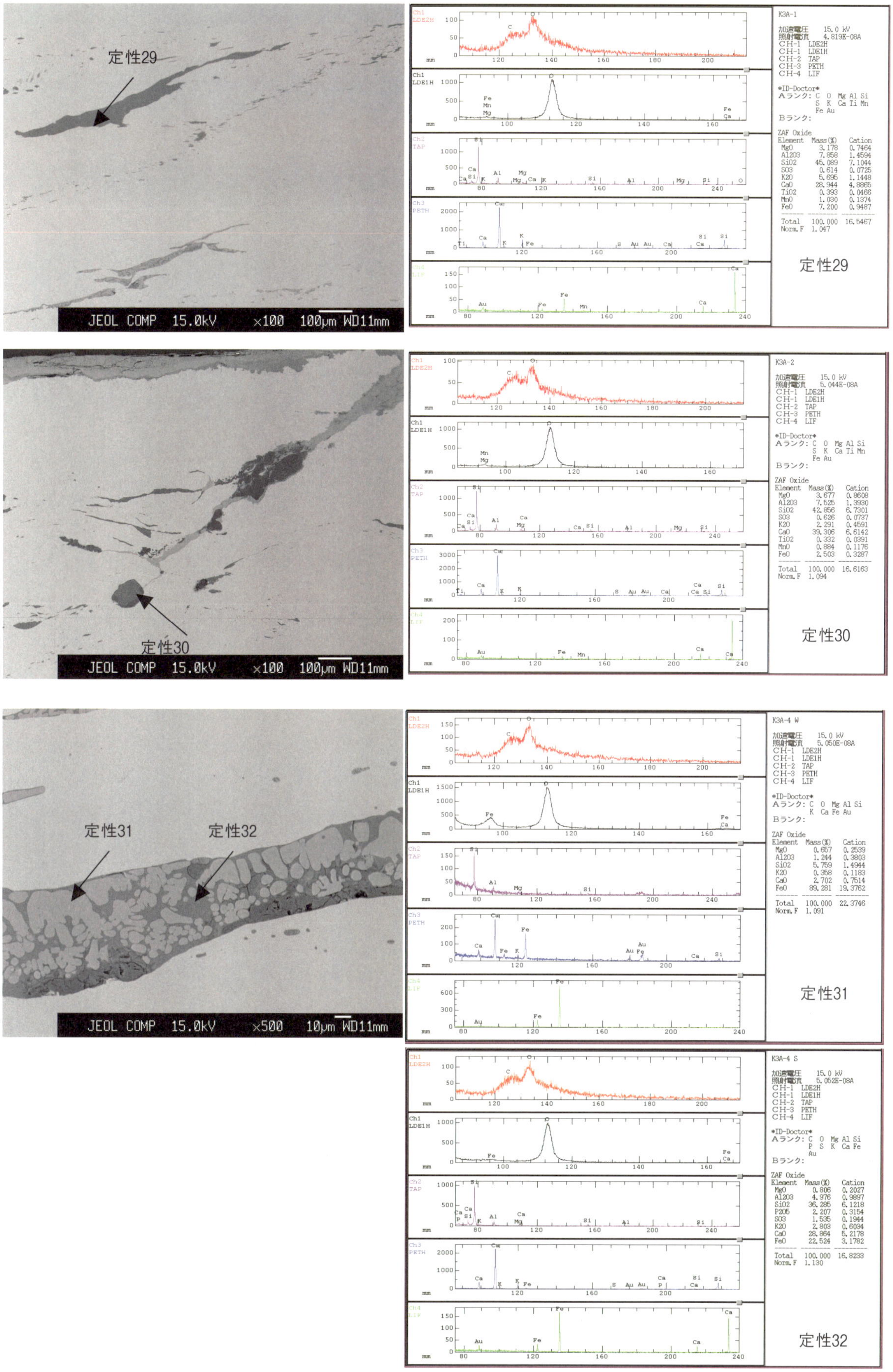


図 4.7.2　代表試料（鉄鋌 K）非金属介在物の EPMA 定性分析

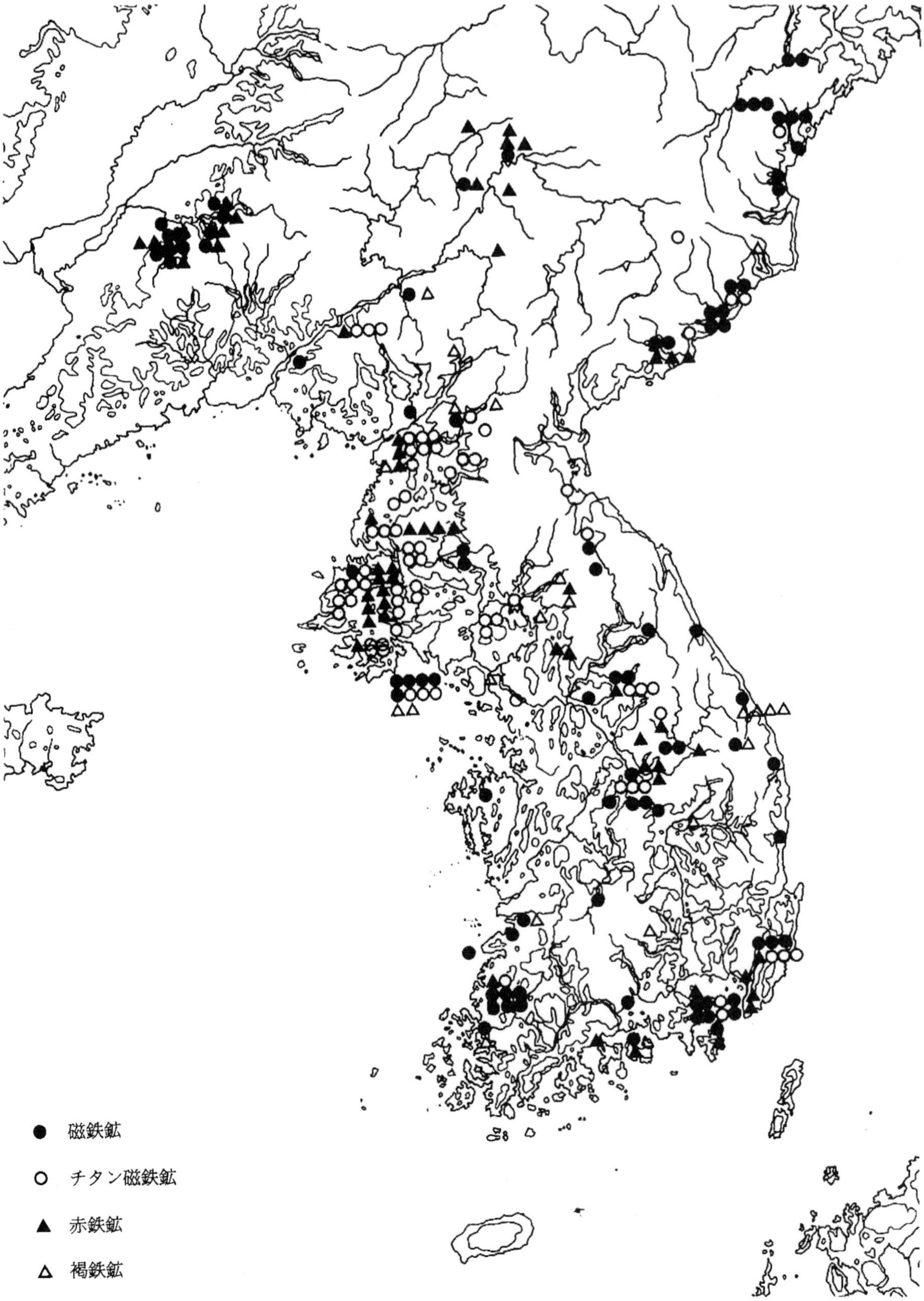


図５　東北アジアにおける鉄鉱山

# 第２章　宇和奈辺陵墓参考地旧陪冢ろ号出土遺物付着物等の自然科学分析

パリノ・サーヴェイ株式会社

## はじめに

宇和奈辺陵墓参考地旧陪冢ろ号は奈良県奈良市法蓮町宇和奈辺に所在した古墳で，墳丘は現存しないものの，昭和20年に行われた調査によって鉄鋌282点，小鉄鋌590点の他，鉄製品や石製模造品などが出土している。

本分析調査では，出土した鉄鋌の表面に見られる塗膜状物質の由来を確認すべく赤外分光分析（IR分析）および薄片作製・観察，蛍光Ｘ線分析を，白色物質の由来を確認するための蛍光Ｘ線分析を実施した。また，出土した石製品の石材および金属製品付着木質の樹種について分析を実施した。

## Ⅰ．鉄鋌の分析

### １．試料

試料は，出土した鉄鋌３点（大鉄鋌41, 62, 166）である。試料の表面には全体に錆が浮き，その中で部分的に黒色または赤色を呈する塗膜状物質が認められ，漆などが付着している可能性が検討された。また，由来不明な白色物質の付着も部分的に認められる。これらのうち２点（大鉄鋌41, 62）について，塗膜状物質の赤外分光分析および剥片作製・観察，蛍光Ｘ線分析を行い，大鉄鋌166に認められる白色物質を対象に蛍光Ｘ線分析を行う。塗膜状物質の採取は，大鉄鋌62, 166からの採取を検討したが，実体顕微鏡による事前の観察で大鉄鋌166の分析予定箇所において塗膜構造がほとんど認められず，また試料採取も困難と予想されたことから，大鉄鋌41も含めて採取箇所を検討した。

### ２．分析方法

（１）試料採取

事前の打ち合わせで採取箇所とした部分について実体顕微鏡で観察し，鉄錆で浮いている部分等からマイクロナイフを用いて細片２～３片を採取する。

（２）薄片作製・観察

採取した破片を塗膜の断面が出るように台に固定し，樹脂で包埋する。樹脂が固化した後，研磨して塗膜断面を出す。研磨面をスライドグラスに接着し，反対側も研磨して厚さ0.03㎜程度の薄片とする。薄片は，落射蛍光顕微鏡，偏光顕微鏡等で塗膜断面の状況や混和物の有無などを観察する。

（３）赤外分光分析

a）赤外線分光分析の原理

有機物を構成している分子は，炭素や酸素，水素などの原子が様々な形で結合している。この結合した原子間は絶えず振動しているが，電磁波のようなエネルギーを受けることにより，その振動の振幅は増大する。この振幅の増大は，その結合の種類によって，ある特定の波長の電磁波を受けたときに突然大きくなる性質がある。この時に，電磁波のエネルギーは結合の振動に使われて（すなわち吸収されて），その物質を透過した後の電磁波の強度は弱くなる。

有機物を構成している分子における結合の場合は，電磁波の中でも赤外線の領域に入る波長を吸収する性質を有するものが多い。そこで，赤外線の波長領域において波長を連続的に変えながら物質を透過させた場合，さまざまな結合を有する分子では，様々な波長において，赤外線の吸収が発生し，いわゆる赤外線吸収スペクトルを得ることができる。通常，このスペクトルは，横軸に波数（波長の逆数 $cm^{-1}$ で示す），縦軸に吸光度（ABS）を取った曲線で表されることが多い。したがって，既知の物質において，どの波長でどの程度の吸収が起こるかを調べ，その赤外線吸収スペクトルのパターンを定性的に標本化し，これと未知物質の赤外線吸収スペクトルのパターンとを定性的に比較することにより，未知物質の同定をすることもできる（山田，1986）。

b）赤外線吸収スペクトルの測定

微量採取した膜状物質をダイヤモンドエクスプレスにより加圧成型した後，顕微FT-IR装置（サーモエレクトロン株式会社製Nicolet Avatar 370, Nicolet Centaulus）を利用し，測定を実施した。なお，赤外線吸収スペクトルの測定は，作製した試料を鏡下で観察しながら測定位置を絞り込み，アパーチャでマスキングした後，透過法で測定した。得られたスペクトルはベースライン補正などのデータ処理を施した後，吸光度（ABS）で表示している。測定条件及び各種補正処理の詳細は，FT-IRスペクトルと共に図中に併記したので，そちらを参照されたい。

（4）蛍光X線分析

各試料とも塗膜状物質が認められる範囲が狭小であるため，微小領域を分析可能な株式会社堀場製作所製X線分析顕微鏡装置（HORIBA　XGT-2700）を用いて，以下の条件にて定性分析を行った。

管球ターゲット；　Rh，管電圧　50kV，管電流；1.0mA

測定時間；600sec，線束；100$\mu$m

## 3．結果

（1）試料採取

大鉄鋌41, 62では，塗膜と考えられる部分が錆で浮いており，必要最低限の大きさで試料を採取できた。一方，大鉄鋌166については，肉眼で塗膜と考えられた部分を実体顕微鏡で精査したが，金属部分と間に明瞭な段差がなく，また錆で浮いた箇所も確認できなかった。無理に採取すると大きな傷を残す恐れがあるため，採取を見送った。

（2）薄片作製・観察

大鉄鋌41, 62の状況はよく似ている。鉄錆と考えられる黒色不透明物があり，その上に透過光で茶褐色となる半透明の樹脂と考えられる物質が認められる。半透明の物質は，大鉄鋌62に比べて，大鉄鋌41，でやや厚い。半透明物質には，明瞭な層は認められないが，湾曲した痕跡や多くのクラックが認められる。

（3）赤外分光分析

塗膜状物質のFT-IRスペクトルを図1に示す。なお，比較資料として漆の実測スペクトルを図中に併記している。

大鉄鋌41, 62の塗膜状物質の赤外線吸収特性は，3200$cm^{-1}$付近の幅広い吸収と890$cm^{-1}$および800$cm^{-1}$付近の吸収によって特徴付けられる。なお，3200$cm^{-1}$付近の吸収はO-H伸縮振動，890$cm^{-1}$および800$cm^{-1}$付近の吸収はO-H変角振動によると考えられる。一方，大鉄鋌62の塗膜状物質においては1734$cm^{-1}$に大鉄鋌41の塗膜状物質の吸収特性には見られない吸収が確認されるが，この吸収は過去の保存処理において用いられたアクリル樹脂系の硬化処理剤（パラロイドNAD10）のエステル結合に基づくC=O伸縮振動と推察される

（４）蛍光Ｘ線分析

a）塗膜状物質

大鉄鋌41, 62の蛍光Ｘ線定性スペクトルを図2, ３に示す。定性スペクトルによれば，確認される元素はFe（鉄），Al（アルミニウム）のほか，Si（ケイ素），Cu（銅），Ca（カルシウム），As（ヒ素），Pb（鉛），Cr（クロム），Zn（亜鉛）が認められる。

b）白色物質

大鉄鋌166の蛍光Ｘ線定性スペクトルを図４に示す。定性スペクトルによれば，確認される元素

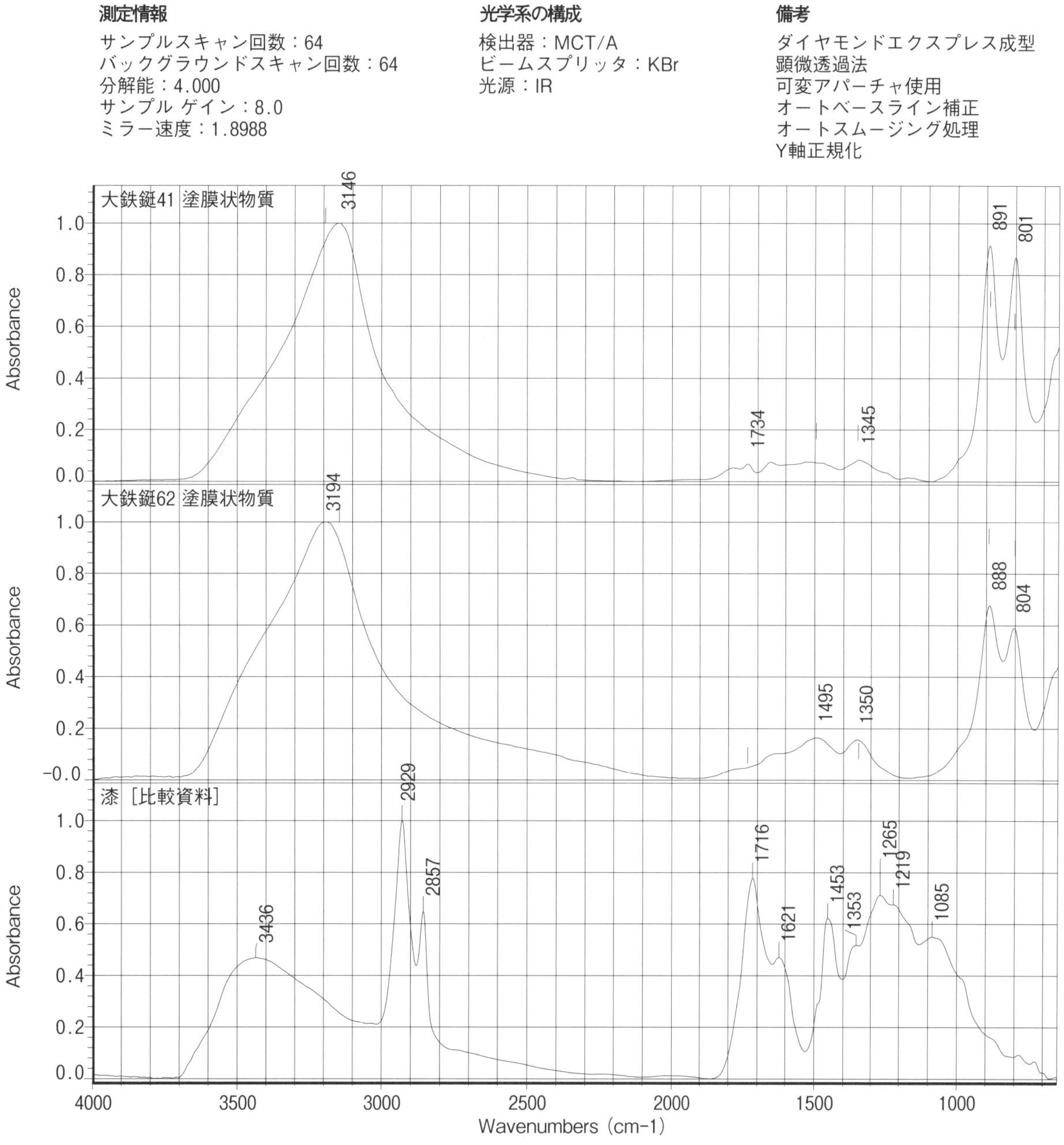


図１．FT-IRスペクトル

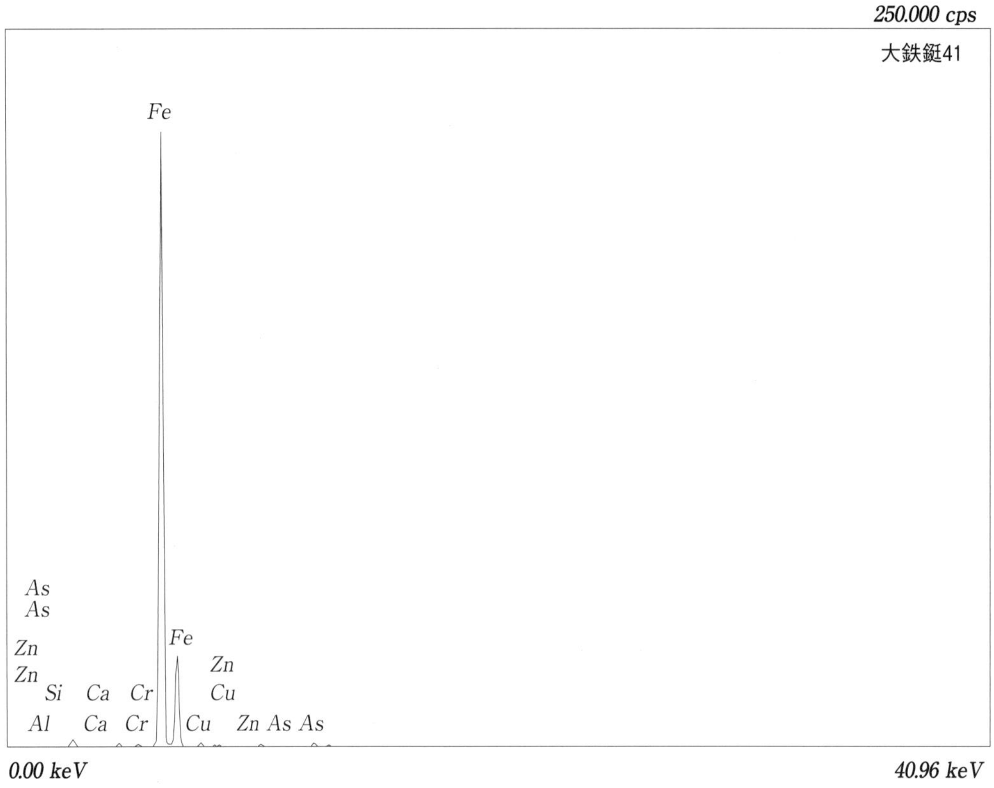


図 2. 大鉄鋌41　塗膜状物質の蛍光X線定性スペクトル

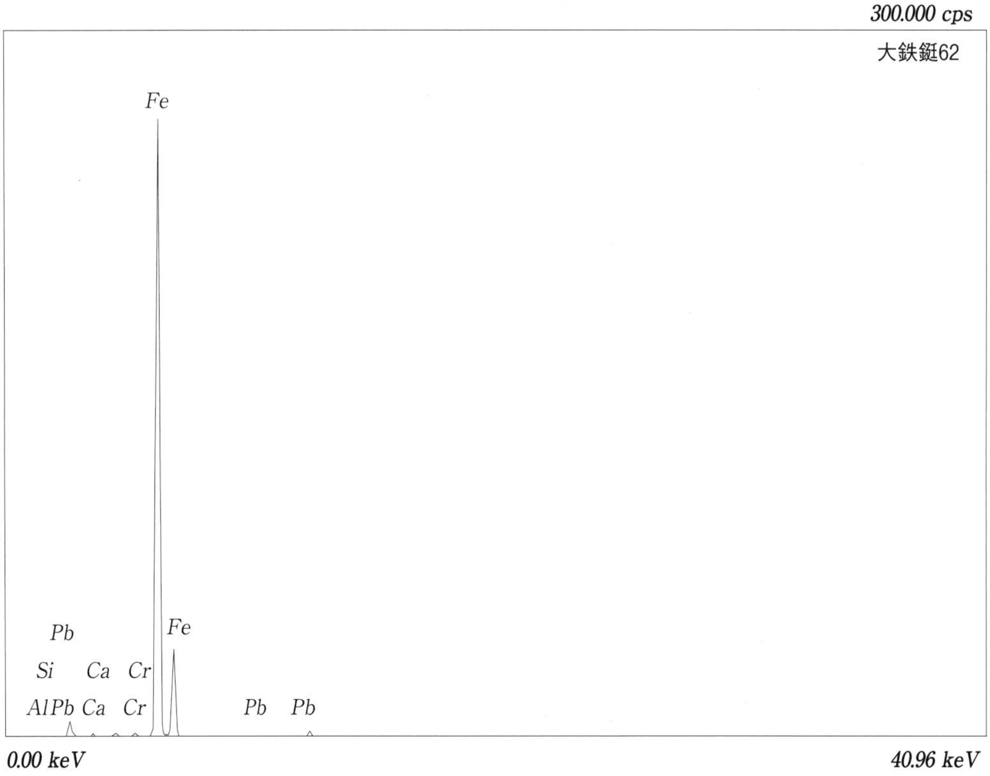


図 3. 大鉄鋌62　塗膜状物質の蛍光X線定性スペクトル

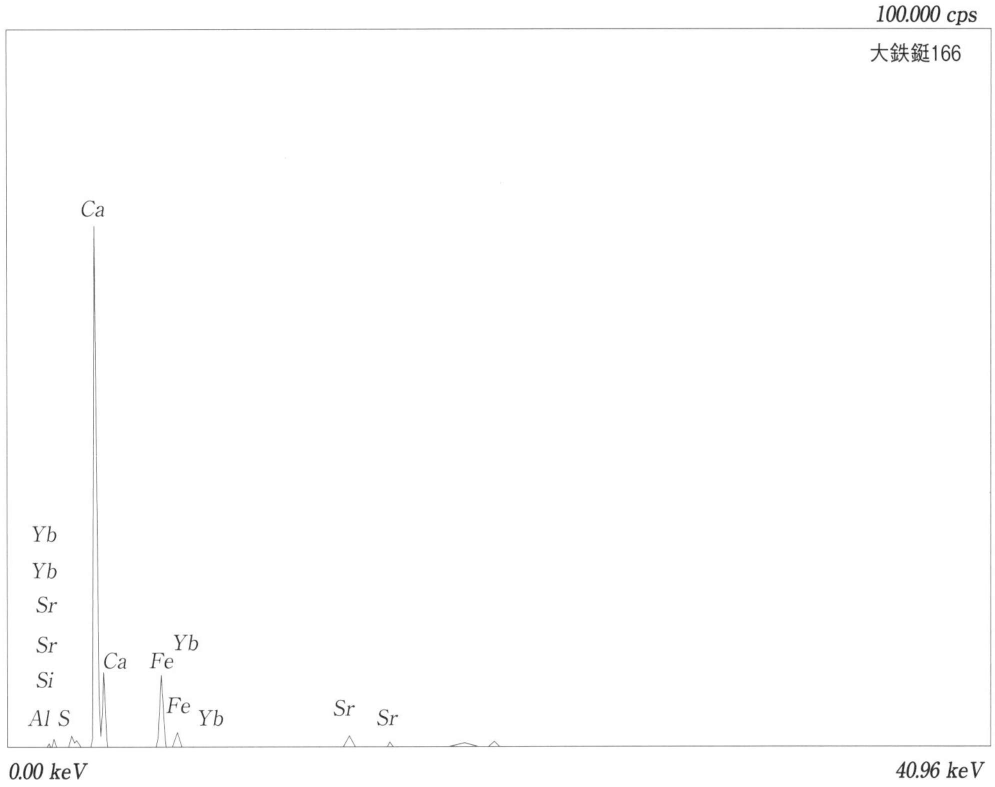


図４．大鉄鋌166　白色物質の蛍光X線定性スペクトル

はCa（カルシウム），Fe（鉄）のほか，Si（ケイ素），Sr（ストロンチウム），Al（アルミニウム），S（硫黄），Yb（イッテルビウム）が認められる。

なお，元素の自動判定を行っているので，Ybが存在するとして半定量が行われている。本試料は過去に保存処理が行われており，その際，予期せぬ物質が混入した可能性を除外できないため半定量を行った。

## ４．考察

### （１）塗膜状物質の由来

赤外線吸収特性をみると，大鉄鋌41および大鉄鋌62は，比較資料として掲げた漆とは明らかに異なるスペクトルパターンを示す。また，分析の際に試料を取り扱った感覚としてこれらの塗膜状物質が硬く，鉱物質であったことや，本物質が鉄鋌に付着した物質であることを含めて塗膜状物質の吸収特性を見ると，890 $cm^{-1}$と800$cm^{-1}$付近の吸収はオキシ水酸化鉄のゲータイトによる特徴的な吸収と捉えられる。

一方，薄片観察では，樹脂と考えられる物質が確認された。湾曲している痕跡が見られるが，これは樹脂の粘度が比較的高く，塗布時の塗り重ねの状況を示していると考えられる。クラックは，乾燥時の収縮によるものと考えられる。

以上の状況を考慮すると，塗膜に見えた部分は，層状剥離した鉄錆層の上に過去の保存処理時の樹脂が重なって黒色の塗膜層のように見えている可能性が高い。なお，分析を見送った大鉄鋌166についても，実体顕微鏡による観察では，大鉄鋌41, 62とよく似た特徴を持っており，同様の状況が推定される。

なお，塗膜状物質の外観観察では，赤色を呈する部分も見受けられたが，各時代の遺物に用いられた赤色顔料は，既往の調査事例により，ベンガラ（赤鉄鉱；hematite［α－$Fe_2O_3$］）のほか，水銀朱（辰砂；cinnabar［HgS］），鉛丹（鉛丹；minium［$Pb_3O_4$］）が知られている。本分析結果でもFeやPbが確認されているが，Feは大鉄鋌の地金を構成する主要元素であり，Pbについては強度が極めて弱いため顔料として使用されたものか否かは不明である。

（2）白色物質の由来

蛍光X線分析の結果，主要元素としてカルシウムが認められる。カルシウムはヒトを含む動物の骨（主成分はハイドロキシアパタイト（＜Ca5(PO4)3OH＞2），生石灰（CaO），消石灰（Ca(OH)2）などがあるが，本試料に認められたカルシウムの由来についての詳細は現段階では不明である。X線回折などの分析によって詳細が検討されることが望まれる。

## Ⅱ．石製品の石材鑑定

### 1．試料

試料は，石製模造品7点で，「昭20ウワナロ-1」・「昭20ウワナロ-2」・・・「昭20ウワナロ-7」と注記されている。このうち，昭20ウワナロ-1は斧形，昭20ウワナロ-2～7は鎌形である。

### 2．分析方法

石材鑑定は，野外用ルーペを用いて行い，石材表面の鉱物や組織を観察し，肉眼で鑑定できる範囲の岩石名を付した。

### 3．結果

昭20ウワナロ-1は蛇紋岩，昭20ウワナロ-2～7は緑色粘板岩に鑑定された。すべての試料について写真撮影を行い，図版に添付した。

### 4．考察

宇和奈辺陵墓参考地旧陪冢ろ号が立地する佐保川流域には，ジュラ紀の丹波帯の堆積岩類が分布し，白亜紀後期の領家花崗岩類がこれを貫いて熱変成作用を与えている。熱変成作用により，丹波帯には粘板岩，片岩，片麻岩などの各種の変成岩類が生成され，領家変成岩類を形成している。これらを覆う新第三系の地質としては，中期中新世の堆積岩類，火山砕屑岩類を主体とする地獄谷累層や，角閃石輝石安山岩を主とする三笠安山岩などが分布する。以上の地質背景をもとに，鑑定された石製模造品に使用される石材について，産地となる地質について考察する。

斧形に分類される昭20ウワナロ-1は，蛇紋岩が使用されている。蛇紋岩は，変質岩類に分類され，緑色を帯びる岩相で，網目状組織が認められる。奈良県から近い蛇紋岩の産地は，和歌山県紀の川市から岩出市周辺の三波川帯の分布域や，兵庫県養父市，京都市大江山付近の関宮岩体，大江山岩体分布域が知られており，このような産地からの移入が考えられる。

鎌形に分類される昭20ウワナロ-2～7には，緑色粘板岩が使用されている。いずれも類似する岩相を有しており，同じ産地の石材が使用された可能性が高い。緑色粘板岩は，変成岩類に分類され，緑色を帯びる石材であり，弱い片理が発達している。これらの石材の由来となる地質としては，本地域に分布する丹波帯が挙げられる。また，斧形の産地の候補とした三波川帯にも産するため，他地域産の可能性もある。

各石材については，今後，候補とした各産地の蛇紋岩や緑色粘板岩との比較・検討を行うことで，より詳細に産地を絞り込める可能性がある。

## Ⅲ．金属製品付着木質の分析

### １．試料

試料は，金属製品21点に付着していた木質である。金属製品は，刀子２点（53，61），ヤリガンナ２点（２，11），斧３点（16，18，30），鍬先３点（22，28，31），手鎌３点（10，73，95，曲刃鎌３点（130，133，152），鑿２点（23～30のうちA，B），）刮状鉄器３点（88，93，108）に分類される（カッコ内の数字は試料に付された識別番号を示す）。

### ２．分析方法

金属製品に付着した状態で，実体顕微鏡やマイクロスコープを用いて木質を観察する。取り外せる木片がある場合には，取り外して木口（横断面）・柾目（放射断面）・板目（接線断面）の３断面の割断面を作製し，走査型電子顕微鏡を用いて木材組織の種類や配列を観察し，その特徴を現生標本および独立行政法人森林総合研究所の日本産木材識別データベースと比較して種類（分類群）を同定する。

なお，木材組織の名称や特徴は，島地・伊東（1982），Wheeler 他（1998），Richter 他（2006）を参考にする。また，日本産樹木の木材組織については，林（1991）や伊東（1995，1996，1997，1998，1999）を参考にする。

表１．樹種同定結果

| 試料名 | 木取り | 種類 |
|---|---|---|
| 刮 88 | 柾目 | コウヤマキ |
| 刮 93 | 柾目 | コウヤマキ |
| 刮 108 | ミカン割状 | コウヤマキ |
| 鉇 2 | 柾目 | コウヤマキ |
| 鉇 11 ⑨-(2) | 板目 | コウヤマキ |
| 刀子 53 ⑩-(13) | 板目 | コウヤマキ |
| 刀子 61 ⑪-(1) | 板目 | コウヤマキ |
| 曲刃鎌 130 | 板目 | 針葉樹 |
| 曲刃鎌 133 | 板目 | コウヤマキ |
| 曲刃鎌 152 | 板目 | 針葉樹 |
| 鍬先 22 | 板目 | コウヤマキ |
| 鍬先 28 | 板目 | 針葉樹 |
| 鍬先 31 | 不明 | 針葉樹 |
| ノミ 23-～30のうちA | 柾目 | 針葉樹 |
| ノミ 23-～30のうちB | 柾目 | 針葉樹 |
| 鉄斧 16 | 不明 | サカキ |
| 鉄斧 18 | 不明 | サカキ |
| 鉄斧 30 | 不明 | 広葉樹 |
| 手鎌 10 | 板目 | 針葉樹 |
| 手鎌 73 | 柾目 | コウヤマキ |
| 手鎌 95 | 柾目 | コウヤマキ |

### ３．結果

樹種同定結果を表１に示す。金属製品付着木質には針葉樹と広葉樹が認められた。それぞれ，いずれもよく似た組織配列を示す。このうち，木片を外すことができた13点（針葉樹11点，広葉樹２点）について，電子顕微鏡による観察を実施した。その結果，針葉樹11点はいずれもコウヤマキ，広葉樹２点はいずれもサカキに同定された。コウヤマキとサカキの解剖学的特徴等を記す。

・コウヤマキ（*Sciadopitys verticillata*（Thunb.）Sieb. et Zucc.）　コウヤマキ科コウヤマキ属

軸方向組織は仮道管のみで構成される。仮道管の早材部から晩材部への移行は緩やかで，晩材部の幅は狭い。放射組織は柔細胞のみで構成される。分野壁孔は窓状となり，通常１分野に１個。放射組織は単列，1-5細胞高。

・サカキ（*Cleyera japonica* Thunberg pro parte

emend. Sieb. et Zucc.)　ツバキ科サカキ属

散孔材で，小径の道管が単独または2 - 3個が複合して散在し，年輪界に向かって径を漸減させる。道管の分布密度は高い。道管は階段穿孔を有し，壁孔は階段状に配列する。放射組織は異性，単列，1 -20細胞高。

## 4．考察

付着木質は，柄等に由来すると考えられる。鉄斧3点が広葉樹（うち2点がサカキ）で，残る18点は全て針葉樹（うち11点がコウヤマキ）であった。なお，広葉樹とした1点はサカキ，針葉樹とした7点はコウヤマキに特徴が似ている。針葉樹のコウヤマキは，山地・丘陵地等に生育する常緑高木で，木材は木理が通直で割裂性・耐水性が高い。広葉樹のサカキは，暖温帯性常緑広葉樹林中に生育する常緑小高木で，木材は重硬・緻密で強度が高い。

鉄斧を除く金属製品付着木質は，コウヤマキを含む針葉樹であり，比較的加工が容易な木材を選択したことが推定される。また，コウヤマキは，古墳の木棺や笠形木製品に利用される樹種としても知られ（伊東・山田，2012；鈴木・高橋；2009；鈴木ほか，2016），副葬品である金属製品の柄等にコウヤマキが多く認められる結果は，木棺や笠形木製品の木材利用とも共通しており，古墳におけるコウヤマキ材の利用状況を示す資料として注目される。

一方，鉄斧は，全て広葉樹材であり，うち2点がサカキに同定され，他の金属製品とは木材利用が異なる。サカキは，強度が高く，実用品の斧柄としても利用される樹種である。実用品では，奈良県内でも佐紀遺跡の古墳時代前期～中期とされる斧柄14点や十六面・薬王寺遺跡の古墳時代中期～後期とされる斧柄1点にサカキが確認されている（伊東・山田，2012）。この他では，南郷大東遺跡の古墳時代中期～後期とされる斧柄2点がアカガシ亜属とクヌギ節，同じく古墳時代中期～後期とされる石光山4号墳の副葬品としての斧柄1点がカシ（アカガシ亜属）に同定されている。これらの報告例から，鉄斧については実用品と同じ木材が利用されている傾向が伺われる。

### 引用文献


林　昭三，1991，日本産木材　顕微鏡写真集．京都大学木質科学研究所．

伊東隆夫，1995，日本産広葉樹材の解剖学的記載Ⅰ．木材研究・資料，31，京都大学木質科学研究所，81-181.

伊東隆夫，1996，日本産広葉樹材の解剖学的記載Ⅱ．木材研究・資料，32，京都大学木質科学研究所．66-176.

伊東隆夫，1997，日本産広葉樹材の解剖学的記載Ⅲ．木材研究・資料，33，京都大学木質科学研究所，83-201.

伊東隆夫，1998，日本産広葉樹材の解剖学的記載Ⅳ．木材研究・資料，34，京都大学木質科学研究所，30-166.

伊東隆夫，1999，日本産広葉樹材の解剖学的記載Ⅴ．木材研究・資料，35，京都大学木質科学研究所，47-216.

伊東隆夫・山田昌久（編），2012，木の考古学　出土木製品用材データベース．海青社，449p.

Richter H. G., Grosser D., Heinz I. and Gasson P.E.（編），2006，針葉樹材の識別　IAWAによる光学顕微鏡的特徴リスト．伊東隆夫・藤井智之・佐野雄三・安部　久・内海泰弘（日本語版監修），海青社，70p.［Richter H. G., Grosser D., Heinz I. and Gasson P. E.（2004）*IAWA List of Microscopic Features for Softwood Identification*］.

島地　謙・伊東隆夫，1982，図説木材組織．地球社，176p.

鈴木裕明・高橋　敦，2009，木製樹物の樹種．「古墳時代におけるコウヤマキ材の利用実態に関する総合的研究」，平成18年度～平成20年度科学研究費助成金　基礎研究（B）（1）「古墳時代におけるコウヤマキ材の利用実態に関数総合的研究」（課題番号18320132）研究成果報告書，45-72.

鈴木裕明・石田大輔・福田さよ子・高橋　敦，2016，小墓古墳出土笠形木製品の研究．考古学論攷，第39冊，奈良県立橿原考古学研究所，21-46.

Wheeler E. A., Bass P. and Gasson P. E.（編），1998，広葉樹材の識別　IAWAによる光学顕微鏡的特徴リスト．伊東隆夫・藤井智之・佐伯　浩（日本語版監修），海青社，122p.［Wheeler E. A., Bass P. and Gasson P. E.（1989）*IAWA List of Microscopic Features for Hardwood Identification*］.

山田富貴子，1986，赤外線吸収スペクトル法，機器分析のてびき第1集．化学同人，1-18.

図版1　鉄鋌

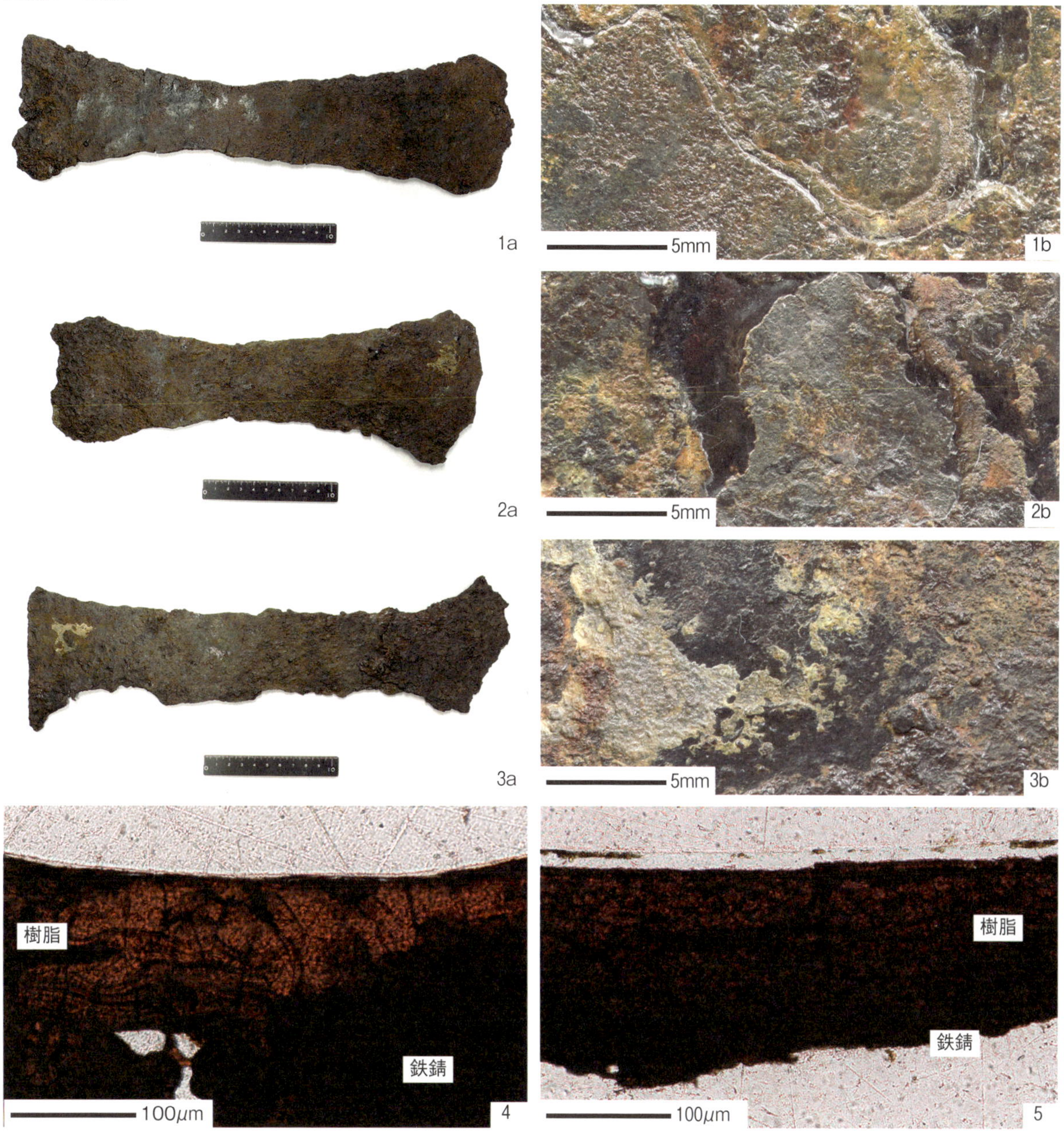


1.鉄鋌（大鉄鋌41）
2.鉄鋌（大鉄鋌62）
3.鉄鋌（大鉄鋌166）
4.塗膜?の断面（大鉄鋌41）
5.塗膜?の断面（大鉄鋌62）
a：全景，b：試料採取位置（大鉄鋌166は採取予定位置）

図版2　石製品(1)

1.斧形(昭20ウワナロ-1)　蛇紋岩

2.鎌形　(昭20ウワナロ-2)　緑色粘板岩

3.鎌形　(昭20ウワナロ-3)　緑色粘板岩

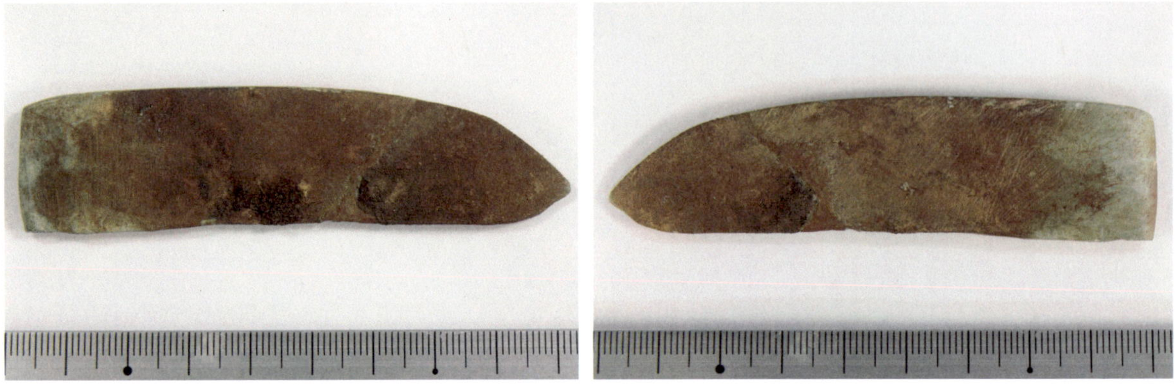

4.鎌形(昭20ウワナロ-4)　　緑色粘板岩

図版３　石製品(2)

5.鎌形　(昭20ウワナロ-5)　緑色粘板岩

6.鎌形　(昭20ウワナロ-6)　緑色粘板岩

7.鎌形　(昭20ウワナロ-7)　緑色粘板岩

図版4　金属製品付着木質

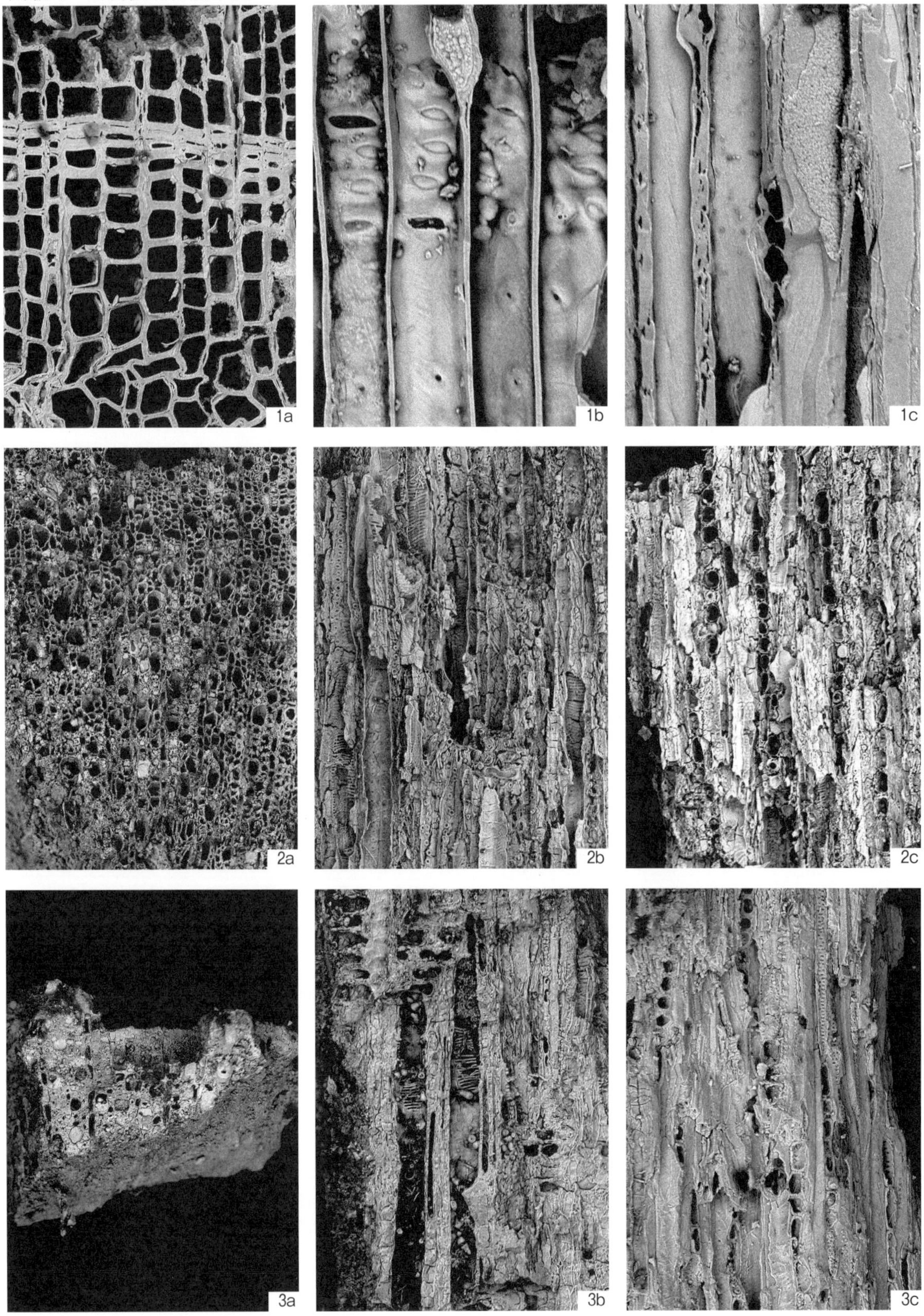


1.コウヤマキ（曲刃鎌133）
2.サカキ（斧16）
3.サカキ（斧18）
a：木口，b：柾目，c：板目

# 図　版

# 旧陪冢ろ号跡地とその周辺（一）

1　旧陪冢ろ号跡地周辺の状況（1）（昭和21年10月2日　アメリカ軍撮影）

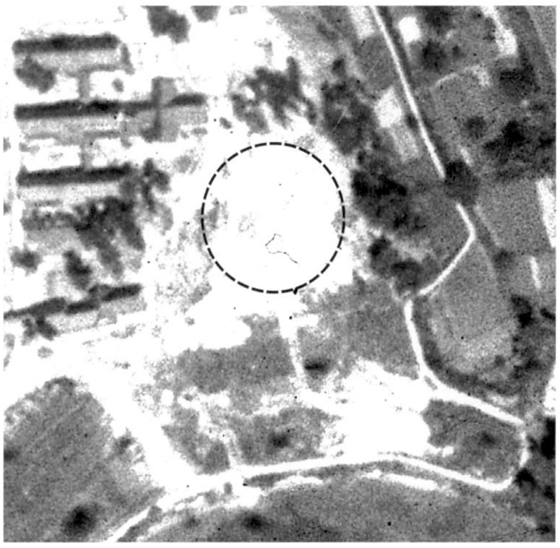

3　旧陪冢ろ号跡地（拡大　円で示した付近）

2　旧陪冢ろ号跡地周辺の状況（2）
〔宇和奈辺陵墓参考地付近を拡大〕
（昭和21年10月2日　アメリカ軍撮影）

# 図版 2

旧陪冢ろ号跡地とその周辺（二）

1　旧陪冢ろ号跡地周辺の状況（3）（昭和22年9月23日　アメリカ軍撮影）

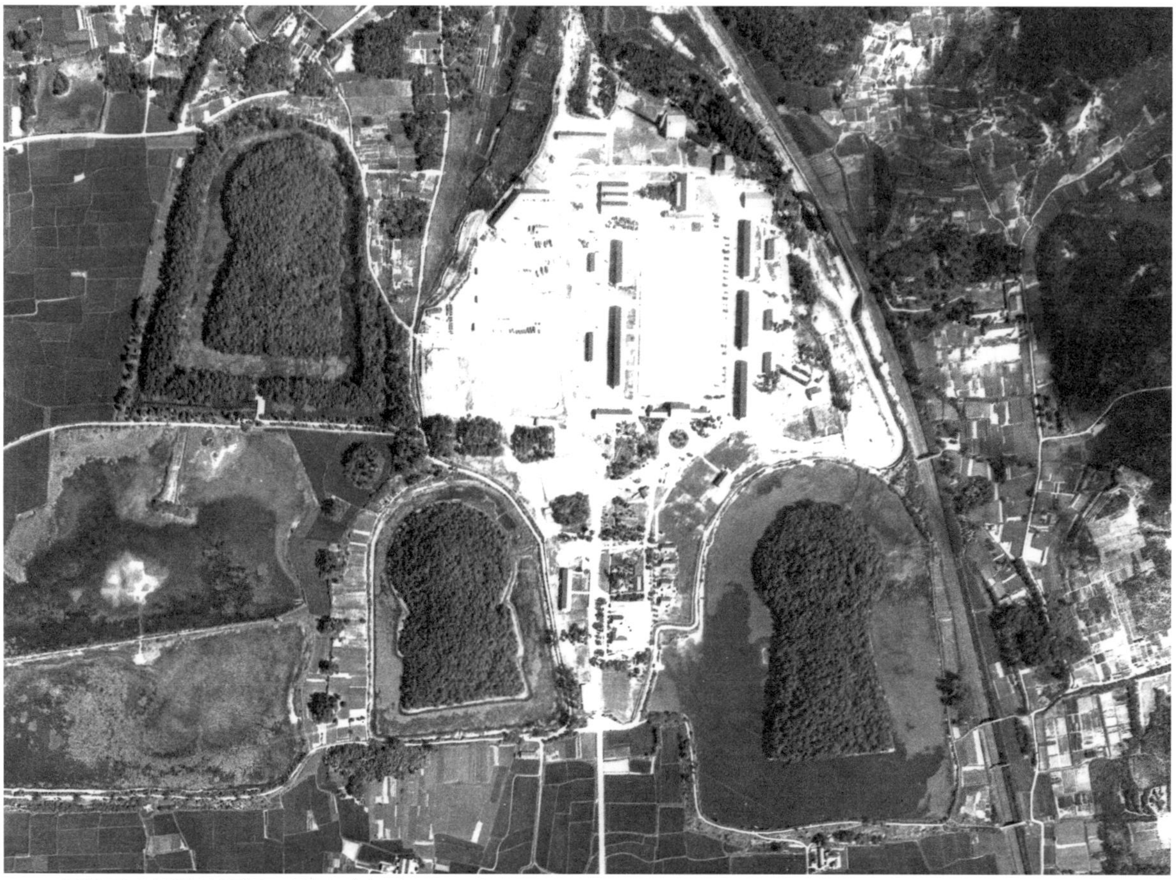

2　旧陪冢ろ号跡地周辺の状況（4）（昭和23年9月1日　アメリカ軍撮影）

1　旧陪冢ろ号の墳丘（1）南西から（奈良県立橿原考古学研究所提供）

2　旧陪冢ろ号の墳丘（2）南から（奈良県立橿原考古学研究所提供）

# 図版 4

1　旧陪冢ろ号の墳丘（3）南西から（奈良県立橿原考古学研究所提供）

2　旧陪冢ろ号の墳丘（4）北から〔奥は宇和奈辺陵墓参考地〕（奈良県立橿原考古学研究所提供）

旧陪冢ろ号の調査（三）

1 （推定）旧陪冢ろ号　埴輪列検出状況（1）

2　1の埴輪列（拡大）

3 （推定）旧陪冢ろ号　埴輪列検出状況（2）

4　3の埴輪列（拡大）

6　5の埴輪列（拡大）

5 （推定）旧陪冢ろ号埴輪列検出状況（3）

（写真はすべて奈良県立橿原考古学研究所提供）

# 図版6

旧陪冢ろ号跡地の現況と大和5号墳

1　旧陪冢ろ号跡地（南から）

2　旧陪冢ろ号跡地からの宇和奈辺陵墓参考地（北から）

3　宇和奈辺陵墓参考地の後円部（北から）

4　旧陪冢ろ号跡地と大和5号墳（西から）

5　大和5号墳の墳丘（東から）

6　大和5号墳の墳丘（西から）

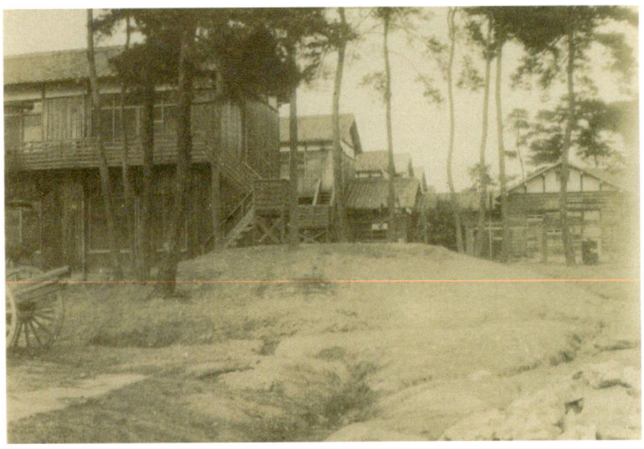

7　大和5号墳の墳丘（南から）

8　大和5号墳南側の状況（北から）

（7・8は奈良県立橿原考古学研究所提供）

# 図版 7

出土遺物　大鉄鋌（一）

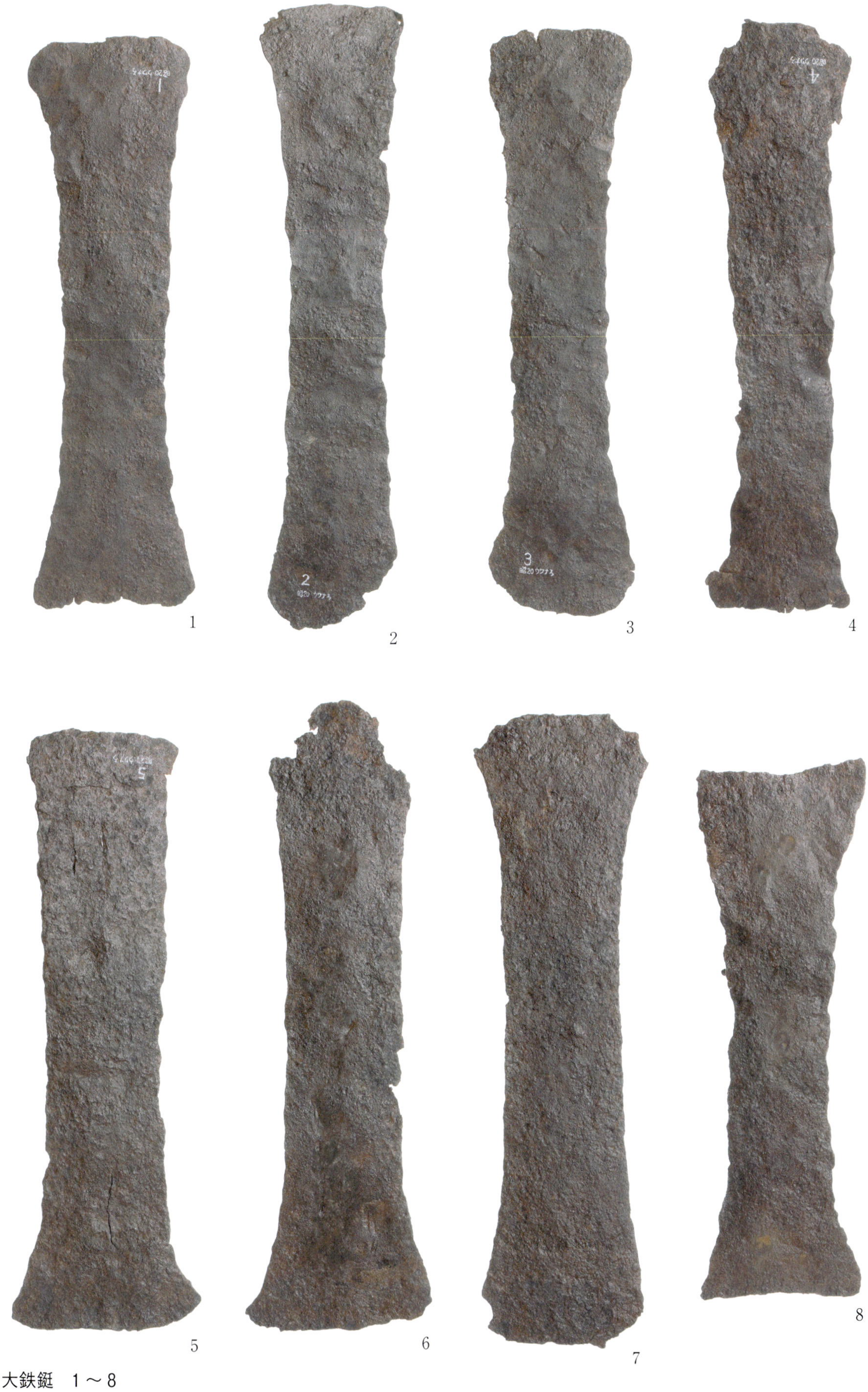

1　2　3　4　5　6　7　8

大鉄鋌　1～8

# 図版8

出土遺物　大鉄鋌（二）

9

10

11

12

13

14

15

16

大鉄鋌　9～16

17

18

19

20

21

22

23

24

大鉄鋌　17 ～ 24

# 図版10

出土遺物　大鉄鋌（四）

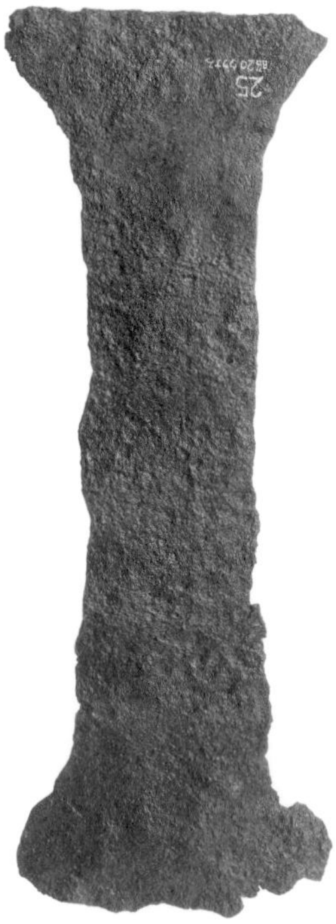

25

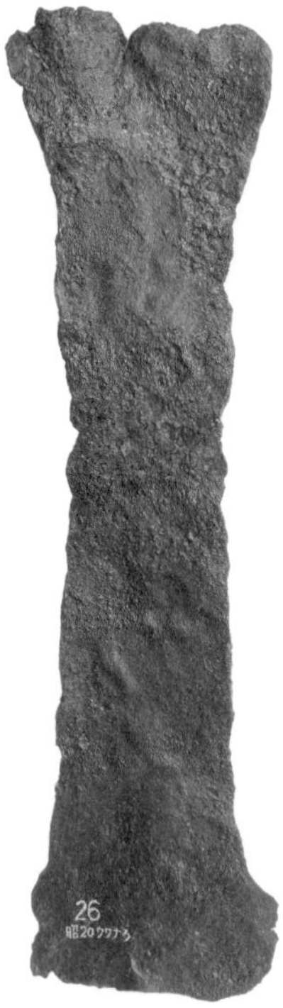

26

27

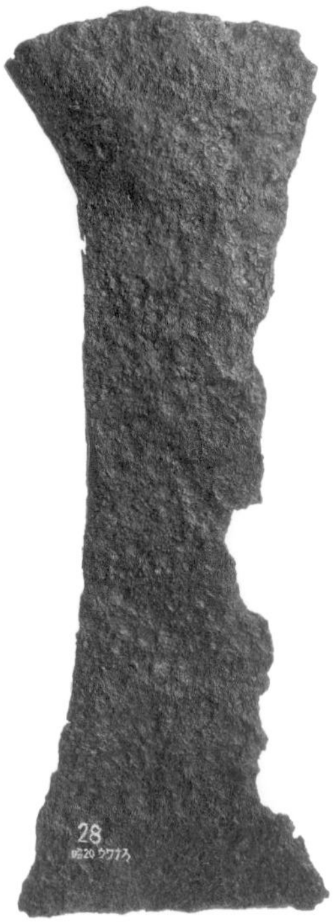

28

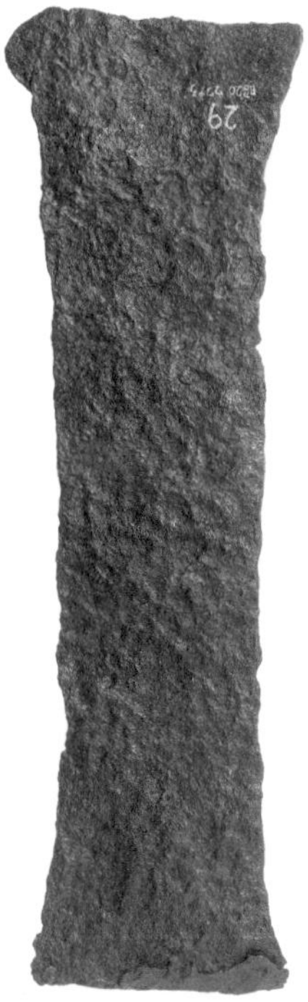

29

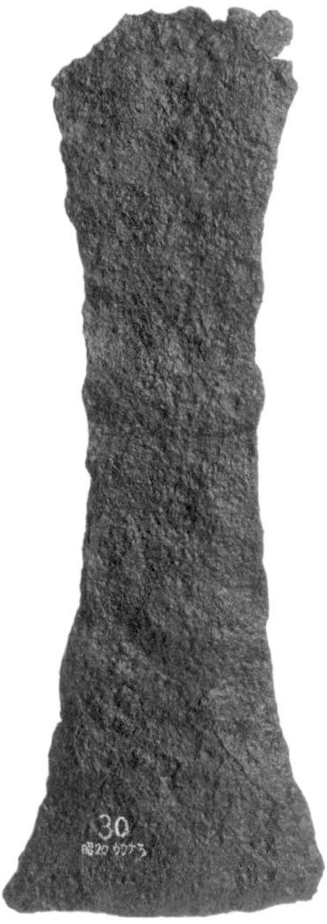

30

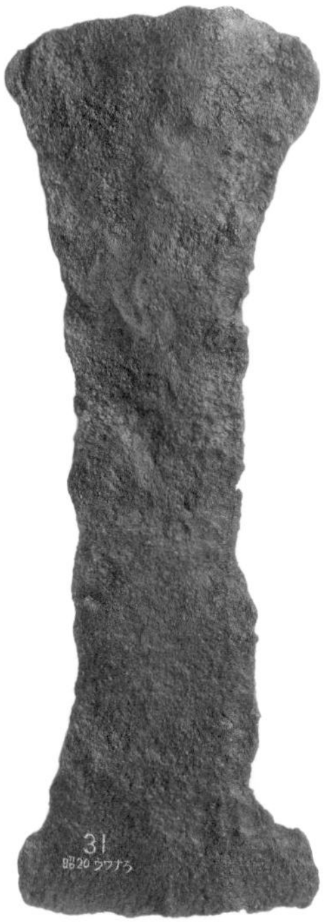

31

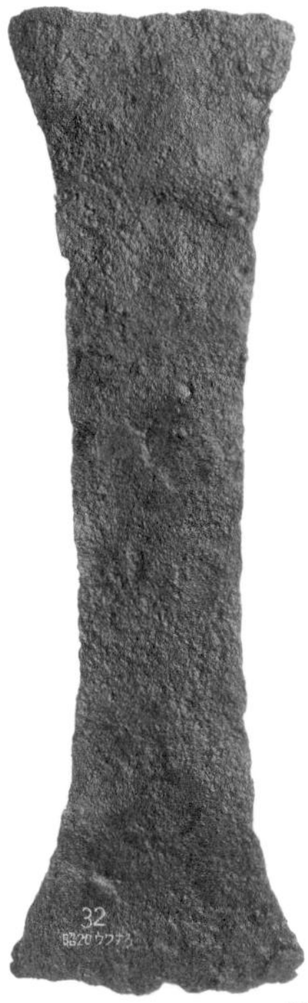

32

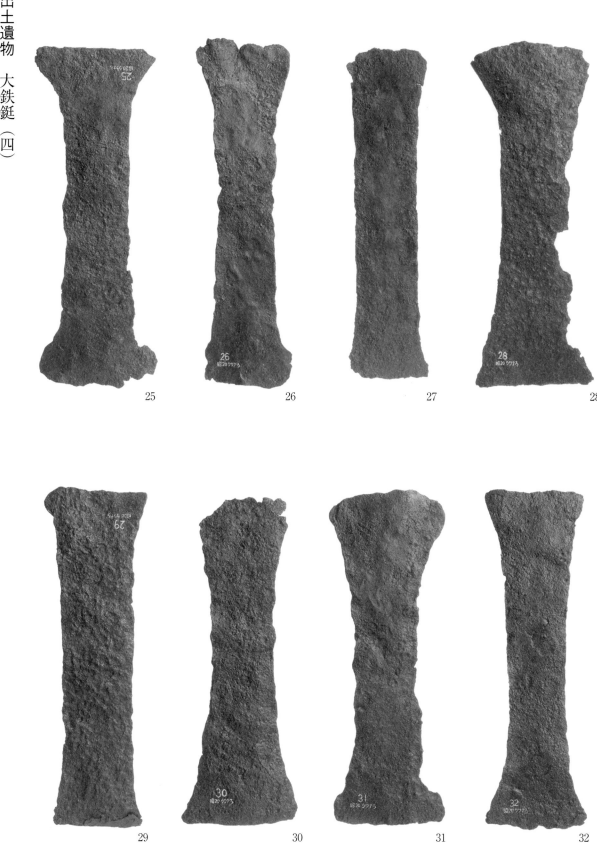

大鉄鋌　25～32

33

34

35

36

37

38

39

40

大鉄鋌　33～40

# 図版12

出土遺物　大鉄鋌（六）

41

42

43

44

45

46

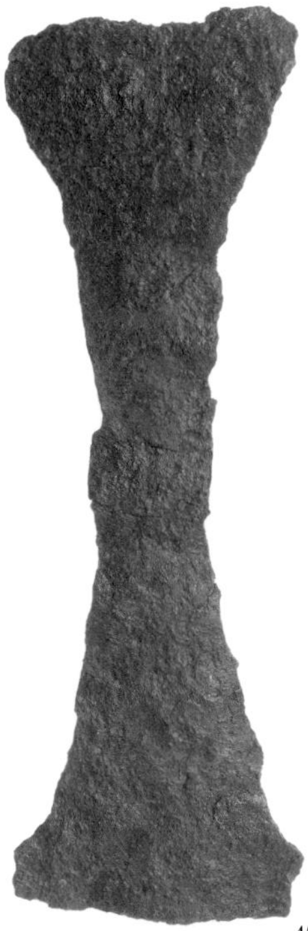
47

48

大鉄鋌　41 ～ 48

49

50

51

52

53

54

55

56

大鉄鋌　49～56

出土遺物　大鉄鋌（八）

57

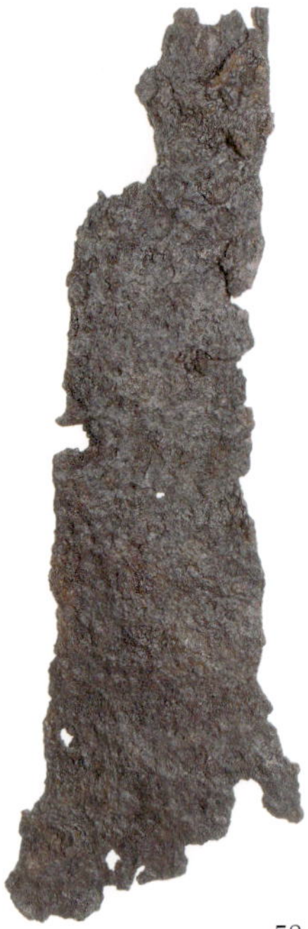
58

59

60

61

62

63

64

大鉄鋌　57 ～ 64

# 図版15

65

66

67

68

69

70

71

72

大鉄鋌　65 ～ 72

# 図版16

出土遺物　大鉄鋌（十）

73

74

75

76

77

78

79

80

大鉄鋌　73 ～ 80

81

82

83

84

85

86

87

88

大鉄鋌　81～88

# 図版18

出土遺物　大鉄鋌（十二）

89

90

91

92

93

94

95

96

大鉄鋌　89～96

97

98

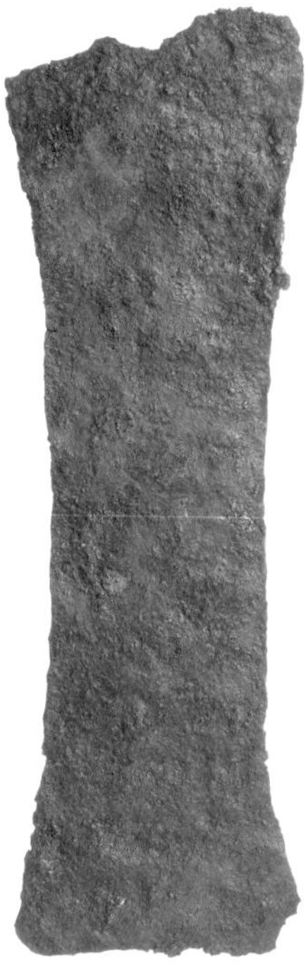
99

100

101

102

103

104

大鉄鋌　97～104

105

106

107

108

109

110

111

112

大鉄鋌　105～112

113

114

115

116

117

118

119

120

大鉄鋌　113～120

# 図版22

121

122

123

124

125

126

127

128

大鉄鋌　121 〜 128

# 図版23

129

130

131

132

133

134

135

136

大鉄鋌　129 ～ 136

137

138

139

140

141

142

143

144

大鉄鋌　137 ～ 144

145

146

147

148

149

150

151

152

大鉄鋌　145～152

# 図版26

153

154

155

156

157

158

159

160

大鉄鋌　153～160

# 図版27

出土遺物　大鉄鋌（二十一）

161

162

163

164

165

166

167

168

大鉄鋌　161 ～ 168

169

170

171

172

173

174

175

176

大鉄鋌　169 ～ 176

177

178

179

180

181

182

183

184

大鉄鋌　177～184

# 図版30

185

186

187

188

189

190

191

192

大鉄鋌　185～192

# 図版31

193

194

195

196

197

198

199

200

大鉄鋌　193 ～ 200

# 図版32

201

202

203

204

205

206

207

208

大鉄鋌　201 ～ 208

209

210

211

212

213

214

215

216

大鉄鋌　209～216

217

218

219

220

221

222

223

224

大鉄鋌　217～224

出土遺物　大鉄鋌（二十九）

225

226

227

228

229

230

231

232

大鉄鋌　225 ～ 232

# 図版36

233

234

235

236

237

238

239

240

大鉄鋌　233～240

241

242

243

244

245

246

247

248

大鉄鋌　241～248

# 図版38

249

250

251

252

253

254

255

256

大鉄鋌　249 ～ 256

# 図版39

257

258

259

260

261

262

263

264

265

266

267

268

大鉄鋌　257 ～ 268

269

270

271

272

273

274

大鉄鋌　269 ～ 274

出土遺物　小鉄鋌（一）

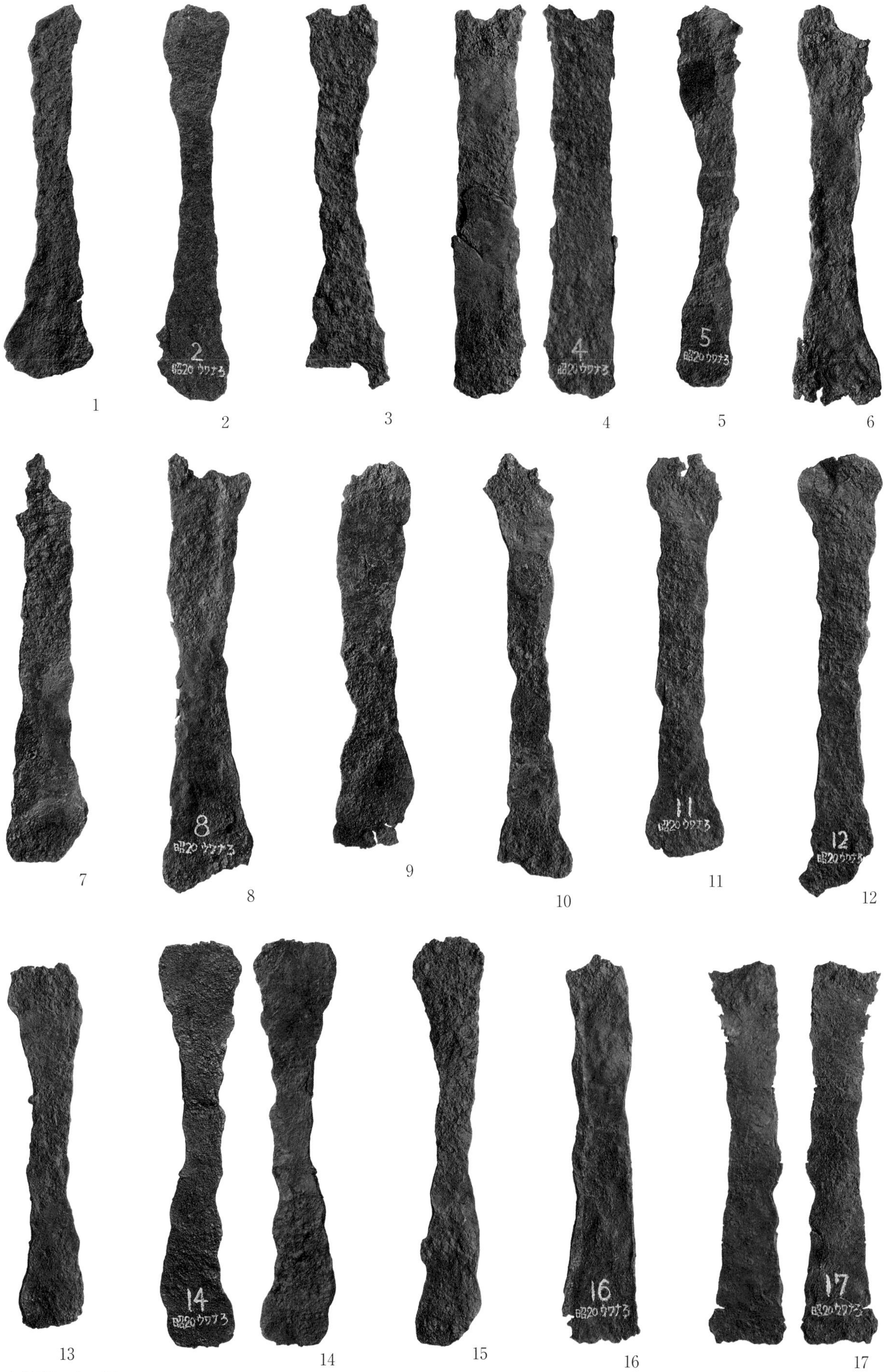


小鉄鋌　1〜17

# 図版42

出土遺物　小鉄鋌（二）

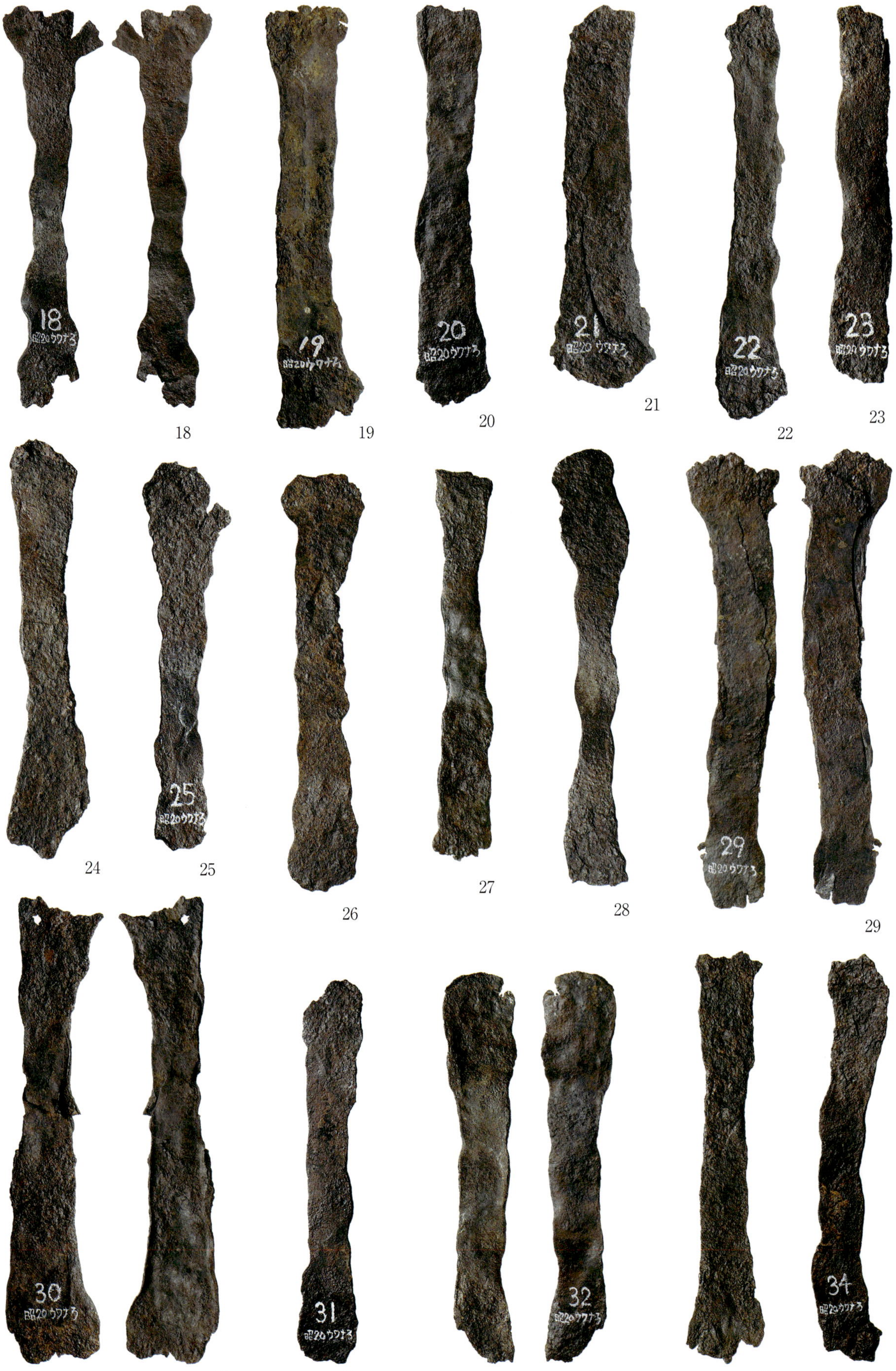


小鉄鋌　18〜34

# 図版43

出土遺物　小鉄鋌（三）

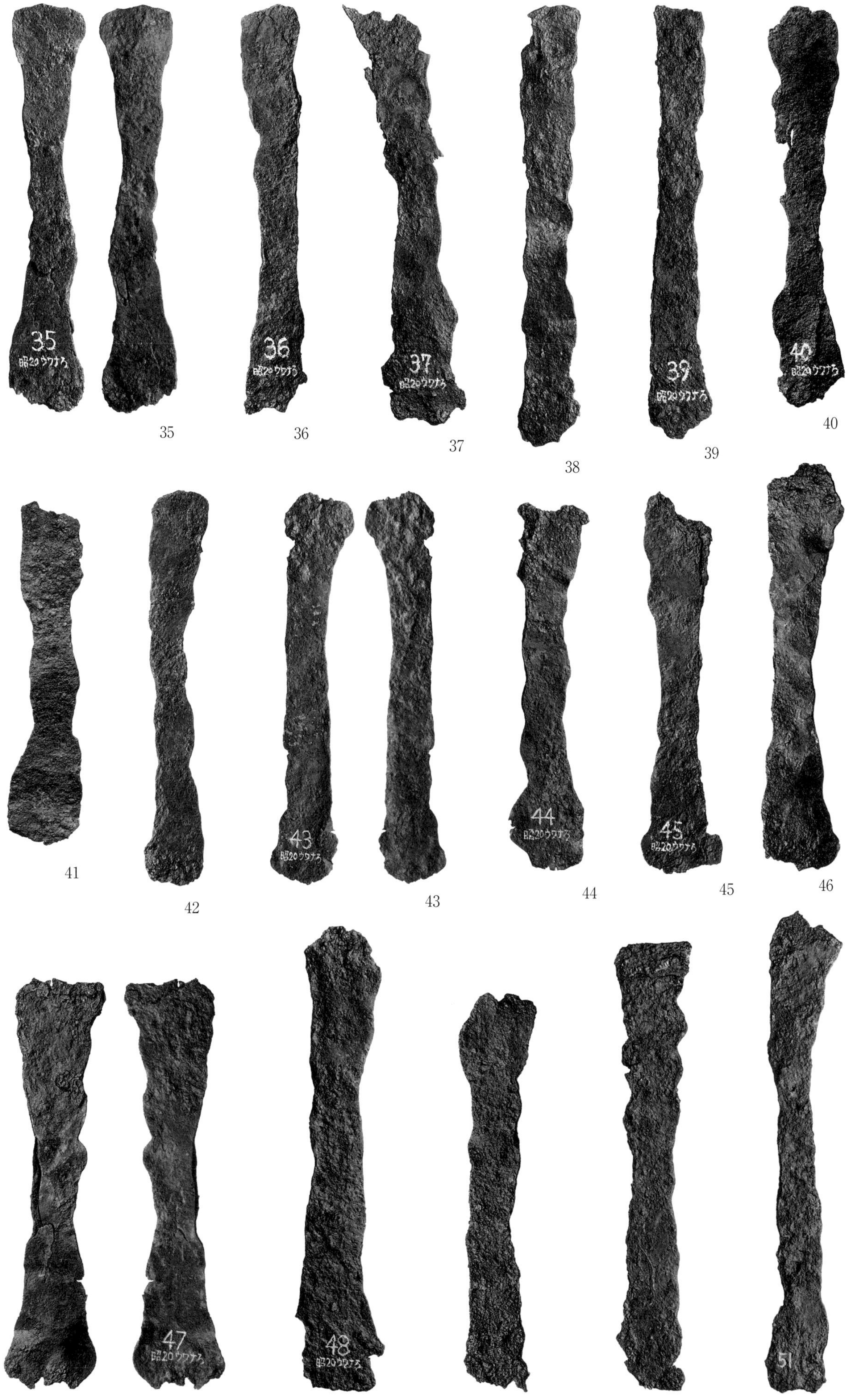


小鉄鋌　35〜51

# 図版44

出土遺物　小鉄鋌（四）

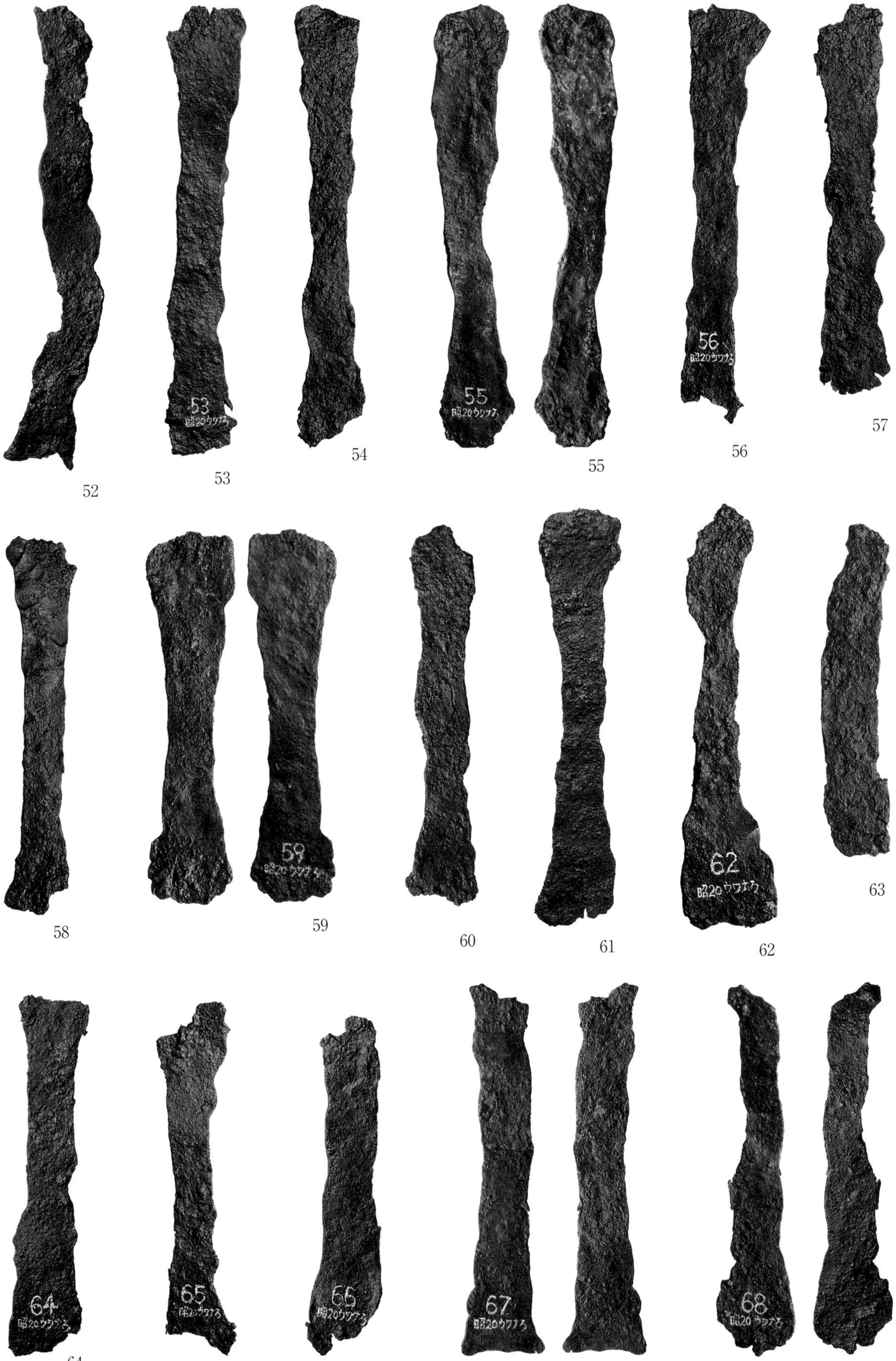


小鉄鋌　52〜68

# 図版45

出土遺物　小鉄鋌（五）

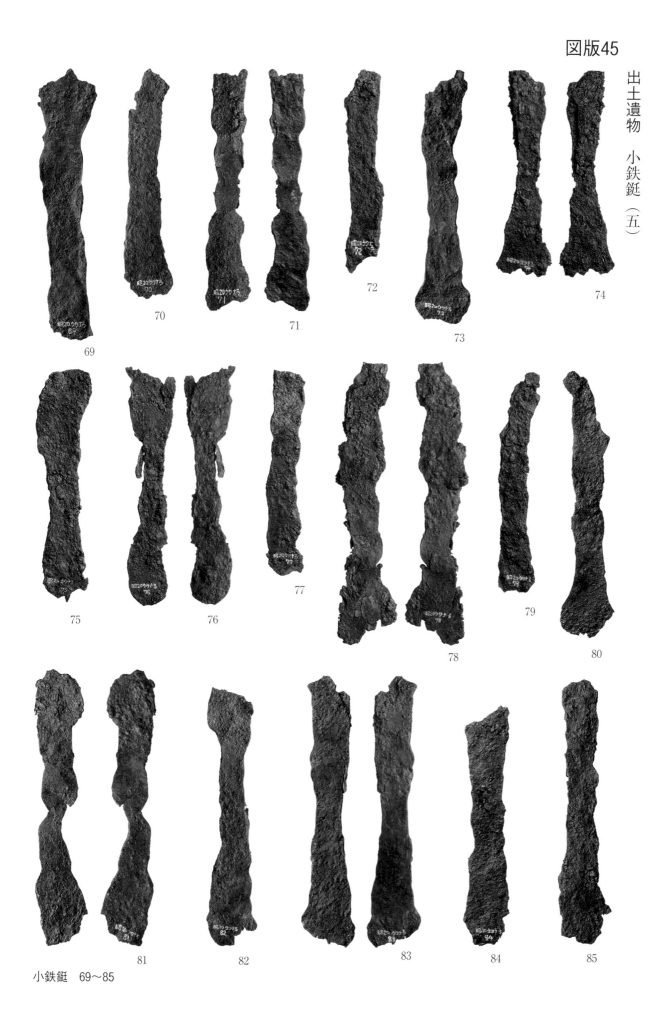

小鉄鋌　69～85

# 図版46

出土遺物　小鉄鋌（六）

86　87　88　89　90　91

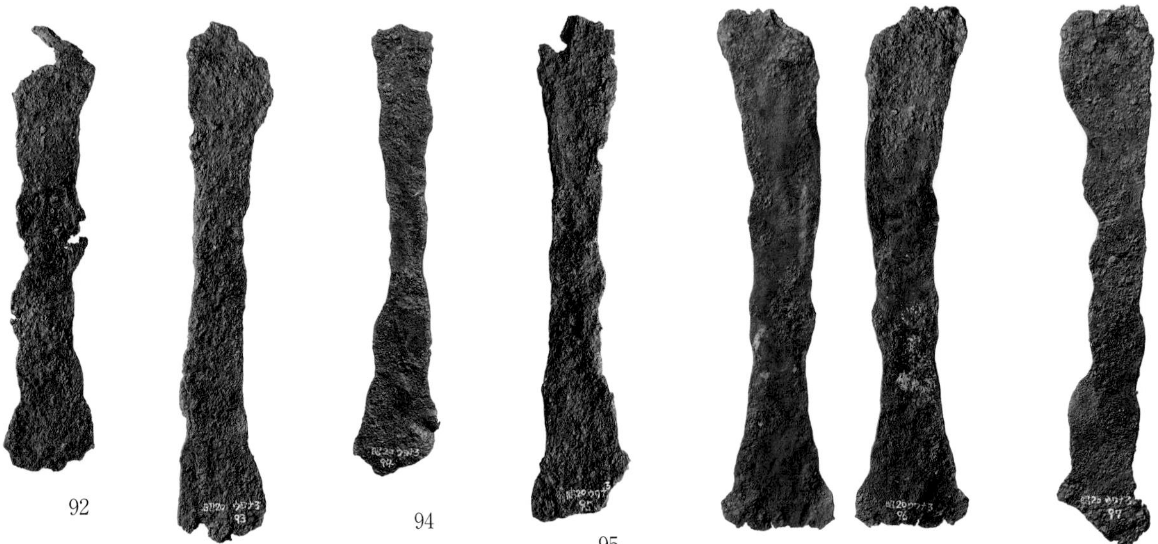

92　93　94　95　96　97

98　99　100　101　102

小鉄鋌　86～102

103　104　105　106　107　108

109　110　111　112　113　114

115　116　117　118　119

小鉄鋌　103〜119

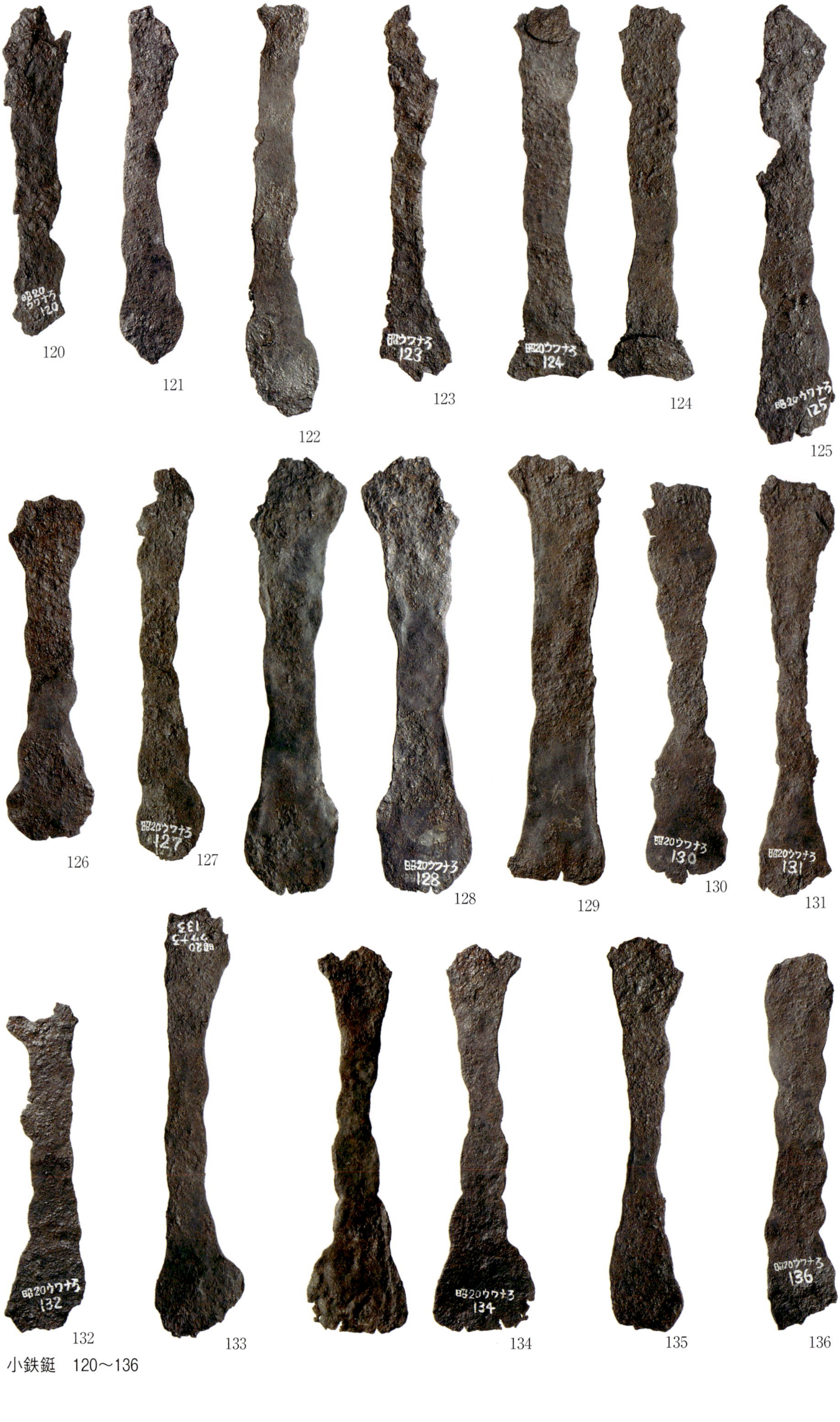
120
121
122
123
124
125
126
127
128
129
130
131
132
133
134
135
136

小鉄鋌　120〜136

出土遺物　小鉄鋌（九）

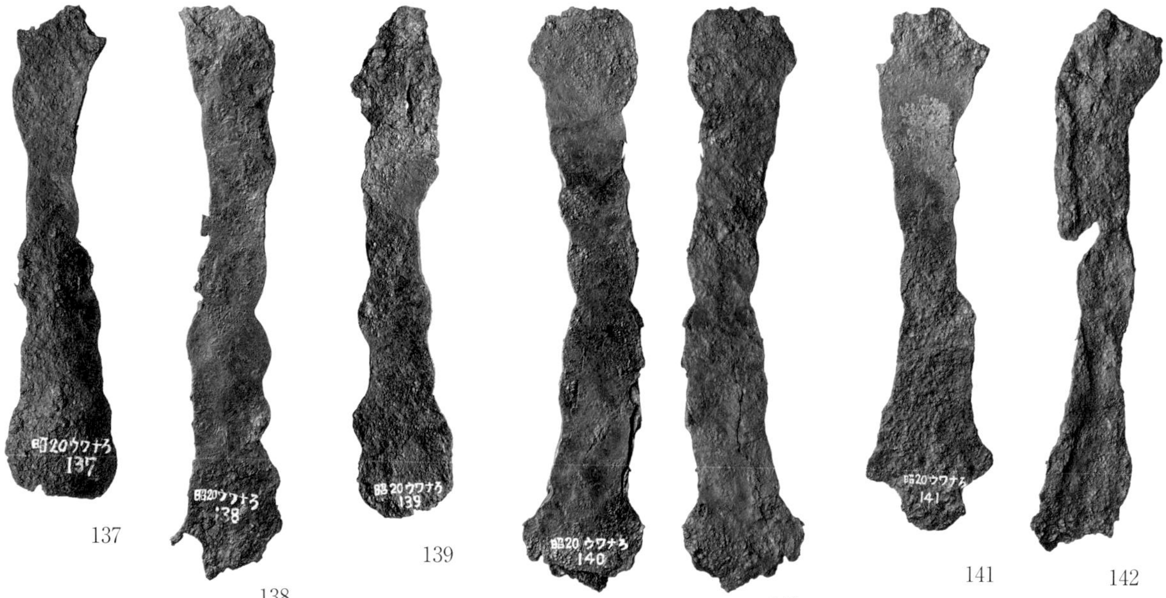

137　138　139　140　141　142

143　144　145　146　147　148

149　150　151　152　153

小鉄鋌　137〜153

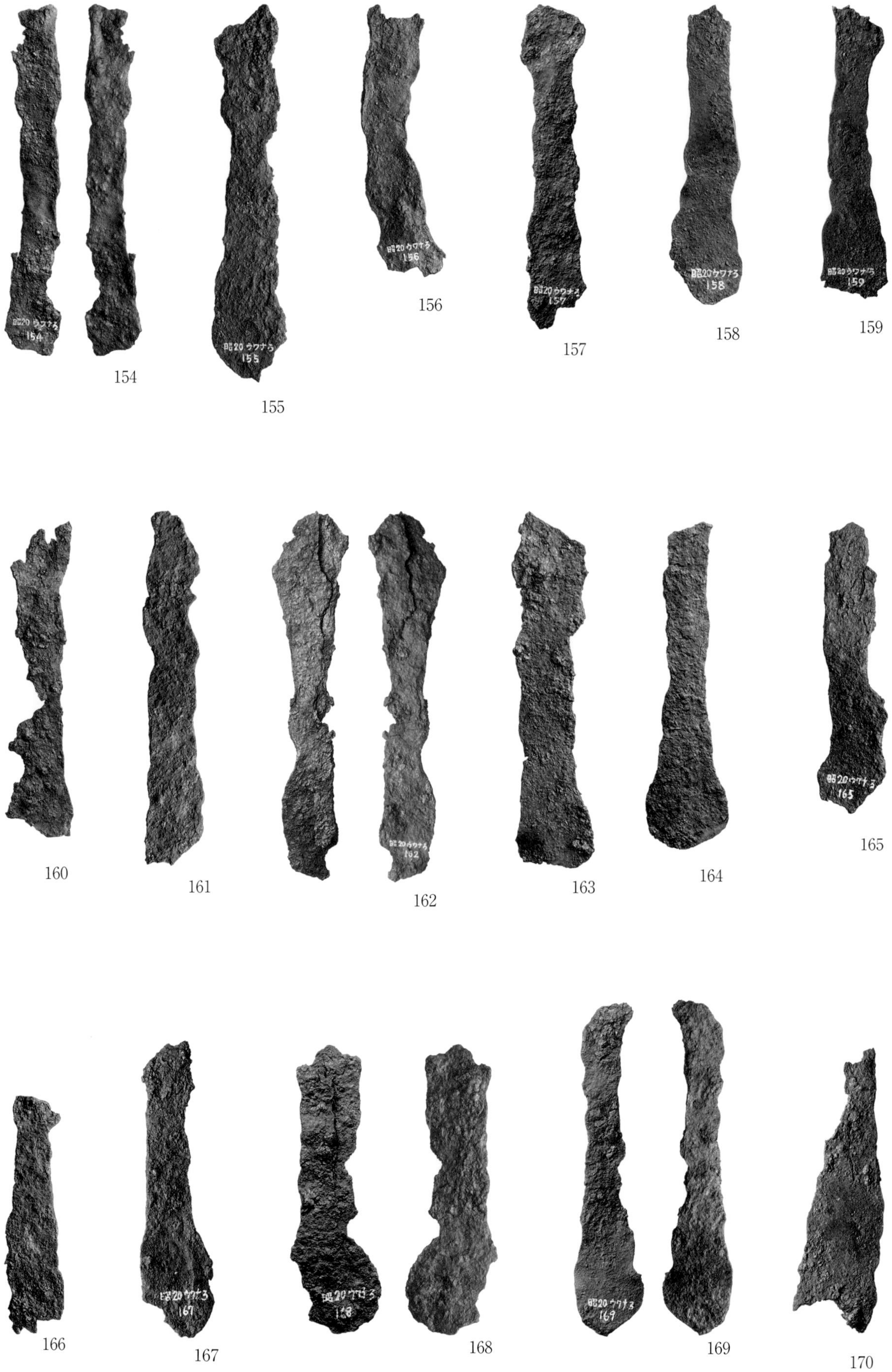
154
155
156
157
158
159
160
161
162
163
164
165
166
167
168
169
170

小鉄鋌　154～170

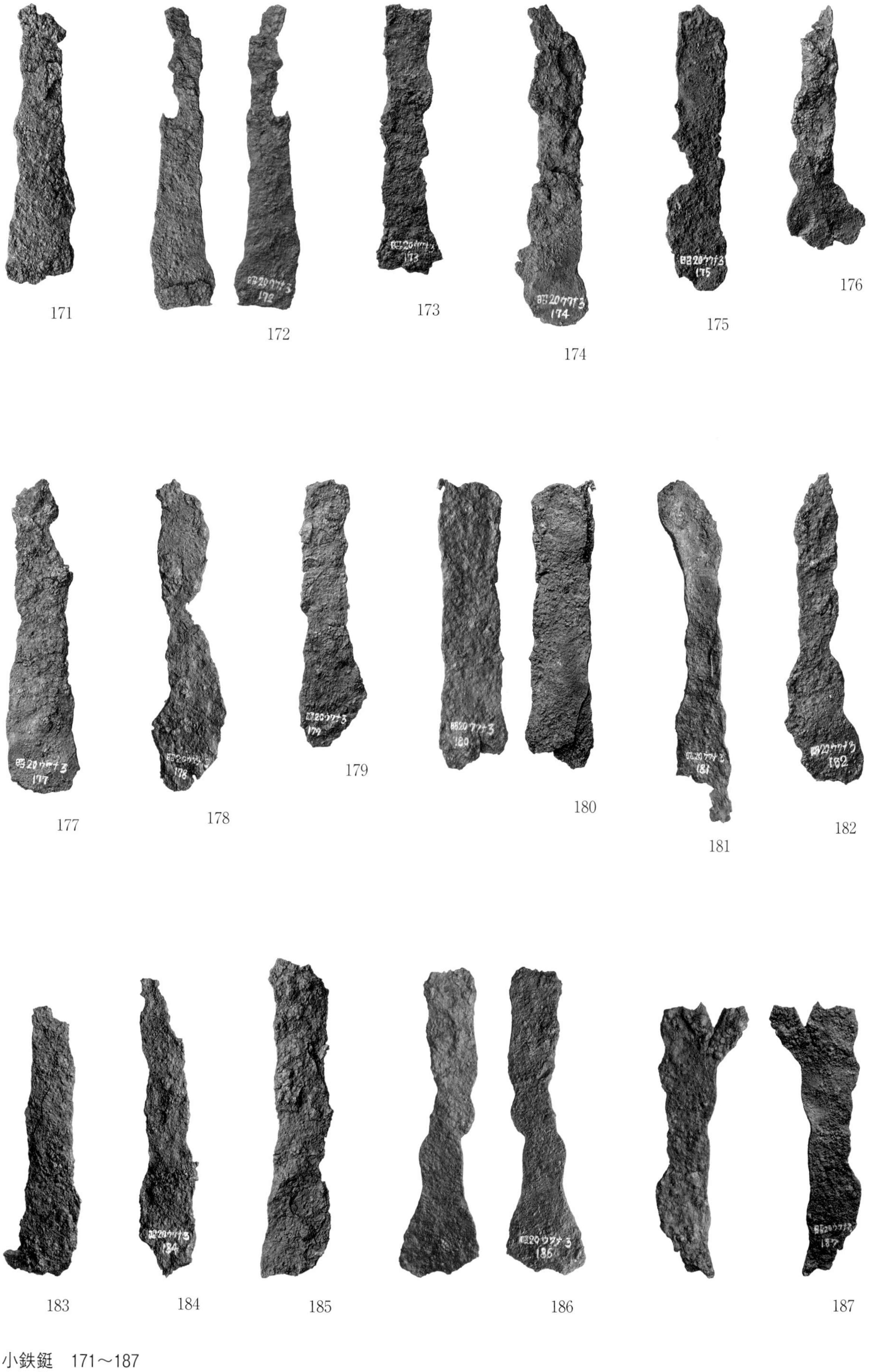
171
172
173
174
175
176
177
178
179
180
181
182
183
184
185
186
187

小鉄鋌　171～187

188

189

190

191

192

193

194

195

196

197

198

199

200

201

202

203

204

小鉄鋌　188〜204

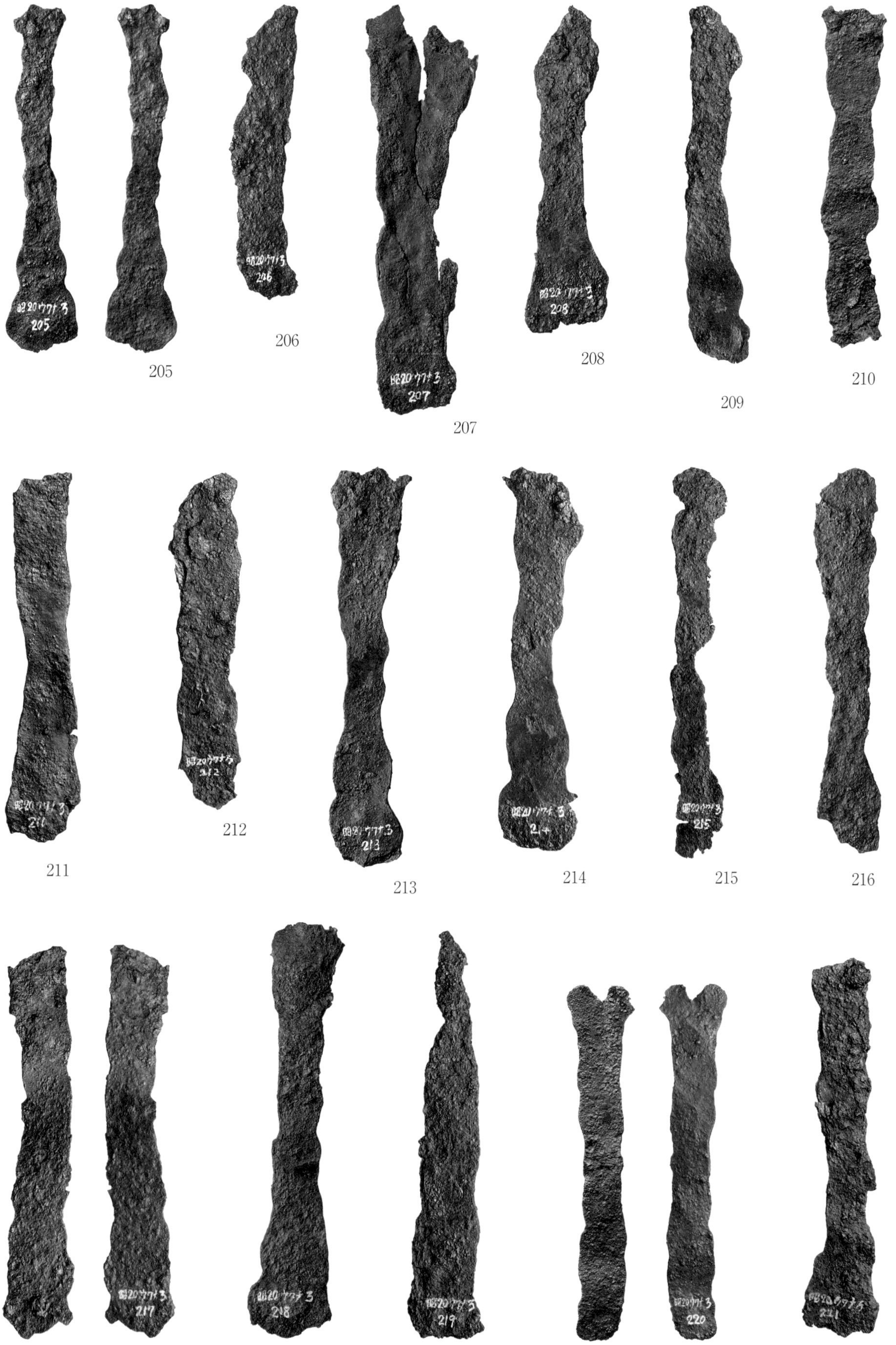

205　206　207　208　209　210

211　212　213　214　215　216

217　218　219　220　221

小鉄鋌　205～221

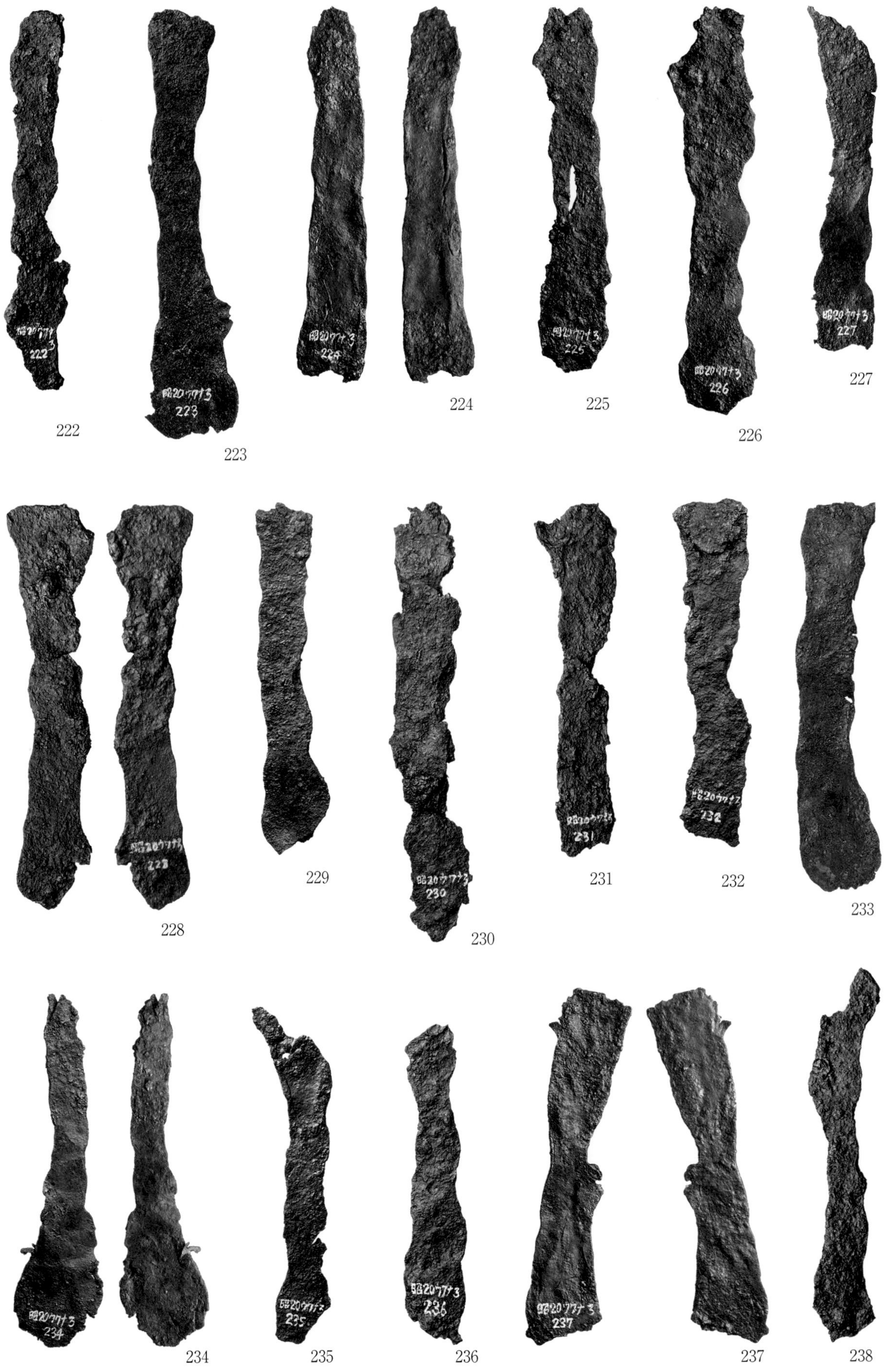
222
223
224
225
226
227
228
229
230
231
232
233
234
235
236
237
238

小鉄鋌　222～238

# 図版55

出土遺物　小鉄鋌（十五）

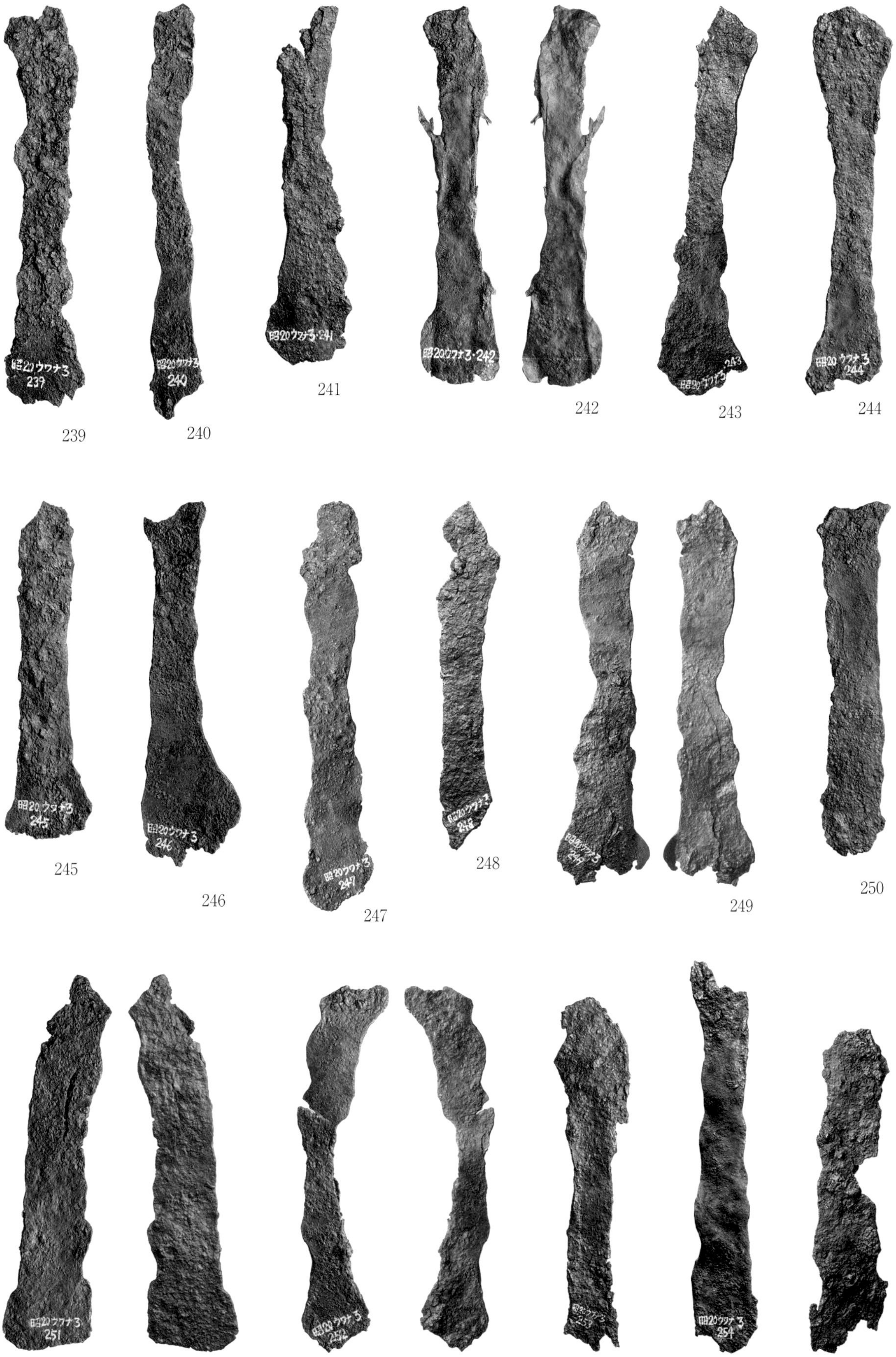


小鉄鋌　239～255

# 図版56

出土遺物　小鉄鋌（十六）

256　257　258　259　260　261

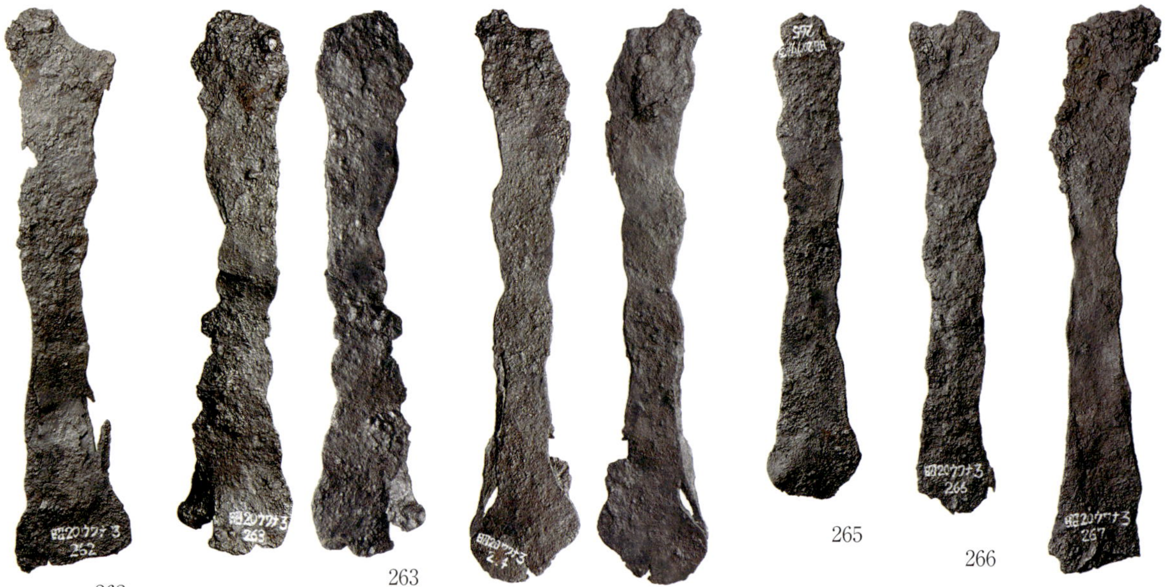

262　263　264　265　266　267

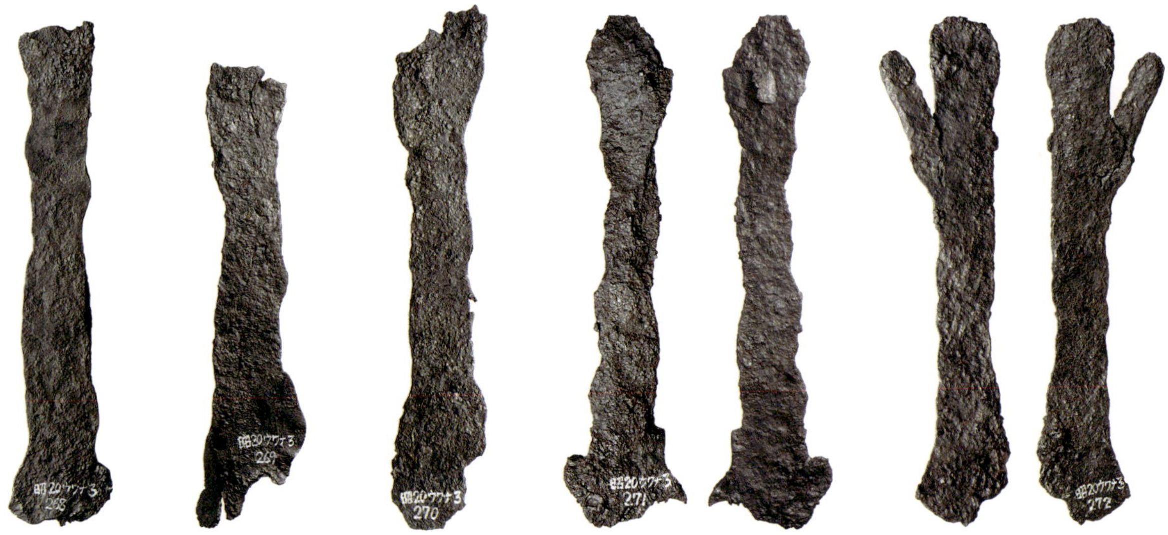

268　269　270　271　272

小鉄鋌　256～272

# 図版57

出土遺物　小鉄鋌（十七）

273　274　275　276　277　278

279　280　281　282　283　284

285　286　287　288　289

小鉄鋌　273〜289

# 図版58

出土遺物　小鉄鋌（十八）

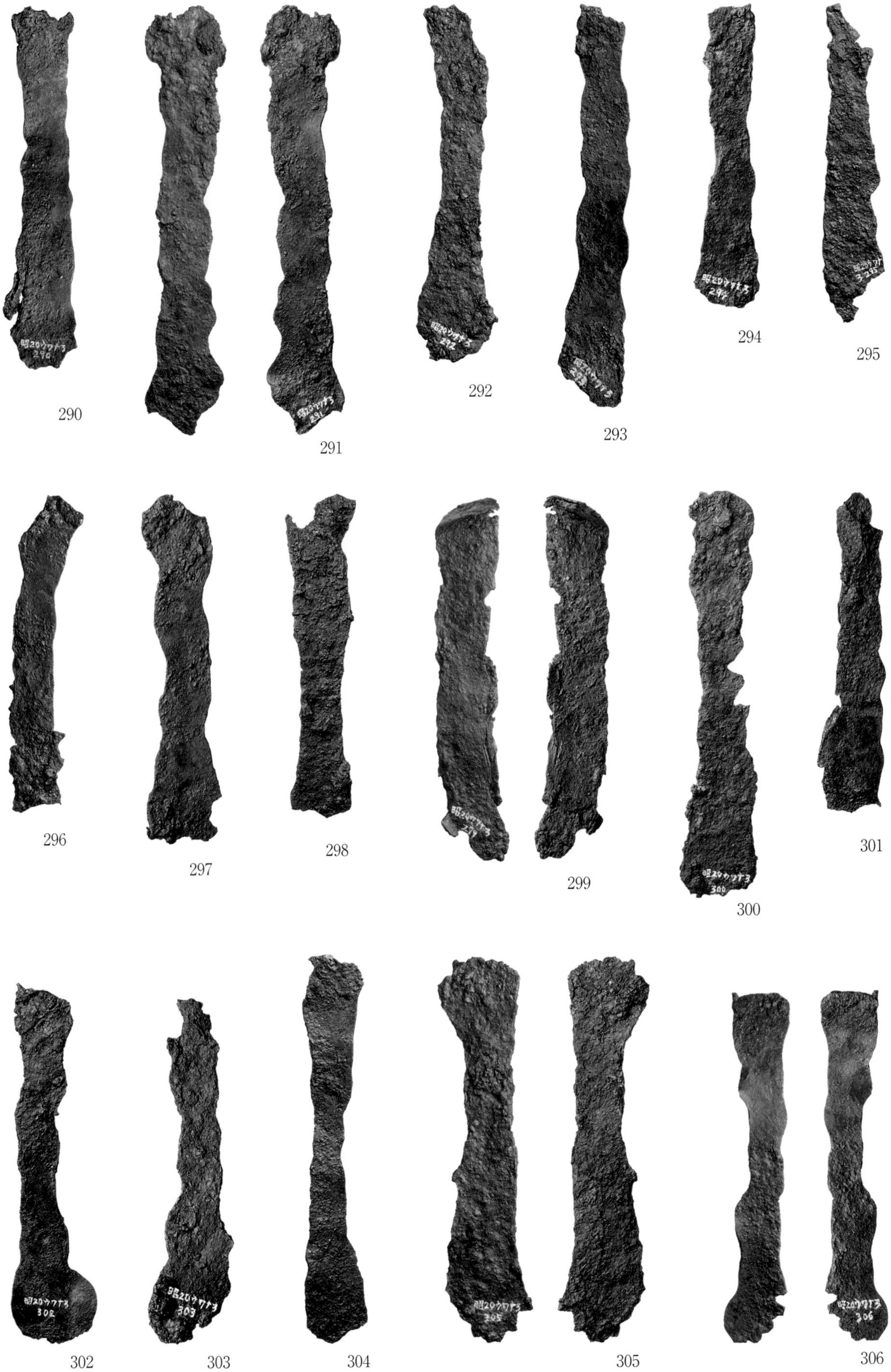


小鉄鋌　290～306

# 図版59

出土遺物　小鉄鋌（十九）

307

308

309

310

311

312

313

314

315

316

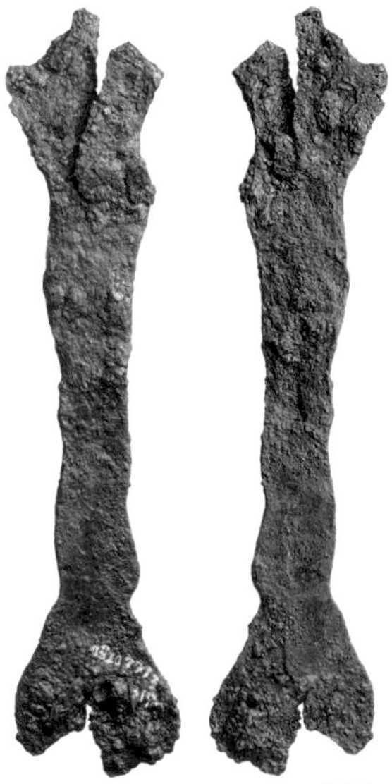

317

318

319

320

321

322

323

小鉄鋌　307～323

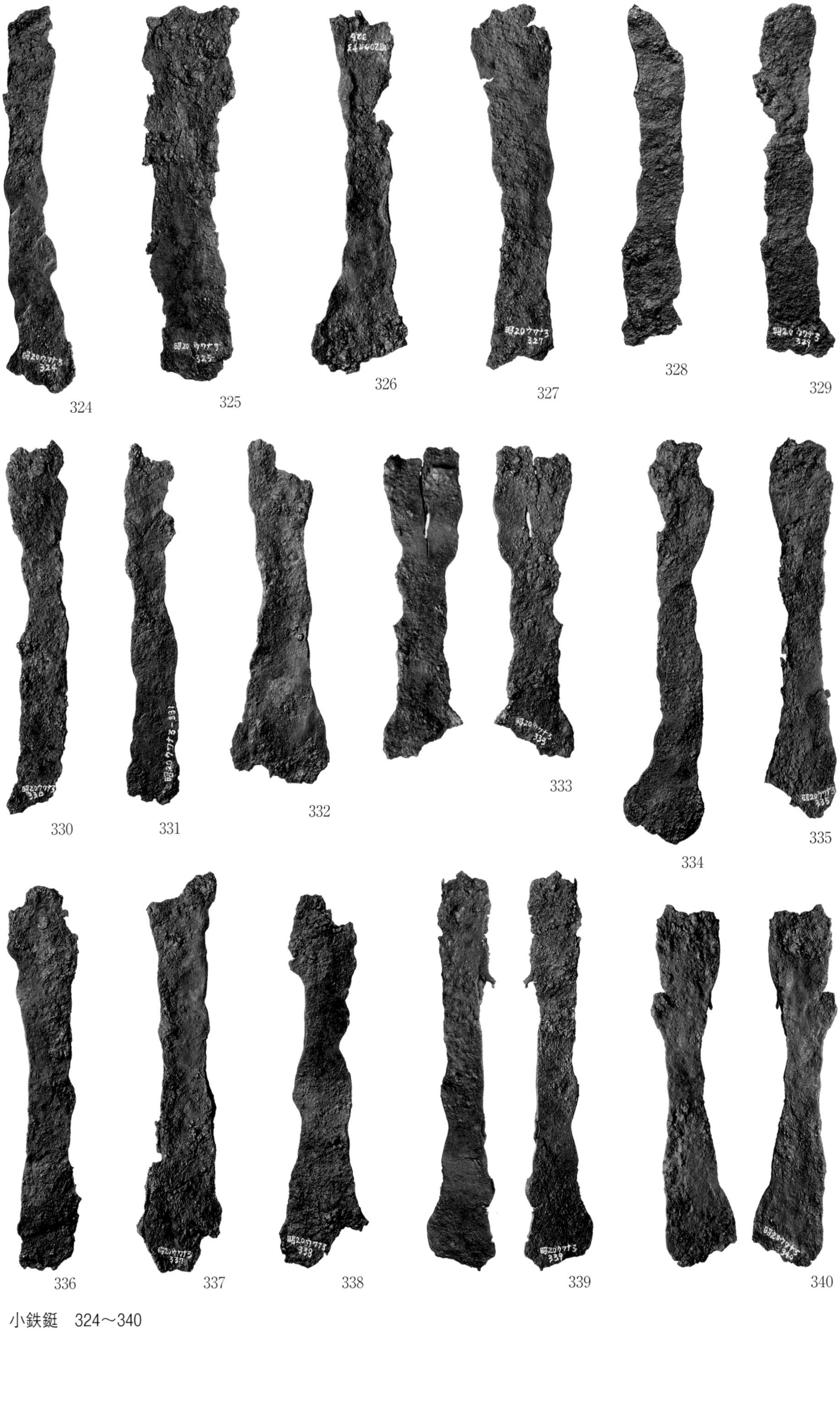
324
325
326
327
328
329
330
331
332
333
334
335
336
337
338
339
340

小鉄鋌　324～340

341

342

343

344

345

346

347

348

349

350

351

352

353

354

355

356

357

小鉄鋌　341～357

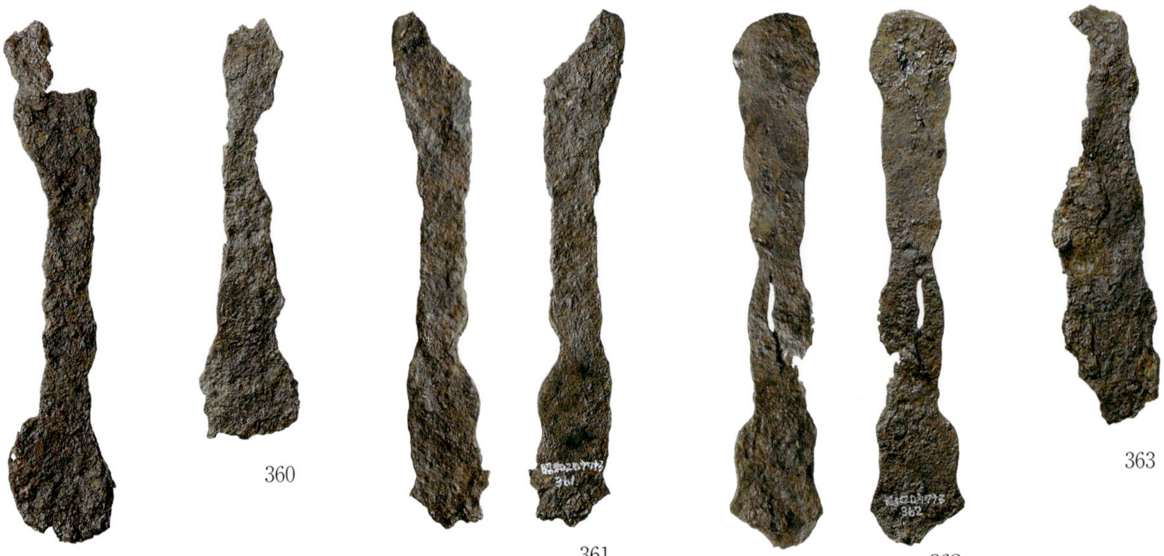

359　360　361　362　363

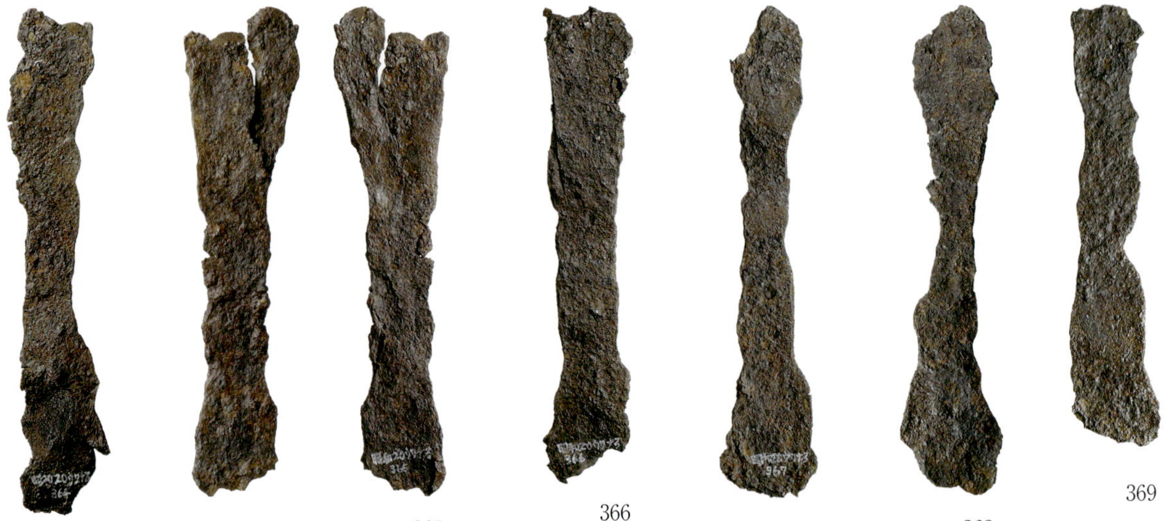

364　365　366　367　368　369

370　371　372　373　374

小鉄鋌　359～374

出土遺物　小鉄鋌（二十三）

375

376

377

378

379

380

381

382

383

384

385

386

387

388

389

390

391

小鉄鋌　375～391

# 図版64



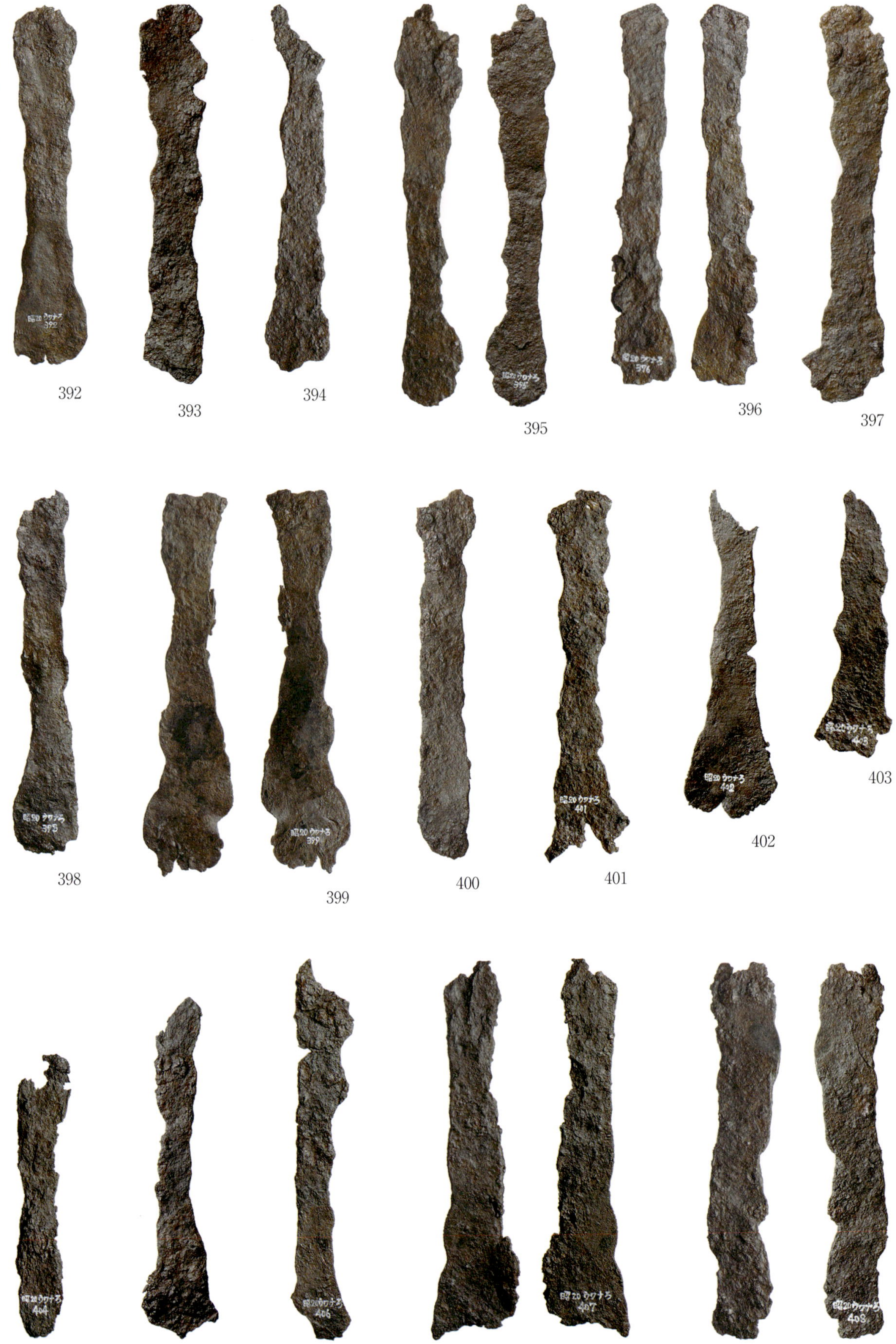


小鉄鋌　392 ～ 408

出土遺物　小鉄鋌（二十五）

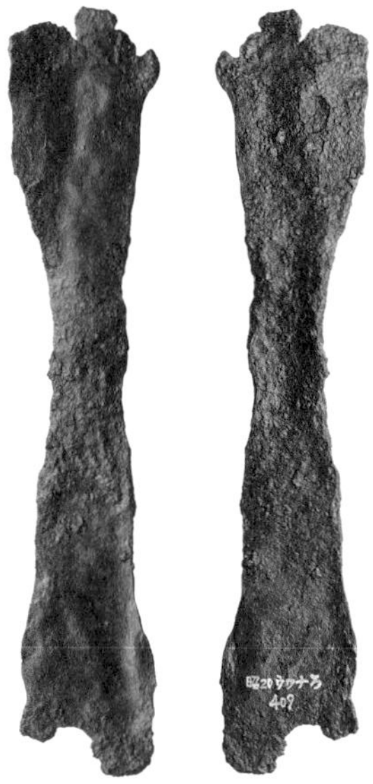
409

410

411

412

413

414

415

416

417

418

419

420

421

422

423

424

425

小鉄鋌　409 ～ 425

# 図版66

出土遺物　小鉄鋌（二十六）

426　427　428　429　430　431

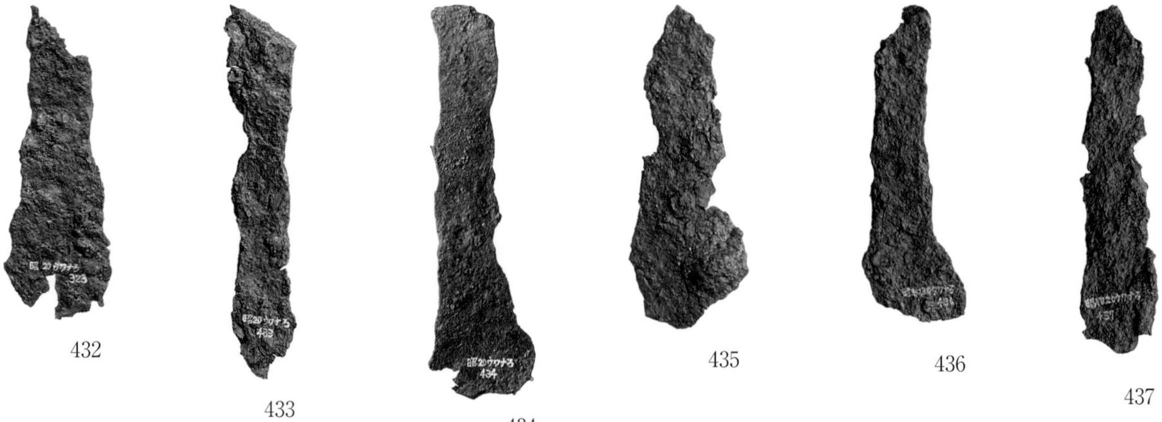

432　433　434　435　436　437

438　439　440　441　442　443

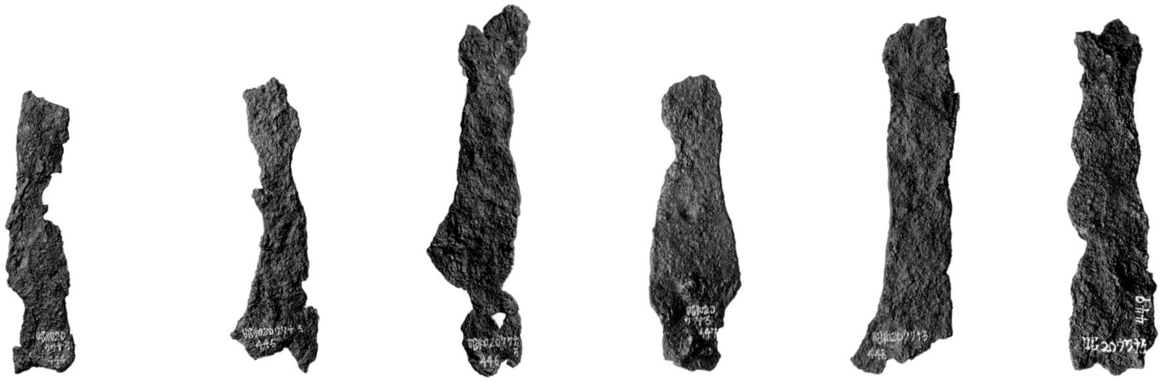

444　445　446　447　448　449

小鉄鋌　426 ～ 449

# 図版67

## 出土遺物　小鉄鋌（二十七）

450

451

452

453

454

455

456

457

458

459

460

461

462

463

464

465

466

467

468

469

470

471

472

473

小鉄鋌　450 ～ 473

# 図版68



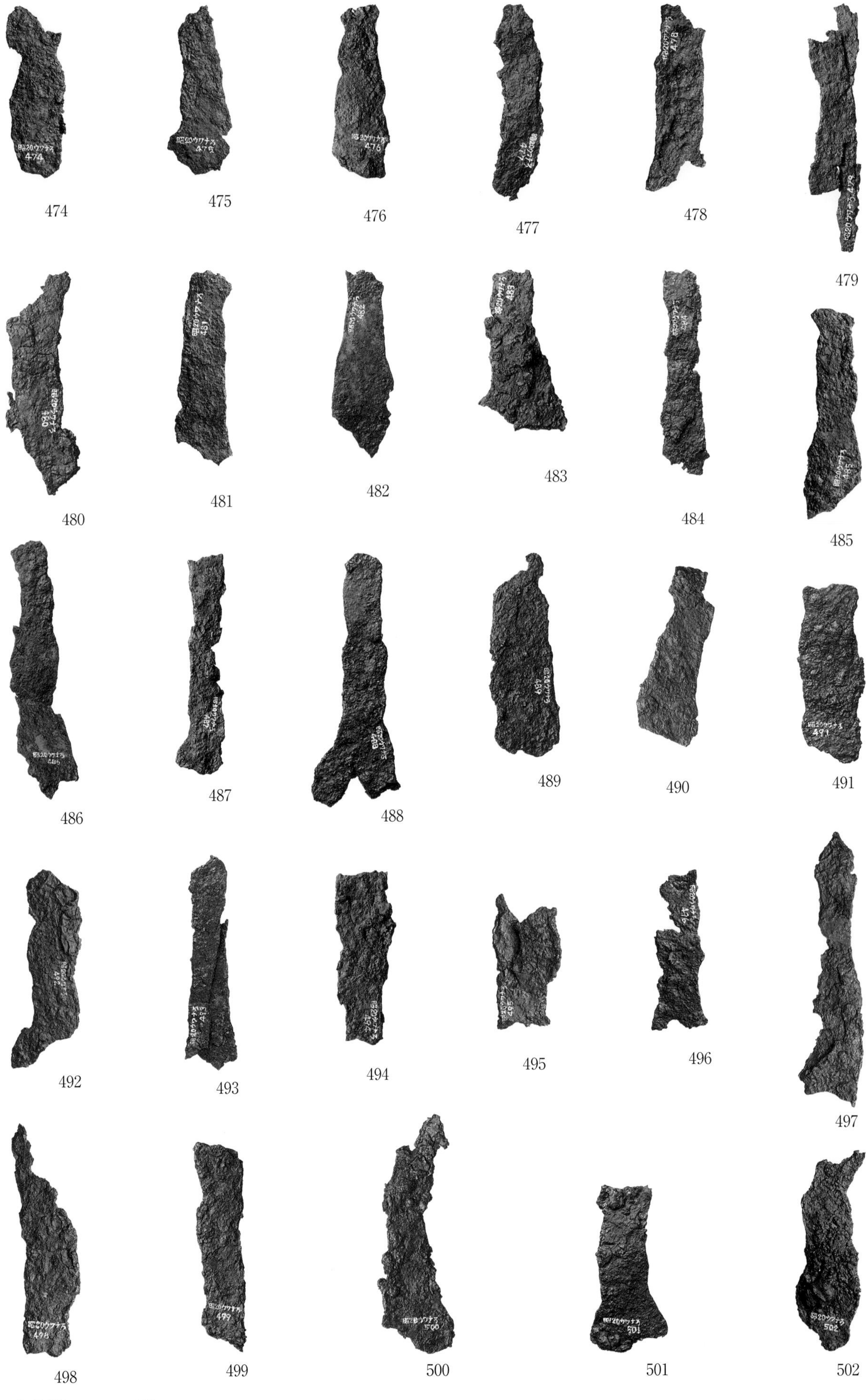


小鉄鋌　474～502

# 図版69

出土遺物　小鉄鋌（二十九）

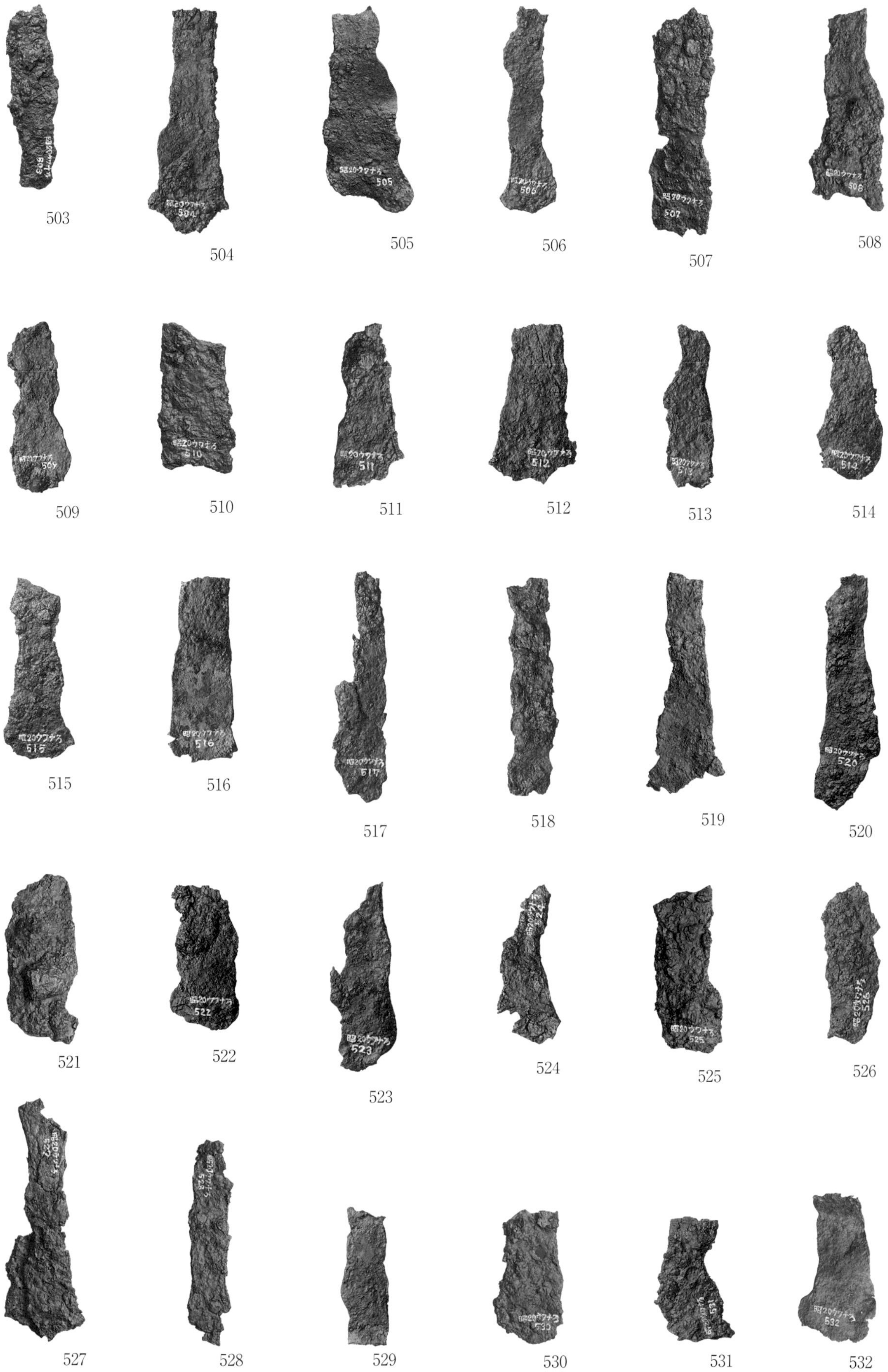

503　504　505　506　507　508

509　510　511　512　513　514

515　516　517　518　519　520

521　522　523　524　525　526

527　528　529　530　531　532

小鉄鋌　503～532

# 図版70

533

534

535

536

537

538

539

540

541

542

543

544

545

546

547

548

549

550

551

552

553

554

555

556

557

558

559

560

561

562

小鉄鋌　533 ～ 562

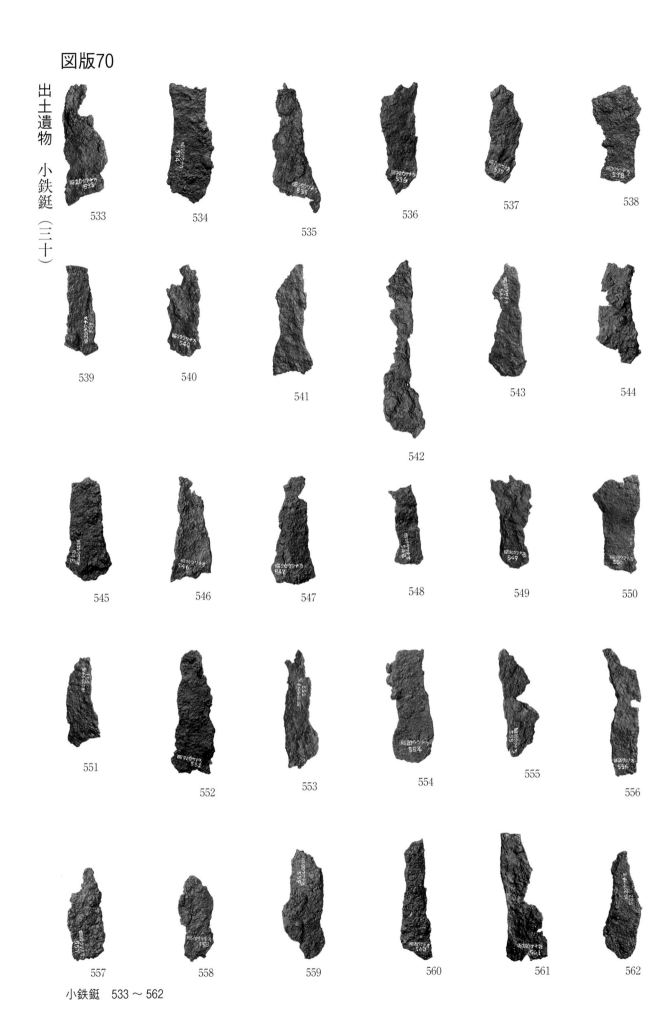

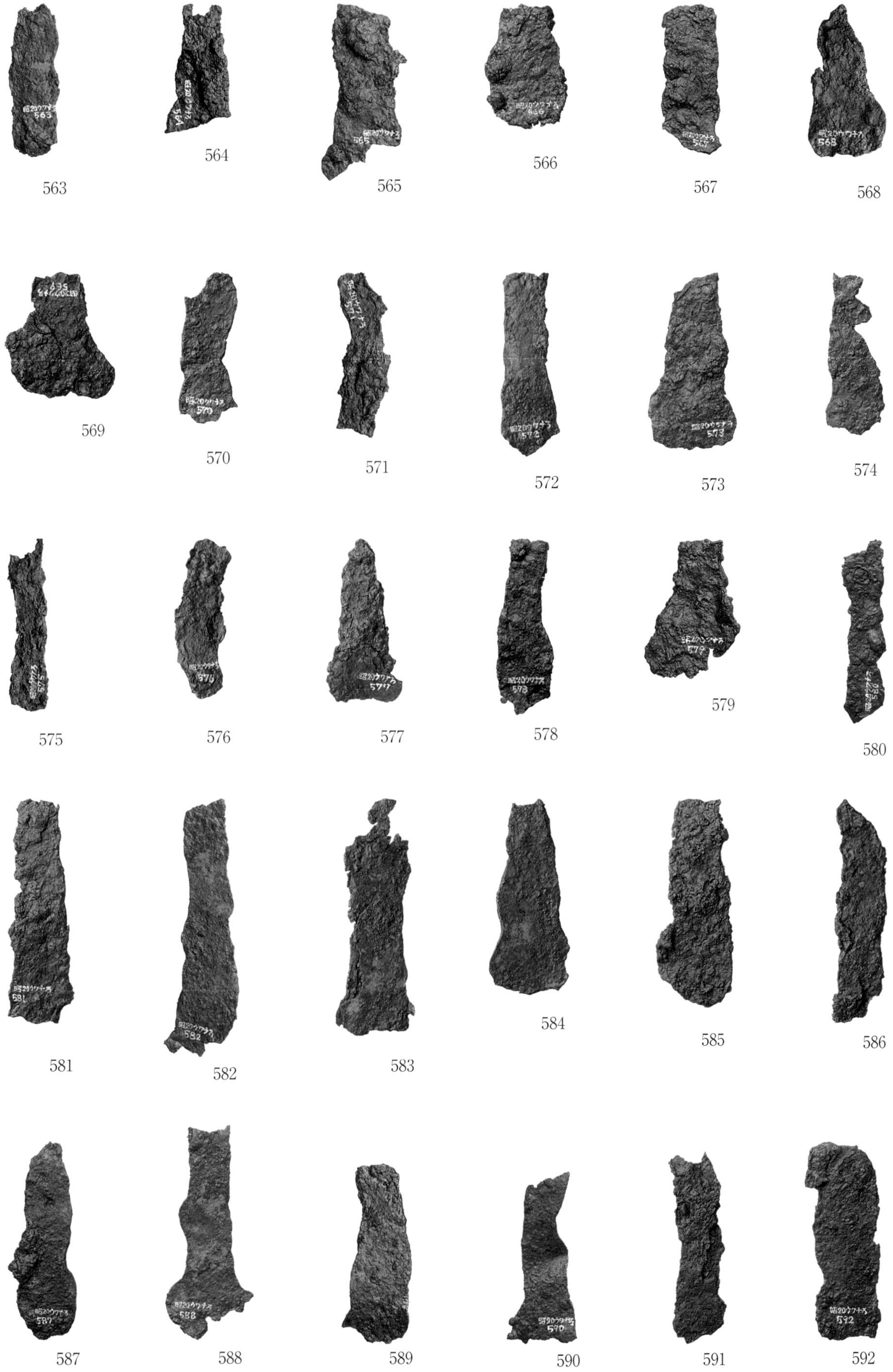
563
564
565
566
567
568
569
570
571
572
573
574
575
576
577
578
579
580
581
582
583
584
585
586
587
588
589
590
591
592

小鉄鋌　563～592

# 図版72



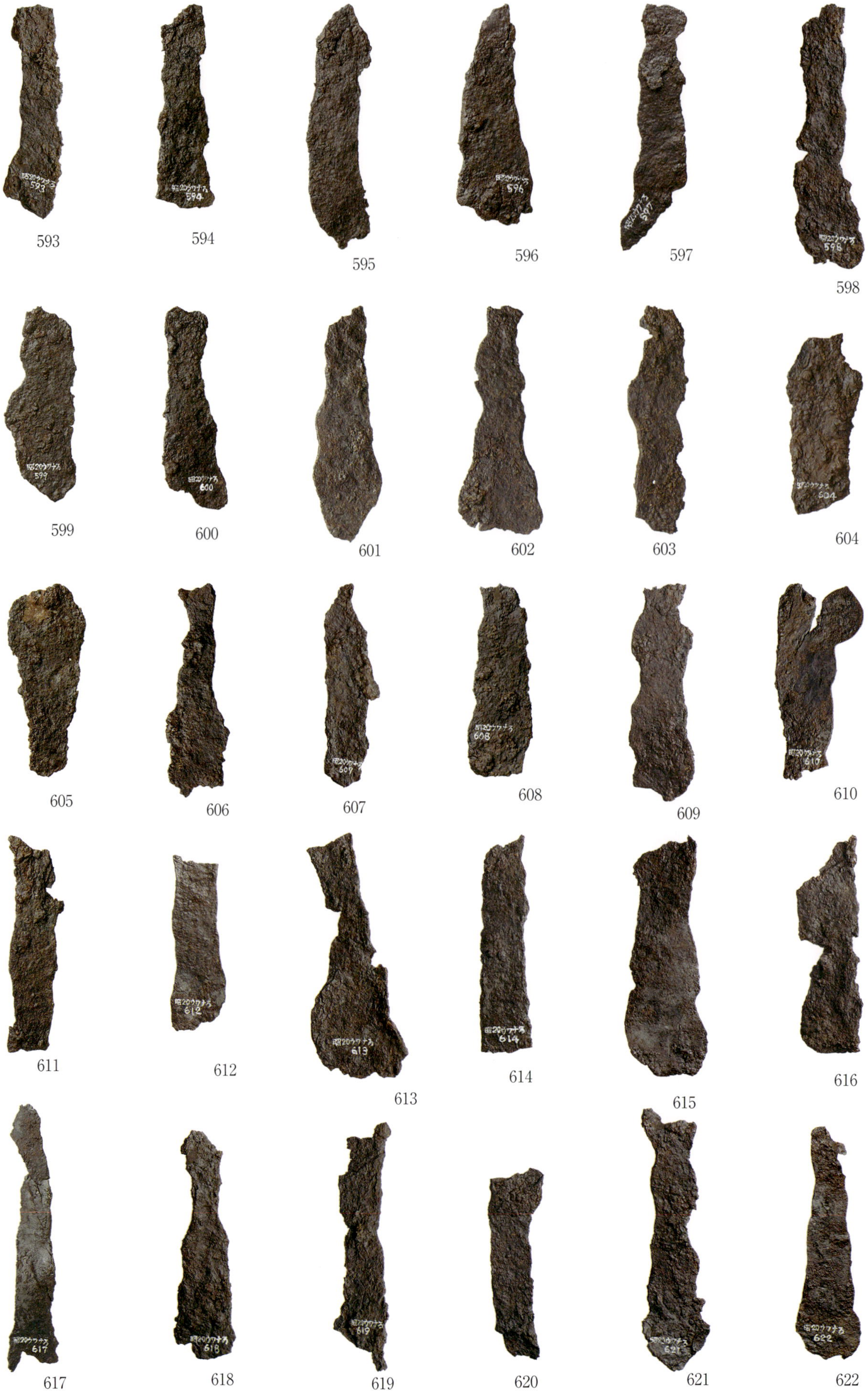


小鉄鋌　593～622

623

624

625

626

627

628

629

630

633

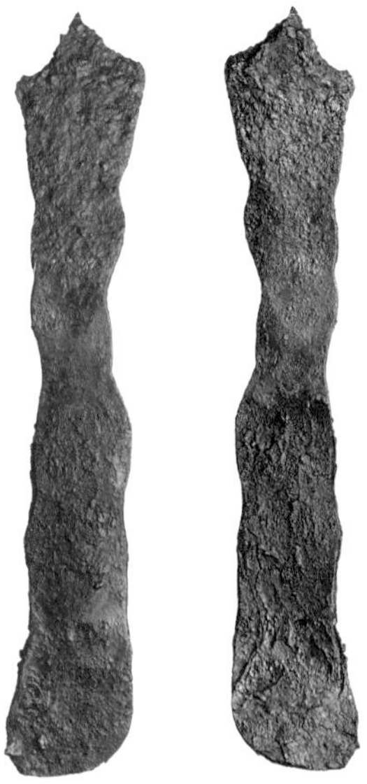
634

631

632

635

636

小鉄鋌　623～636

1　穂摘具（数字は実測図の番号と対応）

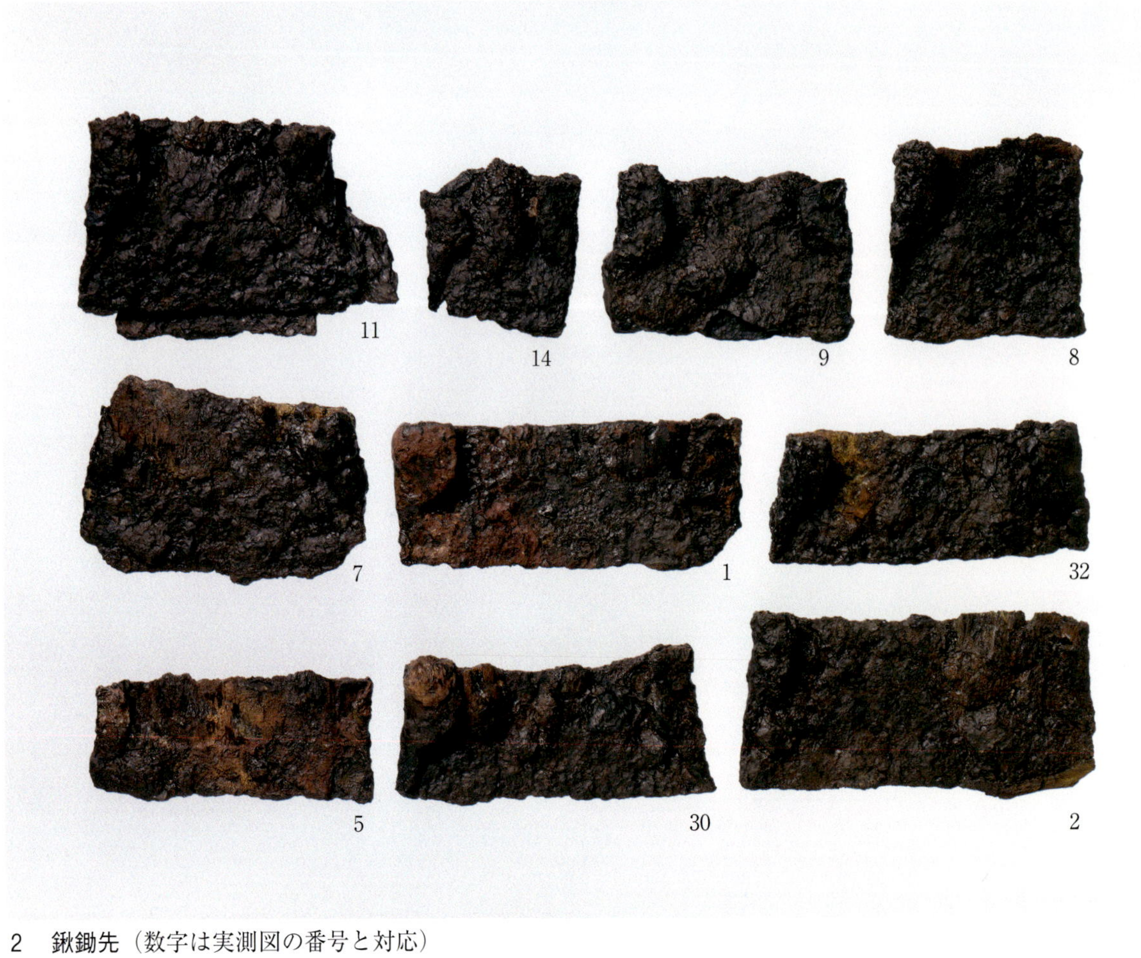


2　鍬鋤先（数字は実測図の番号と対応）

# 図版75

出土遺物　鉄製農工具（二）

1　鎌（数字は実測図の番号と対応）

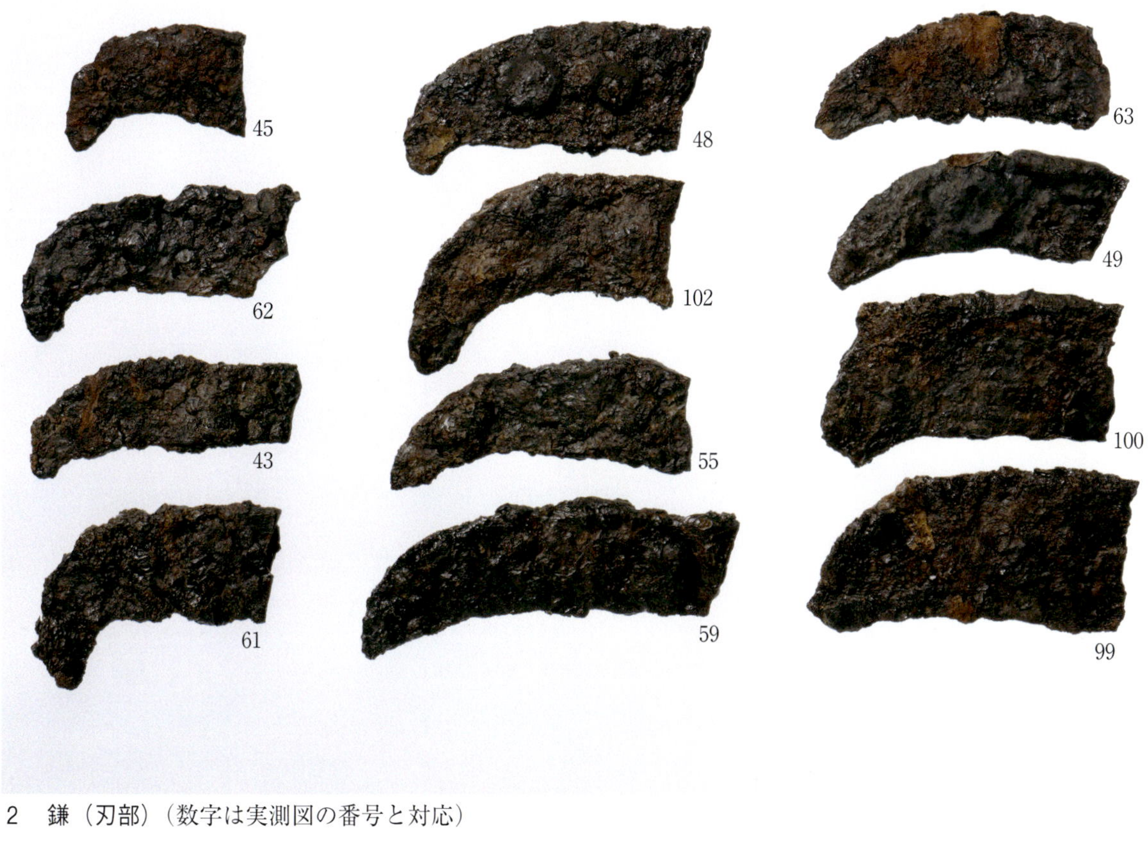


2　鎌（刃部）（数字は実測図の番号と対応）

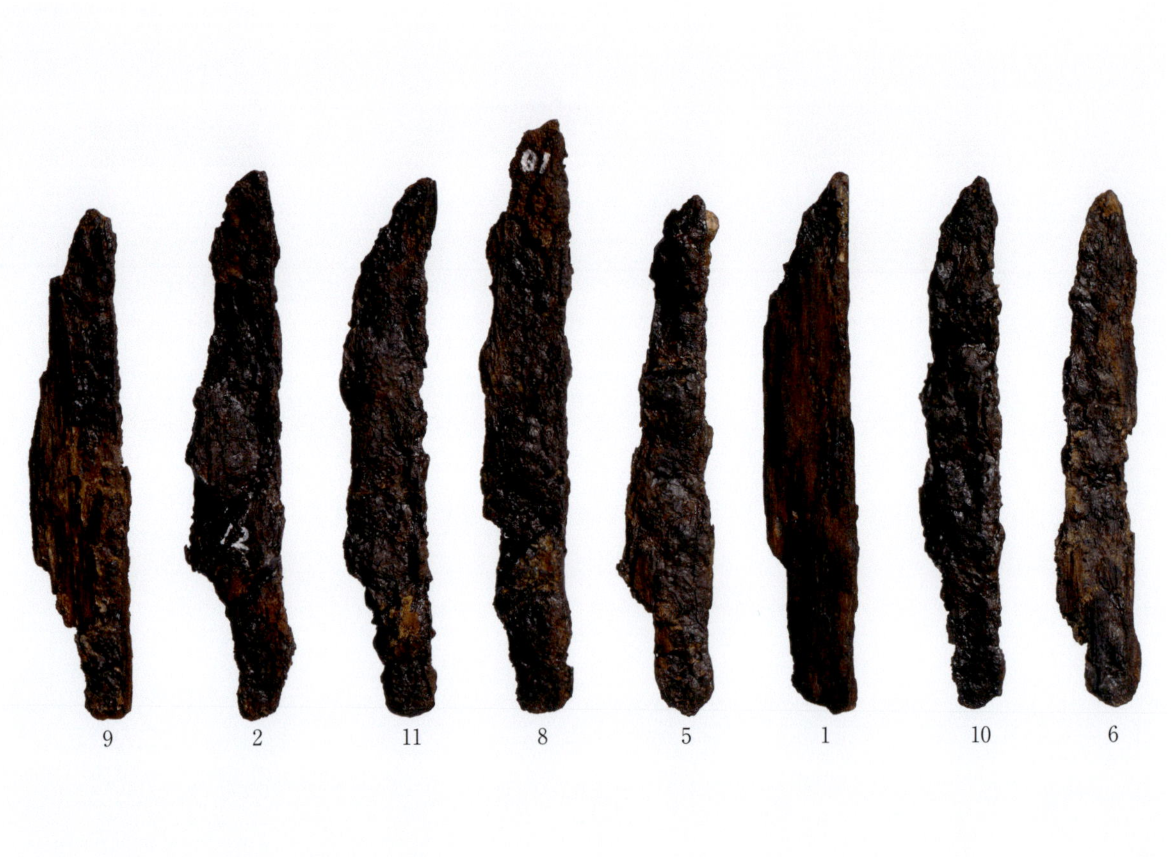


1　刀子（数字は実測図の番号と対応）

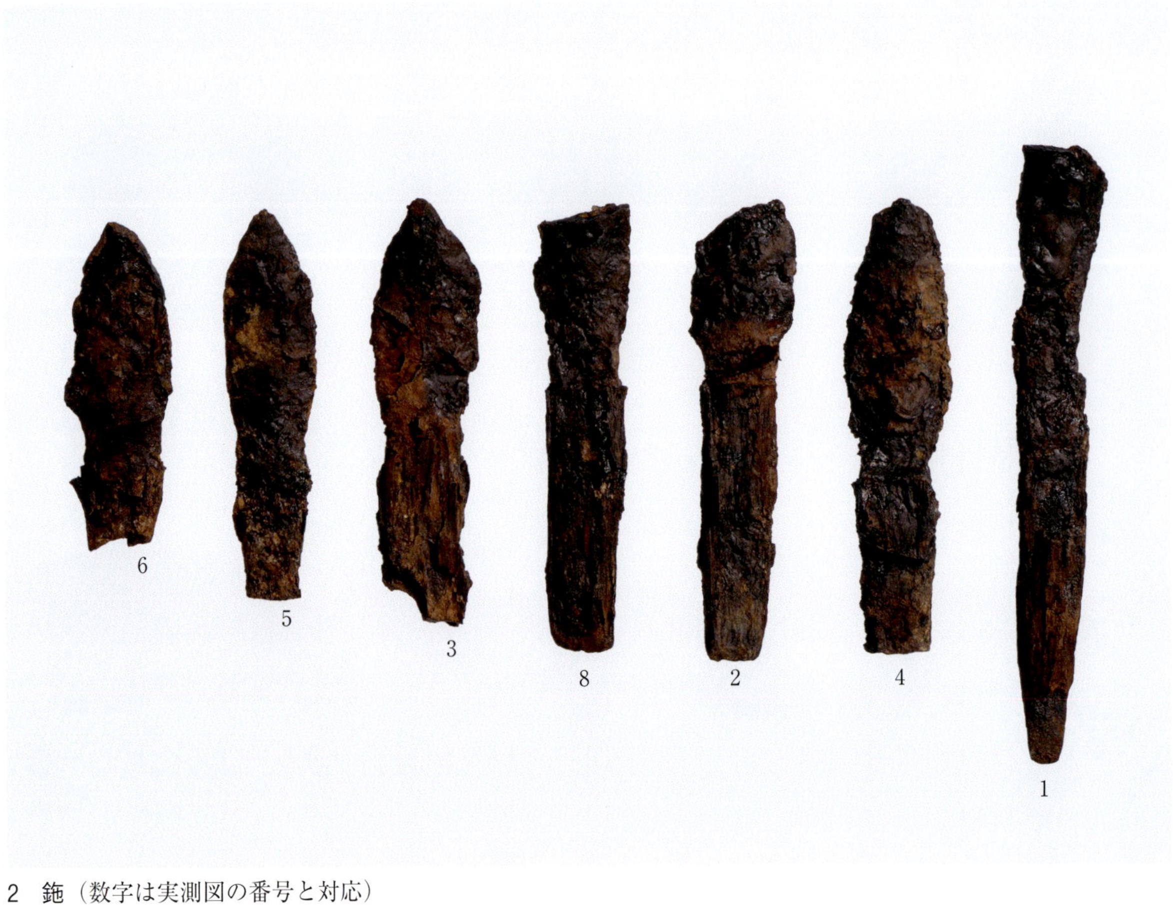


2　鉇（数字は実測図の番号と対応）

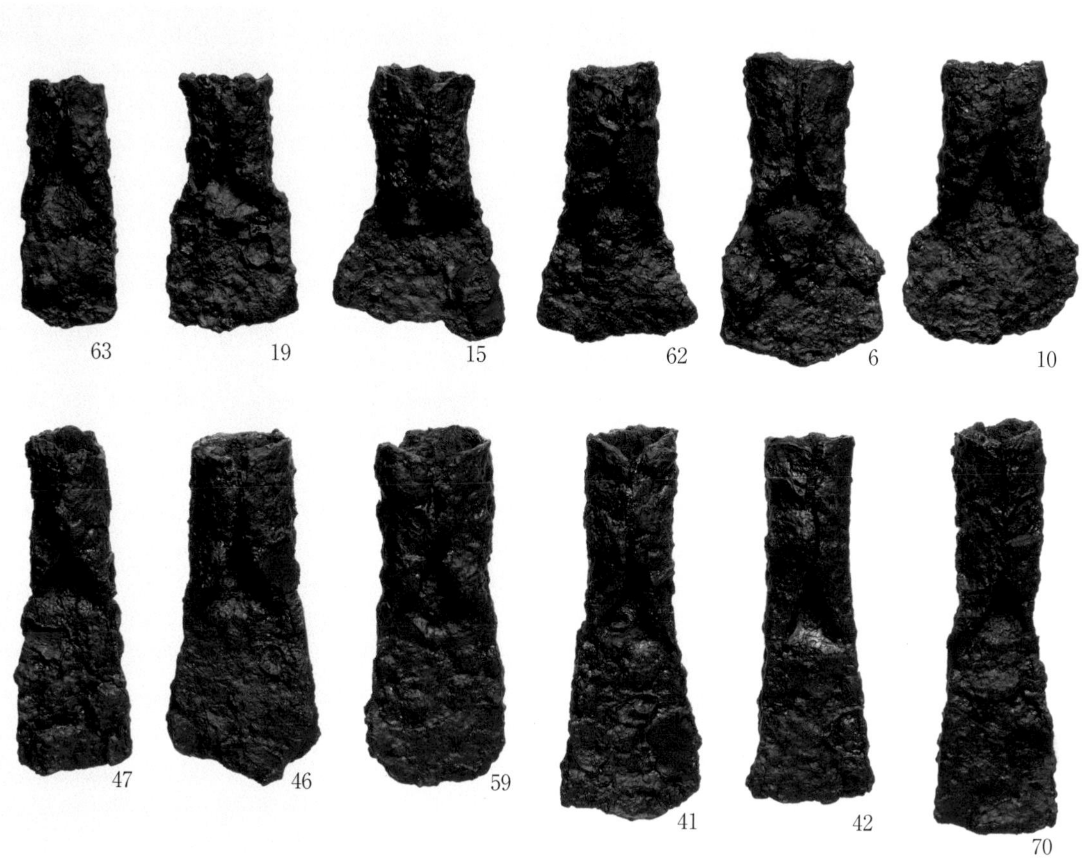


1　斧（数字は実測図の番号と対応）

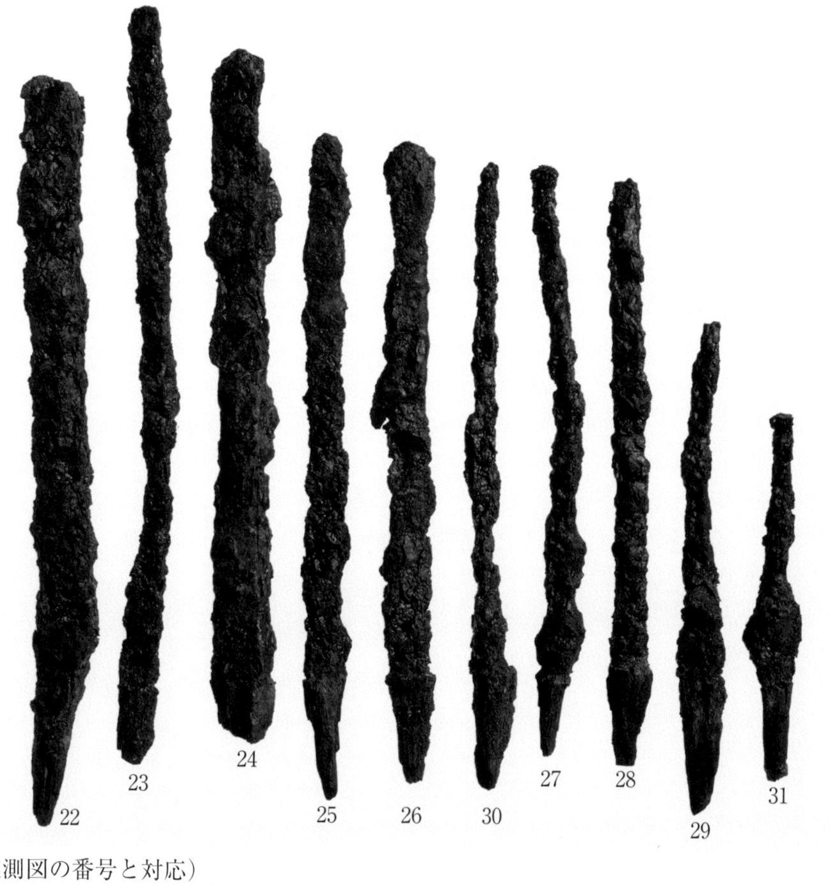


2　鑿（数字は実測図の番号と対応）

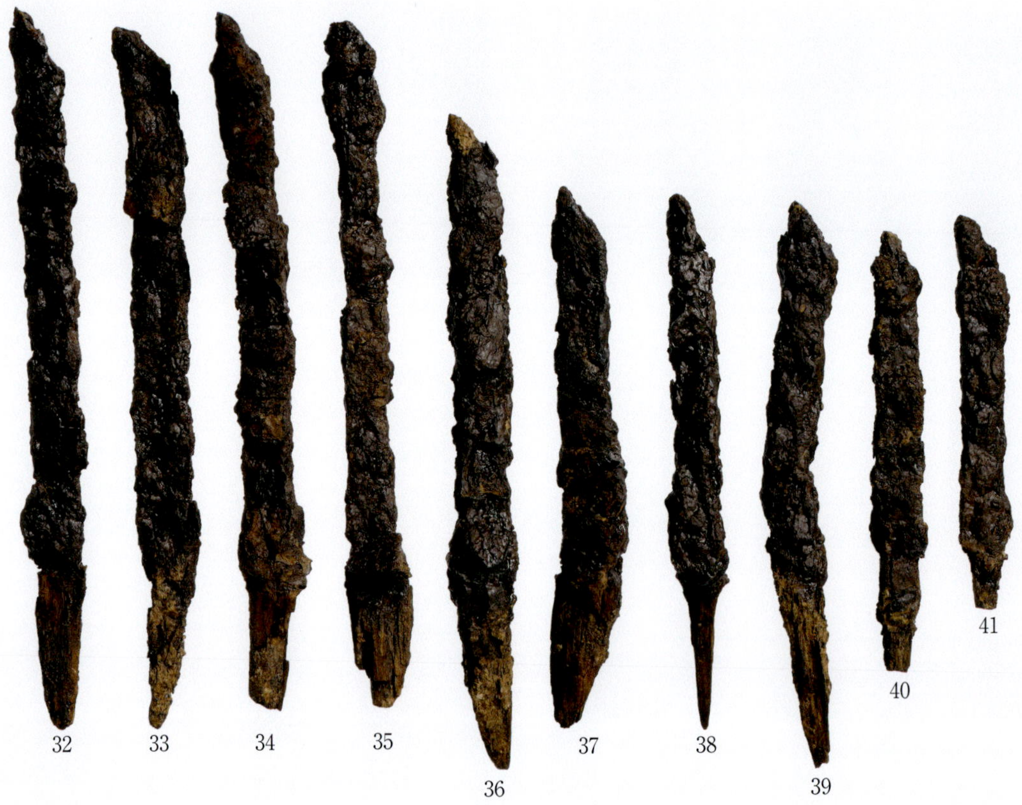


1　刀子状工具（数字は実測図の番号と対応）

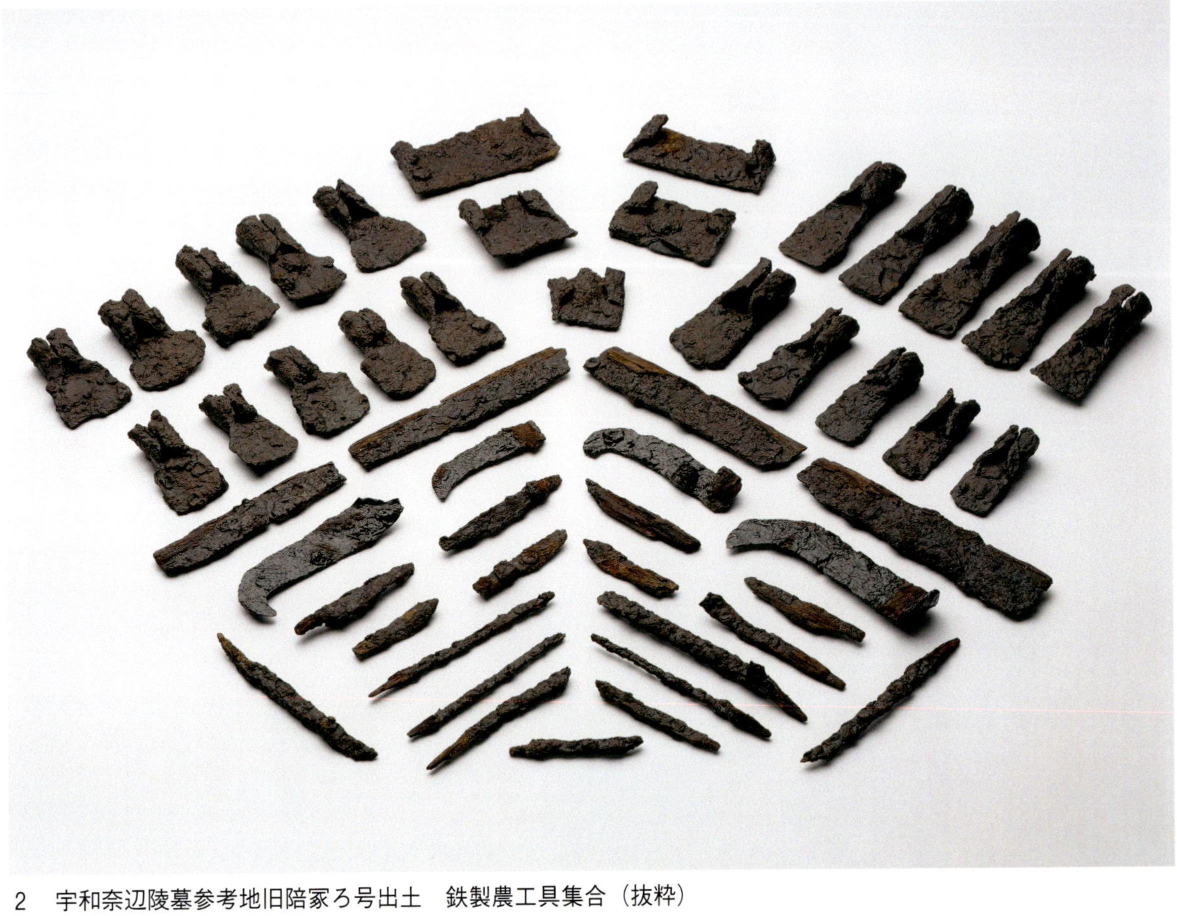

2　宇和奈辺陵墓参考地旧陪冢ろ号出土　鉄製農工具集合（抜粋）

1　石製模造品（集合）

2　石製模造品　斧形（表）

3　石製模造品　斧形（裏）

1　石製模造品　鎌形（表）

2　石製模造品　鎌形（裏）

1　盾形埴輪（1）〔旧陪冢ろ号出土〕

2　甲冑形埴輪　錣部分（2）〔旧陪冢ろ号出土〕

# 図版82

1　甲冑形埴輪　短甲部分（3）〔旧陪冢ろ号出土〕

2　円筒埴輪（5～7）〔伝・旧陪冢ろ号出土〕

1　朝顔形埴輪（8 ～ 10）〔伝・旧陪冢ろ号出土〕

2　家形埴輪（12）〔伝・旧陪冢ろ号出土〕

# 図版84

1　家形埴輪（13）〔伝・旧陪冢ろ号出土〕

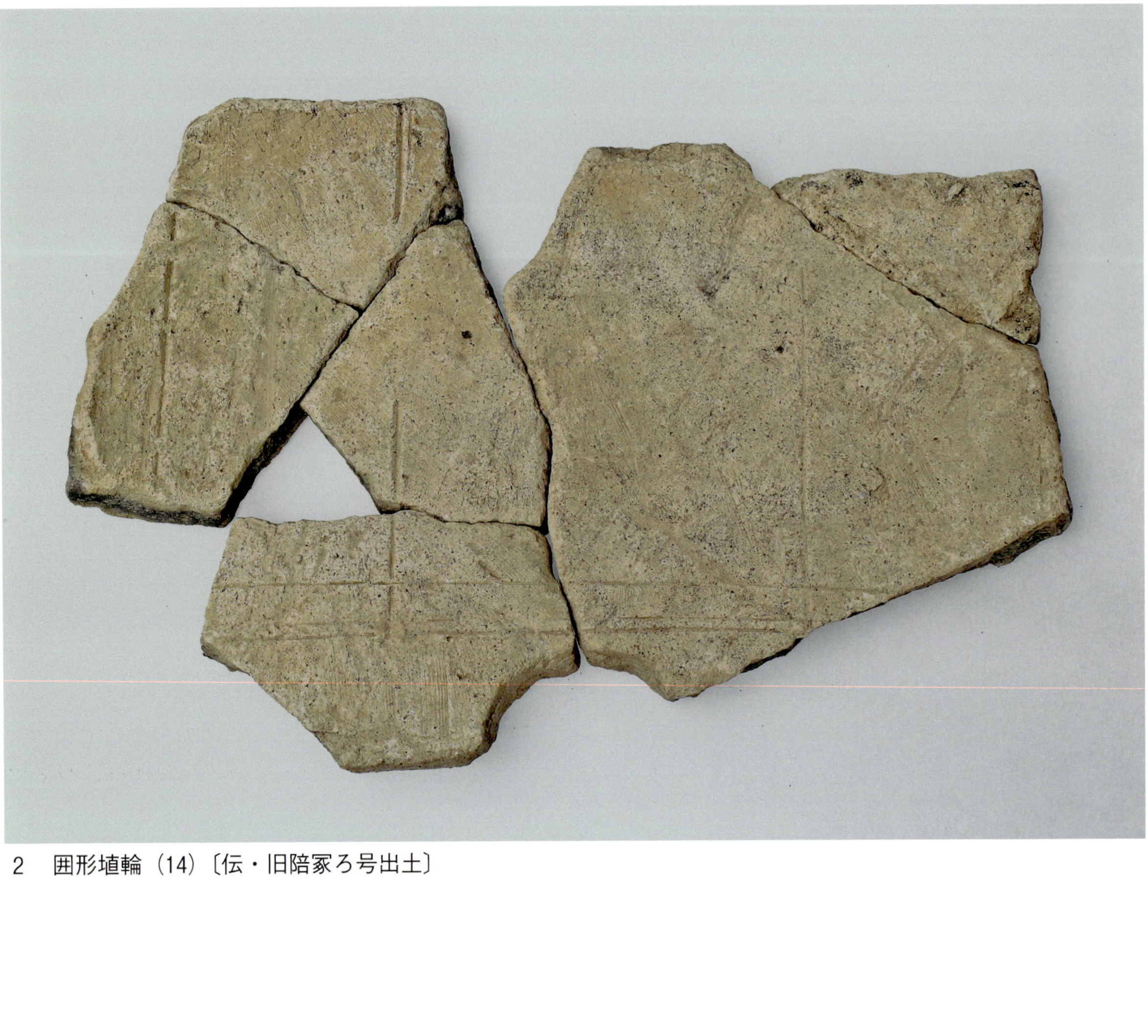

2　囲形埴輪（14）〔伝・旧陪冢ろ号出土〕

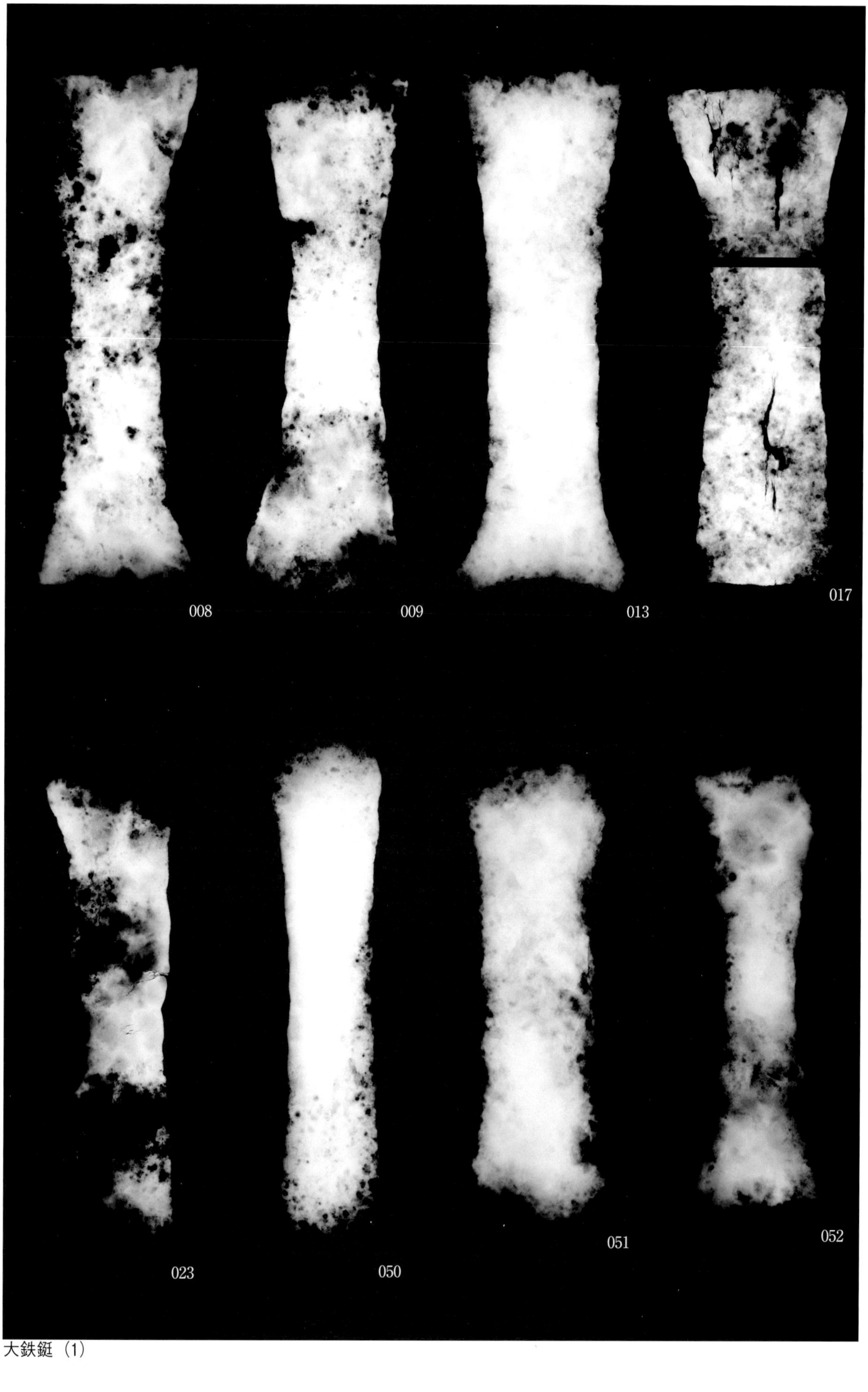
008
009
013
017
023
050
051
052

大鉄鋌（1）

# 図版86



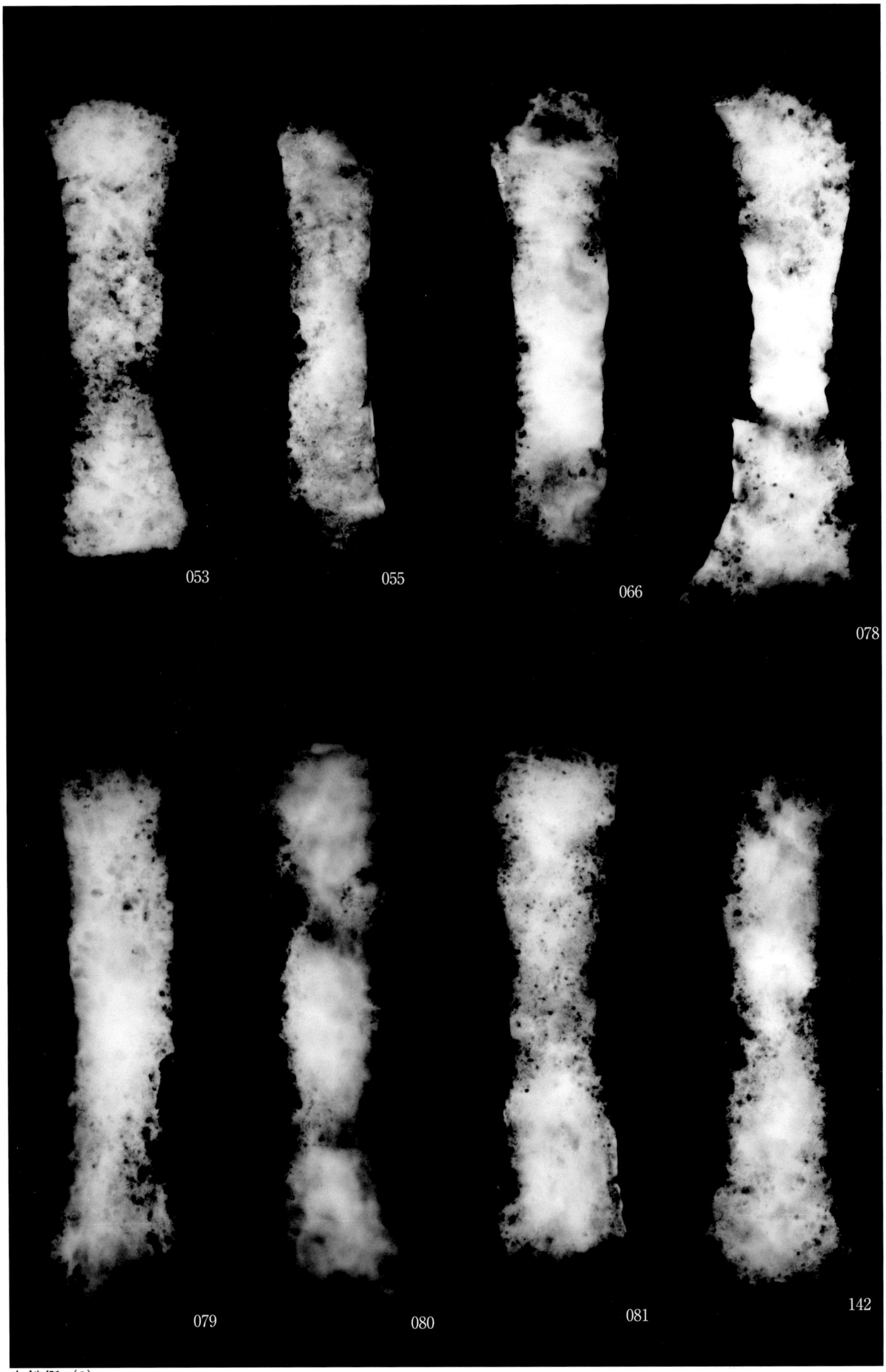


大鉄鋌（2）

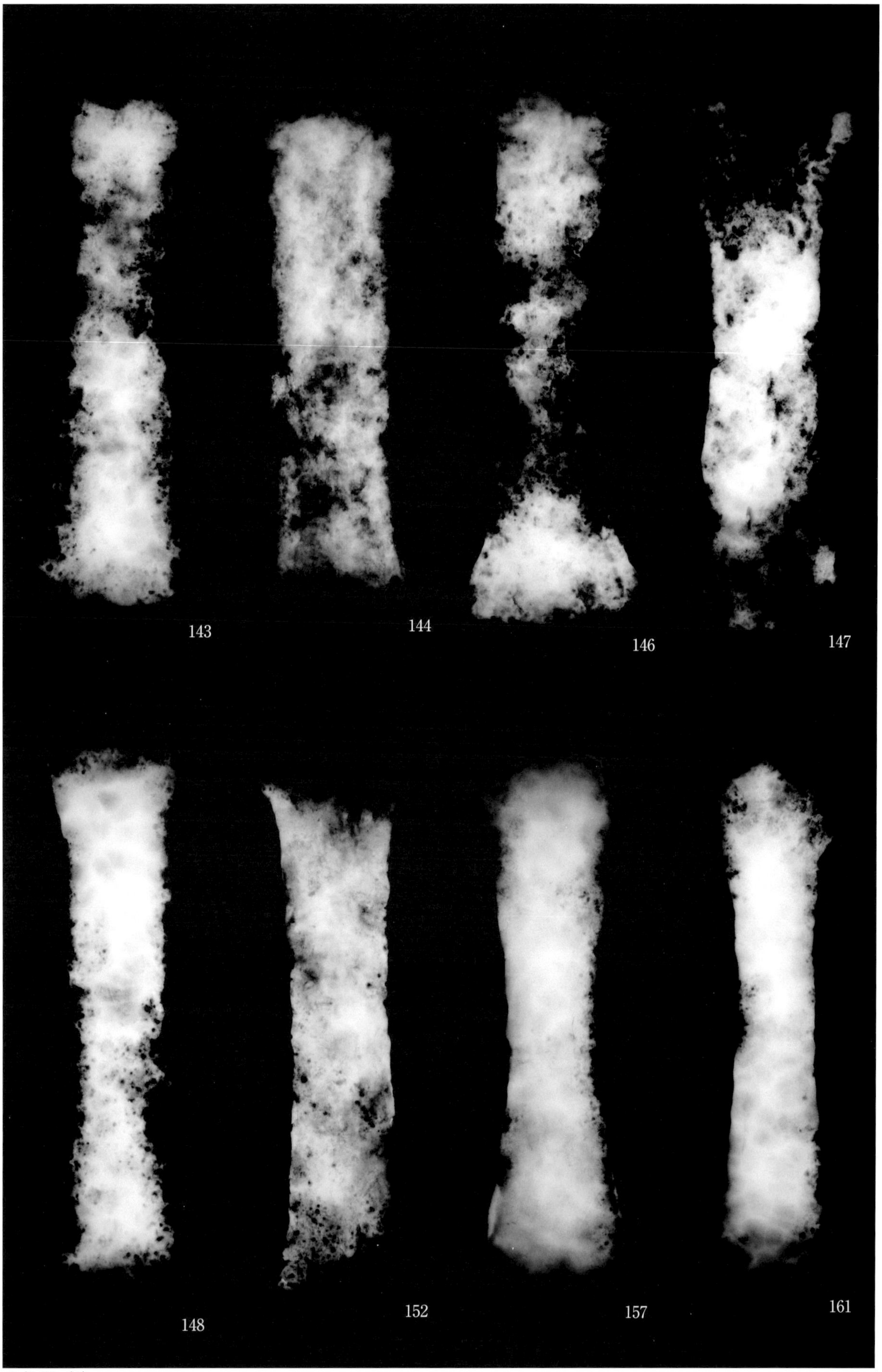


大鉄鋌（3）

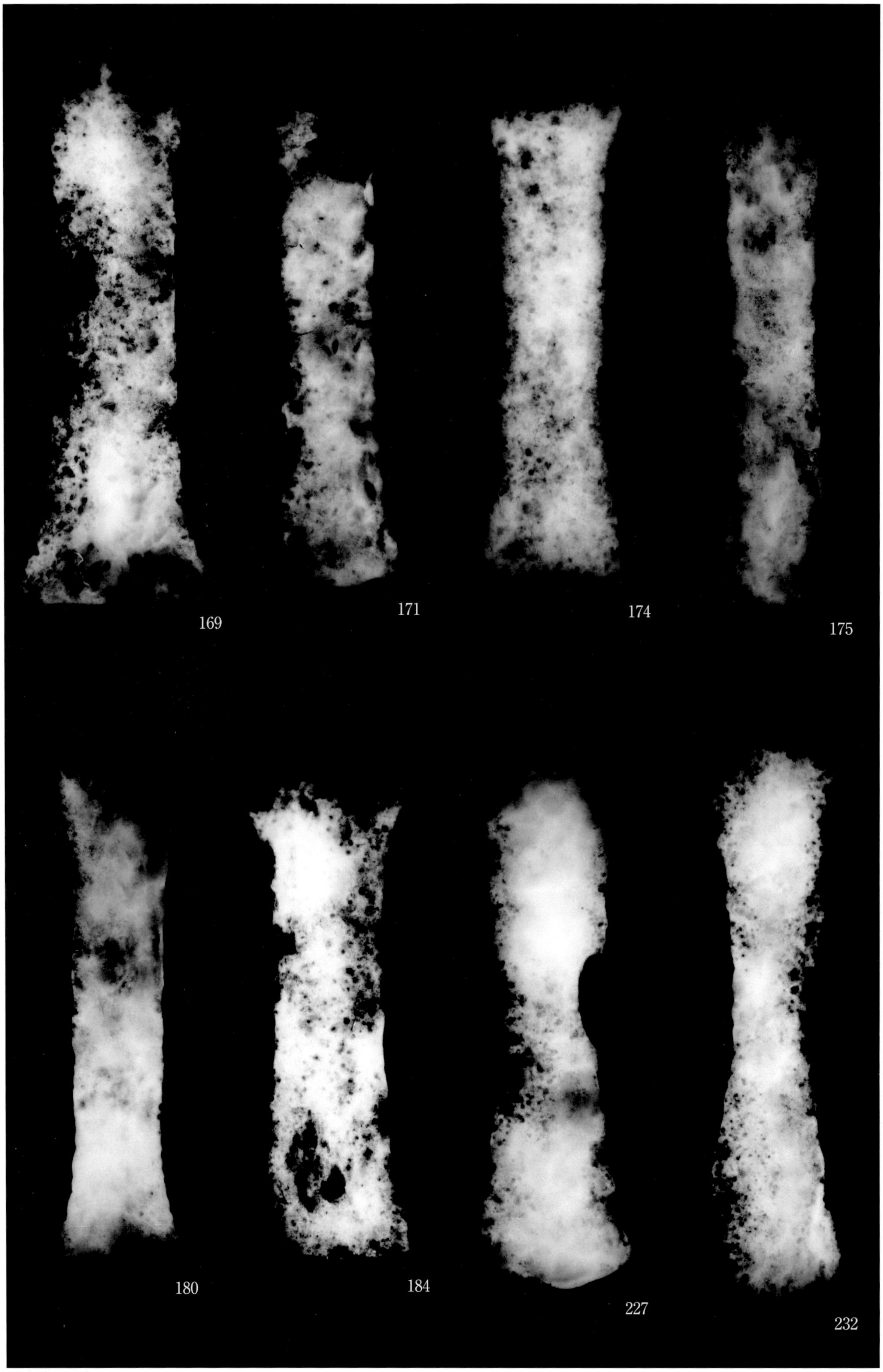


大鉄鋌（4）

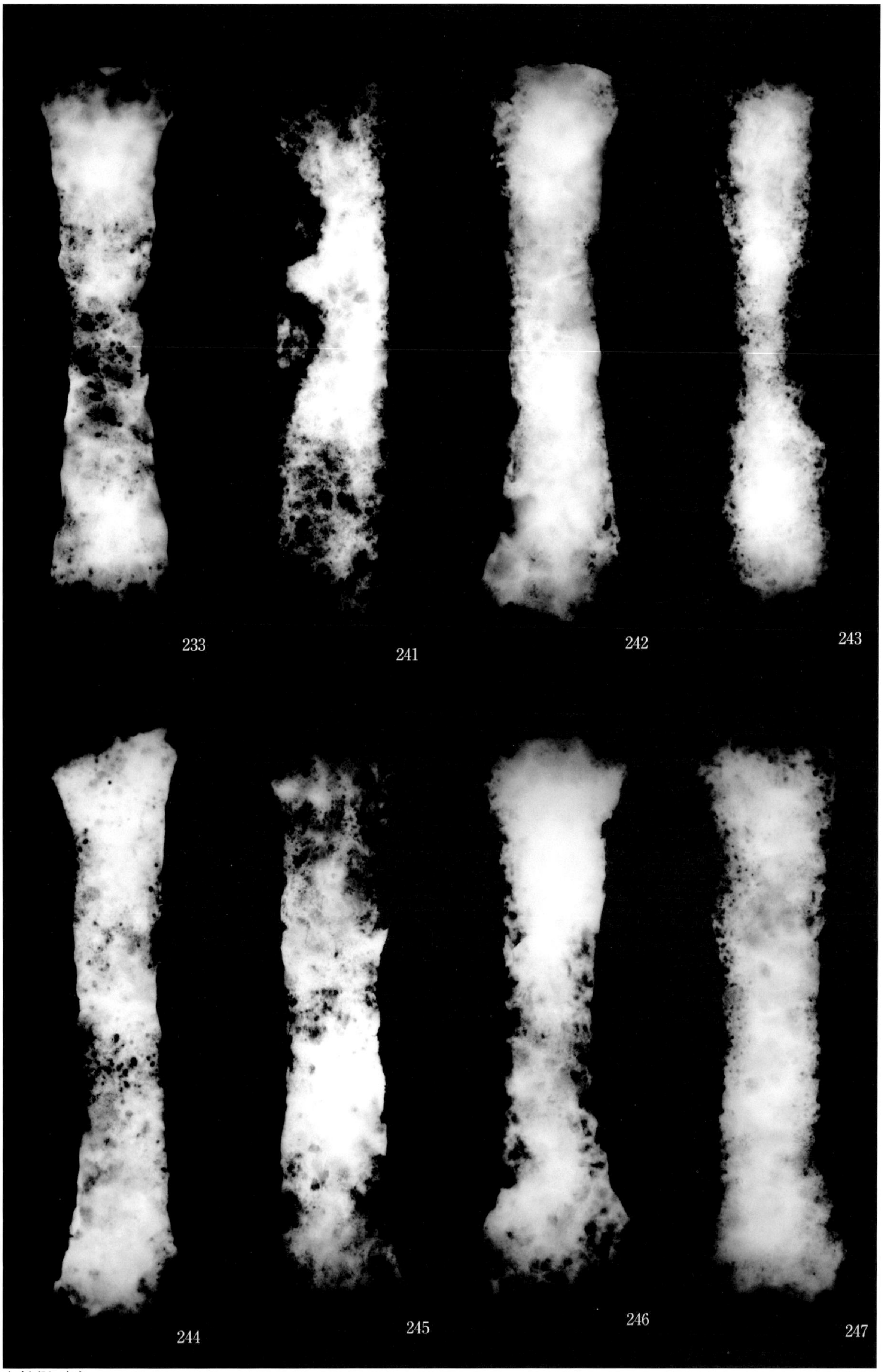


大鉄鋌（5）

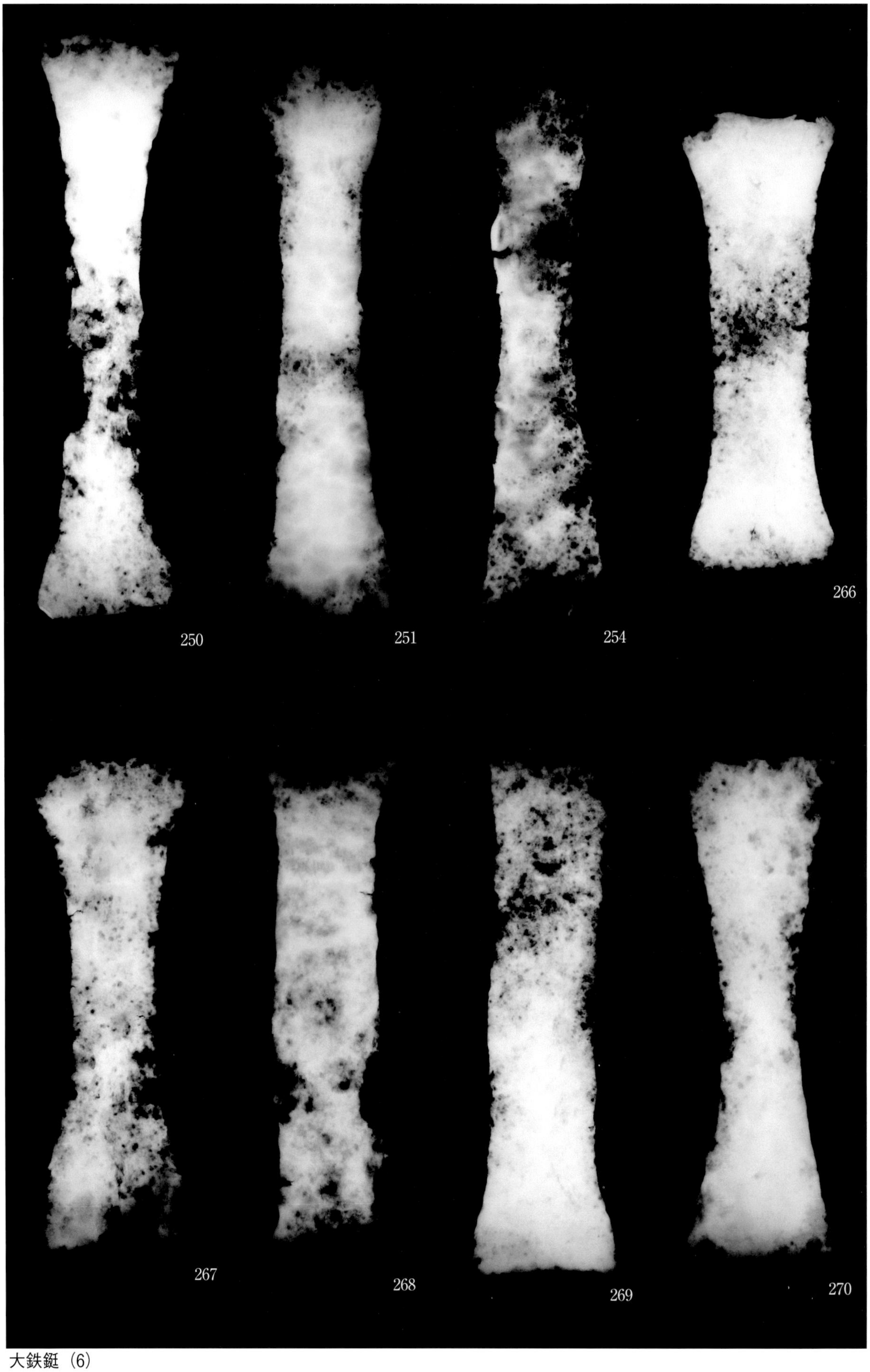


大鉄鋌（6）

奈良県　宇和奈辺陵墓参考地旧陪冢

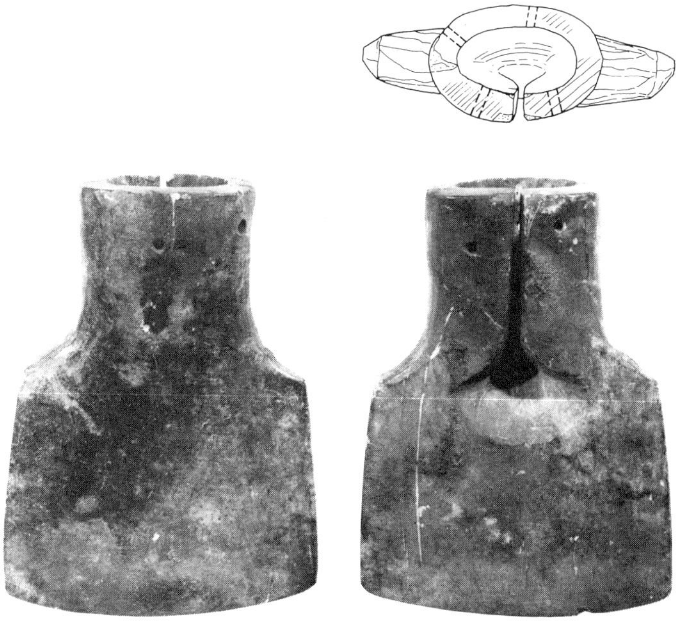

58　石製斧　2/3

62

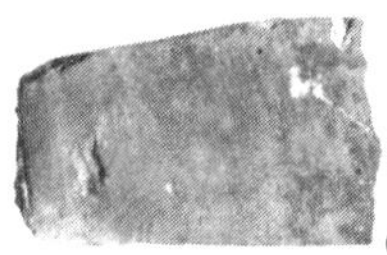

63

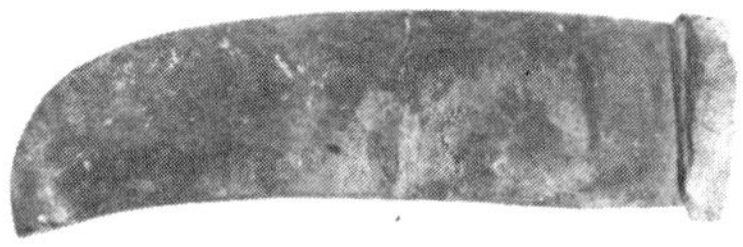

59

60

61

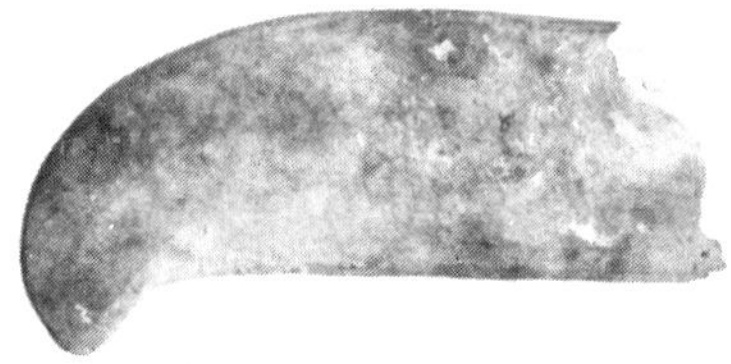

64

59～61　石製鎌　2/3，62～64　石製鎌残欠　2/3

出土品展示目録『石製品 石製模造品』（昭和 57 年）掲載の旧陪冢ろ号出土石製模造品（1）

59

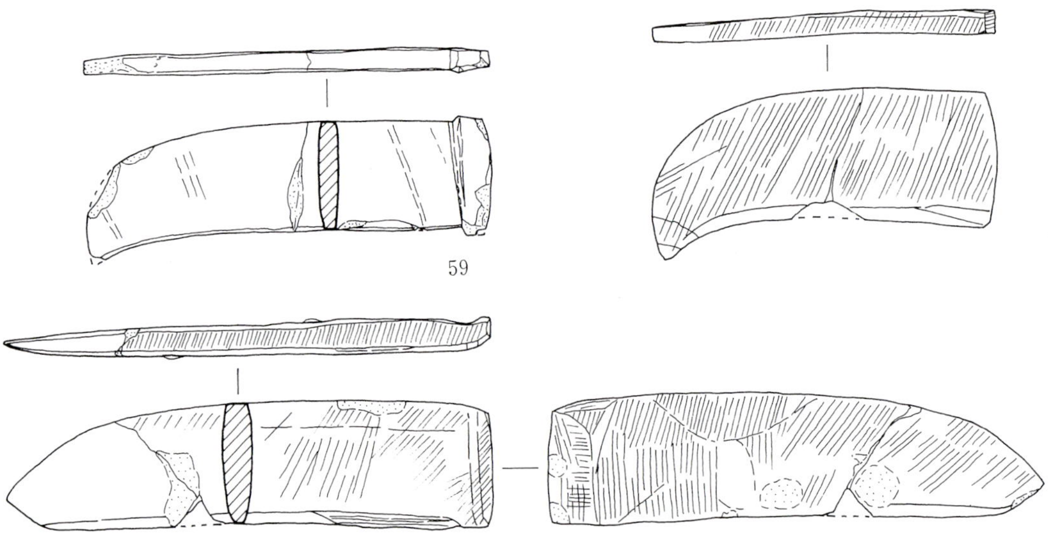


1　出土品展示目録　『石製品 石製模造品』（昭和 57 年）掲載の旧陪冢ろ号出土石製模造品（2）

2　窪田藏郎氏分析の大鉄鋌（274　附編 1 第 1 章の K 類）

3　旧陪冢ろ号の絵図（諸陵寮出張所　明治廿九年　陵墓地録）
〔宮内庁宮内公文書館所蔵〕

# 報 告 書 抄 録

| | |
|---|---|
| ふりがな | うわなべりょうぼさんこうちきゅうばいちょうろごう　　やまと　ろく　ごうふん |
| 書　　名 | 宇和奈辺陵墓参考地旧陪冢ろ号（大和６号墳） |
| 副 書 名 | 出土遺物の整理報告 |
| 巻　　次 | |
| シリーズ名 | |
| シリーズ番号 | |
| 編著者名 | 徳田誠志・清喜裕二（編集）・有馬　伸・加藤一郎・横田真吾・土屋隆史・菅谷文則・伊藤　薫・山下真理子・中澤　映・鈴木瑞穂・高橋　敦・斉藤紀之・坂元秀平 |
| 発行機関 | 宮内庁書陵部 |
| 所　在　地 | 〒100-8111　東京都千代田区千代田1-1 |
| 発行年月日 | 平成29（2017）年３月29日 |

| ふりがな | ふりがな | コード | | 北緯 | 東経 | 調査期間 | 調査面積 | 調査原因 |
|---|---|---|---|---|---|---|---|---|
| 所収遺跡 | 所在地 | 市町村 | 遺跡番号 | | | | | |
| 宇和奈辺《うわなべ》<br>陵墓参考地《りょうぼさんこうち》<br>旧陪冢《きゅうばいちょう》ろ号《ごう》<br>（大和《やまと》６号墳《ごうふん》） | 奈良県<br>奈良市<br>法華寺町 | | | 34度<br>42分<br>１秒 | 135度<br>48分<br>32秒 | 19451226<br>～<br>19460108 | | 終戦後の進駐軍によるキャンプ地の造成 |

| 所収遺跡名 | 種別 | 主な時代 | 主な遺跡 | 主な遺物 | 特記事項 |
|---|---|---|---|---|---|
| 宇和奈辺<br>陵墓参考地<br>旧陪冢ろ号<br>（大和６号墳） | 古墳 | 古墳時代 | 円墳１基 | 鉄鋌<br>鉄製農工具<br>石製模造品<br>埴輪 | ・墳丘規模約30m（現在は消滅）<br>・遺物のみが納められたと考えられる<br>・多数の鉄鋌が出土<br>・出土遺物の再整理報告 |

宇和奈辺陵墓参考地旧陪冢ろ号（大和６号墳）—出土遺物の整理報告—

2017年7月31日　初版発行

編　者　宮内庁書陵部陵墓課

発行者　八木　唯史

発行所　株式会社　六一書房
〒101-0051　東京都千代田区神田神保町2-2-22
TEL　03-5213-6161　　FAX　03-5213-6160
http://www.book61.co.jp　　E-mail info@book61.co.jp
振替　00160-7-35346

印　刷　能登印刷株式会社

ISBN 978-4-86445-092-8 C3021　